总第40期

山西统计年鉴2022

Shanxi Statistical Yearbook 2022

山西省统计局
国家统计局山西调查总队 编

Compiled by
Shanxi Provincial Bureau of Statistics &
Survey Office of the National Bureau of
Statistics in Shanxi

中国统计出版社
China Statistics Press

图书在版编目（CIP）数据

山西统计年鉴. 2022 = Shanxi Statistical Yearbook 2022 : 汉、英 / 山西省统计局, 国家统计局山西调查总队编. -- 北京 ： 中国统计出版社, 2022.9
ISBN 978-7-5037-9863-4

Ⅰ. ①山⋯ Ⅱ. ①山⋯ ②国⋯ Ⅲ. ①统计资料一山西一2022一年鉴一汉、英 Ⅳ. ①C832.25-54

中国版本图书馆 CIP 数据核字(2022)第 127950 号

山西统计年鉴 2022

作　　者/山西省统计局　国家统计局山西调查总队
责任编辑/高媛媛
责任校对/王育民　李　静　田　甜　龙　苗
装帧设计/李　静　王　芳
出版发行/中国统计出版社有限公司
通信地址/北京市丰台区西三环南路甲 6 号　邮政编码/100073
电　　话/邮购（010）63376909　书店（010）68783171
网　　址/ http://www.zgtjcbs.com
印　　刷/三河市双峰印刷装订有限公司
经　　销/新华书店
开　　本/880mm×1230mm　1/16
字　　数/1322 千字
印　　张/43
版　　别/2022 年 9 月第 1 版
版　　次/2022 年 9 月第 1 次印刷
定　　价/390.00 元

本书附同版本 CD-ROM 一张，光盘内容以书面文字为准。
如有印装差错，由本社发行部调换。

编者说明

一、《山西统计年鉴2022》收录了全省和各地市、县（市、区）、有关部门2021年经济、社会、科技等方面的统计数据，以及多个重要历史年份主要统计数据，是一部全面反映山西省国民经济和社会发展情况的资料性年刊。为便于国际交流，内文全部采用中英文对照。

二、全书共分20个篇章：1. 综合；2. 人口、劳动工资和社会保障；3. 物价；4. 人民生活；5. 财政、金融和保险；6. 能源；7. 固定资产投资；8. 对外经济贸易；9. 农业；10. 工业；11. 建筑业；12. 房地产；13. 批发和零售业；14. 住宿、餐饮业和旅游；15. 交通运输、邮电通信业；16. 教育、科技；17. 文化、体育、卫生、环保；18. 城市概况；19. 地市篇；20. 县（市、区）篇。为方便读者使用，各篇章前绘制了反映总体趋势的统计图，篇末附有《主要统计指标解释》，对主要统计指标的涵义、统计范围和统计方法以及历史沿革予以简要说明。

三、与《山西统计年鉴2021》相比，本年鉴内容主要做了如下修订：“物价”篇，新增了“农产品生产者价格指数”表，删去了“农业生产资料价格分类指数”表；“建筑业”篇，调整了相关行业分组；“住宿、餐饮业和旅游”篇，新增了“旅游4A级以上景区”表，删去了“旅游外汇收入”表；“教育、科技”篇，根据最新的教育报表制度，调整了教育相关内容与表式；“城市概况”篇，调整了部分指标内容。

四、本年鉴统计指标口径范围及解释以国家现行统计报表制度为准。资料主要来源于统计年报，部分资料来自于抽样调查和有关部门。

五、为方便读者使用，对个别有变动的指标在表下作了简要注释。本年鉴中涉及到的历史数据，均以最新出版的本年鉴数据为准。

六、本年鉴所使用的度量衡单位，均采用国际统一标准计量单位。部分数据合计数或相对数由于单位取舍不同而产生的计算误差，均未作机械调整。

七、年鉴符号使用说明：“空格”表示该项统计指标数据不足本表最小单位数、数据不详或无数据；“#”表示该指标其中的主要项。

COMPILER'S NOTES

Ⅰ. *Shanxi Statistical Yearbook 2022* is an annual statistics publication, which reflects comprehensively the national economic and social development of Shanxi province. It covers data for 2021 and key statistical data in some historically important years at the provincial level and the local levels of prefecture and county. To meet the need of international exchange, this yearbook is made in both Chinese and English.

Ⅱ. The yearbook contains the following twenty parts: 1. General Survey; 2. Population, Labor Wages and Social Security; 3. Price; 4. People's Living Conditions; 5. Public Finance, Banking and Insurance; 6. Energy; 7. Investment in Fixed Assets; 8. Foreign Trade and Economic Cooperation; 9. Agriculture; 10. Industry; 11. Construction; 12. Real Estate; 13. Wholesale and Retail Trade; 14. Hotels, Catering Services and Tourism; 15. Transportation, Post and Telecommunication Services; 16. Education, Science and Technology; 17. Culture, Sports, Public Health and Environmental Protection; 18. General Survey of Cities; 19. Cities at Prefecture Level; 20. Counties, Cities and Districts at County Level. To facilitate readers, Statistical Charts reflecting total trend are attached at the beginning of each chapter, and Explanatory Notes on Main Statistical Indicators, a brief introduction about the meaning, statistical coverage, statistical methods and historical changes of main statistical indicators, are provided at the end of each chapter.

Ⅲ. Comparing with *Shanxi Statistical Yearbook 2021*, following revisions have been made in this new version: In the chapter of Price, new table of Producer Price Indices for Farm Products is added and the table of Indices of Agricultural Productive Materials by Category of Commodities is deleted ; In the chapter of Construction, related sector group is adjusted; In the chapter of Hotels, Catering Services and Tourism, new table of Tourist Attractions above 4A Grade is added and the table of Foreign Exchange Earnings from International Tourism is deleted; In the chapter of Education, Science and Technology, relevant tables and contents of education are adjusted according to the latest statistical report system; In the chapter of General Survey of Cities, relevant contents are adjusted.

Ⅳ. The statistical coverage and explanation of indicators in this yearbook are the same as the current national statistical report system. The data in this yearbook are mainly obtained from annual statistical reports, and some are from sample surveys and related departments.

Ⅴ. For the convenience of the readers, brief notes concerning some indicators about their changes in meaning or coverage are given at the lower part of relevant tables. In case of some statistical data issued before being inconsistent with this publication, take the data in this publication as correction.

Ⅵ. The units of measurement used in this yearbook are international standard measurement units. Statistical discrepancies due to rounding are not adjusted in this yearbook.

Ⅶ. Notations used in this book: " (blank) " indicates that the figure is not large enough to be measured with the smallest unit in the table or is not available; " # "indicates the major items of the total.

目 录

CONTENTS

一、综 合

GENERAL SURVEY

二、人口、劳动工资和社会保障

POPULATION, LABOR WAGES AND SOCIAL SECURITY

三、物　价

PRICE

四、人民生活

PEOPLE'S LIVING CONDITIONS

五、财政、金融和保险

PUBLIC FINANCE, BANKING AND INSURANCE

六、能　源

ENERGY

七、固定资产投资

INVESTMENT IN FIXED ASSETS

八、对外经济贸易

FOREIGN TRADE AND ECONOMIC COOPERATION

十、工　业

INDUSTRY

十一、建筑业

CONSTRUCTION

十二、房地产

REAL ESTATE

十三、批发和零售业

WHOLESALE AND RETAIL TRADE

十四、住宿、餐饮业和旅游

HOTELS, CATERING SERVICES AND TOURISM

十五、交通运输、邮电通信业

TRANSPORTATION, POST AND TELECOMMUNICATION SERVICES

十六、教育、科技

EDUCATION, SCIENCE AND TECHNOLOGY

十七、文化、体育、卫生、环保

CULTURE, SPORTS, PUBLIC HEALTH AND ENVIRONMENTAL PROTECTION

十八、城市概况

GENERAL SURVEY OF CITIES

十九、地市篇

CITIES AT PREFECTURE LEVEL

二十、县(市、区)篇

COUNTIES, CITIES AND DISTRICTS AT COUNTY LEVEL

GENERAL SURVEY

1 综 合

资料整理人员

李　静　田　甜　龙　苗　李世峰　黄翰林
辛忠霞　王亚文　王俊鹏　张淑虹　黄　玉
柴晋飞　杨　茜　乔　杰

地区生产总值	Gross Domestic Product	22590.2	亿元 (100 million yuan)
第一产业	Primary Industry	1286.9	亿元 (100 million yuan)
第二产业	Secondary Industry	11213.1	亿元 (100 million yuan)
第三产业	Tertiary Industry	10090.2	亿元 (100 million yuan)

地区生产总值构成 (%)

Composition of Gross Domestic Product (%)

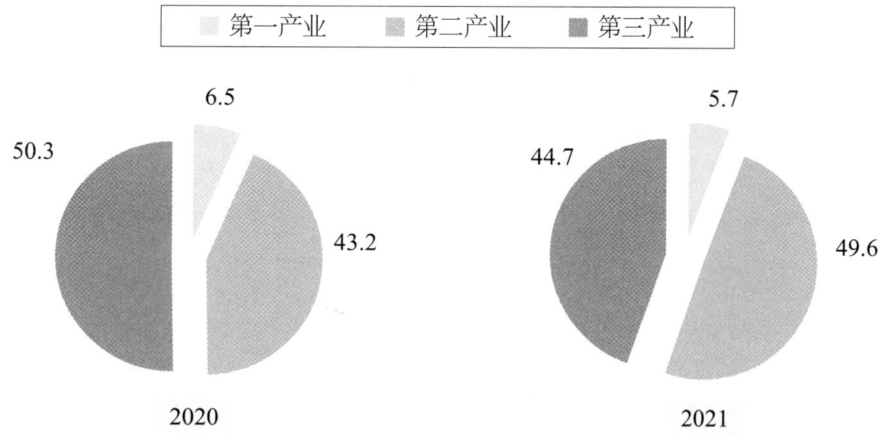

地区生产总值（亿元）

Gross Domestic Product (100 million yuan)

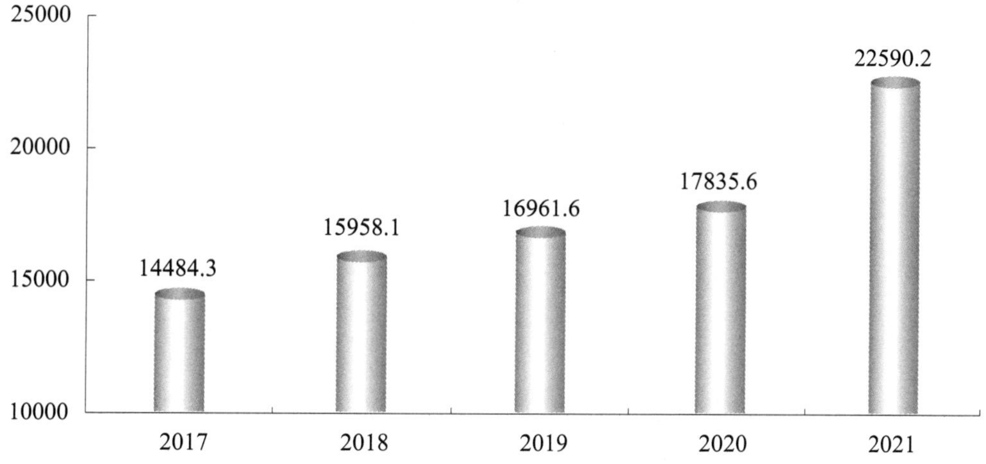

地区生产总值增速	Growth Rate of Gross Domestic Product	9.1	% (%)
第一产业	Primary Industry	8.1	% (%)
第二产业	Secondary Industry	10.2	% (%)
第三产业	Tertiary Industry	8.3	% (%)
人均地区生产总值	Per Capita Gross Domestic Product	64821	元 (yuan)

地区生产总值增速 (%)

Growth Rate of Gross Domestic Product (%)

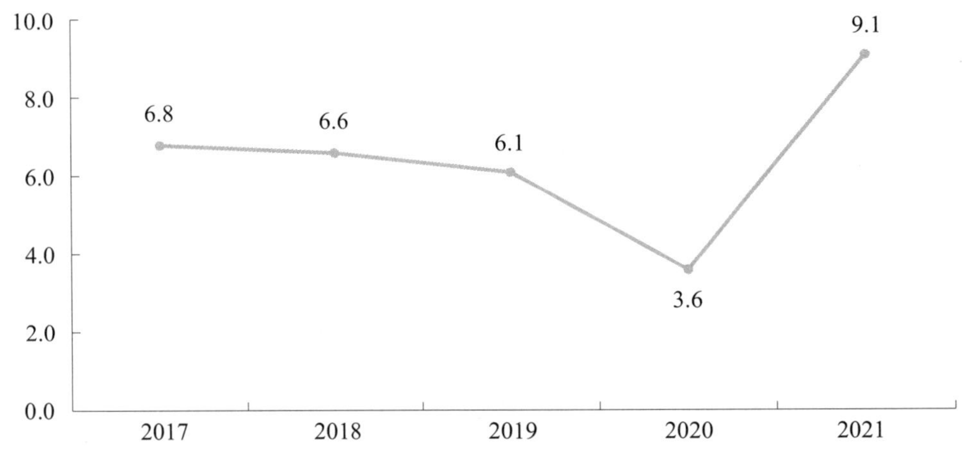

人均地区生产总值（元）

Per Capita Gross Domestic Product (yuan)

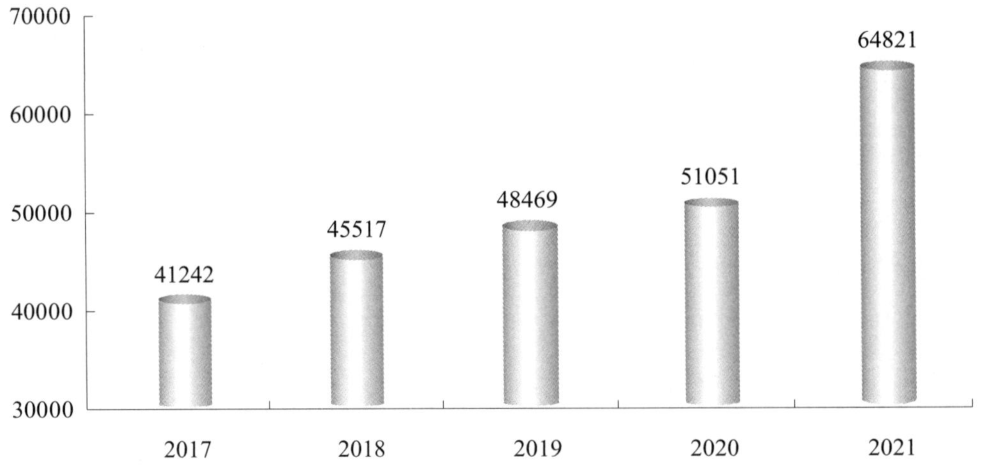

1-1 行政区划(2021年)

ADMINISTRATIVE DIVISION(2021)

市 名 City	城 市 City			市辖区 District under Jurisdiction of Cities	县 County	镇 Town	乡 Township
	合 计 Total	地级市 City at Prefecture Level	县级市 City at County Level				
	22	11	11	26	80	631	430

市 名 City									
太原市 Taiyuan	小店区 Xiaodian	迎泽区 Yingze	杏花岭区 Xinghualing	尖草坪区 Jiancaoping	万柏林区 Wanbailin	晋源区 Jinyuan	清徐县 Qingxu	阳曲县 Yangqu	
	娄烦县 Loufan	古交市 Gujiao							
大同市 Datong	新荣区 Xinrong	平城区 Pingcheng	云冈区 Yungang	云州区 Yunzhou	阳高县 Yanggao	天镇县 Tianzhen	广灵县 Guangling	灵丘县 Lingqiu	
	浑源县 Hunyuan	左云县 Zuoyun							
阳泉市 Yangquan	城 区 Chengqu	矿 区 Kuangqu	郊 区 Jiaoqu	平定县 Pingding	盂 县 Yuxian				
长治市 Changzhi	潞州区 Luzhou	上党区 Shangdang	屯留区 Tunliu	潞城区 Lucheng	襄垣县 Xiangyuan	平顺县 Pingshun	黎城县 Licheng	壶关县 Huguan	
	长子县 Zhangzi	武乡县 Wuxiang	沁 县 Qinxian	沁源县 Qinyuan					
晋城市 Jincheng	城 区 Chengqu	沁水县 Qinshui	阳城县 Yangcheng	陵川县 Lingchuan	泽州县 Zezhou	高平市 Gaoping			
朔州市 Shuozhou	朔城区 Shuocheng	平鲁区 Pinglu	山阴县 Shanyin	应 县 Yingxian	右玉县 Youyu	怀仁市 Huairen			
晋中市 Jinzhong	榆次区 Yuci	太谷区 Taigu	榆社县 Yushe	左权县 Zuoquan	和顺县 Heshun	昔阳县 Xiyang	寿阳县 Shouyang		
	祁 县 Qixian	平遥县 Pingyao	灵石县 Lingshi	介休市 Jiexiu					
运城市 Yuncheng	盐湖区 Yanhu	临猗县 Linyi	万荣县 Wanrong	闻喜县 Wenxi	稷山县 Jishan	新绛县 Xinjiang	绛 县 Jiangxian	垣曲县 Yuanqu	
	夏 县 Xiaxian	平陆县 Pinglu	芮城县 Ruicheng	永济市 Yongji	河津市 Hejin				
忻州市 Xinzhou	忻府区 Xinfu	定襄县 Dingxiang	五台县 Wutai	代 县 Daixian	繁峙县 Fanshi	宁武县 Ningwu	静乐县 Jingle	神池县 Shenchi	
	五寨县 Wuzhai	岢岚县 Kelan	河曲县 Hequ	保德县 Baode	偏关县 Pianguan	原平市 Yuanping			
临汾市 Linfen	尧都区 Yaodu	曲沃县 Quwo	翼城县 Yicheng	襄汾县 Xiangfen	洪洞县 Hongtong	古 县 Guxian	安泽县 Anze	浮山县 Fushan	吉 县 Jixian
	乡宁县 Xiangning	大宁县 Daning	隰 县 Xixian	永和县 Yonghe	蒲 县 Puxian	汾西县 Fenxi	侯马市 Houma	霍州市 Huozhou	
吕梁市 Lvliang	离石区 Lishi	文水县 Wenshui	交城县 Jiaocheng	兴 县 Xingxian	临 县 Linxian	柳林县 Liulin	石楼县 Shilou	岚 县 Lanxian	方山县 Fangshan
	中阳县 Zhongyang	交口县 Jiaokou	孝义市 Xiaoyi	汾阳市 Fenyang					

1-2 国民经济和社会发展总量与速度指标

指 标	Item	总量指标	
		2000	2010
一、人口与就业（万人）	**Population and Employment (10 000 persons)**		
常住人口	Resident Population	3247.8	3574.1
就业人员	Total Employees	1392	1802
二、国民经济核算（亿元）	**National Economic Accounting (100 million yuan)**		
地区生产总值	Gross Domestic Product	1845.7	8903.9
第一产业	Primary Industry	179.9	510.4
第二产业	Secondary Industry	858.4	5349.6
第三产业	Tertiary Industry	807.5	3043.9
三、物价指数（上年=100）	**Price Indices (last year=100)**		
居民消费价格指数	Consumer Price Index	103.9	103.0
商品零售价格指数	Retail Price Index	97.1	102.3
四、财 政（亿元）	**Public Finance (100 million yuan)**		
一般公共预算收入	General Public Budget Revenue	114.5	969.7
一般公共预算支出	General Public Budget Expenditure	225.1	1931.4
五、对外贸易（亿美元）	**Foreign Trade (USD 100 million)**		
进出口总额	Total Value of Exports and Imports	17.6	125.8
出 口	Total Value of Exports	12.4	47.1
进 口	Total Value of Imports	5.3	78.7
六、农 业	**Agriculture**		
农林牧渔业总产值(亿元)	Gross Output Value of Farming, Forestry, Animal Husbandry and Fishery (100 million yuan)	322.4	1016.4
主要农产品产量（万吨）	Output of Major Farm Products (10 000 tons)		
粮 食	Grain	853.4	1107.5
油 料	Oil-bearing Crops	44.8	16.6
蔬 菜	Vegetables	920.3	694.1
肉 类	Meat	65.0	77.2
猪年末存栏（万头）	Hogs at Year-end (10 000 heads)	519.5	528.8
羊年末存栏（万只）	Sheep and Goats at Year-end (10 000 heads)	1058.4	769.7
七、工 业	**Industry**		
主要工业产品产量(全社会)	Output of Major Industrial Products (Total Society)		
原 煤 （万吨）	Coal (10 000 tons)	25152	74096
发电量 （亿千瓦小时）	Electricity (100 million kwh)	624.7	2150.6
粗 钢 （万吨）	Crude Steel (10 000 tons)	472.7	3048.8
钢 材 （万吨）	Steel Products (10 000 tons)	392.6	2866.4
水 泥 （万吨）	Cement (10 000 tons)	1434.0	3670.3

PRINCIPAL AGGREGATE INDICATORS ON NATIONAL ECONOMIC AND SOCIAL DEVELOPMENT AND GROWTH RATES

Aggregate Data			速度指标 Indices and Growth Rates						
			指数(2021为以下各年%) Index (2021 as percentage of the following years)				平均增长速度 (%) Average Annual Growth Rate (%)		
2015	2020	2021	2000	2010	2015	2020	2001–2021	2011–2021	2016–2021
3518.6	3490.5	3480.5	107.2	97.4	98.9	99.7	0.3	–0.2	–0.2
1827	1738	1715	123.2	95.2	93.9	98.7	1.0	–0.4	–1.0
11836.4	17835.6	22590.2	546.1	201.1	142.1	109.1	8.4	6.6	6.0
726.2	1166.6	1286.9	225.4	159.4	127.4	108.1	3.9	4.3	4.1
5219.7	7703.2	11213.1	577.2	191.1	137.7	110.2	8.7	6.1	5.5
5890.5	8965.8	10090.2	594.5	221.0	147.8	108.3	8.9	7.5	6.7
100.6	102.9	101.0	157.8	126.3	111.0	101.0	2.2	2.1	1.8
99.3	100.9	102.7	137.7	118.6	109.2	102.7	1.5	1.6	1.5
1642.4	2296.6	2834.5	2476.0	292.3	172.6	123.4	16.5	10.2	9.5
3423.0	5110.9	5046.6	2242.4	261.3	147.4	98.7	16.0	9.1	6.7
147.2	218.7	345.1	1956.1	274.4	234.5	157.8	15.2	9.6	15.3
84.2	127.3	211.4	1709.0	448.8	251.0	166.0	14.5	14.6	16.6
62.9	91.4	133.7	2535.4	170.0	212.5	146.4	16.6	4.9	13.4
1425.0	1935.8	2134.0	240.1	157.4	128.3	109.9	4.3	4.2	4.2
1314.0	1424.3	1421.2	166.5	128.3	108.2	99.8	2.5	2.3	1.3
12.2	14.3	15.5	34.5	93.1	126.7	108.0	–4.9	–0.6	4.0
837.4	861.2	976.3	106.1	140.7	116.6	113.4	0.3	3.2	2.6
99.0	102.7	135.4	208.1	175.5	136.7	131.9	3.6	5.2	5.4
619.2	569.4	740.2	142.5	140.0	119.6	130.0	1.7	3.1	3.0
1112.1	970.1	1068.1	100.9	138.8	96.0	110.1	0.04	3.0	–0.7
96680	107906	120346	478.5	162.4	124.5	111.5	7.7	4.5	3.7
2457.5	3503.5	3926.2	628.5	182.6	159.8	112.1	9.1	5.6	8.1
3847.0	6637.8	6740.7	1425.9	221.1	175.2	101.6	13.5	7.5	9.8
4267.3	6181.5	6173.9	1572.6	215.4	144.7	99.9	14.0	7.2	6.3
3786.1	5616.7	5688.6	396.7	155.0	150.3	101.3	6.8	4.1	7.0

1-2 续表

指　　标	Item	总量指标	
		2000	2010
八、房地产开发投资（亿元）	**Investment in Real Estate Development (100 million yuan)**		
本年完成投资	Investment Completed This Year	39.5	592.2
#住　宅	Residential Buildings	27.2	457.4
九、国内贸易（亿元）	**Domestic Trade (100 million yuan)**		
社会消费品零售总额	Total Retail Sales of Consumer Goods	692.7	3027.1
十、交通运输、邮电	**Transportation, Post and Telecommunication Services**		
货物运输量　(万吨)	Freight Traffic (10 000 tons)	86624	124677
#铁　路	Railways	28779	63836
旅客客运量　(万人)	Passenger Traffic (10 000 persons)	31818	39059
#铁　路	Railways	2953	5746
邮政行业业务总量（亿元)	Business Volume of Post Services (100 million yuan)		
电信业务总量（亿元)	Business Volume of Telecommunication Services (10 000 million yuan)		
移动电话用户（万户)	Number of Mobile Telephone Subscribers (10 000 subscribers)	126	2225
十一、教育、科技、文化、卫生	**Education, Science and Technology, Culture and Public Health**		
教　育	**Education**		
普通、职业高等学校数(所)	Regular and Vocational Institutions of Higher Education (unit)	24	65
普通、职业本专科在校生数(万人)	Student Enrollment of Undergraduates in Regular and Vocational Higher Education Institutions (10 000 persons)	12.6	56.3
普通中学在校学生数(万人)	Student Enrollment of Regular Secondary Schools (10 000 persons)	199.8	253.7
普通小学在校学生数(万人)	Student Enrollment of Regular Primary Schools (10 000 persons)	343.6	291.1
科　技	**Science and Technology**		
全社会R&D经费内部支出(亿元)	Total Internal Expenditure on R&D (10 000 million yuan)	9.9	89.9
文　化	**Culture**		
图书总印数　(万册)	Total Printed Copies of Books (10 000 copies)	10105	13183
期刊总印数　(万份)	Total Printed Copies of Magazines (10 000 copies)	2659	4000
报纸总印数　(万份)	Total Printed Copies of Newspapers (10 000 copies)	62815	206698
卫　生	**Public Health**		
医　院　(个)	Number of Hospitals (unit)	716	1201
执业(助理)医师　(人)	Number of Licensed (Assitant) Docotors (person)	64900	85376

continued

Aggregate Data			速 度 指 标 Indices and Growth Rates						
2015	2020	2021	指数(2021为以下各年%) Index (2021 as percentage of the following years) 2000	2010	2015	2020	平均增长速度 (%) Average Annual Growth Rate (%) 2001–2021	2011–2021	2016–2021
1494.9	1830.4	1945.2	4930.2	328.5	130.1	106.3	23.8	14.0	1.9
1098.3	1431.8	1556.1	5715.0	340.2	141.7	108.7	24.4	13.6	3.0
5345.1	6746.3	7747.3	1118.4	255.9	144.9	114.8	12.2	8.9	6.4
161772	190238	217637	251.2	174.6	134.5	114.4	4.5	5.2	5.1
70509	92002	102909	357.6	161.2	146.0	111.9	6.3	4.4	6.5
30676	13757	13267	41.7	34.0	43.3	96.4	−4.1	−9.3	−13.0
7393	4890	6454	218.6	112.3	87.3	132.0	3.8	1.1	−2.2
43.1	150.7	130.8							
468.2	3091.7	374.6							
3337	4023	4126	3269.1	185.4	123.6	102.6	18.1	5.8	3.6
79	85	82	341.7	126.2	103.8	96.5	6.0	2.1	0.6
74.0	84.2	89.1	708.8	158.2	120.3	105.8	9.8	4.3	3.1
192.1	177.0	177.6	88.9	70.0	92.5	100.3	−0.6	−3.2	−1.3
227.0	235.3	232.8	67.8	80.0	102.6	99.0	−1.8	−2.0	0.4
132.5	211.1	251.9	2545.8	280.2	190.1	119.3	16.7	9.8	11.3
12439	11033	11906	117.8	90.3	95.7	107.9	0.8	−0.9	−0.7
2573	1996	1940	73.0	48.5	75.4	97.2	−1.5	−6.4	−4.6
203549	213427	224164	356.9	108.4	110.1	105.0	6.2	0.7	1.6
1274	1419	1431	199.9	119.2	112.3	100.8	3.4	1.6	2.0
90216	101667	105403	162.4	123.5	116.8	103.7	2.3	1.9	2.6

1-3 山西省水资源总量(2020年)
TOTAL VOLUME OF WATER RESOURCES(2020)

单位：亿立方米 (100 million cu.m)

市名 City		水资源总量 Water Resources	地表水资源量 Surface Water Resources	地下水资源量 Ground Water Resources	重复计算量 Repetition Statistical Amount	年降水量 Annual Precipitation
全省	**Total**	**115.15**	**72.21**	**85.92**	**42.98**	**877.16**
太原市	Taiyuan	7.16	4.31	4.76	1.91	36.79
大同市	Datong	9.51	5.74	6.23	2.47	65.53
阳泉市	Yangquan	3.42	4.05	2.77	3.40	28.62
长治市	Changzhi	11.36	7.25	8.53	4.43	84.19
晋城市	Jincheng	9.45	7.14	6.74	4.44	59.63
朔州市	Shuozhou	6.12	2.48	5.29	1.65	47.58
晋中市	Jinzhong	13.28	8.61	7.51	2.84	93.46
运城市	Yuncheng	11.08	3.60	10.39	2.91	82.37
忻州市	Xinzhou	18.45	10.67	14.12	6.34	129.46
临汾市	Linfen	10.86	7.72	9.04	5.90	124.52
吕梁市	Lvliang	14.47	10.62	10.55	6.69	125.01

1-4 山西省实际用水量(2020年)
ACTUAL CONSUMPTION OF WATER(2020)

单位：亿立方米 (100 million cu.m)

市名 City		总计 Total	农田灌溉 Farmland Irrigation	工业 Industry	城镇生活 Urban Living	农村生活 Rural Living	林牧渔畜 Forestry, Animal Husbandry, Fishery and Livestock	生态 Ecological Utilization
全省	**Total**	**72.78**	**37.87**	**12.39**	**10.81**	**3.77**	**3.15**	**4.80**
太原市	Taiyuan	8.06	1.42	2.48	2.67	0.46	0.12	0.91
大同市	Datong	6.16	3.43	0.91	0.83	0.34	0.12	0.53
阳泉市	Yangquan	1.85	0.27	0.60	0.66	0.11	0.08	0.13
长治市	Changzhi	5.21	2.03	1.29	0.95	0.39	0.14	0.41
晋城市	Jincheng	4.17	1.12	1.44	0.85	0.21	0.31	0.24
朔州市	Shuozhou	4.81	3.13	0.69	0.44	0.16	0.26	0.13
晋中市	Jinzhong	6.73	3.68	0.98	0.86	0.40	0.30	0.51
运城市	Yuncheng	16.22	11.98	1.23	1.38	0.64	0.71	0.28
忻州市	Xinzhou	6.55	4.00	0.80	0.57	0.29	0.39	0.50
临汾市	Linfen	7.15	4.31	0.89	0.82	0.43	0.37	0.33
吕梁市	LvLiang	5.88	2.50	1.07	0.78	0.34	0.34	0.84

1-5 平均每天主要社会经济活动

MAJOR INDICATORS OF AVERAGE DAILY SOCIAL AND ECONOMIC ACTIVITIES

指 标	Item	2015	2020	2021
出生人口 (人)	Births (person)	1000	789	675
死亡人口 (人)	Deaths (person)	557	671	700
地区生产总值 (万元)	Gross Domestic Product (10 000 yuan)	324285	488646	618909
一般公共预算收入(万元)	General Public Budget Revenue (10 000 yuan)	44996	62920	77657
一般公共预算支出(万元)	General Public Budget Expenditure (10 000 yuan)	93780	140024	138264
进出口总额 (万美元)	Total Value of Exports and Imports of Customs (USD 10 000)	4032	5991	9455
农林牧渔业总产值(万元)	Gross Output Value of Farming, Forestry, Animal Husbandry and Fishery (10 000 yuan)	39040	53037	58466
主要农产品产量(吨)	Output of Major Farm Products (ton)			
粮 食	Grain	36001	39021	38938
油 料	Oil-bearing Crops	334	392	423
蔬 菜	Vegetables	22943	23594	26748
肉 类	Meat	2712	2812	3709
主要工业产品产量(全社会)	Output of Major Industrial Products (Total Society)			
原 煤 (万吨)	Coal (10 000 tons)	265	296	330
发电量 (万千瓦小时)	Electricity (10 000 kwh)	67327	95987	107567
钢 材 (吨)	Steel Products (ton)	116911	169355	169148
焦 炭 (万吨)	Coke (10 000 tons)	22	29	27
水 泥 (吨)	Cement (ton)	103728	153881	155853
社会消费品零售总额(万元)	Total Retail Sales of Consumer Goods (10 000 yuan)	146442	184831	212254
货运量 (万吨)	Freight Traffic (10 000 tons)	443	521	596
客运量 (万人)	Passenger Traffic (10 000 persons)	84	38	36
快 递 (万件)	Express Mail Services (10 000 pcs)	31	147	214
图书出版 (万册)	Books Published (10 000 copies)	34.08	30.23	32.62
期刊出版 (万份)	Magazines Issued (10 000 copies)	7.05	5.47	5.32
报纸出版 (万份)	Newspapers Issued (10 000 copies)	557.67	584.73	614.15
结 婚 (对)	Marriages (couple)	950	591	613
离 婚 (对)	Divorces (couple)	148	183	114

1-6 社会经济主要指标人均水平
MAJOR PER CAPITA INDICATORS OF SOCIETY AND ECONOMY

指　　标	Item	2015	2020	2021
一、地区生产总值（元）	**Gross Domestic Product (yuan)**	**33593**	**51051**	**64821**
二、人民生活（元）	**People's Living Conditions (yuan)**			
城镇非私营单位在岗职工平均工资	Average Wage of Fully Employed Staff and Workers in Urban Non-private Units	52960	77364	84938
#国　有	State-owned Units	54953	76368	80667
集　体	Collective-owned Units	44114	49633	57916
城镇居民可支配收入	Disposable Income of Urban Households	25828	34793	37433
城镇居民消费支出	Living Expenditure of Urban Households	15819	20332	21965
农村居民可支配收入	Disposible Income of Rural Households	9454	13878	15308
农村居民消费支出	Living Expenditure of Rural Households	7421	10290	11410
住户存款	Households Deposits	44489	72937	81652
三、主要农产品产量（公斤）	**Output of Major Farm Products (kg)**			
粮　食	Grain	373	408	408
油　料	Oil-bearing Crops	3.5	4.1	4.4
蔬　菜	Vegetables	237.7	246.5	280.1
肉　类	Meat	28.1	29.4	38.8
四、主要工业产品产量（全社会）	**Output of Major Industrial Products (Total Society)**			
原　煤　（吨）	Coal (ton)	27.44	30.89	34.53
发电量　（千瓦小时）	Electricity (kwh)	6974.3	10028.2	11264.4
粗　钢　（公斤）	Crude Steel (kg)	1091.8	1899.9	1933.9
钢　材　（公斤）	Steel Products (kg)	1211.1	1769.3	1771.3
焦　炭　（吨）	Coke (ton)	2.28	3.00	2.83
水　泥　（公斤）	Cement (kg)	1074.5	1607.7	1632.1
布　（米）	Cloth (m)	2.2	0.5	0.6
五、社会消费品零售额（元）	**Total Retail Sales of Consumer Goods (yuan)**	**15170**	**19310**	**22227**

1-7 国民经济与社会发展结构指标
MAJOR COMPOSITION INDICATORS ON NATIONAL ECONOMIC AND SOCIAL DEVELOPMENT

单位：%　　　　(%)

指　标	Item	2015	2020	2021
男女人口比例	**Sex Ratio**			
男　性	Male	51.3	51.0	51.1
女　性	Female	48.7	49.0	48.9
人口抚养比	**Dependency Ratio of Population**			
总抚养比	Gross Dependency Ratio	32.6	41.3	42.0
少儿抚养比	Children Dependency Ratio	20.6	23.1	22.6
老年抚养比	Old People Dependency Ratio	12.1	18.2	19.4
地区生产总值构成	**Composition of GDP**			
第一产业	Primary Industry	6.1	6.5	5.7
第二产业	Secondary Industry	44.1	43.2	49.6
第三产业	Tertiary Industry	49.8	50.3	44.7
城乡居民人均收入比(农民=1)	**Ratio of Per Capita Income of Urban and Rural Households (Rural Income=1)**	**2.73**	**2.51**	**2.45**
一般公共预算支出构成	**Compositon of General Public Budget Expenditure**			
#教　育	Education	17.6	14.3	15.4
社会保障和就业	Social Security and Employment	15.6	15.9	17.6
卫生健康	Expenditure for Health Care	8.5	8.5	8.3
终端能源消费构成	**Consumption of End-Use Energy Consumption**			
第一产业	Primary Industry	2.0	1.7	1.6
第二产业	Secondary Industry	74.9	78.8	78.9
第三产业	Tertiary Industry	12.4	10.6	10.7
人民生活	People's Livelihood	10.7	8.9	8.8
全社会固定资产投资构成	**Composition of Total Investment in Fixed Assets**			
第一产业	Primary Industry	11.1	5.4	6.6
第二产业	Secondary Industry	36.8	36.6	35.8
第三产业	Tertiary Industry	52.1	58.0	57.6
农林牧渔业总产值构成	**Compositon of Gross Output Value of Farming, Forestry, Animal Husbandry and Fishery**			
农　业	Farming	59.4	55.6	57.3
林　业	Forestry	6.4	7.1	7.5
牧　业	Animal Husbandry	27.6	31.3	29.3
渔　业	Fishery	0.6	0.3	0.4
农林牧渔专业及辅助性活动	Specializing and Supportive Activities for Agriculture, Forestry, Animal Husbandry and Fishery	6.1	5.7	5.5
社会消费品零售总额构成	**Total Retail Sales of Consumer Goods**			
城　镇	Town	81.5	82.6	82.3
乡　村	Village	18.5	17.4	17.7

1-8 人民物质文化生活情况
CONDITIONS OF PEOPLE'S MATERIAL AND CULTURAL LIFE

指　标	Item	2015	2020	2021
一、城乡居民收入 (元)	**Income of Urban and Rural Households (yuan)**			
城镇居民人均可支配收入	Per Capita Disposable Income of Urban Households	25828	34793	37433
农村居民人均可支配收入	Per Capita Disposable Income of Rural Households	9454	13878	15308
城镇非私营单位在岗职工平均工资	Average Wage of Fully Employed Staff and Workers in Urban Non-private Units	52960	77364	84938
二、平均每人住房面积 (平方米)	**Per Capita Floor Space of Residential Buildings (sq.m)**			
城镇居民住房面积	Urban Households	32.0	34.7	36.0
农村居民住房面积	Rural Households	33.5	40.3	41.8
三、生活、文化、教育、卫生	**Livelihood, Culture, Education and Public Health**			
每百户拥有 (抽 样)	Number of Durable Consumer Goods Owned Per 100 Households by Sample			
彩色电视机 (台)	Color Television Sets (unit)			
城镇居民	Urban Households	107.2	103.4	101.7
农村居民	Rural Households	104.6	104.7	99.5
洗衣机(台)	Washing Machines (unit)			
城镇居民	Urban Households	98.9	100.5	99.1
农村居民	Rural Households	83.2	89.4	93.4
移动电话 (部)	Mobile Telephones (unit)			
城镇居民	Urban Households	220.6	242.3	245.8
农村居民	Rural Households	201.2	225.4	242.1
每人每年拥有期刊 (份)	Number of Magazines Per Person Per Year (copy)	0.7	0.6	0.6
每百人每天拥有报纸 (份)	Newspapers Per 100 Persons Per Day (copy)	15.8	16.7	17.6
每万人拥有在校大学生 (人)	Number of Enrollment Students of Regular Institutions of Higher Education Per 10 000 Persons (person)	210.1	241.0	255.6
每千人拥有医院床位数 (张)	Number of Hospital Beds Per 1 000 persons (unit)	3.8	5.2	5.3
每千人拥有卫生技术人员数 (人)	Number of Medical Technical Personnels Per 1 000 Persons (person)	5.8	7.5	7.8

1-9 主要年份地区生产总值
GROSS DOMESTIC PRODUCT IN MAJOR YEARS

按当年价格计算 (at current prices)

年份 Year	地区生产总值 (万元) Gross Domestic Product (10 000 yuan)	第一产业 Primary Industry	第二产业 Secondary Industry	第三产业 Tertiary Industry	#工业 Industry	#建筑业 Construction	人均地区生产总值 (元) Per Capita GDP (yuan)
1952	159978	93831	27484	38663	23447	4037	116
1957	291594	115415	93994	82185	71745	22249	186
1962	324083	110666	121848	91569	109126	12722	188
1965	439158	127041	205199	106918	185889	19310	238
1970	576900	151931	302600	122369	279549	23051	277
1975	698101	208009	346700	143392	321978	24722	301
1978	879946	182040	514685	183221	481225	33460	365
1980	1087619	206348	635098	246173	582107	52991	442
1985	2189896	422629	1200573	566694	1021192	179381	838
1990	4292736	808080	2100746	1383910	1866110	234636	1528
1991	4685100	687700	2362800	1634600	2108100	254700	1592
1992	5511200	829400	2702800	1979000	2404400	298400	1862
1993	6804100	972700	3350300	2481100	2960100	390200	2271
1994	8266600	1238400	3965700	3062500	3471800	493900	2729
1995	10760300	1686900	4944500	4128900	4385000	559500	3515
1996	12921100	1982800	6002100	4936200	5327300	674800	4178
1997	14760000	1918400	7075800	5765800	6263600	812200	4724
1998	16110800	2072500	7612500	6425800	6585500	1027000	5104
1999	16671000	1599600	7854700	7216700	6845500	1009200	5230
2000	18457200	1798600	8583700	8074900	7486500	1097200	5722
2001	20295300	1710900	9560100	9024300	8324500	1235600	6226
2002	23248000	1978000	11343100	9926900	9914400	1428700	7082
2003	28542500	2151900	15207300	11183300	13640100	1567200	8639
2004	34959900	2628700	19316300	13014900	17578200	1738200	10515
2005	40793800	2478200	23895100	14420500	21923100	1972000	12195
2006	47136000	2564100	27992800	16579100	25788900	2203900	14008
2007	59355800	3034600	36023100	20298100	33509400	2514600	17542
2008	72229800	3735800	43889500	24604500	40922500	2967000	21234
2009	71476100	4434600	40912000	26129500	37397600	3528500	20906
2010	89039000	5103500	53496400	30439100	49239200	4274300	25434
2011	108944100	5865600	67501500	35577000	62509900	5007500	30534
2012	116831100	6419700	68527000	41884400	63304000	5249700	32864
2013	119872300	6975700	66843200	46053400	61138800	5740700	33848
2014	120947100	7366200	63779600	49801300	57691700	6129000	34248
2015	118363900	7262100	52196500	58905300	45971700	6262200	33593
2016	119464000	7242800	51136200	61085000	44412200	6766300	33972
2017	144842700	7191600	66353300	71297800	58872500	7528800	41242
2018	159581300	7407500	70744600	81429200	62602200	8198700	45517
2019	169616100	8253400	74663000	86699700	65827100	8947700	48469
2020	178355793	11666000	77032199	89657594	67685341	9453344	51051
2021	225901608	12868711	112131347	100901550	101592634	10653730	64821

注：2021年数据为初步核算数，后同。
Note: Data of 2021 are preliminary figures, the same applies to the following.

1-10 主要年份地区生产总值构成
COMPOSITION OF GROSS DOMESTIC PRODUCT IN MAJOR YEARS

单位：% (%)

年份 Year	地区生产总值 Gross Domestic Product	第一产业 Primary Industry	第二产业 Secondary Industry	第三产业 Tertiary Industry	#工业 Industry	#建筑业 Construction
1952	100.0	58.6	17.2	24.2	14.6	2.5
1957	100.0	39.6	32.2	28.2	24.6	7.6
1962	100.0	34.2	37.6	28.2	33.7	3.9
1965	100.0	28.9	46.7	24.4	42.3	4.4
1970	100.0	26.3	52.5	21.2	48.4	4.0
1975	100.0	29.8	49.7	20.5	46.1	3.5
1978	100.0	20.7	58.5	20.8	54.7	3.8
1980	100.0	19.0	58.4	22.6	53.5	4.9
1985	100.0	19.3	54.8	25.9	46.6	8.2
1990	100.0	18.8	48.9	32.3	43.5	5.5
1991	100.0	14.7	50.4	34.9	45.0	5.4
1992	100.0	15.0	49.0	36.0	43.6	5.4
1993	100.0	14.3	49.2	36.5	43.5	5.7
1994	100.0	15.0	48.0	37.0	42.0	6.0
1995	100.0	15.7	46.0	38.3	40.8	5.2
1996	100.0	15.3	46.5	38.2	41.2	5.2
1997	100.0	13.0	47.9	39.1	42.4	5.5
1998	100.0	12.9	47.3	39.8	40.9	6.4
1999	100.0	9.6	47.1	43.3	41.1	6.1
2000	100.0	9.7	46.5	43.8	40.6	5.9
2001	100.0	8.4	47.1	44.5	41.0	6.1
2002	100.0	8.5	48.8	42.7	42.6	6.1
2003	100.0	7.5	53.3	39.2	47.8	5.5
2004	100.0	7.5	55.3	37.2	50.3	5.0
2005	100.0	6.1	58.6	35.3	53.7	4.8
2006	100.0	5.4	59.4	35.2	54.7	4.7
2007	100.0	5.1	60.7	34.2	56.5	4.2
2008	100.0	5.2	60.8	34.0	56.7	4.1
2009	100.0	6.2	57.2	36.6	52.3	4.9
2010	100.0	5.7	60.1	34.2	55.3	4.8
2011	100.0	5.4	62.0	32.6	57.4	4.6
2012	100.0	5.5	58.7	35.8	54.2	4.5
2013	100.0	5.8	55.8	38.4	51.0	4.8
2014	100.0	6.1	52.7	41.2	47.7	5.1
2015	100.0	6.1	44.1	49.8	38.8	5.3
2016	100.0	6.1	42.8	51.1	37.2	5.7
2017	100.0	5.0	45.8	49.2	40.6	5.2
2018	100.0	4.6	44.3	51.1	39.2	5.1
2019	100.0	4.9	44.0	51.1	38.8	5.3
2020	100.0	6.5	43.2	50.3	37.9	5.3
2021	100.0	5.7	49.6	44.7	45.0	4.7

1-11 主要年份地区生产总值指数
INDICES OF GROSS DOMESTIC PRODUCT IN MAJOR YEARS

1952年=100 (year of 1952=100)

年 份 Year	地区生产总值 Gross Domestic Product	第一产业 Primary Industry	第二产业 Secondary Industry	第三产业 Tertiary Industry	#工 业 Industry	#建筑业 Construction
1952	100.0	100.0	100.0	100.0	100.0	100.0
1957	174.0	106.1	371.3	198.2	326.7	629.9
1962	169.2	92.7	404.4	194.3	411.3	334.8
1965	248.5	123.3	705.2	251.1	725.0	537.0
1970	304.2	129.3	982.4	291.7	1025.7	647.1
1975	378.4	160.0	1264.7	334.7	1347.5	634.9
1978	485.1	131.7	1893.0	434.4	2033.7	819.6
1980	543.3	124.4	2117.4	555.5	2240.0	1167.2
1985	939.1	188.3	3565.9	1119.7	3517.1	3447.2
1990	1252.9	220.3	4689.7	1651.0	4847.8	3259.7
1991	1321.8	192.6	5111.8	1827.6	5332.6	3302.1
1992	1487.0	217.4	5669.0	2094.5	5972.5	3354.9
1993	1681.8	237.2	6388.9	2414.9	6772.8	3569.6
1994	1855.1	247.9	7136.5	2673.3	7585.6	3908.7
1995	2077.7	257.3	8092.7	3031.5	8639.9	4221.4
1996	2322.8	287.7	9015.3	3404.4	9564.4	5002.4
1997	2585.3	273.3	10214.3	3901.5	10798.2	5877.8
1998	2841.3	302.0	11154.1	4322.8	11597.3	7453.1
1999	3048.7	251.5	12258.3	4798.3	12710.6	8377.2
2000	3335.2	278.4	13288.0	5302.1	13854.6	8670.5
2001	3672.1	268.4	14723.1	5959.6	15364.8	9563.5
2002	4145.8	304.9	16931.6	6591.3	17684.8	10921.5
2003	4639.1	326.0	19217.3	7329.6	20090.0	12286.7
2004	5205.1	340.6	21984.6	8157.8	23043.2	13761.1
2005	5751.7	322.2	24930.6	8981.7	26246.2	15082.2
2006	6321.1	333.2	28022.0	9610.5	29553.2	16530.1
2007	7155.5	348.9	32001.1	10859.8	33897.5	17852.5
2008	7749.4	353.7	34209.2	12152.1	36372.1	18138.1
2009	8175.6	369.3	34893.4	13573.9	36335.7	23579.6
2010	9058.5	393.7	40127.4	14266.2	42076.7	25230.1
2011	9964.4	418.1	45424.2	14993.8	47925.4	26617.8
2012	10881.1	444.0	49966.6	16238.3	53053.4	26963.8
2013	11860.4	465.3	54663.5	17699.7	57987.4	28851.3
2014	12441.6	487.7	56412.7	19168.8	59901.0	31130.5
2015	12814.8	492.5	55679.3	21334.9	58942.5	32842.7
2016	13340.2	506.8	56291.8	22807.0	59237.3	34583.4
2017	14247.4	521.5	59613.0	24654.3	62850.7	36312.6
2018	15187.7	532.5	62236.0	26873.2	65490.5	38491.3
2019	16114.1	544.2	65970.1	28620.0	69288.9	41570.6
2020	16694.2	580.6	69598.5	29106.5	72961.2	44272.7
2021	18213.4	627.7	76697.6	31522.4	81059.9	46087.9

1-12 主要年份地区生产总值指数
INDICES OF GROSS DOMESTIC PRODUCT IN MAJOR YEARS

上年=100 (last year=100)

年 份 Year	地区生产总值 Gross Domestic Product	第一产业 Primary Industry	第二产业 Secondary Industry	第三产业 Tertiary Industry	#工 业 Industry	#建 筑 业 Construction
1953	116.7	105.6	125.7	137.2	124.6	132.0
1957	107.6	89.6	133.0	108.4	122.2	181.5
1962	91.3	105.7	85.2	84.7	84.2	93.9
1965	118.8	103.1	135.2	117.4	136.6	124.5
1970	124.4	99.2	147.0	121.7	150.5	120.0
1975	107.9	108.1	112.0	97.9	113.4	93.0
1978	117.6	89.8	131.2	109.9	130.7	140.9
1980	102.0	87.6	102.9	111.1	104.6	82.6
1985	107.1	82.2	113.1	115.8	110.2	133.3
1990	105.0	112.6	101.4	108.6	100.4	110.7
1991	105.5	87.4	109.0	110.7	110.0	101.3
1992	112.5	112.9	110.9	114.6	112.0	101.6
1993	113.1	109.1	112.7	115.3	113.4	106.4
1994	110.3	104.5	111.7	110.7	112.0	109.5
1995	112.0	103.8	113.4	113.4	113.9	108.0
1996	111.8	111.8	111.4	112.3	110.7	118.5
1997	111.3	95.0	113.3	114.6	112.9	117.5
1998	109.9	110.5	109.2	110.8	107.4	126.8
1999	107.3	83.3	109.9	111.0	109.6	112.4
2000	109.4	110.7	108.4	110.5	109.0	103.5
2001	110.1	96.4	110.8	112.4	110.9	110.3
2002	112.9	113.6	115.0	110.6	115.1	114.2
2003	111.9	106.9	113.5	111.2	113.6	112.5
2004	112.2	104.5	114.4	111.3	114.7	112.0
2005	110.5	94.6	113.4	110.1	113.9	109.6
2006	109.9	103.4	112.4	107.0	112.6	109.6
2007	113.2	104.7	114.2	113.0	114.7	108.0
2008	108.3	101.4	106.9	111.9	107.3	101.6
2009	105.5	104.4	102.0	111.7	99.9	130.0
2010	110.8	106.6	115.0	105.1	115.8	107.0
2011	110.0	106.2	113.2	105.1	113.9	105.5
2012	109.2	106.2	110.0	108.3	110.7	101.3
2013	109.0	104.8	109.4	109.0	109.3	107.0
2014	104.9	104.8	103.2	108.3	103.3	107.9
2015	103.0	101.0	98.7	111.3	98.4	105.5
2016	104.1	102.9	101.1	106.9	100.5	105.3
2017	106.8	102.9	105.9	108.1	106.1	105.0
2018	106.6	102.1	104.4	109.0	104.2	106.0
2019	106.1	102.2	106.0	106.5	105.8	108.0
2020	103.6	106.7	105.5	101.7	105.3	106.5
2021	109.1	108.1	110.2	108.3	111.1	104.1

1-13 分行业增加值
VALUE ADDED BY SECTOR

单位：万元 (10 000 yuan)

指 标	Item	按当年价格计算 at Current Prices		2020年为2019年% 2020 as Percentage of 2019	2021年为2020年% 2021 as Percentage of 2020
		2020	2021		
地区生产总值	**Gross Domestic Product**	**178355793**	**225901608**	**103.6**	**109.1**
按国民经济行业分	**Grouped By Sector**				
农、林、牧、渔业	Farming, Forestry, Animal Husbandry and Fishery	12319800	13568806	106.7	108.0
采矿业	Mining	33617558	56858275	107.5	110.5
制造业	Manufacturing	26951554	37072671	104.3	112.7
电力、热力、燃气及水生产和供应业	Production and Supply of Electricity, Heat, Gas and Water	7116229	7661688	100.1	107.9
建筑业	Construction	9453344	10653730	106.5	104.1
批发和零售业	Wholesale and Retail Trade	13469530	16185089	98.3	106.1
交通运输、仓储和邮政业	Transport, Storage and Post	10489025	12094080	102.0	109.7
住宿和餐饮业	Hotels and Catering Services	1786060	2145947	87.8	117.8
信息传输、软件和信息技术服务业	Information Transmission, Software and Information Technology	4597552	5023791	122.5	111.8
金融业	Financial Industry	11801620	12839977	106.2	104.9
房地产业	Real Estate	11209964	12312133	105.4	108.3
租赁和商务服务业	Leasing and Business Services	2728900	2933529	95.8	104.8
科学研究和技术服务业	Scientific Research and Technical Services	2635128	2821932	102.3	106.3
水利、环境和公共设施管理业	Management of Water Conservancy, Environment and Public Facilities	1029911	1155423	94.2	109.4
居民服务、修理和其他服务业	Household Service, Repair and Other Services	1665143	1806822	80.9	106.9
教 育	Education	7067412	7824121	101.4	109.7
卫生和社会工作	Health Care and Social Service	5944762	6731879	102.9	110.8
文化、体育和娱乐业	Culture, Sports and Entertaiment	608187	673816	82.7	106.7
公共管理、社会保障和社会组织	Public Management, Social Security and Social Organization	13864113	15537899	99.8	109.5

1-14 按产业、行业(门类)划分的法人单位数、产业活动单位数(2021年)

项　目	Item	法人单位数 (个) Corporation Units (unit)
总　计	**Total**	**890145**
按产业分	**By Industry**	
第一产业	Primary Industry	101813
第二产业	Secondary Industry	134296
第三产业	Tertiary Industry	654036
按行业(门类)分	**By Sector**	
农、林、牧、渔业	Farming, Forestry, Animal Husbandary and Fishery	110032
采矿业	Ming	7096
制造业	Manufacturing	48834
电力、热力、燃气及水生产和供应业	Production and Supply of Electricity, Heat, Gas and Water	6581
建筑业	Construction	73977
批发和零售业	Wholesale and Retail Trade	264602
交通运输、仓储和邮政业	Transport, Storage and Post	25434
住宿和餐饮业	Hotels and Catering Services	15215
信息传输、软件和信息技术服务业	Information Transmission, Software and Information Technology Services	45881
金融业	Financial Industry	3035
房地产业	Real Estate	27586
租赁和商务服务业	Lease and Business Affairs Services	90234
科学研究和技术服务业	Scientific Reseach and Technical Services	41868
水利、环境和公共设施管理业	Management of Water Conservancy, Environment and Public Facilities	7355
居民服务、修理和其他服务业	Resident Services, Repair and Other Services	18736
教　育	Education	19808
卫生和社会工作	Health Care and Social Work	8793
文化、体育和娱乐业	Culture, Sports and Recreation	20439
公共管理、社会保障和社会组织	Public Management, Social Security and Social Organization	54639

注：(1)本表根据有关部门行政登记资料，采用电话、互联网查询等方式更新维护单位信息，后表同；
(2)本表不含注册未经营的单位数据，后表同。

NUMBER OF CORPORATION UNITS AND ACTIVE UNITS BY TYPE OF INDUSTRY AND SECTOR(2021)

单产业法人 Single Industry	多产业法人 Multi-industry	产业活动单位数(个) Active Units (unit)	#多产业法人所属的产业活动单位 Units Belong to Multi-industry Corporation
871582	**18563**	**967945**	**96363**
101615	198	102113	498
131600	2696	140769	9169
638367	15669	725063	86696
109818	214	110423	605
6849	247	7595	746
47768	1066	50279	2511
6357	224	7576	1219
72785	1192	77647	4862
260060	4542	287654	27594
24804	630	30359	5555
14655	560	16873	2218
45468	413	49837	4369
2400	635	12897	10497
26308	1278	30071	3763
88623	1611	97167	8544
41048	820	44564	3516
7230	125	7759	529
18427	309	19590	1163
19056	752	24560	5504
8316	477	10393	2077
20211	228	21040	829
51399	3240	61661	10262

Notes: (1)Data in this table is based on the administrative registration data of relevant departments, and is updated and maintained by telephone and internet inquiries. The same applies to the following.

(2)The units which have been registered but haven't been in operation are not included in the table. The same applies to the following.

1-15 按登记注册类型划分的法人单位数、产业活动单位数(2021年)

项　目	Item	法人单位数 (个) Corporation Units (unit)
总　计	**Total**	**890145**
一、内　资	**Civil Funded Enterprises**	**889291**
国　有	State-owned Enterprises	34144
集　体	Collective-owned Enterprises	5686
股份合作	Share Cooperative Enterprises	124
国有联营	State-owned Joint Owned Enterprises	12
集体联营	Collective-owned Joint Owned Enterprises	18
国有与集体联营	State-owned and Collective-owned Joint Owned Enterprises	4
其他联营	Other Joint Owned Enterprises	18
国有独资公司	Company Exclusively with Investment from State	2675
其他有限责任公司	Other Limited Responsibility Company	20388
股份有限公司	Share Holding Limited Company	1056
私营独资	Enterprise Exclusively with Investment from Private	43568
私营合伙	Private Partner Enterprises	3053
私营有限责任公司	Privately Owned Limited Responsibility Company	654682
私营股份有限公司	Privately Owned Share Holding Limited Company	2251
其　他	Others	121612
二、港澳台商投资	**Enterprises Funded by Hong Kong, Macao and Taiwan**	**339**
与港澳台商合资经营	Joint Venture	126
与港澳台商合作经营	Cooperative Enterprise	13
港澳台商独资	Ventures Exclusively with Hong Kong, Macao and Taiwan Investment	185
港澳台商投资股份有限公司	Share Holding Limited Company	12
其他港澳台商投资	Others	3
三、外商投资	**Foreign Funded Enterprises**	**515**
中外合资经营	Joint Venture	207
中外合作经营	Cooperative Enterprises	19
外资企业	Enterprises Funded by Foreign Investment	253
外商投资股份有限公司	Limited Company Funded by Foreign Investment	32
其他外商投资	Others	4

NUMBER OF CORPORATION UNITS AND ACTIVE UNITS BY REGISTRATION STATUS(2021)

单产业法人 Single Industry	多产业法人 Multi-industry	产业活动单位数 (个) Active Units (unit)	#多产业法人所属的产业活动单位 Units Belong to Multi-industry Corporation
871582	**18563**	**967945**	**96363**
870831	**18460**	**963449**	**92618**
30403	3741	49543	19140
5099	587	9182	4083
117	7	219	102
12		18	6
18		28	10
3	1	10	7
18		22	4
2371	304	4631	2260
18756	1632	29458	10702
618	438	8733	8115
43184	384	44451	1267
3037	16	3136	99
644320	10362	688001	43681
2022	229	4259	2237
120853	759	121758	905
305	**34**	**1763**	**1458**
110	16	131	21
12	1	18	6
170	15	1570	1400
11	1	31	20
2	1	13	11
446	**69**	**2733**	**2287**
193	14	247	54
17	2	22	5
207	46	1500	1293
25	7	959	934
4		5	1

主要统计指标解释

国内生产总值 (GDP) 指一个国家所有常住单位在一定时期内生产活动的最终成果。国内生产总值有三种表现形态，即价值形态、收入形态和产品形态。从价值形态看，它是所有常住单位在一定时期内生产的全部货物和服务价值与同期投入的全部非固定资产货物和服务价值的差额，即所有常住单位的增加值之和；从收入形态看，它是所有常住单位在一定时期内创造的各项收入之和，包括劳动者报酬、生产税净额、固定资产折旧和营业盈余；从产品形态看，它是所有常住单位在一定时期内最终使用的货物和服务价值与货物和服务净出口价值之和。在实际核算中，国内生产总值有三种计算方法，即生产法、收入法和支出法。三种方法分别从不同的方面反映国内生产总值及其构成。

对于一个地区来说，称为地区生产总值或地区 GDP。

三次产业 我国的三次产业划分是：

第一产业是指农、林、牧、渔业（不含农、林、牧、渔专业及辅助性活动）。

第二产业是指采矿业（不含开采专业及辅助性活动），制造业（不含金属制品、机械和设备修理业），电力、热力、燃气及水生产和供应业，建筑业。

第三产业即服务业，是指除第一产业、第二产业以外的其他行业。第三产业包括：批发和零售业，交通运输、仓储和邮政业，住宿和餐饮业，信息传输、软件和信息技术服务业，金融业，房地产业，租赁和商务服务业，科学研究和技术服务业，水利、环境和公共设施管理业，居民服务、修理和其他服务业，教育，卫生和社会工作，文化、体育和娱乐业，公共管理、社会保障和社会组织，国际组织，以及农、林、牧、渔业中的农、林、牧、渔专业及辅助性活动，采矿业中的开采专业及辅助性活动，制造业中的金属制品、机械和设备修理业。

法人单位 指有权拥有资产、承担负债，并独立从事社会经济活动（或与其他单位进行交易）的组织。

产业活动单位 指位于一个地点，从事一种或主要从事一种社会经济活动的组织或组织的一部分。

Explanatory Notes on Main Statistical Indicators

Gross Domestic Product (GDP) refers to the final products produced by all resident units in a country during a certain period of time. Gross domestic product is expressed in three different perspectives, namely value, income, and products respectively. GDP in its value perspective refers to the balance of total value of all goods and services produced by all resident units during a certain period of time, minus the total value of input of goods and services of the nature of non-fixed assets; in other words, it is the sum of the value-added of all resident units. GDP from the perspective of income refers to the sum of all kinds of revenue, including compensation of employees, net taxes on production, depreciation of fixed assets, and operating surplus. GDP from the perspective of products refers to the value of all goods and services for final demand by all resident units plus the net exports of goods and services during a given period of time. In the practice of national accounting, gross domestic product is calculated by three approaches, namely production approach, income approach and expenditure approach, which reflect gross domestic product and its composition from different angles.

For a region, it is called as gross regional product or regional GDP.

Three Strata of Industry In China, economic activities are categorized into the following three strata of industry:

Primary industry refers to farming, forestry, animal husbandry and fishery, excluding services in support of these industries.

Secondary industry refers to mining (excluding support activities for mining), manufacturing (excluding repair of metal products, machinery and equipment), production and supply of electricity, heat, gas and water, construction.

Tertiary industry refers to all other industries not included in primary or secondary industry. It includes wholesale and retail trade, transport, storage and post, hotels and catering services, information transmission, software and information technology services, financial industry, real estate, lease and business affairs services, scientific research and technical services, management of water conservancy, environment and public facilities, residents services, repair and other services, education, health care and social work, culture, sports and recreation, public management, social security and social organization, international organization, services in support of farming, forestry, animal husbandry and fishery, support activities of mining, repair of metal products, machinery and equipment of manufacturing.

Corporation Units refer to organizations which are entitled to possess assets, assume liabilities and carry out social economic activities (or can trade with other units) independently.

Active Units refer to organizations or a part of it which carry out one or mainly one social economic activities in certain places.

POPULATION, LABOR WAGES AND SOCIAL SECURITY

2 人口、劳动工资和社会保障

资料整理人员

李渔翔　周俊英　刘晓霞　宫　雪　张敏怡
张国琪　王　喆　高　超　王俊鹏

人口 POPULATION

常住人口	Resident Population	3480.48	万人 (10 000 persons)
男　性	Male	1777.30	万人 (10 000 persons)
女　性	Female	1703.18	万人 (10 000 persons)
出生人口	Birth Population	24.64	万人 (10 000 persons)
死亡人口	Death Population	25.54	万人 (10 000 persons)

城乡人口构成 (%)

Composition of Urban and Rural Population (%)

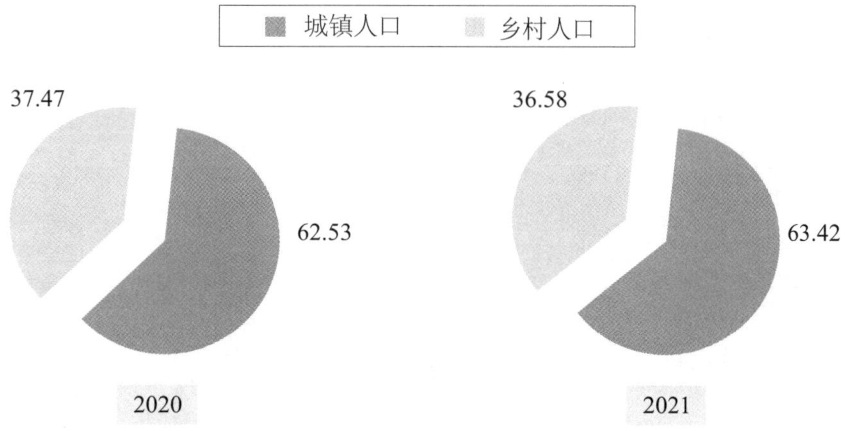

人口出生率、死亡率、自然增长率 (‰)

Birth Rate, Death Rate and Natural Growth Rate of Population (‰)

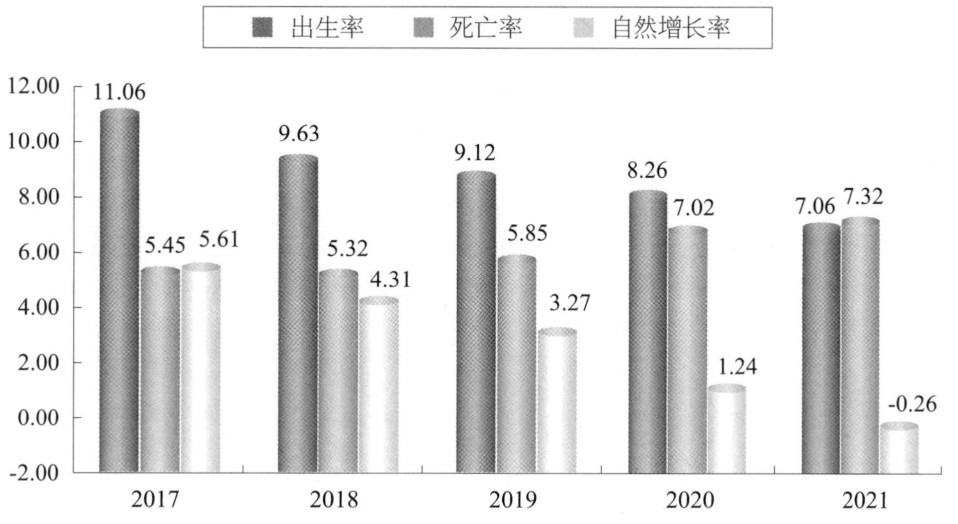

就业人员和平均工资

EMPLOYEES AND AVERAGE WAGE

全社会就业人员	Total Employees	1715	万人 (10 000 persons)
第一产业	Primary Industry	401	万人 (10 000 persons)
第二产业	Secondary Industry	437	万人 (10 000 persons)
第三产业	Tertiary Industry	877	万人 (10 000 persons)

全社会就业人员和城镇非私营单位就业人员数（万人）

Number of Employed Persons in Total Society and Urban Non-private Units (10 000 persons)

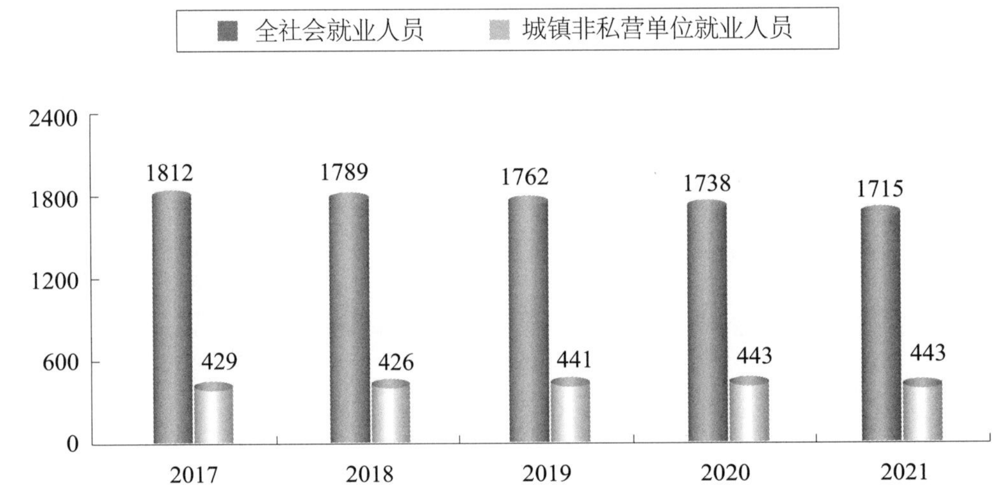

城镇非私营单位就业人员平均工资（元）

Average Wage of Employed Persons in Urban Non-private Units (yuan)

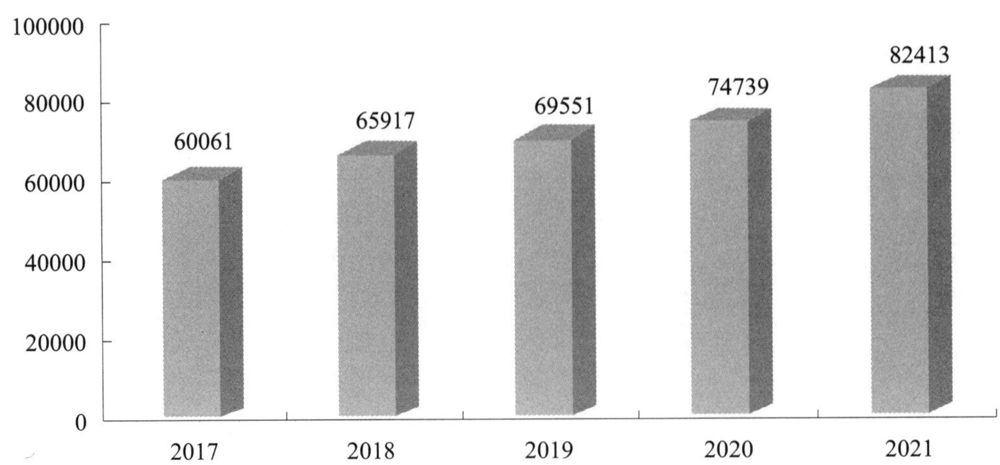

2-1 常住人口及构成
RESIDENT POPULATION AND ITS COMPOSITION

单位：万人 (10 000 persons)

年 份 Year	常住人口 Resident Population	按性别分 By Sex				按城乡分 By Residence			
		男 性 Male		女 性 Famle		城 镇 Urban		乡 村 Rural	
		人口数 Population	比重(%) Proportion	人口数 Population	比重(%) Proportion	人口数 Population	比重(%) Proportion	人口数 Population	比重(%) Proportion
1978	2423.60	1273.07	52.53	1150.53	47.47	464.85	19.18	1958.75	80.82
1979	2447.20	1283.91	52.46	1163.29	47.54	484.79	19.81	1962.41	80.19
1980	2476.46	1299.32	52.47	1177.14	47.53	502.72	20.30	1973.74	79.70
1981	2508.77	1311.24	52.27	1197.53	47.73	517.06	20.61	1991.71	79.39
1982	2546.00	1330.05	52.24	1215.95	47.76	546.63	21.47	1999.37	78.53
1983	2588.40	1354.77	52.34	1233.63	47.66	577.73	22.32	2010.67	77.68
1984	2631.48	1379.68	52.43	1251.80	47.57	610.77	23.21	2020.71	76.79
1985	2673.51	1403.33	52.49	1270.18	47.51	645.65	24.15	2027.86	75.85
1986	2713.53	1424.06	52.48	1289.47	47.52	682.72	25.16	2030.81	74.84
1987	2758.11	1446.35	52.44	1311.76	47.56	721.80	26.17	2036.31	73.83
1988	2807.24	1470.15	52.37	1337.09	47.63	763.01	27.18	2044.23	72.82
1989	2852.98	1494.96	52.40	1358.02	47.60	806.54	28.27	2046.44	71.73
1990	2898.96	1508.62	52.04	1390.34	47.96	837.80	28.90	2061.16	71.10
1991	2941.86	1537.12	52.25	1404.74	47.75	854.90	29.06	2086.96	70.94
1992	2979.31	1557.29	52.27	1422.02	47.73	872.04	29.27	2107.27	70.73
1993	3012.62	1574.40	52.26	1438.22	47.74	889.93	29.54	2122.69	70.46
1994	3045.21	1590.82	52.24	1454.39	47.76	908.08	29.82	2137.13	70.18
1995	3077.28	1606.34	52.20	1470.94	47.80	926.57	30.11	2150.71	69.89
1996	3109.26	1622.41	52.18	1486.85	47.82	945.53	30.41	2163.73	69.59
1997	3140.89	1636.40	52.10	1504.49	47.90	964.57	30.71	2176.32	69.29
1998	3172.20	1650.18	52.02	1522.02	47.98	984.33	31.03	2187.87	68.97
1999	3203.63	1665.57	51.99	1538.06	48.01	1004.34	31.35	2199.29	68.65
2000	3247.80	1680.91	51.76	1566.89	48.24	1165.31	35.88	2082.49	64.12
2001	3271.63	1693.19	51.75	1578.44	48.25	1147.92	35.09	2123.71	64.91
2002	3293.71	1703.90	51.73	1589.81	48.27	1254.56	38.09	2039.15	61.91
2003	3314.29	1704.92	51.44	1609.37	48.56	1286.28	38.81	2028.01	61.19
2004	3335.07	1712.24	51.34	1622.83	48.66	1321.65	39.63	2013.42	60.37
2005	3355.21	1719.33	51.24	1635.88	48.76	1412.81	42.11	1942.40	57.89
2006	3374.55	1725.49	51.13	1649.06	48.87	1451.39	43.01	1923.16	56.99
2007	3392.58	1735.34	51.15	1657.24	48.85	1493.75	44.03	1898.83	55.97
2008	3410.64	1750.20	51.32	1660.44	48.68	1538.58	45.11	1872.06	54.89
2009	3427.36	1758.13	51.30	1669.23	48.70	1576.09	45.99	1851.27	54.01
2010	3574.11	1835.37	51.35	1738.75	48.65	1717.43	48.05	1856.68	51.95
2011	3562.37	1827.89	51.31	1734.49	48.69	1773.88	49.79	1788.49	50.21
2012	3548.21	1818.86	51.26	1729.35	48.74	1821.12	51.32	1727.10	48.68
2013	3534.98	1816.68	51.39	1718.31	48.61	1869.47	52.88	1665.51	47.12
2014	3528.49	1811.63	51.34	1716.86	48.66	1916.15	54.30	1612.35	45.70
2015	3518.62	1804.44	51.28	1714.18	48.72	1966.02	55.87	1552.59	44.13
2016	3514.48	1800.33	51.23	1714.15	48.77	2012.92	57.27	1501.57	42.73
2017	3510.46	1796.89	51.19	1713.57	48.81	2056.95	58.59	1453.51	41.41
2018	3502.47	1786.56	51.01	1715.91	48.99	2096.40	59.85	1406.07	40.15
2019	3496.88	1779.57	50.89	1717.31	49.11	2143.41	61.29	1353.47	38.71
2020	3490.50	1779.98	50.99	1710.52	49.01	2182.78	62.53	1307.72	37.47
2021	3480.48	1777.30	51.06	1703.18	48.94	2207.48	63.42	1273.00	36.58

2-2 主要年份人口自然变动

NATURAL CHANGE OF POPULATION IN MAJOR YEARS

单位：万人 (10 000 persons)

年 份 Year	出 生 Birth		死 亡 Death		自然增长 Natural Growth	
	人 数 Population	出生率 (‰) Birth Rate	人 数 Population	死亡率 (‰) Death Rate	人 数 Population	增长率 (‰) Natural Growth Rate
1978	37.76	15.66	15.80	6.55	21.96	9.11
1979	38.03	15.62	15.61	6.41	22.42	9.21
1980	41.74	16.95	15.98	6.49	25.76	10.46
1981	50.61	20.31	16.30	6.54	34.31	13.77
1982	53.25	21.07	16.78	6.64	36.47	14.43
1983	53.42	20.81	16.99	6.62	36.43	14.19
1984	52.09	19.96	15.66	6.00	36.43	13.96
1985	56.65	21.36	16.87	6.36	39.78	15.00
1986	54.63	20.28	17.45	6.48	37.18	13.80
1987	59.01	21.57	17.67	6.46	41.34	15.11
1988	61.69	22.17	17.86	6.42	43.83	15.75
1989	60.52	21.38	17.83	6.30	42.69	15.08
1990	64.82	22.54	18.87	6.56	45.95	15.98
1991	62.96	21.56	20.06	6.87	42.90	14.69
1992	58.00	19.59	20.55	6.94	37.45	12.65
1993	52.37	17.48	19.05	6.36	33.32	11.12
1994	52.88	17.46	20.29	6.70	32.59	10.76
1995	50.82	16.60	18.73	6.12	32.09	10.48
1996	51.32	16.59	19.33	6.25	31.99	10.34
1997	50.56	16.18	18.94	6.06	31.62	10.12
1998	51.04	16.09	19.57	6.17	31.47	9.92
1999	51.03	15.93	19.45	6.07	31.58	9.86
2000	42.72	13.25	18.59	5.77	24.13	7.48
2001	42.57	13.06	19.24	5.90	23.33	7.16
2002	42.22	12.86	20.16	6.14	22.06	6.72
2003	40.52	12.26	19.94	6.22	20.58	6.04
2004	41.10	12.36	20.32	6.11	20.78	6.25
2005	40.21	12.02	20.07	6.00	20.14	6.02
2006	38.63	11.48	19.28	5.73	19.35	5.75
2007	38.26	11.31	20.23	5.98	18.03	5.33
2008	38.51	11.32	20.44	6.01	18.06	5.31
2009	37.16	10.87	20.45	5.98	16.71	4.89
2010	38.06	10.68	19.18	5.38	18.88	5.30
2011	37.50	10.47	20.10	5.61	17.41	4.86
2012	38.53	10.70	20.99	5.83	17.55	4.87
2013	39.15	10.81	20.17	5.57	18.98	5.24
2014	39.74	10.92	21.58	5.93	18.16	4.99
2015	36.49	9.98	20.33	5.56	16.16	4.42
2016	37.79	10.29	20.27	5.52	17.52	4.77
2017	40.83	11.06	20.12	5.45	20.71	5.61
2018	35.73	9.63	19.74	5.32	15.99	4.31
2019	33.97	9.12	21.79	5.85	12.18	3.27
2020	28.80	8.26	24.48	7.02	4.32	1.24
2021	24.64	7.06	25.54	7.32	−0.90	−0.26

2-3 主要年份人口年龄构成和抚养比

AGE COMPOSITION AND DEPENDENCY RATIO OF POPULATION IN MAJOR YEARS

单位：% (%)

年 份 Year	年龄构成 Age Composition			抚养比 Dependency Ratio		
	0—14岁 Age 0-14	15—64岁 Age 15-64	65岁及以上 Age 65 and Over	总抚养比 Gross Dependency Ratio	少儿抚养比 Children Dependency Ratio	老年抚养比 Old People Dependency Ratio
1953	33.89	61.37	4.74	62.95	55.22	7.72
1964	40.43	55.22	4.35	81.09	73.22	7.88
1982	33.36	61.65	4.99	62.21	54.11	8.09
1990	28.15	66.46	5.39	50.47	42.36	8.11
2000	25.73	67.94	6.33	47.19	37.87	9.32
2005	21.30	71.55	7.15	39.76	29.77	9.99
2010	17.10	75.33	7.58	32.75	22.70	10.06
2011	16.47	75.62	7.91	32.24	21.78	10.46
2012	16.44	75.59	7.97	32.29	21.75	10.54
2013	15.83	75.80	8.37	31.93	20.88	11.04
2014	15.67	75.65	8.68	32.19	20.71	11.47
2015	15.50	75.40	9.10	32.63	20.56	12.07
2016	15.45	75.06	9.49	33.23	20.58	12.64
2017	15.59	74.46	9.95	34.30	20.94	13.36
2018	15.81	73.79	10.40	35.52	21.43	14.09
2019	15.67	73.36	10.97	36.31	21.36	14.95
2020	16.35	70.75	12.90	41.34	23.11	18.23
2021	15.92	70.40	13.68	42.04	22.61	19.43

注：1953、1964、1982、1990、2000、2010和2020年为七次人口普查数据，其余年份为人口抽样调查推算数。

Note: Data of 1953, 1964, 1982, 1990, 2000, 2010 and 2020 in this table are obtained from senven National Population Census, and the rest are caculated from the Sample Survey of Population .

2-4 主要年份就业人员数

NUMBER OF EMPLOYEES IN MAJOR YEARS

单位：万人 (10 000 persons)

年 份 Year	就业人员 Total Employed Persons	第一产业 Primary Industry	第二产业 Secondary Industry	第三产业 Tertiary Industry	城 镇 Urban	乡 村 Rural
1952	651	562	43	46	66	584
1978	965	628	189	148	268	697
1980	1003	612	249	142	300	703
1985	1154	576	338	240	385	769
1990	1304	633	383	289	451	853
1995	1425	636	436	353	513	911
2000	1392	663	353	376	430	962
2005	1500	642	386	473	441	1060
2010	1802	682	473	646	626	1176
2011	1817	650	509	658	661	1156
2012	1834	609	517	708	699	1135
2013	1855	592	536	727	785	1070
2014	1842	595	484	763	851	991
2015	1827	550	468	809	890	937
2016	1832	522	469	841	943	889
2017	1812	500	458	853	954	858
2018	1789	478	437	875	953	836
2019	1762	462	425	876	962	800
2020	1738	424	438	876	1002	736
2021	1715	401	437	877	1014	701

2-5 就业基本情况
BASIC STATISTICS ON EMPLOYMENT

单位：万人 (10 000 persons)

项　目	Item	2020	2021
16岁及以上人口	**Population Aged 16 and Over**	**2884.3**	**2886.0**
就业人员合计	**Total Number of Employed Persons**	**1738**	**1715**
第一产业	Primary Industry	424	401
第二产业	Secondary Industry	438	437
第三产业	Tertiary Industry	876	877
按城乡分就业人员	**Number of Employed Persons by Urban and Rural Areas**		
城　镇	Urban Employed Persons	1002	1014
乡　村	Rural Employed Persons	736	701
按登记注册类型分城镇非私营单位就业人员	**Number of Employed Person in Urban Non-private Units by Status of Registration**		
国有单位	State-owned Units	172.9	170.3
城镇集体单位	Urban Collective-owned Units	6.4	5.1
股份合作单位	Cooperative Units	0.2	0.2
联营单位	Joint Ownership Units		
有限责任公司	Limited Liability Corporations	194.7	203.2
股份有限公司	Share-holding Corporations Ltd.	41.9	39.2
港澳台商投资单位	Units with Funds from Hong Kong, Macao & Taiwan	8.2	6.9
外商投资单位	Foreign Funded Units	10.1	9.1
城镇登记失业人数	**Number of Registered Unemployed Persons in Urban Areas**	**27.7**	**20.0**
城镇登记失业率　(%)	**Registered Unemployment Rate in Urban Areas (%)**	**3.1**	**2.3**

2-6 城镇非私营单位就业人员和工资(2021年)
NUMBER AND WAGE OF EMPLOYEES IN URBAN NON-PRIVATE UNITS(2021)

项 目	Item	就业人员(人) Employees (person)	工资总额(万元) Total Wage (10 000 yuan)	平均工资(元) Average Wage(yuan)	
					#在岗职工 Fully Employed
总 计	**Total**	**4428840**	**36649614**	**82413**	**84938**
一、按执行会计标准类别分	**Grouped by Categories of Implementing Accounting Standards**				
1.企 业	Enterprises	2875327	24896440	85544	88533
2.政 府	Government	1483551	11461149	77997	79888
3.民间非营利组织	Private Non-Profit Organizations	69071	288256	43421	43921
4.其 他	Others	892	3769	44243	45013
二、按国民经济行业分	**Grouped by Sector**				
1.农、林、牧、渔业	Farming, Forestry, Animal Husbandry and Fishery	12978	66639	52618	53674
2.采矿业	Mining	846035	8331912	99948	100806
3.制造业	Manufacturing	565288	4411198	74758	74609
4.电力、热力、燃气及水生产和供应业	Production and Supply of Electricity, Heat, Gas and Water	160923	1614541	101101	102568
5.建筑业	Construction	268910	2049239	74724	77250
6.批发和零售业	Wholesale and Retail Trade	137402	1008259	73526	74314
7.交通运输、仓储和邮政业	Transport, Storage and Post	231536	2344280	101149	102146
8.住宿和餐饮业	Hotels and Catering Services	39954	155265	39400	43225
9.信息传输、软件和信息技术服务业	Information Transmission, Software and Information Technology Services	49541	489880	99130	100677
10.金融业	Financial Industry	262857	2464423	87734	119778
11.房地产业	Real Estate	60297	420518	68728	70268
12.租赁和商务服务业	Lease and Business Services	119506	711815	59029	60494
13.科学研究和技术服务业	Scientific Research and Technical Services	75699	698502	91304	92452
14.水利、环境和公共设施管理业	Water, Environmental Protection and Public Facility Management	81124	334331	41832	43550
15.居民服务、修理和其它服务业	Resident Services, Repair and Other Services	8157	43120	55581	59696
16.教 育	Education	559184	4458036	80472	81842
17.卫生和社会工作	Health Care and Social Work	272015	2224749	83104	84696
18.文化、体育和娱乐业	Culture, Sports and Recreation	44397	285715	64032	65487
19.公共管理、社会保障和社会组织	Public Management, Social Security and Social Organization	633036	4537190	72495	74425

注：(1)2020年起全国实施劳动工资统计改革，劳动工资相关指标采用新的统计口径与调查方法，后同。
(2)在岗职工包含劳务派遣工，后同。

Notes: (1)Statistical reform of labor wages has been conducted in the whole country since 2020, and related indicators have adopted new statistical coverages and survey methods.The same applies to the tables following.
(2)Dispatching workers are included in fully employed workers. The same applies to the tables following.

2-7 城镇非私营国有单位就业人员和工资(2021年)
NUMBER AND WAGE OF EMPLOYEES IN STATE-OWNED UNITS(2021)

项 目	Item	就业人员(人) Employees (person)	工资总额(万元) Total Wage (10 000 yuan)	平均工资(元) Average Wage(yuan)	
					#在岗职工 Fully Employed
总 计	**Total**	**1703398**	**13301498**	**78785**	**80667**
一、按执行会计标准类别分	**Grouped by Categories of Implementing Accounting Standards**				
1.企 业	Enterprises	211760	1796686	85168	87000
2.政 府	Government	1483479	11460798	77998	79890
3.民间非营利组织	Private Non-Profit Organizations	7785	42291	55393	56247
4.其 他	Others	375	1723	46559	46559
二、按国民经济行业分	**Grouped by Sector**				
1.农、林、牧、渔业	Farming, Forestry, Animal Husbandry and Fishery	5186	29920	58534	60615
2.采矿业	Mining	20903	144372	68355	68625
3.制造业	Manufacturing	12960	72062	55566	56644
4.电力、热力、燃气及水生产和供应业	Production and Supply of Electricity, Heat, Gas and Water	49752	609986	123268	125076
5.建筑业	Construction	18554	82456	48689	49556
6.批发和零售业	Wholesale and Retail Trade	14783	141551	95266	97969
7.交通运输、仓储和邮政业	Transport, Storage and Post	25094	133148	52644	53312
8.住宿和餐饮业	Hotels and Catering Services	8455	38303	45932	46301
9.信息传输、软件和信息技术服务业	Information Transmission, Software and Information Technology Services	6051	54244	89579	89996
10.金融业	Financial Industry	24474	282888	113302	115774
11.房地产业	Real Estate	5604	28330	51275	52084
12.租赁和商务服务业	Lease and Business Services	19810	131354	64679	67818
13.科学研究和技术服务业	Scientific Research and Technical Services	38280	344993	89185	90692
14.水利、环境和公共设施管理业	Water, Environmental Protection and Public Facility Management	59176	247612	42303	44773
15.居民服务、修理和其它服务业	Resident Services, Repair and Other Services	1760	10049	56927	58390
16.教 育	Education	479341	4098664	86094	87555
17.卫生和社会工作	Health Care and Social Work	248818	2106901	86029	87761
18.文化、体育和娱乐业	Culture, Sports and Recreation	31597	208476	65653	67000
19.公共管理、社会保障和社会组织	Public Management, Social Security and Social Organization	632800	4536189	72503	74433

2-8 城镇非私营集体单位就业人员和工资(2021年)
NUMBER AND WAGE OF EMPLOYEES IN COLLECTIVE-OWNED UNITS(2021)

项 目	Item	就业人员(人) Employees (person)	工资总额(万元) Total Wage (10 000 yuan)	平均工资(元) Average Wage(yuan)	#在岗职工 Fully Employed
总 计	**Total**	**51213**	**292677**	**56533**	**57916**
一、按执行会计标准类别分	**Grouped by Categories of Implementing Accounting Standards**				
1.企 业	Enterprises	49114	284540	57205	58632
2.政 府	Government	44	198	45930	46595
3.民间非营利组织	Private Non-Profit Organizations	2046	7915	40009	40663
4.其 他	Others	9	25	28000	28000
二、按国民经济行业分	**Grouped by Sector**				
1.农、林、牧、渔业	Farming, Forestry, Animal Husbandry and Fishery	339	784	24276	24839
2.采矿业	Mining	4896	57561	118657	118657
3.制造业	Manufacturing	9514	42473	43445	44098
4.电力、热力、燃气及水生产和供应业	Production and Supply of Electricity, Heat, Gas and Water	569	1841	33503	33979
5.建筑业	Construction	7439	33860	44425	44850
6.批发和零售业	Wholesale and Retail Trade	7273	24023	32565	33237
7.交通运输、仓储和邮政业	Transport, Storage and Post	1794	8196	45539	44674
8.住宿和餐饮业	Hotels and Catering Services	594	1910	31098	30946
9.信息传输、软件和信息技术服务业	Information Transmission, Software and Information Technology Services	110	287	25883	27060
10.金融业	Financial Industry	7477	80781	106599	108410
11.房地产业	Real Estate	2700	7776	28948	29148
12.租赁和商务服务业	Lease and Business Services	3187	13738	42019	41226
13.科学研究和技术服务业	Scientific Research and Technical Services	407	1500	37881	38424
14.水利、环境和公共设施管理业	Water, Environmental Protection and Public Facility Management	415	980	23877	23735
15.居民服务、修理和其它服务业	Resident Services, Repair and Other Services	494	1572	31031	38013
16.教 育	Education	2190	8884	42112	43211
17.卫生和社会工作	Health Care and Social Work	1186	4243	37203	36804
18.文化、体育和娱乐业	Culture, Sports and Recreation	577	1970	32893	33044
19.公共管理、社会保障和社会组织	Public Management, Social Security and Social Organization	52	297	57832	58624

2-9 城镇非私营其他单位就业人员和工资(2021年)
NUMBER AND WAGE OF EMPLOYEES IN OTHER-OWNED UNITS(2021)

项 目	Item	就业人员(人) Employees (person)	工资总额(万元) Total Wage (10 000 yuan)	平均工资(元) Average Wage(yuan)	#在岗职工 Fully Employed
总 计	**Total**	**2674229**	**23055439**	**85171**	**88210**
一、按登记注册类型分	**Grouped by Registered Kind**				
内 资	Civil Funded Enterprises	2514112	21559385	85435	88497
1.股份合作	Share Cooperative Enterprises	1836	23118	122181	127551
2.联 营	Joint Owned Enterprises	148	529	34103	33974
3.有限责任公司	Limited Liability Company	2032362	17172804	84849	86605
4.股份有限公司	Share Holding Limited Company	391775	3988870	96724	110093
5.其 他	Others	87991	374065	43959	44303
港、澳、台商投资	Enterprises Funded by HongKong, Macao and Taiwan	68921	750861	83916	85035
外商投资	Foreign Funded Enterprises	91197	745193	79281	83651
二、按执行会计标准类别分	**Grouped by Categories of Implementing** Accounting Standards				
1.企 业	Enterprises	2614453	22815214	86106	89224
2.政 府	Government	28	154	54929	54929
3.民间非营利组织	Private Non-Profit Organizations	59240	238050	41930	42374
4.其 他	Others	508	2021	42741	44046
三、按国民经济行业分	**Grouped by Sector**				
1.农、林、牧、渔业	Farming, Forestry, Animal Husbandry and Fishery	7453	35935	49703	50151
2.采矿业	Mining	820236	8129979	100661	101541
3.制造业	Manufacturing	542814	4296663	75737	75504
4.电力、热力、燃气及水生产和供应业	Production and Supply of Electricity, Heat, Gas and Water	110602	1002714	91437	92664
5.建筑业	Construction	242917	1932923	77415	80092
6.批发和零售业	Wholesale and Retail Trade	115346	842685	73344	73860
7.交通运输、仓储和邮政业	Transport, Storage and Post	204648	2202935	107632	108608
8.住宿和餐饮业	Hotels and Catering Services	30905	115051	37778	42534
9.信息传输、软件和信息技术服务业	Information Transmission, Software and Information Technology Services	43380	435349	100655	102397
10.金融业	Financial Industry	230906	2100754	84588	121082
11.房地产业	Real Estate	51993	384413	72566	74247
12.租赁和商务服务业	Lease and Business Services	96509	566723	58419	59623
13.科学研究和技术服务业	Scientific Research and Technical Services	37012	352009	94059	94820
14.水利、环境和公共设施管理业	Water, Environmental Protection and Public Facility Management	21534	85738	40868	40867
15.居民服务、修理和其它服务业	Resident Services, Repair and Other Services	5903	31500	57415	61817
16.教 育	Education	77653	350488	46235	46633
17.卫生和社会工作	Health Care and Social Work	22011	113606	52446	52625
18.文化、体育和娱乐业	Culture, Sports and Recreation	12223	75269	61356	63130
19.公共管理、社会保障和社会组织	Public Management, Social Security and Social Organization	183	705	43789	45650

2-10 城镇非私营企业单位就业人员和工资(2021年)

NUMBER AND WAGE OF EMPLOYEES IN URBAN NON-PRIVATE ENTERPRISES(2021)

项 目	Item	就业人员(人) Employees (person)	工资总额(万元) Total Wage (10 000 yuan)	平均工资(元) Average Wage(yuan)	#在岗职工 Fully Employed
总 计	**Total**	**2875327**	**24896440**	**85544**	**88533**
按国民经济行业分	**Grouped by Sector**				
1.农、林、牧、渔业	Farming, Forestry, Animal Husbandry and Fishery	9535	44704	48245	48819
2.采矿业	Mining	846035	8331912	99948	100806
3.制造业	Manufacturing	565288	4411198	74758	74609
4.电力、热力、燃气及水生产和供应业	Production and Supply of Electricity, Heat, Gas and Water	159679	1609474	101568	103039
5.建筑业	Construction	268902	2049212	74725	77251
6.批发和零售业	Wholesale and Retail Trade	137307	1007993	73548	74325
7.交通运输、仓储和邮政业	Transport, Storage and Post	215492	2248376	104298	105228
8.住宿和餐饮业	Hotels and Catering Services	39703	154242	39386	43237
9.信息传输、软件和信息技术服务业	Information Transmission, Software and Information Technology Services	46630	472526	101599	103326
10.金融业	Financial Industry	259005	2414725	87170	119578
11.房地产业	Real Estate	59392	415696	68956	70489
12.租赁和商务服务业	Lease and Business Services	106463	616474	57376	58771
13.科学研究和技术服务业	Scientific Research and Technical Services	49024	474361	95888	96730
14.水利、环境和公共设施管理业	Water, Environmental Protection and Public Facility Management	24373	98722	41497	41619
15.居民服务、修理和其它服务业	Resident Services, Repair and Other Services	6624	34765	55751	60573
16.教 育	Education	34548	197334	56889	57061
17.卫生和社会工作	Health Care and Social Work	29639	203152	68812	69563
18.文化、体育和娱乐业	Culture, Sports and Recreation	16628	102479	60667	62063
19.公共管理、社会保障和社会组织	Public Management, Social Security and Social Organization	1061	9094	84308	87456

2-11 城镇私营单位就业人员和工资(2021年)

NUMBER AND WAGE OF EMPLOYEES IN URBAN PRIVATE UNITS(2021)

项 目	Item	就业人员(人) Employees (person)	工资总额(万元) Total Wage (10 000 yuan)	平均工资(元) Average Wage (yuan)
总 计	**Total**	**2053865**	**9233351**	**45748**
按国民经济行业分	**Grouped by Sector**			
1.农、林、牧、渔业	Farming, Forestry, Animal Husbandry and Fishery	39832	146942	35812
2.采矿业	Mining	112261	665471	59477
3.制造业	Manufacturing	504538	2466139	49423
4.电力、热力、燃气及水生产和供应业	Production and Supply of Electricity, Heat, Gas and Water	21430	90579	46852
5.建筑业	Construction	320060	1424059	47385
6.批发和零售业	Wholesale and Retail Trade	296553	1212991	41307
7.交通运输、仓储和邮政业	Transport, Storage and Post	96360	514913	53763
8.住宿和餐饮业	Hotels and Catering Services	78039	281801	36724
9.信息传输、软件和信息技术服务业	Information Transmission, Software and Information Technology Services	37528	188111	50583
10.金融业	Financial Industry	9773	62036	63785
11.房地产业	Real Estate	146583	567044	38468
12.租赁和商务服务业	Lease and Business Services	125847	569202	44108
13.科学研究和技术服务业	Scientific Research and Technical Services	66256	316944	49129
14.水利、环境和公共设施管理业	Water, Environmental Protection and Public Facility Management	20053	60670	31238
15.居民服务、修理和其他服务业	Resident Services, Repair and Other Services	29223	99066	34817
16.教 育	Education	85898	316673	38069
17.卫生和社会工作	Health Care and Social Work	45172	188649	43819
18.文化、体育和娱乐业	Culture, Sports and Recreation	18460	62060	33761

2-12 主要年份城镇非私营单位就业人员平均工资和指数

AVERAGE WAGE AND RELATED INDICES OF EMPLOYEES IN URBAN NON-PRIVATE UNITS IN MAJOR YEARS

单位：元 (yuan)

年 份 Year	就业人员平均工资 Average Wage of Employees	在岗职工平均工资 Average Wage of Fully Employed	在岗职工平均工资指数 (1952年＝100) Average Wage Indices of Fully Employed (year of 1952=100)	
			货币工资 Money Wage	实际工资 Real Wage
1952		375	100.0	100.0
1955		501	133.6	122.1
1960		528	140.8	125.3
1965		638	170.1	141.1
1970		588	156.8	135.8
1975		614	163.7	141.6
1978		632	168.5	145.8
1980		754	201.1	163.2
1982		785	209.3	161.6
1985		1122	299.2	201.9
1990		2111	562.9	228.3
1995		4721	1258.9	258.2
1998		5641	1504.3	279.9
1999		6065	1617.3	299.8
2000		6918	1844.8	323.5
2001	8039	8122	2165.9	381.7
2002	9267	9357	2495.2	449.7
2003	10620	10729	2861.1	507.4
2004	12794	12943	3451.5	590.9
2005	15473	15645	4172.0	702.3
2006	18106	18300	4880.0	807.0
2007	21315	21525	5740.0	911.0
2008	25489	25828	6887.5	1021.6
2009	28066	28469	7591.7	1130.5
2010	33057	33544	8945.1	1301.2
2011	39230	39903	10640.8	1470.0
2012	44236	44943	11984.8	1616.7
2013	46407	47417	12644.5	1655.3
2014	48969	49984	13329.1	1717.4
2015	51803	52960	14122.7	1807.1
2016	53705	54975	14660.0	1856.7
2017	60061	61547	16412.5	2054.7
2018	65917	67669	18045.1	2219.3
2019	69551	72207	19255.2	2305.9
2020	74739	77364	20630.4	2372.8
2021	82413	84938	22650.1	2579.3

2-13 社会保障基本情况
BASIC STATISTICS ON SOCIAL SECURITY

年份 Year	参加保险人数(万人) Active Contributors (10 000 persons)				基金收入(亿元) Fund Revenue(100 million yuan)		
	城镇职工养老保险 Basic Pension Insurance of Employees in Urban Units		失业保险 Unemployment Insurance	医疗保险 Basic Medical Insurance	城镇职工养老保险 Basic Pension Insurance of Employees in Urban Units		失业保险 Unemployment Insurance
	企业 Enterprises	机关事业 Government Agencies and Institutions			企业 Enterprises	机关事业 Government Agencies and Institutions	
2000	358.81		254.80		53.87		2.43
2001	365.57		286.10	156.00	58.05		2.94
2002	361.24		278.90	217.00	75.91		3.42
2003	364.42	67.13	284.10	272.00	86.27	7.09	3.80
2004	376.08	68.71	286.50	295.00	109.30	9.04	4.22
2005	383.43	80.08	288.50	325.00	118.90	11.96	5.53
2010	494.92	96.11	305.05	935.00	357.13	48.24	13.52
2011	523.93	99.84	309.35	1005.06	516.78	56.93	18.62
2012	548.67	100.02	380.88	1055.90	602.26	64.68	25.05
2013	570.21	102.22	400.98	1086.30	563.51	75.53	34.13
2014	588.73	103.30	407.68	1100.70	580.56	83.35	36.07
2015	604.23	110.00	411.29	1113.81	586.07	102.52	30.61
2016	620.57	139.64	415.15	1121.16	652.11	135.92	27.51
2017	636.70	162.01	420.56	3215.40	790.94	628.46	25.18
2018	659.84	177.81	431.13	3240.46	909.88	407.81	26.02
2019	691.71	179.82	443.91	3266.36	955.56	332.20	23.77
2020	764.80	181.01	469.38	3245.07	898.82	376.40	23.23
2021	831.09	184.10	504.48	3246.04	1206.58	403.10	35.67

年份 Year		基金支出(亿元) Fund Expenditure(100 million yuan)				城镇低保人数(万人) Persons Receiving Lowest Cost of Living (10 000 persons)
	医疗保险 Basic Medical Insurance	城镇职工养老保险 Basic Pension Insurance of Employees		失业保险 Unemployment Insurance	医疗保险 Basic Medical Insurance	
		企业 Enterprises	机关事业 Government Agencies and Institutions			
2000		50.62		1.34		3.06
2001	1.32	51.22		1.49	0.68	28.53
2002	4.13	60.32		2.12	1.53	62.21
2003	10.19	65.18	8.19	3.17	4.80	84.21
2004	17.88	76.30	12.40	2.58	10.98	84.86
2005	25.60	78.37	14.75	2.78	15.75	84.97
2010	86.74	226.81	43.61	6.56	69.65	91.51
2011	106.32	367.39	51.79	5.64	84.07	91.69
2012	141.04	437.23	58.24	4.96	104.24	89.04
2013	160.93	411.31	66.49	5.22	128.25	85.03
2014	163.22	480.56	75.36	13.44	146.54	72.60
2015	178.60	554.76	102.20	13.79	154.17	59.90
2016	187.17	614.57	132.31	11.87	170.25	53.10
2017	371.88	712.48	565.19	12.31	323.09	45.98
2018	428.36	764.64	378.19	11.68	393.61	35.80
2019	472.40	922.92	336.48	14.39	449.51	28.04
2020	497.86	1020.31	362.69	34.93	438.17	26.14
2021	566.02	1125.27	400.82	25.58	460.25	23.83

注：(1)2017年起，医疗保险包含城镇职工和城乡居民基本医疗保险数据；

(2)2017年机关事业养老保险基金收入为2014年10月至2017年12月期间数据。

Notes: (1)Data of medical insurance has included basic medical insurance of employees and that for urban and rural residents since 2017.

(2)Fund revenue of government agencies and institution of 2017 is a period data which is calculated from October 2014 to December 2017.

主要统计指标解释

人口数 指一定时点、一定地区范围内有生命的个人总和。

年度统计的年末人口数指每年 12 月 31 日 24 时的常住人口数。

常住人口 包括：1.住本乡（镇、街道），户口登记地在本乡（镇、街道）的人；2.住本乡（镇、街道）半年以上，户口登记地在其他乡（镇、街道）的人；3.住本乡（镇、街道）不满半年，但是已离开户口登记地半年以上的人；4.户口登记地在本乡（镇、街道），离开不满半年的人；5.住本乡（镇、街道），户口待定的人；6.户口登记地在本乡（镇、街道），现居住国外的人。

城镇人口和乡村人口 城镇人口是指居住在城镇范围内的全部常住人口；乡村人口是除上述人口以外的全部人口。

城镇包括城区和镇区。城区是指在市辖区和不设区的市中，街道办事处所辖的居民委员会地域，以及城市公共设施、居住设施等连接到的其他居民委员会地域和村民委员会地域。

镇区是指在城区以外的镇和其他区域，包括镇所辖的居民委员会地域，以及镇的公共设施、居住设施等连接到的村民委员会地域。

出生率（又称粗出生率） 指在一定时期内（通常为一年）一定地区的出生人数与同期内平均人数（或期中人数）之比，用千分率表示。本资料中的出生率指年出生率，其计算公式为：

出生率＝年出生人数/年平均人数×1000‰

式中：出生人数指活产婴儿，即胎儿脱离母体时（不管怀孕月数），有过呼吸或其他生命现象。年平均人数指年初、年底人口数的平均数，也可用年中人口数代替。

死亡率（又称粗死亡率） 指在一定时期内（通常为一年）一定地区的死亡人数与同期内平均人数（或期中人数）之比，用千分率表示。本资料中的死亡率指年死亡率，其计算公式为：

死亡率＝年死亡人数/年平均人数×1000‰

人口自然增长率 指在一定时期内（通常为一年）人口自然增加数（出生人数减死亡人数）与该时期内平均人数（或期中人数）之比，用千分率表示。计算公式为：

人口自然增长率＝（本年出生人数-本年死亡人数）/年平均人数×1000‰＝人口出生率-人口死亡率

总抚养比 也称总负担系数。指人口总体中非劳动年龄人口数与劳动年龄人口数之比。通常用百分比表示。用以表明每 100 名劳动年龄人口大致要负担多少名非劳动年龄人口。用于从人口角度反映人口与经济发展的基本关系。计算公式为：

$$GDR = (P_{0\text{-}14} + P_{65}^{+}) / P_{15\text{-}64} \times 100\%$$

其中：GDR 为总抚养比；

$P_{0\text{-}14}$ 为 0-14 岁少年儿童人口数；

$P_{15\text{-}64}$ 为 15-64 岁的劳动年龄人口数；

P_{65}^{+} 为 65 岁及 65 岁以上的老年人口数。

老年人口抚养比 也称老年人口抚养系数。指某一人口中老年人口数与劳动年龄人口数之比。通常用百分比表示。用以表明每 100 名劳动年龄人口要负担多少名老年人。老年人口抚养比是从经济角度反映人口老龄化社会后果的指标之一。计算公式为：

$$ODR = P_{65}^{+} / P_{15\text{-}64} \times 100\%$$

其中：ODR 为老年人口抚养比；

$P_{15\text{-}64}$ 为 15-64 岁的劳动年龄人口数；

P_{65}^{+} 为 65 岁及 65 岁以上的老年人口数。

少年儿童抚养比 也称少年儿童抚养系数。指某一人口中少年儿童人口数与劳动年龄人口数之比。通常用百分比表示。以反映每 100 名劳动年龄人口要负担多少名少年儿童。计算公式为：

$$CDR = P_{0\text{-}14} / P_{15\text{-}64} \times 100\%$$

其中：CDR 为少年儿童抚养比；

$P_{0\text{-}14}$ 为 0-14 岁少年儿童人口数；

$P_{15\text{-}64}$ 为 15-64 岁的劳动年龄人口数。

就业人员 指年满 16 周岁，为取得报酬或经营利润，在调查周内从事了 1 小时（含 1 小时）以上劳动的人员；或由于在职学习、休假等原因在调查周内暂时未工作的人员；或由于停工、单位不景气等原因临时未工作的人员。

城镇登记失业人员 劳动年龄（年满 16 周岁（含）至依法享受基本养老保险待遇）内，有劳动能力，有就业要求，处于无业状态，并在当地劳动保障部门进行失业登记的城镇常住人员。

城镇登记失业率 指报告期末，登记失业人员期末实有人数占期末从业人员总数与登记失业人员期末实有人数之和的比重。

城镇非私营单位 城镇地区非私营法人单位和统计上认定的视同法人单位的产业活动单位。具体包括国有单位、城镇集体单位、联营、股份制、外商投资、港澳台商投资等单位。

城镇私营单位 城镇地区私营法人单位和统计上认定的视同法人单位的产业活动单位，具体包括私营有限责任公司、私营股份有限公司、私营合伙企业和私营独资企业。

单位就业人员 指报告期最后一日在本单位工作，并取得工资或其他形式劳动报酬的人员数。该指标为时点指标，不包括最后一日当天及以前已经与单位解除劳动合同关系的人员，是在岗职工、劳务派遣人员及其他从业人员之和。就业人员不包括：

1.离开本单位仍保留劳动关系，并定期领取生活费的人员；

2.在本单位实习的各类在校学生；

3.本单位因劳务外包而使用的人员，如：建筑业整建制使用的人员。

在岗职工 指在本单位工作且与本单位签订劳动合同，并由单位支付各项工资和社会保险、住房公积金的人员，以及上述人员中由于学习、病伤、产假等原因暂未工作仍由单位支付工资的人员。在岗职工还包括：

1.应订立劳动合同而未订立劳动合同人员；

2.处于试用期人员；

3.编制外招用的人员，如临时人员；

4.派往外单位工作，但工资或其他形式劳动报酬仍由本单位发放的人员（如挂职锻炼、外派工作等情况）。

工资总额 指根据《关于工资总额组成的规定》(1990 年 1 月 1 日国家统计局发布的一号令)进行修订，本单位在报告期内(季度或年度)直接支付给本单位全部就业人员的劳动报酬总额。包括计时工资、计件工资、奖金、津贴和补贴、加班加点工资、特殊情况下支付的工资，是在岗职工工资总额、劳务派遣人员工资总额和其他就业人员工资总额之和。

工资总额是税前工资，包括单位从个人工资中直接为其代扣或代缴的房费、水费、电费、住房公积金和社会保险基金个人缴纳部分等。

工资总额不论是计入成本的还是不计入成本的，不论是以货币形式支付的还是以实物形式支付的，均应列入工资总额的计算范围。需要明确的是工资总额不包括从单位工会经费或工会账户中发放的现金或实物。

平均工资 指单位就业人员在一定时期内平均每人所得的工资额。它表明一定时期工资收入的高低程度，是反映就业人员工资水平的主要指标。计算公式为：

平均工资＝报告期内就业人员工资总额/报告期内就业人员平均人数

在岗职工平均货币工资指数 指报告期在岗职工平均工资与基期在岗职工平均工资的比率，是反映不同时期在岗职工货币工资水平变动情况的相对数。计算公式为：

在岗职工平均货币工资指数＝报告期在岗职工平均工资/基期在岗职工平均工资×100%

在岗职工平均实际工资指数 在岗职工平均实际工资指扣除物价变动因素后的在岗职工平均工资。在岗职工平均实际工资指数是反映实际工资变动情况的相对数，表明在岗职工实际工资水平提高或降低的程度。

Explanatory Notes on Main Statistical Indicators

Total Population refers to the total number of people alive at a certain point of time within a given area.

The annual statistics on total population is taken at midnight, the 31st of December.

Resident Population includes (1) population residing in the township or sub-district office area with residence registered here, (2) population residing in the township or sub-district office area more than half a year with residence registered in other places, (3) population residing in the township or sub-district office area less than half a year, but having left place of residence registration more than half a year, (4) population having left the place for less than half a year with residence registered in the township or sub-district office, (5) population residing in the township or sub-district office area with pending residence registration, (6) population now residing in foreign countries with residence registered in the township or sub-district office.

Urban Population and Rural Population Urban population refer to all people residing in cities and towns, while rural population refer to population other than urban population.

City and town include city area and town area. City area refers to the area of residence committees ruled by sub-district office in municipal district or cities with no district, and area of other residence committees which joined by urban public establishment and residence establishment.

Town area refers to the area of township and other areas besides the city zone, including the area of residence committees ruled by town government, and the area of villager's committees which joined by township public establishment and residence establishment.

Birth Rate (Crude Birth Rate) refers to the ratio of the number of birth to the average population (or mid-period population) during a certain period of time (usually a year), expressed in ‰. Birth rate in the chapter refers to annual birth rate. The following formula is used:

Birth Rate = (Number of Births / Average Number of Population) ×1000‰

Number of births in the formula refers to live births, i.e. when a baby has breathed or shown any vital phenomena regardless of the length of pregnancy. Annual average number of population is the average of the beginning of the year and that at the end of the year. Sometimes it is substituted by the mid-year population.

Death Rate (Crude Death Rate) refers to the ratio of the number of deaths to the average population (or mid-period population) during a certain period of time (usually a year), expressed in ‰. Death rate in the chapter refers to annual death rate. The following formula is used:

Death Rate = (Number of Deaths / Annual Average Number of Population) ×1000‰

Natural Growth Rate of Population refers to the ratio of natural increase in population (number of births minus number of deaths) in a certain period of time (usually a year) to the average population (or mid-period population) of the same period, expressed in ‰. The following formula is applied:

Natural Growth Rate of Population = [(Number of Birth - Number of Death) / Average Number of Population] ×1000‰ = Birth Rate - Death Rate

Gross Dependency Ratio also called gross dependency coefficient, refers to the ratio of non-working-age population to the working-age population, express in ‰. Describing in general the number of non-working-age population that every 100 people at working ages will take care of, this indicator reflects the basic relation between population and economic development from the demographic perspective. The gross dependency ratio is calculated with the following formula:

$GDR = P_{0\text{-}14} + P_{65}^{+} / P_{15\text{-}64} \times 100\%$

Where: GDR is the gross dependency ratio;

$P_{0\text{-}14}$ is the population of children aged 0-14;

$P_{15\text{-}64}$ is the working-age population aged 15-64;

P_{65}^{+} is the elderly population aged 65 and over.

Old Dependency Ratio also called old dependency coefficient, refers to the ratio of the elderly population to the working-age population, express in ‰. It describes the number of the elderly population that every 100 people at working ages will take care of. Old dependency ratio is one of the indicators reflecting the social implication of population aging from the economic perspective. The old dependency ratio is calculated with the following formula:

$ODR = P_{65}^{+} / P_{15\text{-}64} \times 100\%$

Where: ODR is the old dependency ratio;

$P_{15\text{-}64}$ is the working-age population aged 15-64;

P_{65}^{+} is the elderly population aged 65 and over.

Children Dependency Ratio also called children dependency coefficient, refers to the ratio of the children population to the working-age population, expressed in ‰. It describes the number of children population that every 100 people at working ages will take care of. The children dependency ratio is calculated with the following formula:

$CDR = P_{0\text{-}14} / P_{15\text{-}64} \times 100\%$

Where: CDR is the children dependency ratio;

$P_{0\text{-}14}$ is the children population aged 0-14;

$P_{15\text{-}64}$ is the working-age population aged 15-64.

Employed Persons refer to persons, aged 16 and over, who performed some work for compensation or business gains for one hour or more during the reference period; or persons who do not work for the reasons of study or on holiday; or persons who are temporarily absent from a job for disorganization or suspension of work, recession, etc.

Registered Unemployed Persons in Urban Areas refer to the persons residing in urban areas at certain working ages (16 years old to the age of enjoying primary endowment insurance benefits according to the law), who are capable of working, unemployed and willing to work, and have been registered at the local labor security department to apply for a job.

Registered Unemployment Rate in Urban Areas refers to the ratio of the actual number of registered unemployed persons at the end of the period to the sum of the total number of employees at the end of the period and the actual number of registered unemployed persons at the end of the period.

Urban Non-private Units refer to urban non-private legal entities and active units deemed as legal entities in statistics, including state-owned units, urban collective-owned units, joint owned units, share-holding units, foreign funded units, units funded by Hong Kong, Macao and Taiwan, etc.

Urban Private Units refer to urban private legal entities and active units deemed as legal entities in statistics, including private limited liability corporations, Private Share Holding Limited Corporations, Private Partnership Enterprises, private sole proprietorship enterprises.

Persons Employed in Various Units refer to the total number of employees who work at his unit and obtain wages or other forms of payment at the end of the reporting period. This indicator is a kind of time point index and it equals to the sum of the number of employed staff and workers, labor dispatch personnel and other employed persons. Employed persons do not include:

(1) persons who have left their working units while keeping their labor contract (employment relation) unchanged and receiving regular alimony;

(2) all kinds of enrolled students who do internship in various units;

(3) persons employed due to labor outsourcing, for example, persons employed in the organizational system of construction industry.

Fully Employed Staff and Workers refer to persons who signed labor contracts with working units and working units would pay wages, social insurance and housing funds for them. Persons who have their work posts but are temporarily absent from work for reasons of study or on sick, injury or maternal leave and still receive wages from their working units are also included. Employed staff and workers also include:

(1) persons who should have signed the labor contracts but not (like people with rural household registration);

(2) employees on probation;

(3) employees beyond the staffing quota, for example, temporary employees;

(4) employees who are sent to other working units but still obtain wages from their original units (situations like on-the-job placement, expatriated assignment, etc.).

Total Wage It is revised according to the "*Provision of Composition of Total Wages*" (Order No.1 by National Bureau of Statistics on January, 1st, ,1990), total wage refers to the total remuneration payment to all employed persons in various units during the reporting period (by quarter or by year), including hourly-paid wages, piece-rate wages, bonuses, allowance and subsidies, overtime wages and wages paid under special circumstances. It equals to the sum of total wages of employed staff and workers, dispatch labors and other employed persons.

Total wage is pre-tax wages, including the room charges, utility bills, housing funds and social insurance paid or withheld by employee's units.

Total wage, whether or not included in cost, whether or not paid in money or in kind, shall be included in the calculation of total wage. The distribution paid in cash or kind by the labor union's funds or account shall not be included.

Average Wage refers to the average per capita wage during a certain period of time for employed persons. It shows the general level of wage income during a certain period of time and it's one major indicator to reflect the wage level.It is calculated as follows:

Average Wage = Total Wage of Employed Persons at Reference Period /Average Number of Employed Persons at Reference Period Average Wage of Employed Persons

Average Money Wage Indices of Fully Employed Staff and Workers refers to the ratio of average wage of fully employed stuff and workers at reference period to that at base period, which reflects the change of wage of fully employed staff and workers at different period. It is calculated as follows:

Average Money Wage Indices of Fully Employed Staff and Workers

= (Average Wage of Fully Employed Staff and Workers at Reference Period /Average Wage of Fully Employed Staff and Workers at Base Period) ×100%

Average Real Wage Indices of Fully Employed Staff and Workers average real wage of fully employed staff and workers refers to the average wage of fully employed stuff and workers after removing the effects of price changes. Average real wage indices of fully employed staff and workers refers to the change of real wage, which reflects the relative increasing and decreasing level of real wage of fully employed staff and workers.

PRICE

3 物价

资料整理人员

范璟煜　周冠宇

物价 PRICE

居民消费价格指数	General Residents Consumer Price Index	101.0
城　市	Urban Residents Consumer Price Index	101.1
农　村	Rural Residents Consumer Price Index	100.9
商品零售价格指数	Retail Price Index	102.7
工业生产者出厂价格指数	Producer Price Index for Industrial Products	130.2
工业生产者购进价格指数	Purchasing Price Index of Industrial Producer	116.3

物价指数（上年 =100）
Price Index (last year=100)

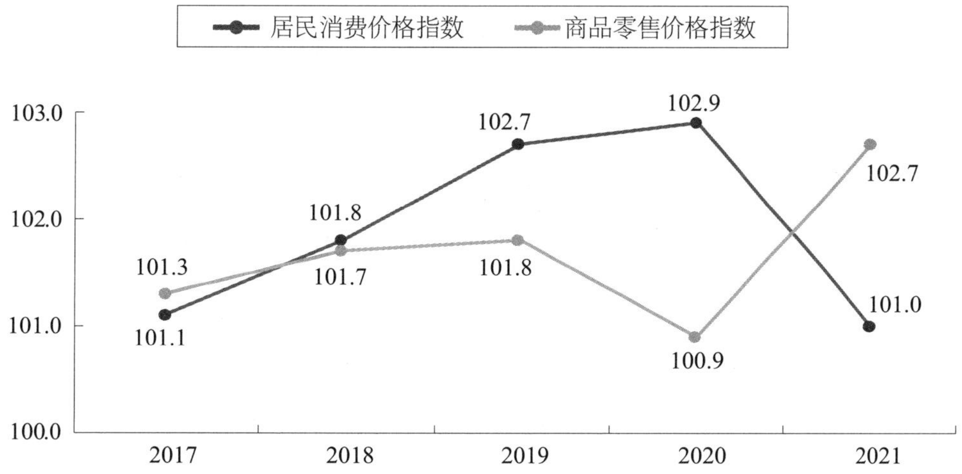

工业生产者价格指数（上年 =100）
Price Index of Industrial Producer (last year=100)

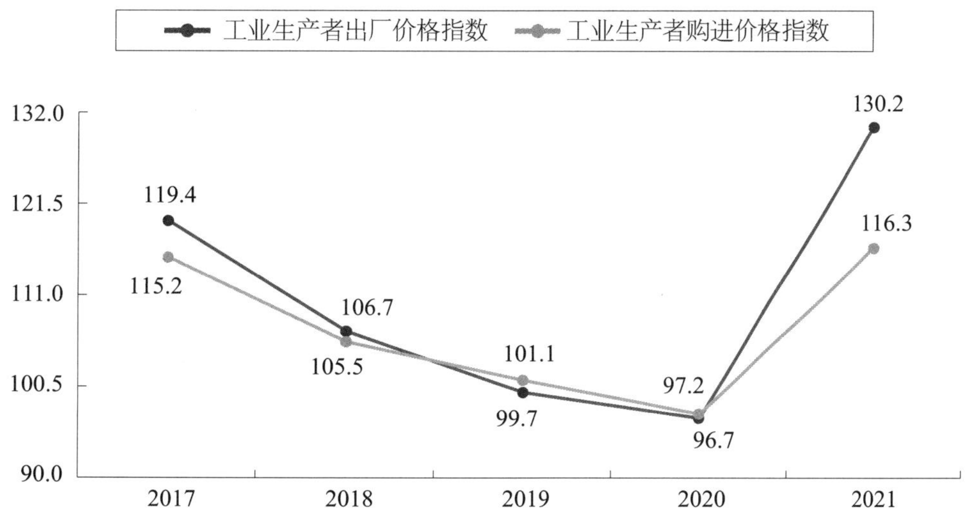

3-1 主要年份各类物价指数
GENERAL PRICE INDICES IN MAJOR YEARS

上年=100 (last year=100)

年 份 Year	全省居民消费价格指数 Residents Consumer Price Index	城市居民消费价格指数 Urban Residents Consumer Price Index	农村居民消费价格指数 Rural Residents Consumer Price Index	全省商品零售价格指数 Retail Price Index
1978		100.0		100.0
1980	103.4	105.5	101.3	103.5
1985	108.5	109.1	107.8	107.6
1990	102.2	101.5	103.0	102.1
1995	116.9	116.7	117.2	115.6
2000	103.9	104.7	103.0	97.1
2005	102.3	101.7	103.7	100.3
2010	103.0	103.1	102.8	102.3
2011	105.2	105.1	105.4	104.9
2012	102.5	102.4	102.6	101.8
2013	103.1	103.0	103.2	101.8
2014	101.7	101.8	101.4	100.6
2015	100.6	100.6	100.7	99.3
2016	101.1	101.1	101.1	100.5
2017	101.1	101.4	100.5	101.3
2018	101.8	101.8	101.8	101.7
2019	102.7	102.6	103.0	101.8
2020	102.9	102.8	103.3	100.9
2021	101.0	101.1	100.9	102.7

3-1 续表 continued

1978年=100 (year of 1978=100)

年 份 Year	全省居民消费价格指数 Residents Consumer Price Index	城市居民消费价格指数 Urban Residents Consumer Price Index	农村居民消费价格指数 Rural Residents Consumer Price Index	全省商品零售价格指数 Retail Price Index
1978	100.0	100.0	100.0	100.0
1980	104.0	106.6	101.5	104.0
1985	123.4	128.2	118.4	122.0
1990	206.6	213.4	200.5	203.2
1995	391.3	421.6	354.6	356.7
2000	444.2	488.5	391.6	349.9
2005	472.9	508.9	437.4	354.3
2010	554.9	589.6	529.4	406.1
2011	583.8	619.7	558.0	426.0
2012	598.4	634.8	572.6	433.7
2013	617.0	653.8	590.9	441.5
2014	627.5	665.6	599.2	444.1
2015	631.3	669.6	603.4	441.0
2016	638.2	677.0	610.0	443.2
2017	645.2	686.4	613.1	449.0
2018	656.8	698.8	623.9	456.6
2019	674.5	717.0	642.6	464.8
2020	694.1	737.1	663.8	469.0
2021	701.0	745.2	669.8	481.7

3-2 主要年份城市居民消费价格指数
URBAN RESIDENTS CONSUMER PRICE INDICES IN MAJOR YEARS

年 份 Year	1950年 价格=100 Year of 1950=100	1957年 价格=100 Year of 1957=100	1965年 价格=100 Year of 1965=100	1970年 价格=100 Year of 1970=100	1978年 价格=100 Year of 1978=100	1980年 价格=100 Year of 1980=100	1985年 价格=100 Year of 1985=100	1990年 价格=100 Year of 1990=100	上年=100 Last Year=100
1978	141.3	104.1	98.6	100.0	100.0				100.0
1980	150.6	110.9	102.1	106.5	106.6	100.0			105.5
1985	181.1	133.5	123.0	128.2	128.2	120.3	100.0		109.1
1990	301.4	222.2	204.7	213.4	213.4	200.2	166.4	100.0	101.5
1995	595.6	439.3	404.6	421.6	421.6	395.8	328.9	197.6	116.7
2000	690.0	508.8	468.7	488.5	488.5	458.6	380.9	229.0	104.7
2005	718.8	530.1	488.3	508.9	508.9	477.7	396.8	238.7	101.7
2010	832.6	614.2	565.8	589.6	589.6	553.4	459.7	276.5	103.1
2011	875.1	645.5	594.7	619.7	619.7	581.6	483.1	290.6	105.1
2012	896.5	661.3	609.2	634.8	634.8	595.8	494.9	297.7	102.4
2013	923.4	681.1	627.5	653.9	653.8	613.7	509.7	306.6	103.0
2014	940.0	693.4	638.8	665.7	665.6	624.7	518.9	312.1	101.8
2015	945.6	697.6	642.6	669.7	669.6	628.4	522.0	314.0	100.6
2016	956.0	705.3	649.7	677.1	677.0	635.3	527.7	317.5	101.1
2017	969.4	715.1	658.8	686.5	686.4	644.2	535.1	321.9	101.4
2018	986.8	728.0	670.7	698.9	698.8	655.8	544.7	327.7	101.8
2019	1012.5	746.9	688.1	717.1	717.0	672.9	558.9	336.2	102.6
2020	1040.9	767.8	707.4	737.2	737.1	691.7	574.5	345.6	102.8
2021	1052.3	776.2	715.2	745.3	745.2	699.3	580.8	349.4	101.1

3-3 主要年份商品零售价格指数
RETAIL PRICE INDICES IN MAJOR YEARS

年 份 Year	1950年 价格=100 Year of 1950=100	1957年 价格=100 Year of 1957=100	1965年 价格=100 Year of 1965=100	1970年 价格=100 Year of 1970=100	1978年 价格=100 Year of 1978=100	1980年 价格=100 Year of 1980=100	1985年 价格=100 Year of 1985=100	1990年 价格=100 Year of 1990=100	上年=100 Last Year=100
1978	143.1	104.2	95.4	99.6	100.0				100.0
1980	148.8	108.4	99.3	103.6	104.0	100.0			103.5
1985	174.5	127.0	116.3	121.5	122.0	117.3	100.0		107.6
1990	290.6	211.5	193.8	202.4	203.2	195.4	166.6	100.0	102.1
1995	510.1	371.3	340.3	355.5	356.7	343.1	292.5	175.6	115.6
2000	500.5	364.1	333.7	348.6	349.9	336.5	286.8	172.2	97.1
2005	506.8	368.8	337.9	353.0	354.3	340.6	290.3	174.3	100.3
2010	580.8	422.6	387.4	404.5	406.1	390.4	332.6	199.7	102.3
2011	609.3	443.3	406.4	424.3	426.0	409.5	348.9	209.5	104.9
2012	620.3	451.3	413.7	431.9	433.7	416.9	355.2	213.3	101.8
2013	631.5	459.4	421.1	439.7	441.5	424.4	361.6	217.1	101.8
2014	635.3	462.2	423.6	442.3	444.1	426.9	363.8	218.4	100.6
2015	630.9	459.0	420.6	439.2	441.0	423.9	361.3	216.9	99.3
2016	634.1	461.3	422.7	441.4	443.2	426.0	363.1	218.0	100.5
2017	642.3	467.3	428.2	447.1	449.0	431.6	367.8	220.8	101.3
2018	653.2	475.2	435.5	454.7	456.6	438.9	374.1	224.6	101.7
2019	665.0	483.8	443.3	462.9	464.8	446.8	380.8	228.6	101.8
2020	671.0	488.2	447.3	467.1	469.0	450.8	384.2	230.7	100.9
2021	689.1	501.4	459.4	479.7	481.7	463.0	394.6	236.9	102.7

3-4 居民消费价格分类指数(2021年)

RESIDENTS CONSUMER PRICE INDICES BY CATEGORY OF COMMODITIES(2021)

上年=100 (last year=100)

指 标	Item	全 省 Total Province Indices	城 市 Urban Indices	农 村 Rural Indices
居民消费价格指数	**Consumer Price Index**	**101.0**	**101.1**	**100.9**
一、食品烟酒	Food, Tobacco and Liquor	100.4	100.5	100.1
1.食 品	Food	99.8	99.8	99.5
粮 食	Grain	101.9	101.3	102.9
薯 类	Tubers	97.4	97.7	97.0
豆 类	Beans	106.2	105.6	107.4
食用油	Edible Oil and Fats	106.7	106.0	108.1
菜及食用菌	Vegetables and Edible Fungi	107.6	106.8	110.3
鲜 菜	Fresh Vegetables	108.5	107.7	111.2
鲜 菌	Fresh Fungi	99.8	99.2	102.8
干菜干菌及制品	Dried Vegetables, Edible Fungi and Products	100.7	100.7	100.6
畜肉类	Meat of Livestock	84.7	86.8	78.7
猪 肉	Pork	68.2	69.3	66.0
禽肉类	Meat of Poultry	94.1	93.5	96.5
水产品	Aquatic Products	109.3	108.9	110.8
蛋 类	Poultry Eggs	119.0	116.2	124.9
鸡 蛋	Eggs	119.5	116.7	125.2
奶 类	Milk and Other Dairy Products	101.6	101.3	102.7
干鲜瓜果类	Dried and Fresh Melons and Fruits	101.0	101.6	98.5
鲜 果	Fresh Fruits	101.5	102.2	98.3
坚 果	Dried Fruits	99.2	99.6	97.7
糖果糕点类	Candy and Cake	100.6	100.7	100.4
调味品	Flavouring	101.9	101.7	102.2
其他食品类	Other Foods	100.9	100.9	101.1
2.茶及饮料	Tea and Beverages	101.0	101.4	99.8
茶 叶	Tea	100.0	99.9	100.8
固体咖啡	Solid Coffee	102.5	102.9	99.0
其他固体饮料	Other Solid Drinks	101.2	101.6	100.2
饮用水	Potable Water	103.1	103.7	100.4
果汁饮料	Fruit Juice	101.3	101.5	100.8
3.烟 酒	Tobacco and Liquor	101.2	101.3	100.9
卷 烟	Cigarettes	101.1	101.2	100.8
酒 类	Liquor	101.4	101.5	101.3
4.在外餐饮	Dining Out	102.3	102.3	102.6
餐馆餐饮	Restaurants	101.5	101.4	101.7
饮品店餐饮	Drink Stores	100.7	100.6	100.7
外 卖	Takeout	104.3	104.5	103.0
其他在外餐饮	Others	104.2	103.9	105.5

3-4 续表1 continued

上年=100 (last year=100)

指 标	Item	全 省 Total Province Indices	城 市 Urban Indices	农 村 Rural Indices
二、衣 着	Clothing	100.3	100.6	99.6
1.服 装	Garments	100.2	100.4	99.3
男式服装	Man's Garments	101.1	101.4	100.3
女式服装	Woman's Garments	99.7	99.9	98.8
儿童服装	Children's Garments	99.9	100.1	98.9
衣着材料及配件	Clothing Materials and Accessories	100.0	99.9	100.3
衣着服务费	Fees for Clothing Services	102.7	102.9	101.7
2.鞋 类	Footwear	101.0	101.2	100.5
鞋	Shoes	101.0	101.2	100.5
鞋类服务	Shoes Services	101.0	100.0	104.3
三、居 住	Residence	100.4	100.2	101.1
1.租赁房房租	Rent	99.6	99.5	100.2
2.住房保养维修及管理	Housing Maintenance and Management	101.3	101.0	102.2
3.水电燃料	Water, Electricity and Fuels	102.3	102.5	101.8
4.自有住房	Private Housing	99.6	99.3	100.6
四、生活用品及服务	Articles for Daily Use and Services	100.4	100.2	100.9
1.家具及室内装饰品	Furniture and Interior Decorations	100.9	101.0	100.7
家 具	Furniture	100.9	101.0	100.8
室内装饰品	Interior Decorations	100.9	101.1	99.9
2.家用器具	Household Appliances	101.0	100.2	103.2
3.家用纺织品	Household Textiles	100.2	100.2	100.6
4.家庭日用杂品	Daily Use Household Articles	100.2	100.1	100.4
5.个人护理用品	Personal Care Articles	98.3	98.3	98.4
6.家庭服务	Household Services	103.9	104.4	100.7
五、交通通信	Transportation and Communication	104.4	104.5	104.3
1.交 通	Transportation	105.4	105.2	106.1
交通工具	Transportation Facility	99.9	99.8	99.9
交通工具用燃料	Fuels of Transportation Facility	117.3	117.3	117.3
交通工具使用和维修	Use and Repairment of Transportation Facility	98.3	97.7	100.6
交通费	Traffic Fare	104.7	105.6	101.2
市内公共交通	Incity Public Transportation	99.3	98.9	100.0
出租汽车	Taxi	100.2	100.3	100.0
飞 机 票	Plane Ticket	120.5	120.1	126.0
火 车 票	Train Ticket	100.0	100.0	100.1
长途汽车	Coach	97.9	99.0	96.2

3-4 续表2 continued

上年=100 (last year=100)

指　标	Item	全　省 Total Province Indices	城　市 Urban Indices	农　村 Rural Indices
2.通　信	Communication	101.9	102.2	101.0
通信工具	Communication Facility	105.5	106.3	103.2
通信服务	Communication Service	99.8	99.7	100.0
邮递服务	Postal Service	99.0	99.8	96.7
六、教育文化和娱乐	Education, Culture and Recreation	102.6	103.0	101.3
1.教　育	Education	101.9	102.1	101.2
教育用品	Education Articles	102.4	101.7	104.1
教育服务	Education Services	101.9	102.2	101.0
2.文化娱乐	Culture and Recreation	104.2	104.5	101.7
文娱耐用消费品	Durable Consumer Goods for Cultural and Recreational Use	101.3	101.0	102.5
其他文娱用品	Other Cultural and Recreational Articles	100.3	100.2	100.5
文化娱乐服务	Cultural and Recreational Services	112.7	113.1	107.8
旅　游	Touring	100.4	100.7	95.8
七、医疗保健	Health Care	99.5	99.5	99.4
1.药品及医疗器具	Medicine and Medical Appliances	98.5	98.6	98.1
中　药	Traditional Chinese Medicine	100.9	101.6	99.2
西　药	Western Medicine	98.7	98.9	98.1
滋补保健品	Health Care Products	99.4	99.3	99.9
医疗卫生器具	Medical Appliances	93.3	93.0	94.2
保健器具	Health Care Appliances	99.8	99.8	100.0
2.医疗服务	Medical Services	100.0	100.0	100.0
综合医疗类	General Practice	100.2	100.3	100.0
诊断类	Diagnosis	100.0	100.0	100.0
治疗类	Treatment	99.9	99.9	100.0
康复类	Rehabilitation	100.0	100.0	100.0
中医医疗服务类	Traditional Chinese Medical Services	99.9	99.9	100.0
其他医疗保健服务	Other Medical Services	100.3	100.0	101.1
八、其他用品及服务	Other Articles and Services	98.1	97.7	99.8
1.其他用品	Other Articles	99.4	99.4	99.8
首饰手表	Jewelry and Watch	99.5	99.4	100.2
母婴用品	Maternal and Infant Supplies	98.3	98.3	98.2
其他杂项用品	Other Miscellaneous Articles	99.9	99.8	100.3
2.其他服务	Other Services	96.6	95.9	99.7
在外住宿	Hotel Accomodation	99.6	99.7	99.0
美容美发洗浴	Hairdressing, Beauty and Bath	100.9	100.9	101.0
养老服务	Pension Services	101.6	101.6	101.8
金融及保险服务	Financial and Insurance Services	92.7	92.0	96.4
中介法律及其他服务	Intermediary, Legal and Other Services	102.3	100.0	105.4

3-5 商品零售价格分类指数(2021年)

RETAIL PRICE INDICES BY CATEGORY OF COMMODITIES(2021)

上年=100 (last year=100)

指 标	Item	全 省 Total Province Indices	城 市 Urban Indices	农 村 Rural Indices
商品零售价格指数	**Retail Price Indices**	**102.7**	**102.9**	**101.8**
一、食 品	Food	100.3	100.4	99.9
1.粮 食	Grain	101.6	101.3	102.3
2.薯 类	Tubers	97.0	97.0	96.9
3.豆 类	Beans	106.0	105.4	107.7
4.食用油	Edible Oil and Fats	106.4	105.6	108.3
5.菜及食用菌	Vegetables and Edible Fungi	107.2	106.9	108.6
6.畜肉类	Meat of Livestock	85.2	86.8	78.6
7.禽肉类	Meat of Poultry	93.7	93.3	96.1
8.水产品	Aquatic Products	109.2	108.9	111.1
9.蛋 类	Eggs	118.1	116.1	124.0
10.奶 类	Milk and Other Dairy Products	101.7	101.4	103.3
11.干鲜瓜果类	Fruits and Nuts	101.4	101.5	100.5
12.糖果糕点类	Candy and Cake	100.8	100.8	100.8
13.调味品	Flavouring	101.7	101.6	101.9
14.其他食品类	Other Foods	100.9	101.0	100.6
15.餐饮业零售	Retail of Catering Services	102.3	102.3	102.1
二、饮料、烟酒	Drinking, Tobacco and Liquor	101.2	101.4	100.7
1.茶及饮料	Tea and Drinking	101.1	101.4	99.7
2.卷 烟	Cigarettes	101.1	101.3	100.7
3.酒 类	Liquor	101.4	101.5	101.1
三、服装、鞋帽	Garments, Shoes and Hats	100.5	100.7	99.5
1.服 装	Garments	100.3	100.6	99.0
2.鞋帽袜	Shoes, Socks and Stockings, Hats	101.0	100.9	101.3
3.其他衣着配件	Others	99.5	99.5	99.2
四、纺织品	Textiles	100.5	100.4	100.7
1.服装材料	Clothing Material	100.9	100.8	101.1
2.床上用品	Bed Articles	100.4	100.4	100.5
五、家用电器及音像器材	Household Appliances and Audiovisual Equipment	101.0	100.7	102.1
1.家庭设备	Household Facilities	100.7	100.3	102.3
2.文娱用耐用消费品	Durable Consumer Goods for Cultural and Recreational Use	102.0	101.9	102.4
3.专业音像器材	Professional Audiovisual Equipment	101.0	101.6	99.7

3-5 续表 continued

上年=100 (last year=100)

指 标	Item	全 省 Total Province Indices	城 市 Urban Indices	农 村 Rural Indices
六、文化办公用品	Culture and Office Articles	101.1	101.3	100.4
七、日用品	Daily Use Articles	99.8	99.7	100.0
1.日用百货	General Merchandise	99.9	99.8	100.5
2.厨具餐具茶具	Kitchenware, Tableware and Tea Set	97.6	97.6	97.5
3.清洗用品	Washing Goods	100.4	100.6	99.8
4.其他日用品	Others	100.1	100.1	100.0
八、体育娱乐用品	Sports and Recreational Articles	100.2	100.2	100.1
1.体育户外用品	Sports Articles	100.2	100.2	100.3
2.娱乐用品	Recreational Articles	100.2	100.2	100.1
九、交通、通信用品	Transportation and Communication Appliances	100.5	100.7	99.8
1.交通运输机械	Transportation Machinery	99.8	99.8	99.7
2.通信器材	Communication Equipment	105.9	106.0	103.2
十、家 具	Furniture	100.9	100.9	100.9
十一、化妆品	Cosmetics	98.2	98.1	98.4
十二、金银饰品	Gold, Silver and Jewelry	99.3	99.2	99.7
十三、中西药品及医疗保健用品	Traditional, Western Medicines and Health Care Products	98.8	98.8	98.6
1.医疗卫生器具	Medical Appliances and Articles	92.6	92.5	92.9
2.中 药	Traditional Chinese Medicine	101.5	101.9	100.0
3.西 药	Western Medicine	98.7	98.7	98.7
4.保健器具及用品	Health Care Equipment and Articles	99.7	99.7	99.8
十四、书报杂志及电子出版物	Newspapers, Magazines and Electronic Publication	101.1	100.9	102.0
1.教材及参考书	Teaching Materials and Reference Books	102.2	101.9	103.9
2.书报杂志及音像制品	Books, Newspapers, Magazines and Audiovisual Products	100.1	100.0	100.2
3.计算机办公软件	Computer Office Software	99.8	99.8	99.8
十五、燃 料	Fuels	120.5	121.5	115.2
1.煤炭及制品	Coal and Coal Products	152.0	152.8	142.3
2.石油及制品	Petroleum and its Products	113.2	113.3	112.7
十六、建筑材料及五金电料	Building Materials, Hardware and Electrical Materials	101.6	101.4	102.3
1.建筑装璜材料	Decoration Materials	101.7	101.4	102.7
2.五金水暖	Hardware and Electrical Materials	101.4	101.3	101.9

3-6 调查市县居民消费价格指数(2021年)

RESIDENTS CONSUMER PRICE INDICES IN CITIES AND COUNTIES SURVEYED(2021)

上年=100 (last year=100)

市 县	Region	居民消费价格指数 Residents Consumer Price Index	食品烟酒 Food,Tobacco and Liquor	衣 着 Clothing	居 住 Residence	生活用品及服务 Articles for Daily Use and Services
全 省	**Total**	**101.0**	**100.4**	**100.3**	**100.4**	**100.4**
太原市	Taiyuan	101.0	100.7	100.2	99.4	100.4
大同市	Datong	101.1	100.7	99.8	100.8	99.5
阳泉市	Yangquan	101.1	100.8	100.3	99.2	100.4
长治市	Changzhi	101.3	101.1	102.0	100.9	100.2
晋城市	Jincheng	101.0	101.3	101.2	99.2	100.1
朔州市	Shuozhou	100.9	100.5	99.6	100.5	100.0
晋中市	Jinzhong	101.2	100.6	99.9	100.9	100.3
运城市	Yuncheng	100.9	98.6	103.3	101.0	100.0
忻州市	Xinzhou	100.6	99.4	101.5	102.3	101.1
临汾市	Linfen	101.2	99.2	101.7	100.7	101.1
吕梁市	Lvliang	101.6	101.6	99.4	103.4	100.0
浑源县	Hunyuan	100.8	99.5	100.1	101.8	100.2
襄垣县	Xiangyuan	100.4	99.0	99.5	100.7	99.9
太谷区	Taigu	100.6	100.6	96.6	101.0	100.2
洪洞县	Hongtong	101.0	100.2	100.4	101.1	101.5
兴 县	Xingxian	101.3	100.8	97.5	102.0	102.1
汾阳市	Fenyang	101.0	100.0	101.0	100.6	100.8

市 县	Region	交通通信 Transportation and Communication	教育文化娱乐 Education, Culture and Recreation	医疗保健 Health Care	其他用品及服务 Other Articles and Services
全 省	**Total**	**104.4**	**102.6**	**99.5**	**98.1**
太原市	Taiyuan	104.6	103.5	99.4	97.3
大同市	Datong	104.8	102.3	99.6	98.1
阳泉市	Yangquan	103.6	102.9	102.1	99.7
长治市	Changzhi	103.5	102.9	99.7	95.3
晋城市	Jincheng	103.2	105.2	97.9	98.7
朔州市	Shuozhou	104.9	100.6	99.8	99.2
晋中市	Jinzhong	104.3	104.0	99.1	96.0
运城市	Yuncheng	103.6	101.8	101.3	99.6
忻州市	Xinzhou	103.8	99.6	98.2	94.6
临汾市	Linfen	105.3	103.5	99.4	99.3
吕梁市	Lvliang	104.4	99.1	99.5	102.1
浑源县	Hunyuan	104.0	100.0	100.3	99.6
襄垣县	Xiangyuan	103.5	102.0	99.9	98.1
太谷区	Taigu	104.0	100.7	99.4	98.4
洪洞县	Hongtong	104.3	101.6	98.8	100.8
兴 县	Xingxian	105.0	101.0	100.1	97.9
汾阳市	Fenyang	105.1	101.8	99.1	100.6

3-7 调查市县商品零售价格指数(2021年)

RETAIL PRICE INDICES IN CITIES AND COUNTIES SURVEYED(2021)

上年=100 (last year=100)

市县 Region		商品零售价格指数 Retail Price Index	食品 Food	服装鞋帽 Garments,Shoes and Hats	纺织品 Textiles	家用电器及音像器材 Household Appliances and Audiovisual Equipment
全　省	**Total**	**102.7**	**100.3**	**100.5**	**100.5**	**101.0**
太原市	Taiyuan	102.8	100.6	100.2	100.2	100.0
大同市	Datong	103.2	100.7	99.7	102.7	96.7
阳泉市	Yangquan	102.9	100.6	100.3	99.6	102.1
长治市	Changzhi	103.8	101.2	102.0	99.7	104.7
晋城市	Jincheng	102.1	101.3	101.3	100.3	100.3
朔州市	Shuozhou	102.4	100.7	99.7	100.1	101.8
晋中市	Jinzhong	103.2	100.6	99.8	100.0	100.8
运城市	Yuncheng	103.2	98.4	103.3	100.1	101.1
忻州市	Xinzhou	102.9	99.2	101.4	100.3	102.7
临汾市	Linfen	102.4	98.8	101.7	100.0	105.4
吕梁市	Lvliang	104.9	101.6	99.4	100.3	99.9
浑源县	Hunyuan	101.7	99.4	100.0	100.9	99.6
襄垣县	Xiangyuan	101.5	98.8	99.5	100.3	100.7
太谷区	Taigu	101.3	101.1	96.6	102.0	101.2
洪洞县	Hongtong	102.0	99.9	100.4	100.4	105.7
兴　县	Xingxian	102.7	101.3	97.5	100.6	101.4
汾阳市	Fenyang	102.0	99.6	101.0	100.3	103.5

市县 Region		日用品 Daily Use Articles	中西药品及医疗保健用品 Traditional,Western Medecines and Health Care Products	燃料 Fuels	建筑材料及五金电料 Building Materials, Hardware and Electrical Materials
全　省	**Total**	**99.8**	**98.8**	**120.5**	**101.6**
太原市	Taiyuan	99.9	98.1	119.7	101.2
大同市	Datong	99.6	98.8	127.5	101.1
阳泉市	Yangquan	100.3	105.2	120.5	102.4
长治市	Changzhi	99.3	99.6	125.3	103.5
晋城市	Jincheng	99.8	93.7	119.4	100.4
朔州市	Shuozhou	99.4	99.2	116.0	100.6
晋中市	Jinzhong	100.6	98.5	124.1	101.3
运城市	Yuncheng	99.6	107.1	121.8	100.8
忻州市	Xinzhou	98.4	97.7	121.2	103.3
临汾市	Linfen	99.4	96.5	119.0	100.4
吕梁市	Lvliang	100.5	98.8	138.7	100.8
浑源县	Hunyuan	100.3	100.2	117.6	100.9
襄垣县	Xiangyuan	98.9	100.5	118.3	103.0
太谷区	Taigu	98.1	98.6	114.7	100.4
洪洞县	Hongtong	100.1	96.6	113.4	105.4
兴　县	Xingxian	101.8	100.6	117.1	106.3
汾阳市	Fenyang	101.0	97.0	115.0	100.4

3-8 农产品生产者价格指数
PRODUCER PRICE INDICES FOR FARM PRODUCTS

上年=100 (last year=100)

指 标	Item	2015	2020	2021
农产品生产者价格指数	**Producer Price Indices for Farm Products**	**95.8**	**109.4**	**104.8**
农业产品	**Agriculture Products**	**94.5**	**105.5**	**111.2**
谷 物	Cereals	95.0	108.2	118.3
#小 麦	Wheat	99.6	98.2	103.7
稻 谷	Rice			
玉 米	Corn	94.4	109.6	121.3
大 豆	Soybeans	103.5	116.1	121.5
油 料	Oil-bearing Crops	100.0		
棉 花	Cotton			
糖 料	Sugar Crops			
蔬 菜	Vegetables	100.7	117.9	129.4
水 果	Fruits	86.4	87.6	85.1
林业产品	**Forestry Products**	**93.8**	**103.5**	**60.0**
饲养动物及其产品	**Raised Animals and Related Products**	**98.2**	**116.8**	**94.5**
生 猪	Live Pigs	108.2	157.5	59.0
活 牛	Live Cattle and Buffaloes	100.2	110.6	106.1
活 羊	Live Sheep and Goats	88.1	105.3	102.4
活家禽	Live Poultry	97.1	92.5	101.0
禽 蛋	Eggs	96.4	78.4	126.2
生 奶	Raw Milk	88.6	105.5	112.8
渔业产品	**Fishery Products**	**95.2**	**95.7**	**96.5**
海水养殖产品	Seawater Cultured Products			
海水捕捞产品	Seawater Fishing Products			
淡水养殖产品	Freshwater Cultured Products	95.2	95.7	96.5

3-9 工业生产者出厂价格指数
PRODUCER PRICE INDICES FOR INDUSTRIAL PRODUCTS

上年=100 (last year=100)

指 标	Item	2015	2020	2021
全部工业品	**Total Industrial Products**	**87.7**	**96.7**	**130.2**
1.轻工业	Light Industry	98.1	101.4	101.9
以农产品为原料	Using Farm Products as Raw Materials	98.1	102.1	101.2
以非农产品为原料	Using Non-farm Products as Raw Materials	98.0	97.7	102.9
重工业	Heavy Industry	87.2	96.4	131.9
采掘工业	Ming and Quarrying	82.2	95.9	153.7
原材料工业	Raw Material Industry	86.4	95.9	123.4
加工工业	Manufacturing Industry	90.8	97.7	115.3
2.生产资料	Productive Materials	87.2	96.3	133.1
采掘工业	Ming and Quarrying	82.2	95.9	153.7
原材料工业	Raw Material Industry	86.3	95.8	123.5
加工工业	Manufacturing Industry	90.9	97.5	117.8
生活资料	Living Materials	99.3	101.4	97.2
食 品	Food	98.6	101.9	99.5
衣 着	Clothing	99.8	101.4	98.8
一般日用品	Daily Articles	101.1	103.4	100.1
耐用消费品	Durable Consumer Goods	99.7	99.7	94.5
按工业部门分	**By Department of Industry**			
1.冶金工业	Metallurgical Industry	85.9	98.6	129.2
2.电力工业	Power Industry	101.0	100.0	99.5
3.煤炭及炼焦工业	Coal and Coking Industry	81.6	93.6	154.0
4.石油工业	Petroleum Industry	96.4	93.0	110.8
5.化学工业	Chemical Industry	98.3	96.9	115.7
6.机械工业	Machine Industry	98.2	98.7	100.5
7.建筑材料工业	Building Materials Industry	97.5	100.2	101.9
8.森林工业	Forestry Industry	100.1	96.3	103.0
9.食品工业	Food Industry	98.3	102.8	100.8
10.纺织工业	Textile Industry	94.7	94.2	102.1
11.缝纫工业	Tailoring Industry	99.8	101.4	98.8
12.皮革工业	Leather Industry	103.5	100.6	
13.造纸工业	Paper Making Industry	98.1	96.1	110.1
14.文教艺术用品工业	Cultural, Education & Handicrafts Article	100.0	99.8	98.2
15.其他工业	Other Industry	98.9	93.8	105.3

3-10 工业生产者分行业出厂价格指数
PRODUCER PRICE INDICES FOR INDUSTRIAL PRODUCTS BY SECTOR

上年=100 (last year=100)

指 标	Item	2020	2021
总 指 数	**General Index**	93.0	130.2
煤炭开采和洗选业	Coal Mining and Dressing	93.0	130.2
石油和天然气开采业	Petroleum and Natural Gas Extraction	92.9	154.3
黑色金属矿采选业	Ferrous Metals Mining and Dressing	109.7	136.9
有色金属矿采选业	Non-ferrous Metals Mining and Dressing	137.0	151.2
非金属矿采选业	Non-metal Minerals Mining and Dressing	100.9	104.1
农副食品加工业	Farm Products Processing	104.0	109.5
食品制造业	Food Manufacturing	102.7	100.8
酒、饮料及精制茶制造业	Alcohol, Beverage and Refined Tea Manufacturing	100.8	102.0
烟草制品业	Tobacoo Products Manfacturing	100.3	99.9
纺织业	Textile Industry	94.2	100.0
纺织服装、服饰业	Textile, Wearing Apparel and Accessories	101.5	102.1
皮革、毛皮、羽毛及其制品和制鞋业	Leather, Fur, Feather and Related Products and Footwear	100.6	98.8
木材加工及木、竹、藤、棕、草制品业	Timber Processing, Bamboo, Cane, Plam, Fiber and Straw Products	99.1	104.6
家具制造业	Furniture Manufacturing	90.3	101.8
造纸及纸制品业	Papermaking and Paper Products	96.1	110.1
印刷业和记录媒介的复制	Printing and Record Medium Reproduction	99.3	98.3
文教、工美、体育和娱乐用品制造业	Culture, Education, Art and Crafts, Sport and Entertainment Products	100.9	99.8
石油、煤炭及其他燃料加工业	Petroleum, Coal and Other Fuels Processing	96.1	152.7
化学原料和化学制品制造业	Raw Chemical Materials and Chemical Products	94.8	119.7
医药制造业	Medical and Pharmaceutical Products	103.1	101.2
橡胶和塑料制品业	Rubber and Plastic Products	101.2	106.9
非金属矿物制品业	Non-metal Mineral Products	98.4	103.2
黑色金属冶炼及压延加工业	Smelting and Pressing of Ferrous Metals	97.0	131.6
有色金属冶炼及压延加工业	Smelting and Pressing of Non-ferrous Metals	96.5	119.0
金属制品业	Metal Prodcuts	102.0	106.3

3-10 续表 continued

上年=100 (last year=100)

指 标	Item	2020	2021
通用设备制造业	Ordinary Machinery Manufacturing	99.2	99.9
专用设备制造业	Special Purpose Equipment Manufacturing	100.3	103.8
汽车制造业	Automobile Manufacturing	98.6	107.9
铁路、船舶、航空航天和其他运输设备制造业	Railroad, Marine, Aviation and Other Transport Equipment Manufacturing	100.1	101.1
电气机械及器材制造业	Electric Equipment and Machinery	102.7	107.6
计算机、通信和其他电子设备制造业	Computers, Telecommunication and Other Electronic Equipment Manufacturing	96.1	92.9
仪器仪表制造业	Instruments and Appratus Manufacturing	100.5	100.6
其他制造业	Other Manufacturing	100.9	128.5
金属制品、机械和设备修理业	Metal Products, Machinery and Equipment Repairing	97.5	96.9
电力、热力的生产和供应业	Production and Supply of Electricity and Heat	100.0	99.5
燃气生产和供应业	Production and Supply of Gas	95.2	102.2
水的生产和供应业	Production and Supply of Water	99.6	99.6

3-11 工业生产者购进价格指数
PURCHASING PRICE INDICES OF INDUSTRIAL PRODUCER

上年=100 (last year=100)

名 称	Item	2015	2020	2021
总 指 数	**General Index**	**93.1**	**97.2**	**116.3**
一、燃料动力类	Fuels	93.2	93.5	123.5
二、黑色金属材料类	Ferrous Metal Materials	90.6	103.1	119.5
钢 材	Steel	94.0	97.9	116.5
其 他	Others	88.3	106.8	127.6
三、有色金属材料和电线类	Non-ferrous Metals	93.0	99.7	115.8
四、化工原料类	Chemical Raw Materials	90.0	92.6	113.5
五、木材及纸浆类	Timber and Paper Pulp	99.3	97.1	108.3
六、建筑材料及非金属矿类	Building Materials and Non-metal Mineral	94.7	90.8	107.5
七、其他工业原材料及半成品类	Other Industrial Raw Materials and Half-products	99.6	100.2	102.5
八、农副产品类	Farm Products	98.8	101.8	107.1
九、纺织原料类	Textile Raw Materials	93.4	98.7	98.5

主要统计指标解释

居民消费价格指数 反映居民生活消费品及服务项目价格变动趋势和变动程度的相对数，采用链式拉斯贝尔公式，加权平均计算。根据抽样调查方法在全省抽取 17 个调查市、县为填报单位。

商品零售价格指数 反映市场商品零售价格变动趋势和变动程度的相对数，计算方法及样本单位同上。

农产品生产者价格指数 是反映农产品生产者出售农产品价格水平变动趋势及幅度的相对数。

工业生产者出厂价格指数 是反映全部工业产品出厂价格总水平的变动趋势和程度的相对数，根据全省部分重点企业的产品出厂价格的定期调查资料，按加权算术平均公式计算。

工业生产者购进价格指数 是反映工业企业购进主要原材料、燃料、动力价格水平变动趋势和程度的相对数。根据全省部分重点企业主要原材料、燃料、动力购进价格的定期调查资料，按加权算术平均公式计算。

Explanatory Notes on Main Statistical Indicators

Residents Consumer Price Indices reflect the trend and degree of changes in prices of consumer goods and services purchased by urban and rural residents. They are calculated by the weighted arithmetic mean, using Byes formula. According to sampling survey, draw 17 survey cities and counties in total Province as report units.

Retail Price Indices reflect the general change and degree in retail prices of market commodities. The calculating method and sample unit are the same as above.

Producer Prices Indices for Farm Products reflect the trend and degree of changes in producers' prices received by farmers when they sell farm products.

Ex-factory Price Indices of Industrial Producer reflect the trend and degree of changes in ex-factory prices of all industrial products. They are calculated by the weighted arithmetic mean, according to regular survey data of ex-factory price in part of important enterprises in the province.

Purchasing Price Indices of Industrial Producer reflect the trend and degree of changes in prices of industrial enterprises purchasing raw materials and fuels. They are calculated by the weighted arithmetic mean, according to regular survey data of major raw materials and fuels purchasing price in part of important enterprises in the province.

PEOPLE'S LIVING CONDITIONS

4 人民生活

资料整理人员

田文晓　田　冰

人民生活

PEOPLE'S LIVING CONDITIONS

城镇居民人均可支配收入	Per Capita Disposable Income of Urban Households	37433	元 (yuan)
城镇居民人均消费支出	Per Capita Living Expenditure of Urban Households	21965	元 (yuan)
农民居民人均可支配收入	Per Capita Disposable Income of Rural Households	15308	元 (yuan)
农村居民人均消费支出	Per Capita Living Expenditure of Rural Households	11410	元 (yuan)

城乡居民恩格尔系数 (%)

Engel's Coefficient of Urban and Rural Households (%)

城乡居民家庭人均可支配收入（元）

Per Capita Disposable Income of Urban and Rural Households (yuan)

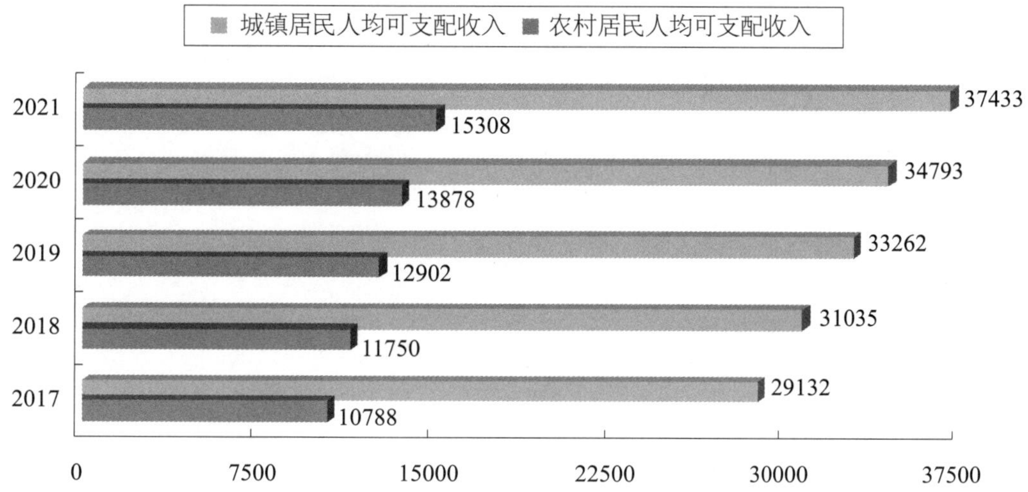

4-1 全省居民人均收支情况

单位：元

年 份 Year	可支配收入 Disposible Income	工资性收入 Wages and Salaries	经营净收入 Net Business Income	财产净收入 Net Property Income	转移净收入 Net Transfer Income	消费支出 Consumption Expenditure	食品烟酒 Food, Tobacco and Liquor
1978	140	120	12	2	6	126	79
1979	184	141	22	2	18	155	92
1980	201	148	31	2	20	179	104
1981	225	161	43	2	19	194	110
1982	271	185	60	3	24	215	127
1983	315	160	133	3	19	246	140
1984	380	178	177	4	21	273	154
1985	416	205	175	5	30	336	176
1986	439	241	159	6	33	375	194
1987	489	275	169	6	38	416	212
1988	576	319	208	8	41	491	248
1989	701	381	260	13	47	574	291
1990	802	401	292	10	99	649	332
1991	813	485	255	9	63	692	355
1992	918	544	281	7	88	730	391
1993	1084	640	332	7	105	883	466
1994	1386	825	402	18	142	1082	562
1995	1840	1059	557	32	192	1444	791
1996	2210	1145	770	33	262	1740	903
1997	2430	1319	780	38	293	1785	882
1998	2567	1332	852	43	340	1755	853
1999	2622	1450	716	37	419	1857	825
2000	2924	1641	777	34	472	2163	851
2001	3196	1865	772	31	528	2283	877
2002	3751	2319	886	61	485	2696	952
2003	4183	2671	988	71	453	2941	1043
2004	4770	3058	1122	126	464	3338	1211
2005	5518	3611	1155	156	595	3902	1341
2006	6235	4088	1208	201	738	4560	1451
2007	7282	4712	1383	291	896	5319	1703
2008	8333	4744	1873	336	1380	5984	1961
2009	8911	5101	1814	464	1532	6449	2021
2010	10149	5796	2056	495	1802	7011	2130
2011	11959	7225	1924	613	2198	8404	2568
2012	13592	8335	2177	651	2429	9446	2765
2013	15120	9424	2338	739	2619	10118	2692
2014	16538	10168	2593	936	2841	10864	2941
2015	17854	10893	2709	987	3265	11729	3089
2016	19049	11305	2693	1112	3939	12683	3098
2017	20420	11957	2624	1228	4611	13664	3325
2018	21990	12552	2809	1304	5325	14810	3688
2019	23828	13396	3109	1306	6017	15863	3997
2020	25214	13854	3250	1386	6724	15733	4362
2021	27426	14936	3688	1509	7293	17191	4622

注：2013年起，国家统计局实施城乡一体化住户调查改革，居民收支相关指标采用新口径，同时对2013年以前数据做了相应调整。

PER CAPTIA INCOME AND CONSUMPTION EXPENDITURE OF THE PROVINCIAL HOUSEHOLDS

(yuan)

衣　着 Clothing	居　住 Residence	生活用品及服务 Household Facilities, Articles and Services	交通通信 Transport and Communication	教育文化娱乐 Education, Culture and Recreation	医疗保健 Health Care	其他用品及服务 Others
20	9	9	1	5	1	2
25	15	13	1	6	2	2
29	23	12	1	8	1	2
32	16	17	1	11	2	5
34	16	18	2	11	3	4
38	24	22	2	11	4	5
42	28	21	2	17	4	5
54	32	29	2	27	7	10
54	44	31	2	31	8	11
59	55	35	2	29	9	15
71	43	48	3	39	11	27
84	50	53	4	53	13	27
96	71	54	5	51	21	18
106	59	59	6	57	20	30
115	51	64	6	60	22	23
130	70	74	14	73	26	30
167	72	81	20	94	33	53
215	100	89	38	121	47	43
252	125	102	59	162	76	61
260	137	114	80	164	84	65
226	140	112	65	184	94	80
229	166	131	97	220	108	81
255	229	159	132	272	147	118
260	274	147	147	303	163	112
335	356	152	216	422	182	81
372	382	160	254	464	197	70
398	433	166	305	530	216	79
505	540	197	338	595	295	91
559	693	255	467	683	346	107
604	884	289	579	739	391	130
644	1154	299	573	750	477	126
663	1309	356	641	802	510	148
718	1341	401	779	897	570	173
891	1596	560	905	1024	628	232
974	1929	595	1070	1113	739	261
999	2174	609	1146	1381	836	282
1085	2199	619	1215	1485	1009	312
1147	2297	673	1501	1628	1102	292
1104	2751	680	1709	1811	1228	303
1206	2934	761	1884	1879	1360	316
1261	3229	856	1845	1940	1635	356
1290	3332	911	1980	2136	1821	397
1236	3460	864	1981	1608	1854	367
1277	3851	1029	1988	2059	1935	429

Note: The NBS has conducted the integrated household survey reform and related indicators of household income and expenditure have adopted a new coverage since 2013. Data before 2013 has adjusted according to the new coverage.

4-2 城镇居民人均收支情况

单位：元

年 份 Year	可支配收入 Disposible Income	工资性收入 Wages and Salaries	经营净收入 Net Business Income	财产净收入 Net Property Income	转移净收入 Net Transfer Income	消费支出 Consumption Expenditure	食品烟酒 Food, Tobacco and Liquor
1978	301	298			3	275	153
1979	338	324			14	305	171
1980	380	352			28	357	195
1981	401	383			18	373	197
1982	433	412			21	390	210
1983	452	430			22	394	216
1984	517	489	1		27	433	231
1985	595	535	4		56	533	262
1986	718	649	5	4	59	635	303
1987	807	724	3	5	74	708	347
1988	945	849	5	11	79	856	404
1989	1176	1037	7	30	102	993	480
1990	1291	994	7	17	273	1048	514
1991	1410	1238	7	15	150	1171	576
1992	1623	1385	10	7	221	1303	658
1993	1957	1628	17	13	299	1560	760
1994	2566	2133	34	12	387	2043	989
1995	3306	2664	36	55	551	2641	1267
1996	3703	2803	63	61	777	3036	1400
1997	3990	2987	79	86	839	3229	1398
1998	4096	2947	64	102	983	3278	1418
1999	4337	3027	72	81	1157	3516	1413
2000	4715	3289	122	58	1246	3982	1384
2001	5377	3805	153	45	1373	4178	1420
2002	6214	4617	307	134	1157	4791	1532
2003	6977	5391	404	140	1042	5210	1713
2004	7866	6114	468	258	1026	5790	1918
2005	8866	6841	513	271	1241	6518	2049
2006	9967	7545	576	350	1496	7395	2240
2007	11487	8613	689	454	1730	8385	2573
2008	13021	8277	1673	520	2550	9145	2897
2009	13883	8859	1666	717	2641	9747	2984
2010	15510	9726	2120	752	2912	10236	2988
2011	17965	11909	1784	1042	3229	11869	3483
2012	20232	13511	2114	1143	3464	12765	3750
2013	22258	14674	2486	1364	3734	13763	3541
2014	24069	15624	2701	1727	4017	14637	3804
2015	25828	16562	2790	1789	4688	15819	3981
2016	27352	16954	2659	2004	5735	16993	3863
2017	29132	17831	2443	2190	6667	18404	4244
2018	31035	18572	2574	2286	7602	19790	4703
2019	33262	19697	2860	2253	8452	21159	5073
2020	34793	20197	2943	2384	9268	20332	5304
2021	37433	21606	3465	2577	9786	21965	5529

PER CAPTIA INCOME AND CONSUMPTION EXPENDITURE OF URBAN HOUSEHOLDS

(yuan)

衣 着 Clothing	居 住 Residence	生活用品及服务 Household Facilities, Articles and Services	交通通信 Transport and Communication	教育文化娱乐 Education, Culture and Recreation	医疗保健 Health Care	其他用品及服务 Others
48	9	31	3	20	4	7
51	12	33	3	23	4	7
59	17	39	4	30	5	8
65	10	40	4	35	2	19
67	15	40	5	34	3	15
71	14	38	6	27	4	17
80	16	40	6	37	5	18
97	15	51	5	65	4	34
105	42	61	5	76	8	35
114	57	73	5	59	10	44
136	22	105	5	85	11	88
160	26	108	7	112	15	85
184	61	106	11	97	23	53
209	32	120	13	106	21	94
236	38	138	11	125	29	68
279	66	169	20	150	36	81
365	81	179	28	195	52	153
473	151	195	95	256	85	118
530	163	202	145	317	146	133
573	201	238	166	322	167	163
472	236	237	138	367	196	215
479	296	292	201	415	210	210
511	377	360	283	502	304	261
516	448	321	314	566	352	241
649	641	288	397	773	369	142
715	700	319	465	789	373	137
734	797	321	568	887	408	156
909	983	366	580	912	547	171
986	1168	450	786	982	600	183
1025	1451	486	969	1020	649	212
1074	1886	473	861	991	770	192
1092	2064	566	1006	1013	791	232
1138	2032	621	1234	1169	784	270
1375	2256	848	1364	1347	864	333
1426	2529	844	1516	1417	915	368
1498	2925	877	1587	1917	1024	394
1616	2899	888	1710	2027	1241	453
1705	3020	948	2148	2208	1394	415
1603	3634	952	2401	2439	1652	450
1774	3867	1094	2658	2559	1741	466
1821	4247	1219	2497	2638	2138	525
1801	4333	1265	2776	2938	2383	589
1671	4452	1149	2687	2150	2421	496
1666	4922	1391	2538	2834	2497	590

4-3 农村居民人均收支情况

单位：元

年 份 Year	可支配收入 Disposible Income	工资性收入 Wages and Salaries	经营净收入 Net Business Income	财产净收入 Net Property Income	转移净收入 Net Transfer Income	消费支出 Consumption Expenditure	食品烟酒 Food, Tobacco and Liquor
1978	102	78	15	2	7	91	61
1979	145	96	27	3	20	118	73
1980	156	96	39	3	18	134	80
1981	180	103	55	3	19	148	88
1982	227	123	76	4	24	168	105
1983	276	82	171	4	18	203	118
1984	339	84	230	5	19	224	131
1985	358	101	229	6	22	273	148
1986	345	104	210	7	24	287	157
1987	377	116	229	7	26	313	164
1988	439	121	284	7	27	354	190
1989	514	122	360	7	25	409	216
1990	604	160	408	8	28	488	258
1991	568	177	356	7	27	496	265
1992	627	195	393	7	32	493	281
1993	718	226	464	5	23	599	344
1994	884	269	558	20	37	674	381
1995	1208	367	781	23	37	928	586
1996	1557	421	1079	21	37	1174	686
1997	1738	580	1090	17	51	1145	653
1998	1874	599	1209	17	48	1064	596
1999	1800	693	1026	16	65	1062	543
2000	1950	745	1133	21	51	1175	562
2001	2018	817	1106	24	71	1259	584
2002	2236	905	1243	16	71	1407	595
2003	2410	947	1358	27	79	1502	619
2004	2738	1051	1551	40	95	1728	747
2005	3082	1262	1622	73	125	2000	825
2006	3420	1480	1685	88	167	2421	855
2007	3975	1643	1929	163	240	2908	1019
2008	4480	1840	2037	185	418	3386	1192
2009	4677	1901	1940	248	588	3642	1201
2010	5263	2214	1997	262	791	4070	1349
2011	6225	2751	2057	203	1214	5096	1694
2012	7064	3246	2238	167	1412	6184	1796
2013	7950	4150	2190	111	1498	6458	1839
2014	8809	4570	2482	123	1634	6992	2054
2015	9454	4922	2624	142	1766	7421	2150
2016	10082	5204	2730	149	1999	8029	2272
2017	10788	5462	2824	164	2337	8424	2308
2018	11750	5736	3075	193	2746	9172	2540
2019	12902	6098	3396	210	3198	9728	2751
2020	13878	6347	3614	205	3712	10290	3248
2021	15308	6860	3959	216	4274	11410	3525

PER CAPTIA INCOME AND CONSUMPTION EXPENDITURE OF RURAL HOUSEHOLDS

(yuan)

衣 着 Clothing	居 住 Residence	生活用品及服务 Household Facilities, Articles and Services	交通通信 Transport and Communication	教育文化娱乐 Education, Culture and Recreation	医疗保健 Health Care	其他用品及服务 Others
13	9	4	0.5	2	1	1
18	16	8	1	2	1	1
21	24	5	1	2	1	0.5
24	18	11	1	4	2	1
25	16	12	1	5	3	1
28	27	18	1	7	4	1
30	31	16	1	11	4	1
40	38	22	1	14	7	2
37	44	20	1	16	8	3
39	55	22	2	18	9	4
47	52	28	2	21	11	4
55	59	31	2	29	12	4
61	76	33	2	33	20	4
64	70	34	3	36	19	4
65	56	33	4	33	19	4
67	71	35	12	40	21	9
83	68	39	16	51	25	11
103	78	43	14	63	31	10
131	109	59	22	94	45	30
121	109	59	41	94	46	22
115	97	55	32	101	48	19
110	104	53	47	126	59	20
115	149	50	49	147	62	40
121	180	53	57	160	61	43
142	181	68	105	206	68	43
154	180	58	120	258	86	27
178	193	64	132	295	90	29
210	218	75	163	364	111	34
236	335	108	226	457	155	49
272	438	135	272	518	188	66
291	552	157	335	551	235	72
298	666	178	330	622	271	76
335	711	201	365	650	376	84
428	966	286	468	716	403	136
531	1340	350	632	814	565	155
498	1420	340	702	843	647	170
540	1481	344	707	929	770	168
559	1537	382	820	1017	794	162
565	1798	386	962	1132	770	143
578	1902	393	1028	1127	938	151
626	2076	444	1107	1150	1065	165
697	2171	501	1057	1208	1169	174
721	2287	526	1145	967	1183	214
807	2554	591	1322	1121	1255	235

4-4 居民人均可支配收入和指数
PER CAPITA DISPOSABLE INCOME AND INDEX OF HOUSEHOLDS

单位：元 (yuan)

年 份 Year	全省居民人均可支配收入 Per Capita Disposable Income of the Provincial Households		城镇居民人均可支配收入 Per Capita Disposable Income of Urban Households		农村居民人均可支配收入 Per Capita Disposable Income of Rural Households	
	绝对数 Value	指数(1978年=100) Index (Year of 1978=100)	绝对数 Value	指数(1978年=100) Index (Year of 1978=100)	绝对数 Value	指数(1978年=100) Index (Year of 1978=100)
1978	140	100.0	301	100.0	102	100.0
1979	184	130.4	338	111.1	145	142.8
1980	201	138.3	380	118.2	156	151.0
1981	225	150.9	401	121.0	180	170.8
1982	271	177.5	433	127.8	227	210.5
1983	315	203.1	452	131.3	276	252.2
1984	380	238.9	517	146.0	339	303.5
1985	416	240.7	595	154.1	358	297.8
1986	439	240.7	718	174.6	345	273.5
1987	489	250.0	807	180.9	377	280.3
1988	576	243.4	945	173.4	439	272.6
1989	701	247.9	1176	185.7	514	259.8
1990	802	277.5	1291	200.8	604	296.3
1991	813	268.3	1410	206.6	568	270.9
1992	918	282.6	1623	217.9	627	286.0
1993	1084	289.8	1957	226.4	718	290.7
1994	1386	295.8	2566	235.7	884	287.6
1995	1840	336.0	3306	260.2	1208	335.4
1996	2210	374.0	3703	269.1	1557	402.8
1997	2430	398.9	3990	281.2	1738	436.6
1998	2567	427.4	4096	292.5	1874	477.7
1999	2622	438.3	4337	308.5	1800	465.9
2000	2924	470.4	4715	320.3	1950	490.2
2001	3196	515.2	5377	367.1	2018	505.0
2002	3751	614.5	6214	433.8	2236	563.6
2003	4183	673.1	6977	479.4	2410	592.8
2004	4770	737.4	7866	521.7	2738	638.8
2005	5518	833.8	8866	578.2	3082	693.5
2006	6235	923.8	9967	638.5	3420	750.6
2007	7282	1031.4	11487	706.3	3975	825.5
2008	8333	1101.0	13021	748.2	4480	863.9
2009	8911	1182.1	13883	805.8	4677	893.8
2010	10149	1307.2	15510	873.2	5263	978.5
2011	11959	1464.1	17965	962.3	6225	1097.9
2012	13592	1623.4	20232	1058.4	7064	1214.4
2013	15120	1751.6	22258	1130.4	7950	1324.2
2014	16538	1883.9	24069	1200.8	8809	1447.2
2015	17854	2021.6	25828	1280.8	9454	1542.3
2016	19049	2133.5	27352	1341.7	10082	1626.9
2017	20420	2262.2	29132	1409.3	10788	1732.1
2018	21990	2393.0	31035	1474.8	11750	1853.2
2019	23828	2524.9	33262	1540.6	12902	1975.7
2020	25214	2596.4	34793	1567.5	13878	2057.2
2021	27426	2796.2	37433	1668.1	15308	2248.9

4-5 全省居民家庭生活基本情况

BASIC LIVING CONDITIONS OF THE PROVINCIAL HOUSEHOLDS

指　标	Item	2020	2021
一、调查户数(户)	Number of Households Surveyed (household)	4500	4500
二、调查户常住人口(人)	Number of Resident Population Surveyed (person)	12337	12373
三、平均每户常住人口数(人)	Average Number of Resident Population per Household (person)	2.74	2.75
四、平均每户从业人口(人)	Average Number of Employees per Household (person)	1.49	1.58
五、平均每一从业者负担人数(人)	Average Number of Persons Supported by Each Employee (person)	1.95	1.85
六、平均每人全年可支配收入(元)	Per Capita Annual Disposable Income (yuan)	25214	27426
七、平均每人全年消费支出(元)	Per Capita Annual Living Expenditure (yuan)	15733	17191

4-6 城镇居民家庭生活基本情况

BASIC LIVING CONDITIONS OF URBAN HOUSEHOLDS

指　标	Item	2020	2021
一、调查户数(户)	Number of Households Surveyed (household)	2730	2730
二、调查户常住人口(人)	Number of Resident Population Surveyed (person)	7714	7687
三、平均每户常住人口数(人)	Average Number of Resident Population per Household (person)	2.83	2.82
四、平均每户从业人口数(人)	Average Number of Employees per Household (person)	1.31	1.41
五、平均每一从业者负担人数(人)	Average Number of Persons Supported by Each Employee (person)	2.23	2.07
六、平均每人全年可支配收入(元)	Per Capita Annual Disposable Income (yuan)	34793	37433
七、平均每人全年消费支出(元)	Per Capita Annual Living Expenditure (yuan)	20332	21965
八、平均每人期末住房面积(平方米)	Per Capita Living Space at Year-end (sq.m)	34.66	35.96

4-7 城镇家庭人口状况
POPULATION CONDITIONS OF URBAN HOUSEHOLDS

指 标	Item	2020	2021
一、调查户数（户）	**Number of Households Surveyed (household)**	**2730**	**2730**
二、调查户常住人口(人)	**Number of Resident Population Surveyed (person)**	**7714**	**7687**
#劳动力数	Labors	5683	5747
#从业人数	Employees	3285	3562
#在校学生	Students Enrollment	1438	1423
按年龄分组	**Grouped by Age**		
5岁及以下	Aged 5 and Under	310	342
6–15岁	Aged 6–15	887	854
16–19岁	Aged 16–19	342	319
20–24岁	Aged 20–24	389	387
25–29岁	Aged 25–29	310	294
30–34岁	Aged 30–34	555	434
35–40岁	Aged 35–40	648	684
41–50岁	Aged 41–50	1325	1391
51–60岁	Aged 51–60	1362	1460
61–65岁	Aged 61–65	575	616
66岁及以上	Aged 66 and Above	944	869

4-8　城镇家庭劳动力状况
LABOR FORCE OF URBAN HOUSEHOLDS

单位：人　　(person)

指　标	Item	2020	2021
一、劳动力文化状况	**Cultural Level of Labor Force**		
未上过学	Illiteracy or little literacy	44	41
小　学	Level of Primary School	624	562
初　中	Level of Junior Middle School	2128	2113
高　中	Level of Senior Middle School	1314	1403
大学专科	Level of Specialized Secondary School	915	910
大学本科	Level of Undergraduate	610	670
研究生	Level of Master and Doctor	47	48
二、劳动力从业情况	**Employment of Labor Force**		
(一)第一产业	Primary Industry	208	182
(二)第二产业	Secondary Industry	757	894
采矿业	Mining	227	269
制造业	Manufacturing	215	255
电力、热力、燃气及水生产供应业	Production and Supply of Power, Heat, Gas and Water	122	123
建筑业	Construction	193	247
(三)第三产业	Tertiary Industry	2319	2486
批发和零售业	Wholesale and Retail Trade	366	390
交通运输、仓储和邮政业	Transportation, Storage and Post	271	256
住宿和餐饮业	Hotels and Catering Services	153	162
信息传输、软件业和信息技术服务业	Information Transmission, Software and Information Technology Services	55	51
金融业	Financial Industry	94	74
房地产业	Real Estate	15	14
租赁和商务服务业	Leasing and Business Services	34	28
科学研究和技术服务业	Scientific Research and Technical Services	12	9
水利、环境和公共设施管理业	Management of Water Conservancy, Environment and Public Facilities	48	45
居民服务、修理和其他服务业	Services to Households, Repair and Other Services	534	619
教　育	Education	217	246
卫生和社会工作	Health and Social Service	134	159
文化、体育和娱乐业	Culture, Sports and Entertainment	70	47
公共管理、社会保障和社会组织	Public Management, Social Security and Social Organization	316	386
国际组织	International Organization		

4-9　城镇居民家庭人均全年总收入
PER CAPITA ANNUAL INCOME OF URBAN HOUSEHOLDS

单位：元　　(yuan)

指　标	Item	2020	2021
总收入	**Total Income**	**37738.35**	**41164.89**
一、工资性收入	Income of Wages and Salaries	20197.07	21605.79
二、经营性收入	Business Income	3964.17	5226.69
(一)第一产业	Primary Industry	233.46	861.14
农　业	Farming	141.31	663.50
林　业	Forestry	1.48	6.17
牧　业	Animal Husbandry	90.68	191.47
渔　业	Fishery		
(二)第二产业	Secondary Industry	167.99	543.89
采矿业	Mining		
制造业	Manufacturing	17.50	16.63
电力、热力、燃气及水生产和供应业	Production and Supply of Power, Heat, Gas and Water	2.57	138.36
建筑业	Construction	147.93	388.89
(三)第三产业	Tertiary Industry	3562.71	3821.67
批发和零售业	Wholesale and Retail Trade	1783.42	2128.56
交通运输、仓储和邮政业	Transportation, Storage and Post	663.35	546.62
住宿和餐饮业	Hotels and Catering Services	568.29	317.28
房地产业	Real Estate	7.38	
租赁和商务服务业	Leasing and Business Services	145.44	35.58
居民服务、修理和其他服务业	Resident Services, Repair and Other Services	307.15	579.26
农林牧渔服务业	Services of Agriculture, Forestry, Animal Husbandry and Fishery	11.19	9.03
其　他	Others	76.49	205.35
三、财产性收入	Property Income	2470.46	2639.09
#利息收入	Interest	190.85	213.18
红利收入	Dividend and Bonus	510.81	373.59
储蓄性保险净收益	Net Savings Insurance	53.07	9.56
出租房屋财产性净收入	Net Income of Property Rental	284.88	387.93
四、转移性收入	Transfer Income	11106.65	11693.31
#养老金或离退休金	Pension or Retirement Payments	8924.10	8408.17
社会救济和补助	Social Relief and Subsidy	91.96	122.97
政策性生活补贴	Policy Living Allowances	66.40	91.05
赡养收入	Old Alimony	381.50	650.29
报销医疗费	Reimbursement of Medical Expenses	647.73	555.07
从政府和组织得到的实物产品和服务折价	Goods and Services Discount Received from Governments and Organizations	30.23	154.20
现金政策性惠农补贴	Cash Benefits Policy of Aagricultural Subsidies	10.50	28.14

4-10 城镇居民家庭人均全年总支出

PER CAPITA ANNUAL EXPENDITURE OF URBAN HOUSEHOLDS

单位：元 (yuan)

项 目	Item	2020	2021
总支出	**Total Expenditure**	**27787.26**	**30847.37**
一、消费支出	Living Expenditure	20331.85	21965.49
二、生产经营费用支出	Production and Operation Expenses	864.22	1595.33
(一)第一产业	Primary Industry	77.33	481.61
农 业	Farming	43.37	355.74
林 业	Forestry	0.56	7.59
牧 业	Animal Husbandry	33.40	118.28
渔 业	Fishery		
(二)第二产业	Secondary Industry	19.28	119.47
采矿业	Mining		
制造业	Manufacturing	7.42	2.34
电力、热力、燃气及水生产和供应业	Production and Supply of Power, Heat, Gas and Water		34.50
建筑业	Construction	11.86	82.64
(三)第三产业	Tertiary Industry	767.60	994.25
批发和零售业	Wholesale and Retail Trade	402.84	607.38
交通运输、仓储和邮政业	Transportation, Storage and Post	104.30	163.48
住宿和餐饮业	Hotels and Catering Services	219.54	75.37
房地产业	Real Estate	0.35	
租赁和商务服务业	Leasing and Business Services		11.13
居民服务、修理和其他服务业	Resident Services, Repair and Other Services	35.61	86.17
农林牧渔服务业	Services of Agriculture, Forestry, Animal Husbandry and Fishery	3.29	16.88
其 他	Others	1.66	33.82
三、财产性支出	Property Expenditure	86.03	62.21
生活贷款利息支出	Living Loans Interest Expense	85.74	56.65
其他财产性支出	Other Property Expenditure	0.29	5.55
四、转移性支出	Transfer Expenditure	1838.64	1907.82
个人所得税	Individual Income Tax	69.58	50.98
社会保障支出	Social Security Expenditures	1588.56	1656.78
外来从业人员寄给家人的支出	Expenses of Foreign Employees Sent to The Family	5.73	0.90
赡养支出	Alimony Expenses	101.75	112.62
其他转移性支出	Other Property Expenditure	73.01	86.53
五、部分商业保险支出	Part of the Commercial Insurance Expenses	239.36	259.78
六、购置资产及非经常性转移支出	Acquisition of Assets and Non-recurring Transfer Expenditures	3589.85	4159.91
七、借贷性支出	Borrowing Expenditure	837.31	896.83

4–11 城镇家庭平均每人家庭经营净收入
PER CAPITA NET INCOME FROM HOUSEHOLD BUSINESS OF URBAN HOUSEHOLDS

单位：元 (yuan)

指 标	Item	2020	2021
家庭经营净收入	**Net Income from Household Business**	**2943.20**	**3464.80**
农 业	Farming	92.75	288.22
林 业	Forestry	0.91	–1.43
牧 业	Animal Husbandry	53.86	70.98
渔 业	Fishery		
采矿业	Mining		
制造业	Manufacturing	8.81	13.36
电力、热力、燃气及水生产和供应业	Production and Supply of Power, Heat, Gas and Water	2.44	100.16
建筑业	Construction	131.05	290.30
批发和零售业	Wholesale and Retail Trade	1305.75	1466.22
交通运输、仓储和邮政业	Transportation, Storage and Post	528.61	349.51
住宿和餐饮业	Hotels and Catering Services	334.07	235.71
房地产业	Real Estate	7.02	
租赁和商务服务业	Leasing and Business Services	137.36	22.68
居民服务、修理和其他服务业	Resident Services, Repair and Other Services	259.24	477.09
农林牧渔服务业	Services of Agriculture, Forestry, Animal Husbandry and Fishery	7.90	–7.85
其 他	Others	73.44	159.85

4-12 主要年份城镇居民人均可支配收入增长情况

PER CAPITA DISPOSABLE INCOME GROWTH OF URBAN HOUSEHOLDS IN MAJOR YEARS

单位：元 (yuan)

年 份 Year	可支配收 入 Disposable Income	比上年增加额 Increase Value over Last Year	比上年增 长(%) Increase Rate over Last Year	城镇居民消费价格指数(上年=100) Consumer Price Index of Urban Residents (last year=100)	扣除物价上涨因素后 Deducting Price Rising	
					实际收入 Real Income	比上年增长% Increase Rate over Last Year
1978	301.4					
1980	379.7			105.5	359.9	
1985	595.3	78.4	15.2	109.1	545.6	5.6
1990	1290.9	114.8	9.8	101.5	1271.8	8.2
1995	3306.0	740.3	28.9	116.7	2832.9	10.4
2000	4715.0	377.9	8.7	104.7	4503.3	3.8
2005	8865.8	1000.2	12.7	101.7	8717.6	10.8
2010	15510.1	1626.7	11.7	103.1	15043.7	8.4
2013	22258.2	2026.0	10.0	103.0	21609.9	6.8
2014	24069.4	1811.2	8.1	101.8	23643.8	6.2
2015	25827.7	1758.3	7.3	100.6	25673.7	6.7
2016	27352.3	1524.6	5.9	101.1	27054.7	4.8
2017	29131.8	1779.5	6.5	101.4	28729.6	5.0
2018	31034.8	1903.0	6.5	101.8	30486.1	4.6
2019	33262.4	2227.6	7.2	102.6	32419.5	4.5
2020	34792.7	1530.3	4.6	102.8	33845.0	1.8
2021	37433.1	2640.4	7.6	101.1	37025.8	6.4

4-13 主要年份城镇居民人均消费支出增长情况

PER CAPITA LIVING EXPENDITURE GROWTH OF URBAN HOUSEHOLDS IN MAJOR YEARS

单位：元 (yuan)

年 份 Year	消费支出 Living Expenditure	比上年增加额 Increase Value over Last Year	比上年增 长(%) Increase Rate over Last Year	城镇居民消费价格指数(上年＝100) Consumer Price Index of Urban Residents (last year=100)	扣除物价上涨因素后 Deducting Price Rising	
					实际支出 Real Expenditure	比上年增长% Increase Rate over Last Year
1978	275.4					
1980	356.6	51.8	17.0	105.5	338.0	10.8
1985	533.4	100.1	23.1	109.1	488.9	12.8
1990	1047.7	54.2	5.5	101.5	1032.2	3.9
1995	2640.7	597.4	29.2	116.7	2262.8	10.7
2000	3981.6	465.8	13.3	104.7	3802.9	8.2
2005	6517.8	727.8	12.6	101.7	6408.9	10.7
2010	10236.3	489.3	5.0	103.1	9928.5	1.9
2013	13762.7	997.9	7.8	103.0	13361.8	4.7
2014	14636.9	874.2	6.4	101.8	14378.1	4.5
2015	15818.6	1181.7	8.1	100.6	15724.3	7.4
2016	16992.8	1174.2	7.4	101.1	16807.9	6.3
2017	18404.0	1411.2	8.3	101.4	18149.9	6.8
2018	19789.8	1385.9	7.5	101.8	19439.9	5.6
2019	21159.0	1369.2	6.9	102.6	20622.8	4.2
2020	20331.9	–827.1	–3.9	102.8	19778.1	-6.5
2021	21965.5	1633.6	8.0	101.1	21726.5	6.9

4-14 城镇居民家庭平均每人食品消费量
PER CAPITA FOOD CONSUMPTION OF URBAN HOUSEHOLDS

单位：公斤 (kg)

指 标	Item	2020	2021
粮 食	Grain	130.94	136.17
油脂类	Oil or Fat	7.99	8.03
蔬菜及菜制品	Vegetables and Processed Products	104.56	112.04
肉 类	Meat	17.62	21.48
禽 类	Poultry	4.83	4.73
水产品	Aquatic Product	4.31	3.90
蛋类及蛋制品	Eggs and Processed Products	16.94	17.15
奶和奶制品	Milk and Processed Products	22.83	22.27
干鲜瓜果类	Fresh and Dried Fruits	76.22	78.05
糖果糕点类	Sweets and Pastry	7.74	8.10
饮 料	Beverage	0.22	0.19
酒	Liquor	3.65	4.22

4-15 城镇居民家庭平均每百户年末耐用消费品拥有量
DURABLE CONSUMER GOODS OWNED PER 100 URBAN HOUSEHOLDS AT YEAR-END

名 称	Item	2020	2021
家用汽车(辆)	Automobile (unit)	37.58	41.72
摩托车(辆)	Motorcycle (unit)	14.80	12.75
洗衣机(台)	Washing Machine (set)	100.51	99.08
电冰箱(台)	Refrigerator (set)	97.00	98.13
微波炉(台)	Microwave oven (set)	39.56	40.62
彩色电视机(台)	Color Television (set)	103.37	101.68
空 调(台)	Air conditioner (set)	43.19	46.37
固定电话(部)	Fixed Telephone (set)	7.55	3.40
移动电话(部)	Mobile Telephone (set)	242.27	245.80
#接入互联网	Mobile Telephone with Internet Access	223.81	234.00
计算机(台)	Computer (set)	61.50	48.64
#接入互联网	Computer with Internet Access	47.99	42.27
照相机(台)	Camera (set)	14.95	8.00

4-16 城镇居民家庭年末居住情况

HOUSING CONDITIONS OF URBAN HOUSEHOLDS AT YEAR-END

单位：%　　(%)

指　标	Item	2020	2021
一、居住空间样式	Style of Residential Space	100.0	100.0
单栋楼房	Dependent Resident	8.3	8.7
单栋平房	Dependent Bungalow	20.0	19.3
四居室及以上单元房	Apartment with Four and More Bedrooms	0.8	0.8
三居室单元房	Apartment with Three Bedrooms	28.3	30.0
二居室单元房	Apartment with Two Bedrooms	35.5	34.5
一居室单元房	Apartment with One Bedrooms	3.4	3.2
筒子楼或连片平房	Tube-Shaped Apartment or Contiguous Bungalow	3.5	3.5
其　他	Others	0.1	0.1
二、主要建筑材料	Major Building Materials	100.0	100.0
钢筋混凝土	Reinforced Concrete	49.2	53.0
砖混材料	Brick and Concrete Material	42.5	40.0
砖瓦砖木	Tile and Brick	8.2	7.0
竹草土坯	Bamboo, Grass and Adobe		
其　他	Others	0.1	
三、现住房房屋来源	Current Housing Sources	100.0	100.0
租赁公房	Rent Public Houses	1.9	1.6
租赁私房	Rent Private Houses	4.5	2.7
自建住房	Self-Build Housing	27.6	27.3
购买商品房	Purchased Commercial Housing	40.7	42.6
购买房改住房	Purchased Housing-Reform Houses	10.0	10.8
购买保障性住房	Purchased Security Housing	4.5	5.6
拆迁安置房	Resettlement Housing	6.6	6.2
继承或获赠住房	Inherited or receive Housing	0.8	1.3
免费借用房	Free Rental Housing	1.6	1.1
雇主提供免费住房	Employer-Provided Free Housing	0.5	
其他来源	Other Sources	1.4	0.7

4-16 续表1 continued

单位：%　　(%)

指　　标	Item	2020	2021
四、现住房建筑面积	Current Housing Construction Area	100.0	100.0
10平方米以内	Within 10 sq. m		
10-20平方米	10 – 20 sq. m	0.1	0.1
20-30平方米	20 – 30 sq. m	0.7	0.3
30-60平方米	30 – 60 sq. m	16.6	15.5
60-90平方米	60 – 90 sq. m	31.6	33.0
90-120平方米	90 – 120 sq. m	29.0	31.0
120-200平方米	120 – 200 sq. m	17.9	17.4
200平方米以上	Above 200 sq. m	4.1	2.9
五、住宅外道路路面情况	Road Conditions Outside Houses	100.0	100.0
水泥或柏油路面	Cement or Asphalt Road	96.4	97.4
沙石或石板等硬质路面	Sand, Stone and Other Hard Surfacing Road	3.1	2.3
其　他	Others	0.5	0.3
六、取水位置	Water Intaking	100.0	100.0
住宅内管道取水	Pipelines inside Houses	94.0	94.1
住宅内其他方式取水	Other Ways inside Houses	0.2	0.1
院内管道取水	Pipelines in Yards	4.9	4.8
院内其他方式取水	Other Ways in Yards	0.8	0.9
其他位置取水	Others	0.1	0.1
七、住户主要饮用水来源情况	Major Sources of Drinking Water for Households	100.0	100.0
经过净化处理的自来水	Purified Running Water	93.4	96.5
受保护的井水和泉水	Protected Wells and Springs	5.6	3.1
不受保护的井水和泉水	Unprotected Wells and Springs	0.1	0.1
江河湖泊水	River and Lake Water	0.2	
收集雨水	Collected Rainwater		
桶装水	Bottled Water	0.6	0.3
其他水源	Other Water sources	0.1	
八、住户厕所类型	Households Toilets	100.0	100.0
水冲式卫生厕所(冲入下水道)	Sanitary Flush Toilets (into Sewers)	77.9	77.7
水冲式卫生厕所(冲入化粪池)	Sanitary Flush Toilets (into Septic Tanks)	0.7	2.7
水冲式卫生厕所(冲入防渗厕坑)	Sanitary Flush Toilets (into Impervious Pits)	1.9	1.2

4-16 续表2 continued

单位：% (%)

指 标	Item	2020	2021
水冲式非卫生厕所(冲入其他地方)	Non-stanitary Flush Toilets (into Other Ways)	6.6	2.1
卫生旱厕	Stanitray Pit Latrines	6.2	5.3
普通旱厕	General Pit Latrines	6.6	11.0
无厕所	No Toilets	0.1	
九、住户主要取暖设备状况	Major Heating Equipments for Households	100.0	100.0
由市政或小区集中供暖	Central Heating Supplied by Municipal or Residential Area	80.1	79.0
自行供暖	Self Heating	18.3	17.7
无取暖设备	No Heating Equipments	1.6	3.3
十、住户主要取暖用能源状况	Major Heating Energy for Households	100.0	100.0
柴 草	Firewood		0.5
煤 炭	Coal	9.2	6.8
罐装液化石油气	Bottled Liquefied Petroleum Gas		
管道液化石油气	Pipelined Liquefied Petroleum Gas		
管道煤气	Pipelined Gas	0.5	0.6
管道天然气	Pipelined Natural Gas	4.9	6.1
电	Electricity	4.4	5.1
燃料用油	Fuel oil		
沼 气	Biogas		
其 他	Others		0.1
无取暖行为	None	81.0	80.8
十一、主要炊用能源状况	Major Cooking Energy	100.0	100.0
柴 草	Firewood	0.04	0.4
煤 炭	Coal	5.5	3.6
罐装液化石油气	Bottled Liquefied Petroleum Gas	3.4	3.1
管道液化石油气	Pipelined Liquefied Petroleum Gas	0.1	0.1
管道煤气	Pipelined Gas	11.0	10.5
管道天然气	Pipelined Natural Gas	54.2	57.5
电	Electricity	25.2	24.3
燃料用油	Fuel oil		
沼 气	Biogas		
其 他	Others	0.1	0.1
无炊用行为	None	0.5	0.4

4-17 城镇居民家庭五等份分组基本情况(2021年)

按可支配收入分组

指　标	Item	低收入户 (20%) Low Income Households
一、调查户数(户)	Number of Households Surveyed (household)	546
二、调查户常住人口(人)	Number of Resident Population Surveyed (person)	1311
三、劳动力数(人)	Number of Labors	1001
#从业人数	Number of Employees	606
四、人均期末住房面积(平方米)	Per Capita Housing Area at the Year-end (sq.m)	31.21
五、平均每百户期末耐用品拥有量	Durable Goods Owned Per 100 Households at the Year-end	
家用汽车(辆)	Automobile (unit)	20.15
摩托车(辆)	Motorcycle (unit)	12.82
洗衣机(台)	Washing Machine (set)	95.24
电冰箱(台)	Refrigerator (set)	91.94
微波炉(台)	Microwave Oven (set)	22.34
彩色电视机(台)	Color Television (set)	96.15
空　调(台)	Air Conditioner (set)	22.71
固定电话(部)	Fixed Telephone (set)	2.38
移动电话(部)	Mobile Telephone (set)	210.99
#接入互联网	Mobile Telephone with Internet Access	196.52
计算机(台)	Computer (set)	28.39
#接入互联网	Computer with Internet Access	23.81
照相机(台)	Camera (set)	2.56
六、平均每人食品消费情况(公斤)	Per Capita Food Consumption (kg)	
粮　食	Grain	131.29
油脂类	Oil and Fat	7.53
蔬菜及菜制品	Vegetables and Processed Products	94.38
肉　类	Meat	15.17
禽　类	Poultry	3.57
水产品	Aquatic Product	2.72
蛋类及蛋制品	Eggs and Processed Products	15.38
奶和奶制品	Milk and Processed Products	18.51
干鲜瓜果类	Fresh and Dried Fruits	58.19
糖果糕点类	Sweets and Pastry	6.54
饮　料	Beverage	0.16
酒	Liquor	2.86

BASIC CONDITIONS OF URBAN HOUSEHOLDS BY INCOME QUINTILE(2021)

(by the group of disposible income)

中低收入户 (20%) Lower Middle Income Households	中等收入户 (20%) Middle Income Households	中高收入户 (20%) Higher Middle Income Households	高收入户 (20%) High Income Households
546	546	546	546
1459	1579	1583	1755
1069	1155	1208	1314
660	773	786	737
33.84	35.57	39.46	46.70
32.23	42.12	48.17	65.93
13.55	14.65	8.79	13.19
97.99	99.82	100.37	101.65
97.25	98.90	100.18	101.83
34.07	41.58	46.70	55.86
98.17	102.01	103.85	107.51
31.32	47.80	53.66	74.18
2.38	3.11	4.58	4.03
234.62	247.62	255.68	278.75
219.41	235.90	245.42	271.79
39.74	48.17	51.28	69.05
32.97	40.48	46.15	62.64
2.75	7.88	9.71	15.93
132.96	143.30	155.18	137.22
7.97	9.03	9.31	8.09
102.20	110.67	142.14	134.66
19.51	21.59	27.26	25.75
4.38	4.45	5.05	5.46
3.33	3.98	4.70	5.31
16.26	17.43	20.26	19.03
21.43	22.19	28.19	28.18
74.50	81.50	97.21	99.42
7.53	8.30	9.50	9.89
0.15	0.37	0.25	0.29
3.83	4.02	5.31	4.92

4-18 城镇居民家庭五等份分组人均收支情况(2021年)

按可支配收入分组

指　标	Item	低收入户 (20%) Low Income Households
一、总收入(元)	**Total Income (yuan)**	**19004.00**
(一)工资性收入	Income of Wages and Salaries	11753.09
(二)经营性收入	Business Income	2245.92
第一产业	Primary Industry	858.36
第二产业	Secondary Industry	21.71
第三产业	Tertiary Industry	1365.85
(三)财产性收入	Property Income	1451.88
#利息收入	Interest	25.04
红利收入	Dividend and Bonus	43.96
储蓄性保险净收益	Net Savings Insurance	3.95
出租房屋财产性净收入	Net Income of Property Rental	214.87
(四)转移性收入	Transfer Income	3553.11
#养老金或离退休金	Pension or Retirement Payments	1699.27
社会救济和补助	Social Relief and Subsidy	191.01
政策性生活补贴	Policy Living Allowances	128.71
赡养收入	Old Alimony	896.40
报销医疗费	Reimbursement of Medical Expenses	108.17
从政府和组织得到的实物产品和服务折价	Goods and Services Discount Received from Governments and Organizations	163.28
现金政策性惠农补贴	Cash Benefits Policy of Aagricultural Subsidies	11.20
二、总支出(元)	**Total Expenditure (yuan)**	**21254.60**
(一)生活消费支出	Living Expenditure	15649.05
食品烟酒	Food, Tobacco and Liquor	4865.67
衣　着	Clothing	1047.09
居　住	Residence	3734.34
生活用品及服务	Household Living Facilities,Articles and Services	949.11
交通通信	Transportation and Communication	1390.39
教育文化娱乐服务	Education, Culture and Recreation Services	1771.17
医疗保健	Health Care	1408.77
其他商品和服务	Other Commodities and Services	482.50
(二)生产经营费用支出	Production and Operation Expenses	1430.67
第一产业	Primary Industry	617.27
第二产业	Secondary Industry	9.15
第三产业	Tertiary Industry	804.25
(三)财产性支出	Property Expenditure	81.97
(四)转移性支出	Transfer Expenditure	1253.51
(五)部分商业保险支出	Part of the Commercial Insurance Expenses	124.80
(六)购置资产及非经常性转移支出	Acquisition of Assets and Non-recurring Transfer Expenditures	2332.86
(七)借贷性支出	Borrowing Expenditure	381.75
三、可支配收入(元)	**Disposable Income (yuan)**	**16079.18**

PER CAPITA INCOME AND EXPENDITURE OF URBAN HOUSEHOLDS BY INCOME QUINTILE(2021)

(by the group of disposible income)

中低收入户 (20%) Lower Middle Income Households	中等收入户 (20%) Middle Income Households	中高收入户 (20%) Higher Middle Income Households	高收入户 (20%) High Income Households
30868.02	**37788.97**	**50771.48**	**76401.58**
18499.32	17519.71	20652.00	28591.56
3904.68	2812.50	6157.37	14776.62
2652.62	823.34	431.98	1752.55
14.34	296.50	7.34	3110.84
1237.71	1692.67	5718.05	9913.22
1875.54	2218.50	2825.24	5139.72
49.64	127.35	159.29	752.30
52.33	38.94	122.78	1307.34
0.73	2.54	5.12	23.55
378.18	272.49	390.82	867.76
6588.48	15238.26	21136.87	27893.68
3195.96	13124.99	18072.85	19807.76
45.61	43.03	32.58	262.03
109.26	116.59	38.66	127.02
470.12	599.76	656.14	833.63
149.60	319.18	782.00	2726.64
174.96	163.05	130.53	154.04
8.74	8.00	6.77	9.93
27443.50	**30900.99**	**38401.10**	**50292.43**
19327.66	22036.86	26725.67	33765.35
5926.95	6390.44	6954.81	6888.83
1517.68	1570.91	1981.90	2094.45
4452.76	4989.09	6082.76	6885.39
1003.70	1293.16	1831.75	2532.15
1924.14	2385.62	2844.50	3836.45
2378.39	2325.75	3192.62	3640.12
1711.95	2552.03	3184.54	6862.33
412.09	529.86	652.79	1025.62
2748.66	892.07	2132.92	3883.25
2238.64	424.48	68.47	573.34
0.29	82.37	1.26	658.35
509.73	385.22	2063.19	2651.56
96.96	67.96	103.76	171.44
1689.12	1530.62	2348.37	2916.14
161.72	183.95	381.28	500.97
2935.10	5205.27	5524.47	7085.42
484.27	984.27	1184.63	1969.86
26286.85	**35205.03**	**46012.06**	**69173.78**

4-19 农村居民家庭生活基本情况
BASIC LIVING CONDITIONS OF RURAL HOUSEHOLDS

指　　标	Item	2020	2021
一、调查户数 (户)	Number of Households Surveyed (household)	1770	1770
二、调查户常住人口(人)	Number of Resident Population Surveyed (person)	4623	4686
三、平均每户常住人口数 (人)	Average Number of Resident Population per Household (person)	2.61	2.65
四、平均每户从业人口数 (人)	Average Number of Employees per Household (person)	1.76	1.84
五、平均每一从业者负担人数 (人)	Average Number of Persons Supported by Each Employee (person)	1.63	1.74
六、平均每人全年可支配收入 (元)	Per Capita Annual Disposable Income (yuan)	13878	15308
七、平均每人全年消费支出 (元)	Per Capita Annual Living Expenditure (yuan)	10290	11410
八、人均期末住房面积 (平方米)	Per Capita Living Space at Year-end (sq.m)	40.29	41.78

4-20 农村家庭人口状况
POPULATION CONDITIONS OF RURAL HOUSEHOLDS

指　　标	Item	2020	2021
一、调查户数 (户)	**Number of Households Surveyed (household)**	**1770**	**1770**
二、调查户常住人口(人)	**Number of Resident Population Surveyed (person)**	**4623**	**4686**
#劳动力数	Labors	3408	3566
#从业人数	Employees	2628	2786
#在校学生	Students Enrollment	782	822
按年龄分组	**Grouped by Age**		
5岁及以下	Aged 5 and Under	149	137
6-15岁	Aged 6-15	462	455
16-19岁	Aged 16-19	213	216
20-24岁	Aged 20-24	210	247
25-29岁	Aged 25-29	175	171
30-34岁	Aged 30-34	216	192
35-40岁	Aged 35-40	233	242
41-50岁	Aged 41-50	638	712
51-60岁	Aged 51-60	1036	1116
61-65岁	Aged 61-65	523	479
66岁及以上	Aged 66 and Above	691	696

4-21 农村居民家庭劳动力状况
LABOR FORCE OF RURAL HOUSEHOLDS

单位：人 (person)

指 标	Item	2020	2021
一、劳动力文化状况	**Cultural Level of Labor Force**		
未上过学	Illiteracy or little literacy	130	114
小 学	Level of Primary School	956	919
初 中	Level of Junior Middle School	1733	1951
高 中	Level of Senior Middle School	419	405
大学专科	Level of Specialized Secondary School	144	138
大学本科	Level of Undergraduate	23	37
研究生	Level of Master and Doctor	3	2
二、劳动力从业情况	**Employment of Labor Force**		
(一)第一产业	Primary Industry	1387	1417
(二)第二产业	Secondary Industry	493	531
采矿业	Mining	111	106
制造业	Manufacturing	151	165
电力、热力、燃气及水生产供应业	Production and Supply of Power, Heat, Gas and Water	36	41
建筑业	Construction	195	219
(三)第三产业	Tertiary Industry	748	838
批发和零售业	Wholesale and Retail Trade	101	129
交通运输、仓储和邮政业	Transportation, Storage and Post	135	153
住宿和餐饮业	Hotels and Catering Services	84	105
信息传输、软件业和信息技术服务业	Information Transmission, Software and Information Technology Services	8	14
金融业	Financial Industry	9	13
房地产业	Real Estate	1	5
租赁和商务服务业	Leasing and Business Services	3	3
科学研究和技术服务业	Scientific Research and Technical Services		1
水利、环境和公共设施管理业	Management of Water Conservancy, Environment and Public Facilities	18	17
居民服务、修理和其他服务业	Services to Households, Repair and Other Services	245	242
教 育	Education	38	49
卫生和社会工作	Health and Social Service	37	43
文化、体育和娱乐业	Culture, Sports and Entertainment	7	8
公共管理、社会保障和社会组织	Public Management, Social Security and Social Organization	62	56
国际组织	International Organization		

4-22 农村居民家庭人均全年总收入
PER CAPITA ANNUAL INCOME OF RURAL HOUSEHOLDS

单位：元 (yuan)

指　标	Item	2020	2021
总收入	**Total Income**	**16537.63**	**18962.79**
一、工资性收入	Income of Wages and Salaries	6347.23	6859.58
二、经营性收入	Business Income	5863.92	7093.03
(一)第一产业	Primary Industry	4828.96	5635.29
农　业	Farming	3450.01	3930.89
林　业	Forestry	52.50	38.16
牧　业	Animal Husbandry	1326.38	1666.24
渔　业	Fishery	0.07	
(二)第二产业	Secondary Industry	136.68	194.97
采矿业	Mining	36.37	11.92
制造业	Manufacturing	33.68	150.18
电力、热力、燃气及水生产和供应业	Production and Supply of Power, Heat, Gas and Water	1.36	10.31
建筑业	Construction	65.27	22.56
(三)第三产业	Tertiary Industry	898.28	1262.77
批发和零售业	Wholesale and Retail Trade	232.58	330.63
交通运输、仓储和邮政业	Transportation, Storage and Post	314.51	538.39
住宿和餐饮业	Hotels and Catering Services	132.36	170.25
房地产业	Real Estate		
租赁和商务服务业	Leasing and Business Services	7.03	
居民服务、修理和其他服务业	Resident Services, Repair and Other Services	121.27	161.54
农林牧渔服务业	Services of Agriculture, Forestry, Animal Husbandry and Fishery	45.80	54.58
其　他	Others	44.72	7.38
三、财产性收入	Property Income	215.29	230.48
#利息收入	Interest	54.65	47.96
红利收入	Dividend and Bonus	74.83	74.42
储蓄性保险净收益	Net Savings Insurance	0.49	1.03
出租房屋财产性净收入	Net Income of Property Rental	24.95	26.30
四、转移性收入	Transfer Income	4111.20	4779.69
#养老金或离退休金	Pension or Retirement Payments	934.54	1636.42
社会救济和补助	Social Relief and Subsidy	423.90	358.63
政策性生活补贴	Policy Living Allowances	103.10	123.05
赡养收入	Old Alimony	932.17	925.76
报销医疗费	Reimbursement of Medical Expenses	221.56	240.87
从政府和组织得到的实物产品和服务折价	Goods and Services Discount Received from Governments and Organizations	115.48	158.92
现金政策性惠农补贴	Cash Benefits Policy of Aagricultural Subsidies	277.30	241.57

4-23 农村居民家庭人均全年总支出
PER CAPITA ANNUAL EXPENDITURE OF RURAL HOUSEHOLDS

单位：元 (yuan)

项　目	Item	2020	2021
总支出	**Total Expenditure**	**15309.27**	**18358.09**
一、消费支出	Living Expenditure	10290.10	11410.09
二、生产经营费用支出	Production and Operation Expenses	2047.32	2899.33
(一)第一产业	Primary Industry	1743.97	2205.57
农　业	Farming	1088.28	1299.98
林　业	Forestry	24.17	6.88
牧　业	Animal Husbandry	631.27	898.58
渔　业	Fishery	0.25	0.13
(二)第二产业	Secondary Industry	32.71	122.60
采矿业	Mining	0.43	2.26
制造业	Manufacturing	4.41	119.20
电力、热力、燃气及水生产和供应业	Production and Supply of Power, Heat, Gas and Water	24.75	1.14
建筑业	Construction	3.12	
(三)第三产业	Tertiary Industry	270.64	571.15
批发和零售业	Wholesale and Retail Trade	85.34	156.34
交通运输、仓储和邮政业	Transportation, Storage and Post	104.37	287.96
住宿和餐饮业	Hotels and Catering Services	45.75	72.76
房地产业	Real Estate	0.23	0.39
租赁和商务服务业	Leasing and Business Services	0.12	0.19
居民服务、修理和其他服务业	Resident Services, Repair and Other Services	10.31	39.27
农林牧渔服务业	Services of Agriculture, Forestry, Animal Husbandry and Fishery	9.14	8.98
其　他	Others	15.38	5.27
三、财产性支出	Property Expenditure	10.48	14.48
生活贷款利息支出	Living Loans Interest Expense	9.55	12.83
其他财产性支出	Other Property Expenditure	0.93	1.65
四、转移性支出	Transfer Expenditure	398.81	505.79
个人所得税	Individual Income Tax	2.65	3.67
社会保障支出	Social Security Expenditures	357.73	444.43
外来从业人员寄给家人的支出	Expenses of Foreign Employees Sent to The Family	0.70	4.08
赡养支出	Alimony Expenses	21.23	29.64
其他转移性支出	Other Property Expenditure	16.50	23.96
五、部分商业保险支出	Part of the Commercial Insurance Expenses	41.92	68.68
六、购置资产及非经常性转移支出	Acquisition of Assets and Non-recurring Transfer Expenditures	2171.52	2897.78
七、借贷性支出	Borrowing Expenditure	349.11	561.94

4-24 农村居民家庭平均每户土地经营情况
LAND MANAGEMENT OF RURAL HOUSEHOLDS

单位：亩 (mu)

指　标	Item	2020	2021
一、期末实际经营土地面积	**Land Area Under Real Management at the End of the Period**	**9.09**	**9.49**
耕　地	Cultivated Land	7.11	7.76
#有效灌溉面积	Effective Irrigated Area	2.23	3.01
林　地	Forest Land	0.99	0.87
园　地	Orchards	0.89	0.85
二、期内主要粮食播种面积	**Sown Area of Major Crops within the Period**	**5.17**	**5.83**
小　麦	Wheat	0.91	0.64
水　稻	Rice	0.01	
玉　米	Corn	3.84	4.78
大　豆	Soybean	0.10	0.12
薯　类	Rubers	0.32	0.29
三、期内主要经济作物播种面积	**Sown Area of Major Commercial Crops within the Period**	**1.09**	**1.06**
棉　花	Cotton		
油　料	Oil-bearing Plants	0.22	0.13
糖料作物	Sugar-yileding Crops		
蔬　菜	Vegetables	0.15	0.12
#设施蔬菜	Greenhouse Vegetables	0.05	0.04
水　果	Fruit	0.72	0.81
#设施水果	Greenhouse Fruit	0.02	0.06
四、农业生产技术应用情况	**Application of Agriculture Production Technology**		
机耕面积	Area Cultivated by Machine	4.79	5.65
机播面积	Area Sown by Machine	3.85	5.03
机收面积	Area Harvested by Machine	2.69	3.75
机电灌溉面积	Area Irrigated by Machine	1.30	1.57

4-25 农村居民家庭平均每人家庭经营净收入

PER CAPITA NET INCOME FROM HOUSEHOLD BUSINESS OF RURAL HOUSEHOLDS

单位：元 (yuan)

指 标	Item	2020	2021
家庭经营净收入	**Net Income from Household Business**	**3613.59**	**3958.78**
农 业	Farming	2293.02	2566.07
林 业	Forestry	28.31	31.23
牧 业	Animal Husbandry	646.08	701.33
渔 业	Fishery	-0.19	-0.13
采矿业	Mining	14.74	9.41
制造业	Manufacturing	28.08	16.59
电力、热力、燃气及水生产和供应业	Production and Supply of Power, Heat, Gas and Water	-23.39	8.96
建筑业	Construction	60.97	22.52
批发和零售业	Wholesale and Retail Trade	133.61	145.57
交通运输、仓储和邮政业	Transportation, Storage and Post	173.27	195.08
住宿和餐饮业	Hotels and Catering Services	82.78	95.45
房地产业	Real Estate	-0.23	-0.39
租赁和商务服务业	Leasing and Business Services	6.44	-0.19
居民服务、修理和其他服务业	Resident Services, Repair and Other Services	104.26	120.41
农林牧渔服务业	Services of Agriculture, Forestry, Animal Husbandry and Fishery	36.65	45.50
其 他	Others	29.19	1.38

4-26 主要年份农村居民人均可支配收入增长情况
PER CAPITA DISPOSABLE INCOME GROWTH OF RURAL HOUSEHOLDS IN MAJOR YEARS

单位：元 (yuan)

年份 Year	可支配收入 Disposable Income	比上年增加额 Increase Value over Last Year	比上年增长(%) Increase Rate over Last Year	农村居民消费价格指数(上年=100) Consumer Price Index of Rural Residents (last year=100)	扣除物价上涨因素后 Deducting Price Rising 实际收入 Real Income	比上年增长% Increase Rate over Last Year
1978	101.6	8.0	8.6			
1980	155.8	10.4	7.1	101.3	153.8	5.8
1985	358.3	19.5	5.8	107.8	332.4	-1.9
1990	603.5	89.6	17.4	103.0	585.9	14.0
1995	1208.3	324.1	36.7	117.2	1031.0	16.6
2000	1950.4	150.7	8.4	103.0	1893.6	5.2
2005	3082.0	344.1	12.6	103.7	2972.0	8.6
2010	5263.3	586.3	12.5	102.8	5119.9	9.5
2013	7949.5	885.6	12.5	103.2	7703.0	9.0
2014	8809.4	859.9	10.8	101.4	8685.4	9.2
2015	9453.9	644.5	7.3	100.7	9388.2	6.6
2016	10082.5	628.6	6.6	101.1	9968.9	5.5
2017	10787.5	705.1	7.0	100.5	10733.8	6.5
2018	11750.0	962.5	8.9	101.8	11542.3	7.0
2019	12902.4	1152.4	9.8	103.0	12526.6	6.6
2020	13878.0	975.6	7.6	103.3	13434.7	4.1
2021	15308.3	1430.3	10.3	100.9	15171.7	9.3

4-27 主要年份农村居民人均消费支出增长情况
PER CAPITA LIVING EXPENDITURE GROWTH OF RURAL HOUSEHOLDS IN MAJOR YEARS

单位：元 (yuan)

年份 Year	消费支出 Living Expenditure	比上年增加额 Increase Value over Last Year	比上年增长(%) Increase Rate over Last Year	农村居民消费价格指数(上年=100) Consumer Price Index of Rural Residents (last year=100)	扣除物价上涨因素后 Deducting Price Rising 实际支出 Real Expenditure	比上年增长% Increase Rate over Last Year
1978	90.6					
1980	134.4	16.1	13.6	101.3	132.7	12.1
1985	272.7	48.4	21.6	107.8	253.0	12.8
1990	487.7	78.4	19.2	103.0	473.4	15.7
1995	928.0	254.4	37.8	117.2	791.8	17.5
2000	1174.8	112.8	10.6	103.0	1140.6	7.4
2005	1999.8	271.6	15.7	103.7	1928.4	11.6
2010	4070.4	428.9	11.8	102.8	3959.6	8.7
2013	6457.7	273.8	4.4	103.2	6257.5	1.2
2014	6991.7	534.0	8.3	101.4	6895.2	6.8
2015	7421.2	429.5	6.1	100.7	7369.6	5.4
2016	8028.8	607.6	8.2	101.1	7938.4	7.0
2017	8424.0	395.2	4.9	100.5	8382.1	4.4
2018	9172.2	748.2	8.9	101.8	9010.0	7.0
2019	9728.4	556.2	6.1	103.0	9445.1	3.0
2020	10290.1	561.7	5.8	103.3	9961.4	2.4
2021	11410.1	1120.0	10.9	100.9	11308.3	9.9

4-28 农村居民家庭平均每人食品消费量
PER CAPITA FOOD CONSUMPTION OF RURAL HOUSEHOLDS

单位：公斤 (kg)

指　标	Item	2020	2021
粮　食	Grain	192.85	167.91
油脂类	Oil or Fat	9.38	9.40
蔬菜及菜制品	Vegetables and Processed Products	92.26	97.81
肉　类	Meat	11.29	14.40
禽　类	Poultry	3.18	3.68
水产品	Aquatic Product	1.75	1.87
蛋类及蛋制品	Eggs and Processed Products	15.50	16.15
奶和奶制品	Milk and Processed Products	12.03	14.23
干鲜瓜果类	Fresh and Dried Fruits	47.32	56.70
糖果糕点类	Sweets and Pastry	6.44	6.70
饮　料	Beverage	0.14	0.15
酒	Liquor	4.48	5.15

4-29 农村居民家庭平均每百户耐用消费品拥有量
DURABLE CONSUMER GOODS OWNED PER 100 RURAL HOUSEHOLDS

名　称	Item	2020	2021
家用汽车(辆)	Automobile (unit)	20.56	28.93
摩托车(辆)	Motorcycle (unit)	39.83	38.36
洗衣机(台)	Washing Machine (set)	89.44	93.45
电冰箱(台)	Refrigerator (set)	81.75	89.15
微波炉(台)	Microwave oven (set)	8.19	8.93
彩色电视机(台)	Color Television (set)	104.69	99.49
空　调(台)	Air Conditioner (set)	21.81	27.29
固定电话(部)	Fixed Telephone (set)	2.94	2.37
移动电话(部)	Mobile Telephone (set)	225.42	242.15
#接入互联网	Mobile Telephone with Internet Access	197.91	225.37
计算机(台)	Computer (set)	29.27	24.01
#接入互联网	Computer with Internet Access	23.16	20.85
照相机(台)	Camera (set)	1.36	1.24

4-30 农村居民家庭年末居住情况
HOUSING CONDITIONS OF RURAL HOUSEHOLDS AT YEAR-END

单位：% (%)

指　标	Item	2020	2021
一、居住空间样式	Style of Residential Space	100.0	100.0
单栋楼房	Dependent Resident	8.0	9.3
单栋平房	Dependent Bungalow	78.4	77.2
四居室及以上单元房	Apartment with Four and More Bedrooms	0.1	0.1
三居室单元房	Apartment with Three Bedrooms	2.3	4.0
二居室单元房	Apartment with Two Bedrooms	1.3	0.9
一居室单元房	Apartment with One Bedrooms	0.6	0.5
筒子楼或连片平房	Tube-Shaped Apartment or Contiguous Bungalow	6.9	5.9
其　他	Others	2.4	2.1
二、主要建筑材料	Major Building Materials	100.0	100.0
钢筋混凝土	Reinforced Concrete	9.7	12.6
砖混材料	Brick and Concrete Material	42.8	49.9
砖瓦砖木	Tile and Brick	44.4	35.7
竹草土坯	Bamboo, Grass and Adobe	1.1	1.2
其　他	Others	2.0	0.6
三、现住房房屋来源	Current Housing Sources	100.0	100.0
租赁公房	Rent Public Houses	0.06	0.1
租赁私房	Rent Private Houses	1.9	2.1
自建住房	Self-Build Housing	89.5	90.1
购买商品房	Purchased Commercial Housing	3.8	4.3
购买房改住房	Purchased Housing-Reform Houses	0.6	0.3
购买保障性住房	Purchased Security Housing	0.5	0.5
拆迁安置房	Resettlement Housing	1.1	1.3
继承或获赠住房	Inherited or receive Housing	1.3	0.7
免费借用房	Free Rental Housing	0.8	0.6
雇主提供免费住房	Employer-Provided Free Housing	0.1	0.1
其他来源	Other Sources	0.3	
四、现住房建筑面积	Current Housing Construction Area	100.0	100.0
10平方米以内	Within 10 sq. m		
10-20平方米	10 – 20 sq. m	0.2	0.1
20-30平方米	20 – 30 sq. m	2.4	1.6
30-60平方米	30 – 60 sq. m	21.0	18.1
60-90平方米	60 – 90 sq. m	25.9	23.7
90-120平方米	90 – 120 sq. m	26.9	27.9
120-200平方米	120 – 200 sq. m	18.9	23.9
200平方米以上	Above 200 sq. m	4.7	4.7
五、住宅外道路路面情况	Road Conditions Outside Houses	100.0	100.0
水泥或柏油路面	Cement or Asphalt Road	87.5	90.4
沙石或石板等硬质路面	Sand, Stone and Other Hard Surfacing Road	10.0	8.0
其　他	Others	2.5	1.6
六、取水位置	Water Intaking	100.0	100.0
住宅内管道取水	Pipelines inside Houses	49.6	55.3
住宅内其他方式取水	Other Ways inside Houses	1.1	1.4
院内管道取水	Pipelines in Yards	38.9	37.0
院内其他方式取水	Other Ways in Yards	6.0	3.8
其他位置取水	Others	4.4	2.4

4-30 续表 continued

单位：% (%)

指　标	Item	2020	2021
七、住户主要饮用水来源情况	Major Sources of Drinking Water for Households	100.0	100.0
经过净化处理的自来水	Purified Running Water	64.1	73.6
受保护的井水和泉水	Protected Wells and Springs	31.5	26.0
不受保护的井水和泉水	Unprotected Wells and Springs	2.8	0.3
江河湖泊水	River and Lake Water	0.1	
收集雨水	Collected rainwater	1.5	
桶装水	Bottled water	0.1	0.1
其他水源	Other Water sources	0.1	
八、住户厕所类型	Households Toilets	100.0	100.0
水冲式卫生厕所(冲入下水道)	Sanitary Flush Toilets (into Sewers)	6.3	7.9
水冲式卫生厕所(冲入化粪池)	Sanitary Flush Toilets (into Septic Tanks)	0.8	1.2
水冲式卫生厕所(冲入防渗厕坑)	Sanitary Flush Toilets (into Impervious Pits)	4.0	2.8
水冲式非卫生厕所(冲入其他地方)	Non-stanitary Flush Toilets (into Other Ways)	20.7	6.4
卫生旱厕	Stanitray Pit Latrines	21.8	20.7
普通旱厕	General Pit Latrines	46.2	61.0
无厕所	No Toilets	0.2	
九、住户主要取暖设备状况	Major Heating Equipments for Households	100.0	100.0
由市政或小区集中供暖	Central Heating Supplied by Municipal or Residential Area	9.4	11.9
自行供暖	Self Heating	86.9	82.9
无取暖设备	No Heating Equipments	3.6	5.3
十、住户主要取暖用能源状况	Major Heating Energy for Households	100.0	100.0
柴　草	Firewood	3.3	5.3
煤　炭	Coal	59.1	55.9
罐装液化石油气	Bottled Liquefied Petroleum Gas	0.1	0.1
管道液化石油气	Pipelined Liquefied Petroleum Gas		0.1
管道煤气	Pipelined Gas	0.7	1.0
管道天然气	Pipelined Natural Gas	8.1	9.2
电	Electricity	18.6	14.8
燃料用油	Fuel oil		
沼　气	Biogas		
其　他	Others	0.1	0.6
无取暖行为	None	10.0	13.2
十一、主要炊用能源状况	Major Cooking Energy	100.0	100.0
柴　草	Firewood	5.9	7.5
煤　炭	Coal	38.6	30.5
罐装液化石油气	Bottled Liquefied Petroleum Gas	2.9	4.0
管道液化石油气	Pipelined Liquefied Petroleum Gas		0.2
管道煤气	Pipelined Gas	1.6	1.3
管道天然气	Pipelined Natural Gas	11.4	14.7
电	Electricity	39.3	41.5
燃料用油	Fuel oil		
沼　气	Biogas	0.1	0.1
其　他	Others		0.2
无炊用行为	None	0.2	0.1

4-31 农村居民家庭五等份分组基本情况(2021年)

按可支配收入分组

指　标	Item	低收入户 (20%) Low Income Households
一、调查户数 (户)	Number of Households Surveyed (household)	354
二、调查户常住人口(人)	Number of Resident Population Surveyed (person)	651
三、劳动力数	Number of Labors	548
#从业人数	Number of Employees	397
四、人均期末住房面积 (平方米)	Per Capita Housing Area at the Year-end (sq.m)	36
五、户均期末经营土地面积(亩)	Average Land Area under Management at the End of the Period (mu)	8.07
六、平均每百户期末耐用品拥有量	Durable Goods Owned Per 100 Households at the Year-end	
家用汽车(辆)	Automobile (unit)	9.04
摩托车(辆)	Motorcycle (unit)	26.84
洗衣机(台)	Washing Machine (set)	78.53
电冰箱(台)	Refrigerator (set)	75.42
微波炉(台)	Microwave Oven (set)	2.26
彩色电视机(台)	Color Television (set)	92.94
空　调(台)	Air Conditioner (set)	8.76
固定电话(部)	Fixed Telephone (set)	2.54
移动电话(部)	Mobile Telephone (set)	178.25
#接入互联网	Mobile Telephone with Internet Access	154.24
计算机(台)	Computer (set)	7.06
#接入互联网	Computer with Internet Access	6.78
照相机(台)	Camera (set)	0.56
七、平均每人食品消费情况 (公斤)	Per Capita Food Consumption (kg)	
粮　食	Grain	149.13
油脂类	Oil and Fat	7.97
蔬菜及菜制品	Vegetables and Processed Products	77.89
肉　类	Meat	11.26
禽　类	Poultry	3.15
水产品	Aquatic Product	1.48
蛋类及蛋制品	Eggs and Processed Products	14.18
奶和奶制品	Milk and Processed Products	11.43
干鲜瓜果类	Fresh and Dried Fruits	46.66
糖果糕点类	Sweets and Pastry	5.79
饮　料	Beverage	0.12
酒	Liquor	4.70

BASIC CONDITIONS OF RURAL HOUSEHOLDS BY INCOME QUINTILE(2021)

(by the group of disposible income)

中低收入户 (20%) Lower Middle Income Households	中等收入户 (20%) Middle Income Households	中高收入户 (20%) Higher Middle Income Households	高收入户 (20%) High Income Households
354	354	354	354
811	895	1082	1247
664	684	770	900
529	524	588	748
39	41	47	51
9.27	9.99	8.56	9.80
16.67	22.88	38.42	54.80
40.40	42.66	38.98	44.63
92.09	96.05	98.87	100.28
83.05	92.37	94.92	98.59
4.80	7.63	9.89	18.08
98.87	99.72	99.44	105.37
16.38	26.27	33.90	47.46
1.98	3.39	1.69	2.26
216.38	241.81	268.08	304.24
194.35	225.99	253.95	295.76
15.82	26.27	26.55	41.53
12.71	23.45	22.03	36.44
0.56	0.56	1.13	3.39
164.60	164.22	174.74	192.48
8.77	9.13	9.69	11.96
94.24	96.91	102.81	122.78
12.80	13.18	15.90	20.04
3.24	3.71	3.75	4.77
1.49	1.97	1.97	2.59
14.69	15.53	17.35	19.81
12.95	14.76	16.11	16.58
51.69	55.56	61.19	71.71
6.29	6.62	7.50	7.59
0.13	0.13	0.12	0.27
4.25	4.47	5.70	6.96

4-32 农村居民家庭五等份分组人均收支情况(2021年)

按可支配收入分组

指　标	Item	低收入户 (20%) Low Income Households
一、总收入(元)	**Total Income (yuan)**	**8954.43**
(一)工资性收入	Income of Wages and Salaries	2337.32
(二)经营性收入	Business Income	3419.99
第一产业	Primary Industry	2756.21
第二产业	Secondary Industry	16.48
第三产业	Tertiary Industry	647.30
(三)财产性收入	Property Income	139.47
#利息收入	Interest	26.43
红利收入	Dividend and Bonus	63.34
储蓄性保险净收益	Net Savings Insurance	
出租房屋财产性净收入	Net Income of Property Rental	7.33
(四)转移性收入	Transfer Income	3057.65
#养老金或离退休金	Pension or Retirement Payments	498.70
社会救济和补助	Social Relief and Subsidy	503.19
政策性生活补贴	Policy Living Allowances	118.27
赡养收入	Old Alimony	888.44
报销医疗费	Reimbursement of Medical Expenses	105.27
从政府和组织得到的实物产品和服务折价	Goods and Services Discount Received from Governments and Organizations	175.55
现金政策性惠农补贴	Cash Benefits Policy of Aagricultural Subsidies	217.62
二、总支出(元)	**Total Expenditure (yuan)**	**14268.37**
(一)消费支出	Living Expenditure	9360.42
食品烟酒	Food, Tobacco and Liquor	2889.25
衣　着	Clothing	701.25
居　住	Residence	1787.07
生活用品及服务	Household Living Facilities,Articles and Services	430.10
交通通信	Transportation and Communication	910.25
教育文化娱乐服务	Education, Culture and Recreation Services	1418.95
医疗保健	Health Care	1041.89
其他商品和服务	Other Commodities and Services	181.65
(二)生产经营费用支出	Production and Operation Expenses	2167.21
第一产业	Primary Industry	1846.24
第二产业	Secondary Industry	3.62
第三产业	Tertiary Industry	317.35
(三)财产性支出	Property Expenditure	7.74
(四)转移性支出	Transfer Expenditure	388.15
(五)部分商业保险支出	Part of the Commercial Insurance Expenses	48.90
(六)购置资产及非经常性转移支出	Acquisition of Assets and Non-recurring Transfer Expenditures	1876.67
(七)借贷性支出	Borrowing Expenditure	419.28
三、可支配收入(元)	**Disposable Income (yuan)**	**6236.33**

PER CAPITA INCOME AND EXPENDITURE OF RURAL HOUSEHOLDS BY INCOME QUINTILE(2021)

(by the group of disposible income)

中低收入户 (20%) Lower Middle Income Households	中等收入户 (20%) Middle Income Households	中高收入户 (20%) Higher Middle Income Households	高收入户 (20%) High Income Households
13364.37	**16547.91**	**20297.99**	**33915.90**
5359.30	6782.90	10980.76	10734.80
3976.65	5960.49	5165.75	15680.51
3392.65	4206.19	4850.43	13180.93
149.03	6.38	30.95	15.71
434.98	1747.92	284.37	2483.88
137.07	120.94	120.57	237.05
16.31	36.90	81.37	32.73
42.90	29.47	8.25	78.05
1.47			4.31
6.77	4.96	19.41	12.86
3891.35	3683.59	4030.91	7263.54
586.38	770.89	1130.02	3475.21
339.25	320.56	356.98	195.35
71.47	137.79	51.48	105.27
1181.23	792.85	797.59	1182.77
172.53	207.81	137.25	320.28
155.31	125.38	160.23	145.80
198.06	247.16	197.60	344.07
14463.04	**17403.28**	**15760.21**	**23011.97**
10054.13	12418.53	11039.62	13734.81
3274.98	3129.20	3388.17	4494.22
763.16	794.93	941.14	844.15
2237.74	2811.53	2625.86	3040.15
534.83	558.37	444.35	629.87
1032.69	1697.10	1203.35	2739.94
857.46	1539.04	1203.42	731.90
1123.41	1691.72	1075.34	1024.10
229.87	196.64	158.00	230.49
1382.24	1688.39	1652.56	3971.85
1276.63	1536.12	1550.65	3363.82
7.73		18.57	2.30
97.88	152.28	83.34	605.73
1.81	43.16	56.71	8.81
529.02	454.11	480.39	616.61
41.56	54.27	53.29	82.81
1827.35	2206.30	2184.63	3898.03
626.93	538.51	293.00	699.06
11272.43	**14123.77**	**17985.32**	**29021.11**

主要统计指标解释

可支配收入 指住户在调查期内获得的、可用于最终消费支出和储蓄的总和，即住户可以用来自由支配的收入。可支配收入既包括现金，也包括实物收入。按照收入的来源，可支配收入包含四项，分别为：工资性收入、经营净收入、财产净收入和转移净收入。计算公式为：

可支配收入 = 工资性收入 + 经营净收入 + 财产净收入 + 转移净收入

工资性收入 指就业人员通过各种途径得到的全部劳动报酬和各种福利，包括受雇于单位或个人、从事各种自由职业、兼职和零星劳动得到的全部劳动报酬和福利。

经营净收入 指住户或住户成员从事生产经营活动所获得的净收入，是全部经营收入中扣除经营费用、生产性固定资产折旧和生产税之后得到的净收入。计算公式具体为：

经营净收入 = 经营收入 - 经营费用 - 生产性固定资产折旧 - 生产税

财产净收入 指住户或住户成员将其所拥有的金融资产、住房等非金融资产和自然资源交由其他机构单位、住户或个人支配而获得的回报并扣除相关的费用之后得到的净收入。财产净收入包括利息净收入、红利收入、储蓄性保险净收益、转让承包土地经营权租金净收入、出租房屋净收入、出租其他资产净收入和自有住房折算净租金等。

转移净收入 计算公式为：转移净收入 = 转移性收入 - 转移性支出

转移性收入 指国家、单位、社会团体对住户的各种经常性转移支付和住户之间的经常性收入转移。包括养老金或退休金、社会救济和补助、政策性生产补贴、政策性生活补贴、救灾款、经常性捐赠和赔偿、报销医疗费、住户之间的赡养收入、本住户非常住成员寄回带回的收入等。

转移性支出 指住户对国家、单位、住户或个人的经常性或义务性转移支付。包括缴纳的税款、各项社会保障支出、赡养支出、经常性捐赠和赔偿支出以及其他经常转移支出等。

消费支出 指住户用于满足家庭日常生活消费需要的全部支出，包括用于消费品的支出和用于服务性消费的支出。根据用途不同，消费支出可划分为食品烟酒、衣着、居住、生活用品及服务、交通通信、教育文化娱乐、医疗保健、其他用品及服务八大类。

Explanatory Notes on Main Statistical Indicators

Disposable Income refers to the disposable income of households which obtained during the survey period, and can be used for final consumption and savings. It includes cash and physical income. It can be divided into four categories, including income of wages and salaries, net business income, net property income and net transfer income by the sources of income. The formula is as follows:

Disposable Income = Income of Wages and Salaries + Net Business Income + Net Property Income + Net Transfer Income

Income of Wages and Salaries refers to total labor rewards and welfare employees received through various channels, including employed by units or individuals, engaged in free occupations, part-time jobs and sporadic jobs.

Net Business Income refers to net income the households or their members received through production and operation activities. It equals to total business income minus business expenses, depreciation of productive fixed assets and production taxes. The formula is as follows:

Net Business Income = Business Income – Business Expenses – Depreciation of Productive Fixed Assets – Production Taxes

Net Property Income refers to net income received as returns deducting related expenses by the households or their members, who owns the financial assets, non-financial assets such as housing and natural resources, by providing them to other institutional units, households or individuals. It includes net interest income, dividend and bonus, net savings insurance, net rental income from transferring management right of contracted land, net rental income from houses, net rental income from other assets, imputed net rental from owner occupied housing and etc.

Net Transfer Income is calculated by the following formula:

Net Transfer Income = Transfer Income – Transfer Expenditure

Transfer Income refers to current transfer payment the state, units, social organizations pay to households and current transfer income among households. It includes pensions or retirement payments, social relief and subsidies, policy living allowances, relief funds, regular donations and compensations, reimbursement of medical expenses, supporting income among households, income from non-resident members of households, etc.

Transfer Expenditure refers to current or compulsory transfer payment households pay to the state, units, households and individuals. It includes taxes, social security expenditures, alimony payments, regular donations and compensations and other current transfer expenditures.

Living Expenditure refers to total expenditure households used to satisfy daily life consumption, which includes consumer goods and services expenditure. It can be classified into eight categories, including expenditure on food, tobacco and liquor, clothing, residence, household facilities, articles and services, transportation and communication, education, culture and recreation, health care and others.

PUBLIC FINANCE, BANKING AND INSURANCE

5 财政、金融和保险

资料整理人员

张艳芳　尹　伊

PUBLIC FINANCE, BANKING AND INSURANCE 财政、金融和保险

一般公共预算收入	General Public Budget Revenue	2834.5	亿元 (100 million yuan)
一般公共预算支出	General Public Budget Expenditure	5046.6	亿元 (100 million yuan)
住户存款	Households Deposits	28459.9	亿元 (100 million yuan)
原保险保费收入	Income of Premiums	997.5	亿元 (100 million yuan)

一般公共预算收入（亿元）

General Public Budget Revenue (100 million yuan)

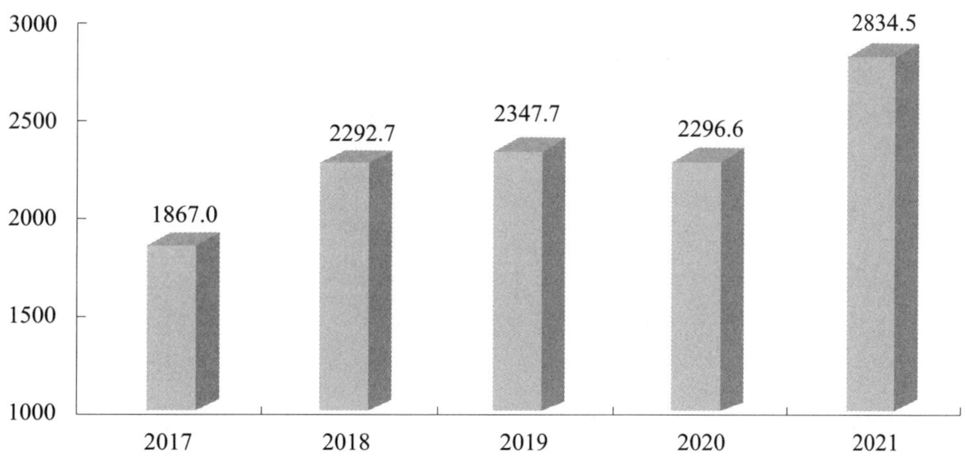

金融机构人民币各项存贷款余额（万亿元）

Balance of Deposits and Loans in RMB of Financial Institutions (trillion yuan)

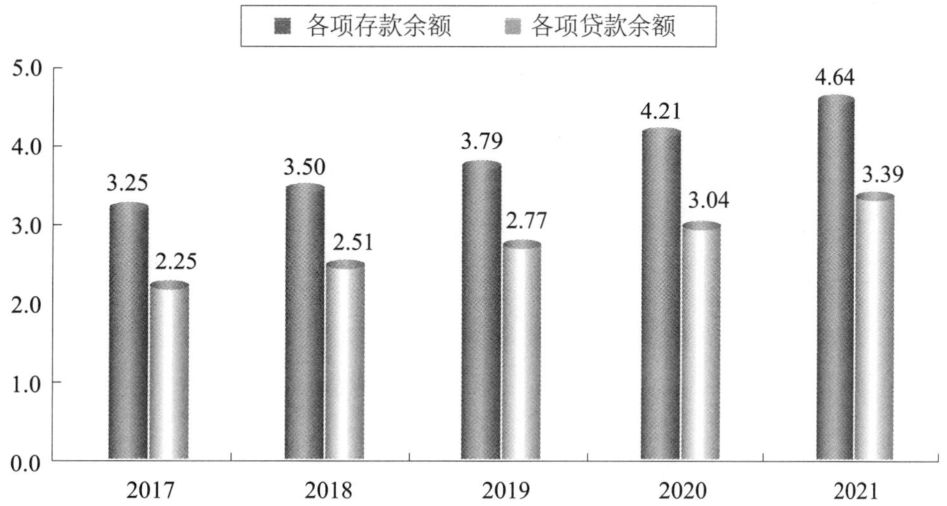

5-1 主要年份财政收支情况

FINANCIAL REVENUE AND EXPENDITURE IN MAJOR YEARS

单位：万元 (10 000 yuan)

年 份 Year	一般公共预算收入 General Public Budget Revenue	一般公共预算支出 General Public Budget Expenditure	一般公共预算收支差额 General Public Budget Balance	一般公共预算收支指数(上年=100) General Public Budget Revenue and Expenditure Indices (last year=100)	
				收 入 Revenue	支 出 Expenditure
1952	18276	10913	7363	138	185
1957	35230	28832	6398	109	95
1962	54001	36423	17578	79	50
1965	68571	51064	17507	115	103
1970	92081	94164	-2083	181	150
1975	123934	149779	-25845	113	98
1978	196419	211118	-14699	148	129
1980	209555	196099	13456	103	95
1985	249906	355483	-105577	92	119
1990	517495	548962	-31467	107	108
1995	722064	1128924	-406860	134	127
2000	1144762	2250554	-1105792	105	121
2005	3683437	6687508	-3004071	144	129
2006	5833752	9155698	-3321946	158	137
2007	5978870	10499228	-4520358	102	115
2008	7480047	13150175	-5670128	125	125
2009	8058279	15617047	-7558768	108	119
2010	9696652	19313641	-9616989	120	124
2011	12134340	23638476	-11504136	125	122
2012	15163780	27594582	-12430802	125	117
2013	17016227	30301263	-13285036	112	110
2014	18206350	30852826	-12646476	107	102
2015	16423546	34229731	-17806185	90	111
2016	15569972	34288617	-18718645	95	100
2017	18670022	37564199	-18894177	120	110
2018	22926982	42839099	-19912117	123	114
2019	23477478	47107629	-23630151	102	110
2020	22965669	51108746	-28143077	98	108
2021	28344743	50466207	-22121464	123	99

注：1994年以前一般公共预算收支为财政收支。

Note：General public budget revenue and expenditure refer to financial revenue and expenditure before 1994.

5-2 政府性基金收支额(2021年)
REVENUE AND EXPENDITURE OF GOVERNMENT FUNDS(2021)

单位：万元 (10 000 yuan)

项 目	Item	金 额 Value
收入合计	**Total Revenue**	**9804536**
#政府性基金收入	Revenue of Government Funds	9614069
支出合计	**Total Expenditure**	**13539381**
一、文化旅游体育与传媒	Expenditure for Culture, Tourism, Sports and Media	3188
二、社会保障和就业	Expenditure for Social Security and Employment	35809
三、节能环保	Expenditure for Energy Conservation and Environmental Protection	19240
四、城乡社区	Expenditure for Urban and Rural Community	8627403
五、农林水	Expenditure for Agriculture, Forestry and Water Conservancy	15014
六、交通运输	Expenditure for Transportation	580865
七、资源勘探信息等	Expenditure for Resources Exploration and Information	7253
八、债务付息	Expenditure for Interest Payment on Debts	765926
九、债务发行费用	Expenditure for Debts Issuance	4269
十、抗疫特别国债安排的支出	Anti-epidemic Special Bonds	59072
十一、其他支出	Other Expenditures	3421342

5-3 一般公共预算收入(2021年)
GENERAL PUBLIC BUDGET REVENUE(2021)

单位：万元 (10 000 yuan)

项　目	Item	金 额 Value
收入总计	**Total Revenue**	**28344743**
一、税收收入	**Total taxes**	**20947237**
增值税	Value-added Taxes	8100606
企业所得税	Enterprises Income Taxes	3084089
个人所得税	Individual Income Taxes	466563
资源税	Resource Taxes	4935075
城市维护建设税	Taxes on Urban Construction and Maintenance	989512
房产税	House Property Taxes	455103
印花税	Stamp Taxes	447800
城镇土地使用税	Taxes on Use of Urban Land	291162
土地增值税	Land Value-added Taxes	573650
车船税	Taxes on Use of Vehicles and vessels	274162
耕地占用税	Taxes on Occuping Cultivated Land	185638
契　税	Contract Taxes	1024323
烟叶税	Tobacco Taxes	1521
环境保护税	Environmental Protection Taxes	115280
其他税收收入	Other Taxes	2753
二、非税收入	**Non-tax Revenue**	**7397506**
专项收入	Special Incomes	2085632
行政事业性收费收入	Incomes from Administrative Fees	980314
罚款收入	Penalty Incomes	1160103
国有资本经营预算收入	Business Budget Revenue of State-owned Properties	262291
国有资源(资产)有偿使用收入	Incomes from State-owned Resource Utilization	2289654
其他收入	Other Incomes	619512

5-4 一般公共预算支出(2021年)
GENERAL PUBLIC BUDGET EXPENDITURE(2021)

单位：万元 (10 000 yuan)

项 目	Item	金 额 Value
支出总计	**Total Expenditure**	**50466207**
一、一般公共服务	Expenditure for General Public Services	4532831
二、国 防	Expenditure for National Defence	43398
三、公共安全	Expenditure for Public Security	2501756
四、教 育	Expenditure for Education	7779970
五、科学技术	Expenditure for Science and Technology	833840
六、文化旅游体育与传媒	Expenditure for Culture, Tourism, Sports and Media	970372
七、社会保障和就业	Expenditure for Social Security and Employment	8864957
八、卫生健康	Expenditure for Health Care	4167802
九、节能环保	Expenditure for Energy Conservation and Environmental Protection	2147856
十、城乡社区	Expenditure for Urban and Rural Community	4366586
十一、农林水	Expenditure for Agriculture, Forestry and Water Conservancy	5142286
十二、交通运输	Expenditure for Transportation	2992741
十三、资源勘探信息等	Expenditure for Resources Exploration and Information	942624
十四、商业服务业等	Expenditure for Business and Services	160345
十五、金 融	Expenditure for Finance	830946
十六、援助其他地区	Expenditure for Other Regional Assistance	32381
十七、自然资源海洋气象等	Expenditure for Natural Resource, Ocean and Weather	749642
十八、住房保障	Expenditure for Housing Security	1413559
十九、粮油物资储备	Expenditure for Cereals, Oils and Material Reserves	164938
二十、灾害防治及应急管理	Expenditure for Disaster Prevention and Emergency Management	555450
二十一、债务付息	Expenditure for Interest Payment on Debts	866834
二十二、债务发行费用	Expenditure for Debts Issuance	6262
二十三、其他支出	Other Expenditures	398831

5-5 税收分经济类型情况(2021年)

单位：万元

项　目	Item	合 计 Total	内　资			
			国有企业 Stated -owned Enterprise	集体企业 Collective- owned Enterprise	股份合作企业 Share Cooperative Enterprise	联营企业 Joint Enterprise
税收收入	**Tax Revenue**	**36473984**	**1803188**	**124810**	**16387**	**711**
国内增值税	Domestic Value-added Taxes	16385783	594866	56173	6606	512
#一般纳税人	General Taxpayers	15327550	550825	52086	6188	301
国内消费税	Domestic Consumption Taxes	1232466	519668	45		
企业所得税	Enterprises Income Taxes	7398822	178153	52034	5654	64
个人所得税	Individual Income Taxes	1181793	38569	4965	1510	1
资源税	Resource Taxes	4935078	102314	960	16	68
城市维护建设税	Taxes on Urban Construction and Maintenance	989874	66041	3281	412	19
房产税	House Property Taxes	455108	24653	3374	1384	2
印花税	Stamp Taxes	447797	12702	969	95	6
城镇土地使用税	Taxes on Use of Urban Land	291162	16775	1660	152	37
土地增值税	Land Value-added Taxes	573653	14397	73		
车船税	Taxes on Use of Vehicles and Vessels	274165	1746		338	
车辆购置税	Vehicle Purchase Taxes	756401	1023	203	86	
耕地占用税	Taxes on Occuping Cultivated Land	185197	2142	4		
契　税	Contract Taxes	1024321	7862	414	127	
环境保护税	Vironmental Protection Taxes	115284	1911	183	7	2
海关代征	Taxes Collected by the Customs on Behalf of the Tax Authorities	220066	219081			
其他税收	Other Taxes	7014	1285	472		

TAXES REVENUE BY FORM OF OWNERSHIP(2021)

(10 000 yuan)

Civil Funded Enterprises					港澳台投资企业 Enterprise Funded by Hong Kong, Macao and Taiwan	外商投资企业 Foreign Funded Enterprise	个体经营 Individual	非企业单位 Non-enterprise Units
有限责任公司 Limited Responsibility Company	股份公司 Share Holding Limited Company	#国有控股 State Controlling Share	私营企业 Private Enterprise	其他企业 Other Enterprise				
21151800	**5279325**	**3795507**	**5189351**	**11620**	**433193**	**749729**	**128369**	**1585501**
9391232	2480909	1743357	3121462	7357	234538	310135	78124	103869
8857521	2448220	1739953	2817320	5044	231882	308988	15914	33261
297352	386603	377097	20141		2865	4802	990	
4762595	1177298	779743	822344	2321	140803	239020		18536
497204	212966	126329	138908	564	7981	18305	36881	223939
3939794	496839	446561	250675	1	10087	122326	2652	9346
541551	166484	120184	176450	130	8910	19536	2461	4599
278635	63446	36333	41458	64	10453	10199	328	21112
266255	45781	30396	101268	246	6815	5525	767	7368
193590	15582	11439	50472	244	6233	4114	367	1936
422252	2294	225	124221	73	626	2385	15	7317
52598	199309	105929	9833	48	1	9331	36	925
74618	1812	1059	173628	113	982	847	5511	497578
46866	6027	5927	7773	350	698	651	5	120681
301838	15409	4711	129502	105	1075	1241	112	566636
80905	8624	6090	20707	4	1126	1573	118	124
								985
4515	−58	127	509			−261	2	550

5-6 金融机构信贷收支余额(2021年)
BALANCE OF CREDIT FUNDS OF FINANCIAL INSTITUTIONS(2021)

单位：亿元 (100 million yuan)

项　目	Item	本外币 RMB and Foreign Currency	人民币 RMB
一、各项存款	**Total Deposits**	**46813.87**	**46352.98**
境内存款	Domestic Deposits	46806.42	46346.07
住户存款	Deposits of Households	28552.06	28459.89
#活期存款	Demand Deposits	6683.41	6632.78
非金融企业存款	Deposits of Non-financial Enterprises	11812.65	11455.73
#活期存款	Demand Deposits	6590.58	6470.51
财政性存款	Fiscal Deposits	1133.00	1133.00
机关团体存款	Deposits of Government Departments and Orgnizations	4941.41	4939.57
非银行业金融机构存款	Deposits of Non-banking Financial Institutions	367.30	357.88
境外存款	Overseas Deposites	7.45	6.91
二、所有者权益	**Creditors' Equity**	**2060.25**	**2058.97**
三、各项贷款	**Total Loans**	**34214.90**	**33917.47**
境内贷款	Domestic Loans	34214.57	33917.25
住户贷款	Loans to Households	7111.39	7111.11
#短期贷款	Short-term Loans	1786.91	1786.63
中长期贷款	Medium and Long-term Loans	5324.48	5324.48
企(事)业单位贷款	Loans to Non-financial Enterprises, Government Departments and Orgnizations	27070.18	26773.15
#短期贷款	Short-term Loans	8130.73	7860.65
中长期贷款	Medium and Long-term Loans	15674.83	15647.93
票据融资	Paper Financing	3198.29	3198.29
融资租赁	Financial Leases	37.43	37.43
各项垫款	Total Advances	28.90	28.64
非银行业金融机构贷款	Loans to Non-banking Financial Institutions	33.00	33.00
境外贷款	Overseas Loans	0.34	0.21

5-7 金融机构人民币各项存款和贷款余额

BALANCE OF DEPOSITS AND LOANS IN RENMINBI OF FINANCIAL INSTITUTIONS

单位：万元 (10 000 yuan)

年 份 Year	各项存款合计 Total Deposits	#非金融企业存款 Non-financial Enterprises	#住户存款 Households	各项贷款合计 Total Loans	#短期贷款 Short-term	#中长期贷款 Medium and Long-term
1980	392088	125522	128705	591107	578830	12277
1985	1050817	401574	529220	1512441	1185224	247760
1990	3141354	847362	2313378	3569045	2877047	571351
1991	3809523	1034918	2915655	4328291	3262954	943164
1992	4607404	1224459	3636711	5148408	3712448	1274798
1993	5702498	1414515	4603533	6381035	4400154	1778957
1994	6854272	2062932	6159495	8020557	5081106	2756760
1995	12882737	2833481	8444641	12231107	7744271	3210760
1996	15699109	3681447	10738217	14201114	9259966	3910686
1997	17923626	4474154	12368354	15249840	11782869	2965442
1998	20811147	4948038	14370605	17417903	13022710	3360439
1999	23572121	5643636	16143945	19092096	13767722	3740309
2000	26283900	6772936	17484210	24531452	14224781	8212709
2001	30907287	8219315	19797268	24084029	14317608	7687055
2002	37087186	9602764	23073176	29031751	16331829	9587870
2003	46815142	12594164	27815374	35522883	19343085	12138826
2004	58116546	15579954	33423062	40161240	20362341	14893336
2005	70886971	17489745	41196865	42289987	21082074	16994250
2006	85774569	22553297	47961838	47885141	23096219	20234188
2007	100418455	26614242	54223930	53944680	26792518	22980302
2008	127667183	32744816	70486087	59603272	27912981	27300364
2009	156984678	42390374	80994287	78147390	33337917	39118456
2010	185756526	53338036	92229697	96343196	37425196	54092971
2011	209204319	93395109	104554604	111693542	42314059	63877414
2012	240505805	107851389	119970319	131062060	51960561	71455443
2013	261053489	111639664	133393743	148875306	59772430	80157833
2014	267794699	108700270	141451816	164327453	63715573	87589237
2015	283460992	69622303	156758537	184586645	59898305	79535966
2016	303713743	74534097	171280459	202285781	77290669	108638948
2017	324805540	81469491	186202942	224638999	81868248	127923217
2018	349875755	87816646	203451895	250570401	82782425	149650713
2019	378705719	93015535	225449882	277461839	87770239	168040651
2020	420734802	108104653	254820163	303734544	91180525	186558706
2021	463529841	114557288	284598921	339174690	96472877	209724033

注：2015年，央行对金融机构存贷款统计口径进行了调整。本表非金融企业存款2015年以前数据为企事业存款口径；住户存款2015年以前数据为城乡居民储蓄存款口径。

Note：PBC adjusted the coverage of deposits and loans of financial institutions in 2015. Non-financial Enterprises deposits before 2015 uses the former data of corporate deposits; households deposits before 2015 uses the former data of saving deposits of urban and rural residents.

5-8 金融机构法定存款利率

OFFICIAL INTEREST RATES OF DEPOSITS OF FINANCIAL INSITITUTIONS

单位：年利率% (annual interest rate %)

项　目	Item	2008.10.30 Oct.30,2008	2008.11.27 Nov.27,2008	2008.12.23 Dec.23,2008	2010.10.20 Oct.20,2010
城乡居民和单位存款	**Deposits of Urban and Rural Residents and Units**				
活　期	Demand Savings	0.72	0.36	0.36	0.36
定　期	Time Savings				
整存整取	Lump-sum Deposit and Withdrawing				
三个月	3 Months	2.88	1.98	1.71	1.91
半　年	6 Months	3.24	2.25	1.98	2.20
一　年	1 Year	3.60	2.52	2.25	2.50
二　年	2 Years	4.14	3.06	2.79	3.25
三　年	3 Years	4.77	3.60	3.33	3.85
五　年	5 Years	5.13	3.87	3.60	4.20
零存整取、整存零取、存本取息	Small Savings for Lump-sum Withdrawal, Big Money Saving and Small Withdrawing, Interest Withdrawal on a Principal Deposited				
一　年	1 Year	2.88	1.98	1.71	1.91
三　年	3 Years	3.24	2.25	1.98	2.30
五　年	5 Years	3.60	2.52	2.25	2.50
定活两便	Time-demand Optional Deposit				

项　目	Item	2010.12.26 Dec.26,2010	2011.2.9 Feb.9,2011	2011.4.6 Apr.6,2011	2011.7.7 Jul.7,2011
城乡居民和单位存款	**Deposits of Urban and Rural Residents and Units**				
活　期	Demand Savings	0.36	0.40	0.50	0.50
定　期	Time Savings				
整存整取	Lump-sum Deposit and Withdrawing				
三个月	3 Months	2.25	2.60	2.85	3.10
半　年	6 Months	2.50	2.80	3.05	3.30
一　年	1 Year	2.75	3.00	3.25	3.50
二　年	2 Years	3.55	3.90	4.15	4.40
三　年	3 Years	4.15	4.50	4.75	5.00
五　年	5 Years	4.55	5.00	5.25	5.50
零存整取、整存零取、存本取息	Small Savings for Lump-sum Withdrawal, Big Money Saving and Small Withdrawing, Interest Withdrawal on a Principal Deposited				
一　年	1 Year	2.25	2.60	2.85	3.10
三　年	3 Years	2.50	2.80	3.05	3.30
五　年	5 Years	2.75	3.00	3.25	3.50
定活两便	Time-demand Optional Deposit				

注：定活两便存款按一年期以内定期整存整取同档次利率打六折执行；2014年起不再公布5年期存款基准利率。

Note: Time-demand optional deposit enjoys a 60% preferential interest rate of lump-sum deposit and withdrawing in a year. Five-year benchmark deposit rate doesn't be announced from 2014.

5-8 续表 continued

单位：年利率% (annual interest rate %)

项　目	Item	2012.6.8 Jun.8,2012	2012.7.6 Jul.6,2012	2014.11.22 Nov.22,2014	2015.3.1 Mar.1,2015
城乡居民和单位存款	**Deposits of Urban and Rural Residents and Units**				
活　期	Demand Savings	0.40	0.35	0.35	0.35
定　期	Time Savings				
整存整取	Lump-sum Deposit and Withdrawing				
三个月	3 Months	2.85	2.60	2.35	2.10
半　年	6 Months	3.05	2.80	2.55	2.30
一　年	1 Year	3.25	3.00	2.75	2.50
二　年	2 Years	4.10	3.75	3.35	3.10
三　年	3 Years	4.65	4.25	4.00	3.75
五　年	5 Years	5.10	4.75		
零存整取、整存零取、存本取息	Small Savings for Lump-sum Withdrawal, Big Money Saving and Small Withdrawing, Interest Withdrawal on a Principal Deposited				
一　年	1 Year	2.85	2.60	2.35	2.10
三　年	3 Years	3.05	2.80	2.55	2.30
五　年	5 Years	3.25	3.00		
定活两便	Time-demand Optional Deposit				

项　目	Item	2015.5.11 May.11,2015	2015.6.28 Jun.28,2015	2015.8.26 Aug.26,2015	2015.10.24 Oct.24,2015
城乡居民和单位存款	**Deposits of Urban and Rural Residents and Units**				
活　期	Demand Savings	0.35	0.35	0.35	0.35
定　期	Time Savings				
整存整取	Lump-sum Deposit and Withdrawing				
三个月	3 Months	1.85	1.60	1.35	1.10
半　年	6 Months	2.05	1.80	1.55	1.30
一　年	1 Year	2.25	2.00	1.75	1.50
二　年	2 Years	2.85	2.60	2.35	2.10
三　年	3 Years	3.50	3.25	3.00	2.75
五　年	5 Years				
零存整取、整存零取、存本取息	Small Savings for Lump-sum Withdrawal, Big Money Saving and Small Withdrawing, Interest Withdrawal on a Principal Deposited				
一　年	1 Year	1.85	1.60	1.35	1.10
三　年	3 Years	2.05	1.80	1.55	1.30
五　年	5 Years				
定活两便	Time-demand Optional Deposit				

5-9 保险业基本情况(分险种)

BASIC STATISTICS ON INSURANCE BUSINESS BY TYPE

单位：万元 (10 000 yuan)

项 目	Item	2020	2021
原保险保费收入	**Premium of Primary Insurance**	**9327739**	**9975041**
财产险	Property Insurance	2378561	2305024
企业财产保险	Enterprise Property Insurance	84580	84747
家庭财产保险	Family Property Insurance	7167	8298
机动车辆保险	Motor Vehicle Insurance	1790685	1679948
工程保险	Engineering Insurance	19121	26851
责任保险	Liability Insurance	140803	143522
信用保险	Export Credit Insurance	10972	14628
保证保险	Guarantee Insurance	147967	102973
船舶保险	Ship Insurance	20	159
货物运输保险	Freight Transport Insurance	15455	23924
特殊风险保险	Special Risks Insurance	2165	1395
农业保险	Agriculture Insurance	155317	206512
其他险	Other Insurance	4308	12067
人身险	Personal Insurance	6949178	7670017
意外险	Accident Insurance	209610	216559
健康险	Health Insurance	1569447	1668476
寿 险	Life Insurance	5170120	5784983
普通寿险	Ordinary Life Insurance	2762828	3255900
分红寿险	Participating Life Insurance	2385390	2509879
投资连结保险	Investment-linked Life Insurance	372	370
万能寿险	Universal Life Insurance	21531	18833
赔款及给付	**Claim and Payment**	**3112924**	**3369917**
财产险	Property Insurance	1407265	1508536
人身险	Personal Insurance	1705659	1861381
意外险	Accident Insurance	54571	59820
健康险	Health Insurance	561814	638988
寿 险	Life Insurance	1089275	1162573

5-10 保险公司经营情况(2021年)
BASIC STATISTICS ON BUSINESS OF INSURANCE COMPANIES(2021)

单位：万元 (10 000 yuan)

指 标	Item	合 计 Total	财产险公司 Property Insurance Companies	人身险公司 Personal Insurance Companies
一、原保险保费收入	**Premium of Primary Insurance**	**9975041**	**2684011**	**7291030**
财产险	Property Insurance	2305024	2305024	
人身险	Personal Insurance	7670017	378987	7291030
人寿保险	Life Insurance	5784983		5784983
健康保险	Health Insurance	1668476	277955	1390521
意外伤害保险	Accident Insurance	216559	101032	115527
二、非保险合同本年新增交费	**New Revenue of Non-insurance Contracts in the Year**	**1608504**		**1608504**
保户投资款本年新增交费	Investment from the Insured	1525387		1525387
投连险独立账户本年新增交费	Segregated Accounts of Investment-linked Insurance	83117		83117
三、赔付支出	**Payment**	**3369917**	**1747175**	**1622742**
四、资产总额	**Total Assets**	**27112537**	**1716422**	**25396116**

5-11 保险公司保费收入、赔款及给付
PREMIUM, CLAIM AND PAYMENT OF INSURANCE COMPANIES

单位：万元 (10 000 yuan)

年 份 Year	保费收入 Premium	财产险公司 Property Insurance Companies	人身险公司 Personal Insurance Companies	赔款及给付 Claim and Payment	财产险公司 Property Insurance Companies	人身险公司 Personal Insurance Companies
2001	374100			104200		
2002	694621			121023		
2003	905101			156993		
2004	1041413			197050		
2005	1218039			200781		
2006	1409766	391067	1018699	252664		
2007	1803611	517485	1286126	525335	241723	283612
2008	2608864	623297	1985567	735783	316966	418817
2009	2892495	695848	2196646	785450	343523	441927
2010	3652983	957028	2695955	776286	425392	350894
2011	3646683	1165112	2481571	1035324	537913	497411
2012	3846491	1317799	2528692	1193251	670123	523128
2013	4123840	1496297	2627543	1693188	854807	838381
2014	4653746	1628146	3025600	1824737	874976	949761
2015	5867255	1673863	4193392	2002218	946164	1056054
2016	7005480	1839741	5165740	2390159	992062	1398097
2017	8239224	2072099	6167124	2611382	1061891	1549491
2018	8248756	2322803	5925952	2673460	1162816	1510644
2019	8833372	2564737	6268635	2785967	1389272	1396694
2020	9327739	2686512	6641227	3112924	1617001	1495923
2021	9975041	2684011	7291030	3369917	1747175	1622742

5-12 证券业基本情况
BASIC STATISTICS ON SECURITY

年 份 Year	境内上市公司(家) Number of Listed Companies in Mainland(unit)	#上交所 Shanghai Stock Exchange	#深交所 Shenzhen Stock Exchange	股票筹资额(万元) Raised Capital (10 000 yuan)
2000	17	7	10	1092835
2001	18	8	10	1234761
2002	19	9	10	1306661
2003	21	12	9	1505721
2004	22	13	9	1531281
2005	22	13	9	1531281
2006	25	16	9	4036272
2007	26	16	10	4387204
2008	27	16	11	4869204
2009	28	17	11	5051201
2010	31	18	13	8411601
2011	34	18	16	8638229
2012	34	18	16	9168729
2013	34	18	16	9873152
2014	35	19	16	10451202
2015	37	19	18	13171489
2016	38	20	18	14122089
2017	38	20	18	15562917
2018	38	20	18	17694423
2019	37	19	18	18622923
2020	39	20	19	19200148
2021	41	21	19	20766671

年 份 Year	#A 股 A Shares	股票总发行股本(万股) Issued Capital (10 000 shares)	股票发行量(万股) Issued Share (10 000 shares)	#A 股 A Shares
2000	1070061	663761	206471	188391
2001	1211987	714403	228688	210608
2002	1283887	733432	240216	222136
2003	1482947	809114	267920	249840
2004	1508507	907871	271920	253840
2005	1508507	907871	271920	253840
2006	4013498	2570003	761526	743446
2007	4364430	2734756	807626	789546
2008	4846430	3343555	851495	833415
2009	5028427	3483585	873895	855815
2010	7358740	4314023	1119875	898926
2011	7585368	4623996	1128522	907573
2012	8111468	4983495	1315198	1083249
2013	8815892	5268694	1514809	1282860
2014	9393942	5624837	1533841	1301892
2015	12114229	6944563	2328559	2086610
2016	13064829	7540697	2708300	2466351
2017	14505647	7980539	2918867	2676918
2018	16637153	8116416	3014167	2772218
2019	17565653	9498463	3187655	2848641
2020	18142878	10761598	3465728	3126714
2021	19709401	10741056	3843823	3504809

主要统计指标解释

一般公共预算收入 指按照现行财政体制规定列入地方预算，直接缴入地方金库的财政收入。具体由两部分组成：税收收入和非税收入。

税收收入 反映政府税收收入。包括：增值税、企业所得税、个人所得税、城市维护建设税、房产税、印花税、城镇土地使用税、土地增值税、车船税、耕地占用税、契税、烟叶税、环境保护税以及其他税收收入等。

非税收入 反映政府非税收入。包括：专项收入、行政事业性收费收入、罚没收入、国有资本经营收入、国有资源（资产）有偿使用收入以及其他收入等。

一般公共预算支出 是指列入地方预算的财政支出，包括：一般公共服务支出、国防支出、公共安全支出、教育支出、科学技术支出、文化旅游体育与传媒支出、社会保障和就业支出、卫生健康支出、节能环保支出、城乡社区支出、农林水支出、交通运输支出、资源勘探信息等支出、商业服务业等支出、金融支出、自然资源海洋气象等支出、住房保障支出、粮油物资储备支出、灾害防治及应急管理支出、债务还本付息发行支出及其他支出等。

一般公共服务支出 反映政府提供一般公共服务的支出。具体包括人大、政协、政府办公厅（室）及相关机构、发展与改革、统计信息、财政、税收、审计、海关、人力资源、纪检监察、商贸、知识产权、市场监督管理、民族、港澳台、档案、民主党派及工商联、群众团体事务、党委办公厅（室）及相关机构事务、组织事务、宣传事务、统战事务、网信事务、对外联络、其它共产党事务支出、其他一般公共服务支出。

公共安全支出 反映政府维护社会公共安全方面的支出。有关事务包括：武装警察、公安、国家安全、检察、法院、司法、监狱、强制隔离戒毒、国家保密、缉私警察等。

教育支出 反映政府教育事务支出。有关事务包括：教育管理、普通教育、职业教育、中专教育、技校教育、职业高中教育、成人教育、广播电视教育、留学生教育、特殊教育、进修及培训、其他教育支出等。

科学技术支出 反映科学技术方面的支出。有关事务包括：科学技术管理事务、基础研究、应用研究、技术研究与开发、科技条件与服务、社会科学、科学技术普及、科技交流与合作、其他科学技术支出等。

文化旅游体育与传媒支出 反映政府在文化、旅游、文物、体育、广播影视、新闻出版等方面的支出。

社会保障和就业支出 反映政府在社会保障与就业方面的支出。有关事务包括：人力资源和社会保障管理、民政管理、补充全国社会保障基金、行政事业单位离退休、企业改革补助、就业补助、抚恤、退役安置、社会福利、残疾人事业、红十字事业、最低生活保障、临时救助、特困人员救助、补充道路交通事故社会救助基金、其他生活救助、退役军人管理事务等。

卫生健康支出 反映卫生健康方面的支出。有关事务包括：卫生健康管理、公立医院、公共卫生、基层医疗卫生机构、医疗保障、中医药、计划生育事务、医疗救助、医疗保障管理、其他卫生健康支出等。

节能环保支出 反映政府节能环保支出。有关事务包括：环境保护管理、环境监测与监察、污染防治、自然生态保护、天然林保护、退耕还林、风沙荒漠治理、退牧还草、已垦草原退耕还草、能源节约利用、污染减排、可再生能源、循环经济、能源管理、其他节能环保支出等。

城乡社区支出 反映政府城乡社区事务支出。有关事务包括：城乡社会管理、城乡社区规划与管理、城乡社区公共设施、城乡社区环境卫生、建设市场管理与监督、其他城乡社会支出等。

农林水支出 反映政府农林水事务支出。有关事务包括：农业、林业和草原、水利、扶贫、农业综合开发改革、其他农林水支出等。

交通运输支出 反映交通运输和邮政业方面的支出。有关事务包括：公路水路运输、铁路运输、民用航空运输、邮政业、其他交通运输业支出等。

资源勘探信息等支出 反映用于资源勘探、制造业、建筑业、工业信息等方面的支出。有关事务包括：资源勘探、制造业、建筑业、工业和信息产业监管、国有资产监管、支持中小企业发展和管理支出、其他资源勘探信息支出等。

商业服务业等支出 反映商业服务业等方面的支出。有关事务包括：商业流通事务、涉外发展服务支出、其他商业服务业支出等。

金融支出 反映金融部门的行政支出。有关事务包括：金融部门行政支出、金融部门监管支出、金融发展支出、金融调控支出等。

援助其他地区支出 反映援助方政府安排并管理的对其他地区各类援助、捐赠等资金支出。

自然资源海洋气象等支出 反映自然资源管理方面的支出。有关事务包括：自然资源、海洋管理、测绘管理、气象、其他自然资源海洋气象等支出。

住房保障支出 反映政府用于住房方面的支出。有关事务包括：保障性安居工程支出、住房改革支出、城乡社区住宅支出。

粮油物资储备支出 反映政府用于粮油物资储备方面的支出。有关事务包括：粮油事务、物资事务、能源储备、粮油储备、重要商品储备等。

灾害防治及应急管理支出 反映用于自然灾害防治、安全生产监管及应急管理等方面的支出。有关事务包括：应急管理、消防、森林消防、煤矿安全、地震、自然灾害防治、自然灾害及恢复重建、其他灾害防治及应急管理支出等。

其他支出 反映不能划分到上述功能科目的其他政府支出。包括年初预留和其他支出。

存款 企业、机关、团体或居民根据可以收回的原则，把货币资金存入银行或其他信用机构保管并取得一定利息的一种信用活动形式。根据存款对象的不同可划分：企业存款、财政存款、机关团体存款、城镇居民储蓄存款、农村存款等项目。

住户存款 银行业金融机构通过信用方式吸收的居民储蓄存款及通过其他方式吸收的由住户部门(由住户和为其服务的非营利机构组成的部门)支配的存款。其他方式吸收的存款主要有两部分：一是保证金存款；二是个人委托业务在银行沉淀资金。

非金融企业存款 银行业金融机构吸收的企业定活期存款、保证金存款、应解及临时存款以及企业委托银行业金融机构开展委托业务沉淀在银行的货币资金。

贷款 银行或其他信用机构根据必须归还的原则，按一定利率，为企业、个人等提供资金的一种信用活动形式。我国银行贷款，分流动资金贷款、农业贷款、固定资产贷款等科目。

境内贷款 银行业金融机构对非金融企业、个人、机关团体以贷款、票据贴现、垫款、押汇、福费廷等方式提供的融资总额。

住户贷款 银行业金融机构向住户部门（由住户和为其服务的非营利机构组成的部门）发放的贷款。

票据融资 银行业金融机构通过对客户持有的商业汇票、银行承兑汇票等票据进行贴现提供的融资。

保费收入 指投保人依据保险合同的约定向保险人缴付的保险费。

赔付支出 指保险人根据保险合同的约定，向被保险人或受益人支付的赔款、死伤医疗给付、满期给付和年金给付。

Explanatory Notes on Main Statistical Indicators

General Public Budget Revenue refers to financial revenue arranged to regional budget and directly paid to local treasury according to the current regulation of financial system. It consists of tax revenue and non-tax revenue.

Tax Revenue reflects the government's tax revenue, including value-added tax, enterprise income tax, individual income tax, urban maintenance and construction tax, house property tax, stamp tax, tax on use of urban land, urban land value-added tax, tax on use of vehicles and vessels, tax on occupying cultivated land, contract tax, tobacco tax and etc.

Non-tax Revenue reflects the government's non-tax revenue, including special revenue, incomes from administrative fees, penalty incomes, business revenue of state-owned properties, incomes form state-owned resource utilization and other incomes.

General Public Budget Expenditure refers to financial expenditure arranged to local budget, including expenditure for public services, national defence, public safety, education, science and technology, culture, tourism, sports and media, social security and employment, health care, energy conservation and environmental protection, urban and rural community, agriculture, forest and water conservancy, transportation, resources exploration and information, business and services, finance, natural resource, ocean and weather, housing security, cereals, oils and material reserves, disaster prevention and emergency management, debts service and issuance, and other expenditures.

Expenditure for General Public Services reflect the government's provision of general public service expenditures, specifically including the NPC and CPPCC, government offices and related agencies, development and reform, statistics, finance, taxation, auditing, customs, human resource, discipline inspection and supervision, commerce, intellectual property rights, market supervision, ethnic, Hong Kong, Macao and Taiwan, files, democratic parties and the federation of industry and commerce, mass organizations, party committee offices and related agencies, organization affairs, publicity affairs, united front affairs, cyberspace affairs, external liaison, other CPC affairs and other affairs.

Expenditure for Public Safety reflects the expenditure of government maintaining social public safety. Related affairs include armed police, public security, national security, prosecution, court, justice, prison, compulsory isolation for drug rehabilitation, state secrecy, anti-smuggling police, etc.

Expenditure for Education reflects the government's education expenditure. Related affairs include education administration, regular education, vocational education, specialized secondary education, technical school education, vocational high school education and higher vocational education, adult education, radio and television education, the international education, special education, further education and training, etc.

Expenditure for Science and Technology reflects the expenditure used for science and technology. It includes science and technology management services, basic research, applied research, technology research and development, science and technology and service conditions, social science, science and technology popularization, scientific and technological exchanges and cooperation, etc.

Expenditure for Culture, Tourism, Sports and Media reflects the expenditures government used for culture, tourism, heritage, sports, radio, film and television, press, publishing and other aspects.

Expenditure for Social Security and Employment reflects expenditures government used in the aspects of employment and social security. Related affairs include human resources and social security management, civil administration, addition of the national social security fund, retirement of administrative and institution units, subsidies for enterprises reform, employment subsidies, pension, retirement and placement, social welfare, disabled cause, Red Cross cause, the minimum living guarantee, temporary assistance, assistance for people in special need, supplementary social assistance fund for road traffic accidents, other life assistance, management of veterans and so on.

Expenditure for Health Care reflects expenditures in the aspects of health care. Related affairs include management of medical and health care, public hospitals, public health care, primary medical and health care institutions, medical security, traditional Chinese medicine, family planning affairs, medical assistance, medical security management, etc.

Expenditure for Energy Conservation and Environmental Protection reflects government's expenditure on energy conservation and environmental protection, including expenditures on management of environmental protection, environmental monitoring and supervision, pollution control, natural and ecological protection, natural forests protection, returning farmland to forests, desertification control, restoring grassland from over-grazing and cultivating, energy conservation and utilization, pollution reduction, renewable energy, recycling economy, energy management, etc.

Expenditure for Urban and Rural Community reflects the government's expenditure on urban and rural community affairs, including urban and rural social management affairs, planning and management of urban and rural communities, public facilities in rural and urban communities, urban and rural community sanitation, management and supervision of the construction market and so on.

Expenditure for Agriculture, Forestry and Water Conservancy reflects the government's expenditure on agriculture, forestry and water conservancy affairs. Related affairs include agriculture, forestry, water conservancy, poverty alleviation, comprehensive agricultural development, etc.

Expenditure for Transportation reflects transport and post expenditure. Related affairs include highway and waterway transport, railway transport and civil aviation transport, post, etc.

Expenditure for Resources Exploration and Information reflects the expenditure used on resources exploration, manufacture, construction and industrial information. Related affairs include resources exploration, manufacture, construction, supervision of industry and information, supervision of national assets, development and management on supporting small and medium-sized enterprises, etc.

Expenditure for Business and Services reflects expenditure on business and services aspects. Related affairs include expenditure on commercial circulation affairs, foreign developing service and so on.

Expenditure for Finance reflects expenditure in banking sector. Related Affairs include administrative expenditure of financial department, supervision of financial department, financial development expenditure, financial regulation expenditure, etc.

Expenditure for Aid to Other Regions reflects various aid and donation funds to other regions arranged and managed by the donor government.

Expenditure for Natural Resource, Ocean and Weather reflects expenditure in the aspects of natural resource management. Related affairs include natural resource, ocean management, surveying and mapping management, etc.

Expenditure for Housing Security reflects government's expenditure on housing. Related affairs include affordable housing project expenditure, housing reform expenditure, urban and rural community expenditure.

Expenditure for Cereals, Oils and Material Reserves reflects the government expenditure in the aspects of cereals, oils, and material reserves. Related affairs include cereals and oils affairs, materials affairs, energy reserves, cereals and oils reserves, critical commodities reserves, etc.

Expenditure for Disaster Prevention and Emergency Management reflects expenditure on natural disaster prevention, production safety supervision and emergency management. Related affairs include emergency management, fire control, forest fire control, coal mine safety, earthquakes, natural disaster prevention, recovery and reconstruction, etc.

Other Expenditures reflect other government expenditures that cannot be subjected to the above mentioned functions, including reserve expenditures at the beginning of the year and other expenses.

Deposit is a form of credit activities by which enterprises, institutions, organizations or households can put money into banks and other credit institutions for sake keeping and interest earning under the principle of free withdrawal. According to different depositors, deposits are divided into enterprise deposits, fiscal deposits, government agencies and institutions deposits, saving deposits of urban and rural residents, rural deposits and etc.

Households Deposits refer to the residents saving deposits banking financial institutions absorbed by credit and the deposits at household sector's (consisting of households and non-profit service institutions) disposal by other means. Other means of deposits mainly contain margin deposits and precipitation funds of individual entrusted business.

Non-financial Enterprises Deposits refer to enterprise demand and time deposits, margin deposits, remittances outstanding, temporary deposits and precipitation funds of enterprise entrusted business.

Loan is a form of credit activities by which banks and other credit institutions provide funds at certain interest rate to enterprises and individuals in the light of the principle of unconditional repayment. Loans from Chinese banks include circulating capital loans, agriculture loans, fixed assets loans, etc.

Domestic Loans refer to finance amount that banking institutions provide for non-financial enterprises, individuals, government organizations by loaning, bill discounting, advancing, bill exchanging, forfeiting.

Households Loans refer to loans banking institutions offer to the household sector (consisting of households and non-profit service institutions).

Bill Finance refers to the discount bill financing that banking institutions offer customers by trade bill, bank acceptance, etc.

Income of Premiums refers to the fees paid by the insurant to the insurer according to contract agreed terms.

Indemnity Expenditure refers to the indemnity, payment for death, injury and medical treatment, payment at maturity and annuity payment that the insurer paid to the insurant according to the contract agreed terms.

ENERGY

6 能源

资料整理人员

樊梅洁　武鹏程　吕　洁　李伟琨　牛玉龙
王　馨　李欣欣

能源 ENERGY

能源消费总量	Total Energy Consumption	21643.94	万吨标准煤 (10 000 tons of SCE)
发电装机容量	Total Installed Electricity Capacity	11337.9	万千瓦 (10 000 kw)
#火　电	Thermal Power	7532.9	万千瓦 (10 000 kw)
全社会用电量	Total Electricity Consumption	2607.9	亿千瓦小时 (100 million kwh)

全社会用电量（亿千瓦小时）
Total Electricity Consumption (100 million kwh)

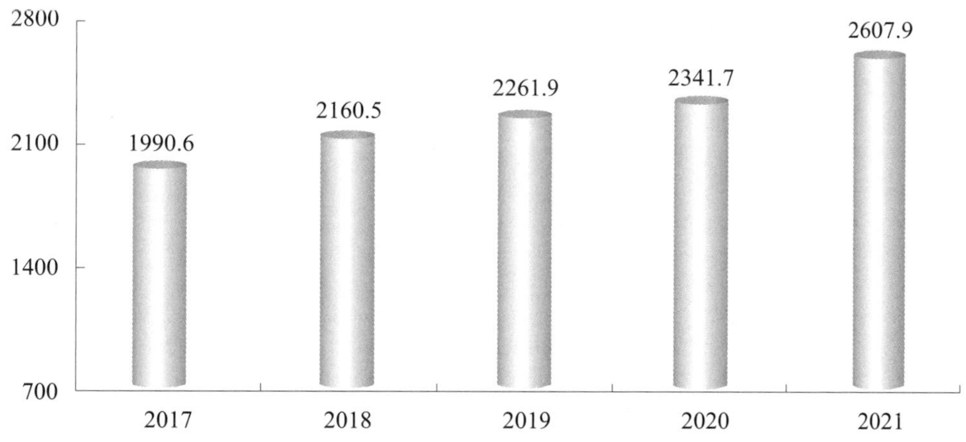

万元地区生产总值能耗降低率 (%)
Decrease Rate of Energy Consumption Per 10 000 Yuan of GDP (%)

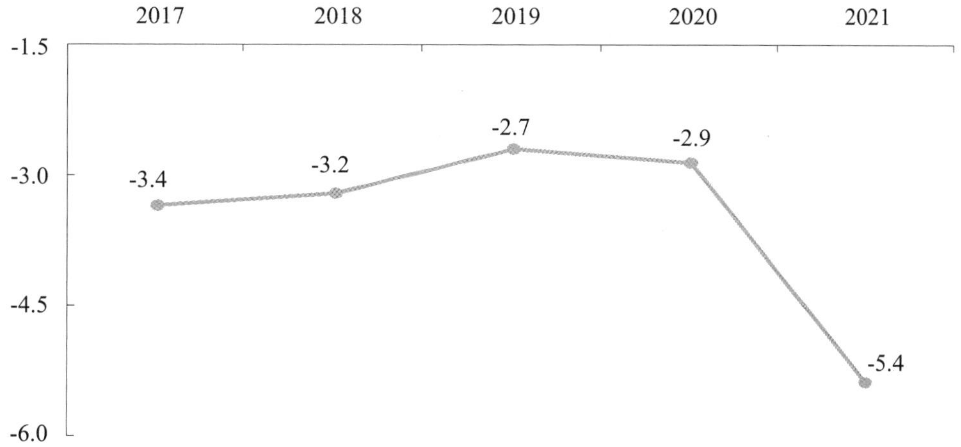

6-1 能源生产、外调、使用平衡表
BALANCE SHEET OF ENERGY PRODUCTION, TRANSFER AND USE

单位：万吨标准煤 (10 000 tons of SCE)

项　目	Item	2015	2020	2021
一、资　源	Resources	80151.28	90184.25	100947.36
年初库存量	Stock of Year Beginning	7050.37	5892.16	6669.25
一次能源生产量	Primary Energy Output	67433.68	73638.39	82014.54
外省市调入量	Transfer from Other Provinces	5081.57	9348.71	10899.73
回收能	Recovery of Energy	585.66	1304.99	1363.84
二、加工转换投入产出差额	Margin of Input and Output for Conversion	4236.28	4050.69	3890.39
加工转换投入量	Input for Conversion	66574.27	81572.50	86683.30
加工转换产出量	Output for Conversion	62337.99	77521.80	82792.91
三、外调出省、出口	Transfer to Other Provinces and Export	51695.93	61173.19	70912.49
调给外省市	Transfer to Other Provinces	51695.93	61173.19	70912.49
供应外贸出口	Export			
四、终端消费	Final Consumption	15088.30	17937.22	18785.02
(一)第一产业	Primary Industry	304.46	296.69	307.78
农、林、牧、渔业	Farming, Forestry, Animal Husbandry And Fishery	304.46	296.69	307.78
(二)第二产业	Secondary Industry	11298.26	14138.01	14822.54
工　业	Industry	11136.73	13969.06	14652.43
轻工业	Light Industry	276.76	182.82	163.23
重工业	Heavy Industry	10859.97	13786.25	14489.19
建筑业	Construction	161.53	168.94	170.11
(三)第三产业	Tertiary Industry	1875.21	1908.83	2010.84
交通运输、仓储和邮政业	Transport, Storage and Post	1015.61	980.28	1006.30
批发、零售业和住宿、餐饮业	Wholesale and Retail Trade, Hotels and Catering Services	384.07	367.33	390.32
其　他	Others	475.52	561.22	614.21
(四)人民生活	Residential Consumption	1610.37	1593.69	1643.87
城　镇	Cities and Towns	969.14	1026.72	1061.66
乡　村	Rural Areas	641.23	566.97	582.20
五、损失量	Losses	290.43	297.63	332.37
运输、仓储及输配损失	Losses in Transmission, Storage and Distribution	290.43	297.63	332.37
六、年末库存量	Stock of Year End	8840.34	6725.51	7027.08

6-2 煤炭生产、外调、使用平衡表
BALANCE SHEET OF COAL PRODUCTION, TRANSFER AND USE

单位：万吨 (10 000 tons)

项 目	Item	2015	2020	2021
一、资 源	Resources	110593.32	124591.60	141204.90
年初库存量	Stock of Year Beginning	8813.12	7778.29	8759.21
一次能源生产量	Primary Energy Product	96680.00	107905.72	120346.27
外省市调入量	Transfer from Other Provinces	5100.20	8907.59	12099.42
二、加工转换投入产出差额	Margin of Input and Output for Conversion	38013.73	48956.41	51192.96
加工转换投入量	Input for Conversion	93804.36	117005.37	126048.80
加工转换产出量	Output for Conversion	55790.63	68048.96	74855.84
三、外调出省、出口	Transfer to Other Provinces and Export	55842.55	62093.36	75962.81
调给外省市	Transfer to Other Provinces	55842.55	62093.36	75962.81
供应外贸出口	Export			
四、终端消费	Final Consumption	5866.89	4782.62	4797.76
(一)第一产业	Primary Industry	175.50	114.55	102.32
农、林、牧、渔业	Farming, Forestry, Animal Husbandry And Fishery	175.50	114.55	102.32
(二)第二产业	Secondary Industry	4299.24	4030.36	4120.20
工 业	Industry	4268.60	4028.12	4119.20
轻工业	Light Industry	223.84	39.51	36.07
重工业	Heavy Industry	4044.75	3988.61	4083.13
建筑业	Construction	30.64	2.24	1.00
(三)第三产业	Tertiary Industry	460.95	264.98	225.96
交通运输、仓储和邮政业	Transport, Storage and Post	69.26	6.80	4.02
批发、零售业和住宿、餐饮业	Wholesale and Retail Trade, Hotels and Catering services	170.60	134.18	110.41
其 他	Others	221.09	124.00	111.53
(四)人民生活	Residential Consumption	931.20	372.73	349.28
城 镇	Cities and Towns	277.50	56.82	48.19
乡 村	Rural Areas	653.70	315.91	301.09
五、损失量	Losses			
运输、仓储损失	Losses in Transmission and Storage			
六、年末库存量	Stock of Year End	10870.15	8759.21	9251.38

6-3 焦炭生产、外调、使用平衡表
BALANCE SHEET OF COKE PRODUCTION, TRANSFER AND USE

单位：万吨 (10 000 tons)

项　目	Item	2015	2020	2021
一、资　源	Resources	760.08	852.93	960.49
年初库存量	Stock of Year Beginning	760.08	343.48	343.71
外省市调入量	Transfer from Other Provinces		509.45	616.78
二、加工转换投入产出差额	Margin of Input and Output for Conversion	8039.88	10493.70	9857.24
加工转换投入量	Input for Conversion			
加工转换产出量	Output for Conversion	8039.88	10493.70	9857.24
三、外调出省、出口	Transfer to Other Provinces and Export	5901.31	8303.93	7641.05
调给外省市	Transfer to Other Provinces	5901.31	8303.93	7641.05
供应外贸出口	Export			
四、终端消费	Final Consumption	2083.43	2698.99	2809.89
(一)第一产业	Primary Industry			
农、林、牧、渔业	Farming, Forestry, Animal Husbandry And Fishery			
(二)第二产业	Secondary Industry	2082.63	2698.99	2809.89
工　业	Industry	2082.49	2698.99	2809.89
轻工业	Light Industry	0.11	0.32	0.96
重工业	Heavy Industry	2082.38	2698.67	2808.93
建筑业	Construction	0.14		
(三)第三产业	Tertiary Industry	0.80		
交通运输、仓储和邮政业	Transport, Storage and Post			
批发、零售业和住宿、餐饮业	Wholesale and Retail Trade, Hotels and Catering services	0.80		
其　他	Others			
(四)人民生活	Residential Consumption			
城　镇	Cities and Towns			
乡　村	Rural Areas			
五、损失量	Losses			
运输、仓储损失	Losses in Transmission and Storage			
六、年末库存量	Stock of Year End	815.22	343.71	366.79

6-4 电力生产、外调、使用平衡表
BALANCE SHEET OF ELECTRICITY PRODUCTION, TRANSFER AND USE

单位：万千瓦小时 (10 000 kwh)

项 目	Item	2015	2020	2021
一、资 源	Resources	1625200	7834600	9941200
一次能源生产量	Primary Energy Output	1388500	4710400	6971500
外省市调入量	Transfer from Other Provinces	236700	3124200	2969700
二、加工转换投入产出差额	Margin of Input and Output for Conversion	23186000	30325000	32290000
加工转换投入量	Input for Conversion			
加工转换产出量	Output for Conversion	23186000	30325000	32290000
三、外调出省、出口	Transfer to Other Provinces and Export	7439100	13660400	15316200
调给外省市	Transfer to Other Provinces	7439100	13660400	15316200
四、终端消费	Final Consumption	16440900	23507400	25800000
(一)第一产业	Primary Industry	409700	475200	536400
农、林、牧、渔业	Farming, Forestry, Animal Husbandry And Fishery	409700	475200	536400
(二)第二产业	Secondary Industry	12802100	18145500	19759600
工 业	Industry	12633700	17896500	19475200
轻工业	Light Industry	342800	389100	315100
重工业	Heavy Industry	12290900	17507400	19160100
建筑业	Construction	168400	249000	284400
(三)第三产业	Tertiary Industry	1630400	2582500	2999300
交通运输、仓储和邮政业	Transport, Storage and Post	543100	822200	869800
批发、零售业和住宿、餐饮业	Wholesale and Retail Trade, Hotels and Catering services	350400	586000	746400
其 他	Others	736900	1174300	1383100
(四)人民生活	Residential Consumption	1598700	2304200	2504700
城 镇	Cities and Towns	999300	1376700	1476800
乡 村	Rural Areas	599400	927500	1027900
五、损失量	Losses	931200	991800	1115000
输配损失	Losses in Distribution	931200	991800	1115000

6-5　石油制品生产、外调、使用平衡表
BALANCE SHEET OF PETROLEUM PRODUCTS PRODUCTION, TRANSFER AND USE

单位：万吨标准煤　　(10 000 tons SCE)

项　　目	Item	2015	2020	2021
一、资　源	Resources	1152.89	1051.62	1025.49
年初库存量	Stock of Year Beginning	72.76	53.80	49.94
外省市调入量	Transfer from Other Provinces	1080.14	997.82	975.55
二、加工转换投入产出差额	Margin of Input and Output for Conversion		177.80	217.14
加工转换投入量	Input for Conversion		1.21	2.19
加工转换产出量	Output for Conversion		179.00	219.33
三、外调出省、出口	Transfer to Other Provinces and Export		170.27	167.27
调给外省市	Transfer to Other Provinces		170.27	167.27
四、终端消费	Final Consumption	1082.30	1009.44	1025.29
(一)第一产业	Primary Industry	61.04	80.94	85.28
农、林、牧、渔业	Farming, Forestry, Animal Husbandry And Fishery	61.04	80.94	85.28
(二)第二产业	Secondary Industry	190.06	225.61	241.68
工　业	Industry	129.03	135.62	160.31
轻工业	Light Industry	1.64	0.85	0.98
重工业	Heavy Industry	127.39	134.77	159.33
建筑业	Construction	61.02	89.99	81.37
(三)第三产业	Tertiary Industry	748.25	639.80	637.70
交通运输、仓储和邮政业	Transport, Storage and Post	706.60	594.32	602.28
批发、零售业和住宿、餐饮业	Wholesale and Retail Trade, Hotels and Catering services	14.75	19.22	12.66
其　他	Others	26.90	26.27	22.76
(四)人民生活	Residential Consumption	82.95	63.08	60.63
城　镇	Cities and Towns	37.16	33.16	31.46
乡　村	Rural Areas	45.79	29.93	29.17
五、损失量	Losses	1.79		
运输、仓储损失	Losses in Transmission and Storage	1.79		
六、年末库存量	Stock of Year End	68.81	49.71	50.06

6-6 主要年份一、二次能源生产量及构成

PRODUCTION AND COMPOSITION OF PRIMARY AND SECONDARY ENERGY IN MAJOR YEARS

年 份 Year	一次能源产量(万吨标准煤) Primary Energy Production (10 000 tons of SCE)	占能源产量(%) Percentage			加工转换能源占一次能源产量(%) Conversion As Percentage of Primary Energy (%)			
		原 煤 Coal	风、光、水电 Wind, Solar and Hydro Power	煤层气 Gas		火 电 Thermal Power	洗精煤及其他洗煤 Washed Coal	焦 炭 Coke
1980	10310.32	99.71	0.18	0.04	11.28	4.68	3.02	3.57
1985	18237.45	99.82	0.16	0.02	8.85	4.06	2.23	2.56
1990	24341.19	99.86	0.13	0.01	17.08	5.37	5.29	6.42
1995	29760.94	99.88	0.10	0.02	38.73	6.77	14.67	17.29
2000	21457.60	99.63	0.31	0.06	53.72	11.44	19.79	22.50
2005	47233.52	99.74	0.17	0.09	47.04	11.05	19.58	16.41
2010	63326.74	99.45	0.23	0.32	47.20	13.43	20.77	13.00
2011	74481.77	99.55	0.26	0.19	45.31	12.46	21.05	11.80
2012	78182.88	99.30	0.47	0.23	45.89	12.62	22.57	10.70
2013	68925.26	98.95	0.45	0.60	70.36	11.44	46.13	12.79
2014	68426.78	98.83	0.52	0.65	71.69	11.54	47.71	12.44
2015	72488.91	98.76	0.60	0.64	64.86	9.95	44.14	10.77
2016	63030.18	98.21	0.99	0.80	74.80	11.36	50.82	12.62
2017	65901.20	97.94	1.23	0.83	75.78	11.72	51.71	12.36
2018	70766.55	97.63	1.51	0.87	71.97	11.83	47.43	12.71
2019	69313.12	97.15	1.76	1.09	77.35	12.53	51.48	13.34
2020	75065.92	96.77	1.91	1.32	85.39	11.83	60.07	13.49
2021	82014.54	95.69	2.58	1.73	79.15	10.93	57.24	10.99

注：根据第四次经济普查结果，对2019年生产量进行了调整。

Note: The energy production of 2019 is revised according to the results of the the Fourth China Economic Census.

6-7 主要年份煤炭消费量

COAL CONSUMPTION IN MAJOR YEARS

单位：万吨 (10 000 tons)

年 份 Year	总 计 Total	生产建设消费 Production and Construction Consumption	#发 电 Electricity Generation	#炼 焦 Coking	生活用 Living Consumption
1980	4326	3378	727	642	948
1985	5566	4539	1028	1169	1027
1990	7292	6451	1692	2383	841
1995	13373	12757	2717	7264	616
2000	12704	12179	3128	6298	525
2005	22631	21811	6550	11208	820
2010	28180	27098	9968	11640	1082
2011	30896	29702	10980	12498	1194
2012	31085	29840	11547	11800	1245
2013	33062	32043	12271	12334	1019
2014	32056	31078	11597	11971	978
2015	28516	27585	10248	10914	931
2016	29355	28418	10324	10969	937
2017	31640	30662	12112	11161	978
2018	33480	32915	13442	12313	565
2019	34907	34484	13931	12812	423
2020	36186	35813	14496	13842	373
2021	37099	36749	15752	12967	349

注：本表煤炭消费量包括终端消费量和用于加工转换消费量。

Note: Data of coal consumption in this table includes end-use consumption and consumption during the process of energy conversion.

6-8 主要年份石油制品、焦炭消费量
PETROLEUM PRODUCTS AND COKE CONSUMPTION IN MAJOR YEARS

单位：吨 (ton)

年份 Year	石油制品(标准煤) Petroleum Products(SCE)	#工业交通 Industry And Transportation	#农业 Agriculture	焦炭 Coke	#工业 Industry	#建筑业 Construction
1980	1084440	684270	351519	2995572	2553669	9840
1985	1582990	913600	462500	3698900	3118000	17500
1990	1987500	1481400	380400	8326800	7611200	12100
1995	2581000	1828700	449300	12764800	10114700	40800
2000	2751900	1988800	455100	12769000	10103000	62000
2005	5374600	4169400	524300	21399000	20405000	89000
2010	11037700	7744300	1001400	25892200	25867300	2000
2011	11105000	8238700	1004700	25585500	25546900	1500
2012	11296100	8331900	1068700	29385500	29344200	1600
2013	11481700	8876600	597500	21455900	21435500	300
2014	10929900	8677400	583400	21776900	21772000	300
2015	10823000	8356300	610400	20834300	20824900	1400
2016	11105200	8644700	619400	18981000	18978200	1200
2017	11367000	8781400	649900	19582700	19549800	1300
2018	11474800	8727900	736200	23857200	23856700	500
2019	12055800	9043700	798300	25265300	25265300	
2020	10094400	7299400	809400	26989900	26989900	
2021	10252878	7625901	852800	28098900	28098900	

6-9 主要年份社会用电量
TOTAL ELECTRICITY CONSUMPTION IN MAJOR YEARS

单位：万千瓦小时 (10 000 kwh)

年份 Year	社会用电量 Total Consumption	#农业 Agriculture	#工业 Industry	#电力工业 Electricity	#化学工业 Chemistry	#煤炭工业 Coal	#黑色金属 Ferrous Metal	#交通运输 Transportation	#市政生活 Civicism
1980	1185877	171092	962483	248288	218915	146197	121300	5502	46798
1985	1634743	159100	1343101	321440	268079	232152	173668	37281	85000
1990	2552179	146279	2127321	480095	403856	386180	272555	89230	157301
1995	3782338	232387	3280436	809643	547112	553580	391889	121693	298126
2000	5020917	261338	4114046	939969	684945	603963	493088	147750	392327
2005	9463268	356384	7873556	1704567	1380229	1101659	1223916	310704	701698
2010	14600467	351399	11900099	2725517	1323372	1718512	2096358	456362	1482910
2011	16504098	387461	13451317	2933961	1500490	1943094	2223308	507130	1651314
2012	17657848	373888	14340495	3261393	1646993	2129660	2491088	519249	1659972
2013	18323479	378267	14755243	3252894	1676244	2347403	2624159	557756	1824445
2014	18226274	378518	14521438	3416360	1548017	2339848	2543894	587914	1926674
2015	17372078	409692	13564889	3187532	1511069	2359723	2360362	543134	2012292
2016	17971804	384500	13910563	3334719	1501452	2374025	2166583	584274	2152262
2017	19906135	411497	15451576	3583409	1719173	2588149	2291906	667569	2312858
2018	21605278	429615	16671156	3723253	1745432	2878202	2566796	725063	2654820
2019	22619035	490922	17227651	3952769	1830446	2989951	2517393	792892	2869089
2020	23417291	475179	17806450	4051444	1679693	3153689	2672692	822227	3040834
2021	26079132	536406	19754385	4581216	1744963	3334441	2889672	869842	3344209

6-10 主要年份能源生产弹性系数
ELASTICITY RATIO OF ENERGY PRODUCTION IN MAJOR YEARS

单位：% (%)

年 份 Year	能源生产 比上年增长 Growth Rate of Energy Production Over Preceding Year	电力生产 比上年增长 Growth Rate of Electricity Over Preceding Year	地区生产总值 比上年增长 Growth Rate of Gross Domestic Product Over Preceding Year	能源生产 弹性系数 Elasticity Ratio of Energy Production	电力生产 弹性系数 Elasticity Ratio of Electricity Production
1980	11.10	5.38	2.0	5.55	2.69
1985	14.46	10.18	7.1	2.04	1.43
1990	3.96	3.64	5.0	0.79	0.73
1995	5.26	10.73	12.0	0.44	0.89
2000	1.12	9.62	9.4	0.12	1.03
2005	10.85	21.59	10.5	1.03	2.06
2010	24.87	14.97	10.8	2.30	1.39
2011	15.75	9.01	10.0	1.58	0.90
2012	4.94	8.13	9.2	0.54	0.88
2013	5.62	3.57	9.0	0.62	0.40
2014	-3.22	0.22	4.9	-0.66	0.04
2015	4.19	-7.16	3.0	1.40	-2.39
2016	-13.47	2.16	4.1	-3.29	0.53
2017	-3.30	10.16	6.8	-0.49	1.49
2018	12.39	15.81	6.6	1.88	2.40
2019	5.17	4.02	6.1	0.85	0.66
2020	10.41	5.17	3.6	2.89	1.44
2021	11.37	12.06	9.1	1.25	1.33

6-11 主要年份能源消费弹性系数
ELASTICITY RATIO OF ENERGY CONSUMPTION IN MAJOR YEARS

单位：% (%)

年 份 Year	能源消费 比上年增长 Growth Rate of Energy Consumption Over Preceding Year	电力消费 比上年增长 Growth Rate of Electricity Consumption Over Preceding Year	地区生产总值 比上年增长 Growth Rate of Gross Domestic Product Over Preceding Year	能源消费 弹性系数 Elasticity Ratio of Energy Consumption	电力消费 弹性系数 Elasticity Ratio of Electricity Consumption
1980	3.92	-4.22	2.0	1.96	-2.11
1985	10.25	14.85	7.1	1.44	2.09
1990	-0.19	2.98	5.0	-0.04	0.60
1995	10.03	10.82	12.0	0.83	0.90
2000	3.60	11.61	9.4	0.38	1.24
2005	8.61	14.24	10.5	0.82	1.36
2010	7.91	15.47	10.8	0.73	1.43
2011	8.97	14.12	10.0	0.90	1.41
2012	5.57	6.10	9.2	0.61	0.66
2013	4.85	3.53	9.0	0.54	0.39
2014	0.51	-0.31	4.9	0.10	-0.06
2015	-4.20	-4.75	3.0	-1.40	-1.58
2016	-0.29	3.82	4.1	-0.07	0.93
2017	3.20	10.93	6.8	0.47	1.61
2018	3.16	14.88	6.6	0.48	2.26
2019	3.27	2.68	6.1	0.54	0.44
2020	0.58	5.24	3.6	0.16	1.46
2021	3.16	9.75	9.1	0.35	1.07

6-12 主要年份能源加工转换投入产出情况
EFFICIENCY OF ENERGY CONVERSION IN MAJOR YEARS

年 份 Year	投入及转换总效率 Total Efficiency		发电及供热投入原煤(万吨) Coal Input in Electricity And Heat (10 000 tons)	洗选加工投入原煤(万吨) Coal Input in Washing (10 000 tons)
	投入总量(万吨标准煤) Total Input (10 000 tons of SCE)	投入产出总效率(%) Efficiency(%)		
1980	1512.30	54.35	727.18	617.16
1985	2214.09	61.77	1108.00	802.00
1990	4792.46	73.22	1812.74	2162.71
1995	13076.80	82.56	2946.49	6864.89
2000	12867.25	81.44	3127.88	6958.75
2005	25291.10	79.72	6597.20	14652.96
2010	34407.94	80.18	9977.89	20225.00
2011	39760.22	80.86	11085.49	24827.28
2012	42285.31	81.08	11742.37	28952.95
2013	63122.88	86.20	12566.48	62776.72
2014	64247.14	86.40	12029.82	66236.01
2015	66574.27	87.12	10895.02	71019.77
2016	64933.96	87.33	10625.63	69121.64
2017	59913.95	85.85	12339.77	67641.65
2018	69124.09	86.67	13226.00	71235.84
2019	71445.92	86.74	13393.28	73560.80
2020	81572.50	88.45	14034.84	85414.35
2021	86683.30	88.99	15090.74	93376.57

年 份 Year	炼焦投入量 Input in Coking		制气投入原煤(万吨) Coal Input in Making Gas (10 000 tons)	产出总量(万吨标准煤) Total Output (10 000 tons of SCE)
	原 煤(万吨) Coal (10 000 tons)	洗精煤(用于炼焦)(万吨) Cleaned Coal (for Coking) (10 000 tons)		
1980	474.00	168.00		821.90
1985	834.00	234.74		1367.69
1990	1772.80	610.24	72.59	3509.20
1995	3964.26	3298.52	63.97	10796.47
2000	3250.02	3045.74	58.03	10478.69
2005	2633.60	8571.16	136.14	20161.30
2010	223.61	11414.74	33.76	27587.12
2011	297.20	12180.33	55.57	32149.49
2012	67.32	11732.62	55.09	34283.93
2013	25.27	12309.16	52.79	54410.16
2014	26.23	11943.36	42.99	55508.26
2015	32.07	10882.20	24.80	58000.60
2016	32.99	10935.80	99.76	56703.86
2017	123.80	11037.49	95.03	51435.37
2018	21.74	12290.77	146.30	59910.07
2019	3.30	12808.23	115.63	61973.46
2020	1.34	13840.96	96.56	72148.42
2021	0.09	12967.18	134.63	77136.01

注：本表2013—2015年洗选煤产出中的洗精煤(用于炼焦)包括动力洗精煤。

Note: Cleaned coal (for coking) in the washed coal output includes power coal during 2013 to 2015.

6-12 续表 continued

年 份 Year	发电及供热产出 Output of Electricity And Heat		炼焦产出 Output of Coking	
	电 力 (万千瓦小时) Electricity (10 000 kwh)	热 力 (万百万千焦) Heat (10 billion kilo-joule)	焦 炭 (万吨) Coke (10 000 tons)	焦炉煤气 (万立方米) Gas (10 000 cu.m)
1980	1156600		320.95	
1985	1777200	1297.88	568.66	55634
1990	3068800	2324.00	1586.57	81600
1995	4988500	3930.40	5294.97	159800
2000	6087300	2367.70	4967.22	179900
2005	12916500	6020.60	7981.04	1440000
2010	21043500	12089.93	8476.44	1607200
2011	22964500	14472.47	9047.91	1868200
2012	24429600	16014.55	8612.66	1674300
2013	25513000	17916.84	9022.40	1780300
2014	25460100	19810.66	8765.84	1709900
2015	23186000	23630.29	8039.88	1600600
2016	23092900	27215.90	8185.98	1595100
2017	25029900	31548.05	8383.14	1631000
2018	28534000	30699.78	9252.20	1874800
2019	29305200	30981.34	9699.53	2024800
2020	30325000	31312.23	10493.70	2264200
2021	32290000	32785.77	9857.24	2234600

年 份 Year	洗选煤产出 Output of Washed Coal		制气产出 Output of Making Gas	
	洗精煤(用于炼焦) (万吨) Cleaned Coal (for Coking) (10 000 tons)	其他洗煤 (万吨) Others (10 000 tons)	焦炉煤气 (万立方米) Coke Gas (10 000 cu.m)	其他煤气 (万立方米) Others (10 000 cu.m)
1980	409.00			
1985	518.55	158.91		
1990	1429.65	366.30	9400	136400
1995	4850.20	710.59	1100	230000
2000	4818.21	590.05		191800
2005	10275.88	1327.49		417900
2010	14863.17	3537.38		101600
2011	17426.68	4652.97		168300
2012	19604.71	5698.09		156000
2013	34615.00	24428.00		117900
2014	35974.94	24563.82		84600
2015	35551.66	20103.84		54200
2016	22458.30	32452.00		219000
2017	21346.04	32019.97		239000
2018	21075.76	34699.59		438600
2019	20140.23	36995.48		442500
2020	23577.14	44284.05		218300
2021	25995.49	48488.92		332400

6-13 终端能源消费量和构成(2021年)

单位：万吨标准煤

项 目	Ietm	合 计 Total
能源消费量	**Energy Consumption**	**18785.02**
一、第一产业	Primary Industry	307.78
农、林、牧、渔业	Farming, Forestry, Animal Husbandry And Fishery	307.78
二、第二产业	Secondry Industry	14822.54
工 业	Industry	14652.43
轻工业	Light Industry	163.23
重工业	Heavy Industry	14489.19
建筑业	Construction	170.11
三、第三产业	Tertiary Industry	2010.84
交通运输、仓储和邮政业	Transport, Storage and Post	1006.30
批发、零售业和住宿、餐饮业	Wholesale and Retail Trade, Hotels and Catering Services	390.32
其 他	Others	614.21
四、人民生活	Residential Consumption	1643.87
按产业分构成 (%)	**Composition of Industry (%)**	**100.00**
一、第一产业	Primary Industry	1.64
农、林、牧、渔业	Farming, Forestry, Animal Husbandry And Fishery	1.64
二、第二产业	Secondry Industry	78.91
工 业	Industry	78.00
轻工业	Light Industry	0.87
重工业	Heavy Industry	77.13
建筑业	Construction	0.91
三、第三产业	Tertiary Industry	10.70
交通运输、仓储和邮政业	Transport, Storage and Post	5.36
批发、零售业和住宿、餐饮业	Wholesale and Retail Trade, Hotels and Catering Services	2.08
其 他	Others	3.27
四、人民生活	Residential Consumption	8.75
按品种分构成(%)	**Composition of Variety (%)**	**100.00**
一、第一产业	Primary Industry	100.00
农、林、牧、渔业	Farming,Forestry,Animal Husbandry And Fishery	100.00
二、第二产业	Secondry Industry	100.00
工 业	Industry	100.00
轻工业	Light Industry	100.00
重工业	Heavy Industry	100.00
建筑业	Construction	100.00
三、第三产业	Tertiary Industry	100.00
交通运输、仓储和邮政业	Transport,Storage and Post	100.00
批发、零售业和住宿、餐饮业	Wholesale and Retail Trade, Hotels and Catering Services	100.00
其 他	Others	100.00
四、人民生活	Residential Consumption	100.00

CONSUMPTION AND COMPOSITION OF END–USE ENERGY(2021)

(10 000 tons of SCE)

原 煤 Coal	洗精煤及其他洗煤 Washed Coal and Others	焦 炭 Coke	石油制品 Petroleum Products	电 力 Electricity	天然气煤气及其他 Natural Gas, Gas and Others
2849.29	**272.51**	**2699.38**	**1025.29**	**7690.74**	**4247.82**
62.60			85.28	159.90	
62.60			85.28	159.90	
2434.72	272.51	2699.38	241.68	5890.15	3284.09
2434.11	272.51	2699.38	160.31	5805.37	3280.74
22.54		0.92	0.98	93.93	44.85
2411.57	272.51	2698.46	159.33	5711.44	3235.88
0.61			81.37	84.78	3.35
138.25			637.70	894.06	340.83
2.46			602.28	259.28	142.29
67.55			12.66	222.49	87.61
68.24			22.76	412.29	110.93
213.71			60.63	746.63	622.90
100.00	**100.00**	**100.00**	**100.00**	**100.00**	**100.00**
2.20			8.32	2.08	
2.20			8.32	2.08	
85.45	100.00	100.00	23.57	76.59	77.31
85.43	100.00	100.00	15.64	75.49	77.23
0.79		0.03	0.10	1.22	1.06
84.64	100.00	99.97	15.54	74.26	76.18
0.02			7.94	1.10	0.08
4.85			62.20	11.63	8.02
0.09			58.74	3.37	3.35
2.37			1.23	2.89	2.06
2.39			2.22	5.36	2.61
7.50			5.91	9.71	14.66
15.17	**1.45**	**14.37**	**5.46**	**40.94**	**22.61**
20.34			27.71	51.95	
20.34			27.71	51.95	
16.43	1.84	18.21	1.63	39.74	22.16
16.61	1.86	18.42	1.09	39.62	22.39
13.81		0.56	0.60	57.54	27.48
16.64	1.88	18.62	1.10	39.42	22.33
0.36			47.83	49.84	1.97
6.88			31.71	44.46	16.95
0.24			59.85	25.77	14.14
17.31			3.24	57.00	22.45
11.11			3.71	67.12	18.06
13.00			3.69	45.42	37.89

6-14 分行业能源消费总量(2021年)

行　业	Sector	能源消费总量(万吨标准煤) Total Energy Consumption (10 000 tons of SCE)
能源消费总量	**Total**	**21643.94**
农、林、牧、渔业	**Farming, Forestry, Animal Husbandry And Fishery**	**307.78**
工　业	**Industry**	**17511.34**
轻工业	Light Industry	150.43
重工业	Heavy Industry	17360.91
按工业行业分	Grouped by Industry Sector	
采矿业	Mining	4421.35
煤炭开采和洗选业	Coal Mining and Dressing	4219.38
石油和天然气开采业	Petroleum and Natural Gas Extraction	62.66
黑色金属矿采选业	Ferrous Metals Mining and Dressing	120.16
有色金属矿采选业	Nonferrous Metals Mining and Dressing	8.56
非金属矿采选业	Nonmetal Minerals Mining and Dressing	10.34
开采辅助活动	Mining Auxiliary Activities	0.25
其他采矿业	Other Minerals Mining	
制造业	Manufacturing	11536.51
农副食品加工业	Farm and Sideline Food Processing	21.87
食品制造业	Food Manufacturing	14.76
酒、饮料和精制茶制造业	Alcohol, Beverage and Refined Tea Manufacturing	19.73
烟草制品业	Tobacoo Manufaturing	0.59
纺织业	Textile Industry	10.17
纺织服装、服饰业	Manufacture of Garments and Accessories	0.61
皮革、毛皮、羽毛及其制品和制鞋业	Manufacture of Leather, Fur, Feather and their Products and Footwear	0.03
木材加工和木、竹、藤、棕、草制品业	Processing of Timber, Manufacture of Wood, Bamboo, Rattan, Palm, and Straw Products	0.94
家具制造业	Manufacture of Funiture	0.09
造纸和纸制品业	Manufacture of Paper and Paper Products	25.15
印刷和记录媒介复制业	Printing and Record Medium Reproduction	1.83
文教、工美、体育和娱乐用品制造业	Manufacture of Articles For Culture, Education and Sport Activity	1.47

TOTAL ENERGY CONSUMPTION BY SECTOR(2021)

煤 炭 (万吨) Coal (10 000 tons)	电 力 (亿千瓦小时) Electricity (100 million kwh)	焦 炭 (万吨) Coke (10 000 tons)	汽 油 (万吨) Gasoline (10 000 tons)	柴 油 (万吨) Diesel Oil (10 000 tons)	天然气 (亿立方米) Natural Gas (100 million cu.m)
37098.56	**2691.50**	**2809.89**	**221.12**	**406.05**	**96.74**
102.32	**53.64**		**16.02**	**42.35**	
36420.00	**2059.02**	**2809.89**	**7.53**	**73.38**	**57.81**
65.62	27.43		0.15	0.39	2.46
36354.38	2031.59	2809.89	7.38	72.99	55.35
1231.56	370.23	8.49	6.26	50.10	9.54
1199.44	314.66	4.65	6.12	44.21	8.12
	18.53		0.11	0.02	1.37
28.86	33.08	3.84	0.02	3.86	0.05
	2.35			1.06	
3.26	1.61			0.79	
			0.01	0.16	
18699.37	1192.78	2801.40	1.02	19.95	25.32
8.50	4.23		0.05	0.11	0.34
1.33	2.24		0.03	0.04	0.58
0.06	2.05		0.02	0.01	0.90
	0.12				0.02
1.89	1.78			0.02	0.07
	0.16				0.01
	0.01				
	0.31				
	0.03				
39.33	4.53			0.07	0.12
	0.56		0.01	0.04	
	0.48		0.01	0.02	

6-14 续表

行 业	Sector	能源消费总量 (万吨标准煤) Total Energy Consumption (10 000 tons of SCE)
石油、煤炭及其他燃料加工业	Processing of Petroleum, Coal and Other Fuels	2013.04
化学原料和化学制品制造业	Manufacture Raw Chemical Materials and Chemical Products	2153.05
医药制造业	Manufacture of Medical Products	53.33
化学纤维制造业	Manufacture of Chemical Fibers	0.76
橡胶和塑料制品业	Manufacture of Rubber and Plastic Products	16.94
非金属矿物制品业	Manufacture of Nonmetals Mineral Products	1049.67
黑色金属冶炼和压延加工业	Smelting and Pressing of Ferrous Metals	4476.10
有色金属冶炼和压延加工业	Smelting and Pressing of Nonferrous Metals	1337.39
金属制品业	Manufacture of Metal Products	177.85
通用设备制造业	Manufacture of Universal Purpose Equipment	9.17
专用设备制造业	Manufacture of Special Purpose Equipment	23.12
汽车制造业	Manufacture of Motor Vehicles	28.45
铁路、船舶、航空航天和其他运输设备制造业	Manufacture of Railways, Ships, Aviation, Aircrafts and Other Transportation Equipments	15.36
电气机械和器材制造业	Manufacture of Electrical Equipment and Machinery	17.17
计算机、通信和其他电子设备制造业	Manufacture of Computer, Telecommunication and Other Electronic Equipments	51.00
仪器仪表制造业	Manufacture of Measuring Instrument and Machinery	0.22
其他制造业	Other Manufacturing	0.03
废弃资源综合利用业	Comprehensive Utilization of Waste	15.72
金属制品、机械和设备修理业	Repair of Metal Products, Machinery and Equipment	0.87
电力、热力、燃气及水生产和供应业	Production and Supply of Electricity, Heat, Gas and Water	1553.48
电力、热力生产和供应业	Production and Supply of Electricity and Heat	1493.28
燃气生产和供应业	Production and Supply of Gas	35.62
水的生产和供应业	Production and Supply of Water	24.59
建筑业	**Construction**	**170.11**
交通运输、仓储和邮政业	**Transport, Storage and Post**	**1006.31**
批发、零售业和住宿、餐饮业	**Wholesale and Retail Trade, Hotels and Catering Services**	**390.32**
人民生活及其他	**Residential Consumption and Others**	**2258.08**

continued

煤 炭 (万吨) Coal (10 000 tons)	电 力 (亿千瓦小时) Electricity (100 million kwh)	焦 炭 (万吨) Coke (10 000 tons)	汽 油 (万吨) Gasoline (10 000 tons)	柴 油 (万吨) Diesel Oil (10 000 tons)	天然气 (亿立方米) Natural Gas (100 million cu.m)
12198.87	109.08	3.78	0.12	2.57	0.13
1492.26	184.40	20.51	0.10	2.01	2.08
14.09	11.09		0.03	0.08	0.39
	0.14				0.03
0.14	3.87		0.03	0.05	0.37
836.33	111.91	4.29	0.10	9.26	8.69
2214.71	456.88	2734.25	0.06	3.33	1.75
1883.25	212.81	1.21	0.01	1.44	7.50
7.34	39.59	36.40	0.07	0.23	1.26
0.03	2.70		0.10	0.13	0.06
	6.49		0.11	0.19	0.23
0.05	8.76		0.01	0.11	0.10
	2.95		0.01	0.03	0.46
	5.22		0.08	0.03	0.05
0.77	16.02		0.02	0.02	0.10
	0.06		0.03		
	0.01				
0.42	4.09	0.96		0.11	0.08
	0.21		0.02	0.05	0.01
16489.07	496.01		0.25	3.33	22.95
16417.22	481.20		0.08	3.32	22.41
71.71	6.62		0.15		0.54
0.14	8.19		0.02	0.01	
1.00	**28.44**		**15.74**	**39.13**	**0.18**
4.02	**86.98**		**131.08**	**243.35**	**10.74**
110.41	**74.64**		**3.64**	**4.97**	**5.04**
460.81	**388.78**		**47.11**	**2.87**	**22.97**

主要统计指标解释

能源消费总量　指一定地域内，国民经济各行业和居民家庭在一定时期内消费的各种能源的总和。包括：原煤、原油、天然气、水能、核能、风能、太阳能、地热能、生物质能等一次能源；一次能源通过加工转换产生的洗煤、焦炭、煤气、电力、热力、成品油等二次能源和同时产生的其他产品；其他化石能源、可再生能源和新能源。其中水能、风能、太阳能、地热能、生物质能等可再生能源，是指人们通过一定技术手段获得的，并作为商品能源使用的部分。在核算过程中，一次能源、二次能源消费不能重复计算。能源消费总量分为终端能源消费量、能源加工转换损失量和能源损失量三部分。

1.终端能源消费量：指一定时期内，全省生产和生活消费的各种能源在扣除了用于加工转换二次能源消费量和损失量以后的数量。

2.能源加工转换损失量：指一定时期内，全省投入加工转换的各种能源数量之和与产出各种能源产品之和的差额。该指标是观察能源在加工转换过程中损失量变化的指标。

3.能源损失量：指一定时期内，能源在输送、分配、储存过程中发生的损失和由客观原因造成的各种损失量，不包括各种气体能源放空、放散量。

能源生产弹性系数　是研究能源生产增长速度与国民经济增长速度之间关系的指标。计算公式：

$$能源生产弹性系数=\frac{能源生产量年平均增长速度}{国民经济年平均增长速度}$$

电力生产弹性系数　是研究电力生产增长速度与国民经济增长速度之间关系的指标。一般来说，电力的发展应当快于国民经济的发展，也就是说电力应超前发展。计算公式为：

$$电力生产弹性系数=\frac{电力生产量年平均增长速度}{国民经济年平均增长速度}$$

能源消费弹性系数　反映能源消费增长速度与国民经济增长速度之间比例关系的指标。计算公式为：

$$能源消费弹性系数=\frac{能源消费量年平均增长速度}{国民经济年平均增长速度}$$

电力消费弹性系数　反映电力消费增长速度与国民经济增长速度之间比例关系的指标。计算公式为：

$$电力消费弹性系数=\frac{电力消费量年平均增长速度}{国民经济年平均增长速度}$$

能源加工转换效率　指一定时期内，能源经过加工、转换后，产出的各种能源产品的数量与同期内投入加工转换的各种能源数量的比率。该指标是观察能源加工转换装置和生产工艺先进与落后、管理水平高低等的重要指标。计算公式为：

$$能源加工转换效率=\frac{能源加工转换产出量}{能源加工转换投入量}\times 100\%$$

Explanatory Notes on Main Statistical Indicators

Total Energy Consumption refers to the total consumption of energy of various kinds by the production sectors of the economy and the households in a given period of time. It includes the primary kinds of energy such as coal, crude oil, natural gas, hydro-power, nuclear power, wind power, solar power, geothermal power and bio-energy; the secondary kinds of energy and their products which are transformed from the primary energy such as washed coal, coke, coal gas, electricity, heating, and petroleum products; and other kinds of fossil energy, renewable energy and new energy. The renewable energy, including hydro-power, wind power, solar power, geothermal power and bio-energy, refers to the part attained with some given technical means and used for commercial purposes. Total energy consumption can be divided into three parts: end-use energy consumption; loss during the process of energy conversion; and energy loss.

1. End-use Energy Consumption: It refers to the total energy consumption by the production sectors and the households in the province in a given period of time. It does not include the consumption during the conversion of primary energy into secondary energy and the loss in the process of energy conversion.

2. Loss during the Process of Energy Conversion: It refers to the total input of various kinds of energy for conversion, minus the total output of various kinds of energy in the province in a given period of time. It is an indicator to show the loss that occurs during the process of energy conversion.

3. Energy Loss: It refers to the total of the loss of energy during the course of energy transport, distribution and storage and the loss caused by any objective reason in a given period of time. The loss of various kinds of gas due to gas discharges and stocktaking is not included.

Elasticity Ratio of Energy Production is an indicator to show the relationship between the growth rate of energy production and the growth rate of the national economy. The formula is:

$$\text{Elasticity Ratio of Energy Production} = \frac{\text{Average Annual Growth Rate of Energy Production}}{\text{Average Annual Growth Rate of National Economy}}$$

Elasticity Ratio of Electricity Production is an indicator to show the relationship between the growth rate of electricity production and the growth rate of the national economy. Generally speaking, the growth rate of electricity production should be higher than that of the national economy. Its formula is:

$$\text{Elasticity Ratio of Electricity Production} = \frac{\text{Average Annual Growth Rate of Electricity Production}}{\text{Average Annual Growth Rate of National Economy}}$$

Elasticity Ratio of Energy Consumption is an indicator to show the relationship between the growth rate of energy consumption and the growth rate of the national economy. The formula is:

$$\text{Elasticity Ratio of Energy Consumption} = \frac{\text{Average Annual Growth Rate of Energy Consumption}}{\text{Average Annual Growth Rate of National Economy}}$$

Elasticity Ratio of Electricity Consumption is an indicator to show the relationship between the growth rate of electricity consumption and the growth rate of the national economy. The formula is:

$$\text{Elasticity Ratio of Electricity Consumption} = \frac{\text{Average Annual Growth Rate of Electricity Consumption}}{\text{Average Annual Growth Rate of National Economy}}$$

Efficiency of Energy Processing and Conversion refers to the ratio of the total output of energy products of various kinds after processing and conversion to the total input of energy of various kinds for processing and conversion in the same reference period. It is an important indicator to show the current conditions of energy processing and conversion equipment, production technique and management. The formula is:

$$\text{Efficiency of Energy Processing and Conversion} = \frac{\text{Output of Energy after Processing and Conversion}}{\text{Input of Energy for Processing and Conversion}} \times 100\%$$

INVESTMENT IN FIXED ASSETS

7 固定资产投资

资料整理人员

邸慧东　芦巧娟　宋雅静　田文晓　田　冰

INVESTMENT IN FIXED ASSETS 固定资产投资

固定资产投资增速	Growth Rate of Investment in Fixed Assets	8.7	(%)
第一产业	Primary Industry	33.4	(%)
第二产业	Secondary Industry	5.1	(%)
第三产业	Tertiary Industry	9.0	(%)

固定资产投资总额构成 (%)
Composition of Investment in Fixed Assets (%)

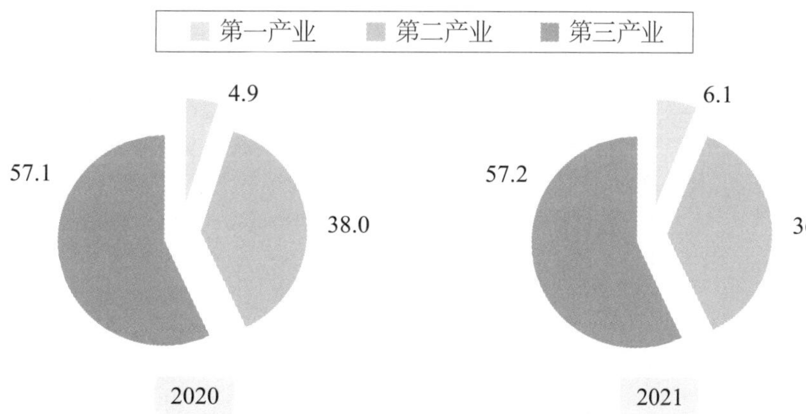

固定资产投资增速 (%)
Growth Rate of Investment in Fixed Assets (%)

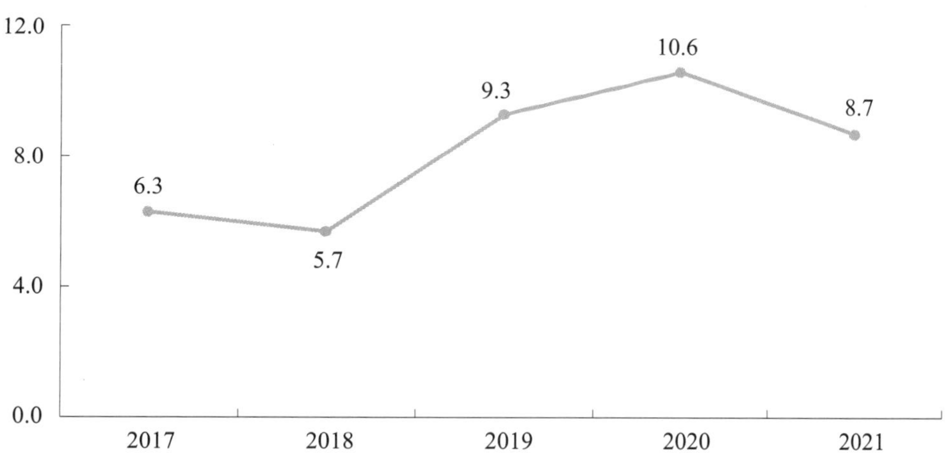

7-1 全社会固定资产投资主要指标增长速度(2021年)
GROWTH RATE OF MAJOR INDICATORS OF TOTAL INVESTMENT IN FIXED ASSETS(2021)

单位：% (%)

指 标	Item	2021
一、投资总额	**Total**	**7.3**
#房地产开发投资	Real Estate Investment	6.3
#农户投资	Rural Households Investment	7.2
1.按登记注册类型分	Grouped by Type of Registration Status	
内 资	Domestic-funded Enterprises	7.3
港、澳、台商投资	Enterprises with Investment from Hong Kong, Macao and Taiwan	37.9
外商投资	Enterprises with Foreign Investment	-1.0
2.按控股情况分	Grouped by Share Holding	
国有控股	State-holding Enterprises	4.0
集体控股	Collective-holding Enterprises	32.9
私人控股	Private-holding Enterprises	17.1
港澳台商控股	Enterprises with Investment from Hong Kong, Macao and Taiwan	11.3
外商控股	Enterprises with Foreign Investment	21.6
其 他	Others	-32.7
3.按构成分	Grouped by Composition	
建筑安装工程	Construction and Installation	13.9
设备工器具购置	Purchase of Equipment and Instruments	-10.7
其他费用	Other Expenses	-7.8
4.按三次产业分	Grouped by Type of Industry	
第一产业	Primary Industry	30.7
第二产业	Secondary Industry	5.1
第三产业	Tertiary Industry	6.6
二、本年资金来源小计	**Total Sources of Funds This Year**	**17.4**
国家预算内资金	State Budgetary Appropriation	79.1
国内贷款	Domestic Loans	4.7
利用外资	Foreign Investment	-65.3
自筹资金	Self-Raised Funds	17.5
其 他	Others	5.4

注：2018年起,固定资产投资项目到位资金统计范围由计划总投资500万元以上调整为5000万元及以上项目，增速为可比口径，后同。

Note：Since 2018, the new coverage of actual funds for investment in fixed assets has changed from 5 million yuan and above to 50 million yuan and above. The growth rate is comparable. The same applies to the relevant tables following.

7-2 按国民经济行业分全社会固定资产投资增长速度(2021年)

GROWTH RATE OF TOTAL INVESTMENT IN FIXED ASSETS BY ECONOMIC SECTOR(2021)

单位：%　　　　(%)

行　业	Sector	全社会固定资产投资 Total Investment in Fixed Assets	#农户投资 Rural Households Investment
总　计	**Total**	**7.3**	**7.2**
农、林、牧、渔业	Farming, Forestry, Animal Husbandry and Fishery	27.8	10.5
采矿业	Mining	15.5	
制造业	Manufacturing	24.5	11.1
电力、热力、燃气及水生产和供应业	Production and Supply of Electricity, Heat, Gas and Water	-25.0	
建筑业	Construction	58.9	-45.6
批发和零售业	Wholesale and Retail Trade	8.3	4.9
交通运输、仓储和邮政业	Transport, Storage and Post	6.9	6.6
住宿和餐饮业	Hotels and Catering Services	103.2	6.3
信息传输、软件和信息技术服务业	Information Transmission, Software and Information Technology Services	39.4	
金融业	Banking and Insurance	-26.0	
房地产业	Real Estate Trade	5.3	6.4
租赁和商务服务业	Lease and Business Affairs Services	71.8	-37.2
科学研究和技术服务业	Scientific Research and Technical Services	-16.4	
水利、环境和公共设施管理业	Management of Water Conservancy, Environmental and Public Facilities	-2.4	
居民服务、修理和其他服务业	Resident Services, Repair and Other Services	13.6	6.1
教　育	Education	12.4	0.5
卫生和社会工作	Health Care and Social Work	47.0	-23.5
文化、体育和娱乐业	Culture, Sports and Recreation	-14.2	3.9
公共管理、社会保障和社会组织	Public Management, Social Security and Social Organization	-16.7	

7-3 固定资产投资主要指标增长速度(2021年)
GROWTH RATE OF MAJOR INDICATORS OF INVESTMENT IN FIXED ASSETS(2021)

单位：% (%)

指 标	Item	2021
一、投资总额	**Total Investment**	**8.7**
#国有控股	State-Controlled Share Holding	6.9
#工 业	Industry	5.3
1.按隶属关系分	Grouped by Administrative Relationship	
中 央	Central Investment	15.1
地 方	Local Investment	8.4
2.按登记注册类型分	Grouped by Type of Registration Status	
内 资	Domestic-Funded Enterprises	8.7
港、澳、台商投资	Enterprises with Investment from Hong Kong, Macao and Taiwan	37.9
外商投资	Enterprises with Foreign Investment	-1.0
3.按构成分	Grouped by Composition	
建筑安装工程	Construction and Installation	15.0
设备工器具购置	Purchase of Equipment and Instruments	-8.9
其他费用	Others	-5.7
4.按建设性质分(不含房地产投资)	Grouped by Type of Construction	
新 建	New Construction	9.3
扩 建	Expansion	8.5
改建和技术改造	Reconstruction and Technical Reformation	9.7
其 他	Others	14.9
5.按三次产业分	Grouped by Type of Industry	
第一产业	Primary Industry	33.4
第二产业	Secondary Industry	5.1
第三产业	Tertiary Industry	9.0
二、建设项目(个)	**Construction Projects (unit)**	
施工项目	Projects Under Construction	12824
#本年新开工	Projects Newly Started This Year	6282
本年投产项目	Projects Put into Use This Yesr	5291
三、投资资金来源	**Grouped by Source of Funds**	
上年结余资金	Balance of Funds Last Year	6.7
本年资金来源小计	Subtotal Source of Funds This Year	19.4
国家预算内资金	State-budgetary Appropriation	83.8
国内贷款	Domestic Loans	4.5
利用外资	Foreign Investment	-65.3
自筹资金	Self-raised Funds	19.7
其 他	Others	6.7

7-4 按国民经济行业分固定资产投资增长速度(2021年)

GROWTH RATE OF INVESTMENT IN FIXED ASSETS BY ECONOMIC SECTOR(2021)

单位：%　　(%)

行　业	Sector	2021
总　计	**Total**	**8.7**
农、林、牧、渔业	Farming, Forestry, Animal Husbandry and Fishery	30.0
农　业	Farming	28.7
林　业	Forestry	54.8
畜牧业	Animal Husbandry	26.5
渔　业	Fishery	216.4
农、林、牧、渔专业及辅助性活动	Professional and Support Activities for Farming, Forestry, Animal Husbandry and Fishery Services	-21.4
采矿业	Mining	15.5
煤炭开采和洗选业	Coal Mining and Washsing	10.3
石油和天然气开采业	Extraction of Petroleum and Natural Gas	-0.3
黑色金属矿采选业	Mining and Dressing of Ferrous Metals	145.4
有色金属矿采选业	Mining and Dressing of Nonferrous Metals	154.1
非金属矿采选业	Mining and Dressing of Nonmetal Ores	91.4
开采专业及辅助性活动	Professional and Support Activities for Mining	238.5
其他采矿业	Others	1497.0
制造业	Manufacturing	24.5
农副食品加工业	Farm and Sideline Food Processing	25.6
食品制造业	Food Manufacturing	18.7
酒、饮料和精制茶制造业	Alcohol, Beverage and Refined Tea Manufacturing	21.1
烟草制品业	Tobacoo Manufaturing	-97.4
纺织业	Textile Industry	-28.3
纺织服装、服饰业	Manufacture of Garments and Accessories	133.2
皮革、毛皮、羽毛及其制品和制鞋业	Manufacture of Leather, Fur, Feather and their Products and Footwear	609.8
木材加工和木、竹、藤、棕、草制品业	Processing of Timber, Manufacture of Wood, Bamboo, Rattan, Palm, and Straw Products	-2.9
家具制造业	Manufacture of Furniture	-36.3
造纸和纸制品业	Manufacture of Paper and Paper Products	-16.8
印刷和记录媒介复制业	Printing and Record Medium Reproduction	52.7
文教、工美、体育和娱乐用品制造业	Manufacture of Articles For Culture, Education and Sport Activity	1.3
石油、煤炭及其他燃料加工业	Petroleum, Coal and Other Fuels Processing	9.8
化学原料和化学制品制造业	Manufacture Raw Chemical Materials and Chemical Products	41.9
医药制造业	Manufacture of Medical Products	-15.0
化学纤维制造业	Manufacture of Chemical Fibers	-2.2
橡胶和塑料制品业	Manufacture of Rubber and Plastic Products	74.9
非金属矿物制品业	Manufacture of Nonmetals Mineral Products	40.6
黑色金属冶炼和压延加工业	Smelting and Pressing of Ferrous Metals	46.5
有色金属冶炼和压延加工业	Smelting and Pressing of Nonferrous Metals	89.2
金属制品业	Manufacture of Metal Products	11.5
通用设备制造业	Manufacture of Universal Purpose Equipment	37.2
专用设备制造业	Manufacture of Special Purpose Equipment	13.2
汽车制造业	Manufacture of Motor Vehicles	17.6

7–4 续表1 continued

单位：% (%)

行　业	Sector	2021
铁路、船舶、航空航天和其他运输设备制造业	Manufacture of Railways, Ships, Aviation, Aircrafts and Other Transportation Equipments	15.9
电气机械和器材制造业	Manufacture of Electrical Equipment and Machinery	36.1
计算机、通信和其他电子设备制造业	Manufacture of Computer, Telecommunication and Other Electronic Equipments	33.7
仪器仪表制造业	Manufacture of Measuring Instrument and Machinery	159.8
其他制造业	Other Manufacturing	13853.5
废弃资源综合利用业	Comprehensive Utilization of Waste	9.4
金属制品、机械和设备修理业	Repair of Metal Products, Machinery and Equipment	337.8
电力、热力、燃气及水生产和供应业	Production and Supply of Electricity, Heat, Gas and Water	–25.0
电力、热力生产和供应业	Production and Supply of Electricity and Heat	–28.7
燃气生产和供应业	Production and Supply of Gas	–20.2
水的生产和供应业	Production and Supply of Water	4.4
建筑业	Construction	88.1
房屋建筑业	Buildings Construction	–100.0
土木工程建筑业	Civil Engineering	84.2
建筑安装业	Building Installation	
建筑装饰、装修和其他建筑业	Building Decoration and Other Construction	
批发和零售业	Wholesale and Retail Trade	8.4
批发业	Wholesale Trade	–23.9
零售业	Retail Trade	35.7
交通运输、仓储和邮政业	Transport, Storage and Post	22.2
铁路运输业	Railway Transport	82.3
道路运输业	Highway Transport	17.7
水上运输业	Water Transport	–72.7
航空运输业	Air Transport	64.8
管道运输业	Transport Via Pipelines	–28.8
装卸搬运和仓储业	Loading, Unloading and Storage	63.9
邮政业	Post	–79.5
住宿和餐饮业	Hotels and Catering Services	109.2
住宿业	Hotels	98.3
餐饮业	Catering Services	270.1
信息传输、软件和信息技术服务业	Information Transmission, Software and Information Technology Services	39.4
电信、广播电视和卫星传输服务	Transmission Services of Telecommunication, Broadcast, Television and Satellite	–39.6
互联网和相关服务	Internet and Relative Services	28.1
软件和信息技术服务业	Software and Information Technology Services	78.9
金融业	Banking and Insurance	–26.0
货币金融服务	Monetary Banking	–46.8

7-4 续表2 continued

单位：% (%)

行　业	Sector	2021
资本市场服务	Capital Market	
保险业	Insurance	
其他金融业	Other Financial Activities	203.0
房地产业	Real Estate Trade	5.2
房地产业	Real Estate Trade	5.2
租赁和商务服务业	Lease and Business Affairs Services	73.9
租赁业	Leasing	139.8
商务服务业	Business Affairs Services	73.8
科学研究和技术服务业	Scientific Research and Technical Services	-16.4
研究和试验发展	Research and Experimental Development	62.6
专业技术服务业	Professional Technical Services	-27.3
科技推广和应用服务业	Services of Science and Technology Exchanges and Promotion	-38.0
水利、环境和公共设施管理业	Management of Water Conservancy, Environment and Public Facilities	-2.4
水利管理业	Water Conservancy	17.7
生态保护和环境治理业	Ecological Protection and Environmental Management	-8.6
公共设施管理业	Public Facilities	-1.8
土地管理业	Land Management	-75.1
居民服务、修理和其他服务业	Resident Services, Repair and Other Services	16.3
居民服务业	Residence Services	24.9
机动车、电子产品和日用产品修理业	Repair of Motor Vehicles, Electronic Products and Daily Products	-38.3
其他服务业	Other Services	-13.9
教　育	Education	12.5
教　育	Education	12.5
卫生和社会工作	Health Care and Social Work	47.4
卫　生	Health Care	59.4
社会工作	Social Work	-9.5
文化、体育和娱乐业	Culture, Sports and Recreation	-14.2
新闻和出版业	Journalism and Publishing Activities	-1.3
广播、电视、电影和录音制作业	Radio, Televisions, Motion Pictures and Audio Procuction	1.5
文化艺术业	Culture and Arts Activities	-8.0
体　育	Sports Activities	-27.2
娱乐业	Entertainment	-17.4
公共管理、社会保障和社会组织	Public Management, Social Security and Social Organization	-16.7
中国共产党机关	Organs of CPC	-76.1
国家机构	Government Agencies	-25.7
人民政协、民主党派	PPCC and Democratic Parties	
社会保障	Social Security	
群众团体、社会团体和其他成员组织	Mass Organizations, Social Organizations and Other Member Organizations	134.8
基层群众自治组织及其他组织	Grass Roots Self-governing Organizations and Other Organizations	-64.3

7-5 按登记注册类型分固定资产投资增长速度(2021年)

单位：%

行　业	Sector	本年完成投资 Investment Completed This Year
总　计	**Total**	**8.7**
农、林、牧、渔业	Farming, Forestry, Animal Husbandry and Fishery	30.0
农　业	Farming	28.7
林　业	Forestry	54.8
畜牧业	Animal Husbandry	26.5
渔　业	Fishery	216.4
农、林、牧、渔专业及辅助性活动	Professional and Support Activities for Farming, Forestry, Animal Husbandry and Fishery Services	-21.4
采矿业	Mining	15.5
煤炭开采和洗选业	Coal Mining and Washsing	10.3
石油和天然气开采业	Extraction of Petroleum and Natural Gas	-0.3
黑色金属矿采选业	Mining and Dressing of Ferrous Metals	145.4
有色金属矿采选业	Mining and Dressing of Nonferrous Metals	154.1
非金属矿采选业	Mining and Dressing of Nonmetal Ores	91.4
开采专业及辅助性活动	Professional and Support Activities for Mining	238.5
其他采矿业	Others	1497.0
制造业	Manufacturing	24.5
农副食品加工业	Farm and Sideline Food Processing	25.6
食品制造业	Food Manufacturing	18.7
酒、饮料和精制茶制造业	Alcohol, Beverage and Refined Tea Manufacturing	21.1
烟草制品业	Tobacoo Manufaturing	-97.4
纺织业	Textile Industry	-28.3
纺织服装、服饰业	Manufacture of Garments and Accessories	133.2
皮革、毛皮、羽毛及其制品和制鞋业	Manufacture of Leather, Fur, Feather and their Products and Footwear	609.8
木材加工和木、竹、藤、棕、草制品业	Processing of Timber, Manufacture of Wood, Bamboo, Rattan, Palm, and Straw Products	-2.9
家具制造业	Manufacture of Furniture	-36.3
造纸和纸制品业	Manufacture of Paper and Paper Products	-16.8
印刷和记录媒介复制业	Printing and Record Medium Reproduction	52.7
文教、工美、体育和娱乐用品制造业	Manufacture of Articles For Culture, Education and Sport Activity	1.3
石油、煤炭及其他燃料加工业	Petroleum, Coal and Other Fuels Processing	9.8
化学原料和化学制品制造业	Manufacture Raw Chemical Materials and Chemical Products	41.9
医药制造业	Manufacture of Medical Products	-15.0
化学纤维制造业	Manufacture of Chemical Fibers	-2.2
橡胶和塑料制品业	Manufacture of Rubber and Plastic Products	74.9
非金属矿物制品业	Manufacture of Nonmetals Mineral Products	40.6
黑色金属冶炼和压延加工业	Smelting and Pressing of Ferrous Metals	46.5
有色金属冶炼和压延加工业	Smelting and Pressing of Nonferrous Metals	89.2
金属制品业	Manufacture of Metal Products	11.5
通用设备制造业	Manufacture of Universal Purpose Equipment	37.2

GROWTH RATE OF INVESTMENT IN FIXED ASSETS BY REGISTRATION STATUS(2021)

(%)

内 资 Domestic-Funded Enterprises	港澳台商投资 Enterprises with Investment from Hong Kong, Macao and Taiwan	外商投资 Enterprises with Foreign Investment
8.7	**37.9**	**-1.0**
29.9		
28.7		
54.7		
26.3		
216.4		
-21.4		
14.4	2593.0	38.1
9.6		78.2
-8.4		30.2
145.4		
152.6	773.2	
91.4		
238.5		
1497.0		
24.5	101.3	-1.5
32.0		-65.8
23.5	-29.9	-14.1
21.0		34.9
-97.4		
-28.3		
133.3		-100.0
609.8		
-2.9		
-36.3		
-16.8		
52.7		
1.3		
8.6		53.4
39.5	404.3	25.1
-14.8		-100.0
-2.2		
80.5		-99.5
40.3	64.4	
46.3		
92.1	-30.1	
11.2		
39.3	-100.0	

7-5 续表1

单位：%

行　业	Sector	本年完成投资 Investment Completed This Year
专用设备制造业	Manufacture of Special Purpose Equipment	13.2
汽车制造业	Manufacture of Motor Vehicles	17.6
铁路、船舶、航空航天和其他运输设备制造业	Manufacture of Railways, Ships, Aviation, Aircrafts and Other Transportation Equipments	15.9
电气机械和器材制造业	Manufacture of Electrical Equipment and Machinery	36.1
计算机、通信和其他电子设备制造业	Manufacture of Computer, Telecommunication and Other Electronic Equipments	33.7
仪器仪表制造业	Manufacture of Measuring Instrument and Machinery	159.8
其他制造业	Other Manufacturing	13853.5
废弃资源综合利用业	Comprehensive Utilization of Waste	9.4
金属制品、机械和设备修理业	Repair of Metal Products, Machinery and Equipment	337.8
电力、热力、燃气及水生产和供应业	Production and Supply of Electricity, Heat, Gas and Water	-25.0
电力、热力生产和供应业	Production and Supply of Electricity and Heat	-28.7
燃气生产和供应业	Production and Supply of Gas	-20.2
水的生产和供应业	Production and Supply of Water	4.4
建筑业	Construction	88.1
房屋建筑业	Buildings Construction	-100.0
土木工程建筑业	Civil Engineering	84.2
建筑安装业	Building Installation	
建筑装饰、装修和其他建筑业	Building Decoration and Other Construction	
批发和零售业	Wholesale and Retail Trade	8.4
批发业	Wholesale Trade	-23.9
零售业	Retail Trade	35.7
交通运输、仓储和邮政业	Transport, Storage and Post	22.2
铁路运输业	Railway Transport	82.3
道路运输业	Highway Transport	17.7
水上运输业	Water Transport	-72.7
航空运输业	Air Transport	64.8
管道运输业	Transport Via Pipelines	-28.8
装卸搬运和仓储业	Loading, Unloading and Storage	63.9
邮政业	Post	-79.5
住宿和餐饮业	Hotels and Catering Services	109.2
住宿业	Hotels	98.3
餐饮业	Catering Services	270.1
信息传输、软件和信息技术服务业	Information Transmission, Software and Information Technology Services	39.4
电信、广播电视和卫星传输服务	Transmission Services of Telecommunication, Broadcast, Television and Satellite	-39.6
互联网和相关服务	Internet and Relative Services	28.1
软件和信息技术服务业	Software and Information Technology Services	78.9

continued

(%)

内 资 Domestic-Funded Enterprises	港澳台商投资 Enterprises with Investment from Hong Kong, Macao and Taiwan	外商投资 Enterprises with Foreign Investment
12.9	-53.7	1431.9
4.2	378.1	-54.9
-7.5		-15.9
36.8		-100.0
42.5	-19.1	-43.9
159.8		
13853.5		
13.7		-54.5
375.2		-100.0
-25.3	28.3	-41.5
-29.3	23.7	-35.6
-16.1	20.8	-100.0
3.6	843.9	90.3
88.1		
-100.0		
84.2		
8.8		-98.5
-23.6		-97.2
36.1		-100.0
22.3		-89.4
82.3		
17.7		
-72.7		
64.8		
-28.8		
66.6		-89.4
-79.5		
109.2		
98.3		
270.1		
41.9	22.3	28.9
-54.8	18.5	120.8
46.5	-57.9	4.9
71.7	243.8	102.4

7–5 续表2

单位：%

行　业	Sector	本年完成投资 Investment Completed This Year
金融业	Banking and Insurance	–26.0
货币金融服务	Monetary Banking	–46.8
资本市场服务	Capital Market	
保险业	Insurance	
其他金融业	Other Financial Activities	203.0
房地产业	Real Estate Trade	5.2
房地产业	Real Estate Trade	5.2
租赁和商务服务业	Lease and Business Affairs Services	73.9
租赁业	Leasing	139.8
商务服务业	Business Affairs Services	73.8
科学研究和技术服务业	Scientific Research and Technical Services	–16.4
研究和试验发展	Research and Experimental Development	62.6
专业技术服务业	Professional Technical Services	–27.3
科技推广和应用服务业	Services of Science and Technology Exchanges and Promotion	–38.0
水利、环境和公共设施管理业	Management of Water Conservancy, Environment and Public Facilities	–2.4
水利管理业	Water Conservancy	17.7
生态保护和环境治理业	Ecological Protection and Environmental Management	–8.6
公共设施管理业	Public Facilities	–1.8
土地管理	Land Management	–75.1
居民服务、修理和其他服务业	Resident Services, Repair and Other Services	16.3
居民服务业	Residence Services	24.9
机动车、电子产品和日用产品修理业	Repair of Motor Vehicles, Electronic Products and Daily Products	–38.3
其他服务业	Other Services	–13.9
教　育	Education	12.5
教　育	Education	12.5
卫生和社会工作	Health Care and Social Work	47.4
卫　生	Health Care	59.4
社会工作	Social Work	–9.5
文化、体育和娱乐业	Culture, Sports and Recreation	–14.2
新闻和出版业	Journalism and Publishing Activities	–1.3
广播、电视、电影和录音制作业	Radio, Televisions, Motion Pictures and Audio Procuction	1.5
文化艺术业	Culture and Arts Activities	–8.0
体　育	Sports Activities	–27.2
娱乐业	Entertainment	–17.4
公共管理、社会保障和社会组织	Public Management, Social Security and Social Organization	–16.7
中国共产党机关	Organs of CPC	–76.1
国家机构	Government Agencies	–25.7
人民政协、民主党派	PPCC and Democratic Parties	
社会保障	Social Security	
群众团体、社会团体和其他成员组织	Mass Organizations, Social Organizations and Other Member Organizations	134.8
基层群众自治组织及其他组织	Grass Roots Self–governing Organizations and Other Organizations	–64.3

continued

(%)

内 资 Domestic-Funded Enterprises	港澳台商投资 Enterprises with Investment from Hong Kong, Macao and Taiwan	外商投资 Enterprises with Foreign Investment
-26.0		
-46.8		
203.0		
5.4	-48.2	-37.1
5.4	-48.2	-37.1
74.7	-100.0	
139.8		
74.6	-100.0	
-16.4		
62.6		
-27.3		
-38.0		
-2.4	116.3	-9.8
17.7		
-8.8	116.3	-9.8
-1.8		
-75.1		
16.3		
24.9		
-38.3		
-13.9		
12.5		
12.5		
47.4		
59.4		
-9.5		
-14.2		
-1.3		
1.5		
-8.0		
-27.2		
-17.4		
-16.7		
-76.1		
-25.7		
134.8		
-64.3		

7-6 按构成分固定资产投资增长速度(2021年)

单位：%

行 业	Sector	本年完成投资 Investment Completed This Year
总 计	**Total**	**8.7**
农、林、牧、渔业	Farming, Forestry, Animal Husbandry and Fishery	30.0
农 业	Farming	28.7
林 业	Forestry	54.8
畜牧业	Animal Husbandry	26.5
渔 业	Fishery	216.4
农、林、牧、渔专业及辅助性活动	Professional and Support Activities for Farming, Forestry, Animal Husbandry and Fishery Services	-21.4
采矿业	Mining	15.5
煤炭开采和洗选业	Coal Mining and Washsing	10.3
石油和天然气开采业	Extraction of Petroleum and Natural Gas	-0.3
黑色金属矿采选业	Mining and Dressing of Ferrous Metals	145.4
有色金属矿采选业	Mining and Dressing of Nonferrous Metals	154.1
非金属矿采选业	Mining and Dressing of Nonmetal Ores	91.4
开采专业及辅助性活动	Professional and Support Activities for Mining	238.5
其他采矿业	Others	1497.0
制造业	Manufacturing	24.5
农副食品加工业	Farm and Sideline Food Processing	25.6
食品制造业	Food Manufacturing	18.7
酒、饮料和精制茶制造业	Alcohol, Beverage and Refined Tea Manufacturing	21.1
烟草制品业	Tobacoo Manufaturing	-97.4
纺织业	Textile Industry	-28.3
纺织服装、服饰业	Manufacture of Garments and Accessories	133.2
皮革、毛皮、羽毛及其制品和制鞋业	Manufacture of Leather, Fur, Feather and their Products and Footwear	609.8
木材加工和木、竹、藤、棕、草制品业	Processing of Timber, Manufacture of Wood, Bamboo, Rattan, Palm, and Straw Products	-2.9
家具制造业	Manufacture of Furniture	-36.3
造纸和纸制品业	Manufacture of Paper and Paper Products	-16.8
印刷和记录媒介复制业	Printing and Record Medium Reproduction	52.7
文教、工美、体育和娱乐用品制造业	Manufacture of Articles For Culture, Education and Sport Activity	1.3
石油、煤炭及其他燃料加工业	Petroleum, Coal and Other Fuels Processing	9.8
化学原料和化学制品制造业	Manufacture Raw Chemical Materials and Chemical Products	41.9
医药制造业	Manufacture of Medical Products	-15.0
化学纤维制造业	Manufacture of Chemical Fibers	-2.2
橡胶和塑料制品业	Manufacture of Rubber and Plastic Products	74.9
非金属矿物制品业	Manufacture of Nonmetals Mineral Products	40.6
黑色金属冶炼和压延加工业	Smelting and Pressing of Ferrous Metals	46.5
有色金属冶炼和压延加工业	Smelting and Pressing of Nonferrous Metals	89.2
金属制品业	Manufacture of Metal Products	11.5
通用设备制造业	Manufacture of Universal Purpose Equipment	37.2

GROWTH RATE OF INVESTMENT IN FIXED ASSETS BY COMPOSITION(2021)

(%)

建筑安装工程 Construction and Installation	设备工器具购置 Purchase of Equipment and Instruments	其他费用 Others
15.0	**–8.9**	**–5.7**
38.7	–21.2	–12.1
35.2	–16.9	–19.1
77.4	–89.4	–28.8
33.7	–18.2	8.0
213.6		–100.0
–21.0	–39.7	–8.4
4.5	26.2	63.0
–4.1	21.5	51.6
0.5	–23.7	15.1
138.5	226.4	91.6
97.5	45.9	1536.4
99.3	15.1	196.3
82.2	11617.6	–82.3
109.7		
24.9	17.5	44.9
27.8	41.5	–36.5
29.9	43.7	–45.6
11.6	81.4	–2.5
–100.0	–97.0	–100.0
–15.6	–61.6	–89.1
131.7	1157.5	–96.3
578.1		
6.6	–56.5	232.5
–37.1	7.4	–81.3
–20.3	–18.8	31.9
103.1	–7.6	–71.7
–19.2	42.2	89.4
–3.3	43.0	41.2
35.2	39.4	115.1
–0.3	–55.3	–3.7
22.7	–79.6	27.2
99.9	33.5	122.0
62.1	–10.5	55.0
53.8	30.5	108.9
88.0	78.6	173.0
0.5	9.9	152.8
25.1	81.5	9.8

7-6 续表1

单位：%

行　业	Sector	本年完成投资 Investment Completed This Year
专用设备制造业	Manufacture of Special Purpose Equipment	13.2
汽车制造业	Manufacture of Motor Vehicles	17.6
铁路、船舶、航空航天和其他运输设备制造业	Manufacture of Railways, Ships, Aviation, Aircrafts and Other Transportation Equipments	15.9
电气机械和器材制造业	Manufacture of Electrical Equipment and Machinery	36.1
计算机、通信和其他电子设备制造业	Manufacture of Computer, Telecommunication and Other Electronic Equipments	33.7
仪器仪表制造业	Manufacture of Measuring Instrument and Machinery	159.8
其他制造业	Other Manufacturing	13853.5
废弃资源综合利用业	Comprehensive Utilization of Waste	9.4
金属制品、机械和设备修理业	Repair of Metal Products, Machinery and Equipment	337.8
电力、热力、燃气及水生产和供应业	Production and Supply of Electricity, Heat, Gas and Water	-25.0
电力、热力生产和供应业	Production and Supply of Electricity and Heat	-28.7
燃气生产和供应业	Production and Supply of Gas	-20.2
水的生产和供应业	Production and Supply of Water	4.4
建筑业	Construction	88.1
房屋建筑业	Buildings Construction	-100.0
土木工程建筑业	Civil Engineering	84.2
建筑安装业	Building Installation	
建筑装饰、装修和其他建筑业	Building Decoration and Other Construction	
批发和零售业	Wholesale and Retail Trade	8.4
批发业	Wholesale Trade	-23.9
零售业	Retail Trade	35.7
交通运输、仓储和邮政业	Transport, Storage and Post	22.2
铁路运输业	Railway Transport	82.3
道路运输业	Highway Transport	17.7
水上运输业	Water Transport	-72.7
航空运输业	Air Transport	64.8
管道运输业	Transport Via Pipelines	-28.8
装卸搬运和仓储业	Loading, Unloading and Storage	63.9
邮政业	Post	-79.5
住宿和餐饮业	Hotels and Catering Services	109.2
住宿业	Hotels	98.3
餐饮业	Catering Services	270.1
信息传输、软件和信息技术服务业	Information Transmission, Software and Information Technology Services	39.4
电信、广播电视和卫星传输服务	Transmission Services of Telecommunication, Broadcast, Television and Satellite	-39.6
互联网和相关服务	Internet and Relative Services	28.1
软件和信息技术服务业	Software and Information Technology Services	78.9

continued

(%)

建筑安装工程 Construction and Installation	设备工器具购置 Purchase of Equipment and Instruments	其他费用 Others
10.4	1.2	53.9
3.7	29.4	102.7
19.0	199.4	-54.9
92.4	-51.1	42.0
82.9	-16.6	-8.6
226.3	33.6	-7.5
	13853.5	
8.2	13.6	11.0
956.6	-35.7	
-12.0	-44.4	-21.4
-12.9	-49.0	-19.8
-30.5	34.2	72.5
1.5	60.1	-46.6
-88.9	1082.5	145.5
-100.0		
-92.9	1063.2	145.5
4.7	-60.7	38.6
-20.2	-69.9	-8.6
38.4	-47.1	41.3
20.9	-22.0	47.1
46.6	104.8	323.3
17.8	-31.8	36.0
-46.2	-87.2	-100.0
-30.2	317.2	2363.4
-29.9		
68.0	80.5	25.8
-100.0	983.0	
111.4	142.4	92.2
102.4	144.1	67.9
225.2	39.3	4598.0
57.7	25.4	21.3
-44.0	-47.3	40.3
68.0	-29.2	86.2
145.2	64.0	-12.1

7-6 续表2

单位：%

行　业	Sector	本年完成投资 Investment Completed This Year
金融业	Banking and Insurance	-26.0
货币金融服务	Monetary Banking	-46.8
资本市场服务	Capital Market	
保险业	Insurance	
其他金融业	Other Financial Activities	203.0
房地产业	Real Estate Trade	5.2
房地产业	Real Estate Trade	5.2
租赁和商务服务业	Lease and Business Affairs Services	73.9
租赁业	Leasing	139.8
商务服务业	Business Affairs Services	73.8
科学研究和技术服务业	Scientific Research and Technical Services	-16.4
研究和试验发展	Research and Experimental Development	62.6
专业技术服务业	Professional Technical Services	-27.3
科技推广和应用服务业	Services of Science and Technology Exchanges and Promotion	-38.0
水利、环境和公共设施管理业	Management of Water Conservancy, Environment and Public Facilities	-2.4
水利管理业	Water Conservancy	17.7
生态保护和环境治理业	Ecological Protection and Environmental Management	-8.6
公共设施管理业	Public Facilities	-1.8
土地管理业	Land Management	-75.1
居民服务、修理和其他服务业	Resident Services, Repair and Other Services	16.3
居民服务业	Residence Services	24.9
机动车、电子产品和日用产品修理业	Repair of Motor Vehicles, Electronic Products and Daily Products	-38.3
其他服务业	Other Services	-13.9
教　育	Education	12.5
教　育	Education	12.5
卫生和社会工作	Health Care and Social Work	47.4
卫　生	Health Care	59.4
社会工作	Social Work	-9.5
文化、体育和娱乐业	Culture, Sports and Recreation	-14.2
新闻和出版业	Journalism and Publishing Activities	-1.3
广播、电视、电影和录音制作业	Radio, Televisions, Motion Pictures and Audio Procuction	1.5
文化艺术业	Culture and Arts Activities	-8.0
体　育	Sports Activities	-27.2
娱乐业	Entertainment	-17.4
公共管理、社会保障和社会组织	Public Management, Social Security and Social Organization	-16.7
中国共产党机关	Organs of CPC	-76.1
国家机构	Government Agencies	-25.7
人民政协、民主党派	PPCC and Democratic Parties	
社会保障	Social Security	
群众团体、社会团体和其他成员组织	Mass Organizations, Social Organizations and Other Member Organizations	134.8
基层群众自治组织及其他组织	Grass Roots Self-governing Organizations and Other Organizations	-64.3

continued

(%)

建筑安装工程 Construction and Installation	设备工器具购置 Purchase of Equipment and Instruments	其他费用 Others
-4.7	2508.5	-98.1
-33.9	2508.5	-98.1
203.0		
21.1	-29.8	-32.0
21.1	-29.8	-32.0
50.9	-25.5	331.0
	-100.0	
50.5	-22.8	330.1
-18.9	-8.4	5.3
81.0	-31.5	158.9
-28.8	7.2	-39.5
-41.8	11.5	-28.8
-2.5	-43.9	9.7
21.6	-82.2	30.5
-5.4	-25.2	-19.0
-2.7	-46.6	15.0
-74.4	-100.0	-76.4
24.9	34.9	-61.3
34.9	200.0	-68.1
-51.1		-8.1
-8.8	-77.2	-40.0
16.4	23.8	-25.8
16.4	23.8	-25.8
41.7	86.9	39.4
56.5	88.4	31.0
-15.9	13.4	98.3
-15.5	-41.8	-0.3
-100.0	13.8	-100.0
19.3	-11.3	-51.1
-11.4	-22.0	19.0
-33.6	65.4	19.0
-14.1	-84.6	-27.8
-13.5	17.6	-61.4
-75.7	-100.0	-52.6
-23.5	21.8	-62.8
136.7	-76.5	5625.0
-66.7	348.5	-95.5

7-7 按建设性质分固定资产投资增长速度(2021年)

单位：%

行 业	Sector	本年完成投资 Investment Completed This Year
总 计	**Total**	**9.6**
农、林、牧、渔业	Farming, Forestry, Animal Husbandry and Fishery	30.0
农 业	Farming	28.7
林 业	Forestry	54.8
畜牧业	Animal Husbandry	26.5
渔 业	Fishery	216.4
农、林、牧、渔专业及辅助性活动	Professional and Support Activities for Farming, Forestry, Animal Husbandry and Fishery Services	-21.4
采矿业	Mining	15.5
煤炭开采和洗选业	Coal Mining and Washsing	10.3
石油和天然气开采业	Extraction of Petroleum and Natural Gas	-0.3
黑色金属矿采选业	Mining and Dressing of Ferrous Metals	145.4
有色金属矿采选业	Mining and Dressing of Nonferrous Metals	154.1
非金属矿采选业	Mining and Dressing of Nonmetal Ores	91.4
开采专业及辅助性活动	Professional and Support Activities for Mining	238.5
其他采矿业	Others	1497.0
制造业	Manufacturing	24.5
农副食品加工业	Farm and Sideline Food Processing	25.6
食品制造业	Food Manufacturing	18.7
酒、饮料和精制茶制造业	Alcohol, Beverage and Refined Tea Manufacturing	21.1
烟草制品业	Tobacoo Manufaturing	-97.4
纺织业	Textile Industry	-28.3
纺织服装、服饰业	Manufacture of Garments and Accessories	133.2
皮革、毛皮、羽毛及其制品和制鞋业	Manufacture of Leather, Fur, Feather and their Products and Footwear	609.8
木材加工和木、竹、藤、棕、草制品业	Processing of Timber, Manufacture of Wood, Bamboo, Rattan, Palm, and Straw Products	-2.9
家具制造业	Manufacture of Furniture	-36.3
造纸和纸制品业	Manufacture of Paper and Paper Products	-16.8
印刷和记录媒介复制业	Printing and Record Medium Reproduction	52.7
文教、工美、体育和娱乐用品制造业	Manufacture of Articles For Culture, Education and Sport Activity	1.3
石油、煤炭及其他燃料加工业	Petroleum, Coal and Other Fuels Processing	9.8
化学原料和化学制品制造业	Manufacture Raw Chemical Materials and Chemical Products	41.9
医药制造业	Manufacture of Medical Products	-15.0
化学纤维制造业	Manufacture of Chemical Fibers	-2.2
橡胶和塑料制品业	Manufacture of Rubber and Plastic Products	74.9
非金属矿物制品业	Manufacture of Nonmetals Mineral Products	40.6
黑色金属冶炼和压延加工业	Smelting and Pressing of Ferrous Metals	46.5
有色金属冶炼和压延加工业	Smelting and Pressing of Nonferrous Metals	89.2
金属制品业	Manufacture of Metal Products	11.5
通用设备制造业	Manufacture of Universal Purpose Equipment	37.2

注：本表不含房地产开发投资。

Note: Investment in this table doesn't include investment in real estate development.

GROWTH RATE OF INVESTMENT IN FIXED ASSETS BY TYPE OF CONSTRUCTION(2021)

(%)

#新 建 New Construction	#扩 建 Expansion	#改建和技术改造 Reconstruction and Technical Reformation
9.3	**8.5**	**9.7**
27.2	68.2	9.1
26.2	63.6	74.2
51.4	110.5	−53.1
22.1	96.4	−30.5
202.6		
−15.8	−62.0	−22.7
13.2	47.6	19.2
7.2	52.3	12.9
2.1	9.6	−58.3
381.3	2352.5	60.0
27.2	2752.9	197.0
113.9	232.0	−90.7
241.3	−74.9	583.4
		−100.0
34.1	−8.8	24.7
32.1	82.8	−33.7
24.3	−7.7	11.9
30.1	16.8	3.4
−100.0		
−22.0	−91.3	30.1
127.7		217.0
609.8		
−0.1		−36.4
−31.9	−95.8	
15.1	10.2	−72.8
87.0	−100.0	120.8
−2.0	984.3	21.5
−1.6	−17.0	38.1
100.1	−66.0	77.6
−9.3	−61.7	54.8
−3.3		
79.7	473.3	−18.9
53.1	4.6	19.5
120.0	−10.0	26.8
225.1	38.4	96.7
1.6	336.9	22.5
15.9	532.8	9.8

7-7 续表1

单位：%

行　业	Sector	本年完成投资 Investment Completed This Year
专用设备制造业	Manufacture of Special Purpose Equipment	13.2
汽车制造业	Manufacture of Motor Vehicles	17.6
铁路、船舶、航空航天和其他运输设备制造业	Manufacture of Railways, Ships, Aviation, Aircrafts and Other Transportation Equipments	15.9
电气机械和器材制造业	Manufacture of Electrical Equipment and Machinery	36.1
计算机、通信和其他电子设备制造业	Manufacture of Computer, Telecommunication and Other Electronic Equipments	33.7
仪器仪表制造业	Manufacture of Measuring Instrument and Machinery	159.8
其他制造业	Other Manufacturing	13853.5
废弃资源综合利用业	Comprehensive Utilization of Waste	9.4
金属制品、机械和设备修理业	Repair of Metal Products, Machinery and Equipment	337.8
电力、热力、燃气及水生产和供应业	Production and Supply of Electricity, Heat, Gas and Water	-25.0
电力、热力生产和供应业	Production and Supply of Electricity and Heat	-28.7
燃气生产和供应业	Production and Supply of Gas	-20.2
水的生产和供应业	Production and Supply of Water	4.4
建筑业	Construction	88.1
房屋建筑业	Buildings Construction	-100.0
土木工程建筑业	Civil Engineering	84.2
建筑安装业	Building Installation	
建筑装饰、装修和其他建筑业	Building Decoration and Other Construction	
批发和零售业	Wholesale and Retail Trade	8.4
批发业	Wholesale Trade	-23.9
零售业	Retail Trade	35.7
交通运输、仓储和邮政业	Transport, Storage and Post	22.2
铁路运输业	Railway Transport	82.3
道路运输业	Highway Transport	17.7
水上运输业	Water Transport	-72.7
航空运输业	Air Transport	64.8
管道运输业	Transport Via Pipelines	-28.8
装卸搬运和仓储业	Loading, Unloading and Storage	63.9
邮政业	Post	-79.5
住宿和餐饮业	Hotels and Catering Services	109.2
住宿业	Hotels	98.3
餐饮业	Catering Services	270.1
信息传输、软件和信息技术服务业	Information Transmission, Software and Information Technology Services	39.4
电信、广播电视和卫星传输服务	Transmission Services of Telecommunication, Broadcast, Television and Satellite	-39.6
互联网和相关服务	Internet and Relative Services	28.1
软件和信息技术服务业	Software and Information Technology Services	78.9

continued

(%)

#新 建 New Construction	#扩 建 Expansion	#改建和技术改造 Reconstruction and Technical Reformation
40.2	-87.7	5.7
20.0	-50.8	36.7
1.5	-43.3	190.5
46.4	219.2	-67.5
65.2	40.5	-58.4
150.8		785.6
13853.5		
11.2	173.5	-41.6
664.7	-52.5	
-25.6	-28.5	-24.1
-29.8	-36.0	-24.2
-25.9	146.0	-20.1
13.4	-8.8	-24.8
-74.8		
-100.0		
-77.8		
18.4	-71.0	-77.0
-8.7	-97.2	-94.5
38.2	-10.3	21.9
32.4	18.8	-20.3
38.6	6664.6	268.3
30.3	-17.4	-25.6
-72.7		
53.1	110.9	191.0
-28.8		
63.0	119.2	26.1
-79.5		
106.2	466.8	-13.2
91.5	640.2	-23.3
326.8	-100.0	1630.3
43.4	-37.9	-38.1
-37.6	-83.6	-51.6
28.9	140.6	97.3
84.9	-95.8	-46.1

7-7 续表2

单位：%

行　业	Sector	本年完成投资 Investment Completed This Year
金融业	Banking and Insurance	-26.0
货币金融服务	Monetary Banking	-46.8
资本市场服务	Capital Market	
保险业	Insurance	
其他金融业	Other Financial Activities	203.0
房地产业	Real Estate Trade	-4.1
房地产业	Real Estate Trade	-4.1
租赁和商务服务业	Lease and Business Affairs Services	73.9
租赁业	Leasing	139.8
商务服务业	Business Affairs Services	73.8
科学研究和技术服务业	Scientific Research and Technical Services	-16.4
研究和试验发展	Research and Experimental Development	62.6
专业技术服务业	Professional Technical Services	-27.3
科技推广和应用服务业	Services of Science and Technology Exchanges and Promotion	-38.0
水利、环境和公共设施管理业	Management of Water Conservancy, Environment and Public Facilities	-2.4
水利管理业	Water Conservancy	17.7
生态保护和环境治理业	Ecological Protection and Environmental Management	-8.6
公共设施管理业	Public Facilities	-1.8
土地管理业	Land Management	-75.1
居民服务、修理和其他服务业	Resident Services, Repair and Other Services	16.3
居民服务业	Residence Services	24.9
机动车、电子产品和日用产品修理业	Repair of Motor Vehicles, Electronic Products and Daily Products	-38.3
其他服务业	Other Services	-13.9
教　育	Education	12.5
教　育	Education	12.5
卫生和社会工作	Health Care and Social Work	47.4
卫　生	Health Care	59.4
社会工作	Social Work	-9.5
文化、体育和娱乐业	Culture, Sports and Recreation	-14.2
新闻和出版业	Journalism and Publishing Activities	-1.3
广播、电视、电影和录音制作业	Radio, Televisions, Motion Pictures and Audio Procuction	1.5
文化艺术业	Culture and Arts Activities	-8.0
体　育	Sports Activities	-27.2
娱乐业	Entertainment	-17.4
公共管理、社会保障和社会组织	Public Management, Social Security and Social Organization	-16.7
中国共产党机关	Organs of CPC	-76.1
国家机构	Government Agencies	-25.7
人民政协、民主党派	PPCC and Democratic Parties	
社会保障	Social Security	
群众团体、社会团体和其他成员组织	Mass Organizations, Social Organizations and Other Member Organizations	134.8
基层群众自治组织及其他组织	Grass Roots Self-governing Organizations and Other Organizations	-64.3

continued

(%)

#新 建 New Construction	#扩 建 Expansion	#改建和技术改造 Reconstruction and Technical Reformation
-83.6	81.2	-72.1
-83.6	33.0	-72.1
	203.0	
-7.2	37.0	-8.9
-7.2	37.0	-8.9
79.9	-91.5	56.6
139.8		
79.8	-91.5	56.6
-29.1	-8.2	3466.2
8.8		
-29.2	-8.2	
-40.6		430.7
-7.1	18.6	14.2
11.4	218.0	73.2
-5.0	2.1	-35.7
-7.8	4.6	29.3
-75.9		-33.5
-5.3		-91.0
-9.9		-77.1
-52.9		
85.3		-94.5
12.6	-11.5	68.2
12.6	-11.5	68.2
44.9	58.9	7.4
59.2	55.7	-0.4
-11.1	175.6	
-22.1	77.6	64.6
-1.3		
-20.3	-100.0	108.5
-24.5	2.4	94.4
-28.5	157.9	-67.1
-17.3	186.5	-94.1
-18.4	-57.1	99.3
-76.1		
-28.7	-52.1	67.4
137.5	-2.1	
-61.8	-76.9	

7-8 按控股情况分固定资产投资增长速度(2021年)

单位：%

行 业	Sector	本年完成投资 Investment Completed This Year
总 计	**Total**	**8.7**
农、林、牧、渔业	Farming, Forestry, Animal Husbandry and Fishery	30.0
农 业	Farming	28.7
林 业	Forestry	54.8
畜牧业	Animal Husbandry	26.5
渔 业	Fishery	216.4
农、林、牧、渔专业及辅助性活动	Professional and Support Activities for Farming, Forestry, Animal Husbandry and Fishery Services	-21.4
采矿业	Mining	15.5
煤炭开采和洗选业	Coal Mining and Washsing	10.3
石油和天然气开采业	Extraction of Petroleum and Natural Gas	-0.3
黑色金属矿采选业	Mining and Dressing of Ferrous Metals	145.4
有色金属矿采选业	Mining and Dressing of Nonferrous Metals	154.1
非金属矿采选业	Mining and Dressing of Nonmetal Ores	91.4
开采专业及辅助性活动	Professional and Support Activities for Mining	238.5
其他采矿业	Others	1497.0
制造业	Manufacturing	24.5
农副食品加工业	Farm and Sideline Food Processing	25.6
食品制造业	Food Manufacturing	18.7
酒、饮料和精制茶制造业	Alcohol, Beverage and Refined Tea Manufacturing	21.1
烟草制品业	Tobacoo Manufaturing	-97.4
纺织业	Textile Industry	-28.3
纺织服装、服饰业	Manufacture of Garments and Accessories	133.2
皮革、毛皮、羽毛及其制品和制鞋业	Manufacture of Leather, Fur, Feather and their Products and Footwear	609.8
木材加工和木、竹、藤、棕、草制品业	Processing of Timber, Manufacture of Wood, Bamboo, Rattan, Palm, and Straw Products	-2.9
家具制造业	Manufacture of Furniture	-36.3
造纸和纸制品业	Manufacture of Paper and Paper Products	-16.8
印刷和记录媒介复制业	Printing and Record Medium Reproduction	52.7
文教、工美、体育和娱乐用品制造业	Manufacture of Articles For Culture, Education and Sport Activity	1.3
石油、煤炭及其他燃料加工业	Petroleum, Coal and Other Fuels Processing	9.8
化学原料和化学制品制造业	Manufacture Raw Chemical Materials and Chemical Products	41.9
医药制造业	Manufacture of Medical Products	-15.0
化学纤维制造业	Manufacture of Chemical Fibers	-2.2
橡胶和塑料制品业	Manufacture of Rubber and Plastic Products	74.9
非金属矿物制品业	Manufacture of Nonmetals Mineral Products	40.6
黑色金属冶炼和压延加工业	Smelting and Pressing of Ferrous Metals	46.5
有色金属冶炼和压延加工业	Smelting and Pressing of Nonferrous Metals	89.2
金属制品业	Manufacture of Metal Products	11.5
通用设备制造业	Manufacture of Universal Purpose Equipment	37.2

GROWTH RATE OF INVESTMENT IN FIXED ASSETS BY SHARE HOLDING(2021)

(%)

#国有控股 State-holding	#集体控股 Collective-holding	#私人控股 Private-holding
6.9	**32.9**	**17.5**
31.1	140.4	20.6
10.0	102.2	41.6
73.5	196.8	-38.2
4.3	190.3	15.3
		296.6
-31.2	708.6	25.3
4.5	32.9	57.9
8.0	29.5	25.5
-9.7		-6.7
-76.6	-100.0	306.7
7.7		271.5
-68.9		68.3
105.0		608.5
		1497.0
39.7	264.1	33.9
96.1	144.5	14.0
1.0	-26.7	32.2
24.3	93.7	13.9
-96.4		
-89.3		-21.5
1790.7		-30.5
-100.0		720.8
-99.5		3.7
		-47.4
		-18.7
-100.0	-100.0	82.0
-61.8		2.4
-16.5		31.7
256.2	118.6	21.6
42.8	2531.5	-30.3
-69.6	-100.0	247.4
-66.4	-100.0	108.9
48.3	2586.2	41.3
33.4		78.6
506.3		69.6
23.2		11.6
36.4		39.7

7-8 续表1

单位：%

行　业	Sector	本年完成投资 Investment Completed This Year
专用设备制造业	Manufacture of Special Purpose Equipment	13.2
汽车制造业	Manufacture of Motor Vehicles	17.6
铁路、船舶、航空航天和其他运输设备制造业	Manufacture of Railways, Ships, Aviation, Aircrafts and Other Transportation Equipments	15.9
电气机械和器材制造业	Manufacture of Electrical Equipment and Machinery	36.1
计算机、通信和其他电子设备制造业	Manufacture of Computer, Telecommunication and Other Electronic Equipments	33.7
仪器仪表制造业	Manufacture of Measuring Instrument and Machinery	159.8
其他制造业	Other Manufacturing	13853.5
废弃资源综合利用业	Comprehensive Utilization of Waste	9.4
金属制品、机械和设备修理业	Repair of Metal Products, Machinery and Equipment	337.8
电力、热力、燃气及水生产和供应业	Production and Supply of Electricity, Heat, Gas and Water	-25.0
电力、热力生产和供应业	Production and Supply of Electricity and Heat	-28.7
燃气生产和供应业	Production and Supply of Gas	-20.2
水的生产和供应业	Production and Supply of Water	4.4
建筑业	Construction	88.1
房屋建筑业	Buildings Construction	-100.0
土木工程建筑业	Civil Engineering	84.2
建筑安装业	Building Installation	
建筑装饰、装修和其他建筑业	Building Decoration and Other Construction	
批发和零售业	Wholesale and Retail Trade	8.4
批发业	Wholesale Trade	-23.9
零售业	Retail Trade	35.7
交通运输、仓储和邮政业	Transport, Storage and Post	22.2
铁路运输业	Railway Transport	82.3
道路运输业	Highway Transport	17.7
水上运输业	Water Transport	-72.7
航空运输业	Air Transport	64.8
管道运输业	Transport Via Pipelines	-28.8
装卸搬运和仓储业	Loading, Unloading and Storage	63.9
邮政业	Post	-79.5
住宿和餐饮业	Hotels and Catering Services	109.2
住宿业	Hotels	98.3
餐饮业	Catering Services	270.1
信息传输、软件和信息技术服务业	Information Transmission, Software and Information Technology Services	39.4
电信、广播电视和卫星传输服务	Transmission Services of Telecommunication, Broadcast, Television and Satellite	-39.6
互联网和相关服务	Internet and Relative Services	28.1
软件和信息技术服务业	Software and Information Technology Services	78.9

continued

(%)

#国有控股 State-holding	#集体控股 Collective-holding	#私人控股 Private-holding
5.0		22.9
-21.9	-82.3	32.3
658.9		-17.7
-16.3		115.1
82.9		72.1
785.6		158.0
		13853.5
118.3		8.9
379.2		371.0
-20.9	-50.6	-19.9
-25.7	-50.5	-23.5
-13.7	-21.8	10.2
6.7	-55.2	3.3
70.3		1439.4
		-100.0
70.3		
-34.7	-6.2	30.4
-33.4	42.3	-20.2
-35.3	-61.7	87.1
16.7	1625.0	125.2
41.0		146.9
16.3	2248.1	177.6
-11.8		-82.3
65.4		-100.0
-28.8		
3.7	673.0	117.9
		-79.5
381.3	781.3	33.7
407.1	781.3	13.5
-29.7		318.4
2.4		62.3
-56.0		-100.0
18.9		53.3
124.2		68.1

7-8 续表2

单位：%

行 业	Sector	本年完成投资 Investment Completed This Year
金融业	Banking and Insurance	-26.0
货币金融服务	Monetary Banking	-46.8
资本市场服务	Capital Market	
保险业	Insurance	
其他金融业	Other Financial Activities	203.0
房地产业	Real Estate Trade	5.2
房地产业	Real Estate Trade	5.2
租赁和商务服务业	Lease and Business Affairs Services	73.9
租赁业	Leasing	139.8
商务服务业	Business Affairs Services	73.8
科学研究和技术服务业	Scientific Research and Technical Services	-16.4
研究和试验发展	Research and Experimental Development	62.6
专业技术服务业	Professional Technical Services	-27.3
科技推广和应用服务业	Services of Science and Technology Exchanges and Promotion	-38.0
水利、环境和公共设施管理业	Management of Water Conservancy, Environment and Public Facilities	-2.4
水利管理业	Water Conservancy	17.7
生态保护和环境治理业	Ecological Protection and Environmental Management	-8.6
公共设施管理业	Public Facilities	-1.8
土地管理业	Land Management	-75.1
居民服务、修理和其他服务业	Resident Services, Repair and Other Services	16.3
居民服务业	Residence Services	24.9
机动车、电子产品和日用产品修理业	Repair of Motor Vehicles, Electronic Products and Daily Products	-38.3
其他服务业	Other Services	-13.9
教 育	Education	12.5
教 育	Education	12.5
卫生和社会工作	Health Care and Social Work	47.4
卫 生	Health Care	59.4
社会工作	Social Work	-9.5
文化、体育和娱乐业	Culture, Sports and Recreation	-14.2
新闻和出版业	Journalism and Publishing Activities	-1.3
广播、电视、电影和录音制作业	Radio, Televisions, Motion Pictures and Audio Procuction	1.5
文化艺术业	Culture and Arts Activities	-8.0
体 育	Sports Activities	-27.2
娱乐业	Entertainment	-17.4
公共管理、社会保障和社会组织	Public Management, Social Security and Social Organization	-16.7
中国共产党机关	Organs of CPC	-76.1
国家机构	Government Agencies	-25.7
人民政协、民主党派	PPCC and Democratic Parties	
社会保障	Social Security	
群众团体、社会团体和其他成员组织	Mass Organizations, Social Organizations and Other Member Organizations	134.8
基层群众自治组织及其他组织	Grass Roots Self-governing Organizations and Other Organizations	-64.3

continued

(%)

#国有控股 State-holding	#集体控股 Collective-holding	#私人控股 Private-holding
−26.8	−88.4	203.0
−26.8	−88.4	
		203.0
3.5	−12.1	10.0
3.5	−12.1	10.0
200.7	203.2	7.3
−100.0		
202.1	203.2	6.6
−9.2		−33.2
73.6		84.2
−40.6		−23.1
−35.1		−47.0
0.6	43.9	7.0
13.8	598.5	87.7
−9.3	349.9	18.9
1.8	31.1	8.2
−72.5	−100.0	−85.8
51.5		−32.6
51.1		−41.5
		−26.8
80.1		−18.6
3.6	29.2	−8.8
3.6	29.2	−8.8
56.1	−96.3	9.0
68.5	−96.3	2.5
−35.4		18.3
−15.0	−36.5	0.2
109.9		
30.3		−100.0
11.5	−65.7	−27.8
−38.6		190.9
−62.6	−39.9	11.0
−26.1	21.3	−59.2
−76.1		
−24.7	−100.0	−72.8
107.9		−17.7
−81.3	10960.0	

7-9 按资金来源分固定资产投资增长速度(2021年)

单位：%

行　业	Sector	本年资金来源小计 Total Source of Funds
总　计	**Total**	**19.4**
农、林、牧、渔业	Farming, Forestry, Animal Husbandry and Fishery	118.5
农　业	Farming	117.3
林　业	Forestry	100.8
畜牧业	Animal Husbandry	138.6
渔　业	Fishery	1509.6
农、林、牧、渔专业及辅助性活动	Professional and Support Activities for Farming, Forestry, Animal Husbandry and Fishery Services	23.7
采矿业	Mining	32.8
煤炭开采和洗选业	Coal Mining and Washing	27.3
石油和天然气开采业	Extraction of Petroleum and Natural Gas	5.3
黑色金属矿采选业	Mining and Dressing of Ferrous Metals	275.8
有色金属矿采选业	Mining and Dressing of Nonferrous Metals	207.5
非金属矿采选业	Mining and Dressing of Nonmetal Ores	131.3
开采专业及辅助性活动	Professional and Support Activities for Mining	634.9
其他采矿业	Others	
制造业	Manufacturing	41.8
农副食品加工业	Farm and Sideline Food Processing	47.2
食品制造业	Food Manufacturing	34.5
酒、饮料和精制茶制造业	Alcohol, Beverage and Refined Tea Manufacturing	40.7
烟草制品业	Tobacoo Manufaturing	-96.4
纺织业	Textile Industry	54.7
纺织服装、服饰业	Manufacture of Garments and Accessories	111.3
皮革、毛皮、羽毛及其制品和制鞋业	Manufacture of Leather, Fur, Feather and their Products and Footwear	
木材加工和木、竹、藤、棕、草制品业	Processing of Timber, Manufacture of Wood, Bamboo, Rattan, Palm, and Straw Products	126.9
家具制造业	Manufacture of Furniture	-26.0
造纸和纸制品业	Manufacture of Paper and Paper Products	6.0
印刷和记录媒介复制业	Printing and Record Medium Reproduction	114.4
文教、工美、体育和娱乐用品制造业	Manufacture of Articles For Culture, Education and Sport Activity	43.3
石油、煤炭及其他燃料加工业	Petroleum, Coal and Other Fuels Processing	13.4
化学原料和化学制品制造业	Manufacture Raw Chemical Materials and Chemical Products	92.2
医药制造业	Manufacture of Medical Products	6.0
化学纤维制造业	Manufacture of Chemical Fibers	86.7
橡胶和塑料制品业	Manufacture of Rubber and Plastic Products	143.8
非金属矿物制品业	Manufacture of Nonmetals Mineral Products	81.5
黑色金属冶炼和压延加工业	Smelting and Pressing of Ferrous Metals	50.3
有色金属冶炼和压延加工业	Smelting and Pressing of Nonferrous Metals	107.6
金属制品业	Manufacture of Metal Products	13.5
通用设备制造业	Manufacture of Universal Purpose Equipment	86.7

GROWTH RATE OF INVESTMENT IN FIXED ASSETS BY SOURCE OF FUNDS(2021)

(%)

国家预算内资金 State Budgetary Appropriation	国内贷款 Domestic Loans	利用外资 Foreign Investment	自筹资金 Self-raised Funds	其他资金 Others
83.8	**4.5**	**-65.3**	**19.7**	**6.7**
153.5	129.3	-81.3	137.1	-65.1
91.1	44.4	-100.0	159.2	-53.3
367.5			36.9	-41.9
263.7	-22.0		170.8	-73.6
			1506.5	
54.3			11.5	-88.5
346.4	12.1		32.8	49.7
	5.4		33.1	-33.0
-100.0			-13.6	
			271.3	
	10.7		248.4	
			136.1	-100.0
			549.9	
424.2	17.1		41.0	-58.9
	65.4		48.3	-74.0
-25.7	10.4		52.3	
32.5			53.9	-21.2
			-96.4	
	-100.0		156.9	-100.0
			111.3	
			291.1	-100.0
	-100.0		-25.5	
			10.6	-100.0
	-100.0		119.5	
-51.1			45.3	
4.3	-19.2		17.5	-100.0
49.4	62.1		92.5	472.1
67.2	648.0		1.3	33.7
	471.4		71.1	
			147.0	-100.0
26.3	-66.4		98.2	-58.5
704.9	-100.0		53.2	-99.7
305.5	2760.3		90.5	-98.8
159.0	-47.7		15.7	-89.8
2213.1	423.5		74.1	-100.0

7-9 续表1

单位：%

行　业	Sector	本年资金来源小计 Total Source of Funds
专用设备制造业	Manufacture of Special Purpose Equipment	126.9
汽车制造业	Manufacture of Motor Vehicles	7.8
铁路、船舶、航空航天和其他运输设备制造业	Manufacture of Railways, Ships, Aviation, Aircrafts and Other Transportation Equipments	217.6
电气机械和器材制造业	Manufacture of Electrical Equipment and Machinery	-0.8
计算机、通信和其他电子设备制造业	Manufacture of Computer, Telecommunication and Other Electronic Equipments	30.6
仪器仪表制造业	Manufacture of Measuring Instrument and Machinery	549.8
其他制造业	Other Manufacturing	
废弃资源综合利用业	Comprehensive Utilization of Waste	10.3
金属制品、机械和设备修理业	Repair of Metal Products, Machinery and Equipment	654.5
电力、热力、燃气及水生产和供应业	Production and Supply of Electricity, Heat, Gas and Water	-25.5
电力、热力生产和供应业	Production and Supply of Electricity and Heat	-29.0
燃气生产和供应业	Production and Supply of Gas	-20.4
水的生产和供应业	Production and Supply of Water	9.0
建筑业	Construction	208.5
房屋建筑业	Buildings Construction	
土木工程建筑业	Civil Engineering	199.2
建筑安装业	Building Installation	
建筑装饰、装修和其他建筑业	Building Decoration and Other Construction	
批发和零售业	Wholesale and Retail Trade	-2.0
批发业	Wholesale Trade	-10.8
零售业	Retail Trade	6.4
交通运输、仓储和邮政业	Transport, Storage and Post	36.7
铁路运输业	Railway Transport	77.5
道路运输业	Highway Transport	28.4
水上运输业	Water Transport	-82.2
航空运输业	Air Transport	143.7
管道运输业	Transport Via Pipelines	-82.0
装卸搬运和仓储业	Loading, Unloading and Storage	170.0
邮政业	Post	37.2
住宿和餐饮业	Hotels and Catering Services	169.6
住宿业	Hotels	151.5
餐饮业	Catering Services	810.2
信息传输、软件和信息技术服务业	Information Transmission, Software and Information Technology Services	37.4
电信、广播电视和卫星传输服务	Transmission Services of Telecommunication, Broadcast, Television and Satellite	-27.7
互联网和相关服务	Internet and Relative Services	25.4
软件和信息技术服务业	Software and Information Technology Services	66.0

continued

(%)

国家预算内资金 State Budgetary Appropriation	国内贷款 Domestic Loans	利用外资 Foreign Investment	自筹资金 Self-raised Funds	其他资金 Others
10336.4			37.3	67.7
1158.7	−59.7		−7.9	−98.3
			196.1	2400.0
−90.8	3972.6		−7.4	50.4
121.9	203.3		21.3	−89.8
			549.8	
	495.2		23.1	−95.9
	−52.2			
20.3	−12.6	−100.0	−23.1	−78.9
18.3	−20.7	−100.0	−24.2	−80.5
14.8	387.4		−26.8	−84.8
26.3	274.5		−10.2	−47.3
−66.3				
−66.3				
	−99.8		0.3	15.4
	−100.0		−0.3	−96.5
			0.9	60.2
214.5	19.0		64.4	−86.6
80.9	−0.6		104.2	53.3
237.4	17.8		41.0	−87.6
			−82.2	
83.2			874.9	226.5
				−82.0
30.0	869.9		183.4	91.9
			37.2	
	−100.0		166.7	35.0
	−100.0		148.3	20.5
			789.2	
138.7	152.6	−100.0	49.5	−72.5
−37.0	61.1		−27.8	−100.0
180.4			41.2	−85.8
313.7	13.3	−100.0	75.8	131.8

7-9 续表2

单位：%

行　业	Sector	本年资金来源小计 Total Source of Funds
金融业	Banking and Insurance	-11.7
货币金融服务	Monetary Banking	-34.4
资本市场服务	Capital Market	
保险业	Insurance	
其他金融服务	Other Financial Activities	196.2
房地产业	Real Estate Trade	11.4
房地产业	Real Estate Trade	11.4
租赁和商务服务业	Lease and Business Affairs Services	82.5
租赁业	Leasing	139.8
商务服务业	Business Affairs Services	82.4
科学研究和技术服务业	Scientific Research and Technical Services	2.2
研究和试验发展	Research and Experimental Development	79.5
专业技术服务业	Professional Technical Services	25.7
科技推广和应用服务业	Services of Science and Technology Exchanges and Promotion	-33.2
水利、环境和公共设施管理业	Management of Water Conservancy, Environment and Public Facilities	5.2
水利管理业	Water Conservancy	19.1
生态保护和环境治理业	Ecological Protection and Environmental Management	-14.3
公共设施管理业	Public Facilities	11.3
土地管理业	Land Management	-77.4
居民服务、修理和其他服务业	Resident Services, Repair and Other Services	-34.9
居民服务业	Residence Services	-31.3
机动车、电子产品和日用产品修理业	Repair of Motor Vehicles, Electronic Products and Daily Products	-18.7
其他服务业	Other Services	-65.5
教　育	Education	-8.2
教　育	Education	-8.2
卫生和社会工作	Health Care and Social Work	69.4
卫　生	Health Care	75.9
社会工作	Social Work	31.0
文化、体育和娱乐业	Culture, Sports and Recreation	11.3
新闻和出版业	Journalism and Publishing Activities	
广播、电视、电影和录音制作业	Radio, Televisions, Motion Pictures and Audio Procuction	
文化艺术业	Culture and Arts Activities	-4.2
体　育	Sports Activities	110.3
娱乐业	Entertainment	13.2
公共管理、社会保障和社会组织	Public Management, Social Security and Social Organization	50.3
中国共产党机关	Organs of CPC	-95.9
国家机构	Government Agencies	30.0
人民政协、民主党派	PPCC and Democratic Parties	
社会保障	Social Security	
群众团体、社会团体和其他成员组织	Mass Organizations, Social Organizations and Other Member Organizations	217.0
基层群众自治组织及其他组织	Grass Roots Self-governing Organizations and Other Organizations	-66.6

continued

(%)

国家预算内资金 State Budgetary Appropriation	国内贷款 Domestic Loans	利用外资 Foreign Investment	自筹资金 Self-raisied Funds	其他资金 Others
			-12.5	
			-35.2	
			196.2	
46.2	2.2	-84.3	-9.0	30.6
46.2	2.2	-84.3	-9.0	30.6
834.9	-49.7		55.7	-50.6
			139.8	
834.9	-49.7		55.5	-50.6
29.9			-15.4	4.0
426.5			31.6	-38.8
174.1			5.4	-100.0
-36.0			-40.9	
24.4	-6.1	-21.5	20.5	-81.0
11.7	695.6		29.9	-83.4
7.8	-30.4	-21.5	-8.5	-79.6
30.7	-25.0		51.3	-80.7
-36.6			-79.3	
-32.0	-100.0		-31.5	-39.3
-15.2	-100.0		-36.9	-39.3
			-18.7	
-82.8			59.2	
-22.8	25.8		21.2	-54.6
-22.8	25.8		21.2	-54.6
164.2	743.9		34.1	-41.5
166.6	743.9		41.6	-43.0
130.7			11.7	253.1
160.6	-12.6		8.2	-89.1
157.9	-28.5		-7.5	-95.4
114.9			93.4	-93.9
328.1	146.3		12.0	-65.8
62.4			45.1	-5.5
			-100.0	
60.0			-9.7	-14.1
152.1			219.0	
			-66.6	

7-10 农户固定资产投资主要指标增长速度
GROWTH RATE OF MAJOR INDICATORS OF RURAL HOUSEHOLDS INVESTMENT IN FIXED ASSETS

单位：% (%)

指　标	Item	2020	2021
一、本年新增固定资产原值	Original Value of Newly Increased Fixed Assets This Year	-45.3	8.1
二、本年固定资产投资完成额	Completed Investment in Fixed Assets This Year	-31.6	7.2
按投资来源分	Grouped by Source of Funds		
国内贷款	Domestic Loans	-42.3	9.8
自筹资金	Self-raised Funds	-29.8	7.5
其他资金	Others	-39.6	-100.0
按投资构成分	Grouped by Composition		
建筑工程	Construction	-16.9	11.9
#水　利	Conservancy	-38.4	10.1
房　屋	Buildings	-12.8	4.0
#住　宅	Residential Buildings	-39.7	6.4
安装工程	Installation		
设备工器具购置	Purchase of Equipment and Instruments	-47.9	-4.3
#生产设备	Production Equipment	-47.9	-4.3
其　他	Others	-56.7	16.2
按具体投资项目分	Grouped by Investment Projects		
房　屋	Buildings	-12.8	4.0
#住　宅	Residential Buildings	-39.7	6.4
道　路	Roadway		
桥　梁	Bridge		
设　备	Equipment	-47.9	-4.3
水　利	Conservancy	-38.4	10.1
其　他	Others	-65.0	123.7
三、本年施工房屋面积	Floor Space of Buildings Under Construction This Year	-26.4	2.3
#住　宅	Residential Buildings	-29.0	4.0
#当年新开工	Newly Started in The Current Year	-43.8	13.1
四、本年竣工房屋面积	Floor Space of Buildings Completed This Year	-39.5	12.8
#住　宅	Residential Buildings	-47.6	20.3
五、本年竣工房屋投资额	Investment in Buildings Completed This Year	-51.0	18.7
#住　宅	Residential Buildings	-52.7	21.9

主要统计指标解释

全社会固定资产投资 是以货币形式表现的在一定时期内全社会建造和购置固定资产的工作量以及与此有关的费用的总称。该指标是反映固定资产投资规模、结构和发展速度的综合性指标，又是观察工程进度和考核投资效果的重要依据。全社会固定资产投资按登记注册类型可分为国有、集体、联营、股份制、私营和个体、港澳台商、外商、其他等。

固定资产投资（不含农户） 指城镇和农村各种登记注册类型的企业、事业、行政单位及城镇个体户进行的计划总投资500万元及以上的建设项目投资和房地产开发投资，包含原口径的城镇固定资产投资加上农村企事业组织项目投资，该口径自2011年起开始使用。

实际到位资金 指用于固定资产投资的各类货币资金。包括国家预算资金、国内贷款、利用外资、自筹资金和其他资金。

(1) 国家预算资金 国家预算包括一般预算、政府性基金预算、国有资本经营预算和社保基金预算。各类预算中用于固定资产投资的资金全部作为国家预算资金填报，其中一般预算中用于固定资产投资的部分包括基建投资、车购税、灾后恢复重建基金和其他财政投资。各级政府债券也应归入国家预算资金。

(2) 国内贷款 指报告期固定资产项目投资单位向银行及非银行金融机构借入用于固定资产投资的各种国内借款，包括银行利用自有资金及吸收存款发放的贷款、上级主管部门拨入的国内贷款、国家专项贷款（包括煤代油贷款、劳改煤矿专项贷款等），地方财政专项资金安排的贷款、国内储备贷款、周转贷款等。

(3) 利用外资 指报告期收到的境外（包括外国及港澳台地区）资金（包括设备、材料、技术在内）。包括对外借款（外国政府贷款、国际金融组织贷款、出口信贷、外国银行商业贷款、对外发行债券和股票）、外商直接投资、外商其他投资（包括利用外商投资收益在国内进行固定资产再投资活动的资金）。不包括我国自有外汇资金（国家外汇、地方外汇、留成外汇、调剂外汇和国内银行自有资金发放的外汇贷款等）。各类外资按报告期末的外汇牌价（中间价）折成人民币计算。

(4) 自筹资金 指在报告期内筹集的用于项目建设和购置的资金。包括自有资金、股东投入资金和借入资金，但不包括各类财政性资金、从各类金融机构借入资金和国外资金。

(5) 其他资金 指在报告期收到的除以上各种资金之外的用于固定资产投资的资金，包括社会集资、个人资金、无偿捐赠的资金及其他单位拨入的资金等。

固定资产投资按国民经济行业分 指根据其从事的社会经济活动性质对各类单位进行的分类。应根据建设项目建成投产后的主要产品种类或主要用途及社会经济活动种类来划分，不能根据项目单位本身的行业类别来划分。如果项目投产后有几种产品，应根据主要产品来确定行业类别。一般情况下，一个建设项目只能属于一种国民经济行业。

固定资产投资按隶属关系分 是按建设单位或企业、事业、行政单位的主管上级机关确定的。

(1) 中央 是指中共中央、人大常委会和国务院各部、委、局、总公司以及直属机构直接领导的建设项目和企业、事业、行政单位。这些单位的固定资产投资计划由国务院各部门直接编制和下达，统一组织或委托下级实施。包括有中央垂直管理的部门（如国家统计局各级调查队）和中央直属企业、事业单位（如工商银行、中国电信、中国石油）等。

(2) 地方 是由省（自治区、直辖市）、地（区、市、州、盟）、县（区、市、旗）三级政府及业务主管部门直接领导和管理的建设项目、企业、事业、行政单位。地方项目还包括不隶属以上各级政府及主管部门的建设项目和企业、事业单位，如外商投资企业和无主管部门的企业等。

固定资产投资按建设性质分 按整个建设项目情况来确定。建设项目的性质一般分为新建、扩建、改建和技术改造、单纯建造生活设施、迁建、恢复、单纯购置。农户投资不划分建设性质。

(1) 新建 指从无到有“平地起家”开始建设的项目。现有企业、事业、行政单位投资的项目一般不属于新建。但如有的单位原有基础很小，经过建设后新增的固定资产价值超过该企业、事业、行政单位原有固定资产价值（原值）三倍以上的，也应作为新建。

(2) 扩建　指在厂内或其他地点，为扩大原有产品的生产能力（或效益）或增加新的产品生产能力，而增建的生产车间（或主要工程）、分厂、独立的生产线的企业、事业单位。行政、事业单位在原单位增建业务性用房（如学校增建教学用房、医院增建门诊部、病房等）也作为扩建。

现有企、事业单位为扩大原有主要产品生产能力或增加新的产品生产能力，增建一个或几个主要生产车间（或主要工程）、分厂，同时进行一些更新改造工程的，也应作为扩建。

(3) 改建和技术改造　指现有企业、事业单位对原有设施进行技术改造或更新（包括相应配套的辅助性生产、生活福利设施）的建设项目。改建项目包括现有企业、事业单位为适应市场变化的需要，而改变企业的主要产品种类（如军工企业转民产品等）的建设项目，原有产品生产作业线由于各工序（车间）之间能力不平衡，为填平补齐充分发挥原有生产能力而增建不增加本企业主要产品设计能力的车间的建设项目。技术改造是指企业、事业单位在现有基础上，用先进的技术代替落后的技术，用先进的工艺和装备代替落后的工艺和装备，以改变企业落后的技术经济面貌，实现以内涵为主的扩大再生产，达到提高产品质量、促进产品更新换代、节约能源、降低消耗、扩大生产规模、全面提高社会经济效益的目的。技术改造具体包括以下内容：机器设备和工具的更新改造；生产工艺改革、节约能源和原材料的改造；厂房建筑和公共设施的改造；保护环境进行的“三废”治理改造；劳动条件和生产环境的改造等。

固定资产投资按构成分

(1) 建筑工程　指各种房屋、建筑物的建造工程。这部分投资额必须兴工动料，通过施工活动才能实现，是固定资产投资额的重要组成部分。

(2) 安装工程　指各种设备、装置的安装工程。

在安装工程中，不包括被安装设备本身价值。

(3) 设备工具器具购置　指报告期内购置或自制的，达到固定资产标准的设备、工具、器具的价值。新建单位及扩建单位的新建车间，按照设计或计划要求购置或自制的全部设备、工具、器具，不论是否达到固定资产标准均计入“设备工具器具购置”中。

(4) 其他费用　指在固定资产建造和购置过程中发生的，除建筑安装工程和设备、工器具购置投资完成额以外的应当分摊计入固定资产投资的费用，不指经营中财务上的其他费用。

施工项目个数　是指本年正式进行过建筑或安装施工活动的建设项目个数。包括本年新开工项目，以前年度开工跨入本年继续施工项目，本年全部建成投产项目、以前年度全部停缓建在本年恢复施工的项目，本年进行过施工又在本年内全部停缓建的项目。施工项目个数可以反映一定时期固定资产投资的实际规模，与同期全部建成投产项目个数相比，可以从建设速度的角度反映固定资产投资的效果。

本年投产项目个数　指报告期内按设计文件规定建成主体工程和相应配套的辅助设施，形成生产能力或工程效益，经过验收合格，并且已正式投入生产或交付使用的建设项目。

Explanatory Notes on Main Statistical Indicators

Total Investment in Fixed Assets in the Whole Society refers to the volume of activities in construction and purchases of fixed assets of the whole society and related fees, expressed in monetary terms during the reference period. It is a comprehensive indicator which shows the size, structure and growth of the investment in fixed assets, providing a basis for observing the progress of construction projects and evaluating results of investment. Total investment in fixed assets in the whole society includes, by type of ownership, the investment by state-owned units, collective-owned units, joint ownership units, share-holding units, private units, individuals as well as investments by entrepreneurs from Hong Kong, Macao and Taiwan, foreign investors and others.

Investment in Fixed Assets (Excluding Rural Households) refers to the investment in construction projects with a total planned investment of 5 million yuan and over by enterprises of various ownerships, institutions, administrative units and urban self-employed individuals, and the investment in real estate development in both urban and rural areas. Since 2011, it covers the urban investment in fixed assets under the previous statistical coverage plus project investments by rural enterprises and institutions.

Actual Funds in Place refer to all kinds of monetary funds used for fixed assets investment. It includes funds from the State budget, domestic loans, foreign investment, self-raised funds, and others.

(1) Fund from the State budget: State budget consists of general budget, government fund budget, operation budget of state-owned assets and social security fund budget. Funds for investment in fixed assets from various budgets are reported as fund from the state budget, of which, the general budget utilized on fixed assets investment includes investment on infrastructure construction, vehicle purchase tax, post-disaster restoration and reconstruction funds and other financial investment. Government bonds at all levels should also be included.

(2) Domestic loans refer to loans of various forms borrowed by investing units from banks and non-bank financial institutions during the reference period for the purpose of investment in fixed assets, including loans issued by banks from their self-owned funds and deposit, loans appropriated by higher responsible authorities, special loans by government (including loan for substituting petroleum with coal, special loans for reform-through-labour coal mines), loans arranged by local government from special funds, domestic reserve loan, and revolving loan, etc.

(3) Foreign investment refers to overseas (including foreign countries, Hong Kong, Macao and Taiwan) funds received during the reference period (covering equipment, materials and technology), including foreign borrowings (loans from foreign governments and international financial institutions, export credit, commercial loans from foreign banks, issue of bonds and stocks overseas), foreign direct investment and other foreign investments (including funds from foreign direct investment income that are reinvested in fixed assets domestically). Excluded from this category is capital in foreign exchanges owned by China (foreign exchanges owned by the central and local governments, foreign exchanges retained by enterprises, foreign exchanges by enterprises through the regulating mechanism, loans in foreign exchanges issued by the Bank of China with its own fund, etc.). In calculating the utilization of foreign capital, foreign currencies are converted into Chinese RMB applying the exchange rate (central parity rate) at the end of the reference period.

(4) Self-raised funds refer to raising funds for projects construction and purchasing during the reference period, including own funds, funds from shareholders and borrowing funds other than financial funds, funds borrowed from financial institutions and overseas funds.

(5) Others refer to funds for investment in fixed assets received from sources other than those listed above, including funds raised from individuals and through donations, and funds transferred from other units.

Investment in Fixed Assets by Sector refers to the classification of investment by the nature of social economic activities the investing units are engaged in. The classification of construction projects by sector is determined by the major products or the purpose of the projects when they are put into production or use, and by the nature of their social economic activities, instead of being determined by industrial classification of the project enterprises. The project will be classified according to major product if there are several kinds of products yielded. In general, one project can only be classified into one sector.

Investment in Fixed Assets by Jurisdiction of Management refers to the classification of investment by the competent authorities under which investment is made by construction units, enterprises, institutions or administrative units.

(1) Central investment refers to the investment in projects or by enterprises, institutions or administrative units which are under the direct leadership and management of the State Council and of the national commissions, ministries, agencies and State-owned large corporations. Various ministries and departments of the State Council prepare and implement plans through unified organization or lower-level commissions, which include departments direct under central government (i.e. survey offices at all level of the National Bureau of Statistics) and enterprises and institutions directly under central government (like the Industrial and Commercial Bank of

China, China Telecom and China National Petroleum Corporation).

(2) Local investment refers to the investment in projects or by enterprises, institutions or administrative units which are under the direct leadership and management of competent departments and governments at the level of province (autonomous regions and municipalities directly under the Central Government), prefecture （prefectures, cities and leagues） and county (districts, cities and banners). Also included are projects by foreign-invested enterprises and enterprises without competent managing authorities.

Investment in Fixed Assets by Type of Construction Construction projects in general can be classified, by the type of construction, into new construction, expansion, reconstruction and technical transformation, purely construction of living facilities, moving, restoration and purely purchasing. However, investment by type of construction is not applied to investment by rural households.

(1) New construction in general refers to construction projects, which start from scratch. The existing projects invested by enterprises, institutions and administrative agencies cannot be classified as new construction. In case the size of the existing unit is quite small, and the value of newly added fixed assets is more than three times of the original value, the expansion will be considered as new construction.

(2) Expansion refers to construction of new production workshop, branch factory or independent production line within a factory or in other locations, for the purpose of increasing the production capacity (or improving efficiency) or adding new production capacity by enterprises and institutions. Newly constructed accommodation for the operation of institutions and administrative organizations (such as newly constructed buildings for teaching in schools, buildings for clinics or wards in hospitals, etc.) are also classified as expansion.

Also included in expansion are investments by existing enterprises or institutions in building major production lines or branch factories along with some work on innovation, for the purpose of expanding the production capacity of original products or producing new products.

(3) Reconstruction and technical transformation refers to construction projects by existing enterprises or institutions in innovation or technical transformation of the old facilities (including auxiliary production equipment and welfare facilities). Also considered as reconstruction is the construction of new workshops by the existing enterprises or institutions to change the variety of products to meet the market demand (such as the production of civil products by defence industries), or to bring the designed production capacity into full play through a more balanced production process on production lines. Technical transformation refers to replacement of old technology or equipment by new technology or equipment, in order to expand the reproduction through improvement of technology contents in production, to improve product quality, to promote new products, to save energy, to reduce consumption, to expand the production scale and to improve overall social-economic efficiency. Contents of technical transformation include: updating of machinery, equipment and tools; reforming production process by using energy or materials saving technology; construction of factory workshops and transformation of public facilities; treatment transformation of "three wastes" (waste gas, waste water and industrial residue) aiming at environmental protection; improvement of working conditions and environment, etc.

Investment in Fixed Assets by Composition

(1) Construction refers to the construction of houses and buildings. This part of investment can only be achieved through construction activities, it is the major component of the total investment in fixed assets.

(2) Installation refers to the installation of various kinds of equipment and instruments.

The value of equipment installed itself is not included in the value of installation projects.

(3) Purchase of equipment and instruments refers to the total value of equipment, tools, and instruments purchased or self-produced which come up to the cut-off point for fixed assets during the reference period. Equipment, tools and instruments purchased or self-produced for new workshops by newly established or expanded units are categorized as "purchase of equipment and instruments" no matter whether they come up to the cut-off point for fixed assets.

(4) Other expenses refer to expenses arising during the construction or purchase of fixed assets other than those expenses on construction, installation and purchase of equipment and instruments. Other financial expenses arising in operation are not included.

Number of Projects under Construction refers to number of all projects with actual construction or installation activities in current year, including newly started projects, projects started previously and extended into the current year, projects completed and put into operation in current year, projects suspended previously and resumed in current year, and projects started this year but suspended or postponed in current year. The number of projects under construction can reflect the actual size of investment in fixed assets during a given period, and when compared with the number of projects completed and put into use during the same period, it demonstrates the results of investment in fixed assets from the angle of the speed of the construction.

Number of Projects Put into Use This Year refer to projects have completed the main construction and correspondent auxiliary facilities in accordance with the design documents, resulting in forming production capacity (efficiency) and have been checked and accepted after relevant tests, and have been formally delivered for use.

FOREIGN TRADE AND ECONOMIC COOPERATION

8 对外经济贸易

资料整理人员

王玉凤

FOREIGN TRADE AND ECONOMIC COOPERATION 对外经济贸易

进出口总额	Total Value of Imports and Exports	345.1	亿美元 (USD 100 million)
出口总额	Total Value of Exports	211.4	亿美元 (USD 100 million)
进口总额	Total Value of Imports	133.7	亿美元 (USD 100 million)
实际利用外资额	Actual Utilization of Foreign Capital	22.9	亿美元 (USD 100 million)

进出口总额（亿美元）

Total Value of Imports and Exports (USD 100 million)

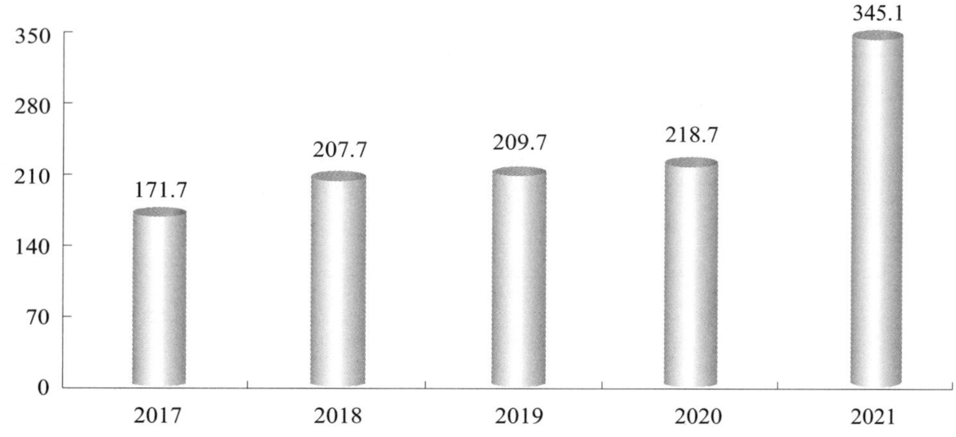

外商直接投资额（亿美元）

Foreign Direct Investment (USD 100 million)

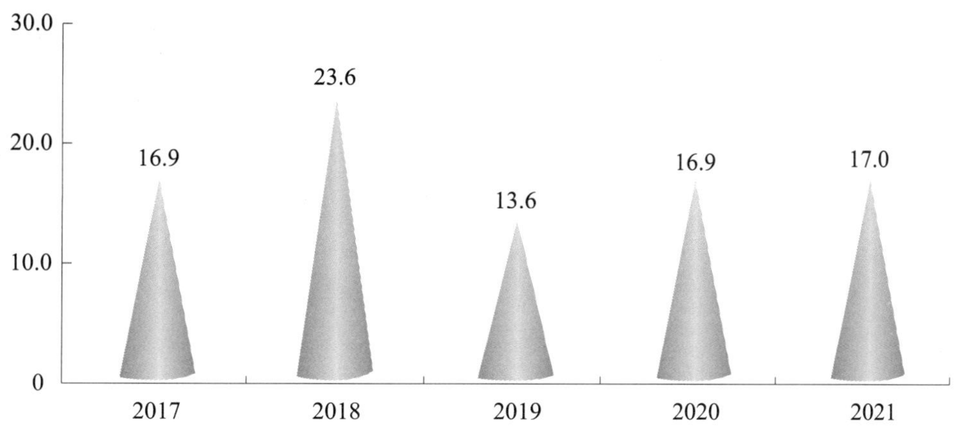

8-1 主要年份进出口贸易总额

TOTAL VALUE OF IMPORTS AND EXPORTS IN MAJOR YEARS

单位：万美元 (USD 10 000)

年份 Year	进出口总额 Total	出口总额 Exports	进口总额 Imports
1990	35000	26300	8700
1995	140769	114367	26402
2000	176438	123687	52751
2005	554597	352871	201726
2010	1257839	470930	786909
2011	1475981	542823	933158
2012	1504325	701620	802705
2013	1579785	799649	780136
2014	1624852	894222	730631
2015	1471541	842091	629449
2016	1664428	993219	671210
2017	1717225	1019681	697544
2018	2077473	1226981	850491
2019	2096651	1169074	927577
2020	2186584	1273053	913530
2021	3451219	2113758	1337461

8-2 进出口贸易总额(2021年)

TOTAL VALUE OF IMPORTS AND EXPORTS(2021)

单位：万元 (10 000 yuan)

项目	Item	进出口总额 Total	出口总额 Exports	进口总额 Imports
总额	**Total**	**22302543**	**13659345**	**8643198**
一、按企业性质分	**Grouped by Ownership**			
国有企业	State-Owned Enterprises	3769842	1292382	2477460
外商投资企业	Foreign Funded Enterprises	10624942	8355884	2269058
合作企业	Sino-Foreign Cooperative Operation Enterprises	20	20	
合资企业	Sino-Foreign Joint Ventures Enterprises	10522642	8284504	2238138
独资企业	Solely Foreign-Funded Enterprises	102279	71360	30920
民营企业	Non-State-Owned Enterprises	7894506	4000258	3894248
集体企业	Collective-owned Enterprises	269750	18976	250774
私人企业	Private-owned Enterprises	7613709	3970235	3643474
个体工商户	Self-employed Business	11046	11046	
其他	Others	13254	10821	2433
二、按贸易方式分	**Grouped by The Mode of Trade**			
一般贸易	Original Trade	7413005	3795961	3617043
国家间、国际组织无偿援助和赠送的物资	Aid and Donation between Countries and from International	2582	2582	
华侨、港澳台同胞、外籍华人捐赠物资	Donation of Overseas Chinese, Compatriots in Hong Kong, Macao and Taiwan and Chinese with Foreign Citizenship			
加工贸易	Processing Trade	12790755	8951001	3839753
来料加工装配贸易	Processing and Assembly Trade for Income Material	381646	186586	195060
进料加工贸易	Processing Trade for Imported Material	12409109	8764416	3644693
加工贸易进口设备	Processing Trade for Imported Equipment	4668		4668
对外承包工程出口货物	Exported Goods on Contracted Projects	205798	205798	
租赁贸易	Leasing Trade			
外商投资企业作为投资进口的设备、物品	Equipments and Goods Imported as Foreign Investment	1614		1614
保税仓库进出境货物	Goods of Bonded Warehouse	407576	100901	306675
保税区进出境仓储或转口货物	Storage and Transit Goods of Bonded Area	1459606	591886	867720
出口加工区进口设备物品	Imported Equipment and Goods in Export Processing Zone	2417		2417
其他	Others	14522	11214	3308

8-3 进出口主要商品分类总额(2021年)
TOTAL VALUE OF IMPORTS AND EXPORTS BY CATEGORY OF MAIN COMMODITIES(2021)

单位：万元 (10 000 yuan)

项　目	Item	出口总额 Exports	进口总额 Imports
合　计	**Total**	**13659345**	**8643198**
1.活动物;动物产品	Live Animals; Animal Products	4536	31042
2.植物产品	Vegetables Products	80263	39202
3.动,植物油,脂,蜡及其分解产品	Animal or Vegetable Oils, Fats and Waxes and their Cleavage Products	59	15778
4.食品,饮料,酒及醋;烟草及制品	Foods, Beverages, Liquor and Vinegar; Tobacco and Its Products	32248	3393
5.矿产品	Mineral Products	157397	2046973
6.化学工业及其相关工业的产品	Chemicals and Related Products	649242	37986
7.塑料及其制品;橡胶及其制品	Plastics and Related Products; Rubber and Related Products	251177	53182
8.生皮,皮革,毛皮及其制品	Raw Hides, Leather, Furs and Related Products	20426	71
9.木及木制品;其他编结材料制品	Wood and Wooden Products; Plaited Products of Other Materials	5137	3980
10.纸浆;纸,纸板及其制品	Paper Pulp; Paper, Paperboard and Their Products	21483	5393
11.纺织原料及纺织制品	Textile Materials and Products	108960	5658
12.鞋帽伞杖鞭;羽毛制品;人造花	Footwear, Headgear, Umbrellas, Canes, Whips; Feather Products; Artificial Flowers	27803	119
13.石料及其制品;陶瓷玻璃及制品	Building Stone and Its Products; Ceramics, Glass and Glassware	179666	3789
14.珍珠,宝石,贵金属;仿首饰;硬币	Pearls, Precious Stones, Precious Metals; Imitation Jewelery; Coins	3557	55
15.贱金属及其制品	Base Metals and Related Products	1167411	1128390
16.机器,电子产品,电气设备及零件	Machinery, Electronic Products, Electric Equipment and Accessoris	10323811	4817832
17.车辆,航空器,船舶及运输设备	Vehicles, Aircraft, Vessels and Trasportation Equipment	165048	46845
18.光学,检测,医疗设备;钟表,乐器	Optical, Testing, Medical Apparatus, Clocks and Watches, Musical Instruments	135169	380807
19.杂项制品	Miscellaneous Products	314518	20219
20.艺术品,收藏品及古物	Works of Art, Collectors' Pieces and Antiques	433	1
21.特殊交易品及未分类商品	Special Trading Goods and Non-classified Goods	10999	2482

8-4 分国别(地区)进出口贸易总额(2021年)
TOTAL VALUE OF IMPORTS AND EXPORTS BY COUNTRY(REGION)(2021)

单位：万元 (10 000 yuan)

国 别 (地区)	Country (Region)	进出口总额 Total	出口总额 Exports	进口总额 Imports
总 计	**Total**	**22302543**	**13659345**	**8643198**
亚 洲	**Asia**	**10980450**	**5343416**	**5637034**
#韩 国	Republic of Korea	773058	265336	507721
日 本	Japan	2426748	1012296	1414453
印 度	India	547442	379434	168008
哈萨克斯坦	Kazakhstan	51164	18453	32711
印度尼西亚	Indonesia	373756	107159	266596
中国香港	Hong Kong, China	1473158	1473085	73
中国台湾	Taiwan, China	1780686	181193	1599493
新加坡	Singapore	481483	373575	107908
土耳其	Turkey	347314	338639	8675
马来西亚	Malaysia	273975	186667	87308
泰 国	Thailand	301233	282465	18768
越 南	Vietnam	841215	278071	563143
非 洲	**Africa**	**496737**	**138990**	**357747**
#南 非	South Africa	285547	45730	239817
欧 洲	**Europe**	**3421441**	**2828078**	**593363**
#荷 兰	Netherlands	916960	913090	3870
德 国	Germany	492927	374799	118128
意大利	Italy	221307	165768	55539
俄罗斯联邦	Russia	533823	491432	42390
英 国	United Kingdom	436421	429118	7303
捷 克	Czech Republic	162098	157864	4234
拉丁美洲	**Latin America**	**1492577**	**700138**	**792439**
#巴 西	Brazil	425269	274101	151169
墨西哥	Mexico	337047	190936	146111
智 利	Chile	340240	112367	227873
哥伦比亚	Colombia	129339	43208	86131
北美洲	**North America**	**4550661**	**4342651**	**208010**
#加拿大	Canada	505702	344423	161279
美 国	United States	4044958	3998228	46730
大洋洲	**Oceania**	**1358232**	**306072**	**1052161**
#澳大利亚	Australia	1158977	295446	863531
新喀里多尼亚	New Caledonia	179190	1	179189
东盟组织	**ASEAN**	**2501423**	**1283278**	**1218145**
欧盟组织(除英国)	**EU**	**2141192**	**1871027**	**270165**
一带一路	**B&R**	**4956861**	**3166161**	**1790699**

8-5 实际利用外资额

ACTURAL UTILIZATION OF FOREIGN CAPITAL

单位：万美元 (USD 10 000)

项　目	Item	2015	2020	2021
总　计	**Total**	**325840**	**251403**	**228977**
一、对外借款	**Foreign Loans**	**38855**	**82345**	**58836**
外国政府贷款	Government Loans	4637	1561	4450
国际金融组织贷款	Loans form International Financial Organizations	5918	3030	2790
一般商业贷款	General Commercial Loans	28300	77754	51596
买方信贷	Buyer Credit			
二、外商直接投资	**Foreign Direct Investments**	**286985**	**169058**	**170141**
独资企业	Solely Foreign-Funded Enterprises	96802	57502	66898
合资企业	Joint Ventures Enterprises	164537	71587	90863
合作企业	Cooperative Operation Enterprises	25646	39969	12380

注：2011年起，实际利用外资额为全口径，后同。
Note：The coverage of actural utilization of foreign capital has changed to whole society since 2011.The same applies to the following.

8-6 主要年份实际利用外资额

ACTURAL UTILIZATION OF FOREIGN CAPITAL IN MAJOR YEARS

单位：万美元 (USD 10 000)

年 份 Year	利用外资总额 Total	对外借款 Foreign Loans	外商直接投资 Foreign Direct Investments	外商其他投资 Other Foreign Investments
1985	176	55	43	78
1990	3763	3006	340	417
1995	16085	7662	6383	2040
2000	63188	40716	22472	
2005	106369	78853	27516	
2006	132438	85239	47199	
2007	191471	57188	134283	
2008	172174	69892	102282	
2009	82646	33331	49315	
2010	116512	45091	71421	
2011	249530	42252	207278	
2012	276711	26332	250379	
2013	299096	18429	280667	
2014	335672	40486	295186	
2015	325840	38855	286985	
2016	343355	110113	233242	
2017	267653	98604	169049	
2018	359037	122866	236171	
2019	228460	92556	135904	
2020	251403	82345	169058	
2021	228977	58836	170141	

8-7 主要年份合同利用外资金额(外商直接投资)

CONTRACT UTILIZATION OF FOREIGN CAPITAL IN MAJOR YEARS(DIRECT INVESTMENT)

年 份 Year	项目投资总额 Total Value of Project Investment	合同利用外资情况 Contract Utilization of Foreign Capital	独资企业 Solely Foreign -funded Enterprises	合资企业 Joint Venture Enterprises	合作企业 Cooperative Operation Enterprises	外商投资股份制 Foreign-funded Joint-stock
一、新批项目(企业)(个) New Projects and Enterprises (unit)						
1985		4		4		
1990		26		24	2	
1995		178	26	138	14	
2000		71	11	48	12	
2005		85	28	35	21	
2006		150	51	71	28	
2007		152	39	98	15	
2008		77	25	37	15	
2009		58	20	25	13	
2010		52	15	28	6	3
2011		62	35	21	6	
2012		39	12	18	7	2
2013		48	24	23	1	
2014		50	22	26	2	
2015		36	20	13	3	
2016		30	14	15	1	
2017		48	14	23	9	2
2018		47	21	21	4	1
2019		72	31	38	1	2
2020		114	60	50	2	2
2021		143	49	91	1	2
二、合同金额(万美元) Contracted Value (USD10 000)						
1985	201	53		53		
1990	2160	1194		458	736	
1995	40058	23133	3206	17223	2704	
2000	44409	26174	732	15028	10414	
2005	244292	110208	30712	35877	43619	
2006	338880	134207	53339	37109	43759	
2007	834379	247174	50496	175153	21525	
2008	171644	107758	48949	30175	28634	
2009	109438	66893	22326	22548	22019	
2010	132039	100301	32528	56198	7436	4139
2011	291687	155636	50325	7157	11539	86615
2012	144834	35605	6734	24009	4574	288
2013	286998	96152	27089	64083	4980	
2014	262216	96785	67251	23791	5743	
2015	184554	98210	59577	21471	16450	712
2016	228154	83030	29899	28141	24990	
2017	957424	223636	129946	16951	73692	3047
2018	1127069	411258	241714	55983	32094	81467
2019	1097411	244613	63501	50183	122261	8668
2020	276392	153431	87571	61627	23	4210
2021	1253175	130784	70680	36778	-670	23996

8-8 按行业分利用外商直接投资额(2021年)
UTILIZATION OF FOREIGN DIRECT INVESTMENT CAPITAL BY SECTOR(2021)

单位：万美元 (USD 10 000)

行业	Item	新批项目(企业)(个) New Projects & Enterprises (unit)	合同金额 Contract Value	实际使用金额 Actual Value
总计	**Total**	**143**	**130784**	**170141**
农、林、牧、渔业	Farming, Forestry, Animal Husbandry and Fishery	6	191	622
采矿业	Mining	1	47	14617
制造业	Manufacturing	18	6213	90957
电力、热力、燃气及水生产和供应业	Production and Supply of Electricity, Heat, Gas and Water	11	11681	45877
建筑业	Construction	2	1471	10
批发和零售业	Wholesale and Retail Trade	29	21231	1654
交通运输、仓储和邮政业	Transportation, Storage and Post	6	25599	1831
住宿和餐饮业	Hotels and Catering Services	3		
信息传输、软件和信息技术服务业	Information Transmission, Software and Information Technology Services	13	22648	11203
金融业	Financial Industry	1		
房地产业	Real Estate Trade	2	-1800	
租赁和商务服务业	Lease and Business Affairs Services	22	36679	16
科学研究和技术服务业	Scientific Reseach and Technical Services	21	6438	2495
水利、环境和公共设施管理业	Management of Water Conservancy, Environment and Public Facilities	3	309	860
居民服务、修理和其他服务业	Resident Services, Repair and Other Services	1		
教育	Education	1	77	
卫生和社会工作	Health Care and Social Work	1		
文化、体育和娱乐业	Culture, Sports and Recreation	2		

8-9 按国别(地区)分利用外商直接投资额(2021年)
UTILIZATION OF FOREIGN DIRECT INVESTMENT CAPITAL BY COUNTRY(REGION)(2021)

单位：万美元 (USD 10 000)

国别(地区)	Country (Region)	新批项目(企业)(个) New Projects and Enterprises (unit)	合同金额 Contract Value	实际使用金额 Actual Value
合计	**Total**	**143**	**130784**	**170141**
#中国香港	Hong Kong, China	33	112629	76947
新加坡	Singapore	3	1732	11626
韩国	Republic of Korea	2	-38	10
日本	Japan	1	251	
中国台湾	Taiwan, China	18	4745	2211
泰国	Thailand	1	61	
塞舌尔	Seychelles			480
英国	United Kingdom			16
德国	Germany			176
意大利	Italy			
英属维尔京群岛	British Virgin Is.		-7761	11406
加拿大	Canada		464	340
美国	United States	4	7465	10877
澳大利亚	Australia			1143
荷兰	Netherlands			
法国	France	1	9	
投资性公司投资	Investment Companies	9	9928	44179

8-10 主要年份对外承包工程和劳务合作

CONTRACTED PROJECTS AND LABOR COOPERATION WITH FOREIGN COUNTRIES OR REGIONS IN MAJOR YEARS

年 份 Year	新签合同份数 (个) Number of New Contracts (unit)	新签合同额 (万美元) New Contracted Value (USD 10 000)	完成营业额 (万美元) Value of Business (USD 10 000)	派出人数 (人) Persons Posted Abroad (person)	年末在外人数 (人) Persons Abroad at Year-end (person)
1985	1	101	132		
1990	12	186	118		73
1995	43	1537	728		574
2000	50	5563	3892		1518
2005	55	22187	20200	1195	2263
2010	8	48179	72228	1224	6147
2011	71	42187	70018	2447	5934
2012	42	64018	44927	3264	3513
2013	20	23599	76505	1816	4073
2014	14	34586	73542	1511	4232
2015	26	34875	73754	1595	5010
2016	20	22266	68641	2441	7587
2017	18	104648	71249	2066	5202
2018	34	101763	140296	4651	8322
2019	17	142877	142928	2714	3549
2020	45	285134	128040	2256	4382
2021	73	292186	159885	2349	4804

8-11 开发区综合发展情况

KEY STATISTICS ON DEVELOPMENT ZONES

单位：亿元 (100 million yuan)

指 标	Item	2020	2021
当年进出口总额	Total Value of Imports and Exports	1267.0	1760.1
出口总额	Total Value of Exports	774.1	1153.8
进口总额	Total Value of Imports	492.9	606.3
当年税收收入	Tax Revenue	596.6	882.9
实际到位外资金额	Paid-in Foreign Funds	65.9	73.5
实际到位境内省外资金额	Paid-in Funds from Other Provinces	1405.5	671.5
全区从业人员 (万人)	Employees (10 000 persons)	138.8	152.7
“四上”企业营业收入	Major Business Revenue of 4 Types of Enterprises above Designated Size	13473.2	21265.7

8-12 各开发区综合发展情况(2021年)
KEY STATISTICS ON DEVELOPMENT ZONES(2021)

单位：亿元 (100 million yuan)

开 发 区	Development Zone	“四上”企业营业收入 Major Business Revenue of 4 Types of Enterprises above Designated Size	税收收入 Tax Revenue	进出口总额 Total Value of Imports and Exports
总　计	**Total**	**21265.7**	**882.9**	**1760.1**
山西转型综改示范区(太原区)	Shanxi Transformation and Comprehensive Reform Demonstration Zone (Taiyuan)	5374.8	136.7	1492.9
清徐经济开发区	Qingxu Economic Development Zone	854.2	14.0	0.8
太原中北高新技术产业开发区	Taiyuan Zhongbei Hi-Tech Industrial Development Zone	383.7	9.1	1.6
阳曲现代农业产业示范区	Yangqu Modern Agricultural Industry Demonstration Zone		0.2	
太原西山生态文化旅游示范区	Taiyuan Xishan Eco-Cultural Tourism Demonstration Zone			
大同经济技术开发区	Datong Eco-Tech Development Zone	288.9	14.3	60.3
左云经济技术开发区	Zuoyun Eco-Tech Development Zone	5.8		
新荣经济技术开发区	Xinrong Eco-Tech Development Zone	68.6	0.6	0.9
云冈经济技术开发区	Yungang Eco-Tech Development Zone	109.2	0.7	0.2
平城现代农业产业示范区	Pingcheng Modern Agricultural Industry Demonstration Zone			
广灵经济技术开发区	Guangling Eco-Tech Development Zone	30.7	2.4	
朔州经济开发区	Shuozhou Economic Development Zone	289.2	82.1	0.7
右玉生态文化旅游示范区	Youyu Eco-Cultural Tourism Demonstration Zone			0.3
怀仁经济技术开发区	Huairen Eco-Tech Development Zone	129.8	1.3	0.5
平鲁经济技术开发区	Pinglu Eco-Tech Development Zone	72.7	4.1	0.4
应县经济技术开发区	Yingxian Eco-Tech Development Zone	11.2	0.2	0.1
山阴经济技术开发区	Shanyin Eco-Tech Development Zone	171.2	5.1	
忻州经济开发区	Xinzhou Economic Development Zone	309.3	18.6	2.2
原平经济技术开发区	Yuanping Eco-Tech Development Zone	142.6	4.3	0.2
繁峙经济技术开发区	Fanshi Eco-Tech Development Zone	90.7	4.5	0.8
静乐现代农业产业示范区	Jingle Modern Agricultural Industry Demonstration Zone		0.6	
定襄经济技术开发区	Dingxiang Eco-Tech Development Zone	63.0	2.1	6.6
岢岚经济技术开发区	Kelan Eco-Tech Development Zone	104.8	1.7	
神池现代农业产业示范区	Shenchi Modern Agricultural Industry Demonstration Zone		0.1	
五台现代农业产业示范区	Wutai Modern Agricultural Industry Demonstration Zone		0.1	
阳泉高新技术产业开发区	Yangquan High-Tech Industrial Development Zone	471.7	7.1	7.4
平定经济技术开发区	Pingding Eco-Tech Development Zone	80.8	2.8	1.6
盂县经济技术开发区	Yuxian Eco-Tech Development Zone	32.1	1.6	0.6

8-12 续表1 continued

单位：亿元 (100 million yuan)

开发区	Development Zone	"四上"企业营业收入 Major Business Revenue of 4 Types of Enterprises above Designated Size	税收收入 Tax Revenue	进出口总额 Total Value of Imports and Exports
吕梁经济技术开发区	Lvliang Eco-Tech Development Zone	90.3	7.9	
孝义经济开发区	Xiaoyi Economic Development Zone	844.6	35.5	2.2
文水经济开发区	Wenshui Economic Development Zone	163.4	3.6	5.6
交城经济开发区	Jiaocheng Economic Development Zone	329.7	11.6	15.4
汾阳杏花村经济技术开发区	Fenyang Xinghuacun Eco-Tech Development Zone	339.8	85.6	1.1
兴县经济技术开发区	Xingxian Eco-Tech Development Zone	356.3	47.0	
岚县经济技术开发区	Lanxian Eco-Tech Development Zone	114.9	15.2	
交口经济技术开发区	Jiaokou Eco-Tech Development Zone	34.6	1.0	
方山生态文化旅游示范区	Fangshan Eco-Cultural Tourism Demonstration Zone			
山西转型综改示范区（晋中区）	Shanxi Transformation and Comprehensive Reform Demonstration Zone (Jinzhong)	620.6	24.3	19.6
祁县经济开发区	Qixian Economic Development Zone	66.5	2.7	0.2
介休经济技术开发区	Jiexiu Eco-Tech Development Zone	586.3	20.5	1.2
太谷经济技术开发区	Taigu Eco-Tech Development Zone	41.0	1.4	2.2
左权生态文化旅游示范区	Zuoquan Eco-Cultural Tourism Demonstration Zone		0.8	
晋中农业高新技术产业示范区	Jinzhong Agricultural High-Tech Industry Demonstration Zone		2.5	0.1
灵石经济技术开发区	Lingshi Eco-Tech Development Zone	361.8	18.1	0.3
榆社经济技术开发区	Yushe Eco-Tech Development Zone	65.4	1.7	
平遥经济技术开发区	Pingyao Eco-Tech Development Zone	49.5	1.2	1.5
寿阳经济技术开发区	Shouyang Eco-Tech Development Zone	54.8	1.4	
和顺经济技术开发区	Heshun Eco-Tech Development Zone	18.7		0.1
长治高新技术产业开发区	Changzhi High-Tech Industrial Development Zone	417.2	35.2	5.2
壶关经济开发区	Huguan Economic Development Zone	198.1	2.9	0.9
襄垣经济技术开发区	Xiangyuan Eco-Tech Development Zone	220.5	8.3	
长治经济技术开发区	Changzhi Eco-Tech Development Zone	340.9	16.5	0.9
屯留经济技术开发区	Tunliu Eco-Tech Development Zone	205.0	20.3	0.5
潞城经济技术开发区	Lucheng Eco-Tech Development Zone	269.8	28.6	0.2
上党经济技术开发区	Shangdang Eco-Tech Development Zone	98.3	1.1	0.3
沁源经济技术开发区	Qinyuan Eco-Tech Development Zone	132.3	3.9	
沁县现代农业产业示范区	Qinxian Modern Agricultural Industry Demonstration Zone		0.2	
平顺生态文化旅游示范区	Pingshun Eco-Cultural Tourism Demonstration Zone			
武乡现代农业产业示范区	Wuxiang Modern Agricultural Industry Demonstration Zone			
晋城经济技术开发区	Jincheng Eco-Tech Development Zone	925.3	24.2	46.5

8-12 续表2 continued

单位：亿元 (100 million yuan)

开 发 区	Development Zone	"四上"企业营业收入 Major Business Revenue of 4 Types of Enterprises above Designated Size	税收收入 Tax Revenue	进出口总额 Total Value of Imports and Exports
高平经济技术开发区	Gaoping Eco-Tech Development Zone	260.5	10.7	0.5
沁水经济技术开发区	Qinshui Eco-Tech Development Zone	157.4	11.6	0.2
阳城经济技术开发区	Yangcheng Eco-Tech Development Zone	53.4	3.6	0.2
陵川生态文化旅游示范区	Lingchuan Eco-Cultural Tourism Demonstration Zone		0.1	
临汾经济开发区	Linfen Eonomic Development Zone	176.0	5.5	5.6
侯马经济开发区	Houma Econmic Development Zone	461.6	2.3	2.2
洪洞经济技术开发区	Hongtong Eco-Tech Development Zone	195.9	9.0	
襄汾经济技术开发区	Xiangfen Eco-Tech Development Zone	213.7	7.7	0.1
安泽经济技术开发区	Anze Eco-Tech Development Zone	132.3	9.8	0.1
隰县现代农业产业示范区	Xixian Modern Agricultural Industry Demonstration Zone			
尧都高新技术产业开发区	Yaodu High-Tech Industrial Development Zone	52.9	1.6	6.9
霍州经济技术开发区	Huozhou Eco-Tech Development Zone	114.2	1.4	
古县经济技术开发区	Guxian Eco-Tech Development Zone	71.8	4.4	
乡宁生态文化旅游示范区	Xiangning Eco-Cultural Tourism Demonstration Zone			
曲沃经济技术开发区	Quwo Eco-Tech Development Zone	487.8	5.5	0.2
运城经济技术开发区	Yuncheng Eco-Tech Development Zone	426.2	9.4	5.4
盐湖高新技术产业开发区	Yanhu High-Tech Industrial Development Zone	140.2	7.4	0.9
绛县经济开发区	Jiangxian Economic Development Zone	63.7	1.2	2.1
风陵渡经济开发区	Fenglingdu Economic Development Zone	56.0	1.4	0.1
闻喜经济技术开发区	Wenxi Eco-Tech Development Zone	681.9	8.4	1.6
永济经济技术开发区	Yongji Eco-Tech Development Zone	105.4	1.7	1.0
河津经济技术开发区	Hejin Eco-Tech Development Zone	577.3	19.6	0.3
稷山经济技术开发区	Jishan Eco-Tech Development Zone	187.8	6.2	11.6
新绛经济技术开发区	Xinjiang Eco-Tech Development Zone	463.0	10.9	1.2
垣曲经济技术开发区	Yuanqu Eco-Tech Development Zone	155.7	6.0	37.7
万荣现代农业产业示范区	Wanrong Modern Agricultural Industry Demonstration Zone			0.1
临猗现代农业产业示范区	Linyi Modern Agricultural Industry Demonstration Zone			0.1

8-13 人民币对主要外币年末汇价(中间价)

YEAR-END EXCHANGE RATE OF RMB YUAN AGAINST MAIN CONVERTIBLE CURRENCIES (MIDDLE RATE)

单位：人民币元 (RMB yuan)

年 份 Year	100美元 100 US Dollars	100日元 100 Japanese Yen	100港元 100 Hong Kong Dollars	100欧元 100 Euros
1985	293.66	1.25	37.57	
1986	345.28	2.07	44.22	
1987	372.21	2.58	47.74	
1988	372.21	2.91	47.70	
1989	376.51	2.74	48.28	
1990	478.32	3.32	61.39	
1991	532.33	3.96	68.45	
1992	551.46	4.36	71.24	
1993	576.20	5.20	74.41	
1994	861.87	8.44	111.53	
1995	835.10	8.92	107.96	
1996	831.42	7.64	107.51	
1997	828.98	6.86	107.09	
1998	827.91	6.35	106.88	
1999	827.83	7.29	106.66	
2000	827.84	7.69	106.18	
2001	827.70	6.81	106.08	
2002	827.70	6.62	106.07	800.58
2003	827.70	7.15	106.24	936.13
2004	827.68	7.66	106.23	1029.00
2005	819.17	7.45	105.30	1019.53
2006	797.18	6.86	102.62	1001.90
2007	760.40	6.46	97.46	1041.75
2008	694.51	6.74	89.19	1022.27
2009	682.78	7.68	88.11	1020.76
2010	662.27	8.11	85.09	878.96
2011	633.59	8.19	81.29	843.89
2012	630.00	7.67	81.30	816.73
2013	613.76	6.02	79.16	830.72
2014	611.62	5.14	78.85	745.22
2015	649.36	5.39	83.78	709.52
2016	693.70	5.96	89.45	730.68
2017	653.42	5.79	83.59	779.79
2018	686.32	6.19	87.62	784.73
2019	697.62	6.41	89.58	781.55
2020	652.49	6.32	84.16	802.50
2021	637.57	5.54	81.76	721.97

主要统计指标解释

进出口总额　指实际进出我国国境的货物总金额。包括对外贸易实际进出口货物，来料加工装配进出口货物，国家间、联合国及国际组织无偿援助物资和赠送品，华侨、港澳台同胞和外籍华人捐赠品，租赁期满归承租人所有的租赁货物，进料加工进出口货物，边境地方贸易及边境地区小额贸易进出口货物（边民互市贸易除外），中外合资经营企业、中外合作经营企业、外商独资经营企业进出口货物和公用物品，到、离岸价格在规定限额以上的进出口货样和广告品（无商业价值、无使用价值和免费提供出口的除外），从保税仓库提取在中国境内销售的进出口货物，以及其他进出口货物。进出口总额用以观察一个国家在对外贸易方面的总规模。我国规定出口货物按离岸价格统计，进口货物按到岸价格统计。

实际利用外资　指我国各级政府、部门、企业和其他经济组织通过对外借款、吸收外商直接投资以及用其他方式筹措的境外现汇、设备、技术等。

对外借款　是我国利用外资的重要部分。包括我国通过外国政府贷款、国际金融组织贷款、外国银行商业贷款、出口信贷以及对外发行债券、股票等方式，从境外筹措的资金。

外商直接投资　是指外国企业和经济组织或个人（包括华侨、港澳台同胞以及我国在境外注册的企业）按我国有关政策、法规，用现汇、实物、技术等在我国境内开办外商独资企业，与我国境内的企业或经济组织共同举办中外合资经营企业、合作经营企业或合作开发资源的投资（包括外商投资收益的再投资）以及经政府有关部门批准的项目投资总额内企业从境外借入的资金。

对外承包工程　包括各对外承包公司以招标议标承包方式承揽下列业务：(1) 承包国外工程建设项目；(2) 承包我国对外经援项目；(3) 承包我国驻外机构的工程建设项目；(4) 承包我国境内利用外资进行建设的工程项目；(5) 与外国承包公司合营或联合承包工程项目时我国公司分包部分；(6) 以服务成果向业主收费的技术服务项目（包括承揽地形地貌测绘；地质资源勘探与普查；建设区域规划；提供设计文件、图纸、生产工艺技术资料和工程技术经济咨询；工程项目的可行性考察、研究和评估；进行技术指导和培训人员等）；(7) 对外承包兼经营的房屋开发业务。对外承包工程的营业额是以货币表现的本期内完成的对外承包工程的工作量，包括以前年度签订的合同和本年度新签订的合同在报告期完成的工作量。

Explanatory Notes on Main Statistical Indicators

Total Value of Imports and Exports refers to the real value of commodities imported and exported across the border of China. They include the actual imports and exports through foreign trade, imported and exported goods under the processing and assembling trades and materials, supplies and gifts as aid given gratis between governments and by the United Nations and other international organizations, and contributions donated by overseas Chinese, compatriots in Hong Kong and Macao and Chinese with foreign citizenship, leasing commodities owned by tenant at the expiration of leasing period, the imported and exported commodities processed with imported materials, commodities trading in border areas (excluding mutual exchange goods), the imported and exported commodities and articles for public use of the Sino-foreign joint ventures, cooperative enterprises and ventures with sole foreign investment. Also included is import or export of samples and advertising goods for which CIF or FOB value are beyond the permitted ceiling (excluding goods of no trading or use value and free commodities for export), imported goods sold in China from bonded warehouses and other imported or exported goods. The indicator of the total imports and exports at customs can be used to observe the total size of external trade in a country. In accordance with the stipulation of the Chinese government, imports are calculated at CIF, while exports are calculated at FOB.

Actual Utilization of Foreign Capital refers to remittance, equipment and technology financed from abroad, by loans, foreign direct investment and other forms undertaken by the Chinese governments at all levels, by various departments, enterprises and other economic units.

Foreign Borrowings refer to funds borrowed from abroad, including loans of foreign governments, loans of international financial institutions, commercial loans of foreign banks, export credit, and funds raised by Chinese bonds and shares issued abroad. It is an important part of China's utilization of foreign capitals.

Foreign Direct Investment refers to the investments inside china by foreign enterprises and economic organizations or individuals (including overseas Chinese, compatriots from Hong Kong and Macao, and Chinese enterprises registered abroad), following the relevant policies and laws of china, for the establishment of ventures exclusively with foreign own investment, Sino-foreign joint ventures and cooperative enterprises or for cooperative exploration of resources with enterprises or economic organizations in China. It includes the re-investment of the foreign entrepreneurs with the profits gained from the investment and the funds that enterprises borrow from abroad in the total investment of projects which are approved by the relevant department of the government.

Contracted Projects with Foreign Countries or Regions refer to projects undertaken by Chinese contractors (project contracting companies) through bidding process. They include: (1) overseas civil engineering construction projects financed by foreign investors; (2) overseas projects financed by the Chinese government through its foreign aid programs; (3) construction projects of Chinese diplomatic missions, trade offices and other institutions stationed abroad; (4) construction projects in china financed by foreign investment; (5) sub-contracted projects to be taken by Chinese contractors through a joint umbrella project with foreign contractor(s); (6) projects with charges for technical services from overseas operators. it includes geographic and topographic mappings geological resource prospecting and survey planning of construction areas provision of design documents blueprints materials on production process and techniques as well as engineering technical and economic consultation feasibility study research and evaluation of projects technical supervising and staff training; (7) housing development projects. The business income from international contracted projects is the work volume of contracted projects completed during the reference period, expressed in monetary terms, including completed work on projects signed in previous years.

AGRICULTURE

9 农业

资料整理人员

程英翠　郝静敏　王　辉　王宇霞　张　姣

农业

AGRICULTURE

农作物播种面积	Sown Areas of Farm Crops	3587.95	千公顷 (1 000 ha)
# 粮　食	Sown Areas of Grain	3138.06	千公顷 (1 000 ha)
粮食产量	Output of Grain	1421.2	万吨 (10 000 tons)
油料产量	Output of Oil-bearing Crops	15.5	万吨 (10 000 tons)
肉类产量	Output of Meat	135.4	万吨 (10 000 tons)

农林牧渔业总产值构成 (%)

Composition of Gross Output Value of Farming, Forestry, Animal Husbandry and Fishery (%)

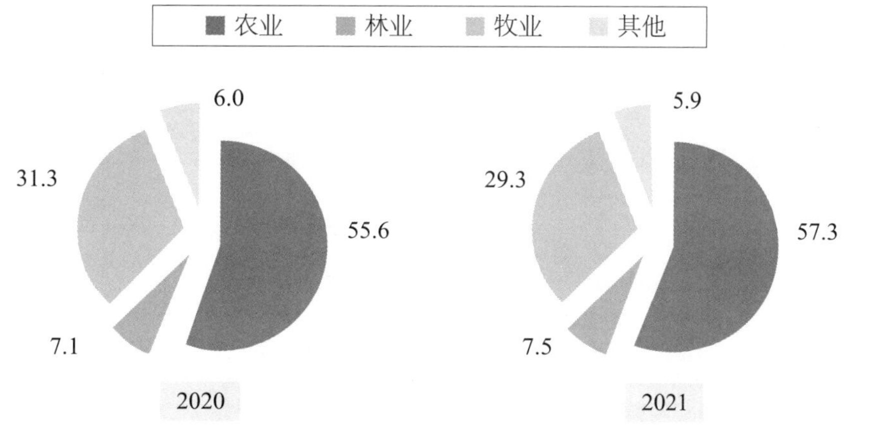

粮食总产量（万吨）

Output of Grain (10 000 tons)

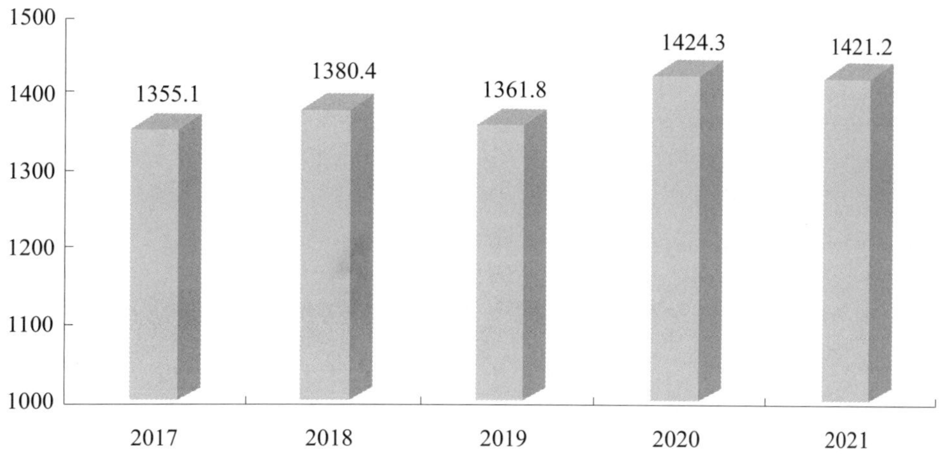

9-1 主要年份农林牧渔业总产值
GROSS OUTPUT VALUE OF FARMING, FORESTRY, ANIMAL HUSBANDRY AND FISHERY IN MAJOR YEARS

按当年价格计算 (at current price)

年份 Year	农林牧渔业总产值(万元) Total (10 000 yuan)	农业 Farming	林业 Forestry	牧业 Animal Husbandry	渔业 Fishery	农林牧渔专业及辅助性活动 Specializing and Supportive Activities for Agriculture, Forestry, Animal Husbandry and Fishery
1978	290133	239742	17391	32934	66	
1980	382302	286574	40154	55492	82	
1985	629163	484341	41218	102941	663	
1990	1247781	889037	78275	276170	4299	
1995	2996751	2033892	133136	817463	12260	
2000	3223544	2183303	127258	896667	16316	
2005	4837972	2817384	165153	1485882	26945	342608
2006	5123954	3039735	153420	1503994	35411	391394
2007	5878294	3818660	243935	1516848	33983	264868
2008	7392132	4678838	346918	1942008	40170	384198
2009	8889177	5484276	481729	2379527	48647	495000
2010	10164065	6299625	630003	2610390	55047	569000
2011	11634010	7116094	706389	3108030	65999	637500
2012	12659821	7743453	754326	3384811	71981	705250
2013	13720159	8390636	852565	3632998	78960	765000
2014	14405971	8725551	924834	3840043	79749	835794
2015	14249630	8468670	907813	3927425	78621	867100
2016	14299148	8244205	927435	4155926	76382	895200
2017	14187298	8618934	976551	3588444	76889	926480
2018	14609439	8949469	998981	3615290	68808	976891
2019	16265442	9367617	1013068	4785697	69090	1029970
2020	19358404	10759446	1370806	6063202	66174	1098776
2021	21340185	12231363	1597960	6243931	91240	1175690

9-2 农作物播种面积
SOWN AREA OF FARM CROPS

单位：千公顷 (1 000 ha)

指 标	Item	2015	2020	2021
农作物总播种面积	**Total Sown Area**	**3610.07**	**3541.51**	**3587.95**
一、粮 食	**Grain**	**3256.34**	**3130.02**	**3138.06**
(一)谷 物	Cereals	2845.88	2762.88	2800.10
#稻 谷	Rice	0.78	2.45	2.65
小 麦	Wheat	575.88	535.88	536.84
玉 米	Corn	1894.48	1742.22	1772.57
谷 子	Millet	203.56	220.30	221.01
高 粱	Sorghum	20.61	87.62	104.76
燕 麦	Nakedoats	53.81	53.55	54.40
(二)豆 类	Beans	242.22	183.84	145.11
#大 豆	Soybean	137.40	119.61	92.21
(三)薯 类	Tubers	168.25	183.30	192.85
#马铃薯	Potato	151.02	160.73	169.90
二、油 料	**Oil-bearing Crops**	**110.06**	**88.32**	**84.35**
#花 生	Peanuts	5.89	4.76	5.03
油菜籽	Rapeseeds	12.61	17.67	18.76
芝 麻	Sesame	1.96	1.74	1.48
胡麻籽	Benne	42.83	21.18	19.15
葵花籽	Sunflower Seeds	27.11	25.37	24.52
三、棉 花	**Cotton**	**5.71**	**1.13**	**0.70**
四、生 麻	**Rough Bast Fiber**	**0.02**	**1.68**	**0.60**
五、甜 菜	**Beetroots**	**1.19**	**0.04**	**0.11**
六、烟 叶	**Tobacco**	**1.97**	**1.35**	**1.54**
七、药 材	**Medicinal Materials**	**30.18**	**77.49**	**97.61**
八、蔬 菜	**Vegetables**	**165.06**	**188.98**	**216.21**
#设施蔬菜	Greenhouse Vegetables	41.68	38.73	44.54
九、瓜果类	**Melons**	**17.83**	**15.84**	**14.86**
十、其他作物	**Others**	**21.70**	**36.66**	**33.90**
#青饲料	Green Feed	18.71	33.32	29.10

9-3 主要年份主要农作物播种面积
SOWN AREAS OF MAJOR FARM CROPS IN MAJOR YEARS

单位：千公顷 (1 000 ha)

年 份 Year	总播种面积 Total Sown Area	#粮食作物 Grain Crops	#谷 物 Cereal	#油 料 Oil-bearing Crops	#棉 花 Cotton	#蔬 菜 Vegetables	#瓜果类 Melons
1978	4389.25	3692.43	3279.15	165.16	237.53	105.18	13.00
1980	4266.60	3508.76	3117.22	231.46	224.31	92.37	22.07
1985	3978.23	3055.05	2634.17	505.61	121.14	104.94	32.89
1990	4016.89	3290.79	2755.55	356.33	130.34	110.59	20.41
1995	3895.55	3151.48	2425.09	342.42	127.10	156.79	25.40
2000	4042.42	3186.46	2326.74	417.06	43.04	242.13	49.19
2005	3795.35	3033.59	2333.37	273.38	97.45	244.93	30.39
2010	3643.34	3210.28	2730.81	154.06	43.31	168.62	21.34
2011	3696.70	3259.28	2805.28	148.03	38.14	181.14	18.73
2012	3692.31	3267.53	2819.77	138.54	24.63	187.88	20.30
2013	3660.38	3245.20	2809.56	133.33	13.46	189.36	25.09
2014	3659.98	3256.77	2830.51	124.36	10.88	192.16	21.98
2015	3610.07	3256.34	2845.88	110.06	5.71	165.06	17.83
2016	3591.57	3227.31	2807.45	118.03	3.56	158.77	14.75
2017	3577.61	3180.92	2757.88	114.08	2.87	169.85	14.52
2018	3555.16	3137.06	2711.80	111.86	2.58	176.94	16.18
2019	3524.42	3126.17	2716.54	99.76	2.26	180.39	17.24
2020	3541.51	3130.02	2762.88	88.32	1.13	188.98	15.84
2021	3587.95	3138.06	2800.10	84.35	0.70	216.21	14.86

9-4 主要年份主要农作物产量
OUTPUT OF MAJOR FARM CROPS IN MAJOR YEARS

单位：吨 (ton)

年 份 Year	粮 食 Grain	1. 谷 物 Cereal	#稻 谷 Rice	#小 麦 Wheat	#玉 米 Corn	#谷 子 Millet
1978	7069560	6363715	58990	1288415	2711625	891140
1980	6857060	6201675	69290	1184780	2628820	960370
1985	8226767	7408051	58472	2950507	2098065	883671
1990	9690053	8643731	54429	3192990	3054441	876631
1995	9171000	8162190	41450	2701000	4035207	627530
2000	8533500	7029713	32770	2151500	3547500	602218
2005	9780000	8820582	8974	2022800	6161300	381889
2010	11075424	10616494	4837	2168894	8094496	193284
2011	12254032	11760406	4897	2204466	9145880	247143
2012	13094036	12569613	6432	2333639	9803388	251314
2013	13620056	13044258	7271	2038926	10494470	298545
2014	13872494	13275335	6800	2247070	10454832	353240
2015	13140206	12583730	5164	2315442	9747113	317546
2016	13803322	13105466	5503	2291486	10179585	378328
2017	13550954	12800561	5201	2323958	9778692	415886
2018	13803952	12932182	5568	2285888	9816207	472643
2019	13618048	12667748	17556	2262112	9393703	504951
2020	14242698	13312462	17088	2364953	9799465	542368
2021	14212495	13341416	17543	2433717	9775688	504691

9-4 续表 continued

单位：吨 (ton)

年 份 Year	#高 粱 Sorghum	2. 豆 类 Beans	#大 豆 Soybean	3.薯 类 Tubers	#马铃薯 Potato	油 料 Oil-bearing Crops
1978	959400	137420	137420	568425		42290
1980	766805	130620	130620	524765		133672
1985	770607	176898	176898	641818	477197	444478
1990	767132	302242	302242	744080	585814	393810
1995	519119	366840	220104	641970	430120	222635
2000	299801	577822	359542	925965	704063	448259
2005	111894	366750	259806	592668	461451	212620
2010	50661	214589	134461	244340	202550	166037
2011	50715	211596	136696	282030	236058	176898
2012	57639	232112	147498	292310	243938	182816
2013	64217	249121	160845	326676	273374	181028
2014	68166	247711	155714	349448	290362	164463
2015	51322	233158	146332	323318	269578	121945
2016	56543	274216	167020	423639	370492	159474
2017	66005	283065	170875	467329	408732	150425
2018	115349	356154	235961	515616	453338	154676
2019	232301	342370	214689	607929	527256	137007
2020	317969	307232	207811	623003	537938	143146
2021	358859	217310	144064	653769	570355	154558

年 份 Year	棉 花 Cotton	生 麻 Rough Bast Fiber	甜 菜 Beetroots	烟 叶 Tobacco	蔬 菜 Vegetables	瓜果类 Melons
1978	69430	5000	54605	1650	1888975	122315
1980	77500	5792	117024	1001	1804220	228910
1985	73455	3779	248541	4702	2915412	649195
1990	111526	1048	431641	8860	3474121	473778
1995	90817	2155	396978	10455	5428701	452951
2000	44796	680	210313	16319	9203364	1141231
2005	102907	38	39617	6327	9015370	689523
2010	46698	16	251185	7412	6940604	592158
2011	43536	10	204632	6951	7786117	524722
2012	28821	3	407233	7301	8616973	617403
2013	16543	10	204989	7001	9322640	755989
2014	12722	6	65123	7356	9734576	752506
2015	7279	37	54779	6280	8374328	520082
2016	4884	97	32374	6060	7779429	473631
2017	4000	134	6433	5217	8067422	465133
2018	3610	103	1183	3911	8218711	529861
2019	2958	444	623	3474	8278305	545073
2020	1560	6349	1629	4095	8611947	517906
2021	937	1642	4211	4251	9762978	550108

9–5 主要年份主要农作物单位面积产量
MAJOR FARM CROPS OUTPUT PER HECTARE IN MAJOR YEARS

单位：公斤/公顷 (kg/ha)

年份 Year	粮食 Grain	谷物 Cereal	稻谷 Rice	小麦 Wheat	玉米 Corn	谷子 Millet	高粱 Sorghum
1978	1915	1941	5207	1169	3419	1579	3171
1980	1954	1989	5670	1191	3541	1743	3269
1985	2693	2812	6871	2912	4221	2234	4315
1990	2945	3137	5923	3141	4797	2296	4532
1995	2910	3366	6436	2945	5253	2101	4430
2000	2678	3021	7234	2409	4470	2150	4393
2005	3224	3780	3349	2805	5205	1764	2903
2010	3450	3888	4440	3195	4950	990	1560
2011	3760	4192	4530	3391	5190	1275	1830
2012	4007	4458	5940	3766	5415	1307	2160
2013	4197	4643	6840	3406	5715	1548	2430
2014	4260	4690	6885	3841	5595	1800	2475
2015	4035	4422	6645	4021	5145	1560	2490
2016	4277	4668	7000	4063	5471	1932	2760
2017	4260	4641	6810	4146	5412	2088	2936
2018	4400	4769	6960	4080	5617	2390	3503
2019	4356	4663	6930	4137	5477	2387	3494
2020	4550	4818	6986	4413	5625	2462	3629
2021	4529	4765	6629	4533	5515	2284	3426

年份 Year	豆类 Beans	薯类 Tubers	油料 Oil-bearing Crops	棉花 Cotton	甜菜 Beetroots	蔬菜 Vegetables	瓜果类 Melons
1978	1188	1910	256	292	6067	17959	9408
1980	943	2074	578	346	12077	19533	10372
1985	1066	2517	879	606	23034	27782	19738
1990	1200	2627	1105	856	25556	31414	23213
1995	884	2061	650	715	18243	34624	17833
2000	1194	2465	1075	1041	27819	38010	23200
2005	1059	1674	778	1056	32473	36808	22689
2010	718	1352	1078	1078	44939	41160	27751
2011	773	1565	1195	1141	27516	42984	28016
2012	854	1661	1320	1170	47693	45865	30419
2013	952	1879	1358	1229	44341	49233	30130
2014	972	2038	1322	1169	37078	50658	34235
2015	963	1922	1108	1274	46118	50734	29168
2016	1140	2363	1351	1374	61431	48998	32117
2017	1188	2530	1319	1395	50892	47496	32039
2018	1420	2954	1383	1399	46408	46448	32755
2019	1517	3305	1373	1308	35403	45892	31618
2020	1671	3399	1621	1377	36814	45570	32700
2021	1498	3390	1832	1329	39565	45154	37015

9-6 主要年份主要油料作物产量

OUTPUT OF MAJOR OIL-BEARING CROPS IN MAJOR YEARS

单位：吨 (ton)

年 份 Year	花 生 Peanuts	油菜籽 Rapeseeds	芝 麻 Sesame	胡麻籽 Benne Seeds	葵花籽 Sunflower Seeds
1978	888	2229	968	20437	3488
1980	5025	2800	2214	54932	31452
1985	50247	6766	11810	80071	164865
1990	48539	7758	23469	75102	139664
1995	48611	14759	11716	28820	78645
2000	41404	8638	19081	51279	257370
2005	28583	7676	4268	37889	102668
2010	17277	6253	3633	56395	52306
2011	18201	5749	3955	60211	52524
2012	17562	6558	2689	72961	47594
2013	15822	7190	2657	69651	47996
2014	13997	7212	2116	69289	44387
2015	10104	12788	1802	41205	38755
2016	12598	15179	1618	42136	63314
2017	13050	17759	1471	35376	60266
2018	13386	23705	1942	35217	58985
2019	13518	22201	1643	29262	50487
2020	13203	21351	1932	22499	53060
2021	13317	27943	1579	24389	57907

9-7 主要年份造林和果园面积

AREA OF AFFORESTATION AND ORCHARDS IN MAJOR YEARS

年 份 Year	当年造林面积 (千公顷) Afforestation Area in the year (1 000 ha)	#经济林 Economic Forest	零星植树 (万株) Planting Trees Piecemeal (10 000 units)	年末果园面积 (千公顷) Area of Orchards (1 000 ha)	#苹果园 Apple Orchards
1978	173.65	13.20	21992	64.00	37.57
1980	221.57	23.00	23129	68.21	40.80
1985	243.33	22.30	28764	111.47	56.98
1990	191.05	61.30	21057	184.71	101.15
1995	405.18	171.40	21418	286.34	188.47
2000	404.86	113.10	17176	288.89	177.98
2005	140.26	4.10	10596	279.69	151.40
2010	291.10	52.30	11098	291.07	136.25
2011	302.53	80.70	10803	320.71	145.38
2012	307.22	61.70	10415	336.89	152.84
2013	303.00	84.40	10504	346.47	156.99
2014	307.99	85.80	10062	354.90	160.52
2015	280.94	56.90	10023	359.54	160.34
2016	266.69	31.10	10131	357.35	152.99
2017	311.97	77.50	10775	359.53	152.06
2018	340.15	79.44	10775	363.27	147.54
2019	347.36	16.76	10857	374.86	145.94
2020	272.07	31.87	11200	381.05	144.26
2021	336.39	7.28	13893	387.66	139.42

9-8 造林和果园面积
AREA OF AFFORESTATION AND ORCHARDS

单位：千公顷 (1 000 ha)

指 标	Item	2015	2020	2021
一、当年造林面积	**Afforestation Area in the Year**	**280.9**	**272.1**	**336.4**
#经济林	Economic Forest	56.9	31.9	7.3
防护林	Shelter Forest	131.7	216.5	317.7
二、育苗面积	**Area of Growing Seedings**	**71.3**	**76.5**	**78.3**
三、零星植树(万株)	**Planting Trees Piecemeal (10 000 units)**	**10023**	**11200**	**13893**
四、年末果园面积	**Area of Orchards at Year-end**	**359.5**	**381.1**	**387.7**
#苹果园	Apple Orchards	160.3	144.3	139.4
梨 园	Pear Orchards	35.9	46.7	47.9
桃 园	Peach Orchards	34.7	50.1	49.9
葡萄园	Grape Orchards	12.7	15.4	16.1

9-9 主要林产品和水果产量
OUTPUT OF MAJOR FOREST PRODUCTS AND FRUITS

单位：吨 (ton)

指 标	Item	2015	2020	2021
一、主要林产品产量	**Output of Major Forest Products**			
核 桃	Walnuts	168076	194969	278374
板 栗	Chinese Chestnut	1951	2719	2800
二、水果产量	**Output of Fruits**	**7811497**	**8579836**	**9198546**
#苹 果	Apples	4634959	4366313	4302078
梨	Pears	747519	977267	1131831
桃	Peaches	1028788	1575551	1815274
葡 萄	Grapes	279016	345078	408970
红 枣 (鲜枣)	Red Jujube (Fresh Jujube)	766246	721048	772406
柿 子 (鲜柿)	Persimmon (Fresh Persimmon)	109718	249513	313195

9-10 渔业生产情况
PRODUCTION OF FISHERY

指 标	Item	2015	2020	2021
水产品总产量(吨)	**Total Aquatic Products (ton)**	**52427**	**46799**	**50863**
#鱼类产量	Fish	51850	46310	49075
1.养殖产量	Aquaculture Products	51264	45167	49912
#池 塘	Pond	34389	31999	36569
湖 泊	Lakes	2114	294	540
水 库	Reservoir	14473	12859	12727
2.捕捞产量	Fishing Products	1163	1632	951
水产养殖面积(公顷)	**Aquaculture Area (ha)**	**15715**	**12870**	**14867**

9-11 主要年份肉类产量和猪牛羊数量
OUTPUT OF MEAT AND NUMBER OF HOGS, CATTLE, SHEEP AND GOATS IN MAJOR YEARS

年 份 Year	肉类总产量 (万吨) Total Output of Meat (10 000 tons)	#猪 肉 Pork	猪年末头数 (万头) Hogs at Year-end (10 000 heads)	牛年末头数 (万头) Cattle at Year-end (10 000 heads)	羊年末只数 (万只) Sheep and Goats at Year-end (10 000 heads)	#山 羊 Goats
1978			578.50	108.19	872.04	532.45
1980	17.34	16.20	531.16	109.35	909.87	535.73
1985	22.34	17.67	372.12	140.94	414.28	174.06
1990	31.86	22.45	363.14	179.29	709.58	303.92
1995	60.97	43.44	560.99	251.65	915.01	408.03
2000	65.05	44.90	519.52	225.01	1058.42	474.86
2005	90.59	60.97	626.07	245.22	1196.35	488.82
2010	77.15	56.86	528.83	85.79	769.72	370.25
2011	77.12	56.88	510.39	81.03	825.37	391.33
2012	85.15	62.43	556.82	85.49	894.33	390.48
2013	93.03	68.98	606.34	87.08	952.51	420.35
2014	99.48	73.61	638.46	91.56	1012.81	436.56
2015	99.01	70.32	619.16	90.60	1112.09	484.40
2016	99.35	68.30	588.62	94.36	1022.81	408.45
2017	93.32	62.67	544.11	100.73	943.18	382.10
2018	93.09	62.46	549.48	101.97	875.63	344.11
2019	91.02	56.78	451.41	103.83	868.90	343.00
2020	102.65	62.80	569.41	117.43	970.13	381.93
2021	135.38	88.42	740.23	137.50	1068.11	381.03

9-12 畜牧业生产情况
NUMBER OF LIVESTOCK AND LIVESTOCK PRODUCTS

指　标	Item	2015	2020	2021
一、大牲畜年末存栏 (万头)	**Larger Animals at Year-end (10 000 heads)**	**109.53**	**129.62**	**147.30**
1.牛　(万头)	Cattle (10 000 heads)	90.60	117.43	137.50
2.马　(万匹)	Horses (10 000 heads)	1.06	0.82	0.90
3.驴　(万头)	Donkeys (10 000 heads)	11.67	8.87	7.13
4.骡　(万头)	Mules (10 000 heads)	6.21	2.49	1.76
二、猪年末存栏　(万头)	**Hogs at Year-end (10 000 heads)**	**619.16**	**569.41**	**740.23**
#能繁殖的母猪	Reproducible Hogs	60.36	64.05	71.42
三、羊年末存栏　(万只)	**Sheep and Goats at Year-end (10 000 heads)**	**1112.09**	**970.13**	**1068.11**
1.山　羊	Goats	484.40	381.93	381.03
2.绵　羊	Sheep	627.68	588.20	687.08
四、家禽年末存栏　(万只)	**Poultry at Year-end (10 000 heads)**	**11052.91**	**13347.66**	**16009.84**
五、养兔年末存栏　(万只)	**Rabbits at Year-end (10 000 heads)**	**116.36**	**72.53**	**91.37**
六、猪、牛、羊出栏	**Slaughtered Hogs, Cattle and Sheep**			
猪全年出栏　(万头)	Slaughtered Hog in the Year (10 000 heads)	906.39	797.61	1130.54
牛全年出栏　(万头)	Slaughtered Cattle in the Year (10 000 heads)	40.23	47.90	56.57
羊全年出栏　(万只)	Slaughtered Sheep in the Year (10 000 heads)	537.86	573.14	704.96
七、畜禽产品产量	**Output of Animal and Poulty Products**			
1.肉类总产量 (万吨)	Total Output of Meat (10 000 tons)	99.01	102.65	135.38
#猪　肉	Pork	70.32	62.80	88.42
牛　肉	Beef	5.88	7.37	8.96
羊　肉	Mutton	7.67	8.58	10.39
禽　肉	Poultry	14.10	22.89	26.67
兔　肉	Rabbit	0.42	0.28	0.30
2.禽蛋产量 (吨)	Poultry Eggs (ton)	1089922	1092774	1128568
3.奶类产量 (吨)	Milk (ton)	768442	1173598	1357333
#牛　奶	Cow Milk	759772	1170122	1351491
4.山羊毛产量 (吨)	Output of Wool (ton)	2703	3860	3246
#山羊绒	Cashmere	1197	1424	1336
5.绵羊毛产量 (吨)	Sheep Wool (ton)	9172	8013	10617
6.蜂蜜产量 (吨)	Honey (ton)	5042	8866	8433
7.蚕茧产量 (吨)	Silkworm Cocoons (ton)	5498	2194	2253

9-13 农业现代化情况
AGRICULTURAL MODERNIZATION

指 标	Item	2015	2020	2021
一、农田水利情况	**Irrigation and Drainage**			
年末有效灌溉面积（千公顷）	Effective Irrigated Area at Year-end (1 000 ha)	1460.28	1517.38	1515.45
机电排灌面积（千公顷）	Mechanical and Electrical Irrigated Area (1 000 ha)	1111.71	1204.04	1206.55
灌溉机电井数量 （眼）	Electromechanical Well for Irrigation (unit)	91276	97585	93827
二、农村用电情况	**Electricity Consumption**			
农村用电量 （万千瓦小时）	Electricity Consumed in Rural Areas (10 000 kwh)	968311	1092287	1564297
三、农用化肥情况	**Consumption of Chemical Fertilizers**			
农用化肥施用折纯 （吨）	Effective Component of Chemical Fertilizers (ton)	1185472	1074111	1056424
1.氮 肥	Nitrogenous Fertilizer	335291	209422	196795
2.磷 肥	Phosphate Fertilizer	160235	93856	88489
3.钾 肥	Potash Fertilizer	104235	82130	76453
4.复合肥	Compownd Fertilizer	585710	688702	694687
四、农业机械化情况	**Agricultural Mechanization**			
1.当年实际机耕地面积（千公顷）	Area Cultivated by Machine at This Year (1 000 ha)	2737	2694	2757
2.当年机械播种面积 （千公顷）	Area Sown by Machine at This Year (1 000 ha)	2647	2662	2701
占总播种面积（%）	Percentage to Total Sown Area (%)	73.3	75.2	75.3
3.当年机械收获面积 （千公顷）	Mechanical Harvest Area at This Year (1 000 ha)	1825	2010	2068
占总播种面积（%）	Percentage to Total Sown Area (%)	50.6	56.8	57.6

注：2021年农村用电量来源于国家统计局的部门反馈数据，包括乡村居民用电量和农林牧渔业用电量。

Note: Electricity consumed in rural areas in 2021, including electricity consumption of rural households and farming, forestry, animal husbandry and fishery, are from the department data fedback to the NBS.

9-14 主要年份农业生产条件
CONDITIONS OF AGRICULTURAL PRODUCTION IN MAJOR YEARS

年 份 Year	耕地总资源 (千公顷) Resoruces of Cultivated Area (1 000 ha)	有效灌溉面积 (千公顷) Effective Irrigated Area (1 000 ha)	农用化肥施用量 (折纯量,吨) Consumption of Chemical Fertilizer (ton)	农村用电量 (万千瓦小时) Electricity Consumption in Rural Areas (10 000 kwh)
1978	3923.41	1092.48	355990	122683
1980	3921.46	1115.14	302904	135870
1985	3761.09	1079.10	397907	151085
1990	3692.51	1134.45	565624	259437
1995	3645.09	1201.99	780568	460583
2000	4341.94	1105.04	869882	531441
2005	3793.19	1088.59	956999	669390
2006	4054.30	1172.10	983000	692109
2007	4053.45	1255.69	1008000	759390
2008	4055.82	1254.56	1034042	789864
2009	4068.40	1261.00	1043239	811966
2010	4064.18	1274.15	1103663	811763
2011	4064.51	1324.78	1145667	865984
2012	4064.19	1319.16	1182795	949517
2013	4061.73	1382.79	1210196	997819
2014	4056.84	1408.17	1196138	970811
2015	4058.79	1460.28	1185472	968311
2016	4056.78	1487.21	1170719	975220
2017	4056.32	1511.21	1119984	992646
2018	4056.78	1518.68	1096108	1014160
2019	3869.50	1519.34	1084085	1049000
2020	3861.69	1517.38	1074111	1092287
2021		1515.45	1056424	1564297

9-15 农业机械年末拥有量
AGRICULTURAL MACHINERY AT YEAR-END

年末数 (end of year)

指 标		Item	2015	2020	2021
农业机械总动力	**(万千瓦)**	**Total Power of Agricultural Machinery (10 000 kw)**	**3351.65**	**1595.26**	**1654.03**
柴油发动机动力	(万千瓦)	Diesel Engine Power (10 000 kw)	2871.04	1300.07	1354.90
汽油发动机动力	(万千瓦)	Gasoline Engine Power (10 000 kw)	70.61	38.83	41.52
电动机动力	(万千瓦)	Motor Power (10 000 kw)	410.00	256.32	257.56
大中型农用拖拉机	(台)	Large and Medium Tractors for Agriculture (unit)	130685	113170	118953
	(万千瓦)	(10 000 kw)	475.86	548.47	585.20
小型农用拖拉机	(台)	Mini-tractors for Agriculture (unit)	357935	278752	272847
	(万千瓦)	(10 000 kw)	332.47	272.91	269.01
拖拉机配套机具	(部)	Tractor Towing Farm Machinery (unit)	767971	567619	577745
联合收割机	(台)	Combine Harvesters (unit)	34363	34950	37397
机动脱粒机	(台)	Motorized Threshers (unit)	91441	53521	54375

9-16 农民家庭平均每户生产性固定资产原值
ORIGINAL VALUE OF PRODUCTIVE FIXED ASSETS PER RURAL HOUSEHOLD

单位：元 (yuan)

指 标	Item	2020	2021
一、农业生产性固定资产原值	**Original Value of Agricultural Productive Fixed Assets**		
生产性用房及建筑物	Productive Houses and Buildings	666.37	573.98
役 畜	Draught Animals	515.54	212.99
产品畜	Commodity Animals	2025.88	1715.88
农业设施	Agricultural Facilities	232.00	327.69
农业机械	Agricultural Machinery	1476.83	1830.69
农林牧渔服务业	Services of Farming, Forestry, Animal Husbandry and Fishery	12.54	2.82
二、非农产业固定资产原值	**Original Value of Nonagricultural Fixed Assets**		
采矿业	Mining	282.49	11.30
制造业	Manufacturing	33.33	557.63
电力、热力、燃气及水生产和供应业	Production and Supply of Power, Heat, Gas and Water		5.65
建筑业	Construction	245.76	1.69
批发和零售业	Wholesale and Retail Trade	495.40	1796.61
交通运输、仓储和邮政业	Transportation, Storage and Post	1966.78	2635.03
住宿和餐饮业	Hotels and Catering Services	139.31	100.62
房地产业	Real Estate		
租赁和商务服务业	Leasing and Business Services	16.95	
居民服务、修理和其他服务业	Resident Services, Repair and Other Services	271.58	90.03
其他行业	Others	5.93	35.03

9-17 农民家庭平均每百户拥有主要生产性固定资产数量
MAJOR PRODUCTIVE FIXED ASSETS PER 100 RURAL HOUSEHOLDS

指 标	Item	2020	2021
生产性用房及建筑物(平方米)	Productive Houses and Buildings (sq.m)	782.94	379.37
大中型农用拖拉机 (台)	Large and Medium-sized Agricultural Tractors (unit)	1.75	2.03
小型农用拖拉机 (台)	Small Agricultural Tractors (unit)	12.94	9.77
农用排灌动力机械 (台)	Machinery forAgricultural Drainage and Irrigation (unit)	0.28	
插秧机 (台)	Rice Transplanters (unit)	0.28	0.45
收割机 (台)	Harvesters (unit)	0.45	0.45
脱粒机 (台)	Threshing Machines (unit)	1.47	1.47
产品畜 (头)	Commodity Animals (head)	74.35	33.84

9-18 农民家庭平均每人生产和销售的主要农林产品
PER CAPITA MAJOR FARM AND FOREST PRODUCTS PRODUCED AND SOLD BY RURAL HOUSEHOLDS

单位：公斤 (kg)

指 标	Item	生产量 Output		出售量 Sales	
		2020	2021	2020	2021
谷 物	Cereal	1018.38	1258.35	834.21	493.56
薯 类	Tubers	20.96	15.87	9.20	6.98
豆 类	Beans	6.42	5.36	4.75	4.18
棉 花	Cotton	0.01			
油 料	Oil-bearing Crops	6.21	3.30	3.37	1.55

主要统计指标解释

农林牧渔业总产值 指以货币表现的农、林、牧、渔业全部产品和对农林牧渔业生产活动进行的各种支持性服务活动的价值总量，它反映一定时期内农林牧渔业生产总规模和总成果。1957 年以前的农林牧渔业总产值中包括了厩肥和农民自给性手工业（如农民自制衣服、鞋、袜，自己从事粮食初步加工等）。1958 年及以后，林业中增加了村及村以下竹木采伐产值；牧业中取消了厩肥产值；副业中取消了农民自给性手工业产值，增加了村及村以下办的工业产值； 渔业中增加了海洋捕捞水产品产值。1980 年及以后，在副业中增加了农民家庭兼营工业商品部分的产值。从 1984 年起村及村以下工业产值划归工业。从 1993 年起取消副业，将野生动物的捕猎划入牧业，野生植物采集和农民家庭兼营商品性工业划归农业。从 2003 年起，执行新的国民经济行业分类标准，农林牧渔业总产值中包括了农林牧渔服务业产值。林业中增加了森林采运业产值。农业中取消了家庭兼营商品性工业产值，将野生林产品的采集划归林业。2010 年执行《统计用产品分类目录》，对 2009 年的农业、林业产值做了调整，将原林产品中的核桃、板栗和花椒产值调整到农业行业中。从 2018 年开始，将农林牧渔服务业名称改为农林牧渔专业及辅助性活动。

农林牧渔业总产值的计算方法通常是按农、林、牧、渔业产品及其副产品的产量分别乘以各自单位产品价格求得；少数生产周期较长，当年没有产品或产品产量不易统计的，则采用间接方法匡算其产值；然后将四业产品产值及农林牧渔专业及辅助性活动产值相加即为农林牧渔业总产值。

粮食产量 指农业生产经营者日历年度内生产的全部粮食数量。按收获季节包括夏收粮食、早稻和秋收粮食，按作物品种包括谷物、薯类和豆类。其产量计算方法：谷物按脱粒后的原粮计算，豆类按去豆荚后的干豆计算；薯类（包括甘薯和马铃薯，不包括芋头和木薯）1963 年以前按每 4 公斤鲜薯折 1 公斤粮食计算，从 1964 年开始改为按 5 公斤鲜薯折 1 公斤粮食计算；城市郊区作为蔬菜的薯类（如马铃薯等）按鲜品计算，不作粮食统计。

棉花产量 指全社会的产量。包括春播棉和夏播棉。产量按皮棉计算。不包括木棉。

油料产量 指全部油料作物的生产量。包括花生、油菜籽、芝麻、向日葵籽、胡麻籽（亚麻籽）和其他油料。不包括大豆、木本油料和野生油料。花生以带壳干花生计算。

水产品产量 指渔业（捕捞和养殖）生产活动的最终有效成果，包括全部海水和淡水鱼类、甲壳类（虾、蟹）、贝类、头足类、藻类和其他类渔业产品的最终产量。水产品产量是通过各级水产部门逐级上报取得数据。1995 年及以前，贝类中牡蛎按鲜肉计算；蚶、蛤、蛙按 5 斤鲜品折 1 斤计算。1996 年以后则统一按鲜品计算。

猪、牛、羊肉产量 指当年出栏并已屠宰、除去头蹄下水后带骨肉（即胴体重）的重量。包括全社会范围内的产量。1996 年以前为全面统计并逐级上报数据。1996 年第一次农业普查以后，根据普查结果，对畜牧业主要年报数据进行了修正。1999 年以后，国家统计局在部分地区开展了猪、牛、羊、禽等主要畜禽品种的抽样调查，并用抽样数据作为国家定案数据使用。未开展抽样调查的地区和品种，仍使用各级统计部门逐级上报数据。2007 年，根据第二次农业普查结果，对 2000-2006 年畜牧业主要年报数据进行了修正。2008 年，建立了主要畜禽监测调查制度，猪、牛、羊、禽等主要畜禽数据均以抽样调查数为法定数据。2018 年，根据第三次农业普查结果，对 2007-2017 年畜牧业主要年报数据进行了修正。

期初（末）畜禽存栏头（只）数 指报告期初（末）农村各种合作经济组织和国营农场、农民个人、机关、团体、学校、工矿企业、部队等单位以及城镇居民饲养的大牲畜、猪、羊、家禽等畜禽的数量。数据上报方式及数据调整情况同猪、牛、羊肉产量。

农作物播种面积 指农业生产经营者应在日历年度内收获农作物在全部土地（耕地或非耕地）上的播种或移植面积。凡是本年内收获的农作物，无论是本年还是上年播种，都算为播种面积，但不包括本年播种，下年收获的农作物面积。

耕地有效灌溉面积 指具有一定的水源，地块比较平整，灌溉工程或设备已经配套，在一般年景下能够进行正常灌溉的耕地面积。在一般情况下，耕地灌溉面积应等于灌溉工程或设备已经配套，能够进行正常灌溉的水田和水浇地面积之和。它是反映我国农田水利建设的重要指标。

农用化肥施用量 指本年内实际用于农业生产的化肥数量，包括氮肥、磷肥、钾肥和复合肥。化肥施用量要求按折纯量计算数量。折纯量是指把氮肥、磷肥、钾肥分别按含氮、含五氧化二磷、含氧化钾的百分之百成分进行折算后的数量。复合肥按其所含主要成分折算。公式为：

折纯量=实物量×某种化肥有效成分含量的百分比

农业机械总动力 指全部农业机械动力的额定功率之和。农业机械是指用于农业生产及其产品初加工等相关农事活动的机械及设备。农机总动力按使用能源不同分为以下四部分：

柴油发动机动力：指全部柴油发动机额定功率之和；

汽油发动机动力：指全部汽油发动机额定功率之和；

电动机动力：指全部电动机（含潜水电泵的电动机）额定功率之和；

其他机械动力：指采用柴油、汽油、电力之外的其他能源，如水力、风力、煤炭、太阳能等动力机械功率之和。

该指标统计数据主要来源于农机部门。

Explanatory Notes on Main Statistical Indicators

Gross Output Value of Agriculture, Forestry, Animal Husbandry and Fishery refers to the total value of products of agriculture, forestry, animal husbandry and fishery, and total value of services in support of agriculture, forestry, animal husbandry and fishery activities. It reflects the total scale and results of agricultural production during a given period. Prior to 1957, China's gross agricultural output value included barnyard manure and handicraft products for self-consumption (clothes, shoes, stockings, and initial grain processing undertaken by peasants). Since 1958, cutting and felling of bamboo and trees by villages and other cooperative organizations under villages have been included in forestry; value of barnyard manure has been excluded from animal husbandry; self consumed handicrafts have not been included from sideline occupations, while the output value of industries run by villages and cooperative organizations under village has been included in sideline occupations; and the output value of fish catches by motor fishing boats has been added to fishery. Since 1980, the value of handicraft products made for sale by individuals in households has been added to sideline occupations. Since 1984, industries run by villages and under villages have been included in the sector of industry. Since 1993, the subdivision of sideline occupations has been cancelled, and the hunting of wild animals has been classified into animal husbandry, and the gathering of wild plants and commodity industry run by rural household have been included in farming. A new industrial classification of economic activities was introduced in 2003. Under the classification, value of services to agriculture, forestry, animal husbandry and fishery is included in the gross output value of agriculture, value of wood felling and transport is included in forestry, value of industrial output by rural households is not included in agriculture, gathering wild forest products is included in forestry. *The Classification of Products for Statistical Purposes* implemented in 2010 made relevant revision on the output value of agriculture and forestry in 2009, and value of walnut, Chinese chestnut and Chinese prickly ash is included in farming. In 2018, agriculture, forestry, animal husbandry and fishery services was renamed specializing and supportive activities for agriculture, forestry, animal husbandry, and fishery.

Gross output value of agriculture is obtained by multiplying the output of each product or by-product by its price, resulting in the output value of each single item. For a small number of products, annual output of which is not available or difficult to get due to the long production (growing) process involved, the output value is estimated through an indirect approach. The sum of output values of all products of agriculture, forestry, animal husbandry and fishery and services in support to those industries is then equal to the gross output value of agriculture.

Grain Output refers to the total output of grains produced by agricultural producers within a calendar year. It includes summer grain, early rice and autumn grain if classified by harvest seasons; it covers cereal, tubers and beans if classified by type of crops. Output of cereal should be limited to husked grain only. Output of beans refers to dry beans without pods. The output of tubers (sweet potatoes and potatoes, not including taros and cassava) are converted into that of grain at the ratio 4:1, i.e. 4 kilograms of fresh tubers were equivalent to 1 kilogram of grain up to 1963. Since 1964 the ratio for conversion has been 5:1. Tubers supplied as vegetables (such as potatoes) in cities and suburbs are calculated as fresh vegetables and their output is not included in the output of grain.

Cotton Output refers to cotton production in the whole country including cotton planted in spring and in autumn. Output is measured as the weight of ginned cotton. Ceiba is not included.

Output of Oil-bearing Crops refers to the total production of oil-bearing crops of various kinds, including peanuts (dry, in shell), rapeseeds, sesame, sunflower seeds, flax seeds, and other oil-bearing crops. Soybeans, oil-bearing woody plants, and wild oil-bearing crops are not included.

Output of Aquatic Products refers to final output actually yielded from fishing production (fishery and breeding), including all output of marine and freshwater fish, crustaceans (shrimps, crabs), shellfish, cephalopod, seaweed and other fishery products. Data on output of aquatic products are reported by aquatic product agencies level by level. Before 1995, among the shellfish, oyster was counted as fresh meat; 5 kilograms of ark shell, clams and frogs are equivalent to 1 kilogram of fresh aquatic products; they have all been counted as fresh aquatic products since 1996.

Output of Pork, Beef, and Mutton refers to the meat of slaughtered hogs, cattle, sheep and goats with head, feet, and offal taken away. Data refers to the production of the whole country. Before 1996, it was a comprehensive reporting from the lower level to the upper one. The First Agricultural Census of China in 1996 revealed some discrepancy between the production of animal products from the annual reports and that from the census. Efforts were made to adjust the output value of animal husbandry to make the figures from the annual reports consistent with the census data. Since 1999, the NBS conducted sample surveys for the major animal husbandry products, such as hogs, cattle, sheep and goats and fowls, and the data from sample surveys are used as national finalized data. Those products, which are not covered by the sample survey, are still reported by statistical agencies level by level. In 2007, the data on animal husbandry from 2000 to 2006 were revised according to the results of the Second Agriculture Census of

China. In 2008, a monitoring and survey program was set up on main livestock, the data on the main livestock such as hog, cattle, sheep and poultry became the official data based on the sampling survey. In 2018, the data on animal husbandry from 2007 to 2017 were revised according to the results of the Third Agriculture Census of China.

Number of Livestock or Poultry in Stock at Beginning (or End) of Period refers to the total number of large animals, pigs, sheep, fowls, etc. raised by rural cooperative organizations, State farms, rural individuals, government agencies, schools, industrial and mining enterprises, army, and urban residents at the beginning (or end) of the reference period. Data reporting system and data adjustment are the same as that in the output of pork, beef and mutton.

Sown Area of Crops refers to area of all land (cultivated or non-cultivated area) sown or transplanted with crops that are harvested within the calendar year by agricultural producers. All crops harvested within the year are counted as sown area, regardless of being sown in this year or the previous year. Crops sown this year but will be harvested in the coming year are excluded.

Effective Irrigated Area of Cultivated Land refers to area of land that are effectively irrigated, i.e. relatively level land, where there are water sources or complete sets of irrigation facilities to lift and move adequate water for irrigation purpose under normal conditions. Under normal situations, irrigated area of cultivated land is the sum of watered fields and irrigated fields where irrigation systems or equipment have been installed for regular irrigation purpose. It is an important indicator to reflect the farmland water conservancy construction in China.

Consumption of Chemical Fertilizers in Agriculture refers to the quantity of chemical fertilizers applied in agriculture in the year, including nitrogenous fertilizer, phosphate fertilizer, potash fertilizer, and compound fertilizer. The consumption of chemical fertilizers is calculated in terms of volume of effective components by means of converting the gross weight of the respective fertilizers into weight containing effective component (e.g. nitrogen content in nitrogenous fertilizer, phosphorous pentoxide contents in phosphate fertilizer, and potassium oxide contents in potash fertilizer). Compound fertilizer is converted in regard to its major components. The formula is:

Volume of effective component = physical quantity × effective component of certain chemical fertilizer (%)

Total Power of Agricultural Machinery refers to the total rated capacity of all agricultural machinery. Agricultural machinery refers to the machineries and equipment which are used for activities of planting, animal husbandry, fishery, primary processing of agricultural products, agricultural transport and infrastructure construction of farmland. Total power of agricultural machinery is grouped into four parts according to the energy used:

Diesel engine power refers to the total rated capacity of all diesel engines.

Gasoline engine power refers to the total rated capacity of all gasoline engines.

Motor power refers to the total rated capacity of all motors (include submersible pump motors).

Other mechanical powers refer to the total mechanical capacity of the sources of energy besides diesel, gasoline and motor power, such as hydro power, wind power, coal and solar energy.

Data are mainly from agricultural machinery agencies.

INDUSTRY

10 工 业

资料整理人员

刘香元　文明佳　杨　健　黄岩峰　牛玉龙

工业

INDUSTRY

规模以上工业企业单位数	Number of Industrial Enterprises above Designated Size	6859	个 (unit)
产品产量（全社会）	Output of Products(Total Society)		
原　煤	Coal	120346	万吨 (10 000 tons)
发电量	Electricity	3926.2	亿千瓦小时 (100 million kwh)
粗　钢	Crude Steel	6740.7	万吨 (10 000 tons)
生　铁	Pig Iron	5988.4	万吨 (10 000 tons)

工业增加值构成 (%)

Composition of Value Added of Industry (%)

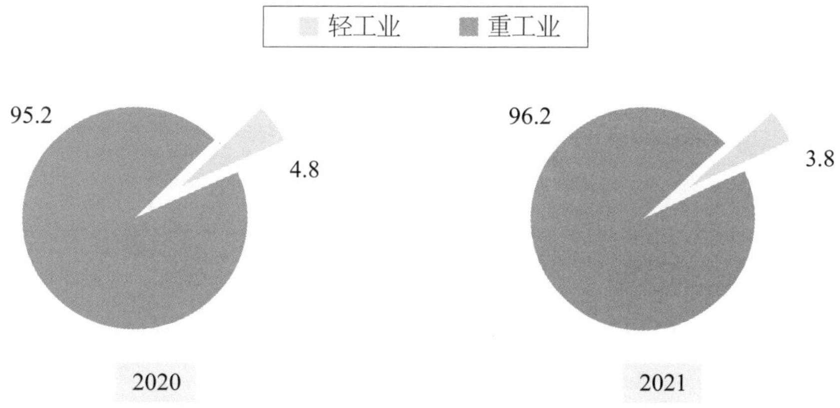

工业增加值增速 (%)

Growth Rate of Industrial Value Added (%)

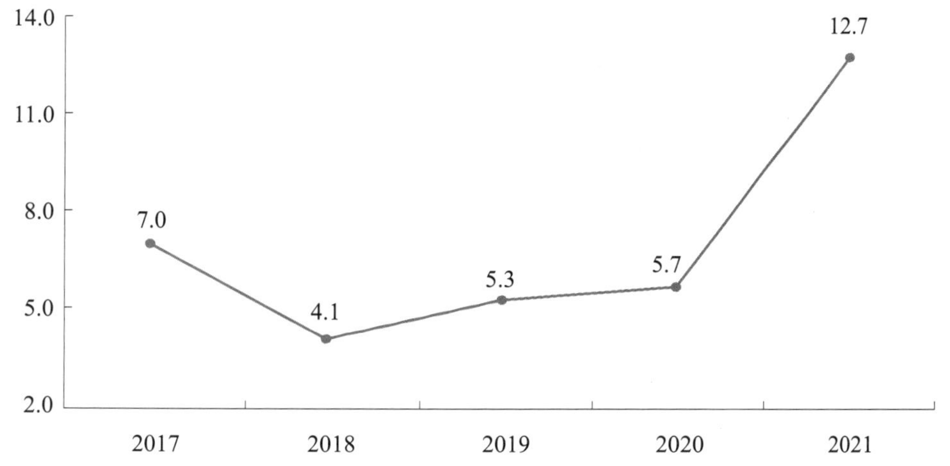

10-1 主要年份工业企业单位数
NUMBER OF INDUSTRIAL ENTERPRISES IN MAJOR YEARS

单位：个 (unit)

年 份 Year	工业企业单位数 Number of Industrial Enterprises	按轻重工业分 Grouped by Light & Heavy Industry		按经济类型分 Grouped by Ownership		
		轻工业 Light Industry	重工业 Heavy Industry	国有经济 State-owned Enterprise	集体经济 Collective-owned Enterprise	其他经济 Other Ownership
1978	9381	4463	4918	2547	6834	
1980	9533	4528	5005	2524	7009	
1985	11004	4875	6129	2421	8577	6
1990	12122	4922	7200	2776	9318	28
1995	12086	4080	8006	3042	8698	346
2000	3275	944	2331	1537	766	972
2005	4441	761	3680	879	928	2634
2010	4240	737	3503	266	181	3793
2011	3673	546	3127	227	114	3332
2012	3905	569	3336	237	97	3571
2013	3979	586	3393	110	72	3797
2014	3906	614	3292	84	56	3766
2015	3845	625	3220	74	45	3726
2016	3548	595	2953	56	39	3453
2017	3835	654	3181	54	38	3743
2018	4212	683	3529	48	36	4128
2019	4798	702	4096	50	30	4718
2020	5480	732	4748	60	26	5394
2021	6859	861	5998	47	23	6789

年 份 Year	按企业规模分 Grouped by Size of Enterprises				按隶属关系分 Grouped by Jurisdiction of Management	
	大型企业 Large Enterprises	中型企业 Medium-sized Enterprises	小型企业 Small Enterprises	微型企业 Microenterprises	中央企业 Central Enterprise	地方企业 Local Enterprise
1978	36	117	9228		100	9281
1980	50	94	9389		112	9421
1985	75	144	10785		168	10836
1990	97	169	11856		187	11935
1995	122	252	11712		183	11903
2000	137	228	2910		110	3165
2005	87	757	3597		95	4346
2010	149	970	3121		120	4120
2011	300	924	2297	152	135	3538
2012	295	889	2513	208	150	3755
2013	277	913	2542	247	148	3831
2014	246	898	2547	215	144	3762
2015	219	854	2476	296	147	3698
2016	223	843	2313	169	148	3400
2017	254	843	2516	222	171	3664
2018	271	840	2701	400	209	4003
2019	298	895	3110	495	210	4588
2020	289	906	3631	654	226	5254
2021	332	889	4569	1069	287	6572

注：(1)规模以上工业企业统计范围1998-2006年为国有企业、大中型企业和年产品销售收入500万元及以上非国有企业；2007-2010年为年主营业务收入500万元及以上的工业法人企业；2011年及以后为年主营业务收入2000万元及以上的工业法人企业。

(2)2011年起企业规模划分采用新标准。

Notes: (1)Enterprises in this table contains enterprises which is state-owned, large & medium-sized and non-state-owned with sales above 5 million yuan from 1998 to 2006; enterprises whose major business revenue is above 5 million yuan from 2007 to 2010; enterprises whose major business revenue is above 20 million yuan since 2011.

(2)New standards of enterprise size have been used since 2011.

10-2 主要年份主要工业产品产量
OUTPUT OF MAJOR INDUSTRIAL PRODUCTS IN MAJOR YEARS

年份 Year	原煤 (万吨) Coal (10 000 tons)	发电量 (亿千瓦小时) Electricity (100 million kwh)	生铁 (万吨) Pig Iron (10 000 tons)	粗钢 (万吨) Crude Steel (10 000 tons)	钢材 (万吨) Steel Products (10 000 tons)	氧化铝 (万吨) Aluminum Oxide (10 000 tons)	原铝 (万吨) Electrolyzed Aluminum (10 000 tons)
1978	9825	106.6	150.4	120.0	74.0		0.5
1980	12103	120.2	171.4	149.4	86.4		0.6
1985	21418	184.6	229.5	183.7	110.8		1.0
1990	28597	314.2	454.9	238.6	128.8		1.9
1995	34731	506.0	1438.3	339.8	217.1		6.4
2000	25152	624.7	1628.0	472.7	392.6		17.7
2005	55426	1316.5	3229.8	1654.7	1368.6	151.2	34.5
2010	74096	2150.6	3402.4	3048.8	2866.4	358.9	80.6
2011	87228	2344.0	3786.1	3490.4	3371.2	500.9	104.7
2012	91333	2535.0	4009.6	3950.2	3799.5	508.6	105.6
2013	92167	2641.1	4310.7	4671.4	4487.0	784.6	104.2
2014	92794	2642.8	4059.3	4325.4	4701.0	903.0	82.7
2015	96680	2457.5	3576.4	3847.0	4267.3	1272.9	66.0
2016	83044	2510.5	3641.1	3936.1	4279.0	1414.1	86.8
2017	87221	2765.5	3951.9	4429.7	4335.4	1928.3	98.5
2018	92634	3087.6	4761.3	5386.2	4903.3	2024.5	93.3
2019	98795	3361.7	5557.1	6039.1	5594.2	1996.3	78.9
2020	107906	3503.5	6089.1	6637.8	6181.5	1812.4	76.2
2021	120346	3926.2	5988.4	6740.7	6173.9	1959.5	101.0

年份 Year	焦炭 (万吨) Coke (10 000 tons)	铜 (吨) Copper (ton)	水泥 (万吨) Cement (10 000 tons)	平板玻璃 (万重量箱) Plate Glass (10 000 weight cases)	化学肥料 (折有效成份100%, 万吨) Chemical Fertilizer (10 000 tons)	#氮肥 Nitrogenous	初级形态的塑料 (万吨) Primary Form of Plastics (10 000 tons)
1978	356.5	13583	255.9	47.1	32.3	30.2	0.6
1980	321.0	26607	287.9	52.7	40.2	34.9	0.6
1985	417.3	24400	458.7	113.3	39.3	37.4	0.9
1990	1609.3	25147	612.5	181.6	71.9	60.1	1.8
1995	5297.6	27530	1169.9	241.4	102.3	83.3	2.6
2000	4967.0	28544	1434.0	358.0	170.2	137.6	3.0
2005	7981.0	27225	2310.7	360.2	353.5	336.4	29.3
2010	8502.1	80610	3670.3	1673.4	331.8	321.6	20.2
2011	9047.9	87785	4101.5	1847.6	363.8	353.7	46.3
2012	8612.7	98134	5076.2	1975.8	389.1	379.2	51.9
2013	9022.4	88564	5269.1	2065.3	446.1	439.8	48.5
2014	8765.9	144489	4802.0	1758.9	461.7	453.4	49.4
2015	8039.9	180935	3786.1	1400.8	465.0	455.7	65.5
2016	8186.0	195596	3851.5	1648.1	443.5	431.2	67.2
2017	8383.1	192287	3760.3	1702.6	373.9	368.3	79.5
2018	9256.2	180000	4376.8	2121.7	361.3	342.4	89.1
2019	9699.5	138091	4982.4	1846.9	400.5	392.6	97.8
2020	10493.7	112650	5616.7	2252.2	400.2	386.3	102.4
2021	9857.2	133100	5688.6	2197.9	383.3	376.5	111.1

注：本表产量为全社会口径。

Note: Coverage of products in the table is total society.

10–2 续表 continued

年 份 Year	橡胶轮胎外胎 (万条) Rubber Tires (10 000 units)	矿山专用设备 (吨) Mining Equipment (ton)	纱 (吨) Yarn (ton)	布 (万米) Cloth (10 000 m)	白 酒 (千升) White Spirit (kiloliter)
1978	10.0	18214	72193	32756	
1980	14.4	9349	84145	38652	
1985	29.3	16345	77762	37555	
1990	57.3	25717	94237	42948	
1995	112.5	23675	72165	35593	
2000	154.3	6857	84765	33253	
2005	135.1	109570	149828	36256	77199
2010	173.5	329442	53913	7381	112022
2011	164.9	354327	54012	8139	145722
2012	170.3	434304	61575	7499	130691
2013	166.6	430963	56923	7553	111881
2014	165.2	255155	55125	8172	93597
2015	155.0	260185	52826	7720	83568
2016	145.8	223304	53769	4176	103239
2017	73.2	260521	32243	3668	139907
2018	78.5	324226	21591	2399	167227
2019	83.1	412156	24891	2094	209323
2020	79.3	506947	22040	1715	179311
2021	98.2	598480	23865	2090	217254

年 份 Year	食 醋 (吨) Vinegar (ton)	卷 烟 (万箱) Cigarettes (10 000 cases)	机制纸及纸板(万吨) Machine-made Paper and Paperboard (10 000 tons)	合成洗涤剂(吨) Synthetic Detergents (ton)	非常规天然气 (亿立方米) Unconventional Gas (100 million cu.m)
1978		16.8	9.4	14409	
1980		18.6	11.6	18505	
1985		18.7	18.8	60746	
1990		24.2	35.4	68951	
1995		28.4	59.7	135359	
2000		30.3	27.0	189235	
2005		25.0	40.5	162303	
2010	385452	29.5	21.8	119774	29.9
2011	455262	31.0	20.5	98419	27.3
2012	550278	31.2	33.4	101898	33.6
2013	550229	31.7	34.2	108199	35.6
2014	474644	32.7	25.9	92683	38.1
2015	673052	32.7	35.3	87713	39.8
2016	626955	31.1	41.7	79342	43.2
2017	567275	30.0	45.5	72305	46.8
2018	518232	29.8	46.1	68306	52.7
2019	488801	31.0	60.9	70128	64.6
2020	491368	30.2	69.6	61088	85.9
2021	492110	30.5	108.0	54390	123.4

注：本表2019年及以前年份非常规天然气只包含煤层气，2020年起包含煤层气和致密砂岩气，后表同。
Note: Unconventional gas in the table includes both coalbed methane and shale gas from 2020, while it just includes coalbed methane before 2020. The same applies to the following.

10–3 规模以上主要工业产品产量
OUTPUT OF MAJOR INDUSTRIAL PRODUCTS ABOVE DESIGNATED SIZE

指　标		Item	2020	2021
原　煤	(万吨)	Coal (10 000 tons)	106307	119316
发电量	(亿千瓦小时)	Electricity (100 million kwh)	3366.9	3734.4
生　铁	(万吨)	Pig Iron (10 000 tons)	6089.1	5988.4
粗　钢	(万吨)	Crude Steel (10 000 tons)	6637.8	6740.7
钢　材	(万吨)	Steel Products (10 000 tons)	6181.4	6173.9
氧化铝	(万吨)	Aluminum Oxide (10 000 tons)	1812.4	1959.5
原　铝	(万吨)	Electrolyzed Aluminum (10 000 tons)	76.2	101.0
焦　炭	(万吨)	Coke (10 000 tons)	10493.7	9857.2
铜	(万吨)	Copper (10 000 tons)	11.3	13.3
水　泥	(万吨)	Cement (10 000 tons)	5364.6	5537.3
平板玻璃	(万重量箱)	Plate Glass (10 000 weight cases)	2252.2	2197.9
硫　酸	(折纯，万吨)	Sulfuric Acid (10 000 tons)	44.4	53.0
化学肥料	(折纯，万吨)	Chemical Fertilizer (10 000 tons)	393.6	381.0
化学农药原药	(吨)	Chemical Pesticide (ton)	607	6218
初级形态的塑料	(万吨)	Primary Form of Plastics (10 000 tons)	102.4	111.1
橡胶轮胎外胎	(万条)	Rubber Tires (10 000 units)	77.8	81.0
矿山专用设备	(吨)	Mining Equipment (ton)	506947	598480
金属切削机床	(台)	Metal–cutting Machine Tools (unit)	34	30
工业锅炉	(蒸发量吨)	Industrial Boiler (Evaporate Capacity ton)	4187	10581
变压器	(万千伏安)	Transformer (10 000 kva)	1459.8	891.4
泵	(台)	Pump (unit)	164651	118553
纱	(吨)	Yarn (ton)	22040	23865
布	(万米)	Cloth (10 000 m)	917	2090
白　酒	(千升)	White Spirit (kiloliter)	179311	217254
啤　酒	(千升)	Beer (kiloliter)	178201	179227
卷　烟	(万箱)	Cigarettes (10 000 cases)	30.2	30.5
机制纸及纸板	(万吨)	Machine–made Paper and Paperboard (10 000 tons)	69.6	108.0
合成洗涤剂	(吨)	Synthetic Detergents (ton)	59088	51890
非常规天然气	(亿立方米)	Unconventional Gas (100 million cu.m)	85.2	123.3
电子计算机整机	(台)	Electronic Computers (set)	131103	252710
手　机	(万台)	Mobile Phones (10 000 units)	2261.4	2732.9
化学药品原药	(吨)	Chemical Medicine (ton)	38494	57662
食　醋	(吨)	Vinegar (ton)	491368	492110
太阳能电池	(千瓦)	Solar Cell (kw)	6854112	7273353
新能源汽车	(辆)	New Energy Motor Vehicles (unit)	21565	53121

10-4 工业企业主要财务指标(2021年)

单位：万元

指　　标	Item	单位数(个) Enterprises (unit)	#亏损企业 Loss-making Enterprises
总　计	**Total**	**6859**	**1749**
一、按登记注册类型分	Grouped by Registered Kind		
内资企业	Civil Funded Enterprises	6698	1704
国有企业	State-owned Enterprises	47	17
集体企业	Collective-owned Enterprises	23	5
股份合作企业	Share Holding Cooperative Enterprises	2	1
联营企业	Joint Owned Enterprises		
有限责任公司	Limited Liability Corporations	2010	557
国有独资公司	State Sole Funed Corporations	189	72
其他有限责任公司	Other Limited Liability Corporations	1821	485
股份有限公司	Share Holding Limited Corporations	105	23
私营企业	Private Enterprises	4511	1101
私营独资企业	Private-funed Enterprises	202	54
私营合伙企业	Private Partnership Enterprises	15	4
私营有限责任公司	Private Limited Liability Corporations	3938	986
私营股份有限公司	Private Share Holding Limited Corporations	356	57
其他企业	Others		
港、澳、台商投资企业	Enterprises Funded by Hong Kong, Macao and Taiwan	63	21
合资经营企业(港或澳、台资)	Joint Venture Enterprises	30	15
合作经营企业(港或澳、台资)	Cooperative Enterprises		
港澳台商独资企业	Solely Owned Enterprises	29	5
港澳台商投资股份有限公司	Share Holding Limited Corporations	3	1
其他港澳台商投资企业	Others	1	
外商投资企业	Foreign Funded Enterprises	98	24
中外合资经营企业	Joint Venture Enterprises	61	16
中外合作经营企业	Cooperative Enterprises	4	1
外资企业	Solely Owned Enterprises	32	6
外商投资股份有限公司	Share Holding Limited Corporations	1	1
其他外商投资企业	Others		

MAIN FINANCIAL INDICATORS OF INDUSTRIAL ENTERPRISES(2021)

(10 000 yuan)

资产总计 Total Assets	流动资产合计 Total Current Assets	负债合计 Total Liabilities	所有者权益合计 Total Creditors' Equity	营业收入 Business Revenue	营业成本 Business Cost
570843563	**270194554**	**405806561**	**165169411**	**336824202**	**267108326**
543493825	254037038	389856823	153769414	316925660	249734065
5779866	2691880	4371765	1408101	2628933	2370032
845196	290285	641155	204040	795659	525282
9628	7789	5191	4437	5273	5036
387483539	166237233	286501379	101111038	175595882	130563719
48031625	17884977	34767401	13260362	23333504	20117581
339451915	148352256	251733978	87850676	152262377	110446137
52233774	27258137	29041189	23192583	27214569	19994594
97141823	57551713	69296144	27849216	110685344	96275402
953732	711305	779590	174142	1852567	1699431
123437	77717	69009	54428	242714	204276
88204323	52009382	63978935	24228929	100868949	87963337
7860331	4753310	4468611	3391716	7721114	6408358
12211079	8043140	8515340	3695738	10718455	10351642
9736188	7336262	7038900	2697288	9927371	9650854
2344928	668675	1417618	927308	697517	623001
122225	32827	54316	67909	50823	37902
7739	5376	4506	3233	42745	39884
15138659	8114376	7434399	7704260	9180087	7022619
8354450	4211788	4488222	3866227	5370623	4208359
1698530	825828	696473	1002057	978187	444982
4593573	2722207	2081049	2512524	2760001	2294717
492106	354554	168654	323452	71276	74562

10-4 续表1

单位：万元

指　　标	Item	单位数(个) Enterprises (unit)
二、在总计中: 亏损企业	Of the Total: Loss-making Enterprises	1749
在总计中: 国有控股企业	Of the Total: State-Controlled Share Holding Enterprises	1359
在总计中: 轻工业	Of the Total: Light Industry	861
重工业	Heavy Industry	5998
在总计中: 大型企业	Of the Total: Large Enterprises	332
中型企业	Medium-sized Enterprises	889
小型企业	Small Enterprises	4569
微型企业	Microenterprises	1069
三、按工业行业大类分	Grouped by Sector	
采矿业	Mining	2037
煤炭开采和洗选业	Coal Mining and Dressing	1751
石油和天然气开采业	Petroleum and Natural Gas Extraction	38
黑色金属矿采选业	Ferrous Metals Mining and Dressing	185
有色金属矿采选业	Nonferrous Metals Mining and Dressing	27
非金属矿采选业	Nonmetal Minerals Mining and Dressing	34
开采专业及辅助性活动	Mining Professional and Auxiliary Activities	2
其他采矿业	Other Mining Industry	
制造业	Manufacturing	4080
农副食品加工业	Farm Products Processing	212
食品制造业	Food Manufacturing	74
酒、饮料和精制茶制造业	Wine, Beverages and Refined Tea Manufacturing	59
烟草制品业	Tobacoo Products Manufacturing	1
纺织业	Textile Industry	23
纺织服装、服饰业	Textile, Wearing Apparel and Accessories	16
皮革、毛皮、羽毛及其制品和制鞋业	Leather, Fur, Feather and Related Products and Footwear	1
木材加工和木、竹、藤、棕、草制品业	Timber Processing, Bamboo, Cane, Palm Fiber and Straw Products	15

continued

(10 000 yuan)

#亏损企业 Loss-making Enterprises	资产总计 Total Assets	流动资产合计 Total Current Assets	负债合计 Total Liabilities	所有者权益合计 Total Creditors' Equity	营业收入 Business Revenue	营业成本 Business Cost
1749	156179301	74367785	147847810	8328510	56972184	57337368
404	375638904	160101009	279466194	96301592	155800625	116123408
218	17463885	10125117	9077587	8386290	13180411	9958246
1531	553379679	260069437	396728975	156783121	323643791	257150080
44	326866158	161763086	230315459	96795108	175237767	136364353
257	122222810	49354587	86701089	35521717	72512891	51750701
1171	97548279	49857740	68858660	28691325	78991899	70292516
277	24206316	9219141	19931354	4161263	10081645	8700756
510	311063596	155599975	224512205	86683505	141239854	94162443
412	297975625	151001511	216579136	81642295	135801075	90581151
14	7156372	1872472	4079053	2963632	1845890	1229352
58	4712539	2260856	2942700	1769836	2971581	1890233
12	802132	239153	607157	194975	364542	254028
14	314225	131000	207219	107006	164913	120433
	102703	94984	96941	5762	91854	87246
975	183631212	95941765	123328983	60303394	164750726	143389436
60	2258015	1121055	1532530	725482	3274430	3154728
14	1628061	759674	810720	817341	1419710	1146850
18	3920026	2668034	1899449	2020577	2183457	1072961
	531907	365540	129084	402823	500899	159259
10	386305	198089	228551	157754	319667	291842
3	250702	153791	152671	98031	152082	107188
	3717	3155	2810	907	2613	2184
7	61767	48622	47133	14635	61012	58330

10-4 续表2

单位：万元

指　　标	Item	单位数(个) Enterprises (unit)
家具制造业	Furniture Manufacturing	6
造纸和纸制品业	Paper Making and Paper Products	37
印刷和记录媒介复制业	Printing and Record Medium Reproduction	24
文教、工美、体育和娱乐用品制造业	Culture, Education, Art and Crafts, Sport and Entertainment Products	11
石油、煤炭及其他燃料加工业	Petroleum, Coal and Other Fuels Processing	157
化学原料和化学制品制造业	Raw Chemical Materials and Chemical Products	369
医药制造业	Medical and Pharmaceutical Products	113
化学纤维制造业	Chemical Fiber Manufacturing	4
橡胶和塑料制品业	Rubber and Plastic Products	108
非金属矿物制品业	Nonmetal Mineral Products	1087
黑色金属冶炼和压延加工业	Smelting and Pressing of Ferrous Metals	155
有色金属冶炼和压延加工业	Smelting and Pressing of Non-ferrous Metals	120
金属制品业	Metal Prodcuts	495
通用设备制造业	Ordinary Machinery Manufacturing	208
专用设备制造业	Special Purpose Equipment Manufacturing	287
汽车制造业	Automobile Manufacturing	57
铁路、船舶、航空航天和其他运输设备制造业	Railroad, Marine, Aviation and Other Transport Equipments Manufacturing	42
电气机械和器材制造业	Electrical Machinery and Equipment Manufacturing	147
计算机、通信和其他电子设备制造业	Computers, Telecommunication and Other Electronic Equipments Manufacturing	94
仪器仪表制造业	Equipments and Instruments Manufacturing	33
其他制造业	Other Manufacturing	10
废弃资源综合利用业	Comprehensive Utilization of Waste Resources	72
金属制品、机械和设备修理业	Metal Products, Machinery and Equipment Repair	43
电力、热力、燃气及水生产和供应业	Production and Supply of Electricity, Heat, Gas and Water	742
电力、热力生产和供应业	Production and Supply of Electricity and Heat	564
燃气生产和供应业	Production and Supply of Gas	127
水的生产和供应业	Production and Supply of Water	51

continued

(10 000 yuan)

#亏损企业 Loss-making Enterprises	资产总计 Total Assets	流动资产合计 Total Current Assets	负债合计 Total Liabilities	所有者权益合计 Total Creditors' Equity	营业收入 Business Revenue	营业成本 Business Cost
	55377	38330	24114	31262	32845	28867
10	543923	196242	329262	214661	564105	529462
5	264866	141082	168954	95912	180825	150306
3	146901	74201	78545	68356	85867	74386
29	34822306	16395875	25027363	9794942	30704487	26884546
76	18670704	7000181	15300055	3370645	11047216	9526312
26	5251190	3114365	2334833	2916357	2520134	1598880
	26364	16322	17525	8839	30874	28203
31	1055197	607805	664852	390344	843679	692049
322	15064133	8449300	10813347	4250911	9596203	8054290
44	36587257	13988490	22818790	13770507	48078684	42513411
31	11162109	4818840	7426043	3736065	11100282	9398131
82	5725639	3382589	3113914	2611720	5643331	5114861
27	3349187	2202434	2105776	1243409	1825888	1511786
45	9325239	6780425	6312945	3012292	4553262	3793009
32	4749482	3284896	3283894	1465587	4123138	3797496
7	3816834	2412859	2100293	1716540	1864399	1502119
32	4367778	2742745	2897660	1469144	2426343	2096365
22	14046695	12049064	9554943	4491751	14639791	13918043
4	749847	462832	345482	404364	315045	221913
2	2093247	1262340	1511404	581842	1465718	1279835
26	2059049	686307	1770910	288139	4766971	4296965
7	657391	516281	525132	132258	427770	384861
264	76148756	18652814	57965374	18182512	30833622	29556447
197	64705933	15150075	49927026	14778040	25898537	25297094
44	9109443	2975938	6795826	2313616	4428848	3841458
23	2333380	526801	1242522	1090857	506236	417895

10-4 续表3

单位：万元

指　标	Item	税金及附加 Tax and Extra Charges
总　计	**Total**	**8082820**
一、按登记注册类型分	Grouped by Registered Kind	
内资企业	Civil Funded Enterprises	7839113
国有企业	State-owned Enterprises	53359
集体企业	Collective-owned Enterprises	36015
股份合作企业	Share Holding Cooperative Enterprises	30
联营企业	Joint Owned Enterprises	
有限责任公司	Limited Liability Corporations	5942119
国有独资公司	State Sole Funed Corporations	325233
其他有限责任公司	Other Limited Liability Corporations	5616886
股份有限公司	Share Holding Limited Corporations	1011743
私营企业	Private Enterprises	795846
私营独资企业	Private-funed Enterprises	7215
私营合伙企业	Private Partnership Enterprises	857
私营有限责任公司	Private Limited Liability Corporations	749590
私营股份有限公司	Private Share Holding Limited Corporations	38184
其他企业	Others	
港、澳、台商投资企业	Enterprises Funded by Hong Kong, Macao and Taiwan	36894
合资经营企业(港或澳、台资)	Joint Venture Enterprises	29939
合作经营企业(港或澳、台资)	Cooperative Enterprises	
港澳台商独资企业	Solely Owned Enterprises	6108
港澳台商投资股份有限公司	Share Holding Limited Corporations	817
其他港澳台商投资企业	Others	30
外商投资企业	Foreign Funded Enterprises	206814
中外合资经营企业	Joint Venture Enterprises	111293
中外合作经营企业	Cooperative Enterprises	78634
外资企业	Solely Owned Enterprises	16434
外商投资股份有限公司	Share Holding Limited Corporations	453
其他外商投资企业	Others	

continued

(10 000 yuan)

销售费用 Costs of Sales	管理费用 Costs of Administration	财务费用 Costs of Finance	利润总额 Total Profits	亏损企业亏损总额 Total Loss of Loss-making Enterprises	应交增值税 Value Added Taxes Payable	平均用工人数(万人) Average Employees (10 000 persons)
5736998	**12818673**	**8328233**	**30724842**	**9212802**	**11838634**	**198.56**
5502480	12461573	8210597	28991961	8666853	11498267	184.98
35172	179348	70173	-120337	298896	42720	3.70
22188	48567	12841	146404	941	44963	0.71
85	298	14	-434	552	133	0.01
2579338	8408118	6673818	18778773	7582678	7871296	112.05
121864	808570	692129	1267753	405784	596659	11.14
2457474	7599547	5981689	17511020	7176894	7274637	100.91
300416	1115855	263148	4200261	139782	1172302	17.41
2565281	2709388	1190603	5987293	644004	2366853	51.10
43114	26860	6843	68082	7556	36189	0.77
4675	4368	70	28347	111	4713	0.09
2362536	2466934	1092530	5239203	616763	2188409	45.61
154957	211227	91160	651661	19574	137542	4.63
65290	99848	34937	92406	314129	57438	6.83
35501	77611	-8132	110695	160486	37123	6.46
27937	15508	41926	-22314	152010	19055	0.26
953	6307	1074	2608	1633	1260	0.10
900	422	71	1418			0.01
169228	257251	82699	1640475	231820	282929	6.76
122378	155583	72069	928576	197151	164553	2.24
22411	27097	4831	379179	2571	99104	0.72
20518	73093	4602	347126	17691	17514	3.72
3921	1479	1197	-14407	14407	1758	0.08

10-4 续表4

单位：万元

指　　标	Item	税金及附加 Tax and Extra Charges
二、在总计中: 亏损企业	Of the Total: Loss-making Enterprises	717107
在总计中: 国有控股企业	Of the Total: State-Controlled Share Holding Enterprises	5947117
在总计中: 轻工业	Of the Total: Light Industry	708430
重工业	Heavy Industry	7374391
在总计中: 大型企业	Of the Total: Large Enterprises	4697165
中型企业	Medium-sized Enterprises	2744858
小型企业	Small Enterprises	566369
微型企业	Microenterprises	74429
三、按工业行业大类分	Grouped by Sector	
采矿业	Mining	6536606
煤炭开采和洗选业	Coal Mining and Dressing	6390768
石油和天然气开采业	Petroleum and Natural Gas Extraction	39241
黑色金属矿采选业	Ferrous Metals Mining and Dressing	84691
有色金属矿采选业	Nonferrous Metals Mining and Dressing	15832
非金属矿采选业	Nonmetal Minerals Mining and Dressing	5978
开采专业及辅助性活动	Mining Professional and Auxiliary Activities	97
其他采矿业	Other Mining Industry	
制造业	Manufacturing	1382581
农副食品加工业	Farm Products Processing	4108
食品制造业	Food Manufacturing	5640
酒、饮料和精制茶制造业	Wine, Beverages and Refined Tea Manufacturing	418595
烟草制品业	Tobacoo Products Manufacturing	237889
纺织业	Textile Industry	1636
纺织服装、服饰业	Textile, Wearing Apparel and Accessories	1249
皮革、毛皮、羽毛及其制品和制鞋业	Leather, Fur, Feather and Related Products and Footwear	6
木材加工和木、竹、藤、棕、草制品业	Timber Processing,Bamboo,Cane,Palm Fiber and Straw Products	229

continued

(10 000 yuan)

销售费用 Costs of Sales	管理费用 Costs of Administration	财务费用 Costs of Finance	利润总额 Total Profits	亏损企业亏损总额 Total Loss of Loss-making Enterprises	应交增值税 Value Added Taxes Payable	平均用工人数(万人) Average Employees (10 000 persons)
758643	2962238	3137904	-9212802	9212802	924418	45.40
2068951	7840044	6288670	15379608	7868851	7427278	105.34
778522	661753	122164	1375935	167205	383537	16.17
4958476	12156919	8206069	29348907	9045598	11455097	182.39
2162706	6670115	4298083	18578625	3409702	6522567	103.60
1213128	3720235	2148298	9926205	2734154	3412135	53.03
2213852	2149529	1367725	1891602	2526561	1662587	37.79
147313	278794	514129	328410	542386	241345	4.15
2767027	7534383	4841364	23290498	3641104	8099029	91.03
2694179	7238103	4736309	22089886	3506848	7859971	87.86
29491	74247	37137	466387	100488	42966	0.66
19633	168995	60409	688596	19779	176964	1.82
1522	37284	5377	42582	8033	13555	0.44
21641	13247	2137	1461	5955	4942	0.20
562	2508	-5	1586		631	0.04
2694238	4501781	2001870	8646993	2460480	3248913	93.53
47913	64629	29674	-16546	59799	6729	2.23
87713	69715	17135	89062	14943	23808	1.75
66191	125058	6248	601317	11980	140960	2.55
7544	54803	-5746	41578		46708	0.09
6399	13391	6189	1241	5521	1129	0.46
13054	19197	1513	11543	272	5298	0.33
121	136	5	164		75	0.01
883	1569	453	296	667	1243	0.06

10-4 续表5

单位：万元

指　标	Item	税金及附加 Tax and Extra Charges
家具制造业	Furniture Manufacturing	131
造纸和纸制品业	Paper Making and Paper Products	3368
印刷和记录媒介复制业	Printing and Record Medium Reproduction	1599
文教、工美、体育和娱乐用品制造业	Culture, Education, Art and Crafts, Sport and Entertainment Products	482
石油、煤炭及其他燃料加工业	Petroleum, Coal and Other Fuels Processing	160501
化学原料和化学制品制造业	Raw Chemical Materials and Chemical Products	51093
医药制造业	Medical and Pharmaceutical Products	22969
化学纤维制造业	Chemical Fiber Manufacturing	23
橡胶和塑料制品业	Rubber and Plastic Products	5373
非金属矿物制品业	Nonmetal Mineral Products	57508
黑色金属冶炼和压延加工业	Smelting and Pressing of Ferrous Metals	157973
有色金属冶炼和压延加工业	Smelting and Pressing of Non-ferrous Metals	66668
金属制品业	Metal Prodcuts	20135
通用设备制造业	Ordinary Machinery Manufacturing	8919
专用设备制造业	Special Purpose Equipment Manufacturing	25144
汽车制造业	Automobile Manufacturing	14394
铁路、船舶、航空航天和其他运输设备制造业	Railroad, Marine, Aviation and Other Transport Equipments Manufacturing	12698
电气机械和器材制造业	Electrical Machinery and Equipment Manufacturing	8786
计算机、通信和其他电子设备制造业	Computers, Telecommunication and Other Electronic Equipments Manufacturing	34515
仪器仪表制造业	Equipments and Instruments Manufacturing	2119
其他制造业	Other Manufacturing	1492
废弃资源综合利用业	Comprehensive Utilization of Waste Resources	54588
金属制品、机械和设备修理业	Metal Products, Machinery and Equipment Repair	2751
电力、热力、燃气及水生产和供应业	Production and Supply of Electricity, Heat, Gas and Water	163634
电力、热力生产和供应业	Production and Supply of Electricity and Heat	141094
燃气生产和供应业	Production and Supply of Gas	9897
水的生产和供应业	Production and Supply of Water	12643

continued

(10 000 yuan)

销售费用 Costs of Sales	管理费用 Costs of Administration	财务费用 Costs of Finance	利润总额 Total Profits	亏损企业 亏损总额 Total Loss of Loss-making Enterprises	应交增值税 Value Added Taxes Payable	平均用工人数 (万人) Average Employees (10 000 persons)
567	1336	569	895		630	0.04
12169	15511	4528	3930	6374	20091	0.31
7074	16352	2464	2436	3560	3911	0.41
5129	4993	1110	−160	1263	1019	0.18
402680	756871	428653	1993974	829751	571265	8.72
251975	567514	445264	−13498	647164	181282	7.67
473268	188852	38468	553153	31690	89462	3.15
690	1394	53	216		107	0.02
22172	40843	7202	49840	24007	14138	1.16
372845	473190	164485	409884	175418	302581	11.39
312910	697979	443433	3028317	147386	718487	13.47
131200	200575	222090	802269	106588	260699	4.15
108035	164180	40137	133224	40774	120306	6.55
48757	123784	27806	50060	24464	46118	2.59
99027	252714	104530	83520	68216	115512	4.57
48870	112825	3308	89621	73642	29363	2.09
32959	116777	22773	134253	10017	49190	2.07
62341	120355	23106	33455	53547	36100	2.00
35147	128924	−56100	470053	34884	18448	12.24
16909	27133	4216	18135	11148	8035	0.34
2461	73678	5439	67521	6389	1651	1.24
12481	34085	10809	19262	45562	417524	0.78
4757	33422	2058	−12019	25458	17046	0.90
275733	782509	1485000	−1212649	3111218	490691	14.01
71803	567359	1330396	−1322598	2976954	443584	10.44
186111	148283	127397	124818	81904	34933	2.25
17820	66867	27207	−14869	52360	12175	1.32

10-5 国有控股工业企业主要财务指标(2021年)

单位：万元

指 标	Item	单位数(个) Enterprises (unit)	#亏损企业 Loss-making Enterprises
总 计	**Total**	**1359**	**404**
按工业行业大类分	Grouped by Sector		
采矿业	Mining	485	127
煤炭开采和洗选业	Coal Mining and Dressing	448	112
石油和天然气开采业	Petroleum and Natural Gas Extraction	25	11
黑色金属矿采选业	Ferrous Metals Mining and Dressing	5	2
有色金属矿采选业	Nonferrous Metals Mining and Dressing	4	1
非金属矿采选业	Nonmetal Minerals Mining and Dressing	2	1
开采专业及辅助性活动	Mining Professional and Auxiliary Activities	1	
其他采矿业	Other Mining Industry		
制造业	Manufacturing	428	129
农副食品加工业	Farm Products Processing	6	2
食品制造业	Food Manufacturing	6	2
酒、饮料和精制茶制造业	Wine, Beverages and Refined Tea Manufacturing	12	4
烟草制品业	Tobacoo Products Manufacturing	1	
纺织业	Textile Industry	2	1
纺织服装、服饰业	Textile, Wearing Apparel and Accessories	6	1
皮革、毛皮、羽毛及其制品和制鞋业	Leather, Fur, Feather and its products and Footwear		
木材加工和木、竹、藤、棕、草制品业	Timber Processing, Bamboo, Cane, Palm Fiber and Straw Products		
家具制造业	Furniture Manufacturing		
造纸和纸制品业	Paper Making and Paper Products		
印刷和记录媒介复制业	Printing and Record Medium Reproduction	4	
文教、工美、体育和娱乐用品制造业	Culture, Education, Art and Crafts, Sport and Entertainment Products		

MAIN FINANCIAL INDICATORS OF STATE-HOLDING INDUSTRIAL ENTERPRISES(2021)

(10 000 yuan)

资产总计 Total Assets	流动资产合计 Total Current Assets	负债合计 Total Liabilities	所有者权益合计 Total Creditors' Equity	营业收入 Business Revenue	营业成本 Business Cost
375638904	**160101009**	**279466194**	**96301592**	**155800625**	**116123408**
245973542	117536715	185152493	60951771	83136388	50814768
239165344	115995837	181617315	57792438	80606917	49325083
5299119	1165221	3036432	2148999	1345035	929992
1317558	269938	341118	976441	1065038	460357
99982	22333	70697	29285	64901	47441
7090	3971	6473	617	3193	2859
84449	79415	80458	3992	51305	49036
67958081	28492507	47148375	20808732	45471771	38954838
68764	29798	43965	24799	15138	13826
19072	14292	10490	8582	20552	16412
2699123	2041380	1268654	1430469	1634204	666480
531907	365540	129084	402823	500899	159259
89396	27807	52138	37259	61542	57410
84953	48128	58689	26264	43345	33511
106634	54055	68271	38363	41300	29290

10-5 续表1

单位：万元

指　　标	Item	单位数(个) Enterprises (unit)
石油、煤炭及其他燃料加工业	Petroleum, Coal and Other Fuels Processing	20
化学原料和化学制品制造业	Raw Chemical Materials and Chemical Products	52
医药制造业	Medical and Pharmaceutical Products	9
化学纤维制造业	Chemical Fiber	
橡胶和塑料制品业	Rubber and Plastic Products	11
非金属矿物制品业	Nonmetal Mineral Products	55
黑色金属冶炼和压延加工业	Smelting and Pressing of Ferrous Metals	10
有色金属冶炼和压延加工业	Smelting and Pressing of Non-ferrous Metals	15
金属制品业	Metal Prodcuts	26
通用设备制造业	Ordinary Machinery Manufacturing	29
专用设备制造业	Special Purpose Equipment Manufacturing	71
汽车制造业	Automobile Manufacturing	11
铁路、船舶、航空航天和其他运输设备制造业	Railroad, Marine, Aviation and Other Transport Equipments Manufacturing	20
电气机械和器材制造业	Electrical Machinery and Equipment Manufacturing	21
计算机、通信和其他电子设备制造业	Computers, Telecommunication and Other Electronic Equipments Manufacturing	8
仪器仪表制造业	Equipments and Instruments Manufacturing	7
其他制造业	Other Manufacturing	7
废弃资源综合利用业	Comprehensive Utilization of Waste Resources	7
金属制品、机械和设备修理业	Metal Products, Machinery and Equipment Repair	12
电力、热力、燃气及水生产和供应业	Production and Supply of Electricity, Heat, Gas and Water	446
电力、热力生产和供应业	Production and Supply of Electricity and Heat	340
燃气生产和供应业	Production and Supply of Gas	71
水的生产和供应业	Production and Supply of Water	35

continued

(10 000 yuan)

#亏损企业 Loss-making Enterprises	资产总计 Total Assets	流动资产合计 Total Current Assets	负债合计 Total Liabilities	所有者权益合计 Total Creditors' Equity	营业收入 Business Revenue	营业成本 Business Cost
6	7193486	1408570	4646800	2546686	4244199	4478129
22	10904342	3550855	10504479	399862	4943434	4362134
3	1304861	734545	774684	530177	706398	512405
6	273247	116254	223892	49355	150744	142062
21	2601194	1002924	1709887	891306	1076048	882931
1	14430297	3401902	8188351	6241946	14113135	12135789
7	5395324	1743675	3805410	1589914	5160663	4323489
1	1198205	712081	779600	418604	770301	651710
5	1776565	1084786	1177214	599351	831636	698047
16	7415658	5373250	5248237	2167421	3140576	2662764
5	703545	594247	617226	86318	913900	864239
3	3563531	2226865	1920981	1642549	1698199	1368890
10	2740680	1532071	2076969	662739	1371604	1183547
1	741004	507026	560137	180867	403156	337610
2	339416	173898	153173	186243	120114	90244
2	2084508	1254865	1504406	580102	1456451	1272191
4	1295830	184131	1268193	27637	1838065	1808194
4	396540	309562	357444	39097	216170	204275
148	61707281	14071787	47165326	14541089	27192466	26353802
101	52432864	11421875	40499866	11932133	23346090	22971482
28	7428608	2257893	5737520	1691087	3465823	3051593
19	1845810	392019	927940	917869	380553	330727

10-5 续表2

单位：万元

指　　标	Item	税金及附加 Taxes and Extra Charges
总　计	**Total**	**5947117**
按工业行业大类分	Grouped by Sector	
采矿业	Mining	4880218
煤炭开采和洗选业	Coal Mining and Dressing	4804540
石油和天然气开采业	Petroleum and Natural Gas Extraction	30228
黑色金属矿采选业	Ferrous Metals Mining and Dressing	43404
有色金属矿采选业	Nonferrous Metals Mining and Dressing	1839
非金属矿采选业	Nonmetal Minerals Mining and Dressing	130
开采专业及辅助性活动	Petroleum, Coal and Other Fuels Processing	78
其他采矿业	Other Mining Industry	
制造业	Manufacturing	920991
农副食品加工业	Farm Products Processing	45
食品制造业	Food Manufacturing	179
酒、饮料和精制茶制造业	Wine, Beverages and Refined Tea Manufacturing	383510
烟草制品业	Tobacoo Products Manufacturing	237889
纺织业	Textile Industry	441
纺织服装、服饰业	Textile, Wearing Apparel and Accessories	847
皮革、毛皮、羽毛及其制品和制鞋业	Leather, Fur, Feather and its products and Footwear	
木材加工和木、竹、藤、棕、草制品业	Timber Processing, Bamboo, Cane, Palm Fiber and Straw Products	
家具制造业	Furniture Manufacturing	
造纸和纸制品业	Paper Making and Paper Products	
印刷和记录媒介复制业	Printing and Record Medium Reproduction	843
文教、工美、体育和娱乐用品制造业	Culture, Education, Art and Crafts, Sport and Entertainment Products	

continued

(10 000 yuan)

销售费用 Costs of Sales	管理费用 Costs of Administration	财务费用 Costs of Finance	利润总额 Total Profits	亏损企业亏损总额 Total Loss of Lossmaking Enterprises	应交增值税 Value Added Taxes Payable	平均用工人数(万人) Average Employees (10 000 persons)
2068951	**7840044**	**6288670**	**15379608**	**7868851**	**7427278**	**105.34**
1335109	5531814	4129003	14869889	3392503	5764117	67.40
1306450	5424936	4089520	14107702	3293129	5626938	66.44
25332	48938	33265	288890	97712	40322	0.52
3116	47741	5515	466832	1366	91985	0.17
109	8231	573	6206	39	4408	0.22
103	219	131	−254	258	148	0.01
	1749	−1	513		316	0.04
508613	1679321	949023	1812038	1777832	1206856	26.53
1073	1412	90	−1118	1899	22	0.04
1580	2765	21	−335	702	1162	0.10
16990	98238	−13	576119	2980	127092	1.80
7544	54803	−5746	41578		46708	0.09
1376	4262	1948	−2000	2999	537	0.13
1308	8924	145	915	44	3321	0.20
2872	6524	1122	1276		1227	0.15

10-5 续表3

单位：万元

指　　标	Item	税金及附加 Taxes and Extra Charges
石油、煤炭及其他燃料加工业	Petroleum, Coal and Other Fuels Processing	42102
化学原料和化学制品制造业	Raw Chemical Materials and Chemical Products	27197
医药制造业	Medical and Pharmaceutical Products	5878
化学纤维制造业	Chemical Fiber	
橡胶和塑料制品业	Rubber and Plastic Products	2071
非金属矿物制品业	Nonmetal Mineral Products	9861
黑色金属冶炼和压延加工业	Smelting and Pressing of Ferrous Metals	85021
有色金属冶炼和压延加工业	Smelting and Pressing of Non-ferrous Metals	46635
金属制品业	Metal Prodcuts	3403
通用设备制造业	Ordinary Machinery Manufacturing	3921
专用设备制造业	Special Purpose Equipment Manufacturing	18331
汽车制造业	Automobile Manufacturing	3030
铁路、船舶、航空航天和其他运输设备制造业	Railroad, Marine, Aviation and Other Transport Equipments Manufacturing	11594
电气机械和器材制造业	Electrical Machinery and Equipment Manufacturing	4334
计算机、通信和其他电子设备制造业	Computers, Telecommunication and Other Electronic Equipments Manufacturing	1494
仪器仪表制造业	Equipments and Instruments Manufacturing	1012
其他制造业	Other Manufacturing	1452
废弃资源综合利用业	Comprehensive Utilization of Waste Resources	28415
金属制品、机械和设备修理业	Metal Products, Machinery and Equipment Repair	1488
电力、热力、燃气及水生产和供应业	Production and Supply of Electricity, Heat, Gas and Water	145907
电力、热力生产和供应业	Production and Supply of Electricity and Heat	126867
燃气生产和供应业	Production and Supply of Gas	7716
水的生产和供应业	Production and Supply of Water	11324

continued

(10 000 yuan)

销售费用 Costs of Sales	管理费用 Costs of Administration	财务费用 Costs of Finance	利润总额 Total Profits	亏损企业亏损总额 Total Loss of Loss-making Enterprises	应交增值税 Value Added Taxes Payable	平均用工人数(万人) Average Employees (10 000 persons)
35618	115008	98801	-516435	749277	67575	1.70
83158	366733	336818	-341941	577423	56857	4.05
123426	34508	18622	-12703	21495	12907	0.72
1713	11255	389	-14572	14918	2072	0.32
22333	91268	26467	32217	66423	35239	1.14
23797	200806	177152	1449860	47687	306768	3.17
19086	95136	139073	328402	96305	142776	2.14
9167	45287	4316	43896	810	10424	1.22
16605	62875	13154	5689	18435	15768	1.16
56359	165885	87813	-4061	60970	74469	2.91
6717	20189	37	12747	11406	5133	0.35
28714	101085	22005	128649	8317	40589	1.65
25097	71752	12810	24773	22394	10758	1.01
12514	16021	1337	10395	5225	4046	0.31
4542	10609	2352	8664	3630	3068	0.11
2446	72869	5335	67157	6389	1638	1.23
3088	3056	3962	-8216	34314	227998	0.38
1491	18053	1016	-18916	23788	8705	0.44
225230	628909	1210644	-1302319	2698517	456306	11.42
60036	459870	1082984	-1324020	2581154	422063	8.48
148346	107919	111541	56252	67834	24866	1.75
16848	61121	16118	-34550	49528	9377	1.19

10-6 外商投资和港澳台投资工业企业主要财务指标(2021年)

单位：万元

指 标	Item	单位数(个) Enterprises (unit)	#亏损企业 Loss-making Enterprises
总 计	**Total**	**161**	**45**
按工业行业大类分	Grouped by Sector		
采矿业	Mining	17	3
煤炭开采和洗选业	Coal Mining and Dressing	12	2
石油和天然气开采业	Petroleum and Natural Gas Extraction	5	1
黑色金属矿采选业	Ferrous Metals Mining and Dressing		
有色金属矿采选业	Nonferrous Metals Mining and Dressing		
非金属矿采选业	Nonmetal Minerals Mining and Dressing		
开采专业及辅助性活动	Mining Professional and Auxiliary Activities		
其他采矿业	Other Mining Industry		
制造业	Manufacturing	99	25
农副食品加工业	Farm Products Processing	5	3
食品制造业	Food Manufacturing	7	1
酒、饮料和精制茶制造业	Wine, Beverages and Refined Tea Manufacturing	12	2
烟草制品业	Tobacoo Products Manufacturing		
纺织业	Textile Industry	1	1
纺织服装、服饰业	Textile, Wearing Apparel and Accessories		
皮革、毛皮、羽毛及其制品和制鞋业	Leather, Fur, Feather and its products and Footwear		
木材加工和木、竹、藤、棕、草制造业	Timber Processing, Bamboo, Cane, Palm Fiber and Straw Products		
家具制造业	Furniture Manufacturing		
造纸和纸制品业	Paper Making and Paper Products		
印刷和记录媒介复制业	Printing and Record Medium Reproduction		
文教、工美、体育和娱乐用品制造业	Culture, Education, Art and Crafts, Sport and Entertainment Products		

MAIN FINANCIAL INDICATORS OF INDUSTRIAL ENTERPRISES WITH HONG KONG, MACAO, TAIWAN AND FOREIGN FUNDS(2021)

(10 000 yuan)

资产总计 Total Assets	流动资产合计 Total Current Assets	负债合计 Total Liabilities	所有者 权益合计 Total Creditors' Equity	营业收入 Business Revenue	营业成本 Business Cost
27349738	**16157517**	**15949739**	**11399997**	**19898542**	**17374261**
5578177	2946640	2596342	2981835	3193958	1701372
4438458	2420948	1914883	2523575	2934173	1575594
1139719	525692	681459	458260	259785	125779
16211346	11561306	9842782	6368563	14631431	13499703
149758	65300	116149	33609	201775	191691
424226	214601	183798	240428	464728	378212
264402	143933	117991	146411	240919	186265
11241	5819	3610	7631	2949	3480

10-6 续表1

单位：万元

指　标	Item	单位数(个) Enterprises (unit)
石油、煤炭及其他燃料加工业	Petroleum, Coal and Other Fuels Processing	6
化学原料和化学制品制造业	Raw Chemical Materials and Chemical Products	14
医药制造业	Medical and Pharmaceutical Products	2
化学纤维制造业	Chemical Fiber Manufacturing	
橡胶和塑料制品业	Rubber and Plastic Products	1
非金属矿物制品业	Nonmetal Mineral Products	9
黑色金属冶炼和压延加工业	Smelting and Pressing of Ferrous Metals	2
有色金属冶炼和压延加工业	Smelting and Pressing of Non-ferrous Metals	1
金属制品业	Metal Prodcuts	7
通用设备制造业	Ordinary Machinery Manufacturing	5
专用设备制造业	Special Purpose Equipment Manufacturing	7
汽车制造业	Automobile Manufacturing	4
铁路、船舶、航空航天和其他运输设备制造业	Railroad, Marine, Aviation and Other Transport Equipment Manufacturing	5
电气机械和器材制造业	Electrical Machinery and Equipment Manufacturing	3
计算机、通信和其他电子设备制造业	Computers, Telecommunication and Other Electronic Equipments Manufacturing	6
仪器仪表制造业	Equipments and Instruments Manufacturing	
其他制造业	Other Manufacturing	
废弃资源综合利用业	Comprehensive Utilization of Waste Resources	1
金属制品、机械和设备修理业	Metal products, Machinery and Equipment Repair	1
电力、热力、燃气及水生产和供应业	Production and Supply of Electricity, Heat, Gas and Water	45
电力、热力生产和供应业	Production and Supply of Electricity and Heat	32
燃气生产和供应业	Production and Supply of Gas	10
水的生产和供应业	Production and Supply of Water	3

continued

(10 000 yuan)

#亏损企业 Loss-making Enterprises	资产总计 Total Assets	流动资产合计 Total Current Assets	负债合计 Total Liabilities	所有者权益合计 Total Creditors' Equity	营业收入 Business Revenue	营业成本 Business Cost
1	1832102	1192213	876463	955638	1051311	909158
6	1429307	216622	1086833	342474	328535	280052
	141408	48541	31817	109591	77481	23068
	45820	39257	18305	27515	18278	15823
1	471363	106359	350361	121002	275517	226483
1	3275	2841	2726	549	14537	13281
	586279	102040	311459	274819	399799	261889
2	184258	110765	95296	88962	589562	556465
	65104	52377	32306	32799	56662	46541
1	115379	87561	72039	43340	123334	99506
2	26988	18861	22166	4822	22362	18425
1	447699	362041	230505	217194	218257	153070
2	545867	392036	204251	341616	106384	98892
1	9400428	8370762	6066120	3334308	10401881	10019705
	43469	10282	3262	40207	25030	7058
	22974	19096	17327	5647	12133	10639
17	5560216	1649571	3510615	2049599	2073153	2173186
11	4772790	1295809	3059552	1713237	1732591	1921817
5	596380	289277	338131	258249	294044	223846
1	191045	64485	112932	78113	46518	27523

10-6 续表2

单位：万元

指　标	Item	税金及附加 Taxes and Extra Charges
总　计	**Total**	**243708**
按工业行业大类分	Grouped by Sector	
采矿业	Mining	170435
煤炭开采和洗选业	Coal Mining and Dressing	169521
石油和天然气开采业	Petroleum and Natural Gas Extraction	914
黑色金属矿采选业	Ferrous Metals Mining and Dressing	
有色金属矿采选业	Nonferrous Metals Mining and Dressing	
非金属矿采选业	Nonmetal Minerals Mining and Dressing	
开采专业及辅助性活动	Mining Professional and Auxiliary Activities	
其他采矿业	Other Mining Industry	
制造业	Manufacturing	57915
农副食品加工业	Farm Products Processing	400
食品制造业	Food Manufacturing	1363
酒、饮料和精制茶制造业	Wine, Beverages and Refined Tea Manufacturing	2058
烟草制品业	Tobacoo Products Manufacturing	
纺织业	Textile Industry	25
纺织服装、服饰业	Textile, Wearing Apparel and Accessories	
皮革、毛皮、羽毛及其制品和制鞋业	Leather, Fur, Feather and its products and Footwear	
木材加工和木、竹、藤、棕、草制造业	Timber Processing, Bamboo, Cane, Palm Fiber and Straw Products	
家具制造业	Furniture Manufacturing	
造纸和纸制品业	Paper Making and Paper Products	
印刷和记录媒介复制业	Printing and Record Medium Reproduction	
文教、工美、体育和娱乐用品制造业	Culture, Education, Art and Crafts, Sport and Entertainment Products	

continued

(10 000 yuan)

销售费用 Costs of Sales	管理费用 Costs of Administration	财务费用 Costs of Finance	利润总额 Total Profits	亏损企业亏损总额 Total Loss of Loss-making Enterprises	应交增值税 Value Added Taxes Payable	平均用工人数(万人) Average Employees (10 000 persons)
234518	**357100**	**117636**	**1732881**	**545949**	**340367**	**13.58**
48224	107658	174	1157711	1550	217310	1.73
47159	88735	1888	1023994	247	215586	1.65
1065	18923	-1714	133717	1303	1724	0.08
157148	212033	28874	853860	108957	105179	11.15
5652	4000	-245	1455	2844	172	0.06
24759	24448	3148	32195	6864	1829	0.25
33495	7907	664	10861	3179	6674	0.23
54	133	16	-653	653	60	0.01

10-6 续表3

单位：万元

指　标	Item	税金及附加 Taxes and Extra Charges
石油、煤炭及其他燃料加工业	Petroleum, Coal and Other Fuels Processing	8960
化学原料和化学制品制造业	Raw Chemical Materials and Chemical Products	2068
医药制造业	Medical and Pharmaceutical Products	1110
化学纤维制造业	Chemical Fiber Manufacturing	
橡胶和塑料制品业	Rubber and Plastic Products	64
非金属矿物制品业	Nonmetal Mineral Products	2157
黑色金属冶炼和压延加工业	Smelting and Pressing of Ferrous Metals	582
有色金属冶炼和压延加工业	Smelting and Pressing of Non-ferrous Metals	8849
金属制品业	Metal Prodcuts	1081
通用设备制造业	Ordinary Machinery Manufacturing	260
专用设备制造业	Special Purpose Equipment Manufacturing	369
汽车制造业	Automobile Manufacturing	152
铁路、船舶、航空航天和其他运输设备制造业	Railroad, Marine, Aviation and Other Transport Equipment Manufacturing	1389
电气机械和器材制造业	Electrical Machinery and Equipment Manufacturing	827
计算机、通信和其他电子设备制造业	Computers, Telecommunication and Other Electronic Equipments Manufacturing	25672
仪器仪表制造业	Equipments and Instruments Manufacturing	
其他制造业	Other Manufacturing	
废弃资源综合利用业	Comprehensive Utilization of Waste Resources	457
金属制品、机械和设备修理业	Metal products, Machinery and Equipment Repair	72
电力、热力、燃气及水生产和供应业	Production and Supply of Electricity, Heat, Gas and Water	15357
电力、热力生产和供应业	Production and Supply of Electricity and Heat	13850
燃气生产和供应业	Production and Supply of Gas	684
水的生产和供应业	Production and Supply of Water	824

continued

(10 000 yuan)

销售费用 Costs of Sales	管理费用 Costs of Administration	财务费用 Costs of Finance	利润总额 Total Profits	亏损企业亏损总额 Total Loss of Loss-making Enterprises	应交增值税 Value Added Taxes Payable	平均用工人数(万人) Average Employees (10 000 persons)
13064	30258	13331	341130	6723	14657	0.19
3330	18817	43844	–24075	57141	15796	0.23
30381	2619	341	12004		5386	0.08
674	766	–571	994		531	0.03
7166	13505	7493	19013	916	7442	0.19
284	348	45	4	95	55	
2232	5278	9410	84917		20611	0.14
5896	3771	2530	15665	636	4165	0.16
3230	2396	–497	4709		232	0.04
7955	6060	2628	1273	2855	1271	0.10
875	1675	1129	–284	740	774	0.06
7454	13507	1825	46234	279	9431	0.10
6003	3499	2161	–9682	16040	3547	0.12
4261	64396	–58427	308536	9991	11849	9.14
383	7971	–13	8849		280	0.01
	680	62	718		416	0.01
29146	37408	88588	–278691	435442	17878	0.71
	16878	82112	–297166	423214	12524	0.36
28660	18341	2841	6913	11761	3481	0.31
486	2190	3635	11562	468	1874	0.05

10-7 大中型工业企业主要财务指标(2021年)

单位：万元

指 标	Item	单位数(个) Enterprises (unit)	#亏损企业 Loss-making Enterprises
总 计	**Total**	**1221**	**301**
按工业行业大类分	Grouped by Sector		
采矿业	Mining	591	97
煤炭开采和洗选业	Coal Mining and Dressing	573	97
石油和天然气开采业	Petroleum and Natural Gas Extraction	3	
黑色金属矿采选业	Ferrous Metals Mining and Dressing	11	
有色金属矿采选业	Nonferrous Metals Mining and Dressing	3	
非金属矿采选业	Nonmetal Minerals Mining and Dressing		
开采专业及辅助性活动	Mining Professional and Auxiliary Activities	1	
其他采矿业	Other Mining Industry		
制造业	Manufacturing	537	145
农副食品加工业	Farm Products Processing	13	11
食品制造业	Food Manufacturing	17	3
酒、饮料和精制茶制造业	Wine, Beverages and Refined Tea Manufacturing	9	3
烟草制品业	Tobacoo Products Manufacturing	1	
纺织业	Textile Industry	4	1
纺织服装、服饰业	Textile, Wearing Apparel and Accessories	4	1
皮革、毛皮、羽毛及其制品和制鞋业	Leather, Fur, Feather and its products and Footwear		
木材加工和木、竹、藤、棕、草制品业	Timber Processing, Bamboo, Cane, Palm Fiber and Straw Products		
家具制造业	Furniture Manufacturing		
造纸和纸制品业	Paper Making and Paper Products	1	
印刷和记录媒介复制业	Printing and Record Medium Reproduction	4	
文教、工美、体育和娱乐用品制造业	Culture, Education, Art and Crafts, Sport and Entertainment Products	1	

MAIN FINANCIAL INDICATORS OF LARGE AND MEDIUM-SIZED INDUSTRIAL ENTERPRISES(2021)

(10 000 yuan)

资产总计 Total Assets	流动资产合计 Total Current Assets	负债合计 Total Liabilities	所有者权益合计 Total Creditors' Equity	营业收入 Business Revenue	营业成本 Business Cost
449088968	**211117673**	**317016548**	**132316824**	**247750658**	**188115054**
275812502	135199665	197593678	78463233	100351843	57696291
270442068	133011581	195046062	75640414	98095786	56550888
2406029	1169363	903921	1502109	564458	326021
2567049	910819	1323984	1243064	1533587	705966
312907	28487	239253	73654	106707	64381
84449	79415	80458	3992	51305	49036
138707168	67987325	94095939	44611226	126697743	110018864
709171	323320	543934	165237	1269125	1263701
859826	342433	423508	436319	860713	699808
2709352	2042021	1300595	1408757	1621567	658096
531907	365540	129084	402823	500899	159259
128518	60861	72122	56396	157103	145767
103447	65336	65244	38204	75950	49165
151418	38020	84323	67094	166639	147901
133144	56701	85200	47944	56972	39993
32682	21670	14479	18203	18407	15856

10–7 续表1

单位：万元

指　标	Item	单位数(个) Enterprises (unit)
石油、煤炭及其他燃料加工业	Petroleum, Coal and Other Fuels Processing	77
化学原料和化学制品制造业	Raw Chemical Materials and Chemical Products	58
医药制造业	Medical and Pharmaceutical Products	26
化学纤维制造业	Chemical Fiber Manufacturing	
橡胶和塑料制品业	Rubber and Plastic Products	9
非金属矿物制品业	Nonmetal Mineral Products	73
黑色金属冶炼和压延加工业	Smelting and Pressing of Ferrous Metals	57
有色金属冶炼和压延加工业	Smelting and Pressing of Non–ferrous Metals	28
金属制品业	Metal Prodcuts	43
通用设备制造业	Ordinary Machinery Manufacturing	11
专用设备制造业	Special Purpose Equipment Manufacturing	28
汽车制造业	Automobile Manufacturing	16
铁路、船舶、航空航天和其他运输设备制造业	Railroad, Marine, Aviation and Other Transport Equipments Manufacturing	16
电气机械和器材制造业	Electrical Machinery and Equipment Manufacturing	9
计算机、通信和其他电子设备制造业	Computers, Telecommunication and Other Electronic Equipments Manufacturing	18
仪器仪表制造业	Equipments and Instruments Manufacturing	2
其他制造业	Other Manufacturing	6
废弃资源综合利用业	Comprehensive Utilization of Waste Resources	1
金属制品、机械和设备修理业	Metal Products, Machinery and Equipment Repair	5
电力、热力、燃气及水生产和供应业	Production and Supply of Electricity, Heat, Gas and Water	93
电力、热力生产和供应业	Production and Supply of Electricity and Heat	63
燃气生产和供应业	Production and Supply of Gas	17
水的生产和供应业	Production and Supply of Water	13

continued

(10 000 yuan)

#亏损企业 Loss-making Enterprises	资产总计 Total Assets	流动资产合计 Total Current Assets	负债合计 Total Liabilities	所有者权益合计 Total Creditors' Equity	营业收入 Business Revenue	营业成本 Business Cost
15	30678694	13733854	22309172	8369521	28197787	24778679
20	14819542	4824867	12720929	2098612	7599016	6573816
2	3871015	2347116	1505639	2365377	1690260	1019736
6	391985	176835	278656	113328	329510	240456
24	4066384	1887768	2881291	1185093	2335724	1828061
20	33362925	12056600	20997349	12365576	43857665	38569174
5	9926674	4174047	6460314	3466359	9269932	7682795
9	2245661	1367461	1415508	830153	2533438	2305563
2	1594693	953790	1063224	531470	744329	627963
7	6728295	4855718	4703240	2025055	2824096	2364445
4	3828594	2608888	2497782	1330812	3447940	3132312
4	3662981	2294180	2004014	1658966	1746956	1408455
4	2672787	1466872	1803260	869527	1394222	1210665
1	11919959	10312493	7852964	4066994	13063670	12408470
	40354	24666	13846	26508	25325	16247
1	2044691	1224305	1468313	576378	1448865	1265378
	1151455	94628	1127060	24395	1281907	1241310
2	341016	267337	274889	66127	179726	165791
59	34569298	7930684	25326931	9242366	20701072	20399899
41	27676398	5832707	20341197	7335201	18482593	18476739
8	5633805	1793205	4361245	1272560	1948270	1677538
10	1259094	304772	624489	634605	270210	245622

10-7 续表2

单位：万元

指　标	Item	税金及附加 Tax and Extra Charges
总　计	**Total**	**7442023**
按工业行业大类分	Grouped by Sector	
采矿业	Mining	6170224
煤炭开采和洗选业	Coal Mining and Dressing	6100407
石油和天然气开采业	Petroleum and Natural Gas Extraction	7346
黑色金属矿采选业	Ferrous Metals Mining and Dressing	58969
有色金属矿采选业	Nonferrous Metals Mining and Dressing	3424
非金属矿采选业	Nonmetal Minerals Mining and Dressing	
开采专业及辅助性活动	Mining Professional and Auxiliary Activities	78
其他采矿业	Other Mining Industry	
制造业	Manufacturing	1166989
农副食品加工业	Farm Products Processing	1871
食品制造业	Food Manufacturing	3973
酒、饮料和精制茶制造业	Wine, Beverages and Refined Tea Manufacturing	372292
烟草制品业	Tobacoo Products Manufacturing	237889
纺织业	Textile Industry	824
纺织服装、服饰业	Textile, Wearing Apparel and Accessories	655
皮革、毛皮、羽毛及其制品和制鞋业	Leather, Fur, Feather and its products and Footwear	
木材加工和木、竹、藤、棕、草制品业	Timber Processing, Bamboo, Cane, Palm Fiber and Straw Products	
家具制造业	Furniture Manufacturing	
造纸和纸制品业	Paper Making and Paper Products	1584
印刷和记录媒介复制业	Printing and Record Medium Reproduction	1074
文教、工美、体育和娱乐用品制造业	Culture, Education, Art and Crafts, Sport and Entertainment Products	114

continued

(10 000 yuan)

销售费用 Costs of Sales	管理费用 Costs of Administration	财务费用 Costs of Finance	利润总额 Total Profits	亏损企业亏损总额 Total Loss of Loss-making Enterprises	应交增值税 Value Added Taxes Payable	平均用工人数(万人) Average Employees (10 000 persons)
3375834	**10390350**	**6446380**	**28504830**	**6143856**	**9934701**	**156.63**
1495158	6782523	4336805	21921341	2845054	7328938	81.90
1481281	6639479	4295905	21090192	2845054	7193497	80.44
646	15804	1391	261809		6737	0.36
12792	102493	37609	561583		124203	0.81
439	22998	1902	7245		4185	0.26
	1749	-1	513		316	0.04
1703639	3138001	1585273	7396676	1906411	2230221	65.03
8512	22293	13761	-33434	40959	-1274	1.16
50927	32859	9154	63204	2964	18247	1.16
40504	100350	452	555132	4410	125729	1.93
7544	54803	-5746	41578		46708	0.09
3501	7020	2513	-987	2999	745	0.25
10650	9141	688	7891	44	3024	0.18
9095	8650	-21	3336		12223	0.05
4575	8405	932	2753		1696	0.22
1063	949	146	313		943	0.04

10-7 续表3

单位：万元

指　标	Item	税金及附加 Tax and Extra Charges
石油、煤炭及其他燃料加工业	Petroleum, Coal and Other Fuels Processing	145910
化学原料和化学制品制造业	Raw Chemical Materials and Chemical Products	39592
医药制造业	Medical and Pharmaceutical Products	17770
化学纤维制造业	Chemical Fiber Manufacturing	
橡胶和塑料制品业	Rubber and Plastic Products	2891
非金属矿物制品业	Nonmetal Mineral Products	16336
黑色金属冶炼和压延加工业	Smelting and Pressing of Ferrous Metals	150003
有色金属冶炼和压延加工业	Smelting and Pressing of Non-ferrous Metals	61891
金属制品业	Metal Prodcuts	6783
通用设备制造业	Ordinary Machinery Manufacturing	3532
专用设备制造业	Special Purpose Equipment Manufacturing	16707
汽车制造业	Automobile Manufacturing	12593
铁路、船舶、航空航天和其他运输设备制造业	Railroad, Marine, Aviation and Other Transport Equipments Manufacturing	11598
电气机械和器材制造业	Electrical Machinery and Equipment Manufacturing	4573
计算机、通信和其他电子设备制造业	Computers, Telecommunication and Other Electronic Equipments Manufacturing	32964
仪器仪表制造业	Equipments and Instruments Manufacturing	265
其他制造业	Other Manufacturing	1423
废弃资源综合利用业	Comprehensive Utilization of Waste Resources	20467
金属制品、机械和设备修理业	Metal Products, Machinery and Equipment Repair	1419
电力、热力、燃气及水生产和供应业	Production and Supply of Electricity, Heat, Gas and Water	104809
电力、热力生产和供应业	Production and Supply of Electricity and Heat	94260
燃气生产和供应业	Production and Supply of Gas	5657
水的生产和供应业	Production and Supply of Water	4892

continued

(10 000 yuan)

销售费用 Costs of Sales	管理费用 Costs of Administration	财务费用 Costs of Finance	利润总额 Total Profits	亏损企业亏损总额 Total Loss of Loss-making Enterprises	应交增值税 Value Added Taxes Payable	平均用工人数(万人) Average Employees (10 000 persons)
354473	674616	387536	1525301	813273	526580	8.01
134078	426324	401046	-122887	576611	115061	5.37
369628	119898	22869	513399	15901	64957	2.14
10311	13372	3568	47430	7999	1616	0.49
67903	135679	45691	212437	49174	80123	3.63
277494	638081	419243	2903020	135099	619742	11.79
113413	167380	188736	781787	62268	222529	3.55
33515	67404	13231	70797	23183	32515	2.68
14486	56357	13267	2030	13455	14135	1.12
56091	141535	88113	10797	52153	68089	2.57
44302	87750	-1121	120558	39786	30133	1.65
30437	104657	22885	129656	9255	44442	1.88
31199	67430	12909	21236	24560	12632	1.12
24918	99654	-62469	469879	9991	12380	11.70
1572	2169	151	3242		1173	0.07
2263	71193	5292	68235	5311	1436	1.21
376	1923	2521	13496		164933	0.35
809	18109	-75	-13522	17016	9706	0.60
177036	469826	524303	-813187	1392391	375542	9.70
47911	354962	453451	-826301	1333328	347007	7.58
112720	66283	63048	48811	18886	21232	1.17
16406	48581	7804	-35698	40177	7303	0.95

10-8 工业企业主要效益指标(2021年)

MAIN BENEFIT INDICATORS OF INDUSTRIAL ENTERPRISES(2021)

单位：% (%)

指　标	Item	亏损面 Range of Deficits	资产负债率 Ratio of Debts to Assets	营业收入利润率 Ratio of Profits to Business Revenue
总　计	**Total**	**25.5**	**71.1**	**9.12**
一、按登记注册类型分	Grouped by Registered Kind			
内资企业	Civil Funded Enterprises	25.4	71.7	9.15
国有企业	State-owned Enterprises	36.2	75.6	-4.58
集体企业	Collective-owned Enterprises	21.7	75.9	18.40
股份合作企业	Share Holding Cooperative Enterprises	50.0	53.9	-8.22
联营企业	Joint Owned Enterprises			
有限责任公司	Limited Liability Corporations	27.7	73.9	10.69
国有独资公司	State Sole Funed Corporations	38.1	72.4	5.43
其他有限责任公司	Other Limited Liability Corporations	26.6	74.2	11.50
股份有限公司	Share Holding Limited Corporations	21.9	55.6	15.43
私营企业	Private Enterprises	24.4	71.3	5.41
私营独资企业	Private-funed Enterprises	26.7	81.7	3.68
私营合伙企业	Private Partnership Enterprises	26.7	55.9	11.68
私营有限责任公司	Private Limited Liability Corporations	25.0	72.5	5.19
私营股份有限公司	Private Share Holding Limited Corporations	16.0	56.9	8.44
其他企业	Others			
港、澳、台商投资企业	Enterprises Funded by Hong Kong, Macao and Taiwan	33.3	69.7	0.86
合资经营企业(港或澳、台资)	Joint Venture Enterprises	50.0	72.3	1.12
合作经营企业(港或澳、台资)	Cooperative Enterprises			
港澳台商独资企业	Solely Owned Enterprises	17.2	60.5	-3.20
港澳台商投资股份有限公司	Share Holding Limited Corporations	33.3	44.4	5.13
其他港澳台商独资企业	Others		58.2	3.32
外商投资企业	Foreign Funded Enterprises	24.5	49.1	17.87
中外合资经营企业	Joint Venture Enterprises	26.2	53.7	17.29
中外合作经营企业	Cooperative Enterprises	25.0	41.0	38.76
外资企业	Solely Owned Enterprises	18.8	45.3	12.58
外商投资股份有限公司	Share Holding Limited Corporations	100.0	34.3	-20.21
其他外商投资企业	Others			

10-8 续表1 continued

单位：% (%)

指 标	Item	亏损面 Range of Deficits	资产负债率 Ratio of Debts to Assets	营业收入利润率 Ratio of Profits to Business Revenue
二、在总计中: 亏损企业	Of the Total: Loss-making Enterprises	100.0	94.7	-16.17
在总计中: 国有控股企业	Of the Total: State-Controlled Share Holding Enterprises	29.7	74.4	9.87
在总计中: 轻工业	Of the Total: Light Industry	25.3	52.0	10.44
重工业	Heavy Industry	25.5	71.7	9.07
在总计中: 大型企业	Of the Total: Large Enterprises	13.3	70.5	10.60
中型企业	Medium-sized Enterprises	28.9	70.9	13.69
小型企业	Small Enterprises	25.6	70.6	2.39
微型企业	Microenterprises	25.9	82.3	3.26
三、按工业行业大类分	Grouped by Sector			
采矿业	Mining	25.0	72.2	16.49
煤炭开采和洗选业	Coal Mining and Dressing	23.5	72.7	16.27
石油和天然气开采业	Petroleum and Natural Gas Extraction	36.8	57.0	25.27
黑色金属矿采选业	Ferrous Metals Mining and Dressing	31.4	62.4	23.17
有色金属矿采选业	Nonferrous Metals Mining and Dressing	44.4	75.7	11.68
非金属矿采选业	Nonmetal Minerals Mining and Dressing	41.2	66.0	0.89
开采专业及辅助性活动	Mining Professional and Auxiliary Activities		94.4	1.73
其他采矿业	Other Mining Industry			
制造业	Manufacturing	23.9	67.2	5.25
农副食品加工业	Farm Products Processing	28.3	67.9	-0.51
食品制造业	Food Manufacturing	18.9	49.8	6.27
酒、饮料和精制茶制造业	Wine, Beverages and Refined Tea Manufacturing	30.5	48.5	27.54
烟草制品业	Tobacoo Products Manufacturing		24.3	8.30
纺织业	Textile Industry	43.5	59.2	0.39
纺织服装、服饰业	Textile,Wearing Apparel and Accessories	18.8	60.9	7.59
皮革、毛皮、羽毛及其制品和制鞋业	Leather, Fur, Feather and Related Products and Footwear		75.6	6.28
木材加工和木、竹、藤、棕、草制品业	Timber Processing, Bamboo, Cane, Palm Fiber and Straw Products	46.7	76.3	0.48

10-8 续表2 continued

单位：% (%)

指 标	Item	亏损面 Range of Deficits	资产负债率 Ratio of Debts to Assets	营业收入利润率 Ratio of Profits to Business Revenue
家具制造业	Furniture Manufacturing		43.6	2.72
造纸和纸制品业	Paper Making and Paper Products	27.0	60.5	0.70
印刷和记录媒介复制业	Printing and Record Medium Reproduction	20.8	63.8	1.35
文教、工美、体育和娱乐用品制造业	Culture, Education, Art and Crafts, Sport and Entertainment Products	27.3	53.5	-0.19
石油、煤炭及其他燃料加工业	Petroleum, Coal and Other Fuels Processing	18.5	71.9	6.49
化学原料和化学制品制造业	Raw Chemical Materials and Chemical Products	20.6	82.0	-0.12
医药制造业	Medical and Pharmaceutical Products	23.0	44.5	21.95
化学纤维制造业	Chemical Fiber Manufacturing		66.5	0.70
橡胶和塑料制品业	Rubber and Plastic Products	28.7	63.0	5.91
非金属矿物制品业	Nonmetal Mineral Products	29.6	71.8	4.27
黑色金属冶炼和压延加工业	Smelting and Pressing of Ferrous Metals	28.4	62.4	6.30
有色金属冶炼和压延加工业	Smelting and Pressing of Non-ferrous Metals	25.8	66.5	7.23
金属制品业	Metal Prodcuts	16.6	54.4	2.36
通用设备制造业	Ordinary Machinery Manufacturing	13.0	62.9	2.74
专用设备制造业	Special Purpose Equipment Manufacturing	15.7	67.7	1.83
汽车制造业	Automobile Manufacturing	56.1	69.1	2.17
铁路、船舶、航空航天和其他运输设备制造业	Railroad, Marine, Aviation and Other Transport Equipments Manufacturing	16.7	55.0	7.20
电气机械和器材制造业	Electrical Machinery and Equipment Manufacturing	21.8	66.3	1.38
计算机、通信和其他电子设备制造业	Computers, Telecommunication and Other Electronic Equipments Manufacturing	23.4	68.0	3.21
仪器仪表制造业	Equipments and Instruments Manufacturing	12.1	46.1	5.76
其他制造业	Other Manufacturing	20.0	72.2	4.61
废弃资源综合利用业	Comprehensive Utilization of Waste Resources	36.1	86.0	0.40
金属制品、机械和设备修理业	Metal products, Machinery and Equipment Repair	16.3	79.9	-2.81
电力、热力、燃气及水生产和供应业	Production and Supply of Electricity, Heat, Gas and Water	35.6	76.1	-3.93
电力、热力生产和供应业	Production and Supply of Electricity and Heat	34.9	77.2	-5.11
燃气生产和供应业	Production and Supply of Gas	34.6	74.6	2.82
水的生产和供应业	Production and Supply of Water	45.1	53.3	-2.94

10-9 国有控股工业企业主要效益指标(2021年)

MAIN BENEFIT INDICATORS OF STATE-HOLDING INDUSTRIAL ENTERPRISES(2021)

单位：%　　(%)

指　标	Item	亏损面 Range of Deficits	资产负债率 Ratio of Debts to Assets	营业收入利润率 Ratio of Profits to Business Revenue
总　计	**Total**	**29.7**	**74.4**	**9.87**
按工业行业大类分	Grouped by Sector			
采矿业	Mining	26.2	75.3	17.89
煤炭开采和洗选业	Coal Mining and Dressing	25.0	75.9	17.50
石油和天然气开采业	Petroleum and Natural Gas Extraction	44.0	57.3	21.48
黑色金属矿采选业	Ferrous Metals Mining and Dressing	40.0	25.9	43.83
有色金属矿采选业	Nonferrous Metals Mining and Dressing	25.0	70.7	9.56
非金属矿采选业	Nonmetal Minerals Mining and Dressing	50.0	91.3	-7.95
开采专业及辅助性活动	Mining Professional and Auxiliary Activities		95.3	1.00
其他采矿业	Other Mining Industry			
制造业	Manufacturing	30.1	69.4	3.98
农副食品加工业	Farm Products Processing	33.3	63.9	-7.38
食品制造业	Food Manufacturing	33.3	55.0	-1.63
酒、饮料和精制茶制造业	Wine, Beverages and Refined Tea Manufacturing	33.3	47.0	35.25
烟草制品业	Tobacoo Products Manufacturing		24.3	8.30
纺织业	Textile Industry	50.0	58.3	-3.25
纺织服装、服饰业	Textile, Wearing Apparel and Accessories	16.7	69.1	2.11
皮革、毛皮、羽毛及其制品和制鞋业	Leather, Fur, Feather and its products and Footwear			
木材加工和木、竹、藤、棕、草制品业	Timber Processing, Bamboo, Cane, Palm Fiber and Straw Products			
家具制造业	Furniture Manufacturing			
造纸和纸制品业	Paper Making and Paper Products			
印刷和记录媒介复制业	Printing and Record Medium Reproduction		64.0	3.09
文教、工美、体育和娱乐用品制造业	Culture, Education, Art and Crafts, Sport and Entertainment Products			

10-9 续表 continued

单位：% (%)

指　标	Item	亏损面 Range of Deficits	资产负债率 Ratio of Debts to Assets	营业收入利润率 Ratio of Profits to Business Revenue
石油、煤炭及其他燃料加工业	Petroleum, Coal and Other Fuels Processing	30.0	64.6	-12.17
化学原料和化学制品制造业	Raw Chemical Materials and Chemical Products	42.3	96.3	-6.92
医药制造业	Medical and Pharmaceutical Products	33.3	59.4	-1.80
化学纤维制造业	Chemical Fiber			
橡胶和塑料制品业	Rubber and Plastic Products	54.5	81.9	-9.67
非金属矿物制品业	Nonmetal Mineral Products	38.2	65.7	2.99
黑色金属冶炼和压延加工业	Smelting and Pressing of Ferrous Metals	10.0	56.7	10.27
有色金属冶炼和压延加工业	Smelting and Pressing of Non-ferrous Metals	46.7	70.5	6.36
金属制品业	Metal Prodcuts	3.8	65.1	5.70
通用设备制造业	Ordinary Machinery Manufacturing	17.2	66.3	0.68
专用设备制造业	Special Purpose Equipment Manufacturing	22.5	70.8	-0.13
汽车制造业	Automobile Manufacturing	45.5	87.7	1.39
铁路、船舶、航空航天和其他运输设备制造业	Railroad, Marine, Aviation and Other Transport Equipments Manufacturing	15.0	53.9	7.58
电气机械和器材制造业	Electrical Machinery and Equipment Manufacturing	47.6	75.8	1.81
计算机、通信和其他电子设备制造业	Computers, Telecommunication and Other Electronic Equipments Manufacturing	12.5	75.6	2.58
仪器仪表制造业	Equipments and Instruments Manufacturing	28.6	45.1	7.21
其他制造业	Other Manufacturing	28.6	72.2	4.61
废弃资源综合利用业	Comprehensive Utilization of Waste Resources	57.1	97.9	-0.45
金属制品、机械和设备修理业	Metal Products, Machinery and Equipment Repair	33.3	90.1	-8.75
电力、热力、燃气及水生产和供应业	Production and Supply of Electricity, Heat, Gas and Water	33.2	76.4	-4.79
电力、热力生产和供应业	Production and Supply of Electricity and Heat	29.7	77.2	-5.67
燃气生产和供应业	Production and Supply of Gas	39.4	77.2	1.62
水的生产和供应业	Production and Supply of Water	54.3	50.3	-9.08

10-10 外商投资和港澳台投资工业企业主要效益指标(2021年)

MAIN BENEFIT INDICATORS OF INDUSTRIAL ENTERPRISES WITH HONG KONG, MACAO, TAIWAN AND FOREIGN FUNDS(2021)

单位：% (%)

指 标	Item	亏损面 Range of Deficits	资产负债率 Ratio of Debts to Assets	营业收入利润率 Ratio of Profits to Business Revenue
总 计	**Total**	**28.0**	**58.3**	**8.71**
采矿业	Mining	17.6	46.5	36.25
煤炭开采和洗选业	Coal Mining and Dressing	16.7	43.1	34.90
石油和天然气开采业	Petroleum and Natural Gas Extraction	20.0	59.8	51.47
黑色金属矿采选业	Ferrous Metals Mining and Dressing			
有色金属矿采选业	Nonferrous Metals Mining and Dressing			
非金属矿采选业	Nonmetal Minerals Mining and Dressing			
开采专业及辅助性活动	Mining Professional and Auxiliary Activities			
其他采矿业	Other Mining Industry			
制造业	Manufacturing	25.3	60.7	5.84
农副食品加工业	Farm Products Processing	60.0	77.6	0.72
食品制造业	Food Manufacturing	14.3	43.3	6.93
酒、饮料和精制茶制造业	Wine, Beverages and Refined Tea Manufacturing	16.7	44.6	4.51
烟草制品业	Tobacoo Products Manufacturing			
纺织业	Textile Industry	100.0	32.1	-22.16
纺织服装、服饰业	Textile, Wearing Apparel and Accessories			
皮革、毛皮、羽毛及其制品和制鞋业	Leather, Fur, Feather and Related Products and Footwear			
木材加工和木、竹、藤、棕、草制品业	Timber Processing, Bamboo, Cane, Palm Fiber and Straw Products			
家具制造业	Furniture Manufacturing			
造纸和纸制品业	Paper Making and Paper Products			
印刷和记录媒介复制业	Printing and Record Medium Reproduction			
文教、工美、体育和娱乐用品制造业	Culture, Education, Art and Crafts, Sport and Entertainment Products			

10-10 续表 continued

单位：% (%)

指　　标	Item	亏损面 Range of Deficits	资产负债率 Ratio of Debts to Assets	营业收入利润率 Ratio of Profits to Business Revenue
石油、煤炭及其他燃料加工业	Petroleum, Coal and Other Fuels Processing	16.7	47.8	32.45
化学原料和化学制品制造业	Raw Chemical Materials and Chemical Products	42.9	76.0	-7.33
医药制造业	Medical and Pharmaceutical Products		22.5	15.49
化学纤维制造业	Chemical Fiber Manufacturing			
橡胶和塑料制品业	Rubber and Plastic Products		40.0	5.44
非金属矿物制品业	Nonmetal Mineral Products	11.1	74.3	6.90
黑色金属冶炼和压延加工业	Smelting and Pressing of Ferrous Metals	50.0	83.2	0.03
有色金属冶炼和压延加工业	Smelting and Pressing of Non-ferrous Metals		53.1	21.24
金属制品业	Metal Prodcuts	28.6	51.7	2.66
通用设备制造业	Ordinary Machinery Manufacturing		49.6	8.31
专用设备制造业	Special Purpose Equipment Manufacturing	14.3	62.4	1.03
汽车制造业	Automobile Manufacturing	50.0	82.1	-1.27
铁路、船舶、航空航天和其他运输设备制造业	Railroad, Marine, Aviation and Other Transport Equipment Manufacturing	20.0	51.5	21.18
电气机械和器材制造业	Electrical Machinery and Equipment Manufacturing	66.7	37.4	-9.10
计算机、通信和其他电子设备制造业	Computers, Telecommunication and Other Electronic Equipments Manufacturing	16.7	64.5	2.97
仪器仪表制造业	Equipments and Instruments Manufacturing			
其他制造业	Other Manufacturing			
废弃资源综合利用业	Comprehensive Utilization of Waste Resources		7.5	35.35
金属制品、机械和设备修理业	Metal products, Machinery and Equipment Repair		75.4	5.92
电力、热力、燃气及水生产和供应业	Production and Supply of Electricity, Heat, Gas and Water	37.8	63.1	-13.44
电力、热力生产和供应业	Production and Supply of Electricity and Heat	34.4	64.1	-17.15
燃气生产和供应业	Production and Supply of Gas	50.0	56.7	2.35
水的生产和供应业	Production and Supply of Water	33.3	59.1	24.86

10-11 大中型工业企业主要效益指标(2021年)

MAIN BENEFIT INDICATORS OF LARGE AND MEDIUM-SIZED INDUSTRIAL ENTERPRISES(2021)

单位：% (%)

指 标	Item	亏损面 Range of Deficits	资产负债率 Ratio of Debts to Assets	营业收入利润率 Ratio of Profits to Business Revenue
总 计	**Total**	**24.7**	**70.6**	**11.51**
按工业行业大类分	Grouped by Sector			
采矿业	Mining	16.4	71.6	21.84
煤炭开采和洗选业	Coal Mining and Dressing	16.9	72.1	21.50
石油和天然气开采业	Petroleum and Natural Gas Extraction		37.6	46.38
黑色金属矿采选业	Ferrous Metals Mining and Dressing		51.6	36.62
有色金属矿采选业	Nonferrous Metals Mining and Dressing		76.5	6.79
非金属矿采选业	Nonmetal Minerals Mining and Dressing			
开采专业及辅助性活动	Mining Professional and Auxiliary Activities		95.3	1.00
其他采矿业	Other Mining Industry			
制造业	Manufacturing	27.0	67.8	5.84
农副食品加工业	Farm Products Processing	84.6	76.7	-2.63
食品制造业	Food Manufacturing	17.6	49.3	7.34
酒、饮料和精制茶制造业	Wine, Beverages and Refined Tea Manufacturing	33.3	48.0	34.23
烟草制品业	Tobacoo Products Manufacturing		24.3	8.30
纺织业	Textile Industry	25.0	56.1	-0.63
纺织服装、服饰业	Textile,Wearing Apparel and Accessories	25.0	63.1	10.39
皮革、毛皮、羽毛及其制品和制鞋业	Leather, Fur, Feather and its products and Footwear			
木材加工和木、竹、藤、棕、草制品业	Timber Processing, Bamboo, Cane, Palm Fiber and Straw Products			
家具制造业	Furniture Manufacturing			
造纸和纸制品业	Paper Making and Paper Products		55.7	2.00
印刷和记录媒介复制业	Printing and Record Medium Reproduction		64.0	4.83
文教、工美、体育和娱乐用品制造业	Culture, Education, Art and Crafts, Sport and Entertainment Products		44.3	1.70

10-11 续表 continued

单位：%　　(%)

指　标	Item	亏损面 Range of Deficits	资产负债率 Ratio of Debts to Assets	营业收入利润率 Ratio of Profits to Business Revenue
石油、煤炭及其他燃料加工业	Petroleum, Coal and Other Fuels Processing	15.0	72.7	5.41
化学原料和化学制品制造业	Raw Chemical Materials and Chemical Products	20.0	85.8	-1.62
医药制造业	Medical and Pharmaceutical Products	2.0	38.9	30.37
化学纤维制造业	Chemical Fiber Manufacturing			
橡胶和塑料制品业	Rubber and Plastic Products	6.0	71.1	14.39
非金属矿物制品业	Nonmetal Mineral Products	24.0	70.9	9.10
黑色金属冶炼和压延加工业	Smelting and Pressing of Ferrous Metals	20.0	62.9	6.62
有色金属冶炼和压延加工业	Smelting and Pressing of Non-ferrous Metals	5.0	65.1	8.43
金属制品业	Metal Prodcuts	9.0	63.0	2.79
通用设备制造业	Ordinary Machinery Manufacturing	2.0	66.7	0.27
专用设备制造业	Special Purpose Equipment Manufacturing	7.0	69.9	0.38
汽车制造业	Automobile Manufacturing	4.0	65.2	3.50
铁路、船舶、航空航天和其他运输设备制造业	Railroad, Marine, Aviation and Other Transport Equipments Manufacturing	4.0	54.7	7.42
电气机械和器材制造业	Electrical Machinery and Equipment Manufacturing	4.0	67.5	1.52
计算机、通信和其他电子设备制造业	Computers, Telecommunication and Other Electronic Equipments Manufacturing	1.0	65.9	3.60
仪器仪表制造业	Equipments and Instruments Manufacturing		34.3	12.80
其他制造业	Other Manufacturing	1.0	71.8	4.71
废弃资源综合利用业	Comprehensive Utilization of Waste Resources		97.9	1.05
金属制品、机械和设备修理业	Metal products, Machinery and Equipment Repair	2.0	80.6	-7.52
电力、热力、燃气及水生产和供应业	Production and Supply of Electricity, Heat, Gas and Water	59.0	73.3	-3.93
电力、热力生产和供应业	Production and Supply of Electricity and Heat	41.0	73.5	-4.47
燃气生产和供应业	Production and Supply of Gas	8.0	77.4	2.51
水的生产和供应业	Production and Supply of Water	10.0	49.6	-13.21

主要统计指标解释

工业 指从事自然资源的开采，对采掘品和农产品进行加工和再加工的物质生产部门。具体包括：(1)对自然资源的开采，如采矿、晒盐等（但不包括禽兽捕猎和水产捕捞）；(2)对农副产品的加工、再加工，如粮油加工、食品加工、缫丝、纺织、制革等；(3)对采掘品的加工、再加工，如炼铁、炼钢、化工生产、石油加工、机器制造、木材加工等，以及电力、燃气及水的生产和供应等；(4)对工业品的修理、翻新，如机器设备的修理等。

工业统计调查单位为工业法人单位。

工业法人单位指从事工业生产经营活动的法人单位。工业法人单位应同时具备以下条件：①依法成立，有自己的名称、组织机构和场所，能够独立承担民事责任；②独立拥有（或授权）使用资产，承担负债，有权与其他单位签订合同；③具有包括资产负债表在内的帐户，或者能够根据需要编制帐户。

企业（单位）登记注册类型 是以在工商行政管理机关登记注册的各类企业为划分对象，以工商行政管理部门对企业登记注册的类型为依据，将企业登记注册类型分为内资企业、港澳台商投资企业和外商投资企业三大类。内资企业包括国有企业、集体企业、股份合作企业、联营企业、有限责任公司、股份有限公司、私营企业和其他企业；港澳台商投资企业和外商投资企业分别包括合资经营企业、合作经营企业、独资经营企业和股份有限公司等。对不在工商行政管理部门进行登记注册的行政机关、事业单位和社会团体，主要按其经费来源和管理方式进行划分。

国有企业 指企业全部资产归国家所有，并按《中华人民共和国企业法人登记管理条例》规定登记注册的非公司制的经济组织。不包括有限责任公司中的国有独资公司。

集体企业 指企业资产归集体所有，并按《中华人民共和国企业法人登记管理条例》规定登记注册的经济组织。

股份合作企业 指以合作制为基础，由企业职工共同出资入股，吸收一定比例的社会资产投资组建，实行自主经营，自负盈亏，共同劳动，民主管理，按劳分配与按股分红相结合的一种集体经济组织。

联营企业 指两个及两个以上相同或不同所有制性质的企业法人或事业单位法人，按自愿、平等、互利的原则，共同投资组成的经济组织。联营企业包括国有联营企业、集体联营企业、国有与集体联营企业和其他联营企业。

有限责任公司 指根据《中华人民共和国公司登记管理条例》规定登记注册，由两个以上、五十个以下的股东共同出资，每个股东以其所认缴的出资额对公司承担有限责任，公司以其全部资产对其债务承担责任的经济组织。有限责任公司包括国有独资公司以及其他有限责任公司。

股份有限公司 指根据《中华人民共和国公司登记管理条例》规定登记注册，其全部注册资本由等额股份构成并通过发行股票筹集资本，股东以其认购的股份对公司承担有限责任，公司以其全部资产对其债务承担责任的经济组织。

私营企业 指由自然人投资设立或由自然人控股，以雇佣劳动为基础的营利性经济组织。包括按照《公司法》《合伙企业法》《私营企业暂行条例》规定登记注册的私营有限责任公司、私营股份有限公司、私营合伙企业和私营独资企业。

其他企业 指上述企业之外的其他内资经济组织。

合资经营企业（港或澳、台资） 指港澳台地区投资者与内地企业依照《中华人民共和国中外合资经营企业法》及有关法律的规定，按合同规定的比例投资设立、分享利润和分担风险的企业。

合作经营企业（港或澳、台资） 指港澳台地区投资者与内地企业依照《中华人民共和国中外合作经营企业法》及有关法律的规定，依照合作合同的约定进行投资或提供条件设立、分配利润和分担风险的企业。

港澳台商独资经营企业 指依照《中华人民共和国外资企业法》及有关法律的规定，在内地由港澳台地区投资者全额投资设立的企业。

港澳台商投资股份有限公司 指根据国家有关规定，经原外经贸部依法批准设立，其中港、澳、台商的股本占公司注册资本的比例达25%以上的股份有限公司。凡其中港、澳、台商的股本占公司注册资本的比例小于25%的，属于内资企业中的股份有限公司。

其他港澳台商投资企业 指在中国境内参照《外国企业或个人在中国境内设立合伙企业管理办法》和《外商投资合伙企业登记管理规定》，依法设立的港、澳、台商投资合伙企业等。

中外合资经营企业 指外国企业或外国人与中国内地企业依照《中华人民共和国中外合资经营企业法》及有关法律的规定，按合同规定的比例投资设立、分享利润和分担风险的企业。

中外合作经营企业 指外国企业或外国人与中国内地企业依照《中华人民共和国中外合作经营企业法》及有关法律的规定，依照合作合同的约定进行投资或提供条件设立、分配利润和分担风险的企业。

外资企业 指依照《中华人民共和国外资企业法》及有关法律的规定，在中国内地由外国投资者全额投资设立的企业。

外商投资股份有限公司 指根据国家有关规定，经原外经贸部依法批准设立，其中外资的股本占公司注册资本的比例达25% 以上的股份有限公司。凡其中外资股本占公司注册资本的比例小于25%的，属于内资企业中的股份有限公司。

其他外商投资企业 指在中国境内依照《外国企业或个人在中国境内设立合伙企业管理办法》和《外商投资合伙企业登记管理规定》，依法设立的外商投资合伙企业等。

国有控股企业 即原来的国有及国有控股企业，根据企业实收资本中国有经济成分的出资人的实际投资情况，或国有经济成分的出资人对企业资产的实际控制、支配程度进行分类。以下情况为国有控股：(1)在企业的全部实收资本中，国有经济成分的出资人拥有的实收资本（股本）所占企业全部实收资本（股本）的比例大于 50%的国有绝对控股。(2)在企业的全部实收资本中，国有经济成分的出资人拥有的实收资本（股本）所占比例虽未大于 50%，但相对大于其他任何一方经济成分的出资人所占比例的国有相对控股；或者虽不大于其他经济成分，但根据协议规定拥有企业实际控制权的国有协议控股。(3)投资双方各占 50%，且未明确由谁绝对控股的企业，若其中一方为国有经济成分的，一律按国有控股处理。

轻工业 主要提供生活消费品和制作手工工具的工业。按其所使用的原料不同，可分为两大类：(1)以农产品为原料的轻工业，是指直接或间接以农产品为基本原料的轻工业。主要包括食品制造、饮料制造、烟草加工、纺织、缝纫、皮革和毛皮制作、造纸以及印刷等工业；(2)以非农产品为原料的轻工业，是指以工业品为原料的轻工业。主要包括文教体育用品、化学药品制造、合成纤维制造、日用化学制品、日用玻璃制品、日用金属制品、手工工具制造、医疗器械制造、文化和办公用机械制造等工业。

重工业 指为国民经济各部门提供物质技术基础的主要生产资料的工业。按其生产性质和产品用途，可以分为下列三类：(1)采掘工业，是指对自然资源的开采，包括石油开采、煤炭开采、金属矿开采、非金属矿开采和木材采伐等工业；(2)原材料工业，指向国民经济各部门提供基本材料、动力和燃料的工业。包括金属冶炼及加工、炼焦及焦炭、化学、化工原料、水泥、人造板以及电力、石油和煤炭加工等工业；(3)加工工业，是指对工业原材料进行再加工制造的工业。包括装备国民经济各部门的机械设备制造工业、金属结构、水泥制品等工业，以及为农业提供的生产资料如化肥、农药等工业。

根据上述划分原则，修理业中以重工业产品为修理作业对象的划为重工业，反之划为轻工业。从 2003 年起轻、重工业内部不再细划分。

资产总计 指企业过去的交易或者事项形成的、由企业拥有或者控制的、预期会给企业带来经济利益的资源。资产一般按流动性（资产的变现或耗用时间长短）分为流动资产和非流动资产。其中流动资产可分为货币资金、交易性金融资产、应收票据、应收账款、预付款项、其他应收款、存货等；非流动资产可分为长期股权投资、固定资产、无形资产及其他非流动资产等。

流动资产合计 资产满足以下条件之一应归为流动资产：(1)预计在一个正常营业周期中变现、出售或耗用，主要包括存货、应收账款等；(2)主要为交易目的而持有；(3)预计在资产负债表日起一年内（含一年）变现；(4)自资产负债日起一年内，交换其他资产或清偿负债的能力不受限制的现金或现金等价物。包括货币资金、应收票据、应收账款、存货等项目。

负债合计 指企业过去的交易或者事项形成的，预期会导致经济利益流出企业的现时义务。负债一般按偿还期长短分为流动负债和非流动负债。

所有者权益合计 指企业资产扣除负债后由所有者享有的剩余权益。公司的所有者权益又称股东权益。包括实收资本、资本公积、盈余公积、未分配利润等。

营业收入 指企业从事销售商品、提供劳务和让渡资产使用权等生产经营活动形成的经济利益流入。

营业成本 指企业从事销售商品、提供劳务和让渡资产使用权等生产经营活动发生的实际成本。

税金及附加 指企业因从事生产经营活动按税法规定应缴纳的消费税、城市维护建设税、资源税、环境保护税、教育费附加及房产税、土地使用税、车船使用税、印花税等相关税费。

销售费用 指企业在销售商品和材料、提供劳务的过程中发生的各种费用，包括保险费、包装费、展览费和广告费、商品维修费、预计产品质量保证损失、运输费、装卸费等以及为销售本企业商品而专设的销售机构（含销售网点、售后服务网点等）的职工薪酬、业务费、折旧费等经营费用。

管理费用 指企业为组织和管理企业生产经营所发生的费用，包括企业在筹建期间内发生的开办费、董事会和行政管理部门在企业经营管理中发生的，或者应当由企业统一负担的公司经费等。

财务费用 指企业为筹集生产经营所需资金等而发生的筹资费用，包括企业生产经营期间发生的利息支出（减利息收入）、汇兑损失（减汇兑收益）以及相关的手续费等。

利润总额 指企业在一定会计期间的经营成果，是生产经营过程中各种收入扣除各种耗费后的盈余，反映企业在报告期内实现的盈亏总额。利润总额为营业利润加上营业外收入，减去营业外支出后的金额。

应交增值税 指按照税法规定，以销售货物、服务、无形资产、不动产或提供加工、修理修配劳务的增值额和货物进口金额为计税依据而课征的一种流转税。

平均用工人数 指报告期企业平均实际拥有的、参与本企业生产经营活动的人员数。

亏损面 指亏损企业单位数占全部工业企业单位数的比重。计算公式为：

亏损面=亏损企业单位数/全部工业企业单位数 × 100%

资产负债率 又称举债经营比率，反映企业利用债权人提供资金进行经营活动的能力，也是衡量企业负债水平及经营风险程度的重要指标。计算公式：

资产负债率=负债总额/资产总额 × 100%

营业收入利润率 指企业实现的利润与同期营业收入的比率。该指标既可考核企业利润计划的完成情况，又可比较各企业之间或不同时期的经营管理水平。计算公式：

营业收入利润率=利润总额/营业收入 × 100%

Explanatory Notes on Main Statistical Indicators

Industry refers to the material production sector which is engaged in the extraction of natural resources and processing and reprocessing of minerals and agricultural products, including (1) extraction of natural resources, such as mining, salt production (but not including hunting and fishing); (2) processing and reprocessing of farm and sideline products, such as grain and oil processing, food processing, silk reeling, spinning and weaving and leather making; (3) processing and reprocessing of mineral products, such as steel making, iron smelting, chemicals manufacturing, petroleum processing, machine building, timber processing, and production and supply of electricity, gas and water; (4) repairing and renovating of industrial products such as the machinery.

In industrial surveys, the units of enquiry are industrial corporate units.

Industrial corporate units refer to corporate units engaging in industrial production and operation activities, which meet the following requirements: (1) They are established legally, having their own names, organizations, location, and are able to take civil liability independently; (2) They possess (or are authorized to use) assets independently, assume liabilities and are entitled to sign contracts with other units; (3) They have accounts including the balance sheets or can compile the accounts according to the need.

Registration Status of Enterprises (Units) Enterprises are classified into 3 categories, namely domestic-funded enterprises, enterprises with investment from Hong Kong, Macao and Taiwan, and enterprises with foreign investment, according to the registration status of an enterprise in industrial and commercial administration agencies. Domestic-funded enterprises include State-owned enterprises, collective-owned enterprises, cooperative enterprises, joint ownership enterprises, limited liability corporations, share-holding corporations Ltd., private enterprises and other enterprises. Included in the enterprises with investment from Hong Kong, Macao and Taiwan and enterprises with foreign investment are joint-venture enterprises, cooperative enterprises, sole investment enterprises and share-holding corporations Ltd. For government agencies, institutions and social organizations which are not registered in industrial and commercial administration agencies, they are classified mainly by their sources of funding and manner of management.

State-owned Enterprises refer to non-corporation economic units where the entire assets are owned by the State and which have been registered in accordance with the *Regulation of the People's Republic of China on the Management of Registration of Corporate Enterprises*. Not included from this category are solely State-funded corporations in the limited liability corporations.

Collective-owned Enterprises refer to economic units where the assets are owned collectively and which have been registered in accordance with the *Regulation of the People's Republic of China on the Management of Registration of Corporate Enterprises*.

Share-holding Cooperative Enterprises refer to a form of collective economic units (enterprises) where capitals come mainly from employees as their shares, with certain proportion of capital from the outside, where production is organized on the basis of independent operation, independent accounting for profits and losses, joint work, democratic management, and a distribution system that integrates remuneration according to work with dividend according to capital share.

Joint Ownership Enterprises refer to economic units established by two or more corporate enterprises or corporate institutions of the same or different ownership, through joint investment on the basis of voluntary participation, equality, and mutual benefits. They include State joint ownership enterprises; collective joint ownership enterprises; joint State-collective enterprises; and other joint ownership enterprises.

Limited Liability Corporations refer to economic units established with investment from 2-50 investors and registered in accordance with the *Regulation of the People's Republic of China on the Management of Registration of Corporations*, each investor bearing limited liability to the corporation depending on its share of investment, and the corporation bearing liability to its debt to the maximum of its total assets. Limited liability corporations include solely State-funded limited liability corporations and other limited liability corporations.

Share-holding Corporations Ltd. refer to economic units registered in accordance with the *Regulation of the People's Republic of China on the Management of Registration of Corporations*, with total registered capital divided into equal shares and raised through issuing stocks. Each investor bears limited liability to the corporation depending on the holding of shares, and the corporation bears liability to its debt to the maximum of its total assets.

Private Enterprises refer to profit-making economic units invested and established by natural persons, or controlled by natural persons using employed labour. Included in this category are private limited liability corporations, private share-holding corporations Ltd., private partnership enterprises and private-funded enterprises registered in accordance with the *Company Law*, the *Law on Partnership Business* and *Interim Regulations on Private Enterprises*.

Other Domestic-funded Enterprises refer to domestic-funded economic units other than those mentioned above.

Joint Venture Enterprises (Funded by Hong Kong, Macao and Taiwan) are enterprises established by investors from Hong Kong, Macao and Taiwan with enterprises in the mainland of China in accordance with the *Law of the People's Republic of China on Sino-foreign Equity Joint Ventures* and other relevant laws, where the establishment of the investment and the sharing of profits and risks are stipulated under joint venture contracts.

Cooperative Enterprises (Funded by Hong Kong, Macao and Taiwan) established by investors from Hong Kong, Macao and Taiwan with enterprises in the mainland of China in accordance with the *Law of the People's Republic of China on Sino-foreign Contractual Joint Venture* and other relevant laws, where the investment or provision of facilities and the sharing of profits and risks are stipulated under cooperative contracts.

Enterprises with Sole Investment from Hong Kong, Macao and Taiwan refer to enterprises established in the mainland of China with exclusive investment from investors from Hong Kong, Macao and Taiwan in accordance with the *Law of the People's Republic of China on Wholly Foreign-owned Enterprises* and other relevant laws.

Share-holding Corporations Ltd. with Investment from Hong Kong, Macao and Taiwan refer to share-holding corporations Ltd. established with the approval from the former Ministry of Foreign Trade and Economic Relations in line with relevant State regulations, where the share of investment from Hong Kong, Macao or Taiwan businessmen exceeds 25% of the total registered capital of the corporation. In case the share of investment from Hong Kong, Macao or Taiwan is less than 25% of the total registered capital, the enterprise is to be classified as domestic-funded share-holding corporation Ltd.

Other Enterprises with Funds from Hong Kong, Macao and Taiwan refer to partnership enterprises with investments from Hong Kong, Macao and Taiwan established within the territory of China in accordance with *Administrative Measures on the Establishment of Partnership Enterprises in China by Foreign Enterprises or Foreign Individuals* and *Regulations for the Administration of the Registration of Foreign-invested Partnership Enterprises*.

Joint Venture Enterprises with Foreign Investment refer to enterprises jointly established by foreign enterprises or foreigners with enterprises in the mainland of China in accordance with the *Law of the People's Republic of China on Sino-foreign Equity Joint Ventures* and other relevant laws, where the sharing of investment, profits and risks is stipulated under contract.

Cooperative Enterprises with Foreign Investment refer to enterprises jointly established by foreign enterprises or foreigners with enterprises in the mainland of China in accordance with the *Law of the People's Republic of China on Sino-foreign Contractual Joint Venture* and other relevant laws, where the investment or provision of facilities and the sharing of profits and risks are stipulated under cooperative contracts.

Enterprises with Sole Foreign Investment refer to enterprises established in the mainland of China with exclusive investment from foreign investors in accordance with the *Law of the People's Republic of China on Wholly Foreign-owned Enterprises* and other relevant laws.

Share-holding Corporations Ltd. with Foreign Investment refer to share-holding corporations Ltd. established with the approval from the former Ministry of Foreign Trade and Economic Relations in line with relevant State regulations, where the share of investment from foreign investors exceeds 25% of the total registered capital of the corporation. In case the share of foreign investment is less than 25% of the total registered capital, the enterprise is to be classified as domestic-funded share-holding corporation Ltd.

Other Enterprises with Foreign Funds refer to partnership enterprises established within the territory of China in accordance with *Administrative Measures on the Establishment of Partnership Enterprises in China by Foreign Enterprises or Foreign Individuals* and *Regulations for the Administration of the Registration of Foreign-invested Partnership Enterprises*.

State-holding Enterprises cover the original state-owned enterprises and state-holding enterprises. They are classified according to the actual investment made by the contributor of state-owned part in the paid-in capital of the enterprises, or the degree of control or dominance of the contributor on the assets of the enterprises. The following cases are regarded as state-holding: (1) Absolute state-holding in which the contributors of state-owned parts possess more than 50% of all the paid-in capital (stocks) of the enterprises; (2) Relative state-holding in which the contributors of state-owned parts possess no more than 50% of the paid-in capital (stocks) of the enterprises, but more than that of any other contributors; or agreed state-holding in which the contributors of state-owned parts possess no more than other contributors but have actual control over the enterprises according to agreements; (3) In the case both contributors possess 50% and it is not clear which one is in absolute holding position, the enterprise is regarded as state-holding enterprise if one of the contributor has state-owned elements.

Light Industry refers to the industry that produces consumer goods and hand tools. It consists of two categories depending on the raw materials used:

(1)Industries using farm products as raw materials. These are branches of light industry which directly or indirectly use farm products as basic raw materials, including the manufacture of food and beverages, tobacco processing, textile, clothing, fur and leather manufacturing, paper making, printing, etc. (2)Industries using non-farm products as raw materials. These are branches of light industry which use manufactured goods as raw materials, including the manufacture of cultural, educational articles and sports goods chemicals synthetic fiber chemical products for daily use glass products for daily use metal products for daily use hand tools medical apparatus and instruments and the manufacture of cultural and clerical machinery.

Heavy Industry refers to the industry which produces capital goods and provides various sectors of the national economy with necessary material and technical basis. It consists of the following three branches according to the purpose of production or the use of products: (1)Mining and Quarrying Industry refers to the industry that extracts natural resources including extraction of petroleum coal metal and non-metal ores and logging. (2)Raw Materials Industry refers to the industry that provides various sectors of the national economy with raw materials fuels and power. It includes smelting and processing of metals, coking and coke, chemistry, chemical materials and building materials such as cement, plywood and power, petroleum refining and coal dressing. (3)Manufacturing Industry refers to the industry that processes raw materials. It includes machine building industry, metal structure industry, cement products industry, which equips sectors of the national economy, and chemical fertilizers industry and pesticides industry, which supplies productive materials for agriculture.

According to the above principle of classification the repairing trades which are engaged primarily in repairing products of heavy industry are classified into heavy industry while those engaged in repairing products of light industry are classified into light industry. It is not divided further in the interior of light industry and heavy industry from 2003.

Total Assets refer to all resources that are owned or controlled by enterprises through previous trades or transactions with expectation of making economic profits. Classified by the degree of liquidity, total assets include current assets and non-current assets. Current assets can be classified into monetary capital, trading financial assets, notes receivable, accounts receivable, advanced payments, other receivables and inventories. Non-current assets can be divided into long-term equity investment, fixed assets, intangible assets and other non-current assets.

Total Current Assets refer to the assets that meet one of the following requirements: (1) expected to be cashed, sold or used in a normal operation cycle, mainly including inventory and accounts receivable; (2) be owned for trading purpose mainly; (3) expected to be cashed in one year (including one year) from the day of the Balance Sheet; (4) unlimited cash or cash equivalents that can be exchanged with other assets or being capable of settling debts during one year since the day of the Balance Sheet. Included are monetary capital, notes receivable, accounts receivable and inventories.

Total Liabilities refer to payable liabilities of enterprises that accumulated from previous trades or transactions with expectation of economic profits leaking out. In terms of payment, it can be divided into liquid liabilities and long-term liabilities.

Total Creditors' Equity refers to the residual interest in the assets of an enterprise after deducting all its liabilities. Creditors' equity of a company is also known as shareholders' equity. Included are paid-in capital, capital reserve, surplus reserve, undistributed profits, etc.

Business Revenue refers to the economic benefits enterprises gained in the production and operating activities such as selling products, providing services and alienating the right to use assets.

Business Cost refers to the actual cost occurred in the production and operating activities of enterprises such as selling products, providing services and alienating the right to use assets.

Taxes and Extra Charges refer to the relevant taxes and fees that enterprises should bear in the production and operating activities according to the tax law, including consumption tax, city maintenance and construction tax, resources tax, environmental protection tax, extra charge of education, real estate tax, land use tax, vehicle and vessel use tax, stamp tax, etc.

Costs of Sales refers to the cost during the sale of goods and materials, providing labour services, including insurance, packing, exhibition fees and advertising fees, merchandise maintenance costs, expected product quality guarantee loss, transportation fees, handling fees, and operating expenses for the sales of the company's products such as employee compensation, business expenses, depreciation costs for dedicated sales offices (including sales outlets, after-sales service outlets, etc.).

Administrative Expenses refers to the expenses for the organization and management of enterprise operating, including the start-up costs during the construction of enterprises, funds occurred during enterprises operating by board of directors and executive management in the enterprise management, or burden by enterprises.

Financial Expenses refers to cost of raising fund for enterprises to raise funds for production and operation, including interest payments (a reduction in interest income), exchange loss (less exchange gains) and related fees during the period of production.

Total Profits refers to the operation results in a certain accounting period, and it is the balance of various incomes minus various spending in the course of operation, reflecting the total profits and losses of enterprises in reference period. It is balance of business profits plus non-business income, minus non-business expense.

Value Added Taxes Payable refers to the turnover taxes which is imposed on the added value of selling goods, services, intangible assets, real estate, or providing processing and repairing, and on imported value of import goods according to the tax laws.

Average Employees refers to the number of persons engaged in the enterprise production and operation activities in the reporting period, which are actually owned by the enterprise.

Range of Deficits refers to the proportion of loss-making enterprises in the number of all industrial enterprises. The formula is as follows:

Range of Deficits = Number of loss-making enterprises / Number of All Industrial Enterprises ×100%

Ratio of Debts to Assets is also called leverage ratio. It reflects both the capability and the operation risk of the enterprises in making use of the capital from the creditors. It is calculated as follows:

Ratio of Debts to Assets = Total Debts / Total Assets ×100%

Ratio of Profits to Business Revenue refers to the profits to the business revenue in the same period. This indicator can evaluate accomplishment of profits plan of enterprises, as well as compare management level of different enterprises or different periods. The formula is as follows:

Ratio of Profits to Business Revenue = Total Profits / Business Revenue ×100%

CONSTRUCTION

11 建筑业

资料整理人员

陈烨松　许婷瑜

建筑业
CONSTRUCTION

建筑业施工企业个数	Number of Construction Enterprises	3733	个 (unit)
建筑业总产值	Gross Output Value of Construction	5677.7	亿元 (100 million yuan)
建筑业竣工产值	Completed Output Value of Costruction	1897.5	亿元 (100 million yuan)
建筑业房屋竣工面积	Floor Space of Buildings of Construction Completed	5048	万平方米 (10 000 sq.m)

建筑业总产值构成 (%)

Composition of Gross Output Value of Construction (%)

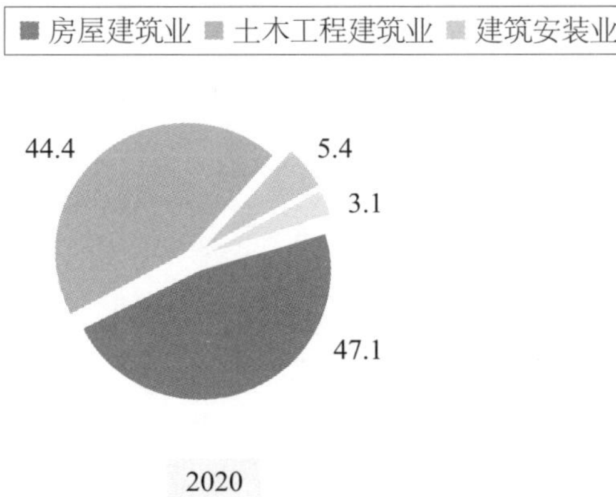

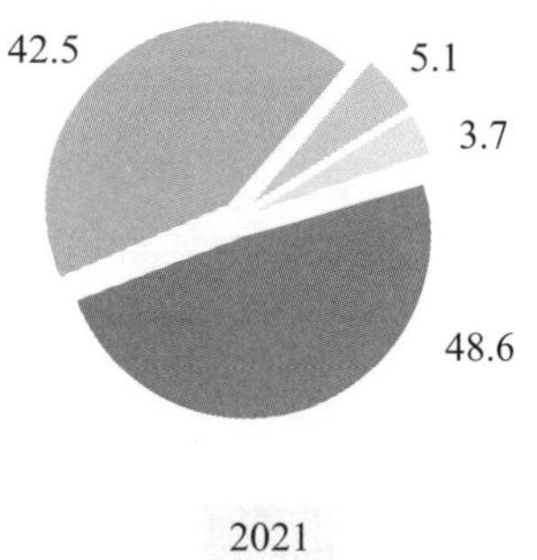

建筑业总产值 (亿元)

Gross Output Value of Construction (100 million yuan)

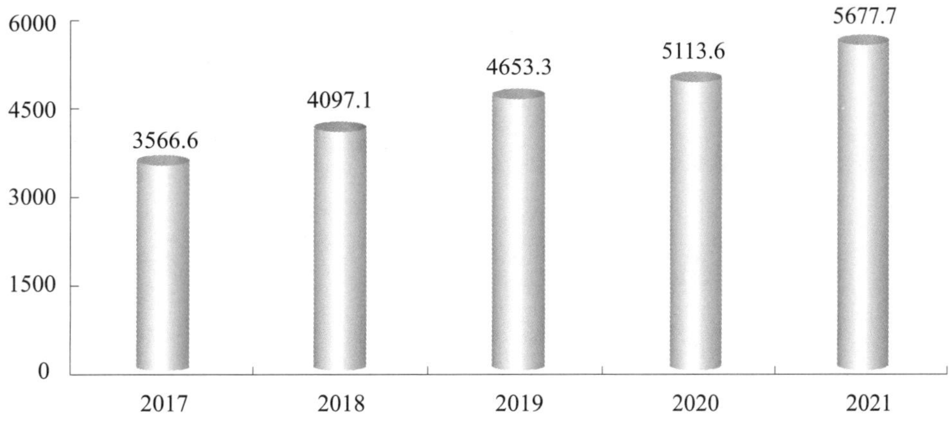

11-1 建筑施工企业主要经济指标
MAJOR ECONOMIC INDICATORS OF CONSTRUCTION ENTERPRISES

指 标	Item	2020	2021
施工企业个数 (个)	Number of Construction Enterprises (unit)	3357	3733
从事建筑业活动的平均人数 (万人)	Average Number of Employees Engaged in Construction Activities (10 000 persons)	121	123
建筑业企业期末人数 (万人)	Number of Employees at The End of Period (10 000 persons)	87	90
固定资产原价 (万元)	Original Value of Fixed Assets (10 000 yuan)	5584311	6120232
自有机械设备年末总台数 (台)	Number of Machinery and Equipment Owned (set)	209405	199889
自有机械设备年末净值 (万元)	Net Value of Machinery and Equipment Owned (10 000 yuan)	1283306	1411617
自有机械设备年末总功率 (万千瓦)	Total Power of Machinery and Equipment Owned (10 000 kw)	686	748
建筑业总产值 (万元)	Gross Output Value of Construction (10 000 yuan)	51136434	56777141
竣工产值 (万元)	Output Value of Buildings Completed (10 000 yuan)	18529215	18975492
累计折旧 (万元)	Accumulated Depreciation (10 000 yuan)	2943215	3336977
本年折旧 (万元)	Depreciation in This Year (10 000 yuan)	456850	569252
施工面积 (万平方米)	Floor Space of Buildings under Construction (10 000 sq.m)	19966	23316
竣工面积 (万平方米)	Floor Space of Buildings Completed (10 000 sq.m)	4945	5048
营业利润 (万元)	Profits of Business (10 000 yuan)	1176904	1481956
管理费用 (万元)	Costs of Administration (10 000 yuan)	1868087	1820060
利润总额 (万元)	Total Profits (10 000 yuan)	1192641	1492859
按总产值计算的劳动生产率 (元/人)	Labor Productivity in Terms of Total Output Value (yuan/person)	421446	462366
实收资本 (万元)	Capitals Hold (10 000 yuan)	11821437	11579259
资产总计 (万元)	Total Assets (10 000 yuan)	74969739	87957836
负债合计 (万元)	Total Liabilities (10 000 yuan)	56021043	66071681
所有者权益合计 (万元)	Total Creditors Equity (10 000 yuan)	18948696	21886155
竣工率(按产值计算) (%)	Rate of Completed (by Output Value) (%)	36.2	33.4
技术装备率 (元/人)	Value of Machines per Laborer (yuan/person)	14700	15626
动力装备率 (千瓦/人)	Power of Machines per Laborer (kw/person)	7.9	8.3
资产负债率 (%)	Ratio of Debts to Assets (%)	74.7	75.1
产值利润率 (%)	Ratio of Profit to Gross Output Value (%)	2.3	2.6

11-2 建筑业企业总产值和竣工产值(2021年)
GROSS OUTPUT VALUE AND COMPLETED VALUE OF CONSTRUCTION ENTERPRISES(2021)

单位：万元 (10 000 yuan)

指 标	Item	建筑业总产值 Gross Output Value	#建筑工程 Construction	#安装工程 Installation	竣工产值 Output Value of Buildings Completed
总 计	**Total**	**56777141**	**49124281**	**5841795**	**18975492**
#国有及国有控股	State Owned and State Controlling Share	33280524	29493107	3095442	9718743
按登记注册类型分	**Grouped by Registered Kind**				
内资企业	Civil Funded Enterprises	56773560	49120700	5841795	18971921
国有企业	State-owned Enterprises	378276	273173	8583	169995
集体企业	Collective-owned Enterprises	314355	288439	24594	121445
股份合作企业	Share Cooperative Enterprises				
联营企业	Joint Ownership Enterprises				
有限责任公司	Limited Responsibility Corporations	34911659	31189256	3014596	9958263
国有独资公司	Company Exclusively with Investment from State	5505869	5201235	158917	1905556
其他有限责任公司	Other Limited Responsibility Company	29405790	25988021	2855680	8052707
股份有限公司	Share-holding Limited Corporations	1206242	619712	585126	740953
私营企业	Private-owned Enterprises	19963027	16750121	2208896	7981265
私营独资企业	Enterprise Exclusively with Investment from Private				
私营合伙企业	Private Partnership Enterprises				
私营有限责任公司	Private Limited Responsibility Corporations	19042972	15973453	2143282	7849008
私营股份有限公司	Private Share-holding Limited Corporations	920055	776668	65615	132256
其他企业	Other Enterprises				
港、澳、台商投资企业	Enterprises Funded by Hong Kong, Macao and Taiwan	10	10		
外商投资企业	Foreign Funded Enterprises	3571	3571		3571
按国民经济行业分	**Grouped by Economic Sector**				
房屋建筑业	Construction of Buildings	27608276	24772344	2284565	11380163
土木工程建筑业	Civil Engineering	24133459	21515317	1865098	5264678
建筑安装业	Building Installation	2921346	1303358	1403040	1553487
建筑装饰、装修和其他建筑业	Building Decoration and Other Construction	2114060	1533261	289093	777163
按隶属关系分	**Grouped by Subordination**				
中 央	Central Enterprises	15811974	13810117	1679908	2706276
地 方	Local Enterprises	15558705	13675527	1554804	6428932
其 他	Others	25406461	21638637	2607082	9840284
按企业资质等级分	**Grouped by Qualification Criteria**				
施工总承包	Overall Contract	52943146	46627738	4879510	17460976
专业承包	Specialized Contract	3833995	2496543	962285	1514516

11-3 按主要用途分的房屋建筑竣工面积(2021年)

单位：平方米

指 标	Item	总 计 Total	住宅房屋 Residential Buildings
总 计	**Total**	**50479563**	**33391136**
#国有及国有控股	State Owned and State Controlling Share	26922951	17017088
按登记注册类型分	**Grouped by Registered Kind**		
内资企业	Civil Funded Enterprises	50479563	33391136
国有企业	State-owned Enterprises	514999	478650
集体企业	Collective-owned Enterprises	790345	677004
股份合作企业	Share Cooperative Enterprises		
联营企业	Joint Ownership Enterprises		
有限责任公司	Limited Responsibility Corporations	28909407	18286432
国有独资公司	Company Exclusively with Investment from State	3510527	2049593
其他有限责任公司	Other Limited Responsibility Company	25398880	16236839
股份有限公司	Share-holding Limited Corporations		
私营企业	Private-owned Enterprises	20264812	13949050
私营独资企业	Enterprise Exclusively with Investment from Private		
私营合伙企业	Private Partnership Enterprises		
私营有限责任公司	Private Limited Responsibility Corporations	20055599	13939045
私营股份有限公司	Private Share-holding Limited Corporations	209213	10005
其他企业	Other Enterprises		
港、澳、台商投资企业	Enterprises Funded by Hong Kong, Macao and Taiwan		
外商投资企业	Foreign Funded Enterprises		
按国民经济行业分	**Grouped by Economic Sector**		
房屋建筑业	Construction of Buildings	44264855	31389824
土木工程建筑业	Civil Engineering	4739606	1690488
建筑安装业	Building Installation	1041675	57108
建筑装饰、装修和其他建筑业	Building Decoration and Other Construction	433427	253716
按隶属关系分	**Grouped by Subordination**		
中 央	Central Enterprises	10807656	5976475
地 方	Local Enterprises	15347713	10708029
其 他	Others	24324194	16706632
按企业资质等级分	**Grouped by Qualification Criteria**		
施工总承包	Overall Contract	48351206	32840738
专业承包	Specialized Contract	2128357	550398

FLOOR SPACE OF BUILDINGS COMPLETED BY MAJOR USE(2021)

(sq.m)

商业及服务用房屋 Commercial and Service Buildings	办公用房 Oiffices	科研、教育、医疗用房屋 Scientific Research, Education and Healthcare Buildings	文化、体育、娱乐用房屋 Culture, Sports and Entertaininment Buildings	厂房及建筑物 Factory Buildings	仓库 Warehouses	其他未列明的房屋建筑物 Other Unlisted Buildings
2911230	**1663774**	**3784608**	**312983**	**6096723**	**382954**	**1936155**
1525707	1074785	2797730	129448	3275825	242739	859629
2911230	1663774	3784608	312983	6096723	382954	1936155
2443	5497	27205		1204		
	6600	2910		91661	2040	10130
1680256	1148005	2957914	129448	3563427	261512	882413
326506	51910	813440	35578	217543	1428	14529
1353750	1096095	2144474	93870	3345884	260084	867884
1228531	503672	796579	183535	2440431	119402	1043612
1072606	502336	796579	183535	2398484	119402	1043612
155925	1336			41947		
2429248	1560661	3640284	306012	2881751	203399	1853676
440523	51355	80631	5898	2235878	169912	64921
7421	30739	60993	1073	881743	2143	455
34038	21019	2700		97351	7500	17103
496346	299765	721044	1584	2489863	168312	654267
1001015	720106	1878378	110749	709417	69803	150216
1413869	643903	1185186	200650	2897443	144839	1131672
2714519	1610190	3721697	280583	4958475	379999	1845005
196711	53584	62911	32400	1138248	2955	91150

11-4 按主要用途分的房屋建筑竣工价值(2021年)

单位：万元

指标	Item	总计 Total	住宅房屋 Residential Buildings
总　计	**Total**	**10040303**	**5951816**
#国有及国有控股	State Owned and State Controlling Share	6135623	3151556
按登记注册类型分	**Grouped by Registered Kind**		
内资企业	Civil Funded Enterprises	10040303	5951816
国有企业	State-owned Enterprises	92465	84813
集体企业	Collective-owned Enterprises	92404	86286
股份合作企业	Share Cooperative Enterprises		
联营企业	Joint Ownership Enterprises		
有限责任公司	Limited Responsibility Corporations	6517751	3384988
国有独资公司	Company Exclusively with Investment from State	784891	358274
其他有限责任公司	Other Limited Responsibility Company	5732859	3026714
股份有限公司	Share-holding Limited Corporations		
私营企业	Private-owned Enterprises	3337683	2395728
私营独资企业	Enterprise Exclusively with Investment from Private		
私营合伙企业	Private Partnership Enterprises		
私营有限责任公司	Private Limited Responsibility Corporations	3323122	2393694
私营股份有限公司	Private Share-holding Limited Corporations	14561	2034
其他企业	Other Enterprises		
港、澳、台商投资企业	Enterprises Funded by Hong Kong, Macao and Taiwan		
外商投资企业	Foreign Funded Enterprises		
按国民经济行业分	**Grouped by Economic Sector**		
房屋建筑业	Construction of Buildings	8857977	5638407
土木工程建筑业	Civil Engineering	1100524	295534
建筑安装业	Building Installation	51991	2995
建筑装饰、装修和其他建筑业	Building Decoration and Other Construction	29811	14881
按隶属关系分	**Grouped by Subordination**		
中　央	Central Enterprises	1892126	960683
地　方	Local Enterprises	3959054	2118201
其　他	Others	4189122	2872931
按企业资质等级分	**Grouped by Qualification Criteria**		
施工总承包	Overall Contract	9922957	5928384
专业承包	Specialized Contract	117345	23432

VALUE OF BUILDINGS COMPLETED BY MAJOR USE(2021)

(10 000 yuan)

商业及服务用房屋 Commercial and Service Buildings	办公用房 Oiffices	科研、教育、医疗用房屋 Scientific Research, Education and Healthcare Buildings	文化、体育、娱乐用房屋 Culture, Sports and Entertaininment Buildings	厂房及建筑物 Factory Buildings	仓 库 Warehouses	其他未列明的房屋建筑物 Other Unlisted Buildings
629206	**432593**	**1148063**	**117099**	**1368956**	**73003**	**319566**
379479	306998	947449	77384	1008538	57913	206305
629206	432593	1148063	117099	1368956	73003	319566
374	1082	5991		205		
	1221	370		2116	32	2380
424102	324747	988029	77384	1048886	62188	207426
63319	25549	296815	15109	19518	396	5913
360784	299199	691215	62276	1029368	61792	201513
204730	105543	153674	39715	317750	10784	109760
198493	105462	153674	39715	311541	10784	109760
6237	81			6209		
584681	414911	1103974	116551	665260	26398	307794
42622	13295	43372	510	648741	45325	11126
270	1600	669	39	45399	1001	19
1633	2787	48		9556	280	627
61925	106254	214509	428	336270	45255	166802
313898	180743	653546	46153	597584	10089	38839
253383	145596	280008	70518	435102	17659	113924
620553	427269	1147376	116940	1297369	71991	313076
8652	5325	687	160	71588	1013	6490

11-5 建筑业企业房屋建筑面积(2021年)
FLOOR SPACE OF BUILDINGS CONSTRUCTED BY CONSTRUCTION ENTERPRISES(2021)

单位: 平方米 (sq.m)

指 标	Item	房屋建筑施工面积 Floor Space of Buildings under Construction	#本年新开工面积 Newly Started This Year
总 计	**Total**	**233164016**	**78433798**
#国有及国有控股	State Owned and State Controlling Share	150136549	42124571
按登记注册类型分	**Grouped by Registered Kind**		
内资企业	Civil Funded Enterprises	233164016	78433798
国有企业	State-owned Enterprises	2708106	998908
集体企业	Collective-owned Enterprises	2345565	911889
股份合作企业	Share Cooperative Enterprises		
联营企业	Joint Ownership Enterprises		
有限责任公司	Limited Responsibility Corporations	157502409	45385222
国有独资公司	Company Exclusively with Investment from State	14502072	3361986
其他有限责任公司	Other Limited Responsibility Company	143000337	42023236
股份有限公司	Share-holding Limited Corporations		
私营企业	Private-owned Enterprises	70607936	31137779
私营独资企业	Enterprise Exclusively with Investment from Private		
私营合伙企业	Private Partnership Enterprises		
私营有限责任公司	Private Limited Responsibility Corporations	69593793	30938793
私营股份有限公司	Private Share-holding Limited Corporations	1014143	198986
其他企业	Other Enterprises		
港、澳、台商投资企业	Enterprises Funded by Hong Kong, Macao and Taiwan		
外商投资企业	Foreign Funded Enterprises		
按国民经济行业分	**Grouped by Economic Sector**		
房屋建筑业	Construction of Buildings	219605842	72318599
土木工程建筑业	Civil Engineering	10890163	4868036
建筑安装业	Building Installation	1237175	552193
建筑装饰、装修和其他建筑业	Building Decoration and Other Construction	1430836	694970
按隶属关系分	**Grouped by Subordination**		
中 央	Central Enterprises	44165861	17368250
地 方	Local Enterprises	98765148	22846197
其 他	Others	90233007	38219351
按企业资质等级分	**Grouped by Qualification Criteria**		
施工总承包	Overall Contract	230057010	76868411
专业承包	Specialized Contract	3107006	1565387

11-6 建筑业企业机械设备情况(2021年)
MACHINERY AND EQUIPMENT OF CONSTRUCTION ENTERPRISES(2021)

指 标	Item	自有机械设备年末总台数(台) Number of Machinery and Equipment Owned(unit)	自有机械设备年末总功率(千瓦) Total Power of Machinery and Equipment Owned(kw)	自有机械设备年末净值(万元) Net Value of Machinery and Equipment Owned (10 000 yuan)
总 计	**Total**	**199889**	**7475572**	**1411617**
#国有及国有控股	State Owned and State Controlling Share	99336	5587061	928682
按登记注册类型分	**Grouped by Registered Kind**			
内资企业	Civil Funded Enterprises	199889	7475572	1411617
国有企业	State-owned Enterprises	6234	74111	20129
集体企业	Collective-owned Enterprises	3384	52167	9980
股份合作企业	Share Cooperative Enterprises			
联营企业	Joint Ownership Enterprises			
有限责任公司	Limited Responsibility Corporations	99707	5574703	932084
国有独资公司	Company Exclusively with Investment from State	34614	424653	90340
其他有限责任公司	Other Limited Responsibility Company	65093	5150050	841744
股份有限公司	Share-holding Limited Corporations	988	106844	3074
私营企业	Private-owned Enterprises	89576	1667747	446350
私营独资企业	Enterprise Exclusively with Investment from Private			
私营合伙企业	Private Partnership Enterprises			
私营有限责任公司	Private Limited Responsibility Corporations	88754	1629333	439398
私营股份有限公司	Private Share-holding Limited Corporations	822	38414	6951
其他企业	Other Enterprises			
港、澳、台商投资企业	Enterprises Funded by Hong Kong, Macao and Taiwan			
外商投资企业	Foreign Funded Enterprises			
按国民经济行业分	**Grouped by Economic Sector**			
房屋建筑业	Construction of Buildings	107288	1598107	362795
土木工程建筑业	Civil Engineering	73742	5440619	968873
建筑安装业	Building Installation	11089	329094	47729
建筑装饰、装修和其他建筑业	Building Decoration and Other Construction	7770	107752	32221
按隶属关系分	**Grouped by Subordination**			
中 央	Central Enterprises	39169	4527844	739830
地 方	Local Enterprises	53390	884361	172384
其 他	Others	107330	2063367	499402
按企业资质等级分	**Grouped by Qualification Criteria**			
施工总承包	Overall Contract	183506	7159828	1320793
专业承包	Specialized Contract	16383	315744	90824

11-7 建筑业企业劳动生产率(2021年)

LABOR PRODUCTIVITY OF CONSTRUCTION ENTERPRISES(2021)

指 标	Item	企业个数(个) Number of Enterprises (unit)	从事建筑业活动的平均人数(人) Average Number of Employees (person)	按总产值计算的劳动生产率(元/人) Labor Productivity in Terms of Total Output Value (yuan/person)	人均竣工产值(元/人) Per Capita Output Value of Buildings Completed (yuan/person)
总 计	**Total**	**3733**	**1227970**	**462366**	**154527**
#国有及国有控股	State Owned and State Controlling Share	313	640586	519532	151716
按登记注册类型分	**Grouped by Registered Kind**				
内资企业	Civil Funded Enterprises	3731	1227913	462358	154505
国有企业	State-owned Enterprises	37	12505	302500	135941
集体企业	Collective-owned Enterprises	37	6797	462491	178675
股份合作企业	Share Cooperative Enterprises				
联营企业	Joint Ownership Enterprises				
有限责任公司	Limited Responsibility Corporations	432	704093	495839	141434
国有独资公司	Company Exclusively with Investment from State	80	74221	741821	256741
其他有限责任公司	Other Limited Responsibility Company	352	629872	466853	127847
股份有限公司	Share-holding Limited Corporations	6	14192	849945	522092
私营企业	Private-owned Enterprises	3219	490326	407138	162775
私营独资企业	Enterprise Exclusively with Investment from Private				
私营合伙企业	Private Partnership Enterprises				
私营有限责任公司	Private Limited Responsibility Corporations	3166	469269	405801	167260
私营股份有限公司	Private Share-holding Limited Corporations	53	21057	436936	62809
其他企业	Other Enterprises				
港、澳、台商投资企业	Enterprises Funded by Hong Kong, Macao and Taiwan	1	20	4800	
外商投资企业	Foreign Funded Enterprises	1	37	965243	965243
按国民经济行业分	**Grouped by Economic Sector**				
房屋建筑业	Construction of Buildings	1491	619390	445733	183732
土木工程建筑业	Civil Engineering	1083	498835	483796	105539
建筑安装业	Building Installation	552	65140	448472	238484
建筑装饰、装修和其他建筑业	Building Decoration and Other Construction	607	44605	473951	174232
按隶属关系分	**Grouped by Subordination**				
中 央	Central Enterprises	51	359161	440248	75350
地 方	Local Enterprises	241	245785	633021	261567
其 他	Others	3441	623024	407793	157944
按企业资质等级分	**Grouped by Qualification Criteria**				
施工总承包	Overall Contract	2404	1118089	473515	156168
专业承包	Specialized Contract	1329	109881	348922	137832

11-8 建筑业企业资本金及资产(2021年)

CAPITAL AND ASSETS OF CONSTRUCTION ENTERPRISES(2021)

单位：万元　　　　(10 000 yuan)

指　标	Item	实收资本 Capitals Hold	资产总计 Total Assets	#流动资产合计 Total Circulating Assets	#固定资产原价 Original Value of Fixed Assets
总　计	**Total**	**11579259**	**87957836**	**66325983**	**6120232**
#国有及国有控股	State Owned and State Controlling Share	5712223	63825182	45397250	3385042
按登记注册类型分	**Grouped by Registered Kind**				
内资企业	Civil Funded Enterprises	11576460	87948454	66316689	6119719
国有企业	State-owned Enterprises	60899	611350	555259	68601
集体企业	Collective-owned Enterprises	54668	567664	533196	41082
股份合作企业	Share Cooperative Enterprises				
联营企业	Joint Ownership Enterprises				
有限责任公司	Limited Responsibility Corporations	6055847	65675800	47104649	3641853
国有独资公司	Company Exclusively with Investment from State	1344194	13699877	7809921	401000
其他有限责任公司	Other Limited Responsibility Company	4711653	51975923	39294728	3240853
股份有限公司	Share-holding Limited Corporations	143200	1583015	1372458	27108
私营企业	Private-owned Enterprises	5261846	19510625	16751128	2341076
私营独资企业	Enterprise Exclusively with Investment from Private				
私营合伙企业	Private Partnership Enterprises				
私营有限责任公司	Private Limited Responsibility Corporations	5067343	18539668	15892129	2286005
私营股份有限公司	Private Share-holding Limited Corporations	194504	970958	858998	55071
其他企业	Other Enterprises				
港、澳、台商投资企业	Enterprises Funded by Hong Kong, Macao and Taiwan	1799	3373	3330	354
外商投资企业	Foreign Funded Enterprises	1000	6008	5965	159
按国民经济行业分	**Grouped by Economic Sector**				
房屋建筑业	Construction of Buildings	4278332	32891058	24787159	1762893
土木工程建筑业	Civil Engineering	5780439	48369824	35756394	3707599
建筑安装业	Building Installation	897359	4078417	3516389	366887
建筑装饰、装修和其他建筑业	Building Decoration and Other Construction	623129	2618537	2266042	282853
按隶属关系分	**Grouped by Subordination**				
中　央	Central Enterprises	2563917	29655308	23922567	2299088
地　方	Local Enterprises	2912530	31710363	19339041	945175
其　他	Others	6102813	26592165	23064375	2875970
按企业资质等级分	**Grouped by Qualification Criteria**				
施工总承包	Overall Contract	10010027	81793864	60983412	5418158
专业承包	Specialized Contract	1569232	6163972	5342571	702075

11-9 建筑业企业负债及所有者权益(2021年)
LIABILITIES AND CREDITORS' EQUITY OF CONSTRUCTION ENTERPRISES(2021)

单位：万元 (10 000 yuan)

指 标	Item	负债合计 Total Liabilities	#流动负债 Liquid Liabilities	#非流动负债合计 Illiquid Liabilities	所有者权益合计 Total Creditors' Equity
总 计	**Total**	**66071681**	**59929343**	**5908462**	**21886155**
#国有及国有控股	State Owned and State Controlling Share	50169211	44562231	5588066	13655971
按登记注册类型分	**Grouped by Registered Kind**				
内资企业	Civil Funded Enterprises	66065416	59923193	5908348	21883038
国有企业	State-owned Enterprises	515435	479919	35513	95916
集体企业	Collective-owned Enterprises	501423	496032	391	66242
股份合作企业	Share Cooperative Enterprises				
联营企业	Joint Ownership Enterprises				
有限责任公司	Limited Responsibility Corporations	51471914	45789588	5648933	14203886
国有独资公司	Company Exclusively with Investment from State	10270853	8600539	1667864	3429024
其他有限责任公司	Other Limited Responsibility Company	41201061	37189049	3981069	10774862
股份有限公司	Share-holding Limited Corporations	1221808	1213437	8372	361206
私营企业	Private-owned Enterprises	12354837	11944217	215140	7155789
私营独资企业	Enterprise Exclusively with Investment from Private				
私营合伙企业	Private Partnership Enterprises				
私营有限责任公司	Private Limited Responsibility Corporations	11689707	11282250	212211	6849961
私营股份有限公司	Private Share-holding Limited Corporations	665129	661967	2929	305828
其他企业	Other Enterprises				
港、澳、台商投资企业	Enterprises Funded by Hong Kong, Macao and Taiwan	2287	2174	113	1087
外商投资企业	Foreign Funded Enterprises	3978	3976	1	2030
按国民经济行业分	**Grouped by Economic Sector**				
房屋建筑业	Construction of Buildings	24096467	20892435	3098627	8794591
土木工程建筑业	Civil Engineering	37354458	34505997	2739377	11015366
建筑安装业	Building Installation	2876420	2817079	48249	1201997
建筑装饰、装修和其他建筑业	Building Decoration and Other Construction	1744336	1713832	22209	874201
按隶属关系分	**Grouped by Subordination**				
中 央	Central Enterprises	25105445	24100596	1004777	4549863
地 方	Local Enterprises	23101519	18521748	4555578	8608844
其 他	Others	17864717	17306999	348107	8727448
按企业资质等级分	**Grouped by Qualification Criteria**				
施工总承包	Overall Contract	62202262	56187934	5816933	19591602
专业承包	Specialized Contract	3869419	3741410	91529	2294553

11-10 建筑业企业收入及成本情况(2021年)
REVENUE AND COST OF CONSTRUCTION ENTERPRISES(2021)

单位：万元 (10 000 yuan)

指 标	Item	营业收入 Revenue of Business	#主营业务收入 Revenue of Major Business	主营业务成本 Cost of Major Business
总 计	**Total**	**58130475**	**56866710**	**52100725**
#国有及国有控股	State Owned and State Controlling Share	35791113	35349166	32190753
按登记注册类型分	**Grouped by Registered Kind**			
内资企业	Civil Funded Enterprises	58126894	56863458	52097774
国有企业	State-owned Enterprises	391230	379638	339738
集体企业	Collective-owned Enterprises	302547	301973	291007
股份合作企业	Share Cooperative Enterprises			
联营企业	Joint Ownership Enterprises			
有限责任公司	Limited Responsibility Corporations	37409994	36915946	33659628
国有独资公司	Company Exclusively with Investment	5873710	5719859	5061897
其他有限责任公司	Other Limited Responsibility Company	31536284	31196087	28597732
股份有限公司	Share-holding Limited Corporations	1289849	1285390	1139338
私营企业	Private-owned Enterprises	18733275	17980511	16668064
私营独资企业	Enterprise Exclusively with Investment from Private			
私营合伙企业	Private Partnership Enterprises			
私营有限责任公司	Private Limited Responsibility Corporations	18156594	17411787	16160077
私营股份有限公司	Private Share-holding Limited Corporations	576681	568725	507987
其他企业	Other Enterprises			
港、澳、台商投资企业	Enterprises Funded by Hong Kong, Macao and Taiwan	9	9	13
外商投资企业	Foreign Funded Enterprises	3572	3243	2937
按国民经济行业分	**Grouped by Economic Sector**			
房屋建筑业	Construction of Buildings	27484660	26740586	24644720
土木工程建筑业	Civil Engineering	25134010	24741951	22668496
建筑安装业	Building Installation	3336044	3238729	2872042
建筑装饰、装修和其他建筑业	Building Decoration and Other Construction	2175761	2145444	1915467
按隶属关系分	**Grouped by Subordination**			
中 央	Central Enterprises	17171244	16981759	15784602
地 方	Local Enterprises	16702215	16493925	14779003
其 他	Others	24257015	23391026	21537120
按企业资质等级分	**Grouped by Qualification Criteria**			
施工总承包	Overall Contract	53654224	52507884	48272782
专业承包	Specialized Contract	4476251	4358826	3827943

11-11 建筑业企业费用情况(2021年)
EXPENSES OF CONSTRUCTION ENTERPRISES(2021)

单位：万元 (10 000 yuan)

指 标	Item	销售费用 Sales Expenses	管理费用 Administrative Expenses	财务费用 Financial Expenses
总 计	**Total**	**88302**	**1820060**	**460917**
#国有及国有控股	State Owned and State Controlling Share	14828	879192	371432
按登记注册类型分	**Grouped by Registered Kind**			
内资企业	Civil Funded Enterprises	88302	1819977	460890
国有企业	State-owned Enterprises	912	15997	-203
集体企业	Collective-owned Enterprises	1149	7299	88
股份合作企业	Share Cooperative Enterprises			
联营企业	Joint Ownership Enterprises			
有限责任公司	Limited Responsibility Corporations	20016	957262	355391
国有独资公司	Company Exclusively with Investment	2008	167309	172421
其他有限责任公司	Other Limited Responsibility Company	18008	789953	182970
股份有限公司	Share-holding Limited Corporations	405	47960	24191
私营企业	Private-owned Enterprises	65821	791459	81423
私营独资企业	Enterprise Exclusively with Investment from Private			
私营合伙企业	Private Partnership Enterprises			
私营有限责任公司	Private Limited Responsibility Corporations	64728	751612	79288
私营股份有限公司	Private Share-holding Limited Corporations	1093	39847	2135
其他企业	Other Enterprises			
港、澳、台商投资企业	Enterprises Funded by Hong Kong, Macao and Taiwan		33	
外商投资企业	Foreign Funded Enterprises		50	27
按国民经济行业分	**Grouped by Economic Sector**			
房屋建筑业	Construction of Buildings	25315	688175	137569
土木工程建筑业	Civil Engineering	36742	792990	276149
建筑安装业	Building Installation	13861	204248	32389
建筑装饰、装修和其他建筑业	Building Decoration and Other Construction	12384	134647	14810
按隶属关系分	**Grouped by Subordination**			
中 央	Central Enterprises	5513	274450	88327
地 方	Local Enterprises	8966	506904	257659
其 他	Others	73824	1038707	114931
按企业资质等级分	**Grouped by Qualification Criteria**			
施工总承包	Overall Contract	62582	1506879	433567
专业承包	Specialized Contract	25720	313181	27350

11-12 建筑业企业薪酬及利润情况(2021年)
REMUNERATION AND PROFITS OF CONSTRUCTION ENTERPRISES(2021)

单位：万元 (10 000 yuan)

指 标	Item	应付职工薪酬 Remuneration Payable	营业利润 Business Profits	其他业务利润 Profits of Other Business
总 计	**Total**	**3864998**	**1481956**	**101508**
#国有及国有控股	State Owned and State Controlling Share	2135749	1091905	90355
按登记注册类型分	**Grouped by Registered Kind**			
内资企业	Civil Funded Enterprises	3864776	1481756	101508
国有企业	State-owned Enterprises	45094	8396	415
集体企业	Collective-owned Enterprises	25291	1729	225
股份合作企业	Share Cooperative Enterprises			
联营企业	Joint Ownership Enterprises			
有限责任公司	Limited Responsibility Corporations	2258203	1136207	87413
国有独资公司	Company Exclusively with Investment from State	338936	212403	3003
其他有限责任公司	Other Limited Responsibility Company	1919267	923804	84411
股份有限公司	Share-holding Limited Corporations	49205	25237	4334
私营企业	Private-owned Enterprises	1486984	310188	9121
私营独资企业	Enterprise Exclusively with Investment from Private			
私营合伙企业	Private Partnership Enterprises			
私营有限责任公司	Private Limited Responsibility Corporations	1453879	295524	8969
私营股份有限公司	Private Share-holding Limited Corporations	33105	14664	152
其他企业	Other Enterprises			
港、澳、台商投资企业	Enterprises Funded by Hong Kong, Macao and Taiwan	18	-38	
外商投资企业	Foreign Funded Enterprises	203	238	
按国民经济行业分	**Grouped by Economic Sector**			
房屋建筑业	Construction of Buildings	1627897	630740	35704
土木工程建筑业	Civil Engineering	1773719	729239	56884
建筑安装业	Building Installation	290425	72216	7285
建筑装饰、装修和其他建筑业	Building Decoration and Other Construction	172957	49761	1636
按隶属关系分	**Grouped by Subordination**			
中 央	Central Enterprises	899130	446306	47584
地 方	Local Enterprises	994579	587273	40998
其 他	Others	1971289	448377	12927
按企业资质等级分	**Grouped by Qualification Criteria**			
施工总承包	Overall Contract	3478166	1352446	95490
专业承包	Specialized Contract	386832	129510	6019

11-13 建筑业企业利润及税金情况(2021年)
PROFITS AND TAXES OF CONSTRUCTION ENTERPRISES(2021)

单位：万元 (10 000 yuan)

指标	Item	利润总额 Total Profits	主营业务税金及附加 Taxes and Extra Charges of Major Business	应交增值税 Value-added Taxes Payable
总计	**Total**	**1492859**	**187268**	**1146053**
#国有及国有控股	State Owned and State Controlling Share	1094949	89518	572904
按登记注册类型分	**Grouped by Registered Kind**			
内资企业	Civil Funded Enterprises	1492658	187253	1145940
国有企业	State-owned Enterprises	12724	2636	9682
集体企业	Collective-owned Enterprises	1726	1705	7456
股份合作企业	Share Cooperative Enterprises			
联营企业	Joint Ownership Enterprises			
有限责任公司	Limited Responsibility Corporations	1144393	94394	615185
国有独资公司	Company Exclusively with Investment from State	213063	18443	134343
其他有限责任公司	Other Limited Responsibility Company	931330	75951	480842
股份有限公司	Share-holding Limited Corporations	24921	3016	30016
私营企业	Private-owned Enterprises	308893	85502	483601
私营独资企业	Enterprise Exclusively with Investment from Private			
私营合伙企业	Private Partnership Enterprises			
私营有限责任公司	Private Limited Responsibility Corporations	293169	83676	466580
私营股份有限公司	Private Share-holding Limited Corporations	15724	1826	17022
其他企业	Other Enterprises			
港、澳、台商投资企业	Enterprises Funded by Hong Kong, Macao and Taiwan	-38		1
外商投资企业	Foreign Funded Enterprises	239	15	112
按国民经济行业分	**Grouped by Economic Sector**			
房屋建筑业	Construction of Buildings	621296	89622	609900
土木工程建筑业	Civil Engineering	746381	77259	410680
建筑安装业	Building Installation	75747	12444	83615
建筑装饰、装修和其他建筑业	Building Decoration and Other Construction	49435	7944	41859
按隶属关系分	**Grouped by Subordination**			
中央	Central Enterprises	438548	34074	142548
地方	Local Enterprises	595679	50613	384306
其他	Others	458632	102581	619200
按企业资质等级分	**Grouped by Qualification Criteria**			
施工总承包	Overall Contract	1355178	170514	1044107
专业承包	Specialized Contract	137681	16754	101947

主要统计指标解释

建筑业总产值　指以货币表现的建筑业企业在一定时期内生产的建筑业产品和服务的总和。建筑业总产值包括建筑工程产值、安装工程产值和其他产值三部分内容。

竣工产值　一般是以单位工程为对象，当该工程按照设计所规定的工程内容全部完成，达到了设计规定的交工条件，经有关部门检查验收鉴定合格的单位工程价值，即为竣工产值。竣工产值包括范围应是报告期内竣工单位工程从开工到竣工的全部自行完成的价值，竣工产值不包括附属辅助企业或内部核算的其他单位为外单位生产和服务的价值。

房屋施工面积　指报告期内施工的全部房屋建筑面积。包括本期新开工的房屋建筑面积、上期跨入本期继续施工的房屋建筑面积、上期停缓建在本期恢复施工的房屋建筑面积、本期竣工的房屋建筑面积以及本期施工后又停缓建的房屋建筑面积。

房屋竣工面积　指报告期内房屋建筑按照设计要求已全部完工，达到住人和使用条件，经验收鉴定合格或达到竣工验收标准，可正式移交使用的各栋房屋建筑面积的总和。

房屋竣工价值　指在报告期内按规定已经上报竣工的房屋本身的建造价值。一般按房屋设计和预算规定的内容计算。一般按结算价格（或中标价）计算。

资产总计　指企业过去的交易或者事项形成的、由企业拥有或者控制的、预期会给企业带来经济利益的资源。资产一般按流动性分为流动资产和非流动资产。

负债合计　指企业过去的交易或者事项形成的，预期会导致经济利益流出企业的现时义务。负债一般按偿还期长短分为流动负债和非流动负债。

所有者权益合计　指企业资产扣除负债后由所有者享有的剩余权益。公司的所有者权益又称股东权益。包括实收资本、资本公积、盈余公积、未分配利润等。

主营业务收入　指企业经营主要业务所实现的收入。

销售费用　指企业从事施工生产活动过程中发生的各项费用，包括应由企业负担的运输费、装卸费、包装费、保险费、维修费、展览费、差旅费、广告费和其他经费。

营业利润　指企业从事生产经营活动所取得的利润。

利润总额　指企业在一定会计期间的经营成果，是生产经营过程中各种收入扣除各种耗费后的盈余，反映企业在报告期内实现的亏盈总额。利润总额为营业利润加上营业外收入，减去营业外支出后的金额。

应付职工薪酬　指企业为获得职工提供的服务或解除劳动关系而给予的各种形式的报酬或补偿。包括职工工资、奖金、津贴和补贴，职工福利费，医疗保险费、养老保险费、失业保险费、工伤保险费和生育保险费等社会保险费，住房公积金，工会经费和职工教育经费，带薪缺勤，利润分享计划，非货币性福利，辞退福利和其他为获得职工提供的服务而给予的报酬或补偿。

应交增值税　指按照税法规定，以销售货物、服务、无形资产、不动产或提供加工、修理修配劳务的增值额和货物进口金额为计税依据而课征的一种流转税。

Explanatory Notes on Main Statistical Indicators

Gross Output Value of Construction refers to total of construction products and services, expressed in money terms, completed by construction enterprises during a given period of time. It includes three parts: output value of construction projects, output value of installation projects and output value of others.

Output Value of Buildings Completed refers to the value of unit project that is completed in accordance with the requirements of the design, up to the standard for handing in, and has been checked and accepted by concerned departments as qualified one. It includes entire value of the completed project from start to completing in the reference period. If a project is under construction in two years, the output value of building completed should include completed value last year. Some large projects, such as large factory building, senior hotel, pipelines, roads, railways, which can be constructed by span, layer or fragment and can be put into use separately by contract, can calculate their output value separately. It excludes the value of products and services which affiliated enterprises or other inner accounting units provide to outer units.

Floor Space of Buildings under Construction refers to total floor space of buildings under construction during the reference period, including newly started buildings, buildings started earlier and continued during the reference period, and buildings suspended earlier but restarted during the reference period, buildings completed during the reference period, and buildings under construction and then suspended during the reference period.

Floor Space of Buildings Completed refers to the floor space of buildings that are completed in the reference period in accordance with the requirement of the design, up to the standard for being resided in and put into use, and have been checked and accepted by concerned departments as qualified ones or up to the standard of buildings completed and can be handed over fore putting into use.

Value of Buildings Completed refers to the constructing value of buildings which have reported completing in accordance with the requirement in reference period. Generally, it calculates by stipulated items in design and budget. It can report in term of settling value or value of attaining contract.

Total Assets refer to all resources that are owned or controlled by enterprises through previous trades or transactions with expectation of making economic profits. Classified by the degree of liquidity, total assets include current assets and non-current assets.

Total Liabilities refer to payable liabilities of enterprises that accumulated from previous trades or transactions with expectation of economic profits leaking out. In terms of payment, it can be divided into liquid liabilities and long-term liabilities.

Total Creditors' Equity refers to the residual interest in the assets of an enterprise after deducting all its liabilities. Creditors' equity of a company is also known as shareholders' equity. Included are paid-in capital, capital reserve, surplus reserve, undistributed profits, etc.

Revenue of Major Business refers to the revenue enterprises achieved from the major business.

Sales Expenses refer to kinds of costs through constructing activities, which include costs of transport, loading and unloading, packing, insurance, maintaining, showing, business trip, advertisement and others.

Profits of Business refer to profits realized through the business of enterprises.

Total Profits refers to the operation results in a certain accounting period, and it is the balance of various incomes minus various spending in the course of operation, reflecting the total profits and losses of enterprises in reference period. It is balance of business profits plus non-business income, minus non-business expense.

Remuneration Payable of Staff and Workers refers to all kinds of payments and compensation that enterprises pay staff and workers for getting services or terminating labor relations. It includes wages, bonus, allowances, subsides, welfare fees, health insurance premiums, endowment insurance premiums, unemployment insurance premiums, employment injury insurance premiums, birth insurance premiums, housing provident funds, labor union expenditures, educational expenditures, paid absence, profit-sharing plan, non-monetary welfare, termination benefits, etc.

Value Added Taxes Payable refers to the turnover taxes which is imposed on the added value of selling goods, services, intangible assets, real estate, or providing processing and repairing, and on imported value of import goods according to the tax laws.

REAL ESTATE

12 房地产

资料整理人员

郝志军　蒋文鑫

房地产 REAL ESTATE

房地产开发投资	Investment in Real Estate Development	1945.2	亿元 (100 million yuan)
#住　宅	Residential Buildings	1556.1	亿元 (100 million yuan)
房屋施工面积	Floor Space of Buildings under Construction	24930.4	万平方米 (10 000 sq.m)
#住　宅	Residential Buildings	18600.5	万平方米 (10 000 sq.m)
房屋竣工面积	Floor Space of Buildings Completed	2639.3	万平方米 (10 000 sq.m)
#住　宅	Residential Buildings	2020.8	万平方米 (10 000 sq.m)

房地产开发投资构成 (%)
Composition of Investment in Real Estate Development (%)

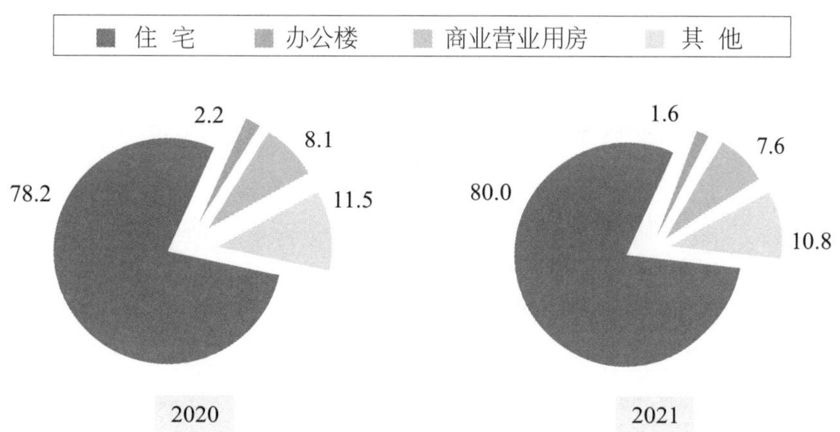

房地产开发投资（亿元）
Investment in Real Estate Development (100 million yuan)

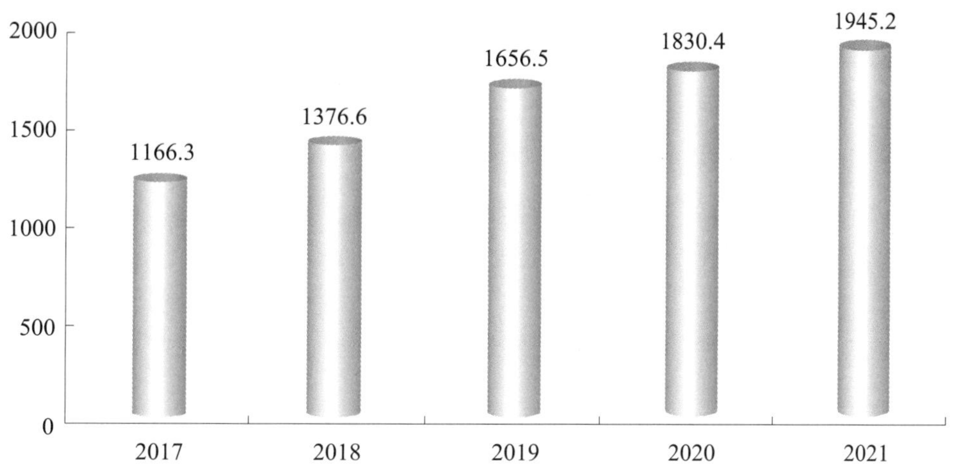

12-1 房地产开发企业主要指标
MAJOR INDICATORS OF REAL ESTATE DEVELOPMENT ENTERPRISES

单位：万元 (10 000 yuan)

指　标	Item	2020	2021
一、企业个数(个)	**Number of Enterprises (unit)**	**2551**	**2690**
二、本年完成投资	**Investment Completed This Year**	**18303640**	**19452324**
按工程用途分	Grouped by Use of Projects		
住　宅	Residential Buildings	14318037	15560775
办公楼	Office Buildings	402935	305701
商业营业用房	Buildings for Business Operation	1486123	1478167
其　他	Other Expenses	2096545	2107681
三、本年新增固定资产	**Newly Increased Fixed Assets This Year**	**4210324**	**9744044**
四、本年购置土地面积(平方米)	**Land Area Purchased This Year (sq.m)**	**6025303**	**3162298**
五、本年实际到位资金	**Actual Funds in Place This Year**	**22653032**	**25443815**
#国内贷款	Domestic Loans	1080147	1130538
自筹资金	Self-raised Fund	9989721	9027019
定金及预收款	Deposit and Pre Payment	7599918	9701890
个人按揭贷款	Individual Mortgage Loans	3222349	4717087
其他到位资金	Others	720897	860987
六、房屋建筑面积(平方米)	**Floor Space of Buildings (sq.m)**		
房屋施工面积	Floor Space of Buildings Under Construction	219378324	249303651
#住　宅	Residential Buildings	164198994	186004811
本年新开工面积	Floor Space of Buildings Newly Started Construction This Year	57956490	43477411
#住　宅	Residential Buildings	44683783	33920890
房屋竣工面积	Floor Space of Buildings Completed	14811801	26393043
#住　宅	Residential Buildings	11316715	20208214
七、商品房销售(平方米)	**Selling of Commercial Buildings (sq.m)**		
商品房销售面积	Floor Space of Commercial Buildings Sold	26852924	32044132
#住　宅	Residential Buildings	25494948	30349161
商品房销售额(万元)	Sales of Commercial Buildings (10 000 yuan)	18859422	21709081
#住　宅	Residential Buildings	17533580	20300960
八、经营状况	**Operation Condition**		
资产总计	Total Assets	155993908	167086756
营业收入	Business Revenue	14992571	19793220
#主营业务收入	Revenue of Major Business	14506654	18468682
营业利润	Business Profits	1110261	1144641
利润总额	Total Profits	810666	1073561
九、从业人员平均人数(人)	**Average Number of Employees (person)**	**54135**	**57422**

12-2 房地产开发企业完成投资
COMPLETED INVESTMENT OF REAL ESTATE DEVELOPMENT ENTERPRISES

单位：万元 (10 000 yuan)

年 份 Year	本年完成投资 Investement Completed This Year	住 宅 Residential Buildings	办公楼 Office Buildings	商业营业用房 Buildings for Business Operation	其 他 Others
1990	28486	24635	342	2108	1401
1991	32642	27132			5510
1992	51869	41963	1473	1451	6982
1993	129685	102732		2362	24591
1994	116512	87606	2964	6169	19773
1995	150866	101914	12353	13841	22758
1996	147893	107111	6442	7471	26869
1997	181736	151687	6258	6990	16801
1998	278653	199862	9774	21609	47408
1999	350458	270496	7771	30307	41884
2000	394556	272280	19201	48178	54897
2001	466464	288916	17639	67861	92048
2002	674331	369041	46104	88518	170668
2003	950740	473991	53641	211630	211478
2004	1449898	846989	110917	353485	138507
2005	1779937	1168931	107448	274199	229359
2006	2086231	1558224	83778	238224	206005
2007	2589251	1902509	51973	245495	389274
2008	3279807	2287311	81888	389808	520800
2009	4772748	3778904	106264	437877	449703
2010	5922376	4574340	125367	604588	618081
2011	7901982	6153199	172888	736434	839461
2012	10104513	7356137	227958	1392518	1127900
2013	13086275	9588469	484284	1825554	1187968
2014	14035549	10106901	692123	1913124	1323401
2015	14948719	10983176	855037	1712127	1398379
2016	15973532	11410813	751536	2172920	1638263
2017	11662833	8463841	356003	1477912	1365077
2018	13765808	10337564	367745	1531545	1528954
2019	16565005	12964760	452789	1384146	1763310
2020	18303640	14318037	402935	1486123	2096545
2021	19452324	15560775	305701	1478167	2107681

12-3 房地产开发企业施工、销售和待售情况(2021年)

指 标	Item	合计 Total	住 宅 Residential Buildings
房屋施工面积 (平方米)	Floor Space of Buildings under Construction (sq.m)	249303651	186004811
#本年新开工面积	Buildings Newly Started Construction This Year	43477411	33920890
房屋竣工面积 (平方米)	Floor Space of Buildings Completed (sq.m)	26393043	20208214
#不可销售面积	Buildings Unable to be Sold	2082587	974209
住宅竣工套数 (套)	Sets of Residential Buildings Completed (set)		171508
房屋竣工价值 (万元)	Value of Buildings Completed (10 000 yuan)	8540330	6564881
房屋出租面积 (平方米)	Floor Space of Buildings Leased (sq.m)	129734	86348
商品房销售面积(平方米)	Floor Space of Commercial Residential Buildings Sold (sq.m)	32044132	30349161
现 房	Completed Buildings	2785396	2476742
期 房	Forward Delivery Buildings	29258736	27872419
商品房销售额 (万元)	Sales of Commercial Buildings (10 000 yuan)	21709081	20300960
现 房	Completed Buildings	1391190	1204708
期 房	Forward Delivery Buildings	20317891	19096252
商品住宅销售套数(套)	Sets of Commercial Residential Buildings Sold (set)		255450
现 房	Completed Buildings		20537
期 房	Forward Delivery Buildings		234913
待售面积 (平方米)	Floor Space for Sale (sq.m)	8615364	5173680
#待售1-3年面积	Floor Space for Sale in 1-3 Years	3183247	2048870
待售3年以上面积	Floor Space for Sale More Than 3 Years	2492710	1304157

BUILDINGS UNDER CONSTRUCTION, SELLING AND FOR SALE OF REAL ESTATE DEVELOPMENT ENTERPRISES(2021)

#90平方米及以下住房 90 sq.m and Below	#144平方米以上住房 Above 144 sq.m	办公楼 Office Buildings	商业营业用房 Buildings for Business Operation	其他 Others
21454111	32175888	5756992	19722654	37819194
2669422	4888956	686075	2462807	6407639
1767883	3931080	727258	1969754	3487817
324446	81825	38893	233790	835695
24945	22777			
550142	1319787	311735	777382	886332
86348		31838	6251	5297
1749943	3935994	345194	716927	632850
178062	434335	45246	139496	123912
1571881	3501659	299948	577431	508938
1302378	3519623	305638	752230	350253
70764	282414	31542	112937	42003
1231614	3237209	274096	639293	308250
22559	22867			
2408	2248			
20151	20619			
872536	1033454	212021	1874495	1355168
298875	500616	96717	627077	410583
250186	354841	75872	674220	438461

12-4 房地产开发企业投资完成情况(2021年)

单位：万元

指　标	Item	企业个数 (个) Enterprises (unit)
总　计	**Total**	**2690**
按登记注册类型	**Grouped by Type of Registration Status**	
内　资	Domestic-Funded Enterprises	2679
国　有	State-owned Enterprises	21
集　体	Collective-owned Enterprises	3
股份合作	Share Cooperative Enterprises	
国有联营	State Joint Ownership Enterprises	
集体联营	Collective Joint Ownership Enterprises	
国有与集体联营	Joint State-collective Enterprises	
其他联营	Other Joint Ownership Enterprises	
国有独资公司	State-funded Corporations	60
其他有限责任公司	Other Limited Liability Corporations	598
股份有限公司	Share Corporations Ltd.	1
私营独资	Private-funded Enterprises	1
私营合伙	Private Partnership Enterprises	
私营有限责任公司	Private Limited Liability Corporations	1990
私营股份有限公司	Private Share-holding Corporations Ltd.	5
其　他	Others	
港澳台投资	Enterprises with Investment from Hong Kong, Macao and Taiwan	7
合资经营	Joint-venture Enterprises	3
合作经营	Cooperative Enterprises	1
独　资	Enterprises with Sole Investment	3
股份有限	Share Corporations Ltd.	
其　他	Others	
外商投资	Enterprises with Foreign Investment	4
合资经营	Joint-Venture Enterprises	1
合作经营	Cooperative Enterprises	
外　资	Enterprises with Sole Foreign Investment	3
股份有限	Share Corporations Ltd.	
其　他	Others	
按控股情况分	**Grouped by Share Holding**	
国有控股	State Holding Enterprises	227
集体控股	Collective-owned Holding Enterprises	35
私人控股	Private Holding Enterprises	2419
港澳台商控股	Hong Kong, Macao and Taiwan Holding Enterprises	5
外商控股	Foreign Holding Enterprises	4
其　他	Others	

COMPLETED INVESTMENT OF REAL ESTATE DEVELOPMENT ENTERPRISES(2021)

(10 000 yuan)

计划总投资 Total Planned Investment	自开始建设累计完成投资 Accumulative Investment Completed	本年完成投资 Investment Completed This Year		
			建筑工程 Construction	安装工程 Installation
168646392	**90418247**	**19452324**	**14535930**	**1030518**
166802374	89689974	19409152	14500146	1029845
1645387	1131983	149651	133692	10509
29907	6596	2306	1618	355
8406267	4535658	863070	549072	49151
94589009	46847458	9303483	6531593	458442
61810938	36957103	9058989	7254534	511388
320866	211176	31653	29637	
1362735	467684	20614	19696	673
918207	234225	6022	5882	140
444528	233459	14592	13814	533
481283	260589	22558	16088	
481283	260589	22558	16088	
35823168	19474306	3339893	2134711	113782
2664151	2069748	255381	204516	12701
128512262	68210826	15819900	12166801	903502
1165528	402778	14592	13814	533
481283	260589	22558	16088	

12-4 续表1

单位：万元

指 标	Item	设备工器具购置 Purchase of Equipment and Instruments
总 计	**Total**	**147212**
按登记注册类型	**Grouped by Type of Registration Status**	
内 资	Domestic-Funded Enterprises	147212
国 有	State-owned Enterprises	2516
集 体	Collective-owned Enterprises	1
股份合作	Share Cooperative Enterprises	
国有联营	State Joint Ownership Enterprises	
集体联营	Collective Joint Ownership Enterprises	
国有与集体联营	Joint State-collective Enterprises	
其他联营	Other Joint Ownership Enterprises	
国有独资公司	State-funded Corporations	91
其他有限责任公司	Other Limited Liability Corporations	62506
股份有限公司	Share Corporations Ltd.	
私营独资	Private-funded Enterprises	
私营合伙	Private Partnership Enterprises	
私营有限责任公司	Private Limited Liability Corporations	82098
私营股份有限公司	Private Share-holding Corporations Ltd.	
其 他	Others	
港澳台投资	Enterprises with Investment from Hong Kong, Macao and Taiwan	
合资经营	Joint-venture Enterprises	
合作经营	Cooperative Enterprises	
独 资	Enterprises with Sole Investment	
股份有限	Share Corporations Ltd.	
其 他	Others	
外商投资	Enterprises with Foreign Investment	
合资经营	Joint-Venture Enterprises	
合作经营	Cooperative Enterprises	
外 资	Enterprises with Sole Foreign Investment	
股份有限	Share Corporations Ltd.	
其 他	Others	
按控股情况分	**Grouped by Share Holding**	
国有控股	State Holding Enterprises	19333
集体控股	Collective-owned Holding Enterprises	4062
私人控股	Private Holding Enterprises	123817
港澳台商控股	Hong Kong, Macao and Taiwan Holding Enterprises	
外商控股	Foreign Holding Enterprises	
其 他	Others	

continued

(10 000 yuan)

其他费用 Other Expenses	#旧建筑物购置费 Purchase of old Building	#土地购置费 Purchase of Land	住宅 Residential Buildings	#90平方米及以下住房 90 sq.m and Below
3738664	**19609**	**1949035**	**15560775**	**1866706**
3731949	19609	1947956	15528434	1856125
2934	178	1259	128767	18880
332			2276	
264756		108112	577760	158399
2250942	10580	1055835	7306335	963721
1210969	8851	782750	7485849	711148
2016			27447	3977
245			13096	150
			3830	150
245			9266	
6470		1079	19245	10431
6470		1079	19245	10431
1072067	1879	449310	2579019	511693
34102		13744	208880	22483
2625780	17730	1484902	12744365	1322099
245			9266	
6470		1079	19245	10431

12-4 续表2

单位：万元

指　标	Item	#144平方米以上住房 Above 144 sq.m
总　计	**Total**	**2902604**
按登记注册类型	**Grouped by Type of Registration Status**	
内　资	Domestic-Funded Enterprises	2894701
国　有	State-owned Enterprises	9887
集　体	Collective-owned Enterprises	1111
股份合作	Share Cooperative Enterprises	
国有联营	State Joint Ownership Enterprises	
集体联营	Collective Joint Ownership Enterprises	
国有与集体联营	Joint State-collective Enterprises	
其他联营	Other Joint Ownership Enterprises	
国有独资公司	State-funded Corporations	22054
其他有限责任公司	Other Limited Liability Corporations	1762668
股份有限公司	Share Corporations Ltd.	
私营独资	Private-funded Enterprises	
私营合伙	Private Partnership Enterprises	
私营有限责任公司	Private Limited Liability Corporations	1095290
私营股份有限公司	Private Share-holding Corporations Ltd.	3691
其　他	Others	
港澳台投资	Enterprises with Investment from Hong Kong, Macao and Taiwan	5526
合资经营	Joint-venture Enterprises	10
合作经营	Cooperative Enterprises	
独　资	Enterprises with Sole Investment	5516
股份有限	Share Corporations Ltd.	
其　他	Others	
外商投资	Enterprises with Foreign Investment	2377
合资经营	Joint-Venture Enterprises	
合作经营	Cooperative Enterprises	
外　资	Enterprises with Sole Foreign Investment	2377
股份有限	Share Corporations Ltd.	
其　他	Others	
按控股情况分	**Grouped by Share Holding**	
国有控股	State Holding Enterprises	454694
集体控股	Collective-owned Holding Enterprises	54510
私人控股	Private Holding Enterprises	2385507
港澳台商控股	Hong Kong, Macao and Taiwan Holding Enterprises	5516
外商控股	Foreign Holding Enterprises	2377
其　他	Others	

continued

(10 000 yuan)

办公楼 Office Buildings	商业营业用房 Buildings for Business Operation	其 他 Others	本年新增固定资产 Newly Increased Fixed Assets This Year
305701	**1478167**	**2107681**	**9744044**
305001	1470618	2105099	9744044
32	4515	16337	225566
	30		
16668	43333	225309	523923
199198	675474	1122476	4550424
89103	747182	736855	4444131
	84	4122	
700	6146	672	
700	820	672	
	5326		
	1403	1910	
	1403	1910	
53513	183869	523492	1506939
1159	26016	19326	153244
251029	1261553	1562953	8083861
	5326		
	1403	1910	

12–5 房地产开发企业资金来源情况(2021年)

单位：万元

指 标	Item	上年末结余资金 Remaining Funds at The End of Last Year
总 计	**Total**	**5685103**
按登记注册类型	**Grouped by Type of Registration Status**	
内 资	Domestic–Funded Enterprises	5658466
国 有	State–owned Enterprises	7603
集 体	Collective–owned Enterprises	50
股份合作	Share Cooperative Enterprises	
国有联营	State Joint Ownership Enterprises	
集体联营	Collective Joint Ownership Enterprises	
国有与集体联营	Joint State–collective Enterprises	
其他联营	Other Joint Ownership Enterprises	
国有独资公司	State–funded Corporations	194659
其他有限责任公司	Other Limited Liability Corporations	2952864
股份有限公司	Share Corporations Ltd.	
私营独资	Private–funded Enterprises	
私营合伙	Private Partnership Enterprises	
私营有限责任公司	Private Limited Liability Corporations	2503259
私营股份有限公司	Private Share–holding Corporations Ltd.	31
其 他	Others	
港澳台投资	Enterprises with Investment from Hong Kong, Macao and Taiwan	953
合资经营	Joint–venture Enterprises	100
合作经营	Cooperative Enterprises	
独 资	Enterprises with Sole Investment	853
股份有限	Share Corporations Ltd.	
其 他	Others	
外商投资	Enterprises with Foreign Investment	25684
合资经营	Joint–Venture Enterprises	
合作经营	Cooperative Enterprises	
外 资	Enterprises with Sole Foreign Investment	25684
股份有限	Share Corporations Ltd.	
其 他	Others	
按控股情况分	**Grouped by Share Holding**	
国有控股	State Holding Enterprises	893520
集体控股	Collective–owned Holding Enterprises	116096
私人控股	Private Holding Enterprises	4648950
港澳台商控股	Hong Kong, Macao and Taiwan Holding Enterprises	853
外商控股	Foreign Holding Enterprises	25684
其 他	Others	

SOURCE OF FUNDS FOR REAL ESTATE DEVELOPMENT ENTERPRISES(2021)

(10 000 yuan)

本年实际到位资金 Actual Funds in Place This Year	#国内贷款 Domestic Loans	#自筹资金 Self-raised Funds	#定金及预付款 Deposit and Pre Payment	#个人按揭贷款 Individual Mortgage	#其他到位资金 Others
25443815	**1130538**	**9027019**	**9701890**	**4717087**	**860987**
25397531	1130538	9004620	9695239	4699982	860858
146374		81390	16289	3835	44860
2300		2300			
1251721	56406	477450	412077	92531	213257
12984017	896956	3222215	5760516	2800694	303636
10974190	177176	5184965	3503728	1802922	299105
38929		36300	2629		
24025		140	6651	17105	129
8122		140	4253	3729	
15903			2398	13376	129
22259		22259			
22259		22259			
4963684	431408	1702553	1834689	685180	309854
322359	79590	46051	131912	58035	6771
20119610	619540	7256156	7732891	3960496	544233
15903			2398	13376	129
22259		22259			

12-6 房地产开发企业土地购置、开发和待售情况(2021年)

单位：平方米

指 标	Item	待开发土地面积 Land Area Pending Development
总 计	**Total**	**8130309**
按登记注册类型	**Grouped by Type of Registration Status**	
内 资	Domestic-Funded Enterprises	8130309
国 有	State-owned Enterprises	8724
集 体	Collective-owned Enterprises	
股份合作	Share Cooperative Enterprises	
国有联营	State Joint Ownership Enterprises	
集体联营	Collective Joint Ownership Enterprises	
国有与集体联营	Joint State-collective Enterprises	
其他联营	Other Joint Ownership Enterprises	
国有独资公司	State-funded Corporations	447942
其他有限责任公司	Other Limited Liability Corporations	3570726
股份有限公司	Share Corporations Ltd.	
私营独资	Private-funded Enterprises	
私营合伙	Private Partnership Enterprises	
私营有限责任公司	Private Limited Liability Corporations	4102917
私营股份有限公司	Private Share-holding Corporations Ltd.	
其 他	Others	
港澳台投资	Enterprises with Investment from Hong Kong, Macao and Taiwan	
合资经营	Joint-venture Enterprises	
合作经营	Cooperative Enterprises	
独 资	Enterprises with Sole Investment	
股份有限	Share Corporations Ltd.	
其 他	Others	
外商投资	Enterprises with Foreign Investment	
合资经营	Joint-Venture Enterprises	
合作经营	Cooperative Enterprises	
外 资	Enterprises with Sole Foreign Investment	
股份有限	Share Corporations Ltd.	
其 他	Others	
按控股情况分	**Grouped by Share Holding**	
国有控股	State Holding Enterprises	1184544
集体控股	Collective-owned Holding Enterprises	107852
私人控股	Private Holding Enterprises	6837913
港澳台商控股	Hong Kong, Macao and Taiwan Holding Enterprises	
外商控股	Foreign Holding Enterprises	
其 他	Others	

LAND PURCHASING, DEVELOPING AND FOR SALE OF REAL ESTATE DEVELOPMENT ENTERPRISES(2021)

(sq.m)

本年购置土地面积 Land Area Purchased This Year	本年土地成交价款(万元) Deal Value of Land This Year (10 000 yuan)	待售面积 Land Area for Sale	#待售面积(一年至三年) Land Area for Sale in 1-3 Years	#待售面积(三年以上) Land Area for Sale More Than Three Years
3162298	**947883**	**8615364**	**3183247**	**2492710**
3162298	947883	8615364	3183247	2492710
		384737	7161	146234
24594	23680	31611	16156	15455
1606691	501770	1912189	979890	540354
1531013	422433	6271827	2180040	1775667
		15000		15000
525471	165842	1042564	342209	238727
		285798	64424	202040
2636827	782041	7287002	2776614	2051943

12-7 房地产开发企业施工和销售情况(2021年)

单位：平方米

指 标	Item	房屋施工面积 Floor Space of Buildings under Construction	住 宅 Residential Buildings
总 计	**Total**	**249303651**	**186004811**
按登记注册类型	**Grouped by Type of Registration Status**		
内 资	Domestic-Funded Enterprises	246949580	184800232
国 有	State-owned Enterprises	2340508	2010316
集 体	Collective-owned Enterprises	21440	17340
股份合作	Share Cooperative Enterprises		
国有联营	State Joint Ownership Enterprises		
集体联营	Collective Joint Ownership Enterprises		
国有与集体联营	Joint State-collective Enterprises		
其他联营	Other Joint Ownership Enterprises		
国有独资公司	State-funded Corporations	11273867	8359702
其他有限责任公司	Other Limited Liability Corporations	107788462	80557384
股份有限公司	Share Corporations Ltd.		
私营独资	Private-funded Enterprises		
私营合伙	Private Partnership Enterprises		
私营有限责任公司	Private Limited Liability Corporations	124720783	93274050
私营股份有限公司	Private Share-holding Corporations Ltd.	804520	581440
其 他	Others		
港澳台投资	Enterprises with Investment from Hong Kong, Macao and Taiwan	1909988	907641
合资经营	Joint-venture Enterprises	1362729	478567
合作经营	Cooperative Enterprises		
独 资	Enterprises with Sole Investment	547259	429074
股份有限	Share Corporations Ltd.		
其 他	Others		
外商投资	Enterprises with Foreign Investment	444083	296938
合资经营	Joint-Venture Enterprises		
合作经营	Cooperative Enterprises		
外 资	Enterprises with Sole Foreign Investment	444083	296938
股份有限	Share Corporations Ltd.		
其 他	Others		
按控股情况分	**Grouped by Share Holding**		
国有控股	State Holding Enterprises	42277292	31777382
集体控股	Collective-owned Holding Enterprises	2916585	2333274
私人控股	Private Holding Enterprises	202016432	150821443
港澳台商控股	Hong Kong, Macao and Taiwan Holding Enterprises	1649259	775774
外商控股	Foreign Holding Enterprises	444083	296938
其 他	Others		

CONSTRUCTION AND SALES OF REAL ESTATE DEVELOPMENT ENTERPRISES(2021)

(sq.m)

#90平方米及以下住房 90 sq.m and Below	#144平方米以上住房 Above 144 sq.m	办公楼 Office Buildings	商业营业用房 Buildings for Business Operation	其　他 Others
21454111	**32175888**	**5756992**	**19722654**	**37819194**
21312697	31443833	5366821	19484136	37298391
541112	18122	830	33071	296291
10350	6990		3600	500
2132879	1007907	261957	644433	2007775
8663856	18214200	2876328	7112843	17241907
9755974	12101267	2227706	11493010	17726017
208526	95347		197179	25901
98640	656385	390171	187782	424394
98640	351044	390171	156126	337865
	305341		31656	86529
42774	75670		50736	96409
42774	75670		50736	96409
5240595	5200653	963116	2479003	7057791
258180	569090	5995	132408	444908
15912562	25678434	4398181	16978251	29818557
	652041	389700	82256	401529
42774	75670		50736	96409

12-7 续表1

单位：平方米

指　标	Item	本年新开工面积 Floor Space of Builings Newly Started Construction	住　宅 Residential Buildings
总　计	**Total**	**43477411**	**33920890**
按登记注册类型	**Grouped by Type of Registration Status**		
内　资	Domestic-Funded Enterprises	43301508	33797157
国　有	State-owned Enterprises	133170	104805
集　体	Collective-owned Enterprises	7640	7540
股份合作	Share Cooperative Enterprises		
国有联营	State Joint Ownership Enterprises		
集体联营	Collective Joint Ownership Enterprises		
国有与集体联营	Joint State-collective Enterprises		
其他联营	Other Joint Ownership Enterprises		
国有独资公司	State-funded Corporations	1633050	1151748
其他有限责任公司	Other Limited Liability Corporations	17086300	12915729
股份有限公司	Share Corporations Ltd.		
私营独资	Private-funded Enterprises		
私营合伙	Private Partnership Enterprises		
私营有限责任公司	Private Limited Liability Corporations	24441348	19617335
私营股份有限公司	Private Share-holding Corporations Ltd.		
其　他	Others		
港澳台投资	Enterprises with Investment from Hong Kong, Macao and Taiwan	175903	123733
合资经营	Joint-venture Enterprises		
合作经营	Cooperative Enterprises		
独　资	Enterprises with Sole Investment	175903	123733
股份有限	Share Corporations Ltd.		
其　他	Others		
外商投资	Enterprises with Foreign Investment		
合资经营	Joint-Venture Enterprises		
合作经营	Cooperative Enterprises		
外　资	Enterprises with Sole Foreign Investment		
股份有限	Share Corporations Ltd.		
其　他	Others		
按控股情况分	**Grouped by Share Holding**		
国有控股	State Holding Enterprises	6404311	4853004
集体控股	Collective-owned Holding Enterprises	440606	384634
私人控股	Private Holding Enterprises	36456591	28559519
港澳台商控股	Hong Kong, Macao and Taiwan Holding Enterprises	175903	123733
外商控股	Foreign Holding Enterprises		
其　他	Others		

continued

(sq.m)

#90平方米及以下住房 90 sq.m and Below	#144平方米以上住房 Above 144 sq.m	办公楼 Office Buildings	商业营业用房 Buildings for Business Operation	其　他 Others
2669422	**4888956**	**686075**	**2462807**	**6407639**
2669422	4888956	686075	2449592	6368684
	4964			28365
3850	3690		100	
107694	183649		120481	360821
793681	2275644	433805	844304	2892462
1764197	2421009	252270	1484707	3087036
			13215	38955
			13215	38955
265767	1101931	128049	296330	1126928
26602	14890	4171	7875	43926
2377053	3772135	553855	2145387	5197830
			13215	38955

12-7 续表2

单位：平方米

指　标	Item	房屋竣工面　积 Floor Space of Buildings Completed	住　宅 Residential Buildings
总　计	**Total**	**26393043**	**20208214**
按登记注册类型	**Grouped by Type of Registration Status**		
内　资	Domestic-Funded Enterprises	26393043	20208214
国　有	State-owned Enterprises	755854	603368
集　体	Collective-owned Enterprises		
股份合作	Share Cooperative Enterprises		
国有联营	State Joint Ownership Enterprises		
集体联营	Collective Joint Ownership Enterprises		
国有与集体联营	Joint State-collective Enterprises		
其他联营	Other Joint Ownership Enterprises		
国有独资公司	State-funded Corporations	830400	587374
其他有限责任公司	Other Limited Liability Corporations	11072700	8530822
股份有限公司	Share Corporations Ltd.		
私营独资	Private-funded Enterprises		
私营合伙	Private Partnership Enterprises		
私营有限责任公司	Private Limited Liability Corporations	13734089	10486650
私营股份有限公司	Private Share-holding Corporations Ltd.		
其　他	Others		
港澳台投资	Enterprises with Investment from Hong Kong, Macao and Taiwan		
合资经营	Joint-venture Enterprises		
合作经营	Cooperative Enterprises		
独　资	Enterprises with Sole Investment		
股份有限	Share Corporations Ltd.		
其　他	Others		
外商投资	Enterprises with Foreign Investment		
合资经营	Joint-Venture Enterprises		
合作经营	Cooperative Enterprises		
外　资	Enterprises with Sole Foreign Investment		
股份有限	Share Corporations Ltd.		
其　他	Others		
按控股情况分	**Grouped by Share Holding**		
国有控股	State Holding Enterprises	3943051	3050314
集体控股	Collective-owned Holding Enterprises	323937	303111
私人控股	Private Holding Enterprises	22126055	16854789
港澳台商控股	Hong Kong, Macao and Taiwan Holding Enterprises		
外商控股	Foreign Holding Enterprises		
其　他	Others		

continued

(sq.m)

#90平方米及以下住房 90 sq.m and Below	#144平方米以上住房 Above 144 sq.m	办公楼 Office Buildings	商业营业用房 Buildings for Business Operation	其　他 Others
1767883	**3931080**	**727258**	**1969754**	**3487817**
1767883	3931080	727258	1969754	3487817
282466			13664	138822
177189	41195		66266	176760
472637	2218336	462418	740945	1338515
835591	1671549	264840	1148879	1833720
544888	964350	44624	300919	547194
	177853		6951	13875
1222995	2788877	682634	1661884	2926748

12-7 续表3

单位：万元

指　标	Item	房屋竣工价　值 Value of Buildings Completed	住　宅 Residential Buildings
总　计	**Total**	**8540330**	**6564881**
按登记注册类型	**Grouped by Type of Registration Status**		
内　资	Domestic-Funded Enterprises	8540330	6564881
国　有	State-owned Enterprises	223341	177467
集　体	Collective-owned Enterprises		
股份合作	Share Cooperative Enterprises		
国有联营	State Joint Ownership Enterprises		
集体联营	Collective Joint Ownership Enterprises		
国有与集体联营	Joint State-collective Enterprises		
其他联营	Other Joint Ownership Enterprises		
国有独资公司	State-funded Corporations	321503	236395
其他有限责任公司	Other Limited Liability Corporations	3986474	3072212
股份有限公司	Share Corporations Ltd.		
私营独资	Private-funded Enterprises		
私营合伙	Private Partnership Enterprises		
私营有限责任公司	Private Limited Liability Corporations	4009012	3078807
私营股份有限公司	Private Share-holding Corporations Ltd.		
其　他	Others		
港澳台投资	Enterprises with Investment from Hong Kong, Macao and Taiwan		
合资经营	Joint-venture Enterprises		
合作经营	Cooperative Enterprises		
独　资	Enterprises with Sole Investment		
股份有限	Share Corporations Ltd.		
其　他	Others		
外商投资	Enterprises with Foreign Investment		
合资经营	Joint-Venture Enterprises		
合作经营	Cooperative Enterprises		
外　资	Enterprises with Sole Foreign Investment		
股份有限	Share Corporations Ltd.		
其　他	Others		
按控股情况分	**Grouped by Share Holding**		
国有控股	State Holding Enterprises	1280413	947243
集体控股	Collective-owned Holding Enterprises	151775	141713
私人控股	Private Holding Enterprises	7108142	5475925
港澳台商控股	Hong Kong, Macao and Taiwan Holding Enterprises		
外商控股	Foreign Holding Enterprises		
其　他	Others		

continued

(10 000 yuan)

#90平方米及以下住房 90 sq.m and Below	#144平方米以上住房 Above 144 sq.m	办公楼 Office Buildings	商业营业用房 Buildings for Business Operation	其　他 Others
550142	**1319787**	**311735**	**777382**	**886332**
550142	1319787	311735	777382	886332
96102			4606	41268
33481	12268		23833	61275
182090	762153	227448	367668	319146
238469	545366	84287	381275	464643
158187	294526	9420	165374	158376
	77033		6594	3468
391955	948228	302315	605414	724488

12-7 续表4

单位：平方米

指　标	Item	商品房销售面积 Floor Space of Commercial Buildings Sold	住宅 Residential Buildings
总　计	**Total**	**32044132**	**30349161**
按登记注册类型	**Grouped by Type of Registration Status**		
内　资	Domestic-Funded Enterprises	31990866	30299532
国　有	State-owned Enterprises	268891	268891
集　体	Collective-owned Enterprises	3215	3215
股份合作	Share Cooperative Enterprises		
国有联营	State Joint Ownership Enterprises		
集体联营	Collective Joint Ownership Enterprises		
国有与集体联营	Joint State-collective Enterprises		
其他联营	Other Joint Ownership Enterprises		
国有独资公司	State-funded Corporations	677120	641189
其他有限责任公司	Other Limited Liability Corporations	13769539	12722915
股份有限公司	Share Corporations Ltd.		
私营独资	Private-funded Enterprises		
私营合伙	Private Partnership Enterprises		
私营有限责任公司	Private Limited Liability Corporations	17150922	16542143
私营股份有限公司	Private Share-holding Corporations Ltd.	121179	121179
其　他	Others		
港澳台投资	Enterprises with Investment from Hong Kong, Macao and Taiwan	36893	35722
合资经营	Joint-venture Enterprises	17726	17726
合作经营	Cooperative Enterprises		
独　资	Enterprises with Sole Investment	19167	17996
股份有限	Share Corporations Ltd.		
其　他	Others		
外商投资	Enterprises with Foreign Investment	16373	13907
合资经营	Joint-Venture Enterprises		
合作经营	Cooperative Enterprises		
外　资	Enterprises with Sole Foreign Investment	16373	13907
股份有限	Share Corporations Ltd.		
其　他	Others		
按控股情况分	**Grouped by Share Holding**		
国有控股	State Holding Enterprises	4268534	4030455
集体控股	Collective-owned Holding Enterprises	265659	239666
私人控股	Private Holding Enterprises	27474399	26047137
港澳台商控股	Hong Kong,, Macao and Taiwan Holding Enterprises	19167	17996
外商控股	Foreign Holding Enterprises	16373	13907
其　他	Others		

continued

(sq.m)

#90平方米及以下住房 90 sq.m and Below	#144平方米以上住房 Above 144 sq.m	办公楼 Office Buildings	商业营业用房 Buildings for Business Operation	其 他 Others
1749943	**3935994**	**345194**	**716927**	**632850**
1749359	3927119	345194	713290	632850
7622	10758			
	160			
70870	36511	15439	8589	11903
865237	2428963	273524	346913	426187
805150	1450727	56231	357788	194760
480				
	769		1171	
	583			
	186		1171	
584	8106		2466	
584	8106		2466	
257073	684755	56975	78303	102801
5810	67298	5501	7785	12707
1486476	3175649	282718	627202	517342
	186		1171	
584	8106		2466	

12-7 续表5

单位：万元

指 标	Item	商品房销售额 Sales of Commercial Buildings	住 宅 Residential Buildings
总 计	**Total**	**21709081**	**20300960**
按登记注册类型	**Grouped by Type of Registration Status**		
内 资	Domestic-Funded Enterprises	21657915	20256897
国 有	State-owned Enterprises	120060	120060
集 体	Collective-owned Enterprises	1130	1130
股份合作	Share Cooperative Enterprises		
国有联营	State Joint Ownership Enterprises		
集体联营	Collective Joint Ownership Enterprises		
国有与集体联营	Joint State-collective Enterprises		
其他联营	Other Joint Ownership Enterprises		
国有独资公司	State-funded Corporations	611232	571311
其他有限责任公司	Other Limited Liability Corporations	11294259	10371714
股份有限公司	Share Corporations Ltd.		
私营独资	Private-funded Enterprises		
私营合伙	Private Partnership Enterprises		
私营有限责任公司	Private Limited Liability Corporations	9547537	9108985
私营股份有限公司	Private Share-holding Corporations Ltd.	83697	83697
其 他	Others		
港澳台投资	Enterprises with Investment from Hong Kong, Macao and Taiwan	32244	30131
合资经营	Joint-venture Enterprises	8207	8207
合作经营	Cooperative Enterprises		
独 资	Enterprises with Sole Investment	24037	21924
股份有限	Share Corporations Ltd.		
其 他	Others		
外商投资	Enterprises with Foreign Investment	18922	13932
合资经营	Joint-Venture Enterprises		
合作经营	Cooperative Enterprises		
外 资	Enterprises with Sole Foreign Investment	18922	13932
股份有限	Share Corporations Ltd.		
其 他	Others		
按控股情况分	**Grouped by Share Holding**		
国有控股	State Holding Enterprises	3378721	3185251
集体控股	Collective-owned Holding Enterprises	214224	191195
私人控股	Private Holding Enterprises	18073177	16888658
港澳台商控股	Hong Kong, Macao and Taiwan Holding Enterprises	24037	21924
外商控股	Foreign Holding Enterprises	18922	13932
其 他	Others		

continued

(10 000 yuan)

#90平方米及以下住房 90 sq.m and Below	#144平方米以上住房 Above 144 sq.m	办公楼 Office Buildings	商业营业用房 Buildings for Business Operation	其　他 Others
1302378	**3519623**	**305638**	**752230**	**350253**
1301843	3510499	305638	745127	350253
2511	4913			
	63			
74662	29463	19291	12773	7857
752820	2492460	249588	418092	254865
471544	983600	36759	314262	87531
306				
	495		2113	
	271			
	224		2113	
535	8629		4990	
535	8629		4990	
233162	603173	50748	89581	53141
3876	55094	6807	10220	6002
1064805	2852503	248083	645326	291110
	224		2113	
535	8629		4990	

12-8 房地产开发企业财务状况(2021年)

单位：万元

指　标	Item	固定资产原　价 Original Value of Fixed Assets
总　计	**Total**	**2687846**
按登记注册类型	**Grouped by Type of Registration Status**	
内　资	Domestic-Funded Enterprises	2674585
国　有	State-owned Enterprises	17699
集　体	Collective-owned Enterprises	906
股份合作	Share Cooperative Enterprises	
国有联营	State Joint Ownership Enterprises	
集体联营	Collective Joint Ownership Enterprises	
国有与集体联营	Joint State-collective Enterprises	
其他联营	Other Joint Ownership Enterprises	
国有独资公司	State-funded Corporations	702268
其他有限责任公司	Other Limited Liability Corporations	811409
股份有限公司	Share Corporations Ltd.	154
私营独资	Private-funded Enterprises	
私营合伙	Private Partnership Enterprises	
私营有限责任公司	Private Limited Liability Corporations	1139162
私营股份有限公司	Private Share-holding Corporations Ltd.	2988
其　他	Others	
港澳台投资	Enterprises with Investment from Hong Kong, Macao and Taiwan	1769
合资经营	Joint-venture Enterprises	1082
合作经营	Cooperative Enterprises	169
独　资	Enterprises with Sole Investment	517
股份有限	Share Corporations Ltd.	
其　他	Others	
外商投资	Enterprises with Foreign Investment	11493
合资经营	Joint-Venture Enterprises	177
合作经营	Cooperative Enterprises	
外　资	Enterprises with Sole Foreign Investment	11316
股份有限	Share Corporations Ltd.	
其　他	Others	
按控股情况分	**Grouped by Share Holding**	
国有控股	State Holding Enterprises	995182
集体控股	Collective-owned Holding Enterprises	17518
私人控股	Private Holding Enterprises	1662834
港澳台商控股	Hongkong, Macao and Taiwan Holding Enterprises	820
外商控股	Foreign Holding Enterprises	11493
其　他	Others	

FINANCIAL CONDITION OF REAL ESTATE DEVELOPMENT ENTERPRISES(2021)

(10 000 yuan)

累计折旧 Accumulative Depreciation	#本年折旧 Depreciation of This Year	资产总计 Total Assets	负债合计 Total Liabilities	所有者权益合计 Total Creditors' Equity	#实收资本 Paid-in Capital
704813	**107241**	**167086756**	**150128831**	**16957925**	**12847652**
697857	106577	165565347	148994193	16571154	12575124
5287	340	2250271	2070025	180246	33108
125	38	62338	62901	-563	328
47707	2729	18134650	13767446	4367204	2521362
210930	33793	80720526	72336538	8383988	5421862
122	2	3515	3283	232	1000
		3799	3455	344	340
430848	69597	64078062	60413194	3664869	4585324
2839	77	312185	337352	-25166	11800
1415	63	545444	305517	239927	226150
852	21	201667	97612	104055	111000
159	1	8913	10154	-1241	2100
405	41	334864	197751	137114	113050
5540	601	975966	829121	146844	46377
141		28178	25614	2565	933
5399	601	947788	803508	144280	45444
106104	12616	40394852	33073365	7321487	3872641
5998	648	1942878	1724928	217950	111307
586480	93333	123255366	114211805	9043560	8602176
690	43	517695	289612	228083	215150
5540	601	975966	829121	146844	46377

12-8 续表1

单位：万元

指　标	Item	营业收入 Business Revenue
总　计	**Total**	**19793220**
按登记注册类型	**Grouped by Type of Registration Status**	
内　资	Domestic-Funded Enterprises	19659883
国　有	State-owned Enterprises	110210
集　体	Collective-owned Enterprises	98
股份合作	Share Cooperative Enterprises	
国有联营	State Joint Ownership Enterprises	
集体联营	Collective Joint Ownership Enterprises	
国有与集体联营	Joint State-collective Enterprises	
其他联营	Other Joint Ownership Enterprises	
国有独资公司	State-funded Corporations	943787
其他有限责任公司	Other Limited Liability Corporations	9686786
股份有限公司	Share Corporations Ltd.	
私营独资	Private-funded Enterprises	
私营合伙	Private Partnership Enterprises	
私营有限责任公司	Private Limited Liability Corporations	8837304
私营股份有限公司	Private Share-holding Corporations Ltd.	81698
其　他	Others	
港澳台投资	Enterprises with Investment from Hong Kong, Macao and Taiwan	67691
合资经营	Joint-venture Enterprises	92
合作经营	Cooperative Enterprises	
独　资	Enterprises with Sole Investment	67599
股份有限	Share Corporations Ltd.	
其　他	Others	
外商投资	Enterprises with Foreign Investment	65646
合资经营	Joint-Venture Enterprises	355
合作经营	Cooperative Enterprises	
外　资	Enterprises with Sole Foreign Investment	65291
股份有限	Share Corporations Ltd.	
其　他	Others	
按控股情况分	**Grouped by Share Holding**	
国有控股	State Holding Enterprises	4041460
集体控股	Collective-owned Holding Enterprises	353580
私人控股	Private Holding Enterprises	15264934
港澳台商控股	Hong Kong, Macao and Taiwan Holding Enterprises	67599
外商控股	Foreign Holding Enterprises	65646
其　他	Others	

continued

(10 000 yuan)

#主营业务收　入 Revenue of Major Business	土地转让收　入 Land Transferred Revenue	商品房屋销售收入 Sales Revenue of Commercial Buildings	自持物业收入 Revenue from Self-owned Real Estate	#房屋出租收入 Revenue from Buildings Leasing	其他收入 Other Revenue
18468682	**106351**	**17825113**	**120578**	**103081**	**416640**
18337362	106351	17693886	120487	102989	416639
109052		107257	167	115	1629
98		98			
930410	68	676966	9157	3218	244219
8980963	104648	8734455	52617	47432	89244
8235140	1635	8093552	58546	52224	81408
81698		81559			139
66587		66495	92	92	
92			92	92	
66495		66495			
64733		64732			1
355		355			
64378		64377			1
3882191	91859	3432996	42661	31692	314675
353329		351490	941	941	898
14101935	14492	13909400	76976	70447	101066
66495		66495			
64733		64732			1

12-8 续表2

单位：万元

指　标	Item	营业成本 Business Costs
总　计	**Total**	**16328723**
按登记注册类型	**Grouped by Type of Registration Status**	
内　资	Domestic-Funded Enterprises	16217543
国　有	State-owned Enterprises	99522
集　体	Collective-owned Enterprises	89
股份合作	Share Cooperative Enterprises	
国有联营	State Joint Ownership Enterprises	
集体联营	Collective Joint Ownership Enterprises	
国有与集体联营	Joint State-collective Enterprises	
其他联营	Other Joint Ownership Enterprises	
国有独资公司	State-funded Corporations	861530
其他有限责任公司	Other Limited Liability Corporations	7562782
股份有限公司	Share Corporations Ltd.	
私营独资	Private-funded Enterprises	
私营合伙	Private Partnership Enterprises	
私营有限责任公司	Private Limited Liability Corporations	7618933
私营股份有限公司	Private Share-holding Corporations Ltd.	74687
其　他	Others	
港澳台投资	Enterprises with Investment from Hong Kong, Macao and Taiwan	63023
合资经营	Joint-venture Enterprises	
合作经营	Cooperative Enterprises	
独　资	Enterprises with Sole Investment	63023
股份有限	Share Corporations Ltd.	
其　他	Others	
外商投资	Enterprises with Foreign Investment	48157
合资经营	Joint-Venture Enterprises	232
合作经营	Cooperative Enterprises	
外　资	Enterprises with Sole Foreign Investment	47926
股份有限	Share Corporations Ltd.	
其　他	Others	
按控股情况分	**Grouped by Share Holding**	
国有控股	State Holding Enterprises	3288902
集体控股	Collective-owned Holding Enterprises	271368
私人控股	Private Holding Enterprises	12657273
港澳台商控股	Hong Kong, Macao and Taiwan Holding Enterprises	63023
外商控股	Foreign Holding Enterprises	48157
其　他	Others	

continued

(10 000 yuan)

#主营业务成本 Costs of Major Business	税金及附加 Tax and Extra Charges	营业利润 Business Profits	利润总额 Total Profits	所得税费用 Income Taxes Expenses	从业人员期末人数(人) Employees at The End of Period (person)
15323290	**671478**	**1144641**	**1073561**	**449204**	**56524**
15212171	662766	1146709	1077222	449262	56199
99396	1792	2497	3967	976	678
89	25	–246	–289		267
857593	36470	50044	49948	14966	2148
6877571	390544	948649	901880	323046	16519
		–88	–88		19
	3	–26	–26		7
7302940	228940	148531	124481	110274	36464
74583	4993	–2651	–2652		97
63023	3208	–8836	–9074	–59	103
	128	–8192	–8193	1	35
		–37	–37		10
63023	3080	–607	–844	–60	58
48096	5504	6767	5413	1	222
232	10	–185	–185		32
47864	5493	6953	5599	1	190
2977511	174261	506516	482888	139967	7492
271040	11005	48394	48840	14648	773
11963621	477629	591272	544966	294648	47969
63023	3080	–8308	–8546	–60	68
48096	5504	6767	5413	1	222

主要统计指标解释

房地产开发投资 指各种登记注册类型的房地产开发法人单位统一开发的住宅、厂房、仓库、饭店、宾馆、度假村、写字楼、办公楼等房屋建筑物，配套的服务设施，土地开发工程（如道路、给水、排水、供电、供热、通讯、平整场地等基础设施工程）和土地购置的投资；不包括单纯的土地开发和交易活动。

本年实际到位资金 指在报告期内收到的，用于在建项目投资的各种货币资金。包括国内贷款、利用外资、自筹资金、定金及预付款、个人按揭贷款和其他资金。

本年土地购置面积 指在本年内通过各种方式获得土地使用权的土地面积。

本年土地成交价款 指进行土地使用权交易活动的最终金额。在土地一级市场，是指土地最后的划拨款、“招拍挂”价格和出让价；在土地二级市场是指土地转让、出租、抵押等最后确定的合同价格。土地成交价款与土地购置面积同口径，可以计算土地的平均购置价格。

房屋新开工面积 指报告期内新开工建设的房屋建筑面积，以单位工程为核算对象，即整栋房屋的全部建筑面积，不能分割计算。不包括在上期开工跨入报告期继续施工的房屋建筑面积和上期停缓建而在本期恢复施工的房屋建筑面积。房屋的开工应以房屋正式开始破土刨槽（地基处理或打永久桩）的日期为准。

房屋竣工面积 指报告期内房屋建筑按照设计要求已全部完工，达到住人和使用条件，经验收鉴定合格或达到竣工验收标准，可正式移交使用的各栋房屋建筑面积的总和。

房屋竣工价值 指报告期内按规定已经上报竣工的房屋本身的建造价值。

商品房销售面积 指报告期内出售商品房屋的合同总面积（即双方签署的正式买卖合同中所确定的建筑面积）。商品房销售面积由现房销售面积和期房销售面积两部分组成。

商品房销售额 指报告期内出售商品房屋的合同总价款（即双方签署的正式买卖合同中所确定的合同总价）。该指标与商品房销售面积同口径，由现房销售额和期房销售额两部分组成。

待售面积 指报告期末已竣工的可供销售或出租的商品房屋建筑面积中，尚未销售或出租的商品房屋建筑面积，包括以前年度竣工和本期竣工的房屋面积，但不包括报告期已竣工的拆迁还建、统建代建、公共配套建筑、房地产公司自用及周转房等不可销售或出租的房屋面积。按照商品房待售时间的长短可以划分为待售一年以下、待售一到三年（含一年）和待售三年以上（含三年）。

Explanatory Notes on Main Statistical Indicators

Investment in Real Estate Development refers to investment by real estate development corporation units of various types of ownership in the construction of buildings, such as residential buildings, factory buildings, warehouses, hotels, guesthouses, holiday villages, office buildings, complementary service facilities, land development projects and land purchase, such as roads, water supply, water drainage, power supply, heating supply, telecommunications, land leveling and other infrastructural projects. It does not include activities in pure land transactions.

Actual Funds in Place This Year refers to all kinds of monetary funds received in the reference period for investment in projects under construction, including domestic loans, foreign investment, self-raising fund, down payment and advance payment, personal mortgage loans and other funds.

Land Area Purchased This Year refers to the land area which has been got the land use right by all means.

Value of Land Transaction This Year refers to the final value of land use right in the land transaction. It refers to the final appropriations of land, remising price and transfer price in primary land market, while it refers to the contract price of land transfer, lease and mortgage in the secondary land market. Value of land transaction has the same coverage with land area purchased, which can be used to calculate the average price of land purchased.

Floor Space of Buildings Newly Started This Year refers to the total floor space area of the buildings started in the year by real estate development companies. It excludes the buildings started in previous years and continued in the year, and the buildings suspended in previous years but restarted in the year. The start of a construction is defined by the date of ground breaking or pile driving.

Floor Space of Buildings Completed refers to the floor space of all buildings completed in the reference period, which has been appraised, accepted or reached the designed standards and transferred to owner units.

Value of Buildings Completed refers to construction value of completed buildings which has been reported in the reference period.

Floor Space of Commercial Buildings Sold refers to total contracted area of commercialized buildings sold, i.e. area of floor space as designated in the formal contracts signed by both sides, during the reference time. It consists of floor space of completed buildings sold and forward delivery buildings sold.

Sales of Commercial Buildings refers to the total contracted value, i.e. value of commercialized buildings as designated in the contract signed by both sides, during the reference period. This indicator has the same coverage with the area of commercialized buildings sold, and it consists of sales of completed buildings and sales of forward delivery buildings.

Floor Space for Sale refers to the floor space of commercial buildings hasn't been sold or leased which is marketable or rentable in the reference period. It includes floor space of building which has been completed in the previous and current period, excluding floor space of completed buildings, such as relocation building, buildings built for employees by the government agencies and institutions units, auxiliary facilities of public buildings, buildings of real estate enterprises for self use, temporary houses, which cannot be sold or rent. Floor space for sale can be divided into floor space for sale less than a year, floor space for sale in 1-3 years, floor space for sale more than 3 years according to the sales time.

WHOLESALE AND RETAIL TRADE

13 批发和零售业

资料整理人员

雷士伟　张艳芳　邓　娜　郭俊凯　尹　伊

批发和零售业

WHOLESALE AND RETAIL TRADE

社会消费品零售总额	Total Retail Sales of Consumer Goods	7747.3	亿元 (100 million yuan)
城　镇	Town	6376.7	亿元 (100 million yuan)
乡　村	Village	1370.5	亿元 (100 million yuan)

社会消费品零售总额构成 (%)

Composition of Total Retail Sales of Consumer Goods (%)

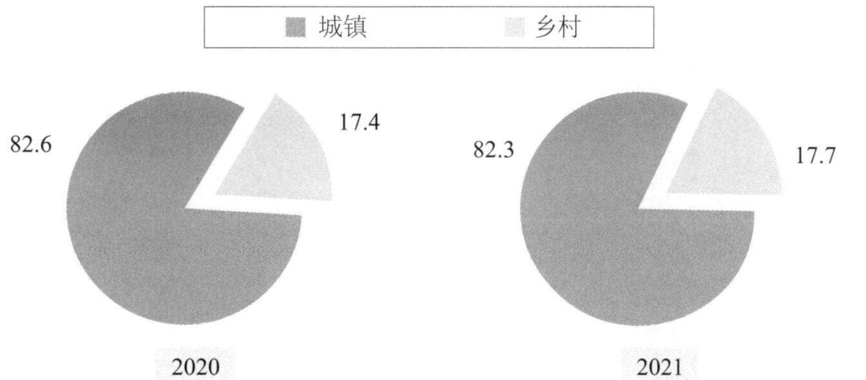

社会消费品零售总额（亿元）

Total Retail Sales of Consumer Goods (100 million yuan)

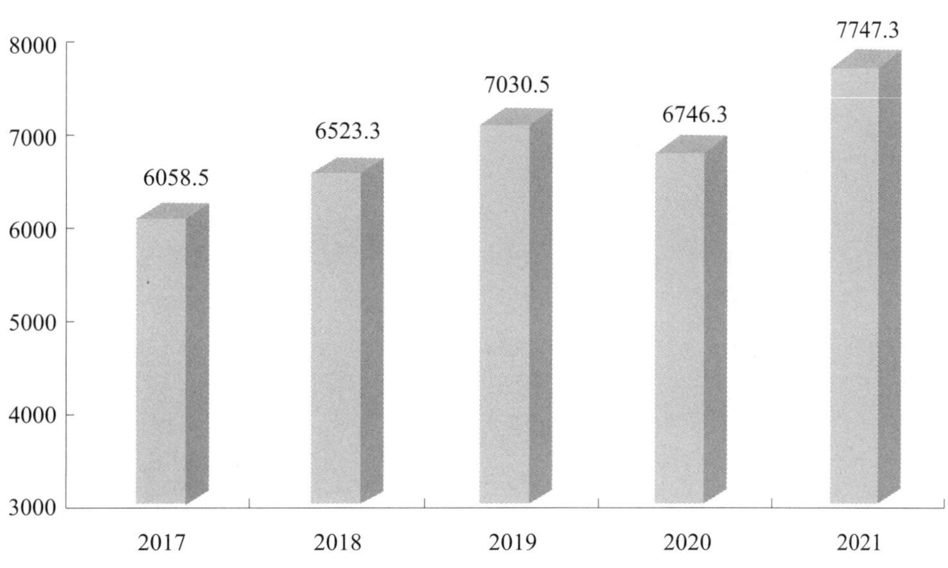

13-1 主要年份社会消费品零售总额
TOTAL RETAIL SALES OF CONSUMER GOODS IN MAJOR YEARS

单位：万元　　(10 000 yuan)

年 份 Year	社会消费品零售总额 Total Retail Sales of Consumer Goods	市 City	县 County	县以下 Below County
1952	57436	19536	37900	
1957	119600	52278	67322	
1962	146532	59686	86846	
1965	153257	57252	96005	
1970	190949	63853	127096	
1975	265190	108543	133713	22934
1978	323837	121772	113985	88080
1980	426597	163154	122191	141252
1985	894413	394784	278646	220983
1990	1580415	848543	413831	318041
1995	3700291	2097078	847914	755299
2000	6927050	4064919	1458760	1403372
2001	7448622	4473751	1486665	1488206
2002	8224337	4949494	1631444	1643399
2003	9481701	6127870	1757629	1596201
2004	11488364	7541053	2056225	1891086
2005	13227915	8518777	2473620	2235518
2006	15255403	9916013	2822249	2517141
2007	18126034	11818174	3335190	2972670
2008	22353311	14574359	4135363	3643589
2009	25786488	16043280	5321536	4421671
2010	30270955	24356011	5914944	
2011	35373104	28894590	6478514	
2012	40605496	33178694	7426802	
2013	46039562	37557812	8481750	
2014	50912784	41509151	9403633	
2015	53451365	43561024	9890341	
2016	56992471	46474433	10518039	
2017	60585324	49424218	11161106	
2018	65232605	52949234	12283371	
2019	70304842	58073157	12231685	
2020	67463422	55700211	11763211	
2021	77472612	63767425	13705187	

注：本表2010年起分区域划分为“城镇”和“乡村”，相关数据分别列在原口径“市”和“县”下。
Note: Regions are divided into town and village since 2010, and related data are listed in the former division city and county.

13-2 社会消费品零售总额
TOTAL RETAIL SALES OF CONSUMER GOODS

单位：亿元 (100 million yuan)

指　标	Item	2020	2021
社会消费品零售总额	**Total Retail Sales of Consumer Goods**	**6746.3**	**7747.3**
#网上零售额	Online Retail Sales	684.1	871.2
#实物商品网上零售额	Online Retail Sales in Goods	430.2	566.4
按销售地区分	By Selling Region		
城　镇	Town	5570.0	6376.7
#城　区	Urban Area	3856.6	4437.9
乡　村	Village	1176.3	1370.5
按消费形态分	By Consumption Pattern		
商品零售	Retail Sales	6172.9	6992.9
餐饮收入	Catering Income	573.4	754.4

13-3 限额以上连锁批发零售业经营情况(2021年)
MANAGEMENT OF CHAIN ENTERPRISES ABOVE DESIGNATED SIZE IN WHOLESALE AND RETAIL TRADE(2021)

指　标	Item	合 计 Total	直营店 Regular Chain	加盟店 Franchise Chain
一、门店总数(个)	Number of Stores (uint)	6530	3831	2699
二、年末零售业营业面积(平方米)	Business Area of Retail at Year-end (sq.m)	2978201	2624473	353728
三、年末从业人员(人)	Employees at Year-end (person)	37683	25481	12202
四、商品购进总额(万元)	Total Purchases Value (10 000 yuan)	4097697	3729073	368624
#统一配送商品购进额	Value of Unified Distribution	2376644	2171942	204702
自有配送中心配送商品购进额	Disrtibuted by Owned Distribution Center	2373900	2169198	204702
非自有配送中心配送商品购进额	Distributed by Other Distribution Center	2744	2744	
五、商品销售总额(万元)	Total Sales Value (10 000 yuan)	4668784	4283199	385585
#零售额	Retail Sales	3773351	3387766	385585

13-4 限额以上批发和零售业法人企业经营情况(2021年)

单位：万元

指　标	Item	法　人 企业数 (个) Number of Corporation Enterprises (unit)
总　计	**Total**	**6053**
一、批发业	**Wholesale Trade**	**3317**
1.按登记注册类型分	Grouped by Registered Kind	
内资企业	Civil Funded Enterprises	3309
国有企业	State-owned Enterprises	24
集体企业	Collective-owned Enterprises	7
股份合作企业	Share Cooperative Enterprises	2
有限责任公司	Limited Responsibility Corporations	570
国有独资公司	Company Exclusively with Investment from State	88
其他有限责任公司	Other Limited Responsibility Company	482
股份有限公司	Share-holding Limited Corporations	12
私营企业	Private-owned Enterprises	2693
私营独资企业	Enterprise Exclusively with Investment from Private	8
私营合伙企业	Private Partnership Enterprises	2
私营有限责任公司	Private Limited Responsibility Corporations	2639
私营股份有限公司	Private Share-holding Limited Corporations	44
其他企业	Others	1
港、澳、台商投资企业	Enterprises Funded by Hong Kong, Macao and Taiwan	2
合资经营企业(港或澳、台资)	Joint Venture Enterprises	1
港、澳、台商独资经营企业	Solely Owned Entersprises	1
外商投资企业	Foreign Funded Enterprises	6
中外合资经营企业	Joint Venture Enterprises	3
外资企业	Enterprises with Sole Foreign Investment	2
外商投资股份有限公司	Share-holding Limited Corporations	1
2.按批发行业小类分	Grouped by Wholesale Trade	
农、林、牧、渔产品批发	Wholesale of Agricultural, Forestry, Animal Husbandry and Fishery Products	55
食品、饮料及烟草制品批发	Wholesale of Food, Beverage and Tobaccos	224
#米、面制品及食用油批发	Rice, Flour and Edible Oil	36
烟草制品批发	Tobacoo Products Manufacturing	14
纺织、服装及家庭用品批发	Wholesale of Textiles, Garments and Family Articles	55
#服装批发	Wholesale of Garments	14
文化、体育用品及器材批发	Wholesale of Culture, Sports Articles and Equipments	43
医药及医疗器材批发	Wholesale of Medicines and Medical Appliances	241
#西药批发	Wholesale of Western Medicine	100
中药批发	Wholesale of Chinese Traditional Medicine	34

MANAGEMENT OF CORPORATION ENTERPRISES ABOVE DESIGNATED SIZE IN WHOLESALE AND RETAIL TRADE(2021)

(10 000 yuan)

从业人员期末人数(人) Number of Employees at The End of Period (person)	商品购进额 Total Purchases Value	#进口 Imports	商品销售额 Total Sales Value	#通过公共网络实现的商品销售额 by Public Network	#通过非自营平台实现的商品销售额 by Non-self-operating Platform
241467	**199212630**	**1818414**	**210311550**	**6915504**	**434746**
105269	**179643021**	**1520750**	**187526204**	**4876486**	**338380**
104654	178966550	1505089	186904646	4876486	338380
7517	3990514		5271072	1640826	3331
1619	847142	78	944353	682	682
18	17627		23301		
46815	112293772	1247407	115205272	1608478	274615
7617	20933015	875033	21122515	3168	163
39198	91360757	372374	94082757	1605310	274452
1886	6310811		6358841		
46766	55504085	257604	59098485	1626500	59753
127	30442		32735		
32	17387		20738		
45449	55002667	257604	58485004	1611702	59753
1158	453590		560009	14799	
33	2599		3323		
340	22508		45268		
54	6097		5338		
286	16411		39930		
275	653963	15662	576291		
243	70080	15662	77835		
12	544866		452574		
20	39018		45882		
2654	443067	4509	562182		
16312	6605977	13	8654248	1668105	5644
1190	468313		476063	2657	1630
7107	2881876		4114526	1640826	3331
2170	1670645		1714608	81170	2492
950	103943		127867	144	
1500	942849		1046490	16482	4906
16170	5644346	10602	6368006	139579	9252
10039	4178554	8063	4570707	79320	9163
3171	544998		694080	51061	

13-4 续表1

单位：万元

指标	Item	法人企业数(个) Number of Corporation Enterprises (unit)
矿产品、建材及化工产品批发	Wholesale of Mineral Products, Building and Chemical Products	2159
#煤炭及制品批发	Coal and Related Products	1191
石油及制品批发	Petroleum and Related Products	109
金属及金属矿批发	Metals and Metals Materials	509
建材批发	Building Materials	172
化肥批发	Chemical Fertilizer	33
机械设备、五金产品及电子产品批发	Wholesale of Machinery, Hardwaresand Electronic Products	460
#汽车及零配件批发	Motor Vehicles and Parts	176
计算机、软件及辅助设备批发	Computer, Sofeware and Accessories	29
贸易经纪与代理	Trade Brokerage and Agency	9
其他批发业	Other Wholesales	71
3.按控股情况分	Grouped by Share Holding	
国有控股	State Holding Enterprises	379
集体控股	Collective-owned Holding Enterprises	30
私人控股	Private Holding Enterprises	2903
港澳台商控股	Hong Kong, Macao and Taiwan Holding Enterprises	2
外商控股	Foreign Holding Enterprises	3
4.按经营形式分	Grouped by Management Form	
独立门店	Independent Stores	2210
连锁总店(总部)	Chain Headquarters	10
连锁直营店	Direct Chain Stores	1
连锁加盟店	Franchise Chain Stores	5
其　他	Others	1091
5.按单位规模分	Grouped by Enterprise Size	
大　型	Large-size	72
中　型	Medium-size	724
小　型	Small-size	1788
微　型	Micro-size	733
二、零售业	**Retail Trade**	**2736**
1.按登记注册类型分组	Grouped by Registered Kind	
内资企业	Civil Funded Enterprises	2714
国有企业	State-owned Enterprises	14
集体企业	Collective-owned Enterprises	30

continued

(10 000 yuan)

从业人员期末人数(人) Number of Employees at The End of Period (person)	商品购进额 Total Purchases Value	#进口 Imports	商品销售额 Total Sales Value	#通过公共网络实现的商品销售额 by Public Network	#通过非自营平台实现的商品销售额 by Non-self-operating Platform
52698	154953553	1458405	159840518	946047	316087
38662	100171226	352960	103852408	739645	298249
2873	3916525		4119537	11961	
5635	36449146	1103360	37147320	85760	7825
2412	8966994	1896	9114947	11989	
660	3501537	152	3535719	51378	
12140	6238202	17057	6097645	77917	
3603	3113315		2688266	6190	
752	244052		267001	40693	
71	58931	30163	61505		
1554	3085452		3181002	1947187	
43736	100498834	1235673	103948945	2094382	269346
4354	3223503	78	3423278	693	682
56807	75314292	285000	79610258	2781412	68353
340	22508		45268		
32	583884		498456		
60462	102274021	1249703	106503087	1470335	48881
1013	3918372		4070344		
27	1355		1359		
228	36406		40600		
43539	73412867	271047	76910815	3406152	289499
33614	41992882		44872820	1757129	
45780	83276667	1256508	85786451	2562104	288342
23435	35375593	247830	37418076	267877	47912
2440	18997879	16412	19448858	289376	2126
136198	**19569609**	**297664**	**22785346**	**2039017**	**96366**
131024	18117541	245319	20835925	1929184	93586
1495	628936		645509	13173	13173
586	78539		85940	710	

13-4 续表2

单位：万元

指　标	Item	法　人 企业数 (个) Number of Corporation Enterprises (unit)
有限责任公司	Limited Responsibility Corporations	379
国有独资公司	Company Exclusively with Investment from State	39
其他有限责任公司	Other Limited Responsibility Company	340
股份有限公司	Share-holding Limited Corporations	19
私营企业	Private-owned Enterprises	2262
私营独资企业	Enterprise Exclusively with Investment from Private	192
私营合伙企业	Private Partnership Enterprises	15
私营有限责任公司	Private Limited Responsibility Corporations	2001
私营股份有限公司	Private Share-holding Limited Corporations	54
其他企业	Others	10
港、澳、台商投资企业	Enterprises Funded by Hong Kong, Macao and Taiwan	7
合资经营企业(港或澳、台资)	Joint Venture Enterprises	2
港、澳、台商独资经营企业	Solely Owned Entersprises	5
外商投资企业	Foreign Funded Enterprises	15
中外合资经营企业	Joint Venture Enterprises	2
外资企业	Enterprises with Sole Foreign Investment	7
外商投资股份有限公司	Share-holding Limited Corporations	5
其他外商投资企业	Others	1
2.按零售行业小类分	Grouped by Wholesale Trade	
综合零售	General Retail Sales Trade	410
百货零售	Daily Goods	169
超级市场零售	Supermarkets	222
便利店零售	Covenience Stores	10
其他综合零售	Others	9
食品、饮料及烟草制品专门零售	Retail of Food, Beverage and Tobaccos	217
纺织、服装及日用品专门零售	Retail of Textiles, Garments and Daily Articles	123
#服装零售	Garments	86
文化、体育用品及器材专门零售	Retail of Culture, Sports Articles and Equipments	83
#图书、报刊零售	Books and Mangzines	37
医药及医疗器材专门零售	Retail of Medicines and Medical Appliances	178
#西药零售	Western Medicines	159
中药零售	Traditional Chinese Medicines	13
汽车、摩托车、零配件和燃料及其他动力销售	Retail of Motor Vehicles, Motorcycles, Feuls, Parts and Others	1178
#汽车新车零售	New Motor Vehicles	777
汽车旧车零售	Used Motor Vehicles	8
家用电器及电子产品专门零售	Retail of Household Appliances and Electronic Products	329
#日用家电零售	Household Appliances	168
计算机、软件及辅助设备零售	Computer, Software and Auxiliary Appliancets	62
通信设备零售	Communication Equipments	82

continued

(10 000 yuan)

从业人员期末人数(人) Number of Employees at The End of Period (person)	商品购进额 Total Purchases Value	#进口 Imports	商品销售额 Total Sales Value	#通过公共网络实现的商品销售额 by Public Network	#通过非自营平台实现的商品销售额 by Non-self-operating Platform
30911	5228616	118358	5757184	1207169	8087
3010	231443	1642	234521	458	54
27901	4997173	116717	5522663	1206711	8033
4695	1070807		1419435	27452	61
92988	11052091	126960	12867226	627912	70471
3367	302725	1946	367412	745	
225	15913		17282		
82784	9832082	125015	11572592	535156	69960
6612	901372		909941	92011	511
349	58552		60631	52769	1794
1225	309922	38108	343305	69424	
189	101464	38108	111438		
1036	208458		231867	69424	
3949	1142146	14237	1606117	40409	2779
81	12394	1623	13834		
1399	510266		481416	40409	2779
2417	605785		1096804		
52	13700	12615	14062		
38955	2972728		3868548	111831	5924
13629	1263141		1915646	20984	3447
24242	1547136		1761528	62958	1989
962	155086		183941	27889	489
122	7366		7434		
5842	795324	69	872388	88505	3753
7941	595436	123	753883	8071	461
6050	399901	123	527355	69	
3878	342275		403587	16300	841
2548	226572		227234	780	780
22850	937566	10534	1152494	20024	177
22069	889231	10534	1096347	20024	177
693	32949		38647		
43921	10994858	282141	12585771	275276	21737
27642	7286194	280195	7933378	192315	8234
154	69700		74788		
6011	1299354		1382988	356051	2417
3161	848515		873288	347866	
1047	103970		119036	2257	580
1376	276913		311279	446	191

13-4 续表3

单位：万元

指　标	Item	法人企业数(个) Number of Corporation Enterprises (unit)
五金、家具及室内装饰材料专门零售	Retail of Hardwares, Furniture and Room Decorative Building	83
货摊、无店铺及其他零售业	Retail of Stall, Non-store and Others	135
3.按控股情况分	Grouped by Share Holding	
国有控股	State Holding Enterprises	156
集体控股	Collective-owned Holding Enterprises	60
私人控股	Private Holding Enterprises	2496
港澳台商控股	Hong Kong, Macao and Taiwan Holding Enterprises	9
外商控股	Foreign Holding Enterprises	12
其　他	Others	2
4.按经营形式分	Grouped by Management Form	
独立门店	Independent Stores	2384
连锁总店	Chain Headquarters	100
连锁直营店	Direct Chain Stores	33
连锁加盟店	Franchise Chain Stores	16
其　他	Others	203
5.按单位规模分	Grouped by Enterprise Size	
大　型	Large-size	47
中　型	Medium-size	568
小　型	Small-size	1352
微　型	Micro-size	769
6.按零售业态分	Grouped by Retail Format	
有店铺零售	Store-based	2566
食杂店	Grocery Store	37
便利店	Convenient Store	29
折扣店	Discount Store	
超　市	Supermarket	247
大型超市	Hypermarket	48
仓储会员店	Warehouse Club	6
百货店	Department Store	132
专业店	Specialized Shop	1215
专卖店	Exclusive Shop	734
家居建材商店	Home Center	29
购物中心	Shopping Center	60
厂家直销中心	Factory Outlet Center	29
无店铺零售	Non-store	170
#网上商店	Online	101

continued

(10 000 yuan)

从业人员期末人数(人) Number of Employees at The End of Period (person)	商品购进额 Total Purchases Value	#进口 Imports	商品销售额 Total Sales Value	#通过公共网络实现的商品销售额 by Public Network	#通过非自营平台实现的商品销售额 by Non-self-operating Platform
2098	255540	19	328912	2263	1720
4702	1376528	4779	1436775	1160696	59334
19943	2999603	21123	3404535	95062	13394
2521	376699	2302	417589	12640	988
109152	14823676	221894	17208148	1819985	79204
1338	332197	52346	367092	69424	
3147	1036051		1385902	40409	2779
52	970		1677	1093	
97118	13594385	282316	16491554	514989	69900
22680	2688918	10534	2856489	370806	399
8025	1216116		1256002	102555	1139
587	56522		71042	534	534
7788	2013667	4814	2110259	1050132	24394
36463	4407719		5668815	131410	1866
62726	8351202	244609	9676437	815460	14760
32466	5080394	48782	5562346	562165	60787
4543	1730294	4273	1877748	529982	18953
131682	18184688	293305	21338223	867635	37915
455	46167		47631	479	93
2385	480364		513827	34228	489
13486	681020		743062	18936	850
12797	1239932		1322696	49812	3005
242	12950		15977	7	
11948	811388	19	1275983	4582	2422
55156	8098235	99394	9312208	434313	27171
26761	6009573	193893	6828055	266288	2658
1598	113058		179456		
5908	544298		917159	11673	
946	147704		182169	47317	1227
4516	1384921	4359	1447124	1171382	58451
3009	1173078	4359	1212872	1124896	57929

13-4 续表4

单位：万元

指　标	Item	批发额 Wholesale Value
总　计	**Total**	**186340350**
一、批发业	**Wholesale Trade**	**184934054**
1.按登记注册类型分	Grouped by Registered Kind	
内资企业	Civil Funded Enterprises	184350098
国有企业	State-owned Enterprises	5262477
集体企业	Collective-owned Enterprises	943671
股份合作企业	Share Cooperative Enterprises	23301
有限责任公司	Limited Responsibility Corporations	114083422
国有独资公司	Company Exclusively with Investment from State	21009611
其他有限责任公司	Other Limited Responsibility Company	93073811
股份有限公司	Share-holding Limited Corporations	6358841
私营企业	Private-owned Enterprises	57676321
私营独资企业	Enterprise Exclusively with Investment from Private	31787
私营合伙企业	Private Partnership Enterprises	13306
私营有限责任公司	Private Limited Responsibility Corporations	57124074
私营股份有限公司	Private Share-holding Limited Corporations	507154
其他企业	Others	2066
港、澳、台商投资企业	Enterprises Funded by Hong Kong, Macao and Taiwan	45268
合资经营企业(港或澳、台资)	Joint Venture Enterprises	5338
港、澳、台商独资经营企业	Solely Owned Enterspprises	39930
外商投资企业	Foreign Funded Enterprises	538688
中外合资经营企业	Joint Venture Enterprises	40232
外资企业	Enterprises with Sole Foreign Investment	452574
外商投资股份有限公司	Share-holding Limited Corporations	45882
2.按批发行业小类分	Grouped by Wholesale Trade	
农、林、牧、渔产品批发	Wholesale of Agricultural, Forestry, Animal Husbandry and Fishery Products	525371
食品、饮料及烟草制品批发	Wholesale of Food, Beverage and Tobaccos	8512997
#米、面制品及食用油批发	Rice, Flour and Edible Oil	447692
烟草制品批发	Tobacoo Products Manufacturing	4114526
纺织、服装及家庭用品批发	Wholesale of Textiles, Garments and Family Articles	1427219
#服装批发	Wholesale of Garments	115693
文化、体育用品及器材批发	Wholesale of Culture, Sports Articles and Equipments	1018510
医药及医疗器材批发	Wholesale of Medicines and Medical Appliances	6231524
#西药批发	Wholesale of Western Medicine	4463728
中药批发	Wholesale of Chinese Traditional Medicine	688099

continued

(10 000 yuan)

#出口 Exports	零售额 Retail Value	#通过公共网络实现的商品零售额 by Public Network	#通过非自营平台实现的商品零售额 by Non-self-operating Platform	期末商品库存额 Total Value of Storing at the End of Period	服务营业额 Turnover of Services	年末零售营业面积(平方米) Retail Operating Area at Year-end (sq.m)
719709	**23762651**	**1969414**	**90947**	**7456333**	**331751**	**11397751**
674950	**2385906**	**80351**	**13344**	**5350184**	**96652**	**1577991**
629056	2348303	80351	13344	5330644	96555	1576491
	5739			184390		14961
	682	682		36108		1290
				23		1300
127948	1020605	1202	163	2355594	31176	615436
764	59166	163	163	202575	5675	81828
127185	961439	1039		2153019	25502	533608
				193832	1295	5500
501108	1320020	78467	13181	2560601	64083	937704
	948			2862		10586
	7432			653		2960
501108	1258786	70700	13181	2535531	62442	909308
	52854	7768		21555	1641	14850
	1257			96		300
				4778	92	500
				4778	92	500
45894	37603			14763	5	1000
34	37603			14763	5	1000
3269						
42591						
394	22355			156489	34	32165
62241	141227	8124	1630	1006740	6381	122401
	28347	2657	1630	88987	227	34702
				171891		6461
23714	287389	26129	1210	98709	2473	20231
	12174	144		24106		2230
78517	27981	6067	4782	107190	2091	13172
45995	136482	1288	163	504441	23351	265187
3404	106979	169	163	366219	6779	230585
	5982			55486	16271	10229

13-4 续表5

单位：万元

指　标	Item	批发额 Wholesale Value
矿产品、建材及化工产品批发	Wholesale of Mineral Products, Building and Chemical Products	158299183
#煤炭及制品批发	Coal and Related Products	102971933
石油及制品批发	Petroleum and Related Products	3997207
金属及金属矿批发	Metals and Metals Materials	36779876
建材批发	Building Materials	9029102
化肥批发	Chemical Fertilizer	3505472
机械设备、五金产品及电子产品批发	Wholesale of Machinery, Hardwaresand Electronic Products	5699873
#汽车及零配件批发	Motor Vehicles and Parts	2554160
计算机、软件及辅助设备批发	Computer, Sofeware and Accessories	250477
贸易经纪与代理	Trade Brokerage and Agency	59781
其他批发业	Other Wholesales	3159595
3.按控股情况分	Grouped by Share Holding	
国有控股	State Holding Enterprises	103337539
集体控股	Collective-owned Holding Enterprises	3419334
私人控股	Private Holding Enterprises	77633458
港澳台商控股	Hong Kong, Macao and Taiwan Holding Enterprises	45268
外商控股	Foreign Holding Enterprises	498456
4.按经营形式分	Grouped by Management Form	
独立门店	Independent Stores	105059288
连锁总店(总部)	Chain Headquarters	4059939
连锁直营店	Direct Chain Stores	1359
连锁加盟店	Franchise Chain Stores	39222
其　他	Others	75774247
5.按单位规模分	Grouped by Enterprise Size	
大　型	Large-size	44599300
中　型	Medium-size	85005377
小　型	Small-size	36777633
微　型	Micro-size	18551744
二、零售业	**Retail Trade**	**1406296**
1.按登记注册类型分组	Grouped by Registered Kind	
内资企业	Civil Funded Enterprises	1132073
国有企业	State-owned Enterprises	44108
集体企业	Collective-owned Enterprises	2950

continued

(10 000 yuan)

#出　口 Exports	零售额 Retail Value	#通过公共网络实现的商品零售额 by Public Network	#通过非自营平台实现的商品零售额 by Non-self-operating Platform	期末商品库存额 Total Value of Storing at the End of Period	服务营业额 Turnover of Services	年末零售营业面积(平方米) Retail Operating Area at Year-end (sq.m)
366707	1352434	31989	5559	2868355	46673	989592
35228	751594	13817		1649224	35392	491227
	122331			151786	5938	264327
280456	326289	6385	2046	850923	9	98585
354	77069	1286		129323	2724	51196
2247	30247			28185		1137
77733	394907	6755		589760	15054	114799
17098	131241			191444	7496	61222
	16524			35328	1051	4817
18641	1724			6423	496	154
1009	21407			12077	99	20290
50625	523143	1193	163	2251284	27256	278980
	3944	691		111458		4381
578465	1858819	78467	13181	2982664	69304	1294130
				4778	92	500
45860						
184802	1329487	38172	6828	3151920	52797	874842
	10405			278635	388	7062
	1378			4089	4366	16238
490148	1044636	42179	6517	1915539	39101	679849
47795	273520			1313573	18400	71639
232605	781073	7781	4891	2482307	37748	861370
348200	640443	35895	7243	1289128	37767	474245
46350	690869	36674	1210	265176	2737	170737
44759	**21376746**	**1889063**	**77602**	**2106149**	**235099**	**9819760**
44759	19701548	1779606	74823	2006370	199963	9185883
	601401	13173	13173	25047	14448	17225
	82991	710		6008		40299

13-4 续表6

单位：万元

指　标	Item	批发额 Wholesale Value
有限责任公司	Limited Responsibility Corporations	452250
国有独资公司	Company Exclusively with Investment from State	44648
其他有限责任公司	Other Limited Responsibility Company	407602
股份有限公司	Share-holding Limited Corporations	137947
私营企业	Private-owned Enterprises	494056
私营独资企业	Enterprise Exclusively with Investment from Private	10172
私营合伙企业	Private Partnership Enterprises	419
私营有限责任公司	Private Limited Responsibility Corporations	462000
私营股份有限公司	Private Share-holding Limited Corporations	21466
其他企业	Others	762
港、澳、台商投资企业	Enterprises Funded by Hong Kong, Macao and Taiwan	376
合资经营企业(港或澳、台资)	Joint Venture Enterprises	
港、澳、台商独资经营企业	Solely Owned Enterspprises	376
外商投资企业	Foreign Funded Enterprises	273847
中外合资经营企业	Joint Venture Enterprises	
外资企业	Enterprises with Sole Foreign Investment	91807
外商投资股份有限公司	Share-holding Limited Corporations	182040
其他外商投资企业	Others	
2.按零售行业小类分	Grouped by Wholesale Trade	
综合零售	General Retail Sales Trade	2773
百货零售	Daily Goods	2342
超级市场零售	Supermarkets	431
便利店零售	Covenience Stores	
其他综合零售	Others	
食品、饮料及烟草制品专门零售	Retail of Food, Beverage and Tobaccos	86396
纺织、服装及日用品专门零售	Retail of Textiles, Garments and Daily Articles	27558
#服装零售	Garments	13406
文化、体育用品及器材专门零售	Retail of Culture, Sports Articles and Equipments	16677
#图书、报刊零售	Books and Mangzines	5087
医药及医疗器材专门零售	Retail of Medicines and Medical Appliances	41859
#西药零售	Western Medicines	41859
中药零售	Traditional Chinese Medicines	
汽车、摩托车、零配件和燃料及其他动力销售	Retail of Motor Vehicles, Motorcycles, Feuls, Parts and Others	904794
#汽车新车零售	New Motor Vehicles	162883
汽车旧车零售	Used Motor Vehicles	18827
家用电器及电子产品专门零售	Retail of Household Appliances and Electronic Products	101592
#日用家电零售	Household Appliances	44068
计算机、软件及辅助设备零售	Computer, Software and Auxiliary Appliancets	25308
通信设备零售	Communication Equipments	27869

continued

(10 000 yuan)

#出 口 Exports	零售额 Retail Value	#通过公共网络实现的商品零售额 by Public Network	#通过非自营平台实现的商品零售额 by Non-self-operating Platform	期末商品库存额 Total Value of Storing at the End of Period	服务营业额 Turnover of Services	年末零售营业面积(平方米) Retail Operating Area at Year-end (sq.m)
40269	5304933	1081931	8087	529539	51208	2538445
40269	189873	458	54	35523		62612
	5115060	1081472	8033	494016	51208	2475833
	1281488	27452	61	57393	646	924238
4490	12370866	604202	52125	1388056	133661	5617217
	357240	745		33962	219	265462
	16863			1941		21662
4490	11108288	515418	51614	1309073	130480	5006988
	888475	88040	511	43080	2962	323105
	59869	52139	1376	327		48459
	342929	69048		16386	3251	114401
	111438			8045		21000
	231491	69048		8341	3251	93401
	1332269	40409	2779	83393	31886	519476
	13834			435	576	8532
	389609	40409	2779	43232		86563
	914764			38596	31310	415129
	14062			1130		9252
	3865775	111411	5924	355070	10169	3113296
	1913304	20564	3447	220199	7361	1760553
	1761097	62958	1989	127431	2458	1208025
	183941	27889	489	5624	350	140663
	7434			1816		4055
1700	785992	81097	3752	96470	7165	232168
	726325	8071	461	124573	3116	567053
	513949	69		92148	2704	520559
	386910	13463	841	110565	3389	89445
	222147	780	780	41707	3352	59663
	1109562	20024	177	184471	2448	601289
	1054271	20024	177	174383	2448	573189
	38647			7803		18730
	11680978	204499	21077	1008561	198831	4510837
	7770496	185660	7684	805748	141534	1993599
	55961			2794	5581	26732
	1281396	355896	2350	159312	8385	427628
	829220	347866		79556	881	324527
	93728	2257	580	21554	5617	11145
	283410	290	124	45319	1776	32674

13-4 续表7

单位：万元

指　标	Item	批发额 Wholesale Value
五金、家具及室内装饰材料专门零售	Retail of Hardwares, Furniture and Room Decorative Building	24412
货摊、无店铺及其他零售业	Retail of Stall, Non-store and Others	200238
3.按控股情况分	Grouped by Share Holding	
国有控股	State Holding Enterprises	480596
集体控股	Collective-owned Holding Enterprises	3831
私人控股	Private Holding Enterprises	698955
港澳台商控股	Hongkong, Macao and Taiwan Holding Enterprises	376
外商控股	Foreign Holding Enterprises	222327
其　他	Others	
4.按经营形式分	Grouped by Management Form	
独立门店	Independent Stores	870330
连锁总店	Chain Headquarters	127492
连锁直营店	Direct Chain Stores	55343
连锁加盟店	Franchise Chain Stores	2944
其　他	Others	350187
5.按单位规模分	Grouped by Enterprise Size	
大　型	Large-size	462332
中　型	Medium-size	456628
小　型	Small-size	313324
微　型	Micro-size	174012
6.按零售业态分	Grouped by Retail Format	
有店铺零售	Store-based	1268525
食杂店	Grocery Store	11038
便利店	Convenient Store	20089
折扣店	Discount Store	
超　市	Supermarket	6987
大型超市	Hypermarket	48
仓储会员店	Warehouse Club	4406
百货店	Department Store	6259
专业店	Specialized Shop	850628
专卖店	Exclusive Shop	356963
家居建材商店	Home Center	1998
购物中心	Shopping Center	2307
厂家直销中心	Factory Outlet Center	7802
无店铺零售	Non-store	137771
#网上商店	Online	116841

continued

(10 000 yuan)

#出　口 Exports	零售额 Retail Value	#通过公共网络实现的商品零售额 by Public Network	#通过非自营平台实现的商品零售额 by Non-self-operating Platform	期末商品库存额 Total Value of Storing at the End of Period	服务营业额 Turnover of Services	年末零售营业面积(平方米) Retail Operating Area at Year-end (sq.m)
	304501	1159	616	16617	310	176792
43059	1235306	1093443	42403	50511	1287	101252
40269	2923940	31313	13394	306936	24637	1750778
	413758	12640	988	35006	17688	204675
4490	16506889	1734369	60440	1664415	157638	7279445
	366716	69048		17932	3827	124478
	1163575	40409	2779	81847	31310	456824
	1677	1093		3		2060
1700	15618919	483901	67862	1596529	208441	7285890
	2728997	370806	399	217099	2948	1401252
	1200659	102555	1139	66682	17975	411299
	68098	534	534	8921	690	30735
43059	1760072	931267	7668	216919	5045	690584
	5206483	131410	1866	293803	48595	2801161
40269	9219809	746155	14760	1094285	98823	3991307
2790	5249022	514331	46827	578928	74031	2538343
1700	1701432	497167	14150	139133	13650	488949
1700	20067393	775571	35666	2030960	232206	9715522
	36593	479	93	9139	760	16455
	493738	34228	489	26803	63	308552
	736075	18936	850	89406	3541	543671
	1322648	49812	3005	62486		834405
	11570	7		1837	63	9570
	1269724	2686	1208	93798	7575	1415312
	8459276	416104	26136	786069	103870	3985140
	6471091	194328	2657	751493	114569	1614538
	177458			7008		150503
	914852	11673		185765	1749	708748
1700	174367	47317	1227	17157	16	128628
43059	1309353	1113493	41936	75188	2893	104238
43059	1096031	1072128	41415	49181	975	66446

13-5 限额以上批发和零售业法人企业财务状况(2021年)

单位：万元

指 标	Item	年初存货 Beginning Inventory
总 计	**Total**	**6347591**
一、批发业	**Wholesale Trade**	**4530046**
1.按登记注册类型分	Grouped by Registered Kind	
内资企业	Civil Funded Enterprises	4488044
国有企业	State-owned Enterprises	219427
集体企业	Collective-owned Enterprises	32085
股份合作企业	Share Cooperative Enterprises	20
有限责任公司	Limited Responsibility Corporations	2075517
国有独资公司	Company Exclusively with Investment from State	308472
其他有限责任公司	Other Limited Responsibility Company	1767045
股份有限公司	Share-holding Limited Corporations	117383
私营企业	Private-owned Enterprises	2042825
私营独资企业	Enterprise Exclusively with Investment from Private	2848
私营合伙企业	Private Partnership Enterprises	982
私营有限责任公司	Private Limited Responsibility Corporations	2011476
私营股份有限公司	Private Share-holding Limited Corporations	27519
其他企业	Others	787
港、澳、台商投资企业	Enterprises Funded by Hong Kong, Macao and Taiwan	31395
合资经营企业(港或澳、台资)	Joint Venture Enterprises	14685
港、澳、台商独资经营企业	Solely Owned Enterprises	16710
外商投资企业	Foreign Funded Enterprises	10608
中外合资经营企业	Joint Venture Enterprises	10608
外资企业	Enterprises with Sole Foreign Investment	
外商投资股份有限公司	Share-holding Limited Corporations	
2.按批发行业小类分	Grouped by Wholesale Trade	
农、林、牧、渔产品批发	Wholesale of Agricultural, Forestry, Animal Husbandry and Fishery Products	160248
食品、饮料及烟草制品批发	Wholesale of Food, Beverage and Tobaccos	835009
#米、面制品及食用油批发	Rice, Flour and Edible Oil	68137
烟草制品批发	Tobacoo Products Manufacturing	206370
纺织、服装及家庭用品批发	Wholesale of Textiles, Garments and Family Articles	109967
#服装批发	Wholesale of Garments	40893
文化、体育用品及器材批发	Wholesale of Culture, Sports Articles and Equipments	102992
医药及医疗器材批发	Wholesale of Medicines and Medical Appliances	467069
#西药批发	Wholesale of Western Medicine	339828
中药批发	Wholesale of Chinese Traditional Medicine	49598

FINANCIAL CONDITION OF CORPORATION ENTERPRISES IN WHOLESALE AND RETAIL TRADE ABOVE DESIGNATED SIZE(2021)

(10 000 yuan)

流动资产合计 Total Circulating Assets	#应收帐款 Accounts Receivable	#存货 Inventory	固定资产原价 Original Value of Fixed Assets	累计折旧 Accumulated Depreciation	#本年折旧 Depreciation This Year	资产总计 Total Assets
80961583	**13318963**	**7266705**	**7671441**	**3181270**	**472238**	**108435970**
73299493	**12216672**	**5377639**	**4805451**	**1969794**	**294269**	**96843633**
73157788	12156523	5360051	4784050	1962325	293796	96546076
1792669	19243	165426	397949	236811	18999	2695026
277313	28832	36930	72106	42758	1309	314733
3345	113	23	1748	1001	148	4137
50770369	7706885	2452219	3105870	1188962	171233	68167059
9662107	1529677	340735	1358193	527072	59340	13005401
41108262	6177207	2111483	1747677	661891	111893	55161658
4038055	297138	174324	47443	20106	2399	5973797
16274209	4104091	2530935	1157572	472596	99680	19388538
15548	6299	2423	2372	1879	173	22392
5742	2265	653	1933	1350	138	6341
16086033	4042169	2494953	1131724	460476	97293	19161000
166885	53358	32906	21543	8891	2075	198805
1828	221	194	1363	91	29	2787
5956	1272	4228	7691	6122	118	17041
5381	819	4228	7662	6108	113	16419
575	453		29	15	5	622
135749	58877	13360	13710	1347	355	280516
50120	21048	13357	4168	1330	338	54468
54898	37828	3	9424	2	2	169429
30731			118	15	15	56619
473536	100198	160164	80358	29720	2530	614187
3473389	194692	925030	538976	304758	32940	3959662
155213	17948	88062	44596	19788	5030	192199
1075653	13350	154386	384308	232305	18656	1270069
1186739	806848	93310	12689	5428	432	1221715
59480	20528	22714	2322	1686	146	62199
480806	65706	106555	53399	28564	2017	631271
3752515	1834106	464727	305679	80129	16271	4077652
2566984	1190075	330753	259284	51658	9136	2796420
393025	138747	54359	22004	11539	2978	434403

13-5 续表1

单位：万元

指 标	Item	年初存货 Beginning Inventory
矿产品、建材及化工产品批发	Wholesale of Mineral Products, Building Materials and Chemical Products	2401903
#煤炭及制品批发	Coal and Related Products	1383820
石油及制品批发	Petroleum and Related Products	124687
金属及金属矿批发	Metals and Metals Materials	697451
建材批发	Building Materials	123316
化肥批发	Chemical Fertilizer	33447
机械设备、五金产品及电子产品批发	Wholesale of Machinery, Hardwaresand Electronic Products	437404
#汽车及零配件批发	Motor Vehicles and Parts	140993
计算机、软件及辅助设备批发	Computer, Sofeware and Accessories	35013
贸易经纪与代理	Trade Brokerage and Agency	907
其他批发业	Other Wholesales	14547
3.按控股情况分	Grouped by Share Holding	
国有控股	State Holding Enterprises	2029043
集体控股	Collective-owned Holding Enterprises	87220
私人控股	Private Holding Enterprises	2382389
港澳台商控股	Hong Kong, Macao and Taiwan Holding Enterprises	31395
外商控股	Foreign Holding Enterprises	
4.按经营形式分	Grouped by Management Form	
独立门店	Independent Stores	2592452
连锁总店(总部)	Chain Headquarters	261897
连锁直营店	Direct Chain Stores	
连锁加盟店	Franchise Chain Stores	3363
其 他	Others	1672334
5.按单位规模分	Grouped by Enterprise Size	
大 型	Large-size	1169166
中 型	Medium-size	2190834
小 型	Small-size	951375
微 型	Micro-size	218672
二、零售业	**Retail Trade**	**1817545**
1.按登记注册类型分组	Grouped by Registered Kind	
内资企业	Civil Funded Enterprises	1708094
国有企业	State-owned Enterprises	31194
集体企业	Collective-owned Enterprises	3423

continued

(10 000 yuan)

流动资产合计 Total Circulating Assets			固定资产原价 Original Value of Fixed Assets	累计折旧 Accumulated Depreciation		资产总计 Total Assets
	#应收帐款 Accounts Receivable	#存货 Inventory			#本年折旧 Depreciation This Year	
60521769	7959577	2969316	3428731	1382999	207913	82077458
51698711	5765930	1826981	2865761	1159333	162938	71075371
1017303	172649	150829	155235	67866	9874	1953812
4938178	1013448	790916	229257	86440	14815	5658924
1688590	650267	124963	67984	35686	11985	1809121
551819	156898	22782	71067	15636	3182	674219
2950310	1171473	537336	322312	116778	26852	3718069
1153183	557751	189096	62551	23313	7546	1341702
111202	34345	37261	3179	1714	350	113396
25346	12234	2577	683	149	64	31151
435084	71838	118623	62624	21270	5251	512468
49539066	5845845	2301002	2911931	1264052	164465	67266005
1596545	424143	113943	289554	126211	13444	2209944
22072296	5907584	2958463	1586733	573392	116225	27124594
5956	1272	4228	7691	6122	118	17041
85629	37828	3	9541	17	17	226048
43283975	6606583	3025413	2022132	884392	164405	57986210
1057691	31014	256329	83885	41831	4834	1246080
47605	5532		9062	4853	390	56412
9548	1214	4317	103	52	23	11046
28900675	5572329	2091580	2690269	1038666	124617	37543885
34131889	3192303	1349285	2357402	1000135	96029	46781684
25503030	5008529	2486694	1841471	709444	134556	34505110
9098178	2453806	1268602	545124	232990	57711	10325947
4566396	1562033	273057	61455	27226	5974	5230893
7662090	**1102291**	**1889066**	**2865990**	**1211476**	**177969**	**11592337**
7368666	1045002	1801261	2404892	1003599	156497	10890084
114611	13449	66109	136298	63477	5370	286185
17719	2974	2669	15629	7718	1117	26977

13-5 续表2

单位：万元

指　标	Item	年初存货 Beginning Inventory
有限责任公司	Limited Responsibility Corporations	395637
国有独资公司	Company Exclusively with Investment from State	27037
其他有限责任公司	Other Limited Responsibility Company	368600
股份有限公司	Share-holding Limited Corporations	53309
私营企业	Private-owned Enterprises	1223898
私营独资企业	Enterprise Exclusively with Investment from Private	26477
私营合伙企业	Private Partnership Enterprises	1439
私营有限责任公司	Private Limited Responsibility Corporations	1171863
私营股份有限公司	Private Share-holding Limited Corporations	24120
其他企业	Others	633
港、澳、台商投资企业	Enterprises Funded by Hong Kong, Macao and Taiwan	11974
合资经营企业(港或澳、台资)	Joint Venture Enterprises	6433
港、澳、台商独资经营企业	Solely Owned Enterprises	5541
外商投资企业	Foreign Funded Enterprises	97477
中外合资经营企业	Joint Venture Enterprises	235
外资企业	Enterprises with Sole Foreign Investment	16650
外商投资股份有限公司	Share-holding Limited Corporations	80593
其他外商投资企业	Others	
2.按零售行业小类分	Grouped by Wholesale Trade	
综合零售	General Retail Sales Trade	191156
百货零售	Daily Goods	69501
超级市场零售	Supermarkets	114970
便利店零售	Covenience Stores	5365
其他综合零售	Others	1320
食品、饮料及烟草制品专门零售	Retail of Food, Beverage and Tobaccos	119077
纺织、服装及日用品专门零售	Retail of Textiles, Garments and Daily Articles	95574
#服装零售	Garments	69289
文化、体育用品及器材专门零售	Retail of Culture, Sports Articles and Equipments	81642
#图书、报刊零售	Books and Mangzines	23041
医药及医疗器材专门零售	Retail of Medicines and Medical Appliances	161255
#西药零售	Western Medicines	149038
中药零售	Traditional Chinese Medicines	10147
汽车、摩托车、零配件和燃料及其他动力销售	Retail of Motor Vehicles, Motorcycles, Feuls, Parts and Others	977128
#汽车新车零售	New Motor Vehicles	756607
汽车旧车零售	Used Motor Vehicles	3651
家用电器及电子产品专门零售	Retail of Household Appliances and Electronic Products	137961
#日用家电零售	Household Appliances	87084
计算机、软件及辅助设备零售	Computer, Software and Auxiliary Appliancets	14733
通信设备零售	Communication Equipments	27233

continued

(10 000 yuan)

流动资产合计 Total Circulating Assets	#应收帐款 Accounts Receivable	#存货 Inventory	固定资产原价 Original Value of Fixed Assets	累计折旧 Accumulated Depreciation	#本年折旧 Depreciation This Year	资产总计 Total Assets
1828491	331278	440818	665403	262908	48405	2799466
200036	20042	40805	94220	35824	5583	293039
1628455	311236	400013	571183	227084	42821	2506427
281465	4936	46463	395779	170260	16683	792643
5122589	691097	1244822	1190390	498855	84853	6980018
111077	22142	27516	35856	14111	2720	142613
6992	1613	1903	3570	778	147	9966
4814810	631933	1168154	1081899	457276	78687	6494506
189711	35409	47249	69065	26691	3300	332933
3792	1268	381	1393	382	69	4795
85297	55651	13889	35259	24464	1931	101941
17325	8960	7219	12668	7339	1065	24404
67972	46691	6670	22591	17125	866	77537
208127	1638	73916	425839	183413	19542	600312
2573	188	438	4732	1667	227	7196
104640	800	13243	59852	30587	1723	197566
97583	586	59229	358150	150981	17414	389273
3331	64	1006	3106	178	178	6278
2022378	86446	216073	600978	248985	26660	3156460
954491	27181	72867	306894	114138	11072	1610238
1005768	54133	135993	284793	129661	14921	1452297
57808	4837	5564	9224	5130	652	89609
4311	295	1649	67	56	15	4315
425740	78127	122787	74499	27623	3538	555967
339408	73877	103423	78212	32342	5473	428796
259989	56988	74372	66247	26926	4403	332048
306391	38675	96746	133215	57218	5877	438940
186348	26609	29861	98951	41186	5418	268372
507294	119433	185371	44808	24107	8187	705616
472293	106332	172637	42405	22940	7852	667190
18061	2803	9299	1210	748	227	19353
3083595	390627	929553	1713870	758314	113102	5042726
2371260	278076	694695	564562	259803	56784	3000336
20238	990	8943	3216	1633	393	22457
512572	122318	150909	54676	22563	5934	570053
268179	54165	88577	35842	9494	1256	314313
91232	37695	14981	5965	4494	538	93661
100070	21512	38077	7014	5521	3916	103746

13-5 续表3

单位：万元

指 标	Item	年初存货 Beginning Inventory
五金、家具及室内装饰材料专门零售	Retail of Hardware, Furniture and Interior Decoration Materials	19204
货摊、无店铺及其他零售业	Retail of Stall, Non-store and Others	34549
3.按控股情况分	Grouped by Share Holding	
国有控股	State Holding Enterprises	218939
集体控股	Collective-owned Holding Enterprises	37914
私人控股	Private Holding Enterprises	1470634
港澳台商控股	Hong Kong, Macao and Taiwan Holding Enterprises	12186
外商控股	Foreign Holding Enterprises	77866
其 他	Others	5
4.按经营形式分	Grouped by Management Form	
独立门店	Independent Stores	1458323
连锁总店	Chain Headquarters	181577
连锁直营店	Direct Chain Stores	41193
连锁加盟店	Franchise Chain Stores	8381
其 他	Others	128070
5.按单位规模分	Grouped by Enterprise Size	
大 型	Large-size	271600
中 型	Medium-size	775715
小 型	Small-size	615303
微 型	Micro-size	154926
6.按零售业态分	Grouped by Retail Format	
有店铺零售	Store-based	1766280
食杂店	Grocery Store	6987
便利店	Convenient Store	23800
折扣店	Discount Store	
超 市	Supermarket	81992
大型超市	Hypermarket	52979
仓储会员店	Warehouse Club	3871
百货店	Department Store	54138
专业店	Specialized Shop	768856
专卖店	Exclusive Shop	690339
家居建材商店	Home Center	7022
购物中心	Shopping Center	52400
厂家直销中心	Factory Outlet Center	23897
无店铺零售	Non-store	51265
#网上商店	Online	29698

continued

(10 000 yuan)

流动资产合计 Total Circulating Assets	#应收帐款 Accounts Receivable	#存货 Inventory	固定资产原价 Original Value of Fixed Assets	累计折旧 Accumulated Depreciation	#本年折旧 Depreciation This Year	资产总计 Total Assets
130507	49173	22452	30007	7994	1266	171446
334206	143616	61753	135726	32330	7933	522333
897690	127098	275040	861288	363790	43703	2072615
83300	10165	31907	49783	26520	3425	119817
6398239	907697	1505090	1574070	648809	112503	8777446
90631	55884	15312	41445	25587	2230	113720
191824	1397	61697	338797	146537	16088	507955
162	29	3	306	48	4	422
5784855	768148	1444363	2210485	923917	143675	8683639
978605	144306	200433	302040	138298	15966	1504302
251281	26564	97131	167471	73622	6529	517628
22421	2560	7518	4835	1129	203	27633
624929	160714	139622	181159	74511	11596	859135
1591618	194573	308232	1063371	486950	57637	3129156
3147781	348941	818691	1104128	459716	63585	4827622
2177212	316149	599816	576978	223993	46637	2766930
745479	242628	162326	121512	40818	10111	868630
7308233	941033	1808518	2827600	1198485	175246	11176555
31668	11169	10067	6578	1190	230	39993
42715	7771	25842	55118	28209	3385	140903
254850	35321	87786	99825	42804	6938	403815
854185	34686	76821	179958	86341	8830	1158177
29226	3105	4997	6444	3065	433	32721
681095	19506	57795	236398	98449	9256	1130796
2852712	515104	841855	1482884	619803	92161	4834253
2011064	231847	630423	533547	242685	45821	2544597
40501	15114	7071	14882	3925	538	67036
424941	54530	50175	162067	51228	6030	696450
85276	12880	15686	49899	20785	1622	127815
353858	161258	80548	38390	12991	2724	415782
221405	101132	57394	11518	4735	1441	248139

13-5 续表4

单位：万元

指　标	Item	流动负债合　计 Total Liquid Liabilities	负　债合　计 Total Liabilities
总　计	**Total**	**72319616**	**82064218**
一、批发业	**Wholesale Trade**	**63712413**	**71906626**
1.按登记注册类型分	Grouped by Registered Kind		
内资企业	Civil Funded Enterprises	63482451	71676351
国有企业	State-owned Enterprises	792715	933378
集体企业	Collective-owned Enterprises	257408	271400
股份合作企业	Share Cooperative Enterprises	4253	4253
有限责任公司	Limited Responsibility Corporations	44014814	50779636
国有独资公司	Company Exclusively with Investment from State	9362229	10143185
其他有限责任公司	Other Limited Responsibility Company	34652585	40636452
股份有限公司	Share-holding Limited Corporations	3499167	4199710
私营企业	Private-owned Enterprises	14914094	15487038
私营独资企业	Enterprise Exclusively with Investment from Private	19165	19165
私营合伙企业	Private Partnership Enterprises	3208	3208
私营有限责任公司	Private Limited Responsibility Corporations	14761625	15328115
私营股份有限公司	Private Share-holding Limited Corporations	130096	136549
其他企业	Others		937
港、澳、台商投资企业	Enterprises Funded by Hong Kong, Macao and Taiwan	-3388	-3388
合资经营企业(港或澳、台资)	Joint Venture Enterprises	7948	7948
港、澳、台商独资经营企业	Solely Owned Entersprises	-11336	-11336
外商投资企业	Foreign Funded Enterprises	233350	233663
中外合资经营企业	Joint Venture Enterprises	16805	16874
外资企业	Enterprises with Sole Foreign Investment	206507	206751
外商投资股份有限公司	Share-holding Limited Corporations	10038	10038
2.按批发行业小类分	Grouped by Wholesale Trade		
农、林、牧、渔产品批发	Wholesale of Agricultural, Forestry, Animal Husbandry and Fishery Products	294562	307075
食品、饮料及烟草制品批发	Wholesale of Food, Beverage and Tobaccos	1946599	1987357
#米、面制品及食用油批发	Rice, Flour and Edible Oil	123263	135561
烟草制品批发	Tobacoo Products Manufacturing	146067	146717
纺织、服装及家庭用品批发	Wholesale of Textiles, Garments and Family Articles	1187720	1199862
#服装批发	Wholesale of Garments	62649	73527
文化、体育用品及器材批发	Wholesale of Culture, Sports Articles and Equipments	387645	389390
医药及医疗器材批发	Wholesale of Medicines and Medical Appliances	3065198	3161536
#西药批发	Wholesale of Western Medicine	2142538	2224875
中药批发	Wholesale of Chinese Traditional Medicine	342567	351639

continued

(10 000 yuan)

所有者权益合计 Total Creditors' Equity	#实收资本 Capital Hold	#个人资本 Individual	营业收入 Business Revenue	主营业务收入 Revenue of Major Business	营业成本 Business Costs	税金及附加 Taxes and Extra Charges	其他业务利润 Profits of Other Business
25410757	**16248936**	**1733407**	**188680834**	**186250783**	**180033929**	**880722**	**369384**
23995120	**13628583**	**1211392**	**168815546**	**167005919**	**161867670**	**827568**	**211243**
23927838	13555603	1205096	168209713	166400098	161194805	826715	211145
1759985	167120		4696747	4687203	3602723	503059	739
43333	26868		945150	943003	841342	2098	1761
-116	1505	1505	20620	20620	17334	60	
16546022	8538604	182374	103718443	102190504	100712656	184141	137097
2529574	1262438		20036240	19929157	19527598	71786	13484
14016449	7276166	182374	83682202	82261347	81185058	112355	123613
1774087	673474	5940	5638404	5633786	5392055	6482	2258
3802677	4148033	1015276	53187244	52921876	50626210	130872	69290
3227	3028	1437	30162	30162	28265	76	
3133	115	115	18352	18352	17686	33	
3734061	4105265	998810	52638414	52374490	50111970	130144	67095
62256	39625	14915	500316	498873	468290	618	2196
1851			3106	3106	2485	3	
20429	12601	6296	40063	40060	35695	264	90
8471	8889	6296	4724	4724	4549	7	87
11958	3712		35340	35336	31146	257	3
46853	60379		565769	565761	637170	589	8
37594	9600		69514	69506	58182	198	8
-37322	5000		451060	451060	543853	345	
46582	45779		45195	45195	35134	45	
302344	98879	47917	524560	502296	439349	455	1085
1967954	260467	52233	7824762	7739167	5854231	514594	17818
53470	33136	6158	455449	453203	436202	303	743
1123352	12966	52	3661197	3659591	2581517	501926	342
21555	48764	12425	1264914	1261009	1223164	1115	1440
-11626	12040	4733	115989	114751	101763	383	5
241881	53909	10576	960987	956034	907248	1036	262
916116	592574	80441	5664421	5646470	5068954	13877	13869
571545	355795	43075	4052562	4036383	3748469	7707	8403
82764	90260	13298	621096	620340	478608	2607	3152

13-5 续表5

单位：万元

指　标	Item	流动负债合　计 Total Liquid Liabilities	负　债合　计 Total Liabilities
矿产品、建材及化工产品批发	Wholesale of Mineral Products, Building Materials and Chemical Products	53750862	61600924
#煤炭及制品批发	Coal and Related Products	45823513	53173775
石油及制品批发	Petroleum and Related Products	1045854	1197807
金属及金属矿批发	Metals and Metals Materials	4159765	4397443
建材批发	Building Materials	1631544	1590096
化肥批发	Chemical Fertilizer	454231	532699
机械设备、五金产品及电子产品批发	Wholesale of Machinery, Hardware and Electronic Products	2790328	2954146
#汽车及零配件批发	Motor Vehicles and Parts	1222861	1259477
计算机、软件及辅助设备批发	Computer, Sofeware and Accessories	71308	72132
贸易经纪与代理	Trade Brokerage and Agency	14523	14523
其他批发业	Other Wholesales	274978	291813
3.按控股情况分	Grouped by Share Holding		
国有控股	State Holding Enterprises	41903013	49139143
集体控股	Collective-owned Holding Enterprises	1290752	1513632
私人控股	Private Holding Enterprises	20305491	21040449
港澳台商控股	Hong Kong, Macao and Taiwan Holding Enterprises	-3388	-3388
外商控股	Foreign Holding Enterprises	216545	216789
4.按经营形式分	Grouped by Management Form		
独立门店	Independent Stores	36575393	42624301
连锁总店(总部)	Chain Headquarters	1045248	1132484
连锁直营店	Direct Chain Stores	50368	50727
连锁加盟店	Franchise Chain Stores	5325	6381
其　他	Others	26036080	28092733
5.按单位规模分	Grouped by Enterprise Size		
大　型	Large-size	28858105	34162950
中　型	Medium-size	22614694	25612551
小　型	Small-size	8208021	8493581
微　型	Micro-size	4031594	3637544
二、零售业	**Retail Trade**	**8607203**	**10157592**
1.按登记注册类型分组	Grouped by Registered Kind		
内资企业	Civil Funded Enterprises	7644153	9123978
国有企业	State-owned Enterprises	332442	371528
集体企业	Collective-owned Enterprises	8707	12372

continued

(10 000 yuan)

所有者权益合计 Total Creditors' Equity	#实收资本 Capital Hold	#个人资本 Individual	营业收入 Business Revenue	主营业务收入 Revenue of Major Business	营业成本 Business Costs	税金及附加 Taxes and Extra Charges	其他业务利润 Profits of Other Business
19544806	10443605	887429	144185616	142568201	140296620	281803	166625
16979253	8581624	506478	93578721	92109469	90401523	177963	145343
756005	261124	44364	3715070	3704028	3622408	3038	2201
1259479	1081747	225074	33061763	32993276	32676474	89938	15618
218515	191808	63043	8759802	8746838	8648609	4585	2394
141520	165029	11466	3184437	3154364	3162126	4308	
763182	1942825	99623	5560524	5504601	5331278	11814	9829
81484	1654213	28780	2447369	2411643	2457773	5942	8043
41264	31090	11051	242875	241731	227601	280	163
16628	15850	1300	57144	57144	55028	132	
220655	171710	19448	2772618	2770998	2691798	2741	317
17440597	8038214	92218	93956466	92490269	90291020	672236	126620
696312	189977		3208346	3193619	2985544	5239	8128
5828523	5337012	1112878	71114416	70785716	67976423	149438	76405
20429	12601	6296	40063	40060	35695	264	90
9260	50779		496255	496255	578988	390	
14955131	9447225	663071	96140739	94641911	92507559	330156	118654
113596	74174	60540	3627710	3610275	3496493	46028	446
5685	10001		2642	1359	1696	163	
4665	3696	700	40023	40023	35774	53	7
8916044	4093487	487081	69004431	68712353	65826147	451169	92137
12618733	3720302	28016	40344944	39926277	37119132	612183	87941
8892559	6116804	523643	77944307	76861697	75608785	169804	100073
1831203	3186410	501784	33589317	33538771	32437451	34398	20177
652625	605067	157949	16936978	16679175	16702301	11183	3053
1415637	**2620353**	**522015**	**19865288**	**19244863**	**18166260**	**53155**	**158140**
1746999	2578027	522015	18087315	17511064	16394971	48499	149753
-85344	63747		534529	530876	527913	506	826
14148	1991	215	61339	51228	52970	197	104

13-5 续表6

单位：万元

指 标	Item	流动负债合 计 Total Liquid Liabilities	负 债合 计 Total Liabilities
有限责任公司	Limited Responsibility Corporations	1821479	2091205
国有独资公司	Company Exclusively with Investment from State	172456	190259
其他有限责任公司	Other Limited Responsibility Company	1649023	1900946
股份有限公司	Share-holding Limited Corporations	605791	984964
私营企业	Private-owned Enterprises	4874462	5662593
私营独资企业	Enterprise Exclusively with Investment from Privat	99755	107617
私营合伙企业	Private Partnership Enterprises	6944	6921
私营有限责任公司	Private Limited Responsibility Corporations	4687687	5238116
私营股份有限公司	Private Share-holding Limited Corporations	80077	309939
其他企业	Others	1272	1315
港、澳、台商投资企业	Enterprises Funded by Hong Kong, Macao and Taiwan	45689	61567
合资经营企业(港或澳、台资)	Joint Venture Enterprises	10557	10557
港、澳、台商独资经营企业	Solely Owned Entersprises	35132	51010
外商投资企业	Foreign Funded Enterprises	917362	972048
中外合资经营企业	Joint Venture Enterprises	2201	2302
外资企业	Enterprises with Sole Foreign Investment	315619	325961
外商投资股份有限公司	Share-holding Limited Corporations	596049	640279
其他外商投资企业	Others	3493	3506
2.按零售行业小类分	Grouped by Wholesale Trade		
综合零售	General Retail Sales Trade	2000342	2854829
百货零售	Daily Goods	1001678	1408984
超级市场零售	Supermarkets	922999	1370154
便利店零售	Covenience Stores	72490	72498
其他综合零售	Others	3175	3194
食品、饮料及烟草制品专门零售	Retail of Food, Beverage and Tobaccos	290000	324570
纺织、服装及日用品专门零售	Retail of Textiles, Garments and Daily Articles	274790	326067
#服装零售	Garments	225241	272292
文化、体育用品及器材专门零售	Retail of Culture, Sports Articles and Equipments	223369	230061
#图书、报刊零售	Books and Mangzines	140931	146123
医药及医疗器材专门零售	Retail of Medicines and Medical Appliances	468352	539682
#西药零售	Western Medicines	447711	512149
中药零售	Traditional Chinese Medicines	14626	16019
汽车、摩托车、零配件和燃料及其他动力销售	Retail of Motor Vehicles, Motorcycles, Feuls, Parts and Others	4396352	4929369
#汽车新车零售	New Motor Vehicles	2401480	2429967
汽车旧车零售	Used Motor Vehicles	19657	19784
家用电器及电子产品专门零售	Retail of Household Appliances and Electronic Product	408927	438665
#日用家电零售	Household Appliances	243582	270330
计算机、软件及辅助设备零售	Computer, Software and Auxiliary Appliances	47532	47954
通信设备零售	Communication Equipments	69678	72243

continued

(10 000 yuan)

所有者权益合计 Total Creditors' Equity	#实收资本 Capital Hold	#个人资本 Individual	营业收入 Business Revenue	主营业务收入 Revenue of Major Business	营业成本 Business Costs	税金及附加 Taxes and Extra Charges	其他业务利润 Profits of Other Business
707271	553476	21517	4993766	4803751	4449763	16979	39964
102780	57545		235490	229678	188582	764	2970
604492	495931	21517	4758277	4574074	4261181	16214	36994
-162254	46278	10132	1206283	1168371	1208308	2492	3005
1269697	1909866	488647	11230863	10896304	10101390	28312	105854
34316	22709	11834	321529	313394	289607	1051	2300
3045	2685	1921	14952	14952	13004	23	
1209343	1838327	456905	10079266	9820527	9081781	26115	103087
22994	46145	17987	815116	747430	716997	1124	467
3480	2670	1505	60535	60535	54629	13	
40374	19763		305251	295125	255104	2848	6894
13847	10000		98941	95244	85561	1909	1883
26527	9763		206310	199881	169543	939	5012
-371735	22563		1472721	1438675	1516185	1808	1493
4893	10833		12862	12774	11928	57	
-128395	8670		429034	418916	443334	477	1251
-251006			1018318	994738	1049811	1202	
2773	3060		12508	12248	11113	73	242
294857	385500	95339	3003891	2790668	2526470	11696	62240
196063	240356	30966	1339792	1259577	1105401	8140	29434
80562	133107	64246	1506198	1373749	1278046	3296	32264
17112	11182	97	150890	150348	136466	242	542
1121	855	30	7011	6994	6557	20	
231275	137762	18708	794005	776486	708366	1551	2077
102730	645986	15374	659350	642156	528461	2524	14280
59756	632487	13861	451734	435704	359053	1982	12950
208879	86542	7406	378620	370552	294890	3807	4155
122249	61566	888	221273	214152	159620	939	3919
160768	73810	18666	1054761	1035199	873631	2243	7898
149884	67740	17007	1002790	985010	830788	2085	6991
3334	5060	749	36322	35202	30479	99	1185
130618	1031111	244891	11273146	11026213	10740566	27918	66285
557752	696559	188362	7140878	6993096	6657801	19848	57827
2673	2762	1287	54857	54644	52911	57	
129709	124053	56976	1081750	1069851	1002634	1661	528
42305	60833	22860	601958	593213	570881	681	202
45707	33502	20915	113431	112402	96723	349	19
31503	18775	8132	295673	293740	272032	501	262

13-5 续表7

单位：万元

指　标	Item	流动负债合　计 Total Liquid Liabilities	负　债合　计 Total Liabilities
五金、家具及室内装饰材料专门零售	Retail of Hardware, Furniture and Interior Decoration Materials	96198	116570
货摊、无店铺及其他零售业	Retail of Stall, Non-store and Others	448873	397780
3.按控股情况分	Grouped by Share Holding		
国有控股	State Holding Enterprises	1530415	1760840
集体控股	Collective-owned Holding Enterprises	80750	89996
私人控股	Private Holding Enterprises	6109869	7350023
港澳台商控股	Hong Kong, Macao and Taiwan Holding Enterprises	51212	67204
外商控股	Foreign Holding Enterprises	834921	889493
其　他	Others	29	29
4.按经营形式分	Grouped by Management Form		
独立门店	Independent Stores	6282385	7448774
连锁总店	Chain Headquarters	1332882	1478758
连锁直营店	Direct Chain Stores	256724	537080
连锁加盟店	Franchise Chain Stores	20820	22460
其　他	Others	714392	670520
5.按单位规模分	Grouped by Enterprise Size		
大　型	Large-size	2749129	3669641
中　型	Medium-size	3132812	3689073
小　型	Small-size	2123097	2161074
微　型	Micro-size	602165	637804
6.按零售业态分	Grouped by Retail Format		
有店铺零售	Store-based	8280123	9823538
食杂店	Grocery Store	28207	28608
便利店	Convenient Store	123927	131685
折扣店	Discount Store		
超　市	Supermarket	241823	318252
大型超市	Hypermarket	774125	1157998
仓储会员店	Warehouse Club	31211	31211
百货店	Department Store	698540	972560
专业店	Specialized Shop	3943703	4217413
专卖店	Exclusive Shop	1892347	2245452
家居建材商店	Home Center	37135	54153
购物中心	Shopping Center	434298	581949
厂家直销中心	Factory Outlet Center	74808	84257
无店铺零售	Non-store	327080	334054
#网上商店	Online	208056	212835

continued

(10 000 yuan)

所有者权益合计 Total Creditors' Equity	#实收资本 Capital Hold	#个人资本 Individual	营业收入 Business Revenue	主营业务收入 Revenue of Major Business	营业成本 Business Costs	税金及附加 Taxes and Extra Charges	其他业务利润 Profits of Other Business
32288	27972	8598	254216	234880	225818	495	183
124514	107617	56057	1365551	1298857	1265423	1259	495
341560	383063	3687	3074405	2966203	2834638	8647	15313
29364	21123	944	343495	329096	316458	936	2162
1378987	2173386	517034	14857320	14390578	13431395	39275	132278
46516	31657		326873	316398	274638	2971	7136
-381539	10670		1261210	1240605	1307608	1323	1251
393	155	50	1581	1581	1171	2	
1215919	2254666	454135	14411889	13962015	13122209	43631	133729
25544	99903	27787	2326798	2284449	2143236	4401	16521
-19452	41874	1810	1080018	1012244	972641	1835	4607
5173	7780	3843	53348	52552	50147	108	1089
188454	216131	34440	1993235	1933604	1878028	3180	2195
-510419	217175	38596	5046517	4851362	4744589	10832	38690
1138313	1576828	186360	8129657	7897383	7290516	25722	90648
600570	671145	228855	4972038	4881713	4536324	13353	26605
187174	155205	68204	1717076	1614406	1594830	3248	2198
1333948	2535421	493382	18501361	17937729	16907532	51726	157277
11385	8596	2807	44359	44359	40320	96	163
39284	22683	3140	449665	436547	414415	879	279
83762	80239	27556	670225	642796	566763	1563	12744
-293	87431	39461	1148444	1045003	982099	2187	16217
1510	6550	6000	13834	13470	11531	54	63
153613	182927	33002	866838	798615	707201	4943	27346
587148	915898	191440	8185457	7981055	7636456	20624	36095
286597	547704	173385	6185012	6072661	5777651	16252	47837
12883	14106	3692	118827	118775	99506	321	
114501	652156	11604	678702	647960	556202	4455	16533
43559	17130	1295	139998	136491	115389	352	
81690	84932	28633	1363927	1307134	1258728	1429	863
35265	41096	16593	1146114	1101119	1064894	982	512

13-5 续表8

单位：万元

指　标	Item	销售费用 Costs of Sales	管理费用 Costs of Administration
总　计	**Total**	**3640472**	**2213681**
一、批发业	**Wholesale Trade**	**2468242**	**1580904**
1.按登记注册类型分	Grouped by Registered Kind		
内资企业	Civil Funded Enterprises	2451610	1575578
国有企业	State-owned Enterprises	56389	164938
集体企业	Collective-owned Enterprises	85897	12078
股份合作企业	Share Cooperative Enterprises	2635	242
有限责任公司	Limited Responsibility Corporations	972601	811987
国有独资公司	Company Exclusively with Investment from State	74476	246804
其他有限责任公司	Other Limited Responsibility Company	898125	565183
股份有限公司	Share-holding Limited Corporations	45062	64761
私营企业	Private-owned Enterprises	1288965	521515
私营独资企业	Enterprise Exclusively with Investment from Private	1161	411
私营合伙企业	Private Partnership Enterprises	317	616
私营有限责任公司	Private Limited Responsibility Corporations	1271277	511540
私营股份有限公司	Private Share-holding Limited Corporations	16210	8948
其他企业	Others	61	58
港、澳、台商投资企业	Enterprises Funded by Hong Kong, Macao and Taiwan	3039	1174
合资经营企业(港或澳、台资)	Joint Venture Enterprises	717	254
港、澳、台商独资经营企业	Solely Owned Entersprises	2322	921
外商投资企业	Foreign Funded Enterprises	13594	4152
中外合资经营企业	Joint Venture Enterprises	4908	3037
外资企业	Enterprises with Sole Foreign Investment	62	804
外商投资股份有限公司	Share-holding Limited Corporations	8624	312
2.按批发行业小类分	Grouped by Wholesale Trade		
农、林、牧、渔产品批发	Wholesale of Agricultural, Forestry, Animal Husbandry and Fishery Products	24419	15324
食品、饮料及烟草制品批发	Wholesale of Food, Beverage and Tobaccos	470355	228226
#米、面制品及食用油批发	Rice, Flour and Edible Oil	14867	9136
烟草制品批发	Tobacoo Products Manufacturing	54756	159791
纺织、服装及家庭用品批发	Wholesale of Textiles, Garments and Family Articles	24528	13550
#服装批发	Wholesale of Garments	9104	5270
文化、体育用品及器材批发	Wholesale of Culture, Sports Articles and Equipments	21317	19764
医药及医疗器材批发	Wholesale of Medicines and Medical Appliances	322154	133766
#西药批发	Wholesale of Western Medicine	143514	71287
中药批发	Wholesale of Chinese Traditional Medicine	117106	16510

continued

(10 000 yuan)

财务费用 Costs of Finance	#利息收入 Interest revenues	#利息费用 Interest Expenses	营业利润 Business Profits	利润总额 Total Profits	所得税费用 Income Tax Expenses	应付职工薪酬（本年贷方累计发生额） Remuneration Payable (Accumulated Credit Balance of The Year)	应交增值税 Added Taxes Payable
714602	**321529**	**-1242566**	**1679351**	**1794996**	**463560**	**1667900**	**1105026**
580914	**307987**	**-1312577**	**2061589**	**2054105**	**420910**	**1051554**	**916411**
581081	307845	-1312585	2178528	2171102	419456	1044655	913105
-31739	38299	4854	403079	401940	102947	151159	126148
3152	1240	2155	670	489	60	6698	6418
381		381	-4	4		74	392
404501	247029	-1465900	849739	852630	231906	589790	417152
116009	94850	194108	62526	61472	19637	81421	92506
288492	152179	-1660008	787214	791158	212269	508369	324646
22723	12106	33177	330432	330441	5263	48462	20341
182055	9171	112750	594377	585364	79269	248408	342650
182		143	68	64	17	434	696
-3		-3	-298	-297	1	166	131
179308	9074	110731	590869	581051	78764	243203	335942
2568	97	1878	3738	4547	487	4604	5881
8			235	235	10	63	4
433			-454	-449		2179	2135
432			-1148	-1147		211	30
			694	697		1968	2106
-599	142	8	-116485	-116548	1454	4721	1171
-591	63		3780	3717	928	4420	1171
22	3	8	-121592	-121592	1	130	
-31	77		1328	1328	525	170	
2525	885	2345	48367	50814	396	9047	535
-37905	45170	3662	749319	757068	193518	244584	213199
1278	280	709	152	2673	135	4895	1170
-36599	36925	383	402121	401004	103084	146888	124239
2454	572	3065	-2087	2263	1005	12334	5821
29	-156	182	-5728	-1807	56	6251	3498
663	1424	928	16652	17493	2890	14376	1518
40032	10069	40388	85889	86303	22335	127927	88590
30250	8397	32061	52555	52440	14688	75943	53784
3999	407	2576	2031	2397	983	29470	12684

13-5 续表9

单位：万元

指　标	Item	销售费用 Costs of Sales	管理费用 Costs of Administration
矿产品、建材及化工产品批发	Wholesale of Mineral Products, Building Materials and Chemical Products	1451391	1034978
#煤炭及制品批发	Coal and Related Products	1159078	866656
石油及制品批发	Petroleum and Related Products	34163	29550
金属及金属矿批发	Metals and Metals Materials	151767	71487
建材批发	Building Materials	48381	31324
化肥批发	Chemical Fertilizer	7974	8868
机械设备、五金产品及电子产品批发	Wholesale of Machinery, Hardware and Electronic Products	135782	118441
#汽车及零配件批发	Motor Vehicles and Parts	35094	28263
计算机、软件及辅助设备批发	Computer, Sofeware and Accessories	5444	6466
贸易经纪与代理	Trade Brokerage and Agency	1039	638
其他批发业	Other Wholesales	17257	16216
3.按控股情况分	Grouped by Share Holding		
国有控股	State Holding Enterprises	742693	913428
集体控股	Collective-owned Holding Enterprises	132216	43673
私人控股	Private Holding Enterprises	1581609	621514
港澳台商控股	Hong Kong, Macao and Taiwan Holding Enterprises	3039	1174
外商控股	Foreign Holding Enterprises	8686	1116
4.按经营形式分	Grouped by Management Form		
独立门店	Independent Stores	1491802	786602
连锁总店(总部)	Chain Headquarters	10127	25627
连锁直营店	Direct Chain Stores		347
连锁加盟店	Franchise Chain Stores	1542	1957
其　他	Others	964771	766373
5.按单位规模分	Grouped by Enterprise Size		
大　型	Large-size	733114	723850
中　型	Medium-size	1029142	541360
小　型	Small-size	611066	268920
微　型	Micro-size	94921	46773
二、零售业	**Retail Trade**	**1172229**	**632777**
1.按登记注册类型分组	Grouped by Registered Kind		
内资企业	Civil Funded Enterprises	1066601	604275
国有企业	State-owned Enterprises	34136	10990
集体企业	Collective-owned Enterprises	1069	14244

continued

(10 000 yuan)

财务费用 Costs of Finance			营业利润 Business Profits	利润总额 Total Profits	所得税费用 Income Tax Expenses	应付职工薪酬(本年贷方累计发生额) Remuneration Payable (Accumulated Credit Balance of The Year)	应交增值税 Added Taxes Payable
	#利息收入 Interest revenues	#利息费用 Interest Expenses					
537428	257467	−1396005	1204945	1188839	179727	557559	544511
407484	240342	−1480910	1123825	1107380	156589	459034	455785
4131	1255	4988	24692	23914	2261	24377	8873
98308	11342	57421	35082	34626	15472	39503	54813
11927	1540	6597	17683	18153	2673	16861	7963
7766	2366	9278	−7190	−6365	75	4468	3727
33358	−7628	30887	−88540	−97425	9986	77056	45944
17962	−11549	21999	−120875	−120190	777	20490	5710
564	53	299	2442	2894	275	4686	1461
985	23	1025	90	164	94	392	216
1375	6	1128	46955	48585	10959	8279	16078
353176	259784	−1489963	1326169	1324025	304296	692016	484594
15555	28574	36787	20301	21689	4845	24805	18152
211759	19550	140592	835837	829105	111243	332254	411529
433			−454	−449		2179	2135
−9	80	8	−120265	−120265	526	300	
386065	254582	583817	824774	821228	244219	575348	454550
18103	5534	20517	32655	31318	8615	22858	18926
879	1	880	−396	−312		145	
346	7	247	354	381	218	486	389
175520	47864	−1918037	1204203	1201491	167859	452717	442546
240364	163287	−1692883	1585272	1586933	271402	537001	401887
234145	138346	302949	373343	383729	100527	381146	312730
85469	−103	59283	50259	57531	44365	119374	162527
20936	6458	18074	52715	25913	4617	14032	39267
133688	**13542**	**70011**	**−382239**	**−259109**	**42649**	**616346**	**188615**
128470	13146	68562	−240515	−114505	38831	577289	180694
1269	871	797	−34683	−36009	−113	11370	826
91	12	58	452	525	32	2406	961

13-5 续表10

单位：万元

指　标	Item	销售费用 Costs of Sales	管理费用 Costs of Administration
有限责任公司	Limited Responsibility Corporations	319987	167380
国有独资公司	Company Exclusively with Investment from State	28132	12842
其他有限责任公司	Other Limited Responsibility Company	291855	154538
股份有限公司	Share-holding Limited Corporations	91653	17420
私营企业	Private-owned Enterprises	614838	393723
私营独资企业	Enterprise Exclusively with Investment from Private	10138	13890
私营合伙企业	Private Partnership Enterprises	801	520
私营有限责任公司	Private Limited Responsibility Corporations	527816	360108
私营股份有限公司	Private Share-holding Limited Corporations	76083	19205
其他企业	Others	4918	517
港、澳、台商投资企业	Enterprises Funded by Hong Kong, Macao and Taiwan	26128	9725
合资经营企业(港或澳、台资)	Joint Venture Enterprises	4453	1256
港、澳、台商独资经营企业	Solely Owned Enterspirses	21675	8469
外商投资企业	Foreign Funded Enterprises	79501	18778
中外合资经营企业	Joint Venture Enterprises	635	563
外资企业	Enterprises with Sole Foreign Investment	24218	4455
外商投资股份有限公司	Share-holding Limited Corporations	53903	12996
其他外商投资企业	Others	744	764
2.按零售行业小类分	Grouped by Wholesale Trade		
综合零售	General Retail Sales Trade	273979	155332
百货零售	Daily Goods	102973	87812
超级市场零售	Supermarkets	163043	63175
便利店零售	Covenience Stores	7876	4024
其他综合零售	Others	88	321
食品、饮料及烟草制品专门零售	Retail of Food, Beverage and Tobaccos	42017	28464
纺织、服装及日用品专门零售	Retail of Textiles, Garments and Daily Articles	69106	46320
#服装零售	Garments	49190	38468
文化、体育用品及器材专门零售	Retail of Culture, Sports Articles and Equipments	53734	17108
#图书、报刊零售	Books and Mangzines	40106	10649
医药及医疗器材专门零售	Retail of Medicines and Medical Appliances	147881	49922
#西药零售	Western Medicines	143307	46992
中药零售	Traditional Chinese Medicines	3859	1898
汽车、摩托车、零配件和燃料及其他动力销售	Retail of Motor Vehicles, Motorcycles, Feuls, Parts and Others	465433	265454
#汽车新车零售	New Motor Vehicles	227356	167068
汽车旧车零售	Used Motor Vehicles	949	851
家用电器及电子产品专门零售	Retail of Household Appliances and Electronic Products	49843	32930
#日用家电零售	Household Appliances	31993	14777
计算机、软件及辅助设备零售	Computer, Software and Auxiliary Appliances	3869	7260
通信设备零售	Communication Equipments	9499	7360

continued

(10 000 yuan)

财务费用 Costs of Finance			营业利润 Business Profits	利润总额 Total Profits	所得税费用 Income Tax Expenses	应付职工薪酬 (本年贷方累计发生额) Remuneration Payable (Accumulated Credit Balance of The Year)	应交增值税 Added Taxes Payable
	#利息收入 Interest revenues	#利息费用 Interest Expenses					
28723	3168	14681	47129	53577	22214	185756	72908
1209	150	1021	5813	7213	2308	15628	2072
27514	3017	13660	41316	46364	19906	170128	70836
8834	71	5180	-256603	-157819	591	30758	5061
89512	9024	47828	2779	24582	16099	345777	100906
2421	14	480	3924	4119	582	9161	1926
43		38	395	403	8	633	134
85621	8975	46783	-555	18866	15368	301792	96181
1427	35	528	-985	1194	141	34191	2665
40		17	412	640	7	1222	32
103	272	89	11723	11794	3157	8080	3295
-103	135		6234	6268	1692	2591	1486
206	137	89	5489	5526	1465	5489	1809
5115	124	1360	-153447	-156399	661	30977	4626
20	12	26	-340	-323		625	419
2158	92	192	-47594	-48414	661	12762	2454
2903	1	1091	-105294	-107455		17183	1740
34	20	51	-219	-206		407	13
40581	5980	20696	434	3867	11464	125857	26051
24825	6387	16868	20296	20190	9269	44665	15953
15583	-299	3707	-18771	-15367	1613	75629	9062
147	-111	100	-1092	-1057	577	5252	997
26	3	22	2	101	5	312	39
1897	1154	2248	10725	15390	3908	25974	8769
4890	361	2805	7124	7171	2628	32802	11019
4361	253	2371	-2752	-2727	591	22757	4693
915	242	288	10061	10600	3275	25647	2684
-87	206	9	11174	11246	2627	21203	-17
5001	1699	3678	3895	6913	3289	91728	14247
4714	1700	3455	3355	6411	3251	88649	13227
145	1	132	-420	-459	10	2505	495
65214	3598	33595	-407554	-303252	15986	262330	110932
42883	2642	24901	30931	39631	12511	157622	86798
215	6	6	-157	-156	13	560	132
5398	288	1082	-15105	-12486	882	25245	7867
3023	173	645	-18864	-16892	91	12874	2873
892	16	154	2657	2795	261	5337	2099
962	38	245	2449	2882	496	5250	2124

13-5 续表11

单位：万元

指　标	Item	销售费用 Costs of Sales	管理费用 Costs of Administration
五金、家具及室内装饰材料专门零售	Retail of Hardware, Furniture and Interior Decoration Materials	10487	9370
货摊、无店铺及其他零售业	Retail of Stall, Non-store and Others	59750	27878
3.按控股情况分	Grouped by Share Holding		
国有控股	State Holding Enterprises	266545	94626
集体控股	Collective-owned Holding Enterprises	10050	25729
私人控股	Private Holding Enterprises	800453	486945
港澳台商控股	Hong Kong, Macao and Taiwan Holding Enterprises	27403	10842
外商控股	Foreign Holding Enterprises	67616	14523
其　他	Others	122	109
4.按经营形式分	Grouped by Management Form		
独立门店	Independent Stores	750501	483969
连锁总店	Chain Headquarters	225629	67253
连锁直营店	Direct Chain Stores	109645	18613
连锁加盟店	Franchise Chain Stores	2713	2032
其　他	Others	83742	60911
5.按单位规模分	Grouped by Enterprise Size		
大　型	Large-size	450492	132350
中　型	Medium-size	446103	284623
小　型	Small-size	217513	169038
微　型	Micro-size	58122	46766
6.按零售业态分	Grouped by Retail Format		
有店铺零售	Store-based	1108219	603447
食杂店	Grocery Store	825	2280
便利店	Convenient Store	25519	9288
折扣店	Discount Store		
超　市	Supermarket	71958	31492
大型超市	Hypermarket	136313	35700
仓储会员店	Warehouse Club	1319	717
百货店	Department Store	53004	80328
专业店	Specialized Shop	527206	238778
专卖店	Exclusive Shop	220751	153812
家居建材商店	Home Center	8863	5461
购物中心	Shopping Center	50208	39334
厂家直销中心	Factory Outlet Center	12254	6257
无店铺零售	Non-store	64010	29331
#网上商店	Online	53367	19902

continued

(10 000 yuan)

财务费用 Costs of Finance	#利息收入 Interest revenues	#利息费用 Interest Expenses	营业利润 Business Profits	利润总额 Total Profits	所得税费用 Income Tax Expenses	应付职工薪酬(本年贷方累计发生额) Remuneration Payable (Accumulated Credit Balance of The Year)	应交增值税 Added Taxes Payable
2459	20	2134	5699	6128	404	8285	3105
7333	202	3485	2483	6561	814	18479	3940
15510	3338	9145	-235587	-240705	9900	142168	35456
1166	98	352	-1180	-852	127	10624	3136
112308	9711	59057	-17855	112370	28803	430781	142553
156	302	166	11243	11341	3157	8983	3357
4541	93	1283	-139027	-141431	661	23451	4109
7		7	160	160	1	182	6
112011	10106	57462	-94147	29188	36428	409297	156897
13570	2103	9050	-103636	-104903	4480	108664	17829
3673	55	656	-26288	-26210	580	45756	4102
182	7	69	-1487	-1607	12	2496	1257
4252	1271	2774	-156680	-155578	1150	50133	8531
26074	1467	5780	-281264	-181780	8610	194762	26620
69365	9437	44821	-112128	-102989	24808	271688	99538
31949	2482	16425	-6639	3370	4436	132054	49133
6301	156	2985	17792	22290	4795	17842	13324
127627	13370	68632	-383948	-264750	42150	596918	183781
89	-10	49	1002	1074	46	1521	516
568	-80	547	-3940	-4011	1099	12738	2587
6356	75	1831	-9682	-8407	625	39753	4543
9944	-235	2233	-12889	-10802	1403	52897	6240
24		17	390	632	9	901	193
17851	6123	10775	6359	6676	3825	28223	10331
45346	4335	23501	-361426	-358290	13584	287484	81682
35483	2687	20378	-22574	88640	14722	138426	63689
1563	4	1487	3190	3382	194	5665	2325
9378	462	6958	19890	19927	6284	23696	7372
1027	8	856	-4268	-3571	360	5616	4306
6061	172	1379	1709	5641	499	19428	4834
4203	136	949	1009	3670	243	12366	2548

13-6 限额以上批发零售业商品销售类值(2021年)

SALES VALUE OF ENTERPRISES ABOVE DESIGNATED SIZE IN WHOLESALE AND RETAIL TRADE BY CATEGORY OF COMMODITIES(2021)

单位：万元 (10 000 yuan)

指 标	Item	销售额 Sales Value	批发额 Wholesale	零售额 Retail
总 计	**Total**	**185042261**	**161283455**	**23758806**
一、批发业	**Wholesale Trade**	**161211435**	**160189337**	**1022098**
1.粮油、食品类	Grain, Oil and Food	1228562	1153753	74810
2.饮料类	Beverages	160414	156709	3706
3.烟酒类	Tobacco and Liquor	7134194	7056559	77635
4.服装、鞋帽、针纺织品类	Clothing, Shoes and Hats, Textiles	176859	164266	12592
5.化妆品类	Cosmetics	6613	6560	53
6.金银珠宝类	Gold, Silver and Jewellery	316557	303629	12928
7.日用品类	Articles for Daily Use	92278	78147	14131
8.五金、电料类	Hardware and Electrical Materials	138973	99320	39653
9.体育、娱乐用品类	Sports and Recreation Articles	148820	117366	31454
10.书报杂志类	Newspapers and Magazines	224576	220100	4476
11.电子出版物及音像制品类	Electronic Publications and Audiovisual Products	12423	10902	1521
12.家用电器和音像器材类	Household Appliances and Audiovisual Equipments	1373341	1097456	275885
13.中西药品类	Traditional Chinese and Western Medicine	5025447	4908174	117273
#西 药	Western Medicine	3573767	3471429	102338
中草药及中成药类	Traditional Chinese Medicine	565830	552974	12856
14.文化办公用品类	Culture and Office Articles	502741	452212	50529
#计算机及其配套产品	Computer and Corollarty Equipment	193740	180642	13098
15.家具类	Furnitures	6573	6130	443
16.通讯器材类	Communication Equipment	359563	345033	14530
17.煤炭及制品类	Coal and Related Products	77988770	77967886	20884
18.木材及制品类	Timber and Related Products	38319	38319	
19.石油及制品类	Petroleum and Related Products	3588567	3480957	107610
20.化工材料及制品类	Chemical Materials and Related Products	4329585	4329585	
#化肥类	Chemical Fertilizer	1540573	1540573	
21.金属材料类	Metal Materials	46199765	46199765	
22.建筑及装潢材料类	Building and Decoration Materials	1423248	1370885	52363
23.机电产品及设备类	Mechanical and Electrical Products and Equipments	2457159	2445511	11647
#农机类	Farm Machineries	31334	31334	
24.汽车类	Automobiles	2187240	2141413	45827
#新能源汽车	New Energy Vehicles	573587	571892	1695
25.种子饲料类	Seeds and Forages	220343	220343	
26.棉麻类	Cotton and Hemp	335015	335015	
27.其他类	Others	5535490	5483342	52149

13-6 续表 continued

单位：万元 (10 000 yuan)

指 标	Item	销售额 Sales Value	批发额 Wholesale	零售额 Retail
二、零售业	**Retail Trade**	**23830826**	**1094118**	**22736708**
1.粮油、食品类	Grain, Oil and Food	2642570	24946	2617624
2.饮料类	Beverages	265085	3243	261842
3.烟酒类	Tobacco and Liquor	925302	36983	888318
4.服装、鞋帽、针纺织品类	Clothing, Shoes and Hats, Textiles	1924480	25668	1898812
5.化妆品类	Cosmetics	320876	439	320437
6.金银珠宝类	Gold, Silver and Jewellery	371370	7080	364291
7.日用品类	Articles for Daily Use	468015	6446	461569
8.五金、电料类	Hardware and Electrical Materials	136135	8205	127930
9.体育、娱乐用品类	Sports and Recreation Articles	41929	2335	39595
10.书报杂志类	Newspapers and Magazines	229944	901	229043
11.电子出版物及音像制品类	Electronic Publications and Audiovisual Products	6640		6640
12.家用电器和音像器材类	Household Appliances and Audiovisual Equipments	1468638	61544	1407094
13.中西药品类	Traditional Chinese and Western Medicine	1089328	13194	1076134
#西 药	Western Medicine	696033	8727	687306
中草药及中成药类	Traditional Chinese Medicine	158621	2237	156385
14.文化办公用品类	Culture and Office Articles	153238	14668	138570
#计算机及其配套产品	Computer and Corollarty Equipment	82234	14638	67596
15.家具类	Furnitures	220985	85	220900
16.通讯器材类	Communication Equipment	376506	32902	343604
17.煤炭及制品类	Coal and Related Products	53556	18526	35030
18.木材及制品类	Timber and Related Products	2	2	
19.石油及制品类	Petroleum and Related Products	4191911	583023	3608888
20.化工材料及制品类	Chemical Materials and Related Products	206	206	
21.金属材料类	Metal Materials	12123	12123	
22.建筑及装潢材料类	Building and Decoration Materials	175767	9711	166056
23.机电产品及设备类	Mechanical and Electrical Products and Equipments	66489	12040	54449
24.汽车类	Automobiles	7893819	139660	7754159
#新能源汽车	New Energy Vehicles	498776	3545	495231
25.其他类	Others	795912	80186	715726

13-7 亿元以上商品交易市场基本情况(2021年)

BASIC STATISTICS ON COMMODITY EXCHANGE MARKETS OF TRANSACTION VOLUME OVER 100 MILLION YUAN(2021)

市　　场	Market Category	市场数量(个) Number of Markets (unit)	年末出租摊位数(个) Number of Stalls at Year-end (unit)	营业面积(平方米) Area of Bussiness (sq.m)	成交额(万元) Volume of Transaction (10 000 yuan)
总　计	**Total**	**32**	**23197**	**2410704**	**7289999**
一、按市场类别分组	Grouped by Market Category				
1.综合市场	Comprehensive Markets	13	16626	1697955	6513031
综合贸易市场	Comprehensive Commercial Markets	13	16626	1697955	6513031
生产资料综合市场	Productive Materials Comprehensive Markets	1	102	23000	11795
工业消费品综合市场	Industrial Consumable Comprehensive Markets	1	210	59720	10809
农产品综合市场	Farm Products Comprehensive Markets	8	3694	384615	2007864
其他综合市场	Others	3	12620	1230620	4482563
2.专业市场	Special Markets	19	6571	712749	776968
农产品市场	Farm Products Comprehensive Markets	6	1717	210580	274415
肉禽蛋市场	Meat, Poulry, and Eggs Markets	1	308	11500	20486
水产品市场	Aquatic Products Markets	1	325	12000	23830
蔬菜市场	Vegetables Markets	2	682	146200	174449
干鲜果品市场	Dried and Fresh Melons and Fruits Markets	2	402	40880	55650
食品、饮料及烟酒市场	Food, Beverages, Tobacco and Liquor Markets	1	103	3000	12639
纺织、服装、鞋帽市场	Textiles, Clothing, Shoes and Hats Markets	9	3704	321974	372741
服装市场	Clothing Markets	8	3484	292974	365141
鞋帽市场	Shoes and Hats Markets	1	220	29000	7600
家具、五金及装饰材料市场	Furniture, Hardware and Decoration Materials	3	1047	177195	117173
家具市场	Furniture Markets	1	507	133389	56095
装饰材料市场	Decoration Materials Markets	2	540	43806	61078
二、按经营方式分组	Grouped by Business Style				
1.以批发为主	Wholesale mainly	27	21371	2031209	6939660
2.以零售为主	Retail mainly	5	1826	379495	350339
三、按经营环境分组	Grouped by Business Environment				
1.露天式	Open-air Markets	6	1918	260300	234228
2.封闭式	Enclosed Markets	21	17547	1933117	6768626
3.其　他	Others	5	3732	217287	287145

13-8 亿元以上商品交易市场按摊位分类成交情况(2021年)

CLASSIFICATION OF COMMODITY EXCAHNGE MARKETS OF TRANSACTION VOLUME OVER 100 MILLION YUAN(2021)

类　别	Classification	年末出租摊位数(个) Number of Stalls at Year-end (unit)	成交额(万元) Volume of Transaction (10 000 yuan)
总　计	**Total**	**23197**	**7289999**
1.粮油、食品类	Grain, Oil and Food	5853	2867816
#粮油类	Grain and Oil	644	347094
肉禽蛋类	Meat, Poultry and Eggs	670	186039
水产品类	Aquatic Products	958	606516
蔬菜类	Vegetables	2033	783056
干鲜果品类	Dried and Fresh Fruits	892	249517
2.饮料类	Beverages	232	35223
3.烟酒类	Tobacco and Liquor	323	338676
4.服装、鞋帽、针纺织品类	Clothing, Shoes, Hats and Textiles	9182	1052359
服装类	Clothing	5715	767644
鞋帽类	Footwear and Hats	1608	169395
针纺织品类	Knitwear and Textiles	1859	115320
5.化妆品类	Cosmetics	222	1781
6.金银珠宝类	Gold, Silver and Jewellery	2	48
7.日用品类	Articles for Daily Use	1600	583907
8.五金、电料类	Hardware and Electrical Materials	588	273030
9.体育、娱乐用品类	Sports and Recreational Articles	9	421
10.电子出版物及音像制品类	Electronic Publication and Audiovisual Products	4	73
11.家用电器和音像器材类	Household Appliances and Audiovisual Equipments	40	2927
#能效等级为1和2级的商品	EEI of Level Ⅰ and Ⅱ	12	1283
#智能家用电器和音像器材	Intelligent Products	18	1049
12.中西药品类	Traditional Chinese and Western Medicine	1	7
13.文化办公用品类	Cultural and Official Articles	24	2468
14.家具类	Furniture	1139	69342
15.通讯器材类	Communication Equipments	5	11
16.化工材料及制品类	Raw Chemical Materials and Related Products	4	245
17.金属材料类	Metal Materials	112	643380
18.建筑及装潢材料类	Building and Decoration Materials	1769	746730
19.汽车类	Automobiles	35	588620
20.其他类	Others	2053	82935

13-9 城市商业综合体基本情况(2021年)

项 目	Item	商户数(个) Commercial Tenants (unit)	法 人 Corporations
自营、联营部分的经营情况	**Operation of Self-support and Pool**		
合 计	**Total**	**1241**	**853**
一、零售业	**Retail Trade**	**1102**	**831**
1.百货零售	Reatail of General Merchandise	14	2
2.超级市场零售	Supermarket Retail	3	2
3.食品、饮料及烟草制品零售	Retail of Food, Beverage and Tobaccos	93	1
4.服装鞋帽针纺织品零售	Retail of Clothing, Shoes, Hats and Textiles	917	764
5.化妆品零售	Retail of Cosmetics	31	24
6.日用品零售	Retail of Daily Articles	1	1
7.家用电器及电子产品零售	Retail of Household Appliances and Electronic Products	8	4
8.珠宝首饰零售	Retail of Jewellery	31	29
9.其 他	Others	4	4
二、餐饮业	**Catering Services**	**94**	**10**
三、服务业	**Services**	**45**	**12**
1.电影放映	Motion Picture Projection	4	2
2.教育培训	Education and Training	4	2
3.室内娱乐活动	Indoor Recreation	28	6
4.健身休闲活动	Fitness and Leisure Activities	8	1
5.其 他	Others	1	1

BASIC STATISTICS ON URBAN COMMERCIAL COMPLEXES(2021)

分支机构 Branches	个体户 Individuals	商户从业人员期末人数(人) Employees at The Year-end (person)	商户商品销售额(商户营业额)(万元) Sales Value (Business Volume) (10 000 yuan)	营业面积(平方米) Operating Area (sq.m)
13	**375**	**6341**	**337669**	**233780**
11	**260**	**5528**	**325599**	**185639**
4	8	184	2833	2910
	1	492	19569	16346
	92	401	7436	17648
2	151	4138	262615	140384
3	4	105	3892	2359
		3	49	124
1	3	34	1431	2658
1	1	159	26894	2530
		12	880	680
1	**83**	**419**	**5931**	**14863**
1	**32**	**394**	**6139**	**33278**
	2	68	1995	9736
	2	65	675	845
	22	184	3205	18892
1	6	63	180	3011
		14	84	794

13-9 续表

项　目	Item	商户数(个) Commercial Tenants (unit)	法 人 Corporations
租赁部分的经营情况	**Operation of Lease**		
合　计	**Total**	**5303**	**1305**
一、零售业	**Retail Trade**	**3412**	**854**
1.百货零售	Reatail of General Merchandise	173	67
2.超级市场零售	Supermarket Retail	22	14
3.食品、饮料及烟草制品零售	Retail of Food, Beverage and Tobaccos	176	27
4.服装鞋帽针纺织品零售	Retail of Clothing, Shoes, Hats and Textiles	2271	500
5.化妆品零售	Retail of Cosmetics	185	42
6.日用品零售	Retail of Daily Articles	65	19
7.家用电器及电子产品零售	Retail of Household Appliances and Electronic Products	152	77
8.珠宝首饰零售	Retail of Jewellery	125	48
9.其他	Others	243	60
二、餐饮业	**Catering Services**	**1244**	**239**
三、服务业	**Services**	**647**	**212**
1.电影放映	Motion Picture Projection	24	19
2.教育培训	Education and Training	132	59
3.室内娱乐活动	Indoor Recreation	160	48
4.理发及美容服务	Hairdressing and Beauty Services	134	25
5.健身休闲活动	Fitness and Leisure Activities	41	13
6.摄影服务	Photography Services	17	8
7.其他	Others	139	40

continued

分支机构 Branches	个体户 Individuals	商户从业人员期末人数(人) Employees at The Year-end (person)	租金总额 (万元) Total Rental (10 000 yuan)	商户商品销售额 (商户营业额) (万元) Sales Value (Business Volume) (10 000 yuan)	营业面积 (平方米) Operating Area (sq.m)
240	**3758**	**31592**	**115513**	**1205580**	**1254883**
153	**2405**	**15137**	**75490**	**889940**	**707890**
3	103	1367	6148	118937	128907
5	3	1771	6118	133471	156495
7	142	776	1889	16611	12795
76	1695	7907	44140	382019	321187
9	134	659	2966	31541	21273
7	39	310	1303	20149	11371
10	65	612	4150	81056	24972
10	67	733	4077	62554	12943
26	157	1002	4699	43602	17947
52	**953**	**11716**	**25383**	**232962**	**221948**
35	**400**	**4739**	**14640**	**82678**	**325045**
3	2	391	3693	19544	103152
5	68	913	1648	7500	51234
5	107	1191	4590	26046	99662
6	103	816	1726	11682	13658
12	16	330	897	6483	25800
	9	184	329	3048	13132
4	95	914	1757	8375	18407

13-10 私营企业基本情况(2021年)
BASIC STATISTICS ON PRIVATE-OWNED ENTERPRISES(2021)

单位：户 (household)

指 标	Item	年末实有户数 Real Number of Enterprises at Year-end	#本年登记 Registered This Year	注册资金(万元) Registered Capital (10 000 yuan)
总 计	**Total**	**837853**	**173903**	**449966288**
农、林、牧、渔业	Farming, Forestry, Animal Husbandry and Fishery	37229	6368	17748262
采矿业	Mining	5436	365	7621330
制造业	Manufacturing	53691	6044	44635005
电力、热力、燃气及水生产和供应业	Production and Supply of Electricity, Heat, Gas and Water	5125	824	9079418
建筑业	Construction	87428	20600	55834077
交通运输、仓储和邮政业	Transport, Storage and Post	27886	4626	11342233
信息传输、软件和信息技术服务业	Information Transmission, Software and Information Technology Services	30414	6211	11044220
批发和零售业	Wholesale and Retail Trade	302690	55950	119641840
住宿和餐饮业	Hotels and Catering Services	15585	3450	5532776
金融业	Financial Industry	5536	227	35651253
房地产业	Real Estate	27034	4807	22973254
租赁和商务服务业	Lease and Business Affairs Services	89125	19008	44048481
科学研究和技术服务业	Scientific Reseach and Technical Services	83296	29416	44084533
水利、环境和公共设施管理业	Water, Environmental Protection and Public Facility Management	5655	1172	3925675
居民服务、修理和其他服务业	Resident Services, Repair and Other Services	25972	5076	6411973
教 育	Education	5946	1120	803049
卫生和社会工作	Health Care and Social Work	6196	2669	2322128
文化、体育和娱乐业	Culture, Sports and Recreation	22456	5964	6050221
其他行业	Others	1153	6	1216559

13-11 个体工商业基本情况(2021年)
BASIC STATISTICS ON INDIVIDUAL BUSINESS(2021)

单位：户 (household)

指 标	Item	年末实有户数 Real Number of Households at Year-end	#本年登记 Registered This Year	注册资金(万元) Registered Capital (10 000 yuan)
总 计	**Total**	**2135168**	**321860**	**16849323**
农、林、牧、渔业	Farming, Forestry, Animal Husbandry and Fishery	62579	22834	1852449
采矿业	Mining	576	10	22864
制造业	Manufacturing	81899	9905	728419
电力、热力、燃气及水生产和供应业	Production and Supply of Electricity, Heat, Gas and Water	798	20	9007
建筑业	Construction	12870	2141	219402
交通运输、仓储和邮政业	Transport, Storage and Post	169941	26176	2087316
信息传输、软件和信息技术服务业	Information Transmission, Software and Information Technology Services	8422	1177	47738
批发和零售业	Wholesale and Retail Trade	1163650	148159	7514663
住宿和餐饮业	Hotels and Catering Services	334004	64021	2204531
金融业	Financial Industry	468	29	7437
房地产业	Real Estate	906	287	8632
租赁和商务服务业	Lease and Business Affairs Services	30029	8398	371707
科学研究和技术服务业	Scientific Reseach and Technical Services	3789	1624	38671
水利、环境和公共设施管理业	Water, Environmental Protection and Public Facility Management	2765	230	16040
居民服务、修理和其他服务业	Resident Services, Repair and Other Services	235676	31436	1467206
教 育	Education	920	84	9005
卫生和社会工作	Health Care and Social Work	10082	1204	69422
文化、体育和娱乐业	Culture, Sports and Recreation	15652	4113	173297
其他行业	Others	142	12	1519

主要统计指标解释

批发业 指向其他批发或零售单位（含个体经营者）及其他企事业单位、机关团体等批量销售生活用品、生产资料的活动，以及从事进出口贸易和贸易经纪与代理的活动。

零售业 指百货商店、超级市场、专门零售商店、品牌专卖店、售货摊等主要面向最终消费者（如居民等）的销售活动，以互联网、邮政、电话、售货机等方式的销售活动，还包括在同一地点，后面加工生产，前面销售的店铺（如面包房）。

批发和零售业法人企业 指具备如下条件的批发零售贸易企业：(1)依法成立，有自己的名称、组织机构和场所，能够承担民事责任；(2)独立拥有和使用资产，承担负债，有权与其他单位签订合同；(3)独立核算盈亏，并能够编制包括资产负债表在内的全部会计帐户。

限额以上批发企业 年主营业务收入 2000 万元及以上的批发企业。

限额以上零售企业 年主营业务收入 500 万元及以上的零售企业。

社会消费品零售总额 指企业（单位、个体户）通过交易直接售给个人、社会集团非生产、非经营用的实物商品金额，以及提供餐饮服务所取得的收入金额。个人包括城乡居民和入境人员，社会集团包括机关、社会团体、部队、学校、企事业单位、居委会或村委会等。

批发和零售业零售额 指批发和零售业企业、产业活动单位和个体户售给城乡居民用于生活消费和社会集团用于公共消费的商品金额。

门店总数 指该连锁企业所拥有的全部门店（包括直营店和加盟店）数量。其中，总店（如果总公司有门店的话）作为一个直营店处理。此外，有的地区分出控股店，控股店按直营店统计。

连锁总店（总部） 负责连锁企业资源（商号、商誉、经营模式、服务标准、管理模式等）的开发、配置、控制或使用等功能的企业核心管理机构。连锁经营是指经营同类商品或服务，使用统一商号的若干店铺，在同一总店（总部）的管理下，采取统一采购或特许经营等方式实现规模效益的组织形式，包括直营连锁、特许连锁和自愿连锁三种形式。

直营店 由连锁企业总部投资开设，按连锁经营管理模式，由总店（总部）统一管理，按照总店（总部）的指示和服务规范要求，承担日常销售业务的店铺。

加盟店 在特许连锁中，被特许人获得特许人授权后，使用其商标、商号、经营模式、专利和专有技术等经营资源建立的，按照总店（总部）的指示和服务规范要求，承担日常销售业务的店铺，也包括自愿连锁的成员店。

零售业态 指零售企业（单位）为满足不同的消费需求进行相应的要素组合而形成的不同经营形态；分类原则是，零售业态按零售店铺的结构特点，根据其经营方式、商品结构、服务功能，以及选址、商圈、规模、店堂设施、目标顾客和有无固定营业场所进行分类。

零售业态从总体上可以分为有店铺零售业态和无店铺零售业态两类。按照零售业态分类原则分为食杂店、便利店、折扣店、超市、大型超市、仓储会员店、百货店、专业店、专卖店、家居建材商店、购物中心、厂家直销中心、电视购物、邮购、网上商店、自动售货亭、电话购物等 17 种零售业态。

商品购进额 指从本企业以外的单位和个人购进（包括从国外直接进口）作为转卖或加工后转卖的商品金额（含增值税）。本指标反映批发和零售业从国内外市场上购进商品的总价。

商品销售额 指对本单位以外的单位和个人出售的商品金额（包括售给本单位消费用的商品，含增值税），在批发零售业中本指标反映在国内市场上销售商品以及出口商品的总量。

期末商品库存额 对于批发和零售业法人单位和个体经营户，是指报告期末取得所有权的全部商品金额（含增值税）；对于批发和零售业产业活动单位，是指报告期末实际在库且归属法人具有所有权的全部商品金额（含增值税）。该指标反映批发和零售业商品库存情况，以及对市场商品供应的保证程度。

服务营业额 指批发和零售业单位在经营活动中，因提供服务取得的收入（含增值税），包括贸易经济代理服务、拍卖服务、汽车维修和装饰服务、各种商务服务和商品代理、互联网交易平台服务、场地和商品租赁、充电服务等。

城市商业综合体 指以区域为中心、以购物中心为主导，融合了商业零售、餐饮、休闲养生、娱乐、文化、教育等多项城市主要功能活动，面向各类生活消费人群、提供综合性服务的大型建筑综合体。城市商业综合体除具备以上特征外，还应同时满足以下几个条件：(1)由企业有计划地管理运营，有统一的名称，如**中心、**广场、**城等。(2)涵盖超市、百货、专业店、专卖店等商品零售业态，正餐、快餐等餐饮业态，以及文化、娱乐、健身、培训等两项及以上主要服务业态。(3)营业面积不少于 1 万平方米且独立开展经营活动的商户不少于 50 个。(4)具备专门的停车场所，专供在城市商业综合体内进行消费的顾客使用。

亿元以上商品交易市场 指年成交额在亿元及以上的商品交易市场。商品交易市场是指经有关部门和组织批准设立，有固定场所、设施，有经营管理部门和监管人员，若干市场经营者入内，常年或实际开业三个月以上，集中、公开、独立地进行生活消费品、生产资料等现货商品交易以及提供相关服务的交易场所，包括各类消费品市场、生产资料市场等。

Explanatory Notes on Main Statistical Indicators

Wholesale Trade refers to the activities of wholesaler selling commodities in bulk for daily use and capital goods to other wholesale and retail enterprises, institutions and government offices, including the activities of wholesaler engaged in import and export and acting as a trade agent.

Retail Trade refers to the activities of department store, supermarket, franchised store, brand store, retail stall and on-the-spot-making-selling store selling commodities to the final consumers (citizens) by any means including internet, post, telephone, sales machine.

Wholesale and Retail Corporation Enterprises refer to the wholesale and retail trade enterprises satisfy the conditions as follow: (1) They are established legally, having their own names, organizations, location, able to take civil liability; (2) They possess and use their assets independently, assume liabilities, and are entitled to sign contracts with other units; (3) They are financially independent and compile their own balance sheets.

Wholesale Enterprises above Designated Size refer to wholesale enterprises whose annual revenue of major business amounts to 20 million yuan and over.

Retail Trade Enterprises above Designated Size refer to retail enterprises whose annual revenue of major business amounts to 5 million yuan and over.

Total Retail Sales of Consumer Goods refer to the amount obtained by enterprises (units, self-employed individuals) through direct sales of non-production and non-business physical commodity to individuals, social institutions, and revenue from providing catering services. Individuals include rural and urban households, population from abroad, and social institutions include government agencies, social organizations, military units, schools, institutions, neighborhood (village) committees.

Total Retail Sales of Wholesale and Retail Trade refer to the amount obtained by wholesale and retail enterprises, active units and self-employed individuals through sales to residents and social groups for mass consumption.

Total Number of Stores refers to the total number of stores owned by the chain enterprises, including direct stores and franchises. The headquarter (if there has one) is counted as a direct store. In addition, there are some holding stores in some regions, and these stores are also counted as direct stores.

Chain Head Stores (Headquarters) refer to the core leading stores responsible for development, allocation, administration and utilization of resources (name of stores, brand of stores, operation model, service standard, management way, etc.) of chain stores. Chain stores refer to the stores engaged in providing homogeneous commodities or services, with the central leadership of head stores (headquarters) and guided by common policies, conduct centralized purchase and efficiency through standardized operation. The chain stores include direct chain stores, franchise chain stores and voluntary chain stores.

Direct Chain stores refer to stores that are invested and set up by the headquarters of chain enterprises. They are under the unified management of the head stores (headquarters) according to the chain operation management mode, and undertake the daily sales business according to the instructions and service specification requirements of the head stores (headquarters).

Franchise Chain Stores In the franchise chain, the franchisee, after being authorized by the franchisor, uses its trademark, trade name, business model, patent and proprietary technology and other business resources to undertake daily sales business in accordance with the instructions and service specification requirements of the head stores (headquarters). The member stores of voluntary chain are also included.

Retail Trade Format refers to the different business forms which combined by corresponding factors to satisfy different consumption needs. It is classified according to retail stores' structure characters, such as business form, commodities' structure, service function, address, business circle, scale, store facilities, target customers and whether having a fixed business place.

Retail trade format can be divided into store-based and non-store retail. It can be classified into 17 forms as the following: grocery store, convenient store, discount store, supermarket, hypermarket, warehouse club, department store, specialized shop, exclusive shop, home centre, shopping centre, factory outlet centre, TV shopping, mail shopping, web shop, vending machine and telephone shopping.

Value of Commodities Purchases refers to the value of commodities purchasing by enterprises from other units or individuals with value-added tax, including direct import form abroad, for the purpose of re-selling, either with or without further processing of the commodities purchased. It reflects the total commodities value that wholesale and retail trade purchased from the domestic and abroad market.

Value of Commodities Sales refers to the value of commodities sold by the units to other units or individuals with value-added tax, including goods sold for self consumption. It reflects the total commodities amount sold and exported in domestic market in wholesale and retail trade.

Total Value of Storing at The End of Period refers to total possessed commodities value including value-added tax for the wholesale and retail corporation units and individuals at the end of report period. And it refers to the total commodities value at the end of report period, including value-added tax, which are in stock and belong to the corporation units for the wholesale and retail active units. It reflects the goods stock of the wholesale and retail trade and the guarantee degree of goods supply to the market.

Turnover of Services refers to the income (including value-added taxes) obtained by wholesale and retail enterprises in business activities due to the provision of services, including trade brokerage services, auction services, automobile maintenance and decoration services, various business services and commodity agency, internet trading platform services, venue and commodity leasing ,charging services, etc.

Urban Commercial Complexes refers to a large-scale building complex which is based on the regional center, and is mainly shopping center. It integrates many major urban functional activities such as commercial retail, catering, leisure and health care, entertainment, culture, education, etc., and provides comprehensive services for all kinds of consumer groups. In addition to the above characteristics, the urban commercial complex should also meet the following conditions: (1) It should be managed and operated by the enterprises in a planned way, and have a unified name, such as ** center, ** square, and ** city. (2) It covers supermarkets, department stores, specialized stores, exclusive stores and other commodity retail formats, catering formats such as dinner and fast food, and two or more major service formats such as culture, entertainment, fitness and training. (3) The business area is not less than 10000 square meters, and there are no less than 50 independent businesses. (4) There is a special parking space for customers to consume in the urban commercial complex.

Commodities Trading Market over 100 Million Yuan refers to the commodity market with an annual transaction at and above 100 million yuan. Commodities trading market refers market that is approved by related government departments, which has fixed sites, facilities, managers and administration offices, traders, and has operated for more than three months. It is a place where the commodities including the articles for daily consumption, productive materials, goods transactions and services are traded in a centralized, independent and open way. And it includes consumer market, materials market and etc.

HOTELS, CATERING SERVICES AND TOURISM

14 住宿、餐饮业和旅游

资料整理人员

雷士伟　邓　娜　郭俊凯

住宿和餐饮业

HOTELS AND CATERING SERVICES

限额以上住宿、餐饮业营业额	Business Volume of Hotels and Catering Services above Designated Size	145.0	亿元 (100 million yuan)
住宿业	Hotels	53.7	亿元 (100 million yuan)
餐饮业	Catering Services	91.3	亿元 (100 million yuan)

限额以上住宿业营业额（亿元）

Business Volume of Hotels above Designated Size (100 million yuan)

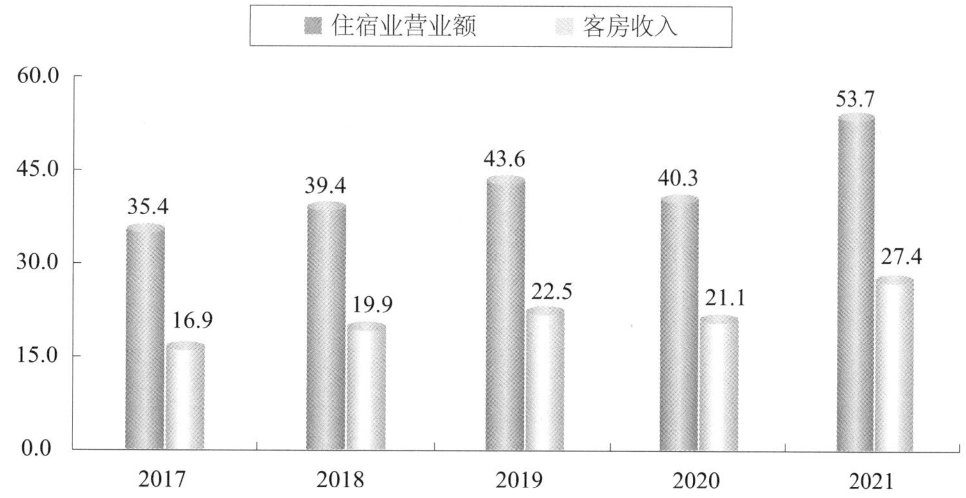

限额以上餐饮业营业额（亿元）

Business Volume of Catering Services above Designated Size (100 million yuan)

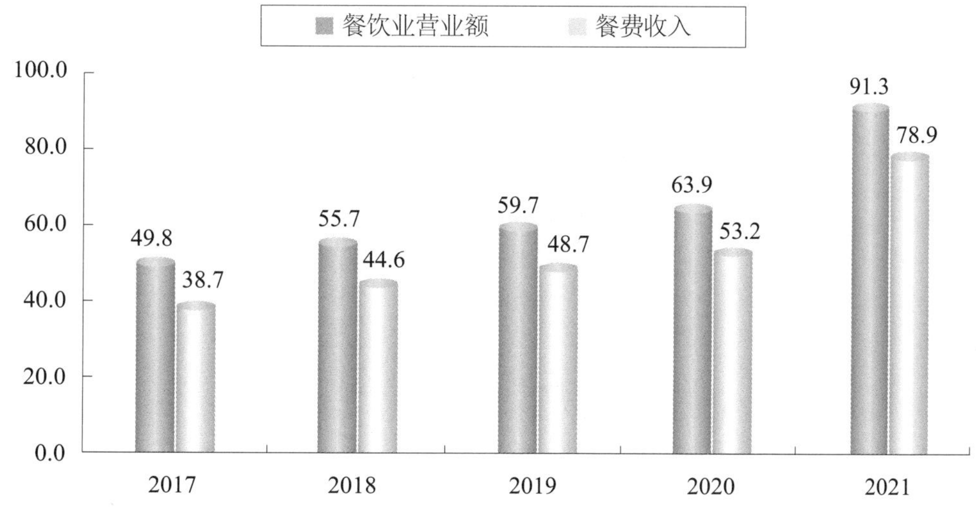

14-1 限额以上住宿和餐饮业法人企业经营情况(2021年)

单位：万元

指 标	Item	法人企业数(个) Number of Corporation Enterprises (unit)
总　计	**Total**	**1260**
一、住宿业	**Hotels**	**521**
1.按登记注册类型分	Grouped by Registered Kind	
内资企业	Civil Funded Enterprises	521
国有企业	State-owned Enterprises	27
集体企业	Collective-owned Enterprises	5
有限责任公司	Limited Responsibility Corporations	72
国有独资公司	Company Exclusively with Investment from State	8
其他有限责任公司	Other Limited Responsibility Corporations	64
股份有限公司	Share-holding Limited Corporations	
私营企业	Private-owned Enterprises	417
私营独资企业	Enterprise Exclusively with Investment from Private	25
私营合伙企业	Private Partnership Enterprises	2
私营有限责任公司	Private Limited Responsibility Corporations	389
私营股份有限公司	Private Share-holding Limited Corporations	1
2.按住宿行业小类分组	Grouped by Hotels	
旅游饭店	Tourist Hotels	222
一般旅馆	Ordinary Hotels	283
经济型连锁酒店	Economical Chain Hotels	54
其他一般旅馆	Others	229
露营地服务	Campsite Services	3
民宿服务	Homestay Hotels	1
其他住宿业	Others	12
3.按控股情况分	Grouped by Share Holding	
国有控股	State Holding Enterprises	61
集体控股	Collective-owned Holding Enterprises	7
私人控股	Private Holding Enterprises	451
其　他	Others	2
4.按经营形式分	Grouped by Management Form	
独立门店	Independent Stores	425
连锁总店(总部)	Chain Headquarters	1
连锁直营店	Direct Chain Stores	9
连锁加盟店	Franchise Chain Stores	57
其　他	Others	29
5.按单位规模分	Grouped by Enterprise Size	
大　型	Large-size	2
中　型	Medium-size	46
小　型	Small-size	422
微　型	Micro-size	51
6.按星级分	Grouped by Stars	
五　星	Five Star	14
四　星	Four Star	45
三　星	Three Star	62
二　星	Two Star	17
其　他	Others	383

MANAGEMENT OF HOTELS AND CATERING CORPORATION ENTERPRISES ABOVE DESIGNATED SIZE(2021)

(10 000 yuan)

从业人员期末人数(人) Number of Employees at The End of Period (person)	营业额 Business Volume	客房收入 Revenue of Guest Room	#通过公共网络实现的客房收入 by Public Network	通过非自营平台实现的客房收入 by Non-self-operating Platform
87031	**1450179**	**354857**	**46912**	**14605**
34565	**537118**	**274457**	**40206**	**12871**
34565	537118	274457	40206	12871
5594	60117	21583	790	337
157	2469	1433	73	
8895	134403	58870	4118	1601
1428	20442	5149	302	88
7467	113961	53721	3817	1513
19919	340129	192571	35226	10933
863	12658	6785	259	32
20	280	139		
18816	325951	185277	34851	10901
220	1240	370	116	
20015	321068	136376	16261	3910
13601	202628	129884	22111	8495
1605	34833	27500	8080	1069
11996	167795	102384	14031	7426
94	2096	1455	553	
49	1221	594		
806	10105	6149	1281	466
10347	134044	49237	1558	445
385	5105	2610	77	4
23206	392670	220248	38278	12129
627	5299	2363	293	293
30780	474269	228125	29442	10792
28	249	249		
328	7079	6713	585	119
1366	28705	26349	9014	1417
2063	26816	13021	1166	543
1543	30344	6996	622	
12631	206508	67376	4629	1704
20138	288743	190588	32237	9555
253	11523	9497	2718	1612
3421	59009	19539	1096	297
5006	82092	34108	5558	576
5494	72712	28052	2227	959
552	5376	3775	548	115
20092	317928	188984	30777	10924

14-1 续表1

单位：万元

指 标	Item	法人企业数(个) Number of Corporation Enterprises (unit)
二、餐饮业	**Catering**	**739**
1.按登记注册类型分	Grouped by Registered Kind	
内资企业	Civil Funded Enterprises	735
国有企业	State-owned Enterprises	14
集体企业	Collective-owned Enterprises	1
股份合作企业	Share Cooperative Enterprises	1
有限责任公司	Limited Responsibility Corporations	88
国有独资公司	Company Exclusively with Investment from State	4
其他有限责任公司	Other Limited Responsibility Company	84
股份有限公司	Share-holding Limited Corporations	
私营企业	Private-owned Enterprises	631
私营独资企业	Enterprise Exclusively with Investment from Private	58
私营合伙企业	Private Partnership Enterprises	2
私营有限责任公司	Private Limited Responsibility Corporations	564
私营股份有限公司	Private Share-holding Limited Corporations	7
港、澳、台商投资企业	Enterprises Funded by Hong Kong, Macao and Taiwan	1
港、澳、台商独资经营企业	Solely Owned Enperprises	1
外商投资企业	Foreign Funded Enterprises	3
中外合资经营企业	Joint Venture Enterprises	1
外资企业	Enterprises Funded by Foreign Invetments	2
2.按餐饮行业小类分组	Grouped by Catering Services	
正餐服务	Dinner	711
快餐服务	Fast Food	13
饮料及冷饮服务	Beverages and Cold Drinks	5
咖啡馆服务	Cafes	1
其他饮料及冷饮服务	Others	4
餐饮配送及外卖送餐服务	Catering Delivery and Takeout Delivery	3
餐饮配送服务	Catering Delivery	2
外卖送餐服务	Takeout Delivery	1
其他餐饮业	Others	7
小吃服务	Snacks	3
其他未列明餐饮业	Other Unlisted	4
3.按控股情况分	Grouped by Share Holding	
国有控股	State Holding Enterprises	35
集体控股	Collective-owned Holding Enterprises	6
私人控股	Private Holding Enterprises	695
港澳台商控股	Hong Kong, Macao and Taiwan Holding Enterprises	1
外商控股	Foreign Holding Enterprises	2
其 他	Others	
4.按经营形式分	Grouped by Management Form	
独立门店	Independent Stores	671
连锁总店(总部)	Chain Headquarters	9
连锁直营店	Direct Chain Stores	7
连锁加盟店	Franchise Chain Stores	5
其 他	Others	47
5.按单位规模分	Grouped by Enterprise Size	
大 型	Large-size	6
中 型	Medium-size	61
小 型	Small-size	594
微 型	Micro-size	78

continued

(10 000 yuan)

从业人员期末人数(人) Number of Employees at The End of Period (person)	营业额 Business Volume	客房收入 Revenue of Guest Room	#通过公共网络实现的客房收入 by Public Network	通过非自营平台实现的客房收入 by Non-self-operating Platform
52466	**913061**	**80400**	**6706**	**1734**
45714	803820	80400	6706	1734
891	8343	3051	106	1
103	1009	635		
41	398	76		
8862	133338	13580	644	25
231	5635	1237	242	
8631	127702	12343	402	25
35817	660732	63059	5955	1709
1612	22664	4192	72	8
66	1194			
33417	623484	57715	5781	1701
722	13390	1152	102	
1660	30624			
1660	30624			
5092	78618			
30	1201			
5062	77417			
43297	762451	80074	6503	1611
8134	127834	326	203	123
199	8521			
74	2967			
125	5554			
71	2975			
43	2184			
28	791			
765	11280			
81	1280			
684	10000			
5298	54084	9949	413	3
347	4166	829		
40099	746771	69623	6293	1731
1660	30624			
5062	77417			
40270	705928	75630	6480	1734
8073	124882	202		
357	10676			
87	2116			
3679	69460	4569	225	
10724	165743	1879	655	
13160	268506	22062	2076	687
28135	454610	55681	3967	1047
447	24203	778	8	

14-1 续表2

单位：万元

指 标	Item	餐费收入 Revenue of Dining	#通过公共网络实现的餐费收入 by Public Network
总 计	**Total**	**992835**	**55029**
一、住宿业	**Hotels**	**203590**	**3102**
1.按登记注册类型分	Grouped by Registered Kind		
内资企业	Civil Funded Enterprises	203590	3102
国有企业	State-owned Enterprises	29924	11
集体企业	Collective-owned Enterprises	695	
有限责任公司	Limited Responsibility Corporations	49972	665
国有独资公司	Company Exclusively with Investment from State	9072	345
其他有限责任公司	Other Limited Responsibility Corporations	40900	320
股份有限公司	Share-holding Limited Corporations		
私营企业	Private-owned Enterprises	123000	2426
私营独资企业	Enterprise Exclusively with Investment from Private	5691	48
私营合伙企业	Private Partnership Enterprises		
私营有限责任公司	Private Limited Responsibility Corporations	117023	2377
私营股份有限公司	Private Share-holding Limited Corporations	286	1
2.按住宿行业小类分组	Grouped by Hotels		
旅游饭店	Tourist Hotels	145756	1630
一般旅馆	Ordinary Hotels	53396	1100
经济型连锁酒店	Economical Chain Hotels	5341	25
其他一般旅馆	Others	48055	1076
民宿服务	Homestay Hotels	501	
露营地服务	Campsite Services	508	
其他住宿业	Others	3429	372
3.按控股情况分	Grouped by Share Holding		
国有控股	State Holding Enterprises	55440	436
集体控股	Collective-owned Holding Enterprises	1663	
私人控股	Private Holding Enterprises	143811	2660
其 他	Others	2677	6
4.按经营形式分	Grouped by Management Form		
独立门店	Independent Stores	190264	2636
连锁总店(总部)	Chain Headquarters		
连锁直营店	Direct Chain Stores	173	1
连锁加盟店	Franchise Chain Stores	1426	274
其 他	Others	11727	192
5.按单位规模分	Grouped by Enterprise Size		
大 型	Large-size	21448	81
中 型	Medium-size	106668	1250
小 型	Small-size	73681	1676
微 型	Micro-size	1794	95
6.按星级分	Grouped by Stars		
五 星	Five Star	33462	87
四 星	Four Star	35243	271
三 星	Three Star	32486	497
二 星	Two Star	1310	2
其 他	Others	101089	2245

continued

(10 000 yuan)

#通过非自营平台实现的餐费收入 by Non-self-operating Platform	商品销售额收入 Revenue of Sales of Commodities	其他收入 Other Revenue	#外卖送餐服务收入 Takeout Delivery	客房数(间) Rooms (unit)	床位数(个) Beds (unit)	餐位数(位) Tables (unit)	年末餐饮营业面积(平方米) Operating Area of Catering Services at Year-end(sq.m)
7773	**15069**	**87417**	**2968**	**107407**	**179357**	**586089**	**3361234**
1047	**5424**	**53646**	**172**	**75606**	**129614**	**132267**	**1505652**
1047	5424	53646	172	75606	129614	132267	1505652
6	142	8468	75	3489	6090	14456	70390
	2	340		311	429	175	600
181	1533	24028	96	15793	28281	28237	262291
	117	6104	96	1187	2027	5017	31352
181	1416	17924		14606	26254	23220	230939
860	3747	20811	1	56013	94814	89399	1172371
2	85	96		1964	3732	6084	56440
		141		60	120		
858	3661	19990	1	53775	90530	82315	1113063
		585		214	432	1000	2868
252	2753	36184	171	30828	51474	76947	780307
796	2504	16844	1	43219	75528	50092	659921
5	182	1811	1	5228	7686	4500	97235
790	2322	15033	1	37991	67842	45592	562686
	124	16		255	396	80	5830
	22	98		32	59	200	1124
	21	506		1272	2157	4948	58470
	742	28626	96	9044	15833	27046	216771
	2	831		651	1101	385	20155
1041	4680	23931	1	65500	111982	103436	1260666
6		259	75	411	698	1400	8060
1042	4845	51034	171	64602	113036	119792	1233502
				68	80		
	97	96	1	1515	2574	225	38350
5	312	618		5871	8307	2168	123773
	169	1899		3550	5617	10082	110027
		1900		899	1481	3276	22000
221	2000	30464	171	10331	16681	35728	276020
799	3364	21110		61526	106711	89807	1151546
27	59	173	1	2850	4741	3456	56086
6	185	5823	75	3147	5056	7625	122045
	246	12495		7037	11748	22799	176808
5	1351	10824	96	7189	12680	22564	203884
2	36	255	1	1468	2452	2675	28407
1035	3605	24250	1	56765	97678	76604	974508

14-1 续表3

单位：万元

指　标	Item	餐费收入 Revenue of Dining	#通过公共网络实现的餐费收入 by Public Network
二、餐饮业	**Catering**	**789245**	**51927**
1.按登记注册类型分	Grouped by Registered Kind		
内资企业	Civil Funded Enterprises	682455	28943
国有企业	State-owned Enterprises	5004	26
集体企业	Collective-owned Enterprises	374	
股份合作企业	Share Cooperative Enterprises	260	
有限责任公司	Limited Responsibility Corporations	100265	3517
国有独资公司	Company Exclusively with Investment from State	3423	7
其他有限责任公司	Other Limited Responsibility Company	96842	3510
股份有限公司	Share-holding Limited Corporations		
私营企业	Private-owned Enterprises	576552	25401
私营独资企业	Enterprise Exclusively with Investment from Private	18332	395
私营合伙企业	Private Partnership Enterprises	1191	
私营有限责任公司	Private Limited Responsibility Corporations	545463	24781
私营股份有限公司	Private Share-holding Limited Corporations	11566	225
港、澳、台商投资企业	Enterprises Funded by Hong Kong, Macao and Taiwan	28172	22984
港、澳、台商独资经营企业	Solely Owned Enterprises	28172	22984
外商投资企业	Foreign Funded Enterprises	78617	
中外合资经营企业	Joint Venture Enterprises	1201	
外资企业	Enterprises Funded by Foreign Invetments	77417	
2.按餐饮行业小类分组	Grouped by Catering Services		
正餐服务	Dinner	645251	23553
快餐服务	Fast Food	123235	23711
饮料及冷饮服务	Beverages and Cold Drinks	8210	2173
咖啡馆服务	Cafes	2744	
其他饮料及冷饮服务	Others	5466	2173
餐饮配送及外卖送餐服务	Catering Delivery and Takeout Delivery	1447	686
餐饮配送服务	Catering Delivery	760	
外卖送餐服务	Takeout Delivery	686	686
其他餐饮业	Others	11103	1803
小吃服务	Snacks	1280	
其他未列明餐饮业	Other Unlisted	9823	1803
3.按控股情况分	Grouped by Share Holding		
国有控股	State Holding Enterprises	29689	58
集体控股	Collective-owned Holding Enterprises	2680	1033
私人控股	Private Holding Enterprises	651287	27852
港澳台商控股	Hong Kong, Macao and Taiwan Holding Enterprises	28172	22984
外商控股	Foreign Holding Enterprises	77417	
其　他	Others		
4.按经营形式分	Grouped by Management Form		
独立门店	Independent Stores	592826	24798
连锁总店(总部)	Chain Headquarters	120348	24224
连锁直营店	Direct Chain Stores	10453	246
连锁加盟店	Franchise Chain Stores	2116	116
其　他	Others	63502	2543
5.按单位规模分	Grouped by Enterprise Size		
大　型	Large-size	151353	23278
中　型	Medium-size	234397	4382
小　型	Small-size	381165	22328
微　型	Micro-size	22330	1939

continued

(10 000 yuan)

#通过非自营平台实现的餐费收入 by Non-self-operating Platform	商品销售额收入 Revenue of Sales of Commodities	其他收入 Other Revenue	#外卖送餐服务收入 Takeout Delivery	客房数(间) Rooms (unit)	床位数(个) Beds (unit)	餐位数(位) Tables (unit)	年末餐饮营业面积(平方米) Operating Area of Catering Services at Year-end(sq.m)
6726	**9645**	**33771**	**2797**	**31801**	**49743**	**453822**	**1855582**
6726	8495	32470	1495	31801	49743	436050	1795111
	19	269		1025	1965	4933	49227
				188	321	500	2500
		62		24	51	300	2000
2	2881	16611	11	3452	5846	36463	222763
		975	11	276	455	1840	19347
2	2881	15636		3176	5391	34623	203416
6725	5594	15527	1485	27112	41560	393854	1518621
22	67	73		1579	2820	21073	78334
		3				3110	918
6702	5528	14778	1485	25327	38460	365857	1410469
		673		206	280	3814	28900
	1150	1301	1301			5129	19857
	1150	1301	1301			5129	19857
						12643	40614
						12	510
						12631	40104
6508	6724	30402	57	30601	47543	426861	1758963
119	2690	1584	1311	1200	2200	25322	74769
	182	130				123	1850
	104	119				4	30
	78	11				119	1820
		1528	1424				
		1424	1424				
		104					
100	50	127	4			1516	20000
						123	1020
100	50	127	4			1393	18980
2	151	14296	11	2370	4140	15265	111272
	286	371		263	454	2404	12845
6725	8058	17802	1485	29168	45149	418393	1671504
	1150	1301	1301			5129	19857
						12631	40104
6419	8204	29269	1495	22346	38789	376106	1662814
	1150	3182	1301	70	110	30702	94321
	104	119				1771	9488
14						254	2461
294	188	1201		9385	10844	44989	86498
	1150	11360	1301	344	581	20894	90079
677	3092	8954	12	3232	5129	88105	360421
6042	5398	12365	1483	28004	43620	328866	1361619
7	5	1091		221	413	15957	43463

14-2　限额以上住宿和餐饮业法人企业主要财务状况(2021年)

单位：万元

指　标	Item	年初存货 Beginning Inventory
总　计	**Total**	**85157**
一、住宿业	**Hotels**	**39582**
1.按登记注册类型分	Grouped by Registered Kind	
内资企业	Civil Funded Enterprises	39582
国有企业	State-owned Enterprises	1676
集体企业	Collective-owned Enterprises	45
有限责任公司	Limited Responsibility Corporations	12078
国有独资公司	Company Exclusively with Investment from State	743
其他有限责任公司	Other Limited Responsibility Corporations	11335
股份有限公司	Share-holding Limited Corporations	
私营企业	Private-owned Enterprises	25783
私营独资企业	Enterprise Exclusively with Investment from Private	980
私营合伙企业	Private Partnership Enterprises	
私营有限责任公司	Private Limited Responsibility Corporations	24446
私营股份有限公司	Private Share-holding Limited Corporations	357
2.按住宿行业小类分组	Grouped by Hotels	
旅游饭店	Tourist Hotels	24122
一般旅馆	Ordinary Hotels	14164
经济型连锁酒店	Economical Chain Hotels	1351
其他一般旅馆	Others	12813
民宿服务	Homestay Hotels	44
露营地服务	Campsite Services	550
其他住宿业	Others	701
3.按控股情况分	Grouped by Share Holding	
国有控股	State Holding Enterprises	7677
集体控股	Collective-owned Holding Enterprises	887
私人控股	Private Holding Enterprises	30695
其　他	Others	323
4.按经营形式分	Grouped by Management Form	
独立门店	Independent Stores	36256
连锁总店(总部)	Chain Headquarters	
连锁直营店	Direct Chain Stores	42
连锁加盟店	Franchise Chain Stores	1529
其　他	Others	1755
5.按单位规模分	Grouped by Enterprise Size	
大　型	Large-size	298
中　型	Medium-size	14299
小　型	Small-size	23748
微　型	Micro-size	1237
6.按星级分	Grouped by Stars	
五　星	Five Star	2234
四　星	Four Star	6005
三　星	Three Star	6355
二　星	Two Star	250
其　他	Others	24738

FINANCIAL CONDITION OF HOTELS AND CATERING CORPORATION ENTERPRISES ABOVE DESIGNATED SIZE(2021)

(10 000 yuan)

流动资产合计 Total Circulating Assets	#应收帐款 Accounts Receivable	#存货 Inventory	固定资产原价 Original Value of Fixed Assets	累计折旧 Accumulated Depreciation	#本年折旧 Depreciation This Year	资产总计 Total Assets
1376351	**183149**	**92315**	**2169024**	**946663**	**135908**	**3462013**
735412	**82017**	**39303**	**1558737**	**687312**	**99153**	**2062690**
735412	82017	39303	1558737	687312	99153	2062690
70419	5471	2664	264209	141817	12247	241199
1586	318	45	9449	2307	84	9374
193640	18186	10335	621276	241638	40945	672557
12059	3442	767	87081	29927	3177	83489
181581	14744	9569	534195	211712	37768	589068
469768	58043	26258	663803	301549	45876	1139559
12757	1668	1105	13448	5358	329	26944
191	1		1			216
448928	56124	24805	621159	286522	44373	1082783
7892	251	349	29196	9670	1174	29616
414106	46532	21436	1090020	526755	63643	1215382
313300	33544	17148	444930	155942	34092	816883
19836	1473	1564	52889	8381	2652	79233
293464	32071	15584	392041	147560	31439	737651
1126	145	97	329	20	20	2443
152			8966	240	175	9383
6729	1797	622	14493	4356	1223	18599
121843	15368	6962	637974	306624	33909	557694
5578	1643	921	16453	3948	821	28918
604295	64055	31192	859865	357620	59202	1445797
3697	952	228	44446	19120	5222	30281
658830	74642	36017	1483903	648389	93773	1888103
218	6		161	159	22	220
2890	661	31	5795	2499	322	17606
19748	2143	1268	21717	12618	2052	51203
53726	4565	1986	47162	23647	2985	105559
34030	572	1006	78413	56566	2341	70461
269233	19084	13107	728347	273443	40435	879388
415942	60422	22332	722906	349085	55461	1071978
16207	1939	2858	29072	8218	917	40864
87327	4530	2863	281172	142806	26272	308299
109989	20902	7224	308491	172571	13170	386386
77538	10527	4927	193283	92777	14965	224839
11986	1210	258	23712	12039	2664	26112
448572	44849	24030	752080	267120	42082	1117055

14-2 续表1

单位：万元

指 标	Item	年初存货 Beginning Inventory
二、餐饮业	**Catering**	**45575**
1.按登记注册类型分	Grouped by Registered Kind	
内资企业	Civil Funded Enterprises	44511
国有企业	State-owned Enterprises	736
集体企业	Collective-owned Enterprises	302
股份合作企业	Share Cooperative Enterprises	12
有限责任公司	Limited Responsibility Corporations	5476
国有独资公司	Company Exclusively with Investment from State	391
其他有限责任公司	Other Limited Responsibility Company	5086
股份有限公司	Share-holding Limited Corporations	
私营企业	Private-owned Enterprises	37985
私营独资企业	Enterprise Exclusively with Investment from Private	1718
私营合伙企业	Private Partnership Enterprises	21
私营有限责任公司	Private Limited Responsibility Corporations	35427
私营股份有限公司	Private Share-holding Limited Corporations	819
港、澳、台商投资企业	Enterprises Funded by Hong Kong, Macao and Taiwan	392
港、澳、台商独资经营企业	Solely Owned Enterprises	392
外商投资企业	Foreign Funded Enterprises	673
中外合资经营企业	Joint Venture Enterprises	
外资企业	Enterprises Funded by Foreign Invetments	673
2.按餐饮行业小类分组	Grouped by Catering Services	
正餐服务	Dinner	40296
快餐服务	Fast Food	5169
饮料及冷饮服务	Beverages and Cold Drinks	29
咖啡馆服务	Cafes	
其他饮料及冷饮服务	Others	29
餐饮配送及外卖送餐服务	Catering Delivery and Takeout Delivery	
餐饮配送服务	Catering Delivery	
外卖送餐服务	Takeout Delivery	
其他餐饮业	Others	81
小吃服务	Snacks	57
其他未列明餐饮业	Other Unlisted	24
3.按控股情况分	Grouped by Share Holding	
国有控股	State Holding Enterprises	2408
集体控股	Collective-owned Holding Enterprises	292
私人控股	Private Holding Enterprises	41810
港澳台商控股	Hong Kong, Macao and Taiwan Holding Enterprises	392
外商控股	Foreign Holding Enterprises	673
其 他	Others	
4.按经营形式分	Grouped by Management Form	
独立门店	Independent Stores	41218
连锁总店(总部)	Chain Headquarters	2267
连锁直营店	Direct Chain Stores	227
连锁加盟店	Franchise Chain Stores	70
其 他	Others	1793
5.按单位规模分	Grouped by Enterprise Size	
大 型	Large-size	2849
中 型	Medium-size	9396
小 型	Small-size	31812
微 型	Micro-size	1519

continued

(10 000 yuan)

流动资产合计 Total Circulating Assets	#应收帐款 Accounts Receivable	#存货 Inventory	固定资产原价 Original Value of Fixed Assets	累计折旧 Accumulated Depreciation	#本年折旧 Depreciation This Year	资产总计 Total Assets
640939	**101132**	**53012**	**610287**	**259351**	**36755**	**1399323**
635272	101003	51768	583033	251611	35432	1313872
6054	1226	657	31058	14560	3361	34845
1868	1178	355	2691	1848	162	2973
113	11	10	205	123	16	260
129617	34241	5740	166995	50490	6654	329915
4377	522	433	10117	7931	216	9368
125240	33719	5307	156878	42559	6438	320547
497621	64347	45006	382085	184590	25241	945880
13805	1830	1773	20915	9202	999	28699
123		8	60	10	10	317
474746	58700	42517	349845	172069	23791	884121
8947	3818	708	11265	3309	440	32743
2935	72	396	13080	4638	979	32889
2935	72	396	13080	4638	979	32889
2732	58	848	14174	3102	343	52562
154	4	32	89	69	17	592
2578	53	817	14085	3033	327	51971
605029	90202	50375	576578	249116	34840	1272956
27288	8466	2217	32547	9749	1660	113329
1513	11	87	326	161	67	2545
392	1		2	1	1	494
1121	10	87	324	160	67	2051
428	79		37	34	34	431
329	23		37	34	34	332
99	55					99
6681	2375	333	798	290	153	10063
939	127	53	520	113	1	2366
5742	2249	280	278	177	152	7697
51276	26502	2392	103120	32956	6125	174760
2399	1335	381	3676	2551	225	4282
581751	73170	49026	476326	216173	29100	1135423
2935	72	396	13080	4638	979	32889
2578	53	817	14085	3033	327	51971
567890	76172	47408	526032	220681	30697	1207237
31800	15834	2770	38812	17020	1968	117679
2062	40	317	765	610	73	5236
435	7	104	175	89	39	706
38752	9078	2414	44504	20950	3978	68466
29172	8361	3199	44719	18107	2198	117307
172692	38908	11810	152554	64747	6296	390412
419303	49112	36659	406644	174634	28020	867268
19772	4751	1345	6369	1863	240	24337

14-2 续表2

单位：万元

指　标	Item	流动负债合　计 Liquid Liabilities
总　计	**Total**	**2597347**
一、住宿业	**Hotels**	**1446439**
1.按登记注册类型分	Grouped by Registered Kind	
内资企业	Civil Funded Enterprises	1446439
国有企业	State-owned Enterprises	107011
集体企业	Collective-owned Enterprises	7499
有限责任公司	Limited Responsibility Corporations	425318
国有独资公司	Company Exclusively with Investment from State	79331
其他有限责任公司	Other Limited Responsibility Corporations	345987
股份有限公司	Share-holding Limited Corporations	
私营企业	Private-owned Enterprises	906611
私营独资企业	Enterprise Exclusively with Investment from Private	17924
私营合伙企业	Private Partnership Enterprises	1
私营有限责任公司	Private Limited Responsibility Corporations	862051
私营股份有限公司	Private Share-holding Limited Corporations	26636
2.按住宿行业小类分组	Grouped by Hotels	
旅游饭店	Tourist Hotels	954966
一般旅馆	Ordinary Hotels	470546
经济型连锁酒店	Economical Chain Hotels	53304
其他一般旅馆	Others	417242
民宿服务	Homestay Hotels	1301
露营地服务	Campsite Services	891
其他住宿业	Others	18734
3.按控股情况分	Grouped by Share Holding	
国有控股	State Holding Enterprises	366775
集体控股	Collective-owned Holding Enterprises	30434
私人控股	Private Holding Enterprises	1040782
其　他	Others	8448
4.按经营形式分	Grouped by Management Form	
独立门店	Independent Stores	1293870
连锁总店(总部)	Chain Headquarters	
连锁直营店	Direct Chain Stores	11711
连锁加盟店	Franchise Chain Stores	50461
其　他	Others	90397
5.按单位规模分	Grouped by Enterprise Size	
大　型	Large-size	14932
中　型	Medium-size	501702
小　型	Small-size	907402
微　型	Micro-size	22403
6.按星级分	Grouped by Stars	
五　星	Five Star	164576
四　星	Four Star	272717
三　星	Three Star	223307
二　星	Two Star	25167
其　他	Others	760672

continued

(10 000 yuan)

负债合计 Total Liabilities	所有者权益 Creditors' Equity	#实收资本 Capital Hold	#个人资本 Individual
3190478	**272720**	**1066465**	**157878**
1872962	**189109**	**611403**	**73364**
1872962	189109	611403	73364
168141	72232	99840	
10753	-1379	473	
545412	127146	192351	2071
104162	-20672	7848	
441250	147818	184503	2071
1148656	-8890	318740	71293
23506	4217	7419	4994
1	215	215	215
1097614	-15402	300606	66083
27535	2081	10500	
1287880	-72646	372579	34782
559502	256910	234900	38382
64402	14831	18894	7485
495100	242079	216006	30897
1301	1142	1150	150
4542	4841		
19737	-1138	2775	50
508332	48536	164436	1570
34578	-5660	1573	
1321260	124745	407732	71794
8793	21488	37662	
1689436	198048	558829	63026
211	9		
18540	-934	1080	270
51577	-374	16446	6803
113198	-7639	35048	3265
46179	24281	13131	500
790604	88784	241024	7293
1003442	68536	351128	62327
32737	7508	6121	3244
241827	66472	136666	3356
346843	39119	152717	20792
257303	-32464	66964	4650
26183	-71	7158	2170
1000806	116053	247898	42396

14-2 续表3

单位：万元

指　标	Item	流动负债合　计 Liquid Liabilities
二、餐饮业	**Catering**	**1150908**
1.按登记注册类型分	Grouped by Registered Kind	
内资企业	Civil Funded Enterprises	1110266
国有企业	State-owned Enterprises	12542
集体企业	Collective-owned Enterprises	936
股份合作企业	Share Cooperative Enterprises	23
有限责任公司	Limited Responsibility Corporations	323768
国有独资公司	Company Exclusively with Investment from State	3410
其他有限责任公司	Other Limited Responsibility Company	320358
股份有限公司	Share-holding Limited Corporations	
私营企业	Private-owned Enterprises	772998
私营独资企业	Enterprise Exclusively with Investment from Private	19208
私营合伙企业	Private Partnership Enterprises	312
私营有限责任公司	Private Limited Responsibility Corporations	737758
私营股份有限公司	Private Share-holding Limited Corporations	15721
港、澳、台商投资企业	Enterprises Funded by Hong Kong, Macao and Taiwan	19122
港、澳、台商独资经营企业	Solely Owned Enterprises	19122
外商投资企业	Foreign Funded Enterprises	21520
中外合资经营企业	Joint Venture Enterprises	275
外资企业	Enterprises Funded by Foreign Invetments	21245
2.按餐饮行业小类分组	Grouped by Catering Services	
正餐服务	Dinner	1083746
快餐服务	Fast Food	58927
饮料及冷饮服务	Beverages and Cold Drinks	2513
咖啡馆服务	Cafes	2154
其他饮料及冷饮服务	Others	359
餐饮配送及外卖送餐服务	Catering Delivery and Takeout Delivery	320
餐饮配送服务	Catering Delivery	225
外卖送餐服务	Takeout Delivery	95
其他餐饮业	Others	5402
小吃服务	Snacks	11
其他未列明餐饮业	Other Unlisted	5391
3.按控股情况分	Grouped by Share Holding	
国有控股	State Holding Enterprises	166498
集体控股	Collective-owned Holding Enterprises	4109
私人控股	Private Holding Enterprises	939934
港澳台商控股	Hong Kong, Macao and Taiwan Holding Enterprises	19122
外商控股	Foreign Holding Enterprises	21245
其　他	Others	
4.按经营形式分	Grouped by Management Form	
独立门店	Independent Stores	1018062
连锁总店(总部)	Chain Headquarters	80958
连锁直营店	Direct Chain Stores	4641
连锁加盟店	Franchise Chain Stores	1176
其　他	Others	46072
5.按单位规模分	Grouped by Enterprise Size	
大　型	Large-size	67015
中　型	Medium-size	340928
小　型	Small-size	732237
微　型	Micro-size	10728

continued

(10 000 yuan)

负债合计 Total Liabilities	所有者权益 Creditors' Equity	#实收资本 Capital Hold	#个人资本 Individual
1317517	**83610**	**455062**	**84514**
1245668	70009	448123	84514
28210	6379	8143	
936	2037	2037	
23	237	100	100
345661	-15907	98698	7844
3410	5958	6100	
342251	-21865	92598	7844
870838	77264	339145	76570
30402	734	8172	3196
312	5	3	3
818421	65485	317071	70371
21704	11040	13900	3000
25752	7136	5000	
25752	7136	5000	
46097	6466	1939	
275	317	100	
45822	6149	1839	
1216667	58092	437467	82219
90414	22915	15448	995
2700	-155	262	
2154	-1659		
547	1504	262	
320	111		
225	107		
95	4		
7415	2648	1884	1300
2024	342	124	100
5391	2306	1760	1200
186834	-12492	23792	1132
4114	168	3325	
1054995	82650	421107	83383
25752	7136	5000	
45822	6149	1839	
1142765	66289	427300	81078
113912	3754	10810	600
4808	428	1079	14
1176	-470	315	10
54856	13610	15558	2812
101084	16223	11541	2000
371111	19301	127127	11669
824789	42479	313152	69823
20533	5607	3242	1022

14-2 续表4

单位：万元

指　标	Item	营业收入 Business Revenue
总　计	**Total**	**1386810**
一、住宿业	**Hotels**	**527956**
1.按登记注册类型分	Grouped by Registered Kind	
内资企业	Civil Funded Enterprises	527956
国有企业	State-owned Enterprises	74051
集体企业	Collective-owned Enterprises	1996
有限责任公司	Limited Responsibility Corporations	131382
国有独资公司	Company Exclusively with Investment from State	20290
其他有限责任公司	Other Limited Responsibility Corporations	111092
股份有限公司	Share-holding Limited Corporations	
私营企业	Private-owned Enterprises	320527
私营独资企业	Enterprise Exclusively with Investment from Private	11834
私营合伙企业	Private Partnership Enterprises	266
私营有限责任公司	Private Limited Responsibility Corporations	307503
私营股份有限公司	Private Share-holding Limited Corporations	924
2.按住宿行业小类分组	Grouped by Hotels	
旅游饭店	Tourist Hotels	317946
一般旅馆	Ordinary Hotels	197321
经济型连锁酒店	Economical Chain Hotels	33310
其他一般旅馆	Others	164011
民宿服务	Homestay Hotels	2054
露营地服务	Campsite Services	1152
其他住宿业	Others	9484
3.按控股情况分	Grouped by Share Holding	
国有控股	State Holding Enterprises	146556
集体控股	Collective-owned Holding Enterprises	4482
私人控股	Private Holding Enterprises	370799
其　他	Others	6119
4.按经营形式分	Grouped by Management Form	
独立门店	Independent Stores	467024
连锁总店(总部)	Chain Headquarters	249
连锁直营店	Direct Chain Stores	7009
连锁加盟店	Franchise Chain Stores	27930
其　他	Others	25745
5.按单位规模分	Grouped by Enterprise Size	
大　型	Large-size	39793
中　型	Medium-size	202367
小　型	Small-size	274758
微　型	Micro-size	11038
6.按星级分	Grouped by Stars	
五　星	Five Star	67188
四　星	Four Star	82019
三　星	Three Star	67230
二　星	Two Star	5303
其　他	Others	306217

continued

(10 000 yuan)

#主营业务收入 Revenue in Major Business	营业成本 Business Costs	税金及附加 Taxes and Extra Charges	其他业务利润 Profits of Other Business	销售费用 Costs of Sales
1363083	**715632**	**12096**	**14572**	**431743**
514846	**225925**	**8026**	**9969**	**170063**
514846	225925	8026	9969	170063
70490	22393	1867	7831	23627
1987	942	14		725
126871	66060	2466	1002	47180
20195	9637	668	1	9831
106676	56423	1797	1000	37349
315498	136530	3679	1137	98531
11795	7730	44	–3	2741
266	189	1		4
302514	128511	3633	1140	94149
924	100			1638
308567	139891	6159	9022	101565
193607	81601	1658	947	62712
33221	12161	341		9914
160386	69440	1317	947	52798
2054	902			633
1139	299	5		158
9480	3231	204		4995
140418	68985	3998	8306	48193
4472	1993	23		2068
363919	153321	3939	1663	116052
6037	1626	67		3749
455041	202000	7524	8808	151560
239	195	1		
6868	5142	6		1201
27798	9782	66	3	7342
24900	8807	429	1159	9960
37027	14357	1017	1289	3182
198135	78583	4448	6114	74064
269858	126967	2450	2566	89648
9826	6018	111	1	3169
64340	22867	1931	1289	17731
80639	39111	1443	556	24509
65463	34383	1287	1589	26276
5218	1777	48	77	2872
299186	127787	3318	6458	98675

14-2 续表5

单位：万元

指 标	Item	营业收入 Business Revenue
二、餐饮业	**Catering**	**858854**
1.按登记注册类型分	Grouped by Registered Kind	
内资企业	Civil Funded Enterprises	755641
国有企业	State-owned Enterprises	7511
集体企业	Collective-owned Enterprises	1009
股份合作企业	Share Cooperative Enterprises	392
有限责任公司	Limited Responsibility Corporations	125561
国有独资公司	Company Exclusively with Investment from State	5397
其他有限责任公司	Other Limited Responsibility Company	120164
股份有限公司	Share-holding Limited Corporations	
私营企业	Private-owned Enterprises	621169
私营独资企业	Enterprise Exclusively with Investment from Private	21226
私营合伙企业	Private Partnership Enterprises	1189
私营有限责任公司	Private Limited Responsibility Corporations	585826
私营股份有限公司	Private Share-holding Limited Corporations	12927
港、澳、台商投资企业	Enterprises Funded by Hong Kong, Macao and Taiwan	28889
港、澳、台商独资经营企业	Solely Owned Enterprises	28889
外商投资企业	Foreign Funded Enterprises	74324
中外合资经营企业	Joint Venture Enterprises	1133
外资企业	Enterprises Funded by Foreign Invetments	73191
2.按餐饮行业小类分组	Grouped by Catering Services	
正餐服务	Dinner	715815
快餐服务	Fast Food	121029
饮料及冷饮服务	Beverages and Cold Drinks	7993
咖啡馆服务	Cafes	2793
其他饮料及冷饮服务	Others	5200
餐饮配送及外卖送餐服务	Catering Delivery and Takeout Delivery	2848
餐饮配送服务	Catering Delivery	2065
外卖送餐服务	Takeout Delivery	783
其他餐饮业	Others	11170
小吃服务	Snacks	1278
其他未列明餐饮业	Other Unlisted	9892
3.按控股情况分	Grouped by Share Holding	
国有控股	State Holding Enterprises	51524
集体控股	Collective-owned Holding Enterprises	4112
私人控股	Private Holding Enterprises	701139
港澳台商控股	Hong Kong, Macao and Taiwan Holding Enterprises	28889
外商控股	Foreign Holding Enterprises	73191
其 他	Others	
4.按经营形式分	Grouped by Management Form	
独立门店	Independent Stores	660426
连锁总店(总部)	Chain Headquarters	118109
连锁直营店	Direct Chain Stores	10086
连锁加盟店	Franchise Chain Stores	2094
其 他	Others	68140
5.按单位规模分	Grouped by Enterprise Size	
大 型	Large-size	154174
中 型	Medium-size	247913
小 型	Small-size	433650
微 型	Micro-size	23118

continued

(10 000 yuan)

#主营业务收入 Revenue in Major Business	营业成本 Business Costs	税金及附加 Taxes and Extra Charges	其他业务利润 Profits of Other Business	销售费用 Costs of Sales
848237	**489707**	**4070**	**4603**	**261680**
745024	438085	4002	4603	224220
7311	4046	119	347	1676
1009	260	1		518
392	141	6		170
122505	75283	1334	96	40943
5397	2773	77		939
117109	72510	1257	96	40004
613807	358356	2542	4159	180914
20890	12453	175	176	6091
1186	617	1		313
578991	338114	2216	3885	171728
12740	7172	150	98	2782
28889	9408	23		16532
28889	9408	23		16532
74324	42214	46		20928
1133	342	1		767
73191	41872	45		20162
705226	410975	3965	4603	215714
121013	62709	90		42516
7992	4261	4		2822
2793	2532	1		1
5200	1729	3		2822
2848	2435	1		2
2065	1755	1		2
783	679			
11158	9327	10		626
1266	752	3		298
9892	8575	7		328
49395	38976	883	423	9806
4112	2612	4	-52	1139
692650	396838	3116	4232	214041
28889	9408	23		16532
73191	41872	45		20162
652354	380646	3220	4633	197010
116026	61508	258	-30	43270
10086	4865	9		4462
2094	1006	2		1014
67677	41682	581		15925
154167	91031	347	46	45991
247199	137108	1460	760	84359
425555	244869	2227	3797	128601
21317	16698	36		2729

14-2 续表6

单位：万元

指　标	Item	管理费用 Costs of Administration
总　计	**Total**	**322308**
一、住宿业	**Hotels**	**197688**
1.按登记注册类型分	Grouped by Registered Kind	
内资企业	Civil Funded Enterprises	197688
国有企业	State-owned Enterprises	41323
集体企业	Collective-owned Enterprises	628
有限责任公司	Limited Responsibility Corporations	54154
国有独资公司	Company Exclusively with Investment from State	5179
其他有限责任公司	Other Limited Responsibility Corporations	48975
股份有限公司	Share-holding Limited Corporations	
私营企业	Private-owned Enterprises	101583
私营独资企业	Enterprise Exclusively with Investment from Private	1761
私营合伙企业	Private Partnership Enterprises	7
私营有限责任公司	Private Limited Responsibility Corporations	99246
私营股份有限公司	Private Share-holding Limited Corporations	569
2.按住宿行业小类分组	Grouped by Hotels	
旅游饭店	Tourist Hotels	114585
一般旅馆	Ordinary Hotels	80131
经济型连锁酒店	Economical Chain Hotels	12074
其他一般旅馆	Others	68057
民宿服务	Homestay Hotels	473
露营地服务	Campsite Services	564
其他住宿业	Others	1936
3.按控股情况分	Grouped by Share Holding	
国有控股	State Holding Enterprises	63100
集体控股	Collective-owned Holding Enterprises	1260
私人控股	Private Holding Enterprises	130230
其　他	Others	3099
4.按经营形式分	Grouped by Management Form	
独立门店	Independent Stores	173302
连锁总店(总部)	Chain Headquarters	51
连锁直营店	Direct Chain Stores	1696
连锁加盟店	Franchise Chain Stores	12118
其　他	Others	10522
5.按单位规模分	Grouped by Enterprise Size	
大　型	Large-size	18722
中　型	Medium-size	77859
小　型	Small-size	98009
微　型	Micro-size	3098
6.按星级分	Grouped by Stars	
五　星	Five Star	29779
四　星	Four Star	29961
三　星	Three Star	18248
二　星	Two Star	2209
其　他	Others	117493

continued

(10 000 yuan)

财务费用 Costs of Finance	#利息收入 Interest Revenues	#利息费用 Interest Expenses	营业利润 Business Profits	利润总额 Total Profits	所得税费用 Income Tax Expenses	应付职工薪酬(本年贷方累计发生额) Remuneration Payable (Accumulated Credit Balance of The Year)	应交增值税 Value-added Taxes Payable
41139	**899**	**25622**	**-138729**	**-123211**	**2825**	**316038**	**22101**
21137	**277**	**11844**	**-92870**	**-83385**	**404**	**145139**	**9231**
21137	277	11844	-92870	-83385	404	145139	9231
69	-31	35	-14063	-10321	9	30036	3297
2			-315	-317	1	541	14
5699		2036	-41288	-39544	-178	43720	1122
248	25	215	-5103	-3590	2	9938	504
5452	-25	1821	-36186	-35953	-179	33782	617
15366	308	9773	-37204	-33204	573	70842	4799
92	2	7	-835	-734	44	2631	103
1	1		12	12		66	2
14429	306	9766	-34154	-30292	528	67429	4704
844			-2227	-2189		717	-9
14675	160	8116	-57351	-51977	24	90908	7504
6104	118	3672	-34477	-30468	377	51956	1557
1035	38	999	-2525	-2429	38	5682	261
5069	79	2673	-31951	-28039	340	46274	1296
9		9	37	32	1	220	2
272			-146	-47		247	-21
77		48	-934	-925	2	1808	190
3900	-47	1100	-39931	-34645	-502	55347	3713
144		133	-685	-659	1	1454	14
17097	312	10611	-50459	-46359	905	84168	5488
-5	13		-1795	-1722		4170	16
19103	240	10156	-84185	-75447	871	130841	8691
2		2	1	10		6	
106		6	-1148	-1077	-489	1673	21
128	37	93	-1885	-1703	18	4504	308
1799		1588	-5654	-5168	4	8116	211
514			2006	940		10754	2515
9414	72	5814	-39867	-34199	391	62060	2809
11151	210	5993	-53540	-48234	3	70922	3779
58	-5	38	-1468	-1892	10	1404	129
1747	11	531	-3995	-2867	35	18532	2779
4831	5	3950	-17991	-16232	378	23009	1947
3618	166	1201	-16144	-14168	27	24205	1308
424	34	127	-2007	-1867	1	1706	125
10516	61	6035	-52733	-48250	-37	77686	3073

14-2 续表7

单位：万元

指 标	Item	管理费用 Costs of Administration
二、餐饮业	**Catering**	**124620**
1.按登记注册类型分	Grouped by Registered Kind	
内资企业	Civil Funded Enterprises	117451
国有企业	State-owned Enterprises	3670
集体企业	Collective-owned Enterprises	276
股份合作企业	Share Cooperative Enterprises	42
有限责任公司	Limited Responsibility Corporations	22325
国有独资公司	Company Exclusively with Investment from State	1589
其他有限责任公司	Other Limited Responsibility Company	20736
股份有限公司	Share-holding Limited Corporations	
私营企业	Private-owned Enterprises	91139
私营独资企业	Enterprise Exclusively with Investment from Private	3827
私营合伙企业	Private Partnership Enterprises	219
私营有限责任公司	Private Limited Responsibility Corporations	85079
私营股份有限公司	Private Share-holding Limited Corporations	2014
港、澳、台商投资企业	Enterprises Funded by Hong Kong, Macao and Taiwan	1256
港、澳、台商独资经营企业	Solely Owned Enterprises	1256
外商投资企业	Foreign Funded Enterprises	5913
中外合资经营企业	Joint Venture Enterprises	
外资企业	Enterprises Funded by Foreign Invetments	5913
2.按餐饮行业小类分组	Grouped by Catering Services	
正餐服务	Dinner	113529
快餐服务	Fast Food	9294
饮料及冷饮服务	Beverages and Cold Drinks	398
咖啡馆服务	Cafes	174
其他饮料及冷饮服务	Others	224
餐饮配送及外卖送餐服务	Catering Delivery and Takeout Delivery	524
餐饮配送服务	Catering Delivery	422
外卖送餐服务	Takeout Delivery	102
其他餐饮业	Others	875
小吃服务	Snacks	249
其他未列明餐饮业	Other Unlisted	626
3.按控股情况分	Grouped by Share Holding	
国有控股	State Holding Enterprises	11600
集体控股	Collective-owned Holding Enterprises	592
私人控股	Private Holding Enterprises	105259
港澳台商控股	Hong Kong, Macao and Taiwan Holding Enterprises	1256
外商控股	Foreign Holding Enterprises	5913
其 他	Others	
4.按经营形式分	Grouped by Management Form	
独立门店	Independent Stores	104731
连锁总店(总部)	Chain Headquarters	9091
连锁直营店	Direct Chain Stores	274
连锁加盟店	Franchise Chain Stores	356
其 他	Others	10167
5.按单位规模分	Grouped by Enterprise Size	
大 型	Large-size	11805
中 型	Medium-size	30198
小 型	Small-size	77826
微 型	Micro-size	4792

continued

(10 000 yuan)

财务费用 Costs of Finance	#利息收入 Interest Revenues	#利息费用 Interest Expenses	营业利润 Business Profits	利润总额 Total Profits	所得税费用 Income Tax Expenses	应付职工薪酬（本年贷方累计发生额） Remuneration Payable (Accumulated Credit Balance of The Year)	应交增值税 Value-added Taxes Payable
20002	**622**	**13778**	**-45859**	**-39826**	**2421**	**170899**	**12870**
17916	622	13778	-50246	-43842	1471	144239	12862
564		10	-2059	-803		2706	178
			-45	-31		327	
1			33	39	1	146	6
6261	548	6211	-19605	-18340	464	27457	2008
-2	10		50	55	-45	934	12
6262	537	6211	-19655	-18395	510	26523	1996
11091	74	7558	-28570	-24708	1005	113604	10670
248	1	88	-1381	-1303	30	4483	185
3			32	43		157	10
10455	70	7095	-27744	-24183	927	106632	10053
385	3	375	523	735	49	2332	423
624			992	710	139	12308	
624			992	710	139	12308	
1462			3395	3305	811	14352	8
0			64	65	4	279	7
1462			3331	3240	807	14073	
17653	617	13563	-50329	-43754	1209	137979	12675
2319	5	215	3681	3095	1060	30324	-7
6			605	580	123	1715	93
			88	89		601	79
6			518	491	123	1114	14
			-110	-105	2	378	5
			-114	-109	2	276	4
			4	4		102	1
24			295	358	27	503	104
6			-43	-30	4	182	3
18			338	388	24	321	101
5012	19	4238	-14079	-12381	-48	11691	1100
3			-223	-184	1	810	22
12902	603	9541	-35880	-31212	1521	132018	11747
624			992	710	139	12308	
1462			3331	3240	807	14073	
17253	610	13233	-46020	-40075	1210	127325	11321
2401	2	305	1187	1081	969	30960	260
6			592	703	92	2352	105
12			-295	-279	1	362	70
330	9	240	-1322	-1256	150	9900	1114
2607	5	505	2857	2609	948	29978	1072
6715	62	6131	-14257	-12217	942	51556	4860
10652	554	7140	-33505	-30126	462	87622	6774
28	1	3	-953	-92	69	1743	163

14-3 限额以上连锁住宿餐饮业经营情况(2021年)

MANAGEMENT OF CHAIN ENTERPRISES ABOVE DESIGNATED SIZE IN HOTELS AND CATERING SERVICES(2021)

指 标	Item	合 计 Total	直营店 Regular Chain	加盟店 Franchise Chain
一、门店总数 (个)	Number of Stores (uint)	199	193	6
二、年末餐饮业营业面积 (平方米)	Business Area of Catering at Year-end (sq.m)	61029	60079	950
三、年末从业人员 (人)	Employees at Year-end (person)	7112	7004	108
四、年末经营餐饮业务餐位数 (位)	Number of Catering Tables at Year-end (uint)	19402	19264	138
五、商品购进总额 (万元)	Total Purchases Value (10 000 yuan)	49215	48755	460
#统一配送商品购进额	Value of Unified Distribution	48755	48755	
自有配送中心配送商品购进额	Disrtibuted by Owned Distribution Center	46953	46953	
非自有配送中心配送商品购进额	Distributed by Other Distribution Center	1802	1802	
六、营业收入 (万元)	Business Revenue (10 000 yuan)	113407	112018	1390
餐费收入	Revenue of Dining	110754	109365	1390

14-4 主要年份旅游接待人数

NUMBER OF TOURISTS IN MAJOR YEARS

年 份 Year	接待国内游客人数 (万人次) Domestic Tourists (10 000 person-times)	接待入境过夜游客人数(人次) Inbound Overnight Tourists (person-time)	外国人 Foreigners	华 侨 Overseas Chinese	港澳台同胞 Compatriots from Hong Kong, Macao and Taiwan	#台湾同胞 Compatriots from Taiwan
1985	360	34327	26066	1523	6738	2628
1990	465	46777	26983	908	18886	10786
1995	977	71199	51513	1106	18580	10035
2000	2905	165282	116578		48704	21460
2005	6545	421458	253986		167472	64970
2010	12497	1302856	820935		481921	178480
2011	14975	1553208	982522		570686	213088
2012	19434	1891758	1204155		687603	261330
2013	24605	2126372	1350399		775973	296177
2014	29951	564770	361272		203498	82258
2015	36007	593772	380390		213382	86425
2016	44330	629836	404221		225615	91981
2017	56073	670023	434686		235337	96628
2018	70378	713466	465950		247516	103753
2019	83390	762230	498047		264183	106216
2020	33252	16529	10012		6517	2268

注：2014年起，海外旅游相关指标采用新口径，后同。

Note: Oversea tourism and related indicators have adopted a new coverage since 2014. The same applies to the following.

14-5 主要年份旅游收入

TOTAL INCOME OF TOURISM IN MAJOR YEARS

单位：亿元 (100 million yuan)

年 份 Year	旅游总收入 Total Income of Tourism	国内旅游收入 Revenue from Domestic Tourism	旅游外汇收入 (万美元) Foreign Exchange Earnings from Tourism (USD 10 000)	国内旅游人均花费(元) Per Capita Expenditure of Domestic Tourists (yuan)
1985	0.48	0.36	146	10
1990	2.80	2.22	458	48
1995	16.71	15.00	2062	154
2000	81.35	77.21	4991	266
2005	291.99	281.91	11622	447
2010	1083.46	1052.26	46460	861
2011	1342.59	1305.10	56720	879
2012	1813.01	1766.28	72024	903
2013	2305.44	2253.65	82268	966
2014	2846.51	2829.29	28073	855
2015	3447.50	3428.91	29710	884
2016	4247.12	4227.97	31738	963
2017	5360.21	5338.61	35014	907
2018	6728.70	6699.46	37798	947
2019	8026.92	7999.35	40995	959
2020	2920.08	2919.71	605	878

14-6 旅游4A级以上景区(2021年)

TOURIST ATTRACTIONS ABOVE 4A GRADE(2021)

名 称	Name	地 址	Address
5A 级	**5A Grade**		
云冈石窟	Yungang Grottoes	大同市云冈区云冈旅游区	Yungang Tourist Area, Yungang, Datong
五台山风景名胜区	Wutai Mount Scenic Area	忻州市五台县台怀镇	Taihuai, Wutai, Xinzhou
代县雁门关风景区	Yanmenguan Pass Scenic Area	忻州市代县雁门关乡	Yanmenguan, Daixian, Xinzhou
平遥古城景区	Pingyao Accient City	晋中市平遥县古陶镇	Gutao, Pingyao, Jinzhong
绵山景区	Mianshan Scenic Area	晋中市介休市南槐志村	Nanhuaizhi Vil., JieXiu, Jinzhong
太行山八泉峡景区	Baquan Gorge under Taihang Mount	长治市壶关县	Huguan, Changzhi
皇城相府	Royal Prime Minister's Palace	晋城市阳城县北留镇	Beiliu, Yangcheng, Jincheng
洪洞大槐树寻根祭祖园	Hongtong Dahuaishu Ancestor Memorial Garden	临汾市洪洞县	Hongtong, Linfen
乡宁县云丘山景区	Mount Yun Scenic Area	临汾市乡宁县	Xiangning, Linfen

14-6 续表1 continued

名 称	Name	地 址	Address
4A 级	**4A Grade**		
晋祠博物馆	Jinci Temple	太原市晋源区晋祠镇晋祠公园	Jinci Park, Jinyuan, Taiyuan
汾河景区	Fenhe Scenic Area	太原市滨河东路中段	East Binhe Rd., Taiyuan
蒙山大佛景区	Mengshan Grand Buddha	太原市晋源区罗城寺底旧村	Sidi Vil., Jinyuan, Taiyuan
东湖醋园	Vinegar Park in East Lake	太原市杏花岭区赛马场马道坡街	Madaopo St., Xinghualing, Taiyuan
太原动物园	Taiyuan Zoo	太原市杏花岭区东山马路	Dongshan Rd., Xinghualing, Taiyuan
太原市森林公园	Taiyuan Forest Park	太原市尖草坪区大同路	Datong Rd., Jiancaoping, Taiyuan
中国煤炭博物馆“煤海探秘游”	China Coal Museum	太原市万柏林区迎泽西大街	West Yingze St., Wanbailin, Taiyuan
宝源老醋坊	Baoyuan Vinegar Mill	太原市清徐县孟封镇	Mengfeng, Qingxu, Taiyuan
紫林醋文化工业园区	Zilin Vinegar Cultural and Industrial Zone	太原市清徐县紫林路	Zilin Rd., Xingxu, Taiyuan
六味斋云梦坞	Liuweizhai Yunmengwu	清徐县太茅路	TaiMao Rd., Xingxu
恒山悬空寺	Hanging Temple in Heng Mount	大同市浑源县恒山南路	South Hengshan Rd., Hunyuan, Datong
大同华严寺	Huayan Temple in Datong	大同市城区下寺坡街	Xiasipo St., Chengqu, Datong
大同善化寺景区	Shanhua Temple in Datong	大同市城区南寺巷	Nansi Lane, Chengqu, Datong
大同城墙景区	Datong Circumvallation	大同市平城区和阳门内街	Heyangmennei St., Pingcheng, Datong
晋华宫矿井下游景区	Jinhuagong Mine Park	大同市矿区晋华宫街	Jinhuagong St., Kuangqu, Datong
大同方特欢乐世界景区	Datong Fantawild Adventure	大同市平城区南环路	Nanhuan Rd., Chengqu, Pingcheng, Datong
大同魏都水世界	Datong Weidu Water World	大同市云冈区西韩岭乡	Xihanling, Yungang, Datong
李二口长城景区	Lierkou Great Wall Scenic Spot	大同市天镇县	Tianzhen, Datong
平型关大捷纪念馆	Pingxingguan Memorial Hall	大同市灵丘县白崖台乡	Baiyatai, Lingqiu, Datong
应县木塔	Sakyamuni Pagoda of Fogong Temple	朔州市应县金城镇	Jincheng, Yingxian, Shuozhou
金沙滩生态旅游区	Golden Beach Ecotourism Area	朔州市怀仁市何家堡乡	Hejiapu, Huairen, Shuozhou
右玉生态旅游区	Youyu Ecotourism Area	朔州市右玉县	Youyu, Shuozhou
崇福寺景区	Chongfu Temple	朔州市朔城区老城东大街	East Laocheng St., Shuocheng, Shuozhou
定襄河边民俗博物馆	Hebian Folk Museum	忻州市定襄县河边镇	Hebian, Dingxiang, Xinzhou
宁武万年冰洞旅游区	Ningwu Ice Cave	忻州市宁武县	Ningwu, Xinzhou
宁武芦芽山生态旅游区	Ningwu Luya Mountain Ecotourism Area	忻州市宁武县东寨镇	Dongzhai, Ningwu, Xinzhou
宁武汾河源头旅游区	Source Area of Fenhe	忻州市宁武县	Ningwu, Xinzhou
忻府区云中河景区	Yunzhonghe Scenic Area	忻州市忻府区	Xinfu, Xinzhou
忻府区禹王洞景区	Yuwang Cave Scenic Area	忻州市忻府区西张乡	Xizhang, Xinfu, Xinzhou
忻州滹源景区	Huyuan Scenic Area	忻州市繁峙县向阳南路	South Xiangyang Rd., Fanshi, Xinzhou
原平市天涯山	Yuanping Tianya Mountain	忻州市原平市子干乡	Zigan, Yuanping, Xinzhou
偏关县老牛湾景区	Pianguan Laoniu River Bend	忻州市偏关县万家寨镇	Wanjiazhai, Pianguan, Xinzhou
忻府区忻州古城	Xinzhou Ancient City	忻州市忻府区	Xinfu, Xinzhou
静乐县天柱山	Jingle Tianzhu Mountain	忻州市静乐县鹅城镇	Echeng, Jingle, Xinzhou
繁峙县憨山文化旅游景区	Hanshan Cultrual Tourism Scenic Spot	忻州市繁峙县	Fanshi, Xinzhou
常家庄园	Mansion of the Chang's	晋中市榆次区	Yuci, Jinzhong
乌金山国家森林公园	Wujinshan National Forest Park	晋中市榆次区乌金山镇	Wujinshan, Yuci, Jinzhong

14-6 续表2 continued

名 称	Name	地 址	Address
榆次老城	Yuci Ancient City	晋中市榆次区	Yuci, Jinzhong
九龙国际文化生态旅游区	Jiulong Ecotourism Spot	晋中市榆次区	Yuci, Jinzhong
后沟古村	Hougou Ancient Village	晋中市榆次区	Yuci, Jinzhong
昭馀古城茶商文化旅游景区	Zhaoyu Ancient City Tea Cultural Tourism Area	晋中市祁县昭馀镇	Zhaoyu, Qixian, Jinzhong
太行龙泉旅游区	Taihang Dragon Spring Tourist Area	晋中市左权县龙泉乡	Longquan, Zuoquan, Jinzhong
麻田八路军总部纪念馆	Memorial Hall of the Eighth Route Army Headquarters in Matian	晋中市左权县麻田镇	Matian, Zuoquan, Jinzhong
灵石县王家大院民居艺术馆	Wang's Grand Courtyard	晋中市灵石县静升镇	Jingsheng, Lingshi, Jinzhong
红崖峡谷景区	Hongya Gorge Scenic Area	晋中市灵石县马和乡	Mahe, Lingshi, Jinzhong
石膏山风景区	Shigaoshan Scenic Area	晋中市灵石县峪口村	Yukou Vil., Lingshi, Jinzhong
张壁古堡景区	Zhangbi Ancient Castle	晋中市介休市龙凤镇	Longfeng, Jiexiu, Jinzhong
平遥县双林寺彩塑艺术馆	Painted Sculpture Art Gallery in Shuanglin Temple	晋中市平遥县中都乡	Zhongdu, Pingyao, Jinzhong
平遥县镇国寺	Pingyao Zhenguo Temple	晋中市平遥县襄垣乡	Xiangyuan, Pingyao, Jinzhong
大寨景区	Dazhai Scenic Area	晋中市昔阳县大寨镇	Dazhai, Xiyang, Jinzhong
小西沟	Xiaoxigou Scenic Spot	晋中市榆次区	Yuci, Jinzhong
藏山	Cang Mountain Scenic Area	阳泉市盂县苌池镇	Changchi, Yuxian, Yangquan
大汖温泉	Dachang Hot Spring	阳泉市盂县梁家寨乡	Liangjiazhai, Yuxian, Yangquan
娘子关	Niangzi Pass	阳泉市平定县娘子关镇	Pingding, Yangquan
桃林沟	Taolingou Scenic Spot	阳泉市郊区平坦镇	Pingtan, Jiaoqu, Yangquan
翠枫山	Cuifeng Mountain	阳泉市郊区平坦镇	Pingtan, Jiaoqu, Yangquan
方山县北武当山风景名胜区	Mount Beiwudang Scenic Area	北武当镇真武山庄	Zhenwu Mountain Villa, Beiwudang
汾阳汾酒文化景区	Fenjiu Cultural Scenic Spot	吕梁市汾阳市	Fenyang, Lvliang
汾阳市贾家庄文化生态旅游区	Jiajiazhuang Ecotourism Area	吕梁市汾阳市	Fenyang, Lvliang
交城县卦山景区	Guashan Tourist Attraction	吕梁市交城县	Jiaocheng, Lvliang
交城县玄中寺景区	Xuanzhong Temple	吕梁市交城县洪相乡	Hongxiang, Jiaocheng, Lvliang
孝义三皇庙景区	Xiaoyi Sanhuang Temple	吕梁市孝义市三皇庙	Xiaoyi, Lvliang
孝义市金龙山风景区	Xiaoyi Jinlongshan Scenic Area	吕梁市孝义市高阳园区南	Gaoyang Zone, Xiaoyi, Lvliang
孝义市胜溪湖国家森林公园	Shengxihu National Forest Park	吕梁市孝义市时代大道	Shidai Blvd., Xiaoyi, Lvliang
孝义市孝河湿地公园	Xiaoyi Xiaohe Wetland Park	吕梁市孝义市时代大道	Shidai Blvd., Xiaoyi, Lvliang
临县义居寺景区	Linxian Yiju Temple	吕梁市临县三交镇	Sanjiao, Linxian, Lvliang
临县碛口景区	Linxian Qikou Sceninc Area	吕梁市临县碛口镇	Qikou, Linxian, Lvliang
太行山大峡谷景区	Grand Canyon of Taihang Mountain	长治市壶关县	Huguan, Changzhi
洗耳河景区	Xier River Scenic Area	长治市黎城县彭庄村	Pengzhuang Vil., Licheng, Changzhi
欢乐太行谷	Taihang Happy Valley	长治市壶关县集店乡	Jidian, Huguan, Changzhi
太行水乡	Taihang Water Town Scenic Spot	长治市平顺县阳高乡	Yanggao, Pingshun, Changzhi
振兴小镇	Zhenxing Town	长治市上党区振兴村	Zhenxing Vil., Shangdang, Changzhi
通天峡景区	Tongtian Gorge Scenic Area	长治市平顺县虹梯关乡	Hongtiguan, Pingshun, Changzhi
天脊山景区	Tianjishan Scenic Area	长治市平顺县东寺头乡	Dongsitou, Pingshun, Changzhi
黄崖洞文化旅游区	Yellow Cliff Cave Tourist Resort	长治市黎城县黄崖洞镇	Huangyadong, Licheng, Changzhi
八路军太行纪念馆	Taihang Museum for the Eighth Route Army	长治市武乡县	Wuxiang, Changzhi
八路军文化园	Cultural Park for the Eighth Route Army	长治市武乡县太行西街	West Taihang Rd., Wuxiang, Changzhi

14–6 续表3 continued

名称	Name	地址	Address
太行龙洞	Taihang Dragon Cave	长治市武乡县蟠龙镇	Panlong, Wuxiang, Changzhi
仙堂山	Xiantang Mountain Scenic Area	长治市襄垣县下良镇	Xialiang, Xiangyuan, Changzhi
珏山景区	Jue Mountain Scenic Area	晋城市金村镇	Jincun, Jincheng
大阳古镇景区	Daiyang Ancient Town	晋城市泽州县大阳镇	Daiyang, Zezhou, Jincheng
炎帝陵景区	Tomb of Emperor Yan	晋城市高平市神农镇	Shennong, Gaoping, Jincheng
天官王府	Tianguan Palace	晋城市阳城县	Yangcheng, Jincheng
郭峪古城	Guoyu Ancient Castle	晋城市阳城县北留镇	Beiliu, Yangcheng, Jincheng
蟒河景区	Python River Scenic Spot	晋城市阳城县蟒河镇	Manghe, Yangcheng, Jincheng
王莽岭景区	Wangmangling Scenic Spot	晋城市陵川县古郊乡	Gujiao, Lingchuan, Jincheng
历山景区	Mount Li Scenic Spot	晋城市沁水县中村镇	Zhongcun, Qinshui, Jincheng
柳氏民居景区	Liu's Folk House	晋城市沁水县	Qinshui, Jincheng
湘峪古堡景区	Xiangyu Ancient Castle	晋城市沁水县郑村镇	Zhengcun, Qinshui, Jincheng
司徒小镇景区	Situ Town	晋城市泽州县北石店镇	Beishidian, Zezhou, Jincheng
海会书院	Haihui Academy	晋城市阳城县北留镇	Beiliu, Yangcheng, Jincheng
尧庙-华门景区	Yaomiao Huamen Scenic Spot	临汾市尧都区尧庙镇	Yaomiao, Yaodu, Linfen
汾河文化生态景区	Fenhe Ecological Scenic Area	临汾市尧都区滨河西路	West Binhe Rd., Yaodu, Linfen
古县牡丹文化旅游景区	Gu County Peony Culture Scenic Spot	临汾市古县石壁乡	Shibi, Guxian, Linfen
黄河壶口瀑布风景名胜区	Hukou Waterfall Scenic Spot	临汾市吉县壶口镇	Hukou, Jixian, Linfen
隰县小西天景区	Small Western Paradise in Xixian	隰县小西天沟	Xiaoxitiangou, Xixian
蒲县柏山东岳庙	Dongyue Temple in Cypress Mountain	临汾市蒲县东岳路	Dongyue Rd., Puxian, Linfen
彭真故居纪念馆	Former Residence of Pengzhen	临汾市侯马市新田乡	Xintian, Houma, Linfen
曲沃晋国博物馆	Quwo Jin State Museum	临汾市曲沃县曲村镇	Qucun, Quwo, Linfen
临汾人祖山景区	Linfen Renzushan Scenic Area	临汾市吉县屯里镇	Tunli, Jixian, Linfen
曲沃晋园景区	Quwo Jinyuan Scenic Spot	临汾市曲沃县东城新区	Dongchengxinqu, Quwo, Linfen
霍太山(广胜)风景名胜区	Huotaishan Scenic Area	临汾市洪洞县广胜寺镇	Guangshengsi, Hongtong, Linfen
襄汾龙澍峪景区	Xiangfen Longshuyu Scenic Spot	临汾市襄汾县襄陵镇	Xiangling, Xiangfen, Linfen
永和县黄河乾坤湾景区	Yellow River Qiankun Bay	临汾市永和县	Yonghe, Linfen
襄汾县荷花小镇旅游景区	Lotus Town Tourist Attraction	临汾市襄汾县邓庄镇	Dengzhuang, Xiangfen, Linfen
解州关帝庙	Temple of Guanyu in Haizhou Town	运城市盐湖区解州镇	Haizhou, Yanhu, Yuncheng
永乐宫壁画艺术博物馆	Yongle Palace Mural Art Museum	运城市芮城县永乐北街	North Yongle St., Ruicheng, Yuncheng
李家大院	Li's Courtyard	运城市万荣县高村乡	Gaocun, Wanrong, Yuncheng
运城盐湖	Salt Lake of Yuncheng	运城市盐湖区城南	South of Yanhu, Yuncheng
历山风景区	Lishan Scenic Area	运城市垣曲县历山镇	Lishan, Yuanqu, Yuncheng
运城市永济鹳雀楼	Stork Tower in Yongji	运城市永济市蒲州古城西	West of Ancient Puzhou City, Yongji, Yuncheng
永济五老峰风景名胜区	Five Old Men Peak Landscape Resort	运城市永济市虞乡镇	Yuxiang, Yongji, Yuncheng
普救寺旅游区	Pujiu Temple	运城市永济市蒲州镇	Puzhou, Yongji, Yuncheng
神潭大峡谷	Shentan Grand Gorge	运城市永济市城西街道	Chengxi Subdistrict, Yongji, Yuncheng
大禹渡黄河风景区	Dayu Ferry Scenic Spot	运城市芮城县大禹渡村	Dayudu Vil., Ruicheng, Yuncheng
圣天湖	Shengtian Lake Scenic Spot	运城市芮城县陌南镇	Monan, Ruicheng, Yuncheng
舜帝陵	Tomb of Emperor Shun	运城市盐湖区北相镇	Beixiang, Yanhu, Yuncheng
夏县司马光祠	Temple of Simaguang	运城市夏县水头镇	Shuitou, Xiaxian, Yuncheng
黄河大梯子崖	Ancient Ladder Cliff	运城市河津市下化乡	Xiahua, Hejin, Yuncheng
万荣后土祠	Wanrong Houtu Temple	运城市万荣县荣河镇	Ronghe, Wanrong, Yuncheng
望仙大峡谷	Wangxian Grand Gorge	运城市垣曲县历山镇	Lishan, Yuanqu, Yuncheng

14–7 旅游四星级以上饭店(2021年)
TOURIST HOTELS ABOVE FOUR STAR GRADE(2021)

名　称	Name	地　址	Address
五星级	**5 Star**		
山西国贸大饭店	Shanxi World Trade Hotel	太原市府西街69号	No.69, Fuxi St., Taiyuan
晋祠宾馆	Jinci Hotel	太原晋祠路中段669号	No.669, Middle Section of Jinci Rd., Taiyuan
丽华大酒店	Lihua Grand Hotel	太原长风街1号	No.1, Changfeng St., Taiyuan
金地豪生大酒店	Howard Johnson Jindi Plaza	大同市御河北路甲1号	No. Jia1, North Yuhe Rd., Datong
宏源国际饭店	Hongyuan International Hotel	灵石静升镇旌介村	Jingjie Vil., Jingsheng Town, Lingshi
万豪美悦国际酒店	Wanhaomeiyue International Hotel	榆次迎宾西街345号	No.345, West Yingbin St., Yuci
阳泉煤业(集团)有限责任公司药林宾馆	Yaolin Hotel of Yangquan Coal Industry (Group) Co., Ltd.	阳泉平定县张庄镇南后峪村	South Houyu Vil., Zhangzhuang Town, Pingding County, Yangquan
益东国际酒店	Yidong International Hotel	长治市西环路	West Ring Rd., Changzhi
东明国际大酒店	Dongming International Hotel	长治市紫金东街369号	No.369, East Ziji St., Changzhi
万通源大酒店	Wantongyuan Hotel	朔州市开发北路68号	No.68, North Kaifa Rd., Shuozhou
阳城环城凯斯顿酒店	Huancheng Caston Hotel	阳城县滨河西路1001号	No.1001,West Binhe Rd., Yangcheng
东兴帝豪酒店	Royal Dongxing Hotel	孝义市崇文大街181号	No.181, Chongwen St., Xiaoyi
阳城美韵花园大酒店	Yangcheng Meiyun Garden Hotel	阳城县新阳西街	West Xinyang St., Yangcheng
四星级	**4 Star**		
山西大酒店	Shanxi Grand Hotel	太原新建南路5号	No.5, South Xinjian Rd., Taiyuan
山西愉园大酒店	Shanxi Yuyuan Hotel	太原开化寺街86号	No.86, Kaihuasi St.,Taiyuan
三晋国际饭店	Sanjin International Hotel	太原迎泽大街108号	No.108, Yingze St., Taiyuan
黄河京都大酒店	Huanghe Jingdu Grand Hotel	太原平阳路19号	No.19, Pingyang Rd., Taiyuan
山西阳光晋泽源酒店	Shanxi Yangguang Jinzeyuan Hotel	太原北大街93号	No.93, North St., Taiyuan
山西晋协宾馆	Shanxi Jinxie Hotel	太原东缉虎营35号	No.35, Dongjihuying, Taiyuan
西山大厦	Xishan Hotel	太原西矿街318号	No.318, Xikuang St., Taiyuan
云水国际大酒店	Yunshui International Hotel	太原平阳路48号	No.48, Pingyang Rd., Taiyuan

14-7 续表1 continued

名　称	Name	地　址	Address
山西滨河饭店	Shanxi Binhe Hotel	太原市府西街103号	No.103, Fuxi St., Taiyuan
泰瑞国际商务酒店	Tairui International Commercial Hotel	太原长风街7号	No.7, Changfeng St., Taiyuan
宏安国际酒店	Hongan International Hotel	大同迎宾西路28号	No.28, West Yingbin Rd., Datong
大同宾馆	Datong Hotel	大同迎宾西路37号	No.37, West Yingbin Rd., Datong
大同国宾大酒店	Datong Presidential Hotel	大同御河西路898号	No.898, West Yuhe Rd., Datong
花园大饭店	Huayuan Hotel	大同大南街59号	No.59, Danan St., Datong
浩海国际酒店	Haohai International Hotel	大同魏都大道	Weidu Ave., Datong
晨光国际酒店	Chenguang International Hotel	大同迎宾路68号	No.68, Yingbin Rd., Datong
北冰洋大酒店	Beibingyang Hotel	阳泉北大街80号	No.80, North St., Yangquan
山西泉美国际大酒店	Shanxi quanmei International Hotel	阳泉市南大西街15号	No.15, West of South Street, Yangquan
祥禾大酒店	Xianghe Grand Hotel	阳泉市开发区烟台路1号	No.1 Yantai Rd., Development Zone, Yangquan
财苑大厦	Caiyuan Hotel	长治市长兴中路305号	No.305, Changxing Middle Rd., Changzhi
晋城大酒店	Jincheng Grand Hotel	晋城凤台西街88号	No.88, West Fengtai St., Jincheng
太平洋大厦	Pacific Ocean Hotel	晋城凤台西街899号	No.899, West Fengtai St., Jincheng
颐宾大酒店	Yibin Hotel	晋城前进路1428号	No.1428, Qianjin Rd., Jincheng
晋城高都大酒店	Jincheng Gaodu Grand Hotel	晋城新市东街9号	No.9, East Xinshi St., Jincheng
晋城阳光大酒店	Jincheng Sunshine Hotel	晋城市泽州南路568号	No.568, South Zezhou Rd., Jincheng
棋源山庄	Qiyuan Mountain Village	晋城陵川县古郊乡	Gujiao Township, Lingchuan, Jincheng
兰花大酒店	Lanhua Hotel	晋城凤台东街2288号	No.2288, East Fengtai St., Jincheng
泽州大酒店	Zezhou Hotel	晋城市凤台西街2839号	No.2839, West Feitai St., Jincheng
皇城相府贵宾楼	Xiangfu Grand Hotel	晋城市阳城北留皇城村	Huangcheng Vil., Beiliu, Yangcheng, Jincheng

14-7 续表2 continued

名 称	Name	地 址	Address
万通源平鲁宾馆	Wantongyuan Pinglu Hotel	朔州市平鲁区胜利南路	South Shengli Rd., Pinglu District, Shuozhou
平朔宾馆	Pingshuo Hotel	朔州平朔生活区	Living District , Pingshuo, Shuozhou
圣厚源大酒店	Shenghouyuan Hotel	朔州开发区安泰街2号	No.2, Antai St., Development Zone, Shuozhou
玉龙国际酒店	Yulong International Hotel	右玉县新城镇大西街	Daxi St., Xincheng Town, Youyu
颐景国际大酒店	Yijing International Hotel	晋中市榆次区西顺城街150号	No.150, Xishuncheng St., Yuci District, Jinzhong
平遥峰岩大酒店	Pingyao Fengyan Hotel	晋中市平遥县曙光路26号	No.26, Shuguang Rd., Pingyao, Jinzhong
介休市正达海悦酒店	Jiexiu Zhengdahaiyue Hotel	晋中市介休市北坛东路25号	No.25, East Beitan Rd., Jiexiu, Jinzhong
介休市锦源大酒店	Jiexiu Jinyuan Hotel	晋中市介休市区北坛中路	Middle Beitan Rd., Jiexiu, Jinzhong
天都大酒店	Tiandu Hotel	河津市振兴东路	East Zhenxing Rd., Hejin
芮城惠阳大酒店	Ruicheng Huiyang Hotel	芮城县洞宾街8号	No.8, Dongbin St., Ruicheng
五台山银海山庄	Wutai Mountain Yinhai Village	忻州五台山杨柏峪	Yangbaiyu Vil., Wutai Mountain, Xinzhou
原平市黄河京都大酒店	Yuanping Huanghe Jingdu Grand Hotel	忻州原平前进西街479号	No.479, West Qianjin St., Yuanping, Xinzhou
花卉山庄	Huahui Mountain Village	忻州五台山风景区	Wutai Mount Scenic Area, Xinzhou
繁峙县嘉盛伦大酒店	Fanshi Jiashenglun Hotel	忻州市繁峙县向阳路	Xiangyang Rd., Fanshi, Xinzhou
侯马华翔大酒店	Houma Huaxiang Hotel	临汾市侯马市花园南街15号	No.15, South Huayuan St., Houma, Linfen
金海湾大酒店	Jinhaiwan Hotel	临汾市向阳西路	West Xiangyang Rd., Linfen
思麦尔国际酒店	Smir International Hotel	临汾市鼓楼东大街40号	No.40, East Gulou St., Linfen
山西丁陶国际大酒店	Shanxi Dingtao International Hotel	临汾市襄汾县丁陶大道1号	No.1, Dingtao Ave., Xiangfen, Linfen
华强大酒店	Huaqiang Grand Hotel	侯马市呈王东路69号	No.69, East Chengwang Rd., Houma
吕梁国际宾馆	Lvliang International Hotel	离石区滨河南中路268号	No.268, South Binhe Rd. , Lishi District
贾家庄裕和花园酒店	Jiajiazhuang Yuhe Garden Hotel	吕梁市汾阳县贾家庄腾飞路	Tengfei Rd., Jiajiazhuang., Fenyang, Lvliang
东兴酒店	Dongxing Hotel	孝义市府前街55号	No.55, Fuqian St., Xiaoyi

主要统计指标解释

住宿业 指为旅行者提供短期留宿场所的活动，有些单位只提供住宿，也有些单位提供住宿、饮食、商务、娱乐一体的服务。

餐饮业 指通过即时制作加工、商业销售和服务性劳动等，向消费者提供食品和消费场所及设施的服务。

限额以上住宿企业 年主营业务收入200万元及以上的住宿企业。

限额以上餐饮企业 年主营业务收入200万元及以上的餐饮企业。

住宿业单位星级评定情况 星级等级指根据《旅游饭店星级的划分与评定》（GB/T14308-2010）标准，经过有关旅游管理权威部门评定（验收）后授予的“星级”称号填写，分为一星级到五星级5个标准。

营业额 指住宿和餐饮业单位在经营活动中因提供服务或销售商品等取得的全部收入（含增值税），收入主要来源于提供客房、餐费服务、商品销售和其他服务，如商务服务。不包括多产业法人企业附营的其他行业产业活动单位的餐费收入、商品销售收入等各项收入。

客房收入 指住宿和餐饮业单位在经营活动中因提供住宿服务取得的收入（含增值税）。不包括多产业法人企业附营的其他行业产业活动单位的客房收入。

餐费收入 指本单位为顾客提供就餐服务取得的收入（含增值税）。包括：经烹饪、调制加工后出售的各种食品，如主食、炒菜、凉拌菜等的收入。不包括多产业法人企业附营的其他行业产业活动单位的餐费收入。

商品销售额 指对本单位以外的单位和个人出售的商品金额（包括售给本单位消费用的商品，含增值税）。在住宿和餐饮业中，本指标反映住宿和餐饮业单位出售商品的销售总额（含增值税），不包括法人企业附营的其他行业产业活动单位的商品销售额。

其他收入 指提供客房、餐饮服务、商品销售以外的其他服务获得的收入（含增值税），如商品服务、健身娱乐等。

入境过夜游客 指在中国（大陆）的旅游住宿单位内至少停留一夜的外国人、港澳台同胞。

国内游客 指报告期内在中国（大陆）观光游览、度假、探亲访友、就医疗养、购物、参加会议或从事经济、文化、体育、宗教活动的中国（大陆）居民，其出游的目的不是通过所从事的活动谋取报酬。

旅游外汇收入 入境游客在中国（大陆）境内旅行、游览过程中用于交通、参观游览、住宿餐饮、购物、娱乐等全部花费。

国内旅游收入 指国内游客在国内旅行、游览过程中用于交通、参观游览、住宿餐饮、购物、娱乐等全部花费。

Explanatory Notes on Main Statistical Indicators

Hotel Services refer to the accommodation services provided to visitors. Some units may provide only accommodation while others provide a combination of accommodation, meals, business services and recreational facilities.

Catering Services refer to the activities of providing foods, serving locations and facilities to customers through instant processing, commercial sales and service-type labor.

Hotel Enterprises above Designated Size refer to hotel enterprises whose annual revenue of major business amounts to 2 million yuan and over.

Catering Enterprises above Designated Size refer to catering enterprises whose annual revenue of major business amounts to 2 million yuan and over.

Star Rating of Hotels refers to hotels rated with stars as evaluated (accepted) by the relevant tourism authorities according to GB/T14308-2010 standard. Hotels can be divided into five standards from one-star to five-star.

Business Revenue refers to total revenue (including value-added tax) of hotels and catering services received from providing services or selling commodities through business activities, income comes mainly from providing hotels, catering services, selling of commodities and other services, such as commodity services. It does not include revenue such as meal fees, selling of commodities of other industrial units affiliated with multi industrial legal entities.

Room Revenue refers to business revenue (including value-added tax) hotel and catering enterprises got by providing lodging services. It does not include the revenue get from other industrial active units which belonging to the multi-industry enterprises.

Dinning Revenue refers to revenue (including value-added tax) hotel and catering enterprises got by providing customers catering services, including selling of cooked or prepared foods, such as staple food, cooked dishes, or cold dishes. It does not include the revenue get from other industrial units affiliated with multi industrial legal entities.

Commodity Sales refer to value of commodities sold by the units to other units and individuals (including goods sold for self -consumption, including the value-added tax). It reflects the total commodities value sold by hotel and catering units (including the value-added tax). It does not include the sales value get from other industrial units affiliated with multi industrial legal entities.

Other Revenue refers to other revenue (including value-added tax) hotel and catering enterprises got by providing other services, such as commodities service, fitness and entertainment.

Inbound Overnight Tourists refer to foreigners and compatriots from Hong Kong, Macao and Taiwan who come to China (the mainland) and stay in the tourist accommodation units for at least one night.

Domestic Tourists refer to residents of China (the mainland) who travel within China (the mainland) for sightseeing, vacation, visiting relatives, medical treatment, shopping, attending conference, or engaging in economic, cultural, sports and religious activities. And the purpose of their travelling isn't for profits.

Foreign Exchange Earnings from Tourism refer to the total expenditures of inbound tourists during their stay in the mainland of China on transportation, sightseeing, accommodation, food, shopping and entertainment.

Revenue from Domestic Tourism refers to the total expenditures of domestic tourists during their stay in the mainland of China on transportation, sightseeing, accommodation, food, shopping and entertainment.

TRANSPORTATION, POST AND TELECOMMUNICATION SERVICES

15 交通运输、邮电通信业

资料整理人员

阮并晶

TRANSPORTATION, POST AND TELECOMMUNICATION SERVICES 交通运输、邮电通信业

铁路营业里程	Length of Railways in Operation	6252	公里 (km)
公路通车里程	Length of Highways	144617	公里 (km)
货物周转量	Turnover Volume of Freight Traffic	6444.7	亿吨公里 (100 million ton-km)
旅客周转量	Turnover Volume of Passenger Traffic	221.3	亿人公里 (100 million person-km)
邮政行业业务总量	Business Volume of Post Services	130.8	亿元 (100 million yuan)
电信业务总量	Business Volume of Telecommunication Services	374.6	亿元 (100 million yuan)

民用汽车拥有量（万辆）
Number of Civil Motor Vihicles (10 000 units)

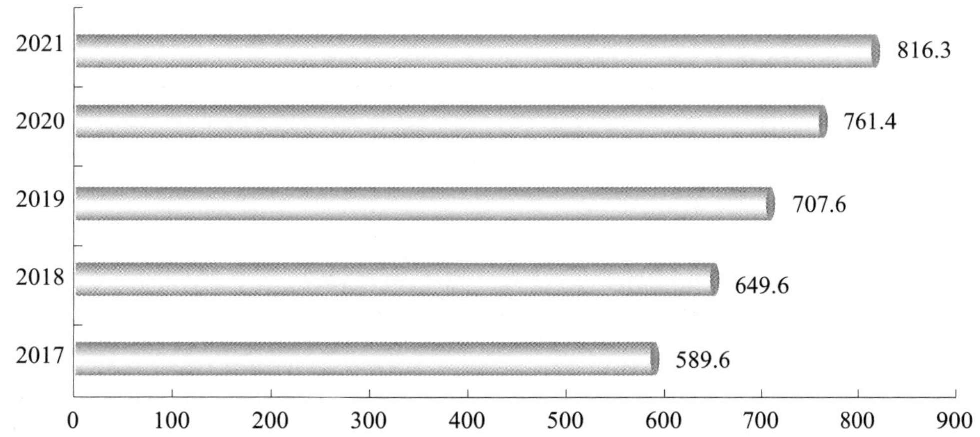

公路通车里程（公里）
Length of Highways (km)

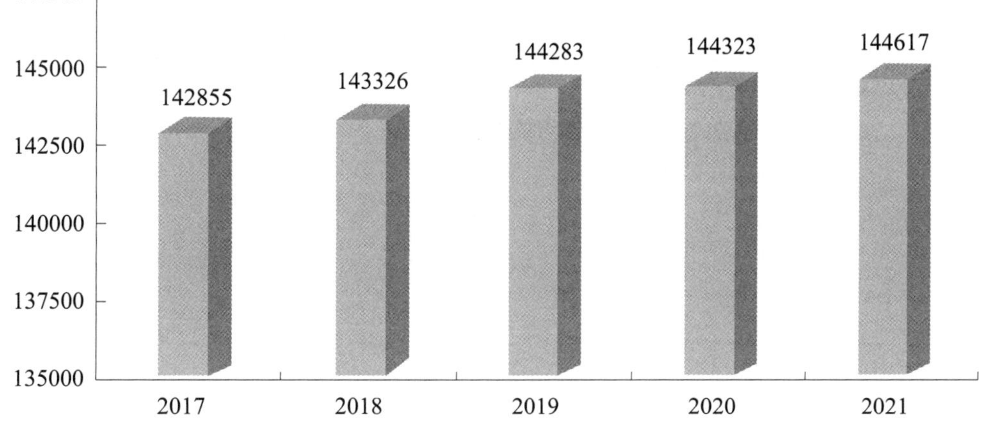

15-1 主要年份运输线路长度
LENGTH OF TRANSPORT ROUTES IN MAJOR YEARS

单位：公里 (km)

年 份 Year	铁路营业里程 Length of Railways in Operation	公路通车里程 Length of Highways	#高速公路 Expressways	每百平方公里平均里程 Average Length Per Square Kilometre 铁 路 Railways	公 路 Highways
1978	2057	31868		1.3	20.3
1980	2129	27261		1.4	17.4
1985	2169	28762		1.4	18.4
1990	2330	30784		1.5	19.6
1995	2435	33644		1.6	21.5
2000	2511	55408	518	1.6	35.4
2005	3514	111227	1686	2.2	71.0
2010	3752	131644	3003	2.4	84.0
2011	3774	134808	4005	2.4	86.0
2012	3775	137771	5011	2.4	87.9
2013	3786	139434	5011	2.4	89.1
2014	4980	140436	5011	3.2	89.9
2015	5086	140960	5028	3.2	90.0
2016	5293	142066	5265	3.4	90.7
2017	5317	142855	5335	3.4	91.2
2018	5428	143326	5605	3.5	91.7
2019	5890	144283	5711	3.8	92.1
2020	6247	144323	5745	4.0	92.1
2021	6252	144617	5763	4.0	92.3

注：2005年起公路线路里程包括村道里程数；2006年起铁路营业里程包括国铁、合资和地方铁路。

Note: Length of highways and all-weather highways has included length of roads between villages since 2005. Length of railways has included length of national railways, joint-venture railways and local railways since 2006.

15-2 主要年份货运量
FREIGHT TRAFFIC IN MAJOR YEARS

单位：万吨 (10 000 tons)

年 份 Year	合 计 Total	铁 路 Railways	#中央铁路 National Railways	公 路 Highways	水 运 Water Transport	民 航 Civil Aviation
1978	15620	9166	9166	6443	11	0.09
1980	18080	11067	11067	7004	9	0.15
1985	29181	16110	16092	13071		0.35
1990	50111	23332	23082	26706	72	0.55
1995	65962	26095	25718	39776	90	0.67
2000	86624	28779	28469	57813	31	0.60
2005	125367	49067	47697	76201	95	3.80
2010	124677	63836	60808	60819	18	4.49
2011	134441	69194	65695	65201	41	4.53
2012	144622	71437	68294	73150	30	4.84
2013	156048	73181	69894	82834	28	5.00
2014	164924	76411	75059	88491	17	5.07
2015	161772	70509	68268	91240	17	5.04
2016	167082	64861	62563	102200	16	5.49
2017	189521	74616	72285	114880	20	5.50
2018	211503	85260	82943	126213	23	6.15
2019	219312	91321	88448	127961	24	6.74
2020	190238	92002	88087	98206	24	5.85
2021	217637	102909	99469	114705	16	6.57

注：(1)2000年以前汽车货运量为交通系统内口径，2000年及以后为全社会口径。
(2)2008-2012年，2013年至今，公路运输量相关指标为五年一次专项调查数据，后同。

Notes: (1)The freight traffic of automobile is calculated by the coverage of traffic system before 2000, and refferred to total society from 2000.
(2)Traffic volume of highways and relative data from 2008 to 2012, from 2013 to now are obtained from two special surveys, which are conducted once every 5 years. The same applies to the following.

15-3 主要年份货物周转量
TURNOVER VOLUME OF FREIGHT TRAFFIC IN MAJOR YEARS

单位：万吨公里 (10 000 ton-km)

年 份 Year	合 计 Total	铁 路 Railways	#中央铁路 National Railways	公 路 Highways	水 运 Water Transport
1978	1896350	1784790	1784790	111483	77
1980	2253618	2096450	2096450	157126	42
1985	3609795	3086917	3086584	522878	
1990	5948295	4795516	4784200	1152520	259
1995	7179630	5363846	5346060	1815463	321
2000	8679954	5979696	5958000	2700206	52
2005	13625549	9697012	9599369	3927715	822
2010	23324205	13624714	13436905	9698896	595
2011	30827489	20355804	20153949	10471189	496
2012	33458466	21435390	21231815	12022480	596
2013	35923686	23137331	23117075	12785747	608
2014	37108069	23475689	23453328	13631956	423
2015	34385474	20637317	20478663	13747614	543
2016	35654565	21133151	20965576	14520591	823
2017	41850327	24262711	24096950	17586569	1047
2018	44894386	25815610	25651515	19077478	1298
2019	46904687	27747481	27541490	19155877	1328
2020	57117630	29267489	29047234	27849561	580
2021	64446663	32189198	31967393	32257121	345

注：2011年起，铁路为全行业数据，包括国家铁路(含控股)、非控股合资铁路及地方铁路。

Note: Volume of railways is calculated by the whole industry coverage from 2011, which includes national railways, non-shareholding joint venture railways and local railways.

15-4 主要年份旅客运输量和周转量
PASSENGER TRAFFIC AND TURNOVER VOLUME IN MAJOR YEARS

年 份 Year	客运量(万人) Passenger Traffic (10 000 persons)	#铁 路 Railways	#公 路 Highways	旅客周转量(万人公里) Passenger Kilometers (10 000 person-km)	#铁 路 Railways	#公 路 Highways
1978	4498	2124	2375	387366	270950	116416
1980	5865	2523	3342	497897	356420	141477
1985	10564	3391	7173	931783	621351	310432
1990	15960	3226	12728	1260441	668100	587953
1995	21337	3308	17956	1750989	806580	861061
2000	31818	2953	28821	2245807	833600	1358962
2005	40209	3433	36456	3295406	1056422	1809406
2010	39059	5746	32606	3715683	1558206	2157019
2011	39932	6219	32865	4158078	1957808	2199108
2012	40839	6208	33662	4229773	1923652	2306121
2013	34781	6294	28487	3864404	1898201	1966203
2014	34040	6949	27091	3843762	2023842	1819920
2015	30676	7393	22085	3799506	2154182	1645324
2016	27619	7530	18702	3604561	2193137	1411424
2017	26749	7664	17333	3737555	2232856	1503565
2018	25679	7958	15717	3939476	2342289	1596434
2019	24342	8153	14009	3955728	2366931	1588193
2020	13757	4890	7460	2262321	1356669	905652
2021	13267	6454	5279	2212877	1654405	558472

注：2009年起旅客周转量不包括民航数据。

Note: Passenger turnover volume doesn't include civil aviation data from 2009.

15-5 主要年份民用汽车拥有量
NUMBER OF CIVIL MOTOR VEHICLES IN MAJOR YEARS

单位：辆 (unit)

年份 Year	民用汽车总数 Total	#载货汽车 Trucks	#载客汽车 Passenger Vehicles	#个人 Individual	#载货 Trucks	#载客 Passenger Vehicles	每百公里公路平均汽车数 Average Number of Motor Vehicles Per 100 km
1978	45634	34383	8341				143.2
1980	70730	47872	10329				259.5
1985	129286	102033	20968	23664	21525	1884	449.5
1990	232665	174618	46390	46540	36084	10450	755.8
1995	332886	210157	106924	94987	54806	40131	989.4
2000	550148	278235	253481	235078	98837	135909	992.9
2005	1074350	379599	677746	587721	155570	430314	965.9
2010	2478905	558169	1899271	1865984	319589	1541432	1883.0
2011	2953253	612696	2316189	2301975	364040	1931590	2190.7
2012	3275805	567788	2708017	2697177	362482	2334695	2377.7
2013	3758528	582913	3175615	3180579	385930	2794649	2695.6
2014	4219470	591108	3628362	3661596	400345	3261251	3004.6
2015	4665842	571789	4094053	4137927	393407	3744520	3310.0
2016	5240814	595149	4645665	4720486	406394	4314092	3689.0
2017	5896070	639361	5256709	5327549	413659	4913890	4127.3
2018	6495704	702534	5793170	5873204	443827	5429377	4532.1
2019	7076377	763988	6312389	6396485	472023	5924462	4904.5
2020	7613865	833675	6780190	6862334	486928	6375406	5275.6
2021	8163074	908769	7254305	7327155	507741	6819414	5644.6

注：民用汽车总数和个人汽车数不包括三轮汽车和低速货车。

Note: Number of civil motor vehicles and number of private cars exclude tricars and lower-speed cars.

15-6 民用汽车拥有量(2021年)
NUMBER OF CIVIL MOTOR VEHICLES(2021)

单位：辆 (unit)

指标	Item	合计 Total	#营运 Business	#非营运 Non-business	#个人 Individual
一、民用汽车	Civil Motor Vehicles	8378904	735500	7641448	7376839
1.载客汽车	Passenger Vehicles	7254305	86663	7165686	6819414
#大型	Large	35990	25649	9097	603
中型	Medium	11043	2517	7814	1906
小型	Small	7093550	58283	7035267	6706901
微型	Mini	113722	214	113508	110004
#轿车	Cars	5014147	56594	4957553	4790326
2.载货汽车	Trucks	908769	615695	293074	507741
#重型	Heavy	366748	360472	6276	92160
中型	Medium	9868	7187	2681	3141
轻型	Light	531843	247943	283900	412177
微型	Mini	310	93	217	263
#普通载货汽车	Ordinary	333976	109832	224144	276879
3.其他汽车	Others	215830	33142	182688	49684
二、拖拉机	Tractors	314972			
三、摩托车	Motorcycles	487801	31292	456509	449324
四、载货挂车	Trailers	244099	243080	1019	65978
五、其他类型车	Other Kinds of Vehicles	22	1	21	7

注：民用汽车拥有量包括三轮汽车和低速货车。

Note: Number of civil motor vehicles include tricars and lower-speed cars.

15-7 民用航空航线(2021年)

CIVIL AVIATION ROUTES(2021)

太原-北京	Taiyuan-Beijing	太原-珠海	Taiyuan-Zhuhai
太原-上海	Taiyuan-Shanghai	太原-南昌	Taiyuan-Nanchang
太原-广州	Taiyuan-Guangzhou	太原-桂林	Taiyuan-Guilin
太原-深圳	Taiyuan-Shenzhen	太原-温州	Taiyuan-Wenzhou
太原-西宁	Taiyuan-Xining	太原-合肥	Taiyuan-Hefei
太原-成都	Taiyuan-Chengdu	太原-丽江	Taiyuan-Lijiang
太原-青岛	Taiyuan-Qingdao	太原-徐州	Taiyuan-Xuzhou
太原-无锡	Taiyuan-Wuxi	太原-南昌-深圳	Taiyuan-Nanchang-Shenzhen
太原-南京	Taiyuan-Nanjing	太原-遵义-深圳	Taiyuan-Zunyi-Shenzhen
太原-厦门	Taiyuan-Xiamen	太原-恩施-深圳	Taiyuan-Enshi-Shenzhen
太原-长沙	Taiyuan-Changsha	太原-南京-泉州	Taiyuan-Nanjing-Quanzhou
太原-福州	Taiyuan-Fuzhou	太原-武汉-泉州	Taiyuan-Wuhan-Quanzhou
太原-杭州	Taiyuan-Hangzhou	太原-武汉-福州	Taiyuan-Wuhan-Fuzhou
太原-三亚	Taiyuan-Sanya	太原-武汉-厦门	Taiyuan-Wuhan-Xiamen
太原-昆明	Taiyuan-Kunming	太原-合肥-厦门	Taiyuan-Hefei-Xiamen
太原-海口	Taiyuan-Haikou	太原-长治-厦门	Taiyuan-Changzhi-Xiamen
太原-重庆	Taiyuan-Chongqing	太原-杭州-厦门	Taiyuan-Hangzhou-Xiamen
太原-天津	Taiyuan-Tianjin	太原-长沙-厦门	Taiyuan-Changsha-Xiamen
太原-琼海	Taiyuan-Qionghai	太原-长沙-珠海	Taiyuan-Changsha-Zhuhai
太原-大同	Taiyuan-Datong	太原-长沙-福州	Taiyuan-Changsha-Fuzhou
太原-宁波	Taiyuan-Ningbo	太原-南通-福州	Taiyuan-Nantong-Fuzhou
太原-兰州	Taiyuan-Lanzhou	太原-盐城-杭州	Taiyuan-Yancheng-Hangzhou
太原-大连	Taiyuan-Dalian	太原-杭州-三亚	Taiyuan-Hangzhou-Sanya
太原-贵阳	Taiyuan-Guiyang	太原-合肥-昆明	Taiyuan-Hefei-Kunming
太原-哈尔滨	Taiyuan-Harbin	太原-合肥-海口	Taiyuan-Hefei-Haikou
太原-海拉尔	Taiyuan-Hailar	太原-贵阳-海口	Taiyuan-Guiyang-Haikou

15-7 续表1 continued

太原-桂林-海口	Taiyuan-Guilin-Haikou	重庆-太原-北京	Chongqing-Taiyuan-Beijing
太原-长治-重庆	Taiyuan-Changzhi-Chongqing	上海-太原-呼和浩特	Shanghai-Taiyuan-Hohhot
太原-长治-南宁	Taiyuan-Changzhi-Nanning	西宁-太原-深圳	Xining-Taiyuan-Shenzhen
太原-南京-三亚	Taiyuan-Nanjing-Sanya	深圳-太原-呼和浩特	Shenzhen-Taiyuan-Hohhot
太原-长沙-台州	Taiyuan-Changsha-Taizhou	成都-太原-大连	Chengdu-Taiyuan-Dalian
太原-长沙-海口	Taiyuan-Changsha-Haikou	成都-太原-日照	Chengdu-Taiyuan-Rizhao
太原-宜宾-贵阳	Taiyuan-Yibin-Guiyang	成都-太原-大同	Chengdu-Taiyuan-Datong
太原-桂林-三亚	Taiyuan-Guilin-Sanya	乌鲁木齐-太原-青岛	Urumqi-Taiyuan-Qingdao
太原-鄂尔多斯-银川	Taiyuan-Erdos-Yinchuan	青岛-太原-兰州	Qingdao-Taiyuan-Lanzhou
太原-合肥-深圳	Taiyuan-Hefei-Shenzhen	南京-太原-乌鲁木齐	Nanjing-Taiyuan-Urumqi
太原-绵阳-南宁	Taiyuan-Mianyang-Nanning	长沙-太原-沈阳	Changsha-Taiyuan-Shenyang
太原-南昌-珠海	Taiyuan-Nanchang-Zhuhai	哈尔滨-太原-三亚	Harbin-Taiyuan-Sanya
太原-南昌-桂林	Taiyuan-Nanchang-Guilin	昆明-太原-长春	Kunming-Taiyuan-Changchun
太原-吕梁-南宁	Taiyuan-Lvliang-Nanning	昆明-太原-哈尔滨	Kunming-Taiyuan-Harbin
太原-宜昌-珠海	Taiyuan-Yichang-Zhuhai	昆明-太原-大同	Kunming-Taiyuan-Datong
太原-徐州-福州	Taiyuan-Xuzhou-Fuzhou	昆明-太原-呼和浩特	Kunming-Taiyuan-Hohhot
太原-南昌-厦门	Taiyuan-Nanchang-Xiamen	昆明-太原-大连	Kunming-Taiyuan-Dalian
太原-张家界-惠州	Taiyuan-Zhangjiajie-Huizhou	昆明-太原-沈阳	Kunming-Taiyuan-Shenyang
太原-南昌-广州	Taiyuan-Nanchang-Guangzhou	大连-太原-海口	Dalian-Taiyuan-Haikou
太原-济宁-宁波	Taiyuan-Jining-Ningbo	重庆-太原-沈阳	Chongqing-Taiyuan-Shenyang
太原-淮安-宁波	Taiyuan-Huai'an-Ningbo	重庆-太原-长春	Chongqing-Taiyuan-Changchun
太原-长沙-昆明	Taiyuan-Changsha-Kunming	大连-太原-银川	Dalian-Taiyuan-Yinchuan
太原-长治-海口	Taiyuan-Changzhi-Haikou	南宁-太原-大连	Nanning-Taiyuan-Dalian
太原-合肥-三亚	Taiyuan-Hefei-Sanya	哈尔滨-太原-南宁	Harbin-Taiyuan-Nanning
北京-太原-昆明	Beijing-Taiyuan-Kunming	贵阳-太原-哈尔滨	Guiyang-Taiyuan-Harbin
温州-太原-北京	Wenzhou-Taiyuan-Beijing	济南-太原-包头	Jinan-Taiyuan-Baotou

15-7 续表2 continued

榆林-太原-天津	Yulin-Taiyuan-Tianjin	南京-太原-呼和浩特	Nanjing-Taiyuan-Hohhot
南京-太原-呼和浩特	Nanjing-Taiyuan-Hohhot	杭州-太原-兰州	Hangzhou-Taiyuan-Lanzhou
南京-太原-兰州	Nanjing-Taiyuan-Lanzhou	成都-太原-营口	Chengdu-Taiyuan-Yingkou
南京-太原-银川	Nanjing-Taiyuan-Yinchuan	沈阳-太原-合肥	Shenyang-Taiyuan-Hefei
长沙-太原-大连	Changsha-Taiyuan-Dalian	包头-太原-桂林	Baotou-Taiyuan-Guilin
哈尔滨-太原-桂林	Harbin-Taiyuan-Guilin	沈阳-太原-琼海	Shenyang-Taiyuan-Qionghai
南京-太原-西宁	Nanjing-Taiyuan-Xining	北京首都-长治	Beijing Capital-Changzhi
天津-太原-西宁	Tianjin-Taiyuan-Xining	北京南苑-长治	Beijing Nanyuan-Changzhi
大连-太原-西宁	Dalian-Taiyuan-Xining	上海浦东-长治	Shanghai Pudong-Changzhi
乌鲁木齐-太原-烟台	Urumqi-Taiyuan-Yantai	广州-长治	Guangzhou-Changzhi
青岛-太原-绵阳	Qingdao-Taiyuan-Mianyang	广州-武汉-长治	Guangzhou-Wuhan-Changzhi
福州-太原-银川	Fuzhou-Taiyuan-Yinchuan	成都-长治	Chengdu-Changzhi
桂林-太原-沈阳	Guilin-Taiyuan-Shenyang	海口-长治-天津	Haikou-Changzhi-Tianjin
南昌-太原-银川	Nanchang-Taiyuan-Yinchuan	西安-长治-大连	Xi'an-Changzhi-Dalian
丽江-太原-哈尔滨	Lijiang-Taiyuan-Harbin	昆明-长治-沈阳	Kunming-Changzhi-Shenyang
海口-太原-乌海	Haikou-Taiyuan-Wuhai	昆明-长治-天津	Kunming-Changzhi-Tianjin
呼和浩特-太原-济南	Hohhot-Taiyuan-Jinan	天津-长治-桂林	Tianjin-Changzhi-Guilin
兰州-太原-烟台	Lanzhou-Taiyuan-Yantai	太原-长治-海口	Taiyuan-Changzhi-Haikou
无锡-太原-呼和浩特	Wuxi-Taiyuan-Hohhot	大同-北京	Datong-Beijing
长春-太原-兰州	Changchun-Taiyuan-Lanzhou	大同-上海	Datong-Shanghai
乌鲁木齐-太原-宁波	Urumqi-Taiyuan-Ningbo	银川-大同-北京南苑	Yinchuan-Datong-Beijing Nanyuan
合肥-太原-包头	Hefei-Taiyuan-Baotou	哈尔滨-大同-厦门	Harbin-Datong-Xiamen
南昌-太原-长春	Nanchang-Taiyuan-Changchun	西安-大同-沈阳	Xi'an-Datong-Shenyang
南宁-太原-满洲里	Nanning-Taiyuan-Manzhouli	天津-大同-呼和浩特	Tianjin-Datong-Hohhot
南宁-太原-海拉尔	Nanning-Taiyuan-Hailar	大同-武汉-广州	Datong-Wuhan-Guangzhou
宁波-太原-呼和浩特	Ningbo-Taiyuan-Hohhot	大同-大连	Datong-Dalian

15-7 续表3 continued

天津-大同-海口	Tianjin-Datong-Haikou	运城-昆明	Yuncheng-Kunming
大同-暹粒	Datong-Siem Reap	大连-运城-贵阳	Dalian-Yuncheng-Guiyang
大同-岘港	Datong-Da Nang	大连-运城-海口	Dalian-Yuncheng-Haikou
大同-曼谷	Datong-Bangkok	哈尔滨-运城-三亚	Harbin-Yuncheng-Sanya
大同-金边	Datong-Phnom Penh	天津-运城-桂林	Tianjin-Yuncheng-Guilin
吕梁-北京	Lvliang-Beijing	三亚-运城-哈尔滨	Sanya-Yuncheng-Harbin
吕梁-呼和浩特	Lvliang-Hohhot	运城-长沙-海口	Yuncheng-Changsha-Haikou
吕梁-长沙	Lvliang-Changsha	运城-成都	Yuncheng-Chengdu
吕梁-青岛	Lvliang-Qingdao	运城-上海	Yuncheng-Shanghai
吕梁-南京	Lvliang-Nanjing	天津-运城-香港	Tianjin-Yuncheng-Hong Kong
吕梁-西安	Lvliang-Xi'an	南京-运城-芭提雅	Nanjing-Yuncheng-Pattaya
吕梁-广州	Lvliang-Guangzhou	临汾-武汉	Linfen-Wuhan
吕梁-杭州	Lvliang-Hangzhou	临汾-北京	Linfen-Beijing
上海浦东-吕梁-兰州	Shanghai Pudong-Lvliang-Lanzhou	临汾-长春	Linfen-Changchun
重庆-吕梁-天津	Chongqi-Lvliang-Tianjin	呼和浩特-临汾-成都	Hohhot-Linfen-Chengdu
上海浦东-五台山-银川	Shanghai Pudong-Wutaishan-Yinchuan	临汾-昆明	Linfen-Kunming
		临汾-广州	Linfen-Guangzhou
广州/深圳-郑州-五台山	Guangzhou/Shenzhen-Zhengzhou-Wutaishan	上海-临汾-银川	Shanghai-Linfen-Yinchuan
		青岛-临汾-昆明	Qingdao-Linfen-Kunming
海口-桂林-五台山	Haikou-Guilin-Wutaishan	天津-临汾-海口	Tianjin-Linfen-Haikou
厦门-南京-五台山	Xiamen-Nanjing-Wutaishan	海口-桂林-临汾	Haikou-Guilin-Linfen
三亚-五台山-哈尔滨	Sanya-Wutaishan-Harbin	重庆-临汾-天津	Chongqing-Linfen-Tianjin
深圳-五台山-哈尔滨	Shenzhen-Wutaishan-Harbin	太原-海口-悉尼	Taiyuan-Haikou-Sydney
昆明-五台山-哈尔滨	Kunming-Wutaishan-Harbin	太原-成都-圣彼得堡	Taiyuan-Chengdu-Saint Petersburg
重庆-五台山-天津	Chongqi-Wutaishan-Tianjin		
济南-五台山-兰州	Jinan-Wutaishan-Lanzhou	太原-浦东-芝加哥	Taiyuan-Pudong-Chicago
运城-北京	Yuncheng-Beijing	太原-昆明-芭提雅	Taiyuan-Kunming-Pattaya
运城-广州	Yuncheng-Guangzhou	太原-昆明-合艾	Taiyuan-Kunming-Hat Yai
运城-珠海	Yuncheng-Zhuhai	大同-香港	Datong-Hong Kong
重庆-运城-沈阳	Chongqing-Yuncheng-Shenyang	南京-五台山-曼谷	Nanjing-Wutaishan-Bangkok

15-8 太原局国家铁路分货类运输量(2021年)

NATIONAL RAILWAY FREIGHT TRAFFIC BY CATEGORY OF CARGO OF TAIYUAN BUREAU(2021)

指 标	Item	货运量 (万吨) Volume of Freight Traffic (10 000 tons)	货物周转量 (万吨公里) Turnover Volume of Freight Traffic (10 000 ton-km)	平均运程 (公里) Average Transport Mileage (km)
合 计	**Total**	**101940.1**	**44196239.6**	**434**
煤 炭	Coal	80580.2	38668344.9	480
石 油	Petroleum	474.2	124687.8	263
焦 炭	Coke	2445.4	707310.3	289
金属矿石	Metal Ore	5639.5	1365446.2	242
钢 铁	Steel	3228.1	781883.6	242
非金属矿石	Nonmetal Ores	599.2	125595.7	210
磷矿石	Phosphate Rock	19.4	2055.9	106
矿建筑材料	Mine Construction Materials	1660.2	127163.5	77
水 泥	Cement	0.8	184.6	234
木 材	Timber	5.6	1567.1	281
粮 食	Grain	220.9	92595.7	419
棉 花	Cotton	66.9	25157.9	376
化肥及农药	Chemical Fertilizers and Pesticides	405.7	103735.6	256
盐	Salt	21.9	6477.5	295
化工品	Chemical Products	342.6	128007.3	374
金属制品	Metal Products	7.8	2820.7	362
工业机械	Industrial Machinery	54.2	18810.8	347
电子电气机械	Electronic and Electrical Appliances	1.1	370.2	337
农业机具	Agricultural Machinery			
鲜活货物	Fresh and Live Goods	1.1	501.7	448
农副产品	Agricultural and Sideline Products	1.7	646.7	378
饮食及烟草	Diet and Tobacco	17.7	6965.5	394
纺织皮革毛	Textile, Leather and Wool	5.9	1878.3	316
纸及文教品	Paper and Staionery	46.6	14730.3	316
医药品	Medical Products	1.1	470.7	422
零 担	Sporadic Freight Transport			
集装箱	Container Transport	5995.6	1858740.8	310
其 他	Others	96.5	30090.3	312

15-9 地方铁路营运概况(2021年)
BASIC STATISTICS ON LOCAL RAILWAYS(2021)

线路名称 Name of Railway Lines	起迄地址 The Beginning and The End	线路长度(公里) Length of Railways (km)		机 车(台) Locomotives (unit)		
		延展里程 Length of Extention	正线里程 Length of the Truck Lines	合 计 Total	电 气 Electrical	内 燃 Diesel
总 计 Total		**485**	**356**	**42**	**17**	**25**
一、合资铁路 Joint Venture Railways		332	234	34	17	17
武沁铁路公司 Wuqin Railway Company	武乡-左权；沁县-沁源 Wuxiang-Zuoquan;Qinxian-Qinyuan	147	118	8		8
孝柳有限责任公司 Xiaoliu Railway Co., Ltd.	孝西-穆村 Xiaoxi-Mucun	185	116	26	17	9
二、地方铁路 Local Railways		153	122	8		8
宁静铁路 Ningjing Railway	宁武-静乐 Ningwu-Jingle	121	94	7		7
静静铁路 Jingjing Railway	静乐-静游 Jingle-Jingyou	32	28	1		1

线路名称 Name of Railway Lines	货物运输 Freight Traffic		财务状况 Financial Situation			
	货运量(万吨) Freight Traffic (10 000 tons)	货物周转量(万吨公里) Turnover of Freight Traffic (10 000 ton-km)	运输收入(万元) Transportation Revenue (10 000 yuan)	运输支出(万元) Transportation Expend (10 000 yuan)	实现利润(万元) Profits (10 000 yuan)	上缴税金(万元) Taxes (10 000 yuan)
总 计 Total	**3440**	**221805**	**248937**	**230854**	**27040**	**18687**
一、合资铁路 Joint Venture Railways	2875	210461	242570	223112	27971	18645
武沁铁路公司 Wuqin Railway Company	633	36189	26396	24669	1669	1588
孝柳有限责任公司 Xiaoliu Railway Co., Ltd.						
小河头集运站 Xiaohetou Container Freight Station	2242	174272	216174	198443	26302	17057
二、地方铁路 Local Railways	565	11344	6367	7742	-931	42
宁静铁路 Ningjing Railway	552	11169	6367	7742	-931	42
静静铁路 Jingjing Railway	13	175				

15-10 邮电业务基本情况(2021年)

BASIC CONDITIONS OF POST AND TELECOMMUNICATION SERVICES(2021)

指　标	Item	2021
邮政行业业务总量 (亿元)	**Business Volume of Post Services (100 million yuan)**	**130.8**
函　件 (万件)	Number of Letters (10 000 pcs)	693
包　裹 (万件)	Number of Parcels (10 000 pcs)	10
汇　兑 (万笔)	Number of Postal Money Orders (10 000 pcs)	14
机要邮件 (万件)	Number of Confidential Letters (10 000 pcs)	57
快　递 (万件)	Express Mail Services (10 000 pcs)	78131
订销报纸期发数 (万份)	Newspapers Circulation (10 000 copies)	212
订销报纸累计数 (万份)	Accumulative Total of Newspapers Circulation (10 000 copies)	56735
订销杂志期发数 (万份)	Magazines Circulation (10 000 copies)	108
订销杂志累计数 (万份)	Accumulative Total of Magazines Circulation (10 000 copies)	1730
电信业务总量 (亿元)	**Business Volume of Telecommunication Services (100 million yuan)**	**374.6**
固定电话用户 (万户)	Number of Fixed Telephone Subscribers (10 000 subscribers)	262.7
移动电话用户 (万户)	Number of Mobile Telephone Subscribers (10 000 subscribers)	4126.0
#4G移动电话用户	4G Mobile Phone Subscribers	2760.2
5G移动电话用户	5G Mobile Phone Subscribers	900.0
移动互联网接入流量(万GB)	Flow Accessed to Mobile Internet (10 000 GB)	486348

注：2021年邮政行业业务总量与电信业务总量按2020年不变价格计算。
Note: Business volume of post services and business volume of telecommunication services was calculated at 2020 constant prices.

15-11 主要年份邮电通信网

NETWORK OF POST AND TELECOMMUNICATION IN MAJOR YEARS

年份 Year	邮政支局所 (处) Number of Branch Post Offices (unit)	#在农村 In Rural Area	邮路长度 (公里) Length of Postal Routes (km)	#航空 Air Mail Routes	#汽车 Highway Routes
1978	1675	1444	143907		17672
1980	1629	1380	141596		17902
1985	1890	1591	146024		21454
1990	1813	1456	146251		20320
1995	1888	1454	157202		30700
2000	1730	1239	203725		45488
2005	1603	1045	181703		48016
2010	1306	759	184998		58698
2011	1526	853	213310		81394
2012	1516	738	169908		82490
2013	1483	773	150648		58770
2014	1518	1072	87520		68938
2015	1582	1158	86946		74542
2016	1636	1194	93323		83107
2017	1637	1191	104080		103414
2018	1639	1190	108802		108582
2019	1645	1182	115074	56217	58857
2020	1649	1189	139456	75182	64274
2021	1650	1149	136812	60963	75344

注：2014年邮政实施网运改革，邮路长度采用新口径；2019年起，邮路长度指单程长度，包含航空邮路和汽车邮路。
Note: Length of postal routes has adopted a new coverage since 2014 because of the post reform of network operation. And from 2019, it refers to the single length, which includes air mail routes and highway routes.

15-12 邮政邮路
POSTAL ROUTES

单位：公里 (km)

指 标	Item	2020	2021
邮路条数(条)	Number of Postal Routes (route)	922	1078
#汽 车	Highway Postal Routes	922	1031
邮路长度	Length of Postal Routes	139456	136812
#汽 车	Automobile Postal Routes	64274	75344
农村邮路条数(条)	Number of Rural Postal Routes (route)	284	296
农村邮路长度	Length of Rural Postal Routes	14652	15398
城市投递路线条数(条)	Number of Rural Delivery Routes (route)	2834	2884
城市投递路线长度	Length of Rural Delivery Routes	52301	53074
农村投递路线条数(条)	Number of Rural Delivery Routes (route)	2056	2036
#摩托车	Motorcycles	1817	1762
自行车	Bicycles	21	3
农村投递线路长度	Length of Rural Delivery Routes	101563	98449
#摩托车	Motorcycles	87970	82433
自行车	Bicycles	533	25

15-13 邮政局所、房屋、服务点
NUMBER OF POSTAL OFFICES, BUILDINGS AND SERVICE PLACES

单位：处 (unit)

指 标	Item	2020	2021
邮政支局所	Number of Branch Post Offices	1645	1650
#设在农村的	In Rural Area	1189	1149
#电子化支局	Electrical Branch Offices	1645	1650
#邮政支局	Nmber of Branch Post Offices	450	436
#自办邮政所	Number of Post Offices Operated by Post Department	1010	1214
代办邮政所	Number of Postal Agencies	185	
邮政信筒信箱 (个)	Post Boxes (unit)	1720	1761

主要统计指标解释

铁路营业里程 又称营业长度，指投入客货运输营业或临时营业的线路长度。

公路里程 指报告期末公路的实际长度。统计范围：包括城间、城乡间、乡（村）间能行驶汽车的公共道路，公路通过城镇街道的里程，公路桥梁长度、隧道长度、渡口宽度。不包括城市街道里程，断头路里程，农（林）业生产用道路里程，工（矿）企业等内部道路里程。统计原则：按已竣工验收或交付使用的实际里程计算；两条或多条公路共同经由同一路段的重复里程，只计算一次。

货（客）运量 指在一定时期内，各种运输工具实际运送的货物重量（旅客数量）。货运按吨计算，客运按人计算。货物不论运输距离长短、货物类别，均按实际重量统计。旅客不论行程远近或票价多少，均按一人一次客运量统计；半价票、儿童票也按一人统计。

货物（旅客）周转量 指在一定时期内，由各种运输工具运送的货物（旅客）数量与其相应运输距离的乘积之总和。该指标可以反映运输业生产的总成果，也是编制和检查运输生产计划，计算运输效率、劳动生产率以及核算运输单位成本的主要基础资料。计算货物周转量通常按发出站与到达站之间的最短距离，也就是计费距离计算。计算公式为：

货物（旅客）周转量=∑（货物（旅客）运输量×运输距离）

民用汽车拥有量 指报告期末，在公安交通管理部门按照《机动车注册登记工作规范》，已注册登记领有民用车辆牌照的全部汽车数量。汽车拥有量统计的主要分类：根据汽车结构分为载客汽车、载货汽车及其他汽车；根据汽车所有者不同分为个人(私人)汽车、单位汽车；根据汽车的使用性质分为营运汽车、非营运汽车；根据汽车大小规格不同，载客汽车分为大型、中型、小型和微型，载货汽车分为重型、中型、轻型和微型。

邮政、电信业务总量 指以货币形式表示的邮政、电信通信企业为社会提供各类邮政、电信通信服务的总数量。计算方法为各类业务的实物量分别乘以相应的不变单价，求出各类业务的货币量加总求得。没有不变单价的业务按其业务收入直接相加。

移动电话用户 指在电信运营企业营业网点办理开户登记手续，通过移动电话交换机进入移动电话网，占用移动电话号码的各类电话用户。包括各类签约用户、智能网预付费用户、无线上网卡用户。

固定电话用户 指在电信企业营业网点办理开户登记手续并已接入固定电话网上的全部电话用户。包括普通电话用户、无线市话用户、公用电话用户、窄带综合业务数字网（N-ISDN）用户、智能网专用接入终端用户等。

邮路 各邮政局所之间，邮政局所与车站、码头、机场、转运站、邮件处理中心、报刊社之间，邮区中心局与邮政局所及各邮区中心局之间由自办或委办人员按固定班期规定路线交换邮件（包括机要文件，下同）、报刊的路线。包括农村地区运邮兼投递的路线，不包括城市、农村地区纯投递路线。按运输方式可分为航空邮路、铁路邮路、汽车邮路、水路邮路和其他邮路等。

邮路长度 邮路由起点到终点的长度。单程长度统计法的计算方法是直线算单程，环型算全程；直环混合中直线部分算单程，环型部分算全程；Y 型三段相加算单程。

Explanatory Notes on Main Statistical Indicators

Length of Railways in Operation refers to the total length of the trunk line for passenger and freight transportation in full operation or temporary operation.

Length of Highways refers to the actual length of highways at the end of reference period. It covers public roads running vehicles among cities, city and rural areas, township (villages), highways passing through streets at small cities and towns, length of bridges and tunnels, width of ferry piers. It does not include the length of streets in cities, dead end highways, the length of streets built for agricultural (forest) production and inside factories (mines). It can only be calculated with the actual mileage having been completed, checked and accepted or put into operation. If two or more highways go the same section of the way, the length of the section is only calculated for once.

Freight (Passenger) Traffic refers to the weight of freight (number of passenger) transported with various means within a specific period of time. Freight transport is calculated in tons and passenger traffic is calculated in terms of number of persons. Freight transport is calculated in terms of the actual weight of the goods and takes no account of the type of freight and distance of travel. Passenger traffic is calculated by the principle that one person can be counted only once in one trip and takes no account of the travelling distance and ticket price. The passengers who travel with a half price ticket or a child's ticket is also calculated as one person.

Freight Ton-kilometers (Passenger-kilometers) refers to the sum of the product of the volume of transported cargo (passengers) multiplied by the transport distance. It is an important indicator to reflect the achievement of the transportation industry. This is an important indicator to show the total results of the transport industry; to prepare and examine the transport plan; and to serve as the main basic data for calculating the efficiency, labour productivity and unit cost of transport. Normally, the shortest distance between the departure station and the destination station (i.e., the payable distance) is the basis in calculating the freight ton-kilometres. The formula is as follows:

Freight ton-kilometers (passenger-kilometers) = $\sum$ freight (passenger) traffic $\times$ distance of transportation

Possession of Civil Motor Vehicles refer to the total numbers of vehicles that are registered and received vehicles license tags according to the *Work Standard for Motor Vehicles Registration* formulated by the Transport Management Office under the department of public security at the end of the reference period. They are divided into categories. According to the structure of motor vehicles, they are divided into passenger vehicles, trucks and others; according to ownership into private vehicles and vehicles for the unit's use; according to kind of usage into working vehicles and non-working vehicles; and according to size of vehicles into large passenger vehicles, medium-sized passenger vehicles, small passenger vehicles and mini passenger vehicles, heavy trucks, light-heavy trucks, light trucks and mini-trucks.

Business Volume of Post and Telecommunications refers to the total amount of postal and telecommunication services, expressed in value terms, provided by the post and telecommunications departments for society. Business volume of post and telecommunications is the sum of each service in kind multiplying with its correspondent unit price (constant price). Business without constant price add their business revenue directly.

Mobile Telephone Subscribers refer to persons who have gone through registration procedures in the operation points of enterprises engaged in telecommunications and are hence connected with the mobile telephone communication network through the mobile telephone switchboards and occupy mobile phone numbers. Included are various types of subscriber, prepaid users for intelligent network and wireless network card users.

Local Telephone Subscribers refer to all subscribers who have gone through registration procedures in the operation points of enterprises engaged in telecommunications and are hence connected to the local telecommunications service provider through fixed line network. Included are general subscribers, wireless local telephone subscribers, public telephones subscribers, N-ISDN subscribers and intelligent network terminal subscribers.

Postal Routes refer routes that self-run clerks or clients change mails, newspapers and magazines by fixed schedule and regular routes between post offices, post offices and stations, docks, airports, transfer stations, mail processing centers, newspaper agencies. It includes posting and delivering routes in rural areas, while excludes routes that only delivers in urban and rural areas. It can be divided into airway postal routes, railway postal routes, automobile postal routes, waterway postal routes and other postal routes according to transport means.

Length of Post Routes refers length of postal routes from the start point to the end point. The single length is calculated by the following method, that is, straight line route is calculated as single way, circle route as entire way, straight line and circle mixed route is calculated separately, and Y type route is calculated as the sum of three single lines.

EDUCATION, SCIENCE AND TECHNOLOGY

16 教育、科技

资料整理人员

徐永库　刘铁生　吴丹宁　王俊鹏

教育、科技

EDUCATION, SCIENCE AND TECHNOLOGY

普通、职业高等学校数	Regular and Vocational Institutions of Higher Education	82	所 (unit)
普通、职业高等学校专任教师数	Full-time Teachers of Regular and Vocational HEIs	4.0	万人 (10 000 persons)
普通、职业本专科在校生数	Students Enrollment of Regular and Vocational HEIs	89.1	万人 (10 000 persons)
普通、职业本专科毕业生数	Graduates of Regular and Vocational HEIs	21.9	万人 (10 000 persons)
科学研究机构	Scientific Research Institutions	73	个 (unit)

研究生在校生数（人）

Number of Postgraduate Enrollment (person)

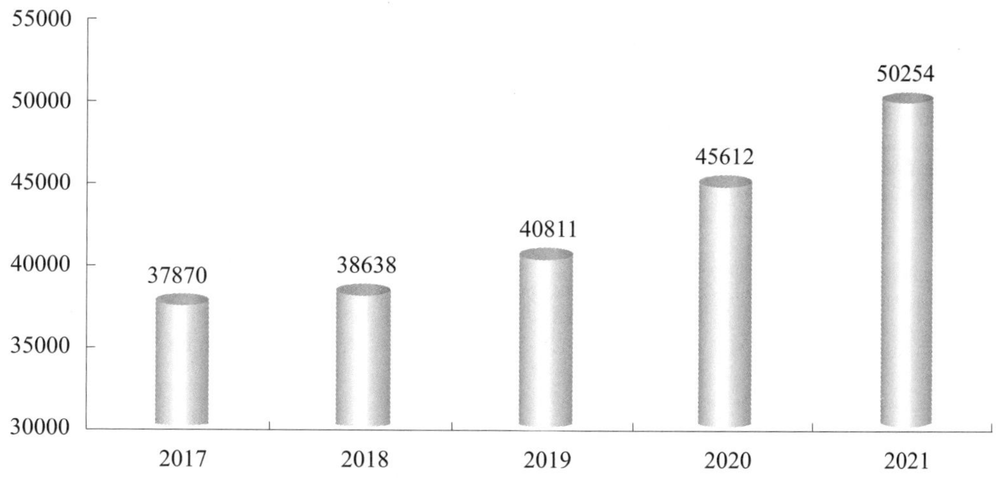

全社会 R&D 经费内部支出（亿元）

Total Internal Expenditures on R&D (100 million yuan)

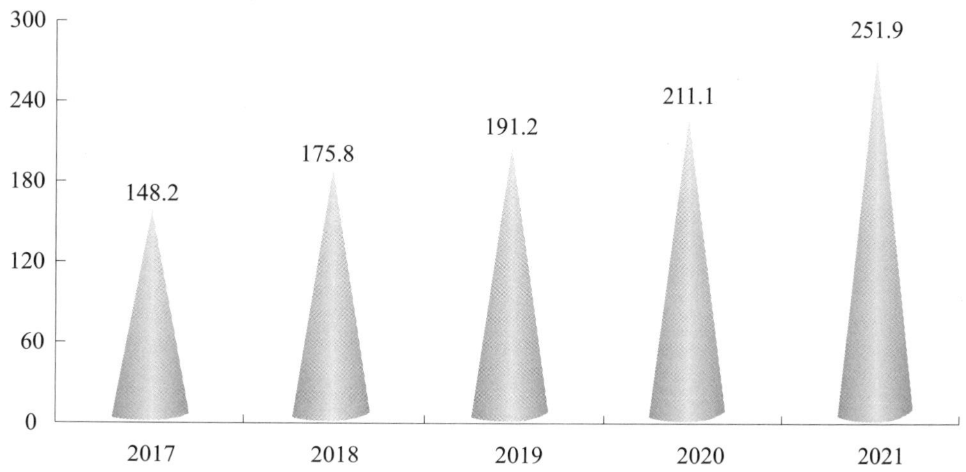

16-1 主要年份各类学校数

SCHOOLS BY LEVEL IN MAJOR YEARS

单位：所 (unit)

年 份 Year	普通、职业高等学校 Regular and Vocational Instiutions of Higher Education	中等职业教育 Secondary Vocational Education	#普通中专 Regular Specialized Secondary Schools	#职业中学 Vocational Schools	#技工学校 Skilled Workers Schools	普通中学 Regular Secondary Schools	普通小学 Regular Primary Schools	特殊教育学校 Special Education Schools
1978	16	731	73	87	50	14062	33393	12
1980	16	3628	90	342	60	9895	37746	12
1985	22	746	113	408	70	4749	42394	12
1990	26	793	125	380	97	3944	42195	13
1995	26	791	129	377	110	3401	40795	63
2000	24	787	127	339	134	3346	37451	39
2005	59	629	73	309	106	3279	24339	40
2010	65	584	92	259	110	2747	12776	45
2011	66	573	93	249	111	2611	10936	51
2012	67	556	90	246	100	2534	10042	53
2013	70	507	92	234	62	2495	8946	56
2014	71	543	92	233	99	2418	6885	62
2015	79	542	92	233	98	2400	6403	64
2016	80	544	92	235	98	2353	6043	69
2017	80	535	92	238	86	2340	5646	73
2018	83	442	89	229	84	2299	5445	76
2019	82	429	88	230	86	2284	5312	80
2020	85	427	88	227	87	2227	5153	85
2021	82	411	86	228	74	2055	4668	86

注：2015年起，普通高等学校数含独立学院。

Note：Independent colleges has been included in regular institutions of higher education since 2015.

16-2 主要年份各类学校专任教师数

NUMBER OF FULL-TIME TEACHERS BY LEVEL OF SCHOOL IN MAJOR YEARS

单位：人 (person)

年 份 Year	普通、职业高等教育 Regular and Vocational Instiutions of Higher Education	中等职业教育 Secondary Vocational Education	#普通中专 Regular Specia-lized Secondary Schools	#职业中学 Vocational Schools	#技工学校 Skilled Workers Schools	普通中学 Regular Secondary Schools	普通小学 Regular Primary Schools
1978	4244	5933	3246	330	938	103772	132785
1980	5077	7915	3991	1090	1386	104075	148255
1985	7417	14322	6176	4512	1931	92619	157251
1990	8963	22440	8295	6976	4165	108774	163693
1995	9140	24729	9161	8632	4446	113216	171860
2000	10466	26916	9823	10343	3655	127582	180362
2005	27862	25005	5687	11132	5500	159803	192271
2010	36492	26578	7437	12461	3542	172793	190538
2011	37527	28004	7877	13030	3888	175443	188820
2012	38124	29295	7903	13597	4365	176319	184326
2013	40764	28871	7943	13806	3652	177344	180548
2014	40317	30744	7793	13671	5803	176853	176840
2015	40406	32652	7830	13997	7485	175053	172957
2016	41301	32877	7853	14199	7583	173503	171535
2017	40971	30534	7691	14150	5338	172224	169057
2018	41910	28865	7615	14010	5491	172249	168018
2019	42798	28868	7316	14440	5620	173428	167801
2020	43642	29435	7176	14959	5863	172916	168284
2021	40205	31877	6860	15768	6468	171294	171741

注：专任教师按照教育层次进行归类。

Note: Full-time teachers are classified by education levels.

16-3 主要年份各类学校在校生数

STUDENTS ENROLMENT BY LEVEL OF SCHOOL IN MAJOR YEARS

单位：万人 (10 000 persons)

年 份 Year	普通、职业本专科 Ungraduate in Regular and Vocational HEIs	中等职业教育 Secondary Vocational Education	#普通中专 Regular Specia-lized Secondary Schools	#职业中学 Vocational Schools	#技工学校 Skilled Workers Schools	普通中学 Regular Secondary Schools	#高中 Senior	普通小学 Regular Primary Schools
1978	2.09	4.73	2.90	0.64	1.19	194.28	58.45	377.36
1980	3.31	8.38	4.61	2.12	1.65	179.55	31.06	384.16
1985	4.19	14.58	5.14	7.58	1.86	156.97	22.87	335.20
1990	5.13	21.47	8.68	8.78	4.01	145.08	22.31	297.40
1995	6.74	26.40	10.74	10.51	5.15	150.97	19.04	327.04
2000	12.57	37.19	19.65	13.62	3.92	199.75	33.72	343.60
2005	40.70	46.58	20.15	17.04	9.39	261.15	71.37	350.26
2010	56.29	56.51	20.73	24.65	11.13	253.67	82.29	291.06
2011	59.45	61.94	18.33	22.32	11.08	249.55	85.27	277.19
2012	63.73	60.00	17.85	21.45	11.68	235.74	85.50	261.76
2013	67.68	50.46	16.38	19.40	6.82	213.99	84.85	229.64
2014	71.32	51.03	15.37	18.39	11.10	204.68	82.78	224.50
2015	74.02	43.59	13.99	17.91	10.62	192.06	79.37	226.95
2016	75.63	43.82	12.12	17.83	10.03	184.65	75.38	227.09
2017	76.30	42.95	11.55	17.73	10.02	180.21	71.97	228.12
2018	76.56	39.25	9.99	16.90	9.05	181.69	67.93	228.50
2019	80.20	38.41	9.36	17.05	8.75	180.20	66.01	229.33
2020	84.20	39.12	10.70	18.46	8.99	177.01	65.45	235.28
2021	89.08	41.82	9.33	19.69	9.61	177.57	68.31	232.83

注：中等职业教育学生数包含普通中专学校、成人中专学校、职业高中学校、技工学校、中等职业教育其他机构、附设中职班学生数，下表同。

Note: Students enrolment of secondary vocational education includes students of regular specialized secondary schools, adult specialized secondary schools, vocational senior schools, skilled workers schools, other institutions and attached classes of secondary vocational education. The same applies to the following.

16-4 主要年份各类学校招生数

ENTRANTS BY LEVEL OF SCHOOL IN MAJOR YEARS

单位：人 (person)

年 份 Year	普通、职业本专科 Ungraduate in Regular and Vocational HEIs	中等职业教育 Secondary Vocational Education	#普通中专 Regular Specia-lized Secondary Schools	#职业中学 Vocational Schools	#技工学校 Skilled Workers Schools	普通中学 Regular Secondary Schools	#高中 Senior	普通小学 Regular Primary Schools	特殊教育学校 Special Education Schools
1978	10744	29699	15531	5708	8460	884918	275642	879737	376
1980	8287	97500	18990	11696	8096	539613	65803	664927	234
1985	14107	95883	20864	37437	9122	529347	75238	548667	390
1990	15710	103887	28615	38566	14606	482926	78749	557803	503
1995	20926	116548	35898	46721	18817	552978	69774	642867	1110
2000	48041	157521	67975	52476	13823	726669	137662	631942	856
2005	127514	187674	75240	65842	40000	887403	263159	548755	743
2010	184399	274149	71680	134823	37303	852635	280984	451390	1088
2011	184602	217326	66613	87893	41030	795844	286680	440802	1339
2012	208122	214892	74147	87237	42475	755080	292630	440460	906
2013	215296	164653	64007	73583	21710	701819	288826	394203	729
2014	214394	170977	56337	71877	39134	634452	255585	347419	824
2015	222685	156124	46966	68497	37247	583570	248426	376640	913
2016	219954	145033	42662	65749	34020	620287	244539	383579	1153
2017	221360	141457	35438	62193	31765	597077	227416	379249	1441
2018	223904	126946	32314	56376	26475	600486	207013	400913	1353
2019	253357	136764	34010	62421	29819	602496	224654	398696	2226
2020	263597	145010	36771	70081	35163	562744	221156	410415	1725
2021	275321	152992	31356	76494	34059	601669	235639	355801	1622

16-5 主要年份各类学校毕业生数
GRADUATES BY LEVEL OF SCHOOL IN MAJOR YEARS

单位：万人 (10 000 persons)

年份 Year	普通、职业本专科 Ungraduate in Regular and Vocational HEIs	普通中专 Regular Specia-lized Secondary Schools	职业中学 Vocational Schools	技工学校 Skilled Workers Schools	普通中学 Regular Secondary Schools	#高中 Senior	普通小学 Regular Primary Schools	特殊教育学校 Special Education Schools
1978	0.45	1.18	0.08	0.38	75.26	19.11	62.09	0.01
1980		1.36	0.49	1.06	84.83	28.31	59.05	0.01
1985	0.85	1.68	1.69	0.64	39.09	5.49	64.68	0.01
1990	1.51	2.68	3.18	1.17	47.63	7.27	51.31	0.05
1995	2.03	3.15	3.82	1.55	43.17	7.08	55.36	0.06
2000	1.98	4.24	4.84	1.77	56.18	7.86	64.09	0.06
2005	8.83	5.49	4.75	1.80	82.95	19.69	63.56	0.05
2010	16.55	7.53	8.72	5.30	83.48	25.94	57.35	0.09
2011	15.27	7.80	8.89	4.03	82.54	27.01	52.78	0.08
2012	16.26	7.35	9.08	3.23	86.39	28.53	54.73	0.09
2013	17.33	6.97	8.23	2.54	82.76	28.61	47.73	0.09
2014	17.41	6.45	7.75	3.82	72.22	27.35	38.81	0.06
2015	19.13	6.35	6.18	3.79	71.12	28.36	34.11	0.06
2016	19.93	5.45	7.04	3.85	69.54	28.44	38.03	0.07
2017	21.04	3.83	5.97	2.97	64.16	26.03	37.50	0.10
2018	21.66	3.78	6.00	3.27	58.61	24.76	40.15	0.10
2019	21.18	3.69	5.87	2.95	61.96	24.44	38.66	0.11
2020	21.88	3.62	6.08	2.79	59.75	22.71	34.78	0.12
2021	21.94	2.63	5.24	2.79	60.07	20.76	37.59	0.14

16-6 高等教育学校学生数(2021年)
STUDENTS IN HIGHER EDUCATION INSTITUTIONS(2021)

单位：人 (person)

项目	Item	毕(结)业生数 Number of Graduates	授予学位数 Degrees Awarded	招生数 Number of Entrants	在校生数 Number of Enrolment
普通本科	Regular Undergraduates	132905	131868	142071	532480
职业本科、专科生	Undergraduates in Vocational HEIs	86536		133250	358294
专　科	Short-cycle Courses	86536		130398	353570
本　科	Normal Courses			2852	4724
成人本科、专科生	Undergraduates in Adult HEIs	27248	1749	58255	145149
专　科	Short-cycle Courses	7308		17285	40490
本　科	Normal Courses	19940	1749	40970	104659
研究生	Postgraduates	12285	12334	18928	50254
硕　士	Master's Degree	11727	11803	17977	46522
博　士	Doctor's Degree	558	531	951	3732
国际学生	International Students	233	192	436	1335

16-7 主要年份研究生数
NUMBER OF POSTGRADUATES IN MAJOR YEARS

单位：人 (person)

年 份 Year	培养研究生的单位数(个) Institutions(unit)	毕业生数 Graduates	招生数 Entrants	在校生数 Enrolment
1978	4		151	151
1980	6		15	218
1985	8	84	399	670
1990	9	288	219	688
1995	12	263	524	1336
2000	12	466	1190	2633
2005	12	2069	4929	12059
2010	12	5929	8074	23555
2011	12	7330	8745	24790
2012	12	7771	9212	26098
2013	13	7754	9384	27473
2014	14	8492	9141	27962
2015	14	8795	9769	28668
2016	14	9118	10078	29299
2017	15	8983	12143	37870
2018	15	9593	12731	38638
2019	16	9978	14128	40811
2020	16	11850	17709	45612
2021	16	12285	18928	50254

注：2017年至2020年，在校研究生数包含在职人员申请硕士学位在校研究生数。
Note：Inservice personnels applying for master degree have been included in the enrolment during 2017 to 2020.

16-8 研究生数(2021年)
NUMBER OF POSTGRADUATES(2021)

单位：人 (person)

项 目	Item	毕业生数 Graduates	#硕士 Master Degree	招生数 Entrants	#硕士 Master Degree	在校生数 Enrolment	#硕士 Master Degree
总 计	**Total**	**12285**	**11727**	**18928**	**17977**	**50254**	**46522**
按类型分	By Type						
普通高校	Regular HEIs	12210	11652	18813	17862	49952	46220
科研机构	Scentific Institutions	75	75	115	115	302	302
按计划分	By Scheme						
全日制	Full-time	10886	10328	17158	16207	45175	41443
非全日制	Part-time	1399	1399	1770	1770	5079	5079
总计中：学术学位	In total: Academic Degree	5528	4978	7878	7004	22677	19159
专业学位	Professional Degree	6757	6749	11050	10973	27577	27363

16-9　普通本科分形式、分学科学生情况(2021年)
REGULAR STUDENTS FOR NORMAL COURSES IN HEIS BY FORM AND DISCIPLINE(2021)

单位：人　(person)

类　别	Type	毕业生数 Graduates	招生数 Entrants	在校生数 Enrolment
总　　计	**Total**	**132905**	**142071**	**532480**
按形式分	By Form			
高中起点	From High Schools	120234	124834	498623
专科起点	From Colleges	12671	17223	33733
第二学士学位	The Second Bachlor's Degree		14	124
按学科分	By Discipline			
哲　学	Philosophy	77	121	353
经济学	Economics	5655	4573	19107
法　学	Law	4853	5113	19476
教育学	Education	6830	7865	28637
文　学	Literature	9845	10206	38111
历史学	History	1421	1524	5872
理　学	Science	11501	11934	45286
工　学	Engineering	43524	55387	196203
农　学	Agriculture	2330	2819	9691
医　学	Medicine	11628	11853	47175
管理学	Administration	22728	17606	72944
艺术学	Artistics	12513	13070	49625
总计中：师范生	Of the Total: Normal University Students	18664	22916	82790

16-10　职业本科分形式、分专业大类学生情况(2021年)
VOCATIONAL STUDENTS FOR NORMAL COURSES IN HEIS BY FORM AND DISCIPLINE(2021)

单位：人　(person)

类　别	Type	毕业生数 Graduates	招生数 Entrants	在校生数 Enrolment
总　　计	**Total**		**2852**	**4724**
按形式分	By Form			
高中起点	From High Schools		2852	4724
专科起点	From Colleges			
第二学士学位	The Second Bachlor's Degree			
按专业大类分	By Major			
农林牧渔大类	Farming, Forestry, Husbandry and Fishery			
资源环境与安全大类	Resource, Environment and Security		118	261
能源动力与材料大类	Engery, Power and Materials			
土木建筑大类	Civil Construction		938	1312
水利大类	Hydraulic Engineering			
装备制造大类	Equipment Manufacturing		194	513
生物与化工大类	Biology and Chemical Engineering			
轻工纺织大类	Light and Textile Industry			
食品药品与粮食大类	Food, Medicine and Grain			
交通运输大类	Transportation		314	314
电子与信息大类	Electronics and Information		352	676
医药卫生大类	Medicine and Hygiene			413
财经商贸大类	Economics, Finance and Business		392	691
旅游大类	Tourism			
文化艺术大类	Culture and Art		229	229
新闻传播大类	Journalism and Communication			
教育与体育大类	Education and Sports		160	160
公安与司法大类	Public Security and Justice		78	78
公共管理与服务大类	Public Administration and Service		77	77

16-11 高职(专科)分专业大类学生情况(2021年)

VOCATIONAL STUDENTS FOR SHORT-CYCLE COURSES IN HEIS BY DISCIPLINE(2021)

单位：人 (person)

类 别	Type	毕业生数 Graduates	招生数 Entrants	在校生数 Enrolment
总 计	**Total**	**86536**	**130398**	**353570**
农林牧渔大类	Farming, Forestry, Husbandry and Fishery	1083	3145	6135
资源环境与安全大类	Resource, Environment and Security	1486	4613	11339
能源动力与材料大类	Engery, Power and Materials	1038	1687	4970
土木建筑大类	Civil Construction	5977	7743	23293
水利大类	Hydraulic Engineering	139	404	811
装备制造大类	Equipment Manufacturing	7317	14813	38942
生物与化工大类	Biology and Chemical Engineering	305	1150	1984
轻工纺织大类	Light and Textile Industry	119	368	774
食品药品与粮食大类	Food, Medicine and Grain	970	902	2576
交通运输大类	Transportation	3280	6079	16352
电子与信息大类	Electronics and Information	13672	23803	64055
医药卫生大类	Medicine and Hygiene	15613	19246	50981
财经商贸大类	Economics, Finance and Business	12027	17596	47938
旅游大类	Tourism	2278	2741	7629
文化艺术大类	Culture and Art	3930	7443	18507
新闻传播大类	Journalism and Communication	391	633	1821
教育与体育大类	Education and Sports	14778	15817	48312
公安与司法大类	Public Security and Justice	1533	1031	4499
公共管理与服务大类	Public Administration and Service	600	1184	2652

16-12 普通本科高校专任教师教学领域分学科门类情况(2021年)

FULL-TIME TEACHERS OF REGULAR HIGHER EDUCATION INSTITUTIONS BY FIELD OF STUDY(2021)

单位：人 (person)

类 别	Type	专任教师 Full-time Teachers	正高级 Senior	副高级 Sub-senior	中 级 Middle	初 级 Junior	未定职称 No Rank
总 计	**Total**	**27735**	**2788**	**8197**	**12026**	**3134**	**1590**
总计中：哲 学	Of the Total: Philosophy	985	96	264	386	178	61
经济学	Economics	934	86	302	397	104	45
法 学	Law	1327	74	352	571	203	127
教育学	Education	2674	149	816	1210	394	105
文 学	Literature	3128	122	816	1601	434	155
历史学	History	433	49	130	179	45	30
理 学	Science	3832	507	1298	1465	254	308
工 学	Engineering	7680	998	2375	3374	606	327
农 学	Agriculture	808	152	286	265	22	83
医 学	Medicine	2073	334	634	793	210	102
管理学	Administration	1753	131	487	816	253	66
艺术学	Artistics	2108	90	437	969	431	181

16-13 职业高校专任教师教学领域所属大类情况(2021年)
FULL-TIME TEACHERS OF VOCATIONAL HIGHER EDUCATION INSTITUTIONS BY DISCIPLINE(2021)

单位：人 (person)

类 别	Type	专任教师 Full-time Teachers	正高级 Senior	副高级 Sub-senior	中 级 Middle	初 级 Junior	未定职称 No Rank
总 计	**Total**	**12470**	**208**	**3398**	**5446**	**2518**	**900**
农林牧渔大类	Farming, Forestry, Husbandry and Fishery	324	6	118	144	45	11
资源环境与安全大类	Resource, Environment and Security	289	3	64	139	63	20
能源动力与材料大类	Engery, Power and Materials	256	10	46	146	26	28
土木建筑大类	Civil Construction	539	12	128	296	83	20
水利大类	Hydraulic Engineering	39	3	19	11	2	4
装备制造大类	Equipment Manufacturing	750	16	200	334	142	58
生物与化工大类	Biology and Chemical Engineering	186	4	53	95	25	9
轻工纺织大类	Light and Textile Industry	17		3	9	4	1
食品药品与粮食大类	Food, Medicine and Grain	78	2	18	31	23	4
交通运输大类	Transportation	261	5	67	99	61	29
电子与信息大类	Electronics and Information	1162	11	303	529	223	96
医药卫生大类	Medicine and Hygiene	816	32	248	280	186	70
财经商贸大类	Economics, Finance and Business	1412	28	383	646	271	84
旅游大类	Tourism	277	3	54	148	67	5
文化艺术大类	Culture and Art	1284	26	269	581	331	77
新闻传播大类	Journalism and Communication	77		13	37	24	3
教育与体育大类	Education and Sports	4242	41	1315	1708	830	348
公安与司法大类	Public Security and Justice	176	2	49	69	42	14
公共管理与服务大类	Public Administration and Service	285	4	48	144	70	19

16-14 中等职业教育分科类学生情况(2021年)
STUDENTS IN SECONDARY VOCATIONAL EDUCATION BY FIELD OF STUDY(2021)

单位：人 (person)

类 别	Type	毕业生数 Graduates	#职业类证书 Occupational Certificates	#职业技能等级证书 Skill Level Certificates	招生数 Entrans	在校生数 Enrolment
总 计	**Total**	**89969**	**73768**	**41221**	**118933**	**322092**
农林牧渔大类	Farming, Forestry, Husbandry and Fishery	5765	1403	592	5675	15030
资源环境与安全大类	Resource, Environment and Security	866	814	628	1127	2560
能源动力与材料大类	Engery, Power and Materials	8	8	1		43
土木建筑大类	Civil Construction	1775	1692	1372	3119	7516
水利大类	Hydraulic Engineering	2	2		1	3
装备制造大类	Equipment Manufacturing	7148	6349	3664	10861	26069
生物与化工大类	Biology and Chemical Engineering	361	323	237	363	1144
轻工纺织大类	Light and Textile Industry	188	184	110	102	535
食品药品与粮食大类	Food, Medicine and Grain	35	35	8	161	241
交通运输大类	Transportation	5874	4970	3275	7239	18906
电子与信息大类	Electronics and Information	24336	22409	11502	32414	87282
医药卫生大类	Medicine and Hygiene	7324	5828	4115	9205	25492
财经商贸大类	Economics, Finance and Business	6492	5598	2652	8358	23859
旅游大类	Tourism	4244	3661	2129	4433	13713
文化艺术大类	Culture and Art	15836	13492	7590	24806	66735
新闻传播大类	Journalism and Communication	1694	1426	535	1624	4820
教育与体育大类	Education and Sports	5150	3114	1737	5514	18205
公安与司法大类	Public Security and Justice	892	569	169	718	2154
公共管理与服务大类	Public Administration and Service	1979	1891	905	3213	7785

注：本表不含技工学校数。

Note: The coverage doesn't include skilled workers schools in this table.

16-15 中等职业学校教职工数(2021年)

TEACHERS AND STAFF OF SECONDARY VOCATIONAL SCHOOLS(2021)

单位：人 (person)

项 目	Item	教职工数 Total	#专任教师 Full-time Teachers	正高级 Senior	副高级 Sub-senior	中 级 Middle	初 级 Junior	未定职级 No Rank	校外教师 Part-time Teachers	行业导师 Professional Tutors
总 计	**Total**	**30348**	**25409**	**33**	**4952**	**9111**	**6836**	**4477**	**3868**	**424**
按办学类型分	by Type of Schools									
#调整后中等职业学校	Adjusted Secondary Vocational Schools									
普通中专学校	Regular Specialized Secondary Schools	9733	6860	10	2060	2771	1498	521	617	310
成人中专学校	Adult Specialized Secondary Schools	1450	1222	7	146	587	429	53	2167	
职业高中学校	Vocational High Schools	18941	15768	14	2451	5118	4439	3746	1023	114
其他中职机构	Others	224	156		43	65	48		61	
按举办者分	by the Providers									
1.中央部门办(机构)	Under the Central Minitries & Agencies									
2.地方公办	Under Local Auth.	24137	20835	12	4843	8724	6267	989	3626	335
教育部门	Education Departments	17652	16245	3	3629	6744	5050	819	1171	204
其他部门	Other Departments	6326	4489	9	1186	1946	1182	166	2417	131
地方企业	Local Enterprises	159	101		28	34	35	4	38	
3.民 办	Non-government	6211	4574	21	109	387	569	3488	242	89

注：本表不含技工学校数。
Note: Skilled worker schools are not included in the table.

16-16 普通中学基本情况(2021年)

单位：人

项　目	Item	学校数 Schools	初级中学 Junior	九年一贯制学校 9 Year Education	高级中学 Senior	完全中学 Junior And Senior
总　计	**Total**	**2055**	**1037**	**501**	**242**	**221**
教育部门	Education Departments	1653	948	356	180	166
其他部门	Other Departments	8	2	3		1
地方企业	Local Enterprises					
民　办	Non-Government	394	87	142	62	54
城　区	Urban Areas	658	248	125	88	162
教育部门	Education Departments	485	217	80	60	125
其他部门	Other Departments	7	2	2		1
地方企业	Local Enterprises					
民　办	Non-Government	166	29	43	28	36
镇　区	Township	892	518	177	134	48
教育部门	Education Departments	745	484	115	108	38
其他部门	Other Departments					
地方企业	Local Enterprises					
民　办	Non-Government	147	34	62	26	10
乡　村	Rural Areas	505	271	199	20	11
教育部门	Education Departments	423	247	161	12	3
其他部门	Other Departments	1		1		
地方企业	Local Enterprises					
民　办	Non-Government	81	24	37	8	8

BASIC STATISTICS ON REGULAR SECONDARY SCHOOLS(2021)

(person)

十二年一贯制学校 12 Year Education	毕业生数 Graduates	#高 中 Senior	招生数 Entrants	#高 中 Senior	在校生数 Enrolment	#高 中 Senior
54	**600695**	**207577**	**601669**	**235639**	**1775683**	**683118**
3	463200	167964	476930	195454	1386505	563996
2	373		961	714	1496	714
49	137122	39613	123778	39471	387682	118408
35	267763	104498	289027	120750	840654	350183
3	196833	83067	217088	95906	623182	280249
2	350		950	714	1485	714
30	70580	21431	70989	24130	215987	69220
15	271975	91690	260364	102357	776718	296458
	225383	78669	226877	91926	662710	262321
15	46592	13021	33487	10431	114008	34137
4	60957	11389	52278	12532	158311	36477
	40984	6228	32965	7622	100613	21426
	23		11		11	
4	19950	5161	19302	4910	57687	15051

16-17 普通中学教职工数(2021年)
TEACHERS AND STAFF OF REGULAR SECONDARY SCHOOLS(2021)

单位：人 (person)

项　目	Item	教职工数 Total	#专任教师 Full-time Teachers	#行政人员 Administrative Personnel	校外教师 Part-time Teachers
总　计	**Total**	**227979**	**192423**	**6418**	**519**
#女	Female	154437	135696	2256	365
#少数民族	Minority Nationality	371	334	7	
#在编人员	Permanent Staff	161338	146028	3166	
教育部门	Education Departments	167077	149904	3319	346
其他部门	Other Departments	280	232	31	
地方企业	Local Enterprises				
民　办	Non-Government	60622	42287	3068	173
城　区	Urban Areas	102329	84891	3602	237
教育部门	Education Departments	68858	62013	1907	161
其他部门	Other Departments	256	219	29	
地方企业	Local Enterprises				
民　办	Non-Government	33215	22659	1666	76
镇　区	Township	98509	85524	2017	235
教育部门	Education Departments	79783	72139	1098	156
其他部门	Other Departments				
地方企业	Local Enterprises				
民　办	Non-Government	18726	13385	919	79
乡　村	Rural Areas	27141	22008	799	47
教育部门	Education Departments	18436	15752	314	29
其他部门	Other Departments	24	13	2	
地方企业	Local Enterprises				
民　办	Non-Government	8681	6243	483	18

注：本表包括初级中学、九年一贯制学校、高级中学、完全中学和十二年一贯制学校。

Note: Teachers and staff who work in junior schools, 9 year education schools, senior schools, compined secondary schools and 12 year education schools are included in the table.

16–18 普通小学基本情况(2021年)
BASIC STATISTICS ON REGULAR PRIMARY SCHOOLS(2021)

单位：人 (person)

项 目	Item	学校数(所) Schools (unit)	毕业生数 Graduates	招生数 Entrant	在校生数 Enrolment
总 计	**Total**	**4668**	**375892**	**355801**	**2328311**
教育部门	Education Departments	4460	329610	318630	2057610
其他部门	Other Departments	7	716	971	5054
地方企业	Local Enterprises	1	109	63	464
民 办	Non–Government	200	45457	36137	265183
城 区	Urban Areas	954	157760	179413	1088685
教育部门	Education Departments	853	135944	157374	940293
其他部门	Other Departments	6	687	952	4973
地方企业	Local Enterprises				
民 办	Non–Government	95	21129	21087	143419
镇 区	Township	1388	149548	138648	926199
教育部门	Education Departments	1323	132390	126991	832470
其他部门	Other Departments				
地方企业	Local Enterprises		15		
民 办	Non–Government	65	17143	11657	93729
乡 村	Rural Areas	2326	68584	37740	313427
教育部门	Education Departments	2284	61276	34265	284847
其他部门	Other Departments	1	29	19	81
地方企业	Local Enterprises	1	94	63	464
民 办	Non–Government	40	7185	3393	28035

16-19 普通小学教职工数(2021年)
TEACHERS AND STAFF OF REGULAR PRIMARY SCHOOLS(2021)

单位：人 (person)

项 目	Item	教职工数 Total	#专任教师 Full-time Teachers	#行政人员 Administrative Personnel	校外教师 Part-time Teachers
总 计	**Total**	**174550**	**155267**	**3117**	**1657**
教育部门	Education Departments	159219	144936	2427	1616
其他部门	Other Departments	260	245	12	
地方企业	Local Enterprises	54	51		
民 办	Non-Government	15017	10035	678	41
城 区	Urban Areas	62350	56038	1369	689
教育部门	Education Departments	52846	49774	943	648
其他部门	Other Departments	238	227	9	
地方企业	Local Enterprises				
民 办	Non-Government	9266	6037	417	41
镇 区	Township	66095	59986	929	372
教育部门	Education Departments	61965	57079	750	372
其他部门	Other Departments				
地方企业	Local Enterprises				
民 办	Non-Government	4130	2907	179	
乡 村	Rural Areas	46105	39243	819	596
教育部门	Education Departments	44408	38083	734	596
其他部门	Other Departments	22	18	3	
地方企业	Local Enterprises	54	51		
民 办	Non-Government	1621	1091	82	

注：本表为小学、教学点数。
Note：The coverage includes primary schools and their relavent teaching schools in this table.

16-20　学前教育基本情况(2021年)

BASIC STATISTICS ON PRE-PRIMARY EDUCATION(2021)

单位：人　(person)

项　目	Item	幼儿园园数(所) Kindergartens(unit)	入园(班)人数 Entrants	在园(班)人数 Enrolment	离园(班)人数 Leavers
总　计	**Total**	**7252**	**299108**	**1009673**	**326246**
教育部门	Education Departments	2563	130180	431854	143095
其他部门	Other Departments	61	3784	11756	3410
地方企业	Local Enterprises	122	8172	28022	7926
事业单位	Institutional Units	18	1699	5291	1220
部　队	Troops	6	208	609	73
集　体	Collectives	1382	24663	82173	29699
民　办	Non-government	3100	130402	449968	140823
#普惠性民办	Inclusive Private	2022	90313	314681	100366
城　区	Urban Areas	2309	126875	428429	125791
教育部门	Education Departments	358	37082	122969	35904
其他部门	Other Departments	28	2728	8363	2434
地方企业	Local Enterprises	102	7060	24264	6883
事业单位	Institutional Units	16	1572	4890	1150
部　队	Troops	5	165	491	34
集　体	Run by Collectives	216	6492	22950	7509
民　办	Non-government	1584	71776	244502	71877
#普惠性民办	Inclusive Private	953	46337	160403	47848
镇　区	Township	2225	121109	412996	136961
教育部门	Education Departments	806	63653	212477	69500
其他部门	Other Departments	18	948	3091	842
地方企业	Local Enterprises	13	690	2499	629
事业单位	Institutional Units	2	127	401	70
部　队	Troops				
集　体	Collectives	331	9743	32333	11272
民　办	Non-government	1055	45948	162195	54648
#普惠性民办	Inclusive Private	718	34006	120479	41149
乡　村	Rural Areas	2718	51124	168248	63494
教育部门	Education Departments	1399	29445	96408	37691
其他部门	Other Departments	15	108	302	134
地方企业	Local Enterprises	7	422	1259	414
事业单位	Institutional Units				
部　队	Troops	1	43	118	39
集　体	Collectives	835	8428	26890	10918
民　办	Non-government	461	12678	43271	14298
#普惠性民办	Inclusive Private	351	9970	33799	11369

16-21 主要年份学前教育基本情况
BASIC STATISTICS ON PRE-PRIMARY EDUCATION IN MAJOR YEARS

单位：人 (person)

年 份 Year	幼儿园园数(所) Kindergartens(unit)	在园(班)人数 Enrolment	教职工数 Teachers and Staff	#专任教师 Full-time Teachers
1978	5997	305783	13243	6473
1980	7461	408471	17363	10390
1985	7731	592600	26855	20714
1990	7849	816087	38074	28922
1995	8477	1026401	45760	37483
2000	10856	1025982	51694	42565
2005	4619	641470	32666	21711
2010	4352	710297	42782	28509
2011	4908	820608	51472	33294
2012	5489	914797	58666	38194
2013	5882	951431	63684	41317
2014	6183	968237	68785	44475
2015	6450	982943	74823	48285
2016	6708	990985	79984	51110
2017	6937	1027546	86508	54796
2018	6973	987853	90319	56742
2019	7089	996978	99034	60555
2020	7165	997800	106798	65339
2021	7252	1009673	121794	76965

16-22 特殊教育学生数(2021年)
STUDENTS IN SPECIAL EDUCATION(2021)

单位：人 (person)

类 别	Type	毕业生数 Graduates	招生数 Entrants	在校生数 Enrolment
总 计	**Total**	**3251**	**3498**	**21073**
特殊教育学校	Special Education Schools	1356	1615	9935
#送教上门	Sending Education to Door	180	359	2475
小学附设特教班	Special Classes Attached to Primary Schools	16	7	154
小学随班就读	Learning in Regular Classes of Primary Schools	745	630	5546
小学送教上门	Sending Education to Door from Primary Schools	194	182	1762
初中附设特教班	Special Classes Attached to Junior Secondary Schools			8
初中随班就读	Learning in Regular Classes of Junior Secondary Schools	748	809	2748
初中送教上门	Sending Education to Door from Junior Secondary Schools	192	255	920
其他学校附设特教班	Special Classes Attached to Other Schools			

注：本表特殊教育学校不含附设特教班。
Note: Specil clsses attached to schools are not included in special education schools in the table.

16-23 科学研究机构及人员(2021年)
INSTITUTIONS AND PERSONNELS OF SCIENTIFIC RESEARCH(2021)

项 目	Item	机 构 (个) Institutions (unit)	职工人数 (人) Employees (person)	从事科技活动人员 (人) Personnels (person)	#大学本科及以上学历 Bachelor Degree and Above
总 计	**Total**	**73**	**12526**	**8146**	**6567**
按机构服务的国民经济行业分	**Grouped by Served Sector**				
农、林、牧、渔业	Farming, Forestry, Animal Husbandry and Fishery	9	390	274	226
采矿业	Mining	5	1594	939	702
制造业	Manufacturing	5	211	196	157
信息传输、软件和信息技术服务业		2	657	656	392
科学研究和技术服务业	Scientific Reseach and Technical Services	22	4601	3250	2722
水利、环境和公共设施管理业	Water, Environmental Protection and Public Facility Management	7	1639	1519	1232
教 育	Education	2	186	186	178
卫生和社会工作	Health Care and Social Work	6	2125	299	258
文化、体育和娱乐业	Culture, Sports and Recreation	6	456	410	323
公共管理、社会保障和社会组织	Public Management, Social Security and Social Organization	9	667	417	377
按机构所属学科分	**Grouped by Subject**				
自然科学领域	Natural Science	11	1802	871	671
农业科学领域	Agricultural Science	9	402	286	229
医学科学领域	Medical Science	7	2172	334	293
工程科学与技术领域	Engineering Science and Technology	28	6936	5547	4381
社会、人文科学领域	Social Science and Humanities	18	1214	1108	993

16-24 主要年份公有经济企事业单位专业技术人员数
PROFESSIONAL AND TECHNICAL PERSONNELS OF PUBLIC ENTERPRISES AND INSTITUTIONS IN MAJOR YEARS

单位：人 (person)

年 份 Year	工程技术人员 Engineering	农业技术人员 Agriculture	卫生技术人员 Health Care	科学研究人员 Scientific Research
1952	4764	448	7196	105
1957	20010	3131	19883	379
1962	25777	5111	33155	1417
1965	28591	5498	37877	2174
1975	34998	5778	42016	3391
1978	51127	13671	46557	5906
1980	54683	10825	41755	5602
1985	112064	12641	63502	5837
1990	152920	14608	77013	5218
1995	167114	11808	82407	4789
2000	121751	17074	83886	3681
2001	125134	17549	86843	3463
2002	126244	17705	89348	3442
2003	124547	18596	90826	3794
2004	121807	20011	97924	4637
2005	127236	20191	100160	4118
2006	133263	20456	112702	4006
2007	137329	20280	113775	3903
2008	145019	20507	116453	4007
2009	146990	20840	119458	3958
2010	148829	23269	119979	3652
2011	153618	23823	122011	3613
2012	162442	25613	126525	4930
2013	167161	25931	123205	4077
2014	177869	25313	124146	4442
2015	183053	23736	123148	4597
2016	192515	22836	126100	4500
2017	192731	22509	123226	4716
2018	194462	20775	120265	4239
2019	196425	17898	120712	4798
2020	187495	17541	113088	4475
2021	207029	15259	112964	8804

16-25　省科学技术协会及所属学会工作情况(2021年)
PROVINCIAL SCIENCE AND TECHNOLOGY ASSOCIATION AND ITS BRANCHES(2021)

项　　目	Item	省科协 Provincial Associations	省级学会 Provincial Learned Societies	地(市)科协 Prefectural (civic) Associations
一、机构与从业人员	**Organization and Personnel**			
机　构(个)	Organization (unit)	1		11
从业人员(人)	Personnel (person)	546		219
二、学术交流	**Academic Exchange**			
学术会议(次)	Academic Meetings (time)	10	164	12
参加人员(人次)	Participants (person-time)	918	101626	2110
交流论文(篇)	Papers Presented (piece)	588	2750	65
#国内学术会议(次)	Domestic Academic Meetings (time)	10	161	12
参加人员　(人次)	Participants (person-time)	918	100154	2110
交流论文　(篇)	Papers Presented (piece)	588	2325	65
国际学术会议(次)	International Academic Meetings (time)		3	
参加人员　(人次)	Participants (person-time)		1472	
交流论文　(篇)	Papers Presented (piece)		425	
三、科学普及	**Science Universal**			
举办科普宣讲活动(次)	Science Universal Lectures (time)	119	819	383
宣讲活动受众人数(人次)	Participants (person-time)	4973160	557049	2475120
四、科技培训	**Science and Technology Training**			
举办实用技术培训(次)	Practical Techniques Training (time)	4	1827	45
培训人数(人次)	Persons Trained (person-time)	400	274506	8220
五、青少年科技活动	**Science and Technology Activity for Teenagers**			
举办青少年科普宣讲活动(次)	Science Universal Lectures to teenagers (time)	2	92	117
青少年科技竞赛(次)	Teenagers Participating in Science and Technology Competitions (time)	2	12	19
参加人数(人次)	Number of Participants (person-time)	1000	13499	131750

16-26 全社会R&D经费内部支出
TOTAL INTERNAL EXPENDITURES ON R&D

单位：万元 (10 000 yuan)

项 目	Item	2020	2021
总 计	**Total**	**2110549**	**2518889**
按活动类型分	**Grouped by Activities**		
基础研究	Basic Research	114182	120411
应用研究	Applied Research	242986	338220
试验发展	Experimental Development	1753380	2060258
按执行部门分	**Grouped by Executive Departments**		
企 业	Enterprises	1761782	2106776
科研机构	Research Institutions	137732	226428
高等院校	Higher Education	176834	175457
其 他	Others	34201	10228
按支出用途分	**Grouped by Object of Expenditure**		
日常性支出	General Expenses	1930550	2383671
#人员劳务费	Personnel Service Charges	503956	464706
资产性支出	Assets Expenses	179999	135219
#仪器和设备	Instruments and Equipments	151238	111738
按资金来源分	**Grouped by Sources of Funds**		
#政府资金	Government Appropriation Funds	270401	329505
企业资金	Self-raised Funds by Enterprises	1799356	2098493

16-27 规模以上工业企业研究与试验发展(R&D)活动基本情况
BASIC STATISTICS ON R&D ACTIVITIES OF INDUSTRIAL ENTERPRISES ABOVE DESIGNATED SIZE

指　　标	Item	2020	2021
一、企业基本情况	**Statistics on Industrial Enterprises**		
有R&D活动企业数 (个)	Number of Enterprises Having R&D Activities (unit)	855	976
有R&D活动企业所占比重 (%)	Percentage of Enterprises Having R&D Activities to Total Number of Enterprises (%)	15.6	14.2
二、R&D活动情况	**Statistics on R&D Activities**		
R&D人员全时当量 (万人年)	Full-time Equivalent of R&D Personnel (10 000 man-years)	3.3	3.5
R&D经费支出 (亿元)	Expenditure on R&D (100 million yuan)	156.2	186.2
R&D经费支出与营业收入之比(%)	Percentage of Expenditure on R&D to Business Revenue (%)	0.7	0.6
三、企业办研发机构情况	**Statistics on Enterprise Research Institutions**		
机构数 (个)	Number of Institutions (unit)	1092	1413
机构人员数 (万人)	Personnel (10 000 persons)	5.3	6.3
机构经费支出 (亿元)	Expenditure (100 million yuan)	138.5	197.9
四、新产品开发及生产情况	**Statistics on New Products Development and Production**		
新产品开发项目数 (个)	Number of New Products (unit)	6539	7501
新产品开发经费支出 (亿元)	Expenditure on New Products Development (100 million yuan)	148.1	187.1
新产品销售收入 (亿元)	Sales Revenue of New Products (100 million yuan)	2311.1	2940.6
#新产品出口	Export	237.5	228.6
五、专利情况 (件)	**Statistics on Patents (piece)**		
有效发明专利数	Number of Inventions in Force	10218	12336
六、技术获取和技术改造情况 (亿元)	**Statistics on Technology Acquisition and Technology Reconstruction (100 million yuan)**		
引进国外技术经费支出	Expenditure for Acquisition of Foreign Technology	1.7	0.2
引进技术消化吸收经费支出	Expenditure for Assimilation of Technology	0.3	0.1
购买国内技术经费支出	Expenditure for Purchase of Domestic Technology	1.0	0.9
技术改造经费支出	Expenditure for Technical Renovation	85.8	91.4

16-28 按登记注册类型分规模以上工业企业研究与试验发展(R&D)活动及专利情况(2021年)

STATISTICS ON R&D ACTIVITIES AND PATENTS OF INDUSTRIAL ENTERPRISES ABOVE DESIGNATED SIZE BY REGISTRATION STATUS(2021)

登记注册类型	Status of Registration	R&D人员全时当量(人年) Full-time Equivalent of R&D Personnel (man-year)	R&D经费(万元) Expenditure on R&D (10 000 yuan)	有效发明专利数(件) Number of Inventions in Force (piece)
合　计	**Total**	**35468**	**1862448**	**12336**
#大中型工业企业	Large and Medium-sized Industrial Enterprises	30793	1664203	8135
内资企业	**Domestic Funded Enterprises**	**31322**	**1768656**	**12051**
国有企业	State-owned Enterprises	694	54848	600
集体企业	Collective-owned Enterprises			
股份合作企业	Cooperative Enterprises			7
联营企业	Joint Ownership Enterprises			
有限责任公司	Limited Liability Corporations	16892	738658	6200
#国有独资公司	State Sole Funded Corporations	2197	99385	2299
股份有限公司	Share-holding Corporations Ltd.	5433	440406	1768
私营企业	Private Enterprises	8304	534745	3476
其他企业	Other Enterprises			
港、澳、台商投资企业	**Enterprises with Funds from Hong Kong, Macao and Taiwan**	**306**	**19456**	**118**
合资经营企业	Joint-venture Enterprises	269	17314	90
合作经营企业	Cooperative Enterprises			
独资经营企业	Enterprises with Sole Fund	37	2142	8
投资股份有限公司	Share-holding Corporations Ltd.			20
外商投资企业	**Foreign Funded Enterprises**	**3840**	**74336**	**167**
中外合资经营企业	Joint-venture Enterprises	320	15170	108
中外合作经营企业	Cooperation Enterprises	286	17199	
外资企业	Enterprises with Sole Fund	3202	38335	47
外商投资股份有限公司	Share-holding Corporations Ltd.	32	3633	12

16-29 按行业分规模以上工业企业研究与试验发展(R&D)活动及专利情况(2021年)

STATISTICS ON R&D ACTIVITIES AND PATENTS OF INDUSTRIAL ENTERPRISES ABOVE DESIGNATED SIZE BY INDUSTRIAL SECTOR(2021)

行　业	Sector	R&D人员全时当量(人年) Full-time Equivalent of R&D Personnel (man-year)	R&D经费(万元) Expenditure on R&D (10 000 yuan)	有效发明专利数(件) Number of Inventions in Force (piece)
总　计	**Total**	**35468**	**1862448**	**12336**
煤炭开采和洗选业	Mining and Washing of Coal	7952	330526	610
石油和天然气开采业	Extraction of Petroleum and Natural Gas	155	13532	62
黑色金属矿采选业	Mining and Processing of Ferrous Metal Ores	64	7337	2
有色金属矿采选业	Mining and Processing of Non-ferrous Metal Ores	33	366	5
非金属矿采选业	Mining and Processing of Non-metal Ores	19	1440	3
农副食品加工业	Processing of Food from Agricultural Products	124	2773	104
食品制造业	Manufacture of Foods	186	4057	141
酒、饮料和精制茶制造业	Manufacture of Liquor, Beverages and Refined Tea	27	1455	78
烟草制品业	Manufacture of Tobacco	20	293	1
纺织业	Manufacture of Textile	94	1588	8
纺织服装、服饰业	Manufacture of Textile, Wearing Apparel and Accessories	9	310	
皮革、毛皮、羽毛及其制品和制鞋业	Manufacture of Leather, Fur, Feather and Related Products and Footwear			
木材加工和木、竹、藤、棕、草制品业	Processing of Timber, Manufacture of Wood, Bamboo, Rattan, Palm and Straw Products			
家具制造业	Manufacture of Furniture	10	508	4
造纸和纸制品业	Manufacture of Paper and Paper Products	57	5174	18
印刷和记录媒介复制业	Printing and Reproduction of Recording Media		224	10
文教、工美、体育和娱乐用品制造业	Manufacture of Articles for Culture, Education, Arts and Crafts, Sport and Entertainment Activities	64	656	8
石油、煤炭及其他燃料加工业	Processing of Petroleum, Coal and Other Fuels	2067	96015	131

16-29 续表 continued

行　业	Sector	R&D人员全时当量(人年) Full-time Equivalent of R&D Personnel (man-year)	R&D经费(万元) Expenditure on R&D (10 000 yuan)	有效发明专利数(件) Number of Inventions in Force (piece)
化学原料和化学制品制造业	Manufacture of Raw Chemical Materials and Chemical Products	1986	63198	732
医药制造业	Manufacture of Medicines	1152	38722	527
化学纤维制造业	Manufacture of Chemical Fibre			
橡胶和塑料制品业	Manufacture of Rubber and Plastics Products	175	7520	86
非金属矿物制品业	Manufacture of Non-metallic Mineral Products	1315	54997	889
黑色金属冶炼和压延加工业	Smelting and Pressing of Ferrous Metals	5937	696410	988
有色金属冶炼和压延加工业	Smelting and Pressing of Non-ferrous Metals	555	51273	227
金属制品业	Manufacture of Metal Products	1366	39213	946
通用设备制造业	Manufacture of General Purpose Machinery	658	39143	455
专用设备制造业	Manufacture of Special Purpose Machinery	1773	88303	1874
汽车制造业	Manufacture of Automobiles	835	30263	181
铁路、船舶、航空航天和其他运输设备制造业	Manufacture of Railway, Ship, Aerospace and Other Transport Equipments	1079	55209	761
电气机械和器材制造业	Manufacture of Electrical Machinery and Apparatus	1270	71983	677
计算机、通信和其他电子设备制造业	Manufacture of Computers, Communication and Other Electronic Equipment	4851	64854	408
仪器仪表制造业	Instruments and Meters	161	3555	216
其他制造业	Other Manufacturing	803	74499	893
废弃资源综合利用	Utilization of Waste Resources	30	1085	14
金属制品、机械和设备修理业	Repair Service of Metal Products, Machinery and Equipment	30	1437	13
电力、热力生产和供应业	Production and Supply of Electric Power and Heat Power	502	12049	1255
燃气生产和供应业	Production and Supply of Gas	80	2055	7
水的生产和供应业	Production and Supply of Water	30	428	2

16-30 按登记注册类型分规模以上工业企业新产品开发及生产情况(2021年)

NEW PRODUCTS DEVELOPMENT AND PRODUCTION OF INDUSTRIAL ENTERPRISES ABOVE DESIGNATED SIZE BY REGISTRATION STATUS(2021)

登记注册类型	Status of Registration	新产品开发项目数(项) Projects for New Products Development (unit)	新产品开发经费支出(万元) Expenditure on New Products Development (10 000 yuan)	新产品销售收入(万元) Sales Revenue of New Products (10 000 yuan)	#出口 Exports
合　计	**Total**	**7501**	**1871006**	**29406029**	**2285514**
#大中型工业企业	Large and Medium-sized Industrial Enterprises	4011	1508551	26331912	2140850
内资企业	**Domestic Funded Enterprises**	**7236**	**1794005**	**28023189**	**2232498**
国有企业	State-owned Enterprises	191	76199	247616	2257
集体企业	Collective-owned Enterprises	1	197		
股份合作企业	Cooperative Enterprises	3	241	2757	
联营企业	Joint Ownership Enterprises				
有限责任公司	Limited Liability Corporations	3184	812343	12956446	1237229
#国有独资公司	State Sole Funded Corporations	382	132280	1197474	82960
股份有限公司	Share-holding Corporations Ltd.	787	404153	8055995	763744
私营企业	Private Enterprises	3070	500873	6760376	229269
其他企业	Other Enterprises				
港、澳、台商投资企业	**Enterprises with Funds from Hong Kong, Macao and Taiwan**	**51**	**6373**	**162568**	**356**
合资经营企业	Joint-venture Enterprises	19	3748	90076	
合作经营企业	Cooperative Enterprises				
独资经营企业	Enterprises with Sole Fund	29	2425	49714	110
投资股份有限公司	Share-holding Corporations Ltd.	3	200	22778	246
外商投资企业	**Foreign Funded Enterprises**	**214**	**70628**	**1220271**	**52660**
中外合资经营企业	Joint-venture Enterprises	136	15073	247669	8446
中外合作经营企业	Cooperation Enterprises	8	9028		
外资企业	Enterprises with Sole Fund	63	42271	909729	9154
外商投资股份有限公司	Share-holding Corporations Ltd.	7	4256	62874	35060

16-31 按行业分规模以上工业企业新产品开发及生产情况(2021年)

NEW PRODUCTS DEVELOPMENT AND PRODUCTION OF INDUSTRIAL ENTERPRISES ABOVE DESIGNATED SIZE BY INDUSTRIAL SECTOR(2021)

行业	Sector	新产品开发项目数(项) Projects for New Products Development (unit)	新产品开发经费支出(万元) Expenditure on New Products Development (10 000 yuan)	新产品销售收入(万元) Sales Revenue of New Products (10 000 yuan)	#出口 Exports
总计	**Total**	**7501**	**1871006**	**29406029**	**2285514**
煤炭开采和洗选业	Mining and Washing of Coal	488	159862	2619732	29107
石油和天然气开采业	Extraction of Petroleum and Natural Gas	52	20927	76080	
黑色金属矿采选业	Mining and Processing of Ferrous Metal Ores	22	26048		
有色金属矿采选业	Mining and Processing of Non-Ferrous Metal Ores	9	817	2223	
非金属矿采选业	Mining and Processing of Non-metal Ores	6	1610	291	
农副食品加工业	Processing of Food from Agricultural Products	65	11883	131482	740
食品制造业	Manufacture of Foods	130	8321	49276	112
酒、饮料和精制茶制造业	Manufacture of Liquor, Beverages and Refined Tea	20	3765	109335	
烟草制品业	Manufacture of Tobacco	9	514		
纺织业	Manufacture of Textile	10	2336	82736	36457
纺织服装、服饰业	Manufacture of Textile, Wearing Apparel and Accessories	18	1139	1619	
皮革、毛皮、羽毛及其制品和制鞋业	Manufacture of Leather, Fur, Feather and Related Products and Footwear				
木材加工和木、竹、藤、棕、草制品业	Processing of Timber, Manufacture of Wood, Bamboo, Rattan, Palm and Straw Products				

16-31 续表1 continued

行　业	Sector	新产品开发项目数(项) Projects for New Products Development (unit)	新产品开发经费支出(万元) Expenditure on New Products Development (10 000 yuan)	新产品销售收入(万元) Sales Revenue of New Products (10 000 yuan)	#出口 Exports
家具制造业	Manufacture of Furniture	3	542	717	
造纸和纸制品业	Manufacture of Paper and Paper Products	9	5204	119328	120
印刷和记录媒介复制业	Printing and Reproduction of Recording Media	23	2313	28320	1812
文教、工美、体育和娱乐用品制造业	Manufacture of Articles for Culture, Education, Arts and Crafts, Sport and Entertainment Activities	16	1394	11421	163
石油、煤炭及其他燃料加工业	Processing of Petroleum, Coal and Other Fuels	155	115765	646494	8938
化学原料和化学制品制造业	Manufacture of Raw Chemical Materials and Chemical Products	495	97009	1093828	31983
医药制造业	Manufacture of Medicines	702	61159	1186293	199562
化学纤维制造业	Manufacture of Chemical Fibres				
橡胶和塑料制品业	Manufacture of Rubber and Plastics Products	109	14043	246890	124019
非金属矿物制品业	Manufacture of Non-metallic Mineral Products	407	65638	789581	36947
黑色金属冶炼和压延加工业	Smelting and Pressing of Ferrous Metals	365	465847	12018245	711732
有色金属冶炼和压延加工业	Smelting and Pressing of Non-ferrous Metals	126	45027	1380336	47698
金属制品业	Manufacture of Metal Products	577	62228	774962	42351
通用设备制造业	Manufacture of General Purpose Machinery	475	66549	492929	25285

16-31 续表2 continued

行 业	Sector	新产品开发项目数（项） Projects for New Products Development (unit)	新产品开发经费支出（万元） Expenditure on New Products Development (10 000 yuan)	新产品销售收入（万元） Sales Revenue of New Products (10 000 yuan)	#出 口 Exports
专用设备制造业	Manufacture of Special Purpose Machinery	810	137537	1350132	33874
汽车制造业	Manufacture of Automobiles	247	58525	1177204	60885
铁路、船舶、航空航天和其他运输设备制造业	Manufacture of Railway, Ship, Aerospace and Other Transport Equipments	561	107872	928662	27965
电气机械和器材制造业	Manufacture of Electrical Machinery and Apparatus	561	85259	1047369	126692
计算机、通信和其他电子设备制造业	Manufacture of Computers, Communication and Other Electronic Equipment	487	127952	2137918	725407
仪器仪表制造业	Manufacture of Measuring Instruments and Machinery	219	14068	107161	
其他制造业	Other Manufacture	146	80470	603969	13667
废弃资源综合利用	Utilization of Waste Resources	10	641	19913	
金属制品、机械和设备修理业	Repair Service of Metal Products, Machinery and Equipment	33	3130	18398	
电力、热力生产和供应业	Production and Supply of Electric Power and Heat Power	103	10672	94876	
燃气生产和供应业	Production and Supply of Gas	22	3762	57634	
水的生产和供应业	Production and Supply of Water	11	1182	676	

主要统计指标解释

毕业生数 指上学年度具有学籍的学生完成教学计划规定课程，考试合格并且取得毕业证书的学生数。

招生数 指实际招收入学并完成学籍注册的新生数。

在校生数 指具有学籍并在本学年初进行学籍注册的学生数。

工程技术人员 指在国民经济各行业从事工程技术工作的自然科学技术的专业人员。包括：高级工程师、工程师、助理工程师、技术员和未评定职称的技术人员。

农业技术人员 指在国民经济各行业从事农业技术工作的自然科学技术的专业人员。包括：高级农艺师、农艺师、助理农艺师、技术员和未评定职称的技术人员。

卫生技术人员 指在国民经济各行业从事卫生医务工作的自然科学技术的专业人员。包括：正副主任医师、主治医师、医师、医（护）士和未评定职称的技术人员。

科学研究人员 指在国民经济各行业从事科学技术活动的自然科学技术的专业人员。包括：正副研究员、助理研究员、实习研究员、技术员和未评定职称的技术人员。

R&D 人员全时当量 是国际上通用的、用于比较科技人力投入的指标。指 R&D 全时人员（全年从事 R&D 活动累积工作时间占全部工作时间的 90%及以上人员）工作量与非全时人员按实际工作时间折算的工作量之和。例如：有两个 R&D 全时人员和三个 R&D 非全时人员(工作时间分别为 0.2 年、0.3 年和 0.7 年)，则 R&D 人员全时当量为 1+1+0.2+0.3+0.7=3.2 人年。

Explanatory Notes on Main Statistical Indicators

Number of Graduates refers to the number of students with student status who have completed the courses specified in the teaching plan, passed the examination and obtained the graduation certificate in the school years.

Number of Entrants refers to the number of new students actually enrolled and registered.

Number of Enrolment refers to the number of students with student status who have registered at the beginning of this school year.

Engineering Personnel refer to the persons who are engaged in engineering science and technology in different sectors of the national economy, including senior engineers, engineers, assistant engineers, technicians and technical personal without professional titles.

Agricultural Personnel refer to the persons who are working on the science of agriculture in different sectors of the national economy, including senior agronomists, agronomists, assistant agronomists, technicians and technical personnel without professional titles.

Public Health Personnel refer to those personnel engaged in medical and health work in different sectors of the national economy, including director doctors and their deputies, doctors in charge, doctors, paramedics, nurses and technical personnel without professional title.

Scientific Research Personnel refers to the persons who are engaged in scientific and technical activities in different sectors of the national economy, including research fellows and their deputies, assistant research fellows, research trainees, technicians and technical personnel without professional titles.

Full-time Equivalent of R&D Personnel is an international indicator to compare R&D manpower input. It refers to the sum of the workload of full-time persons, whose work time on R&D isn't less than 90% on the whole work time, and the converted workload of part-time persons according to the actual working time. For instance, if there are 2 full-time persons and 3 part-time persons whose working time are respectively 0.2 year, 0.3 year, and 0.7 year, the full-time equivalent are 1+1+0.2+0.3+0.7=3.2 person-years.

CULTURE, SPORTS, PUBLIC HEALTH AND ENVIRONMENTAL PROTECTION

17 文化、体育、卫生、环保

资料整理人员

刘铁生　王俊鹏　樊梅洁　吕　洁

CULTURE, SPORTS, PUBLIC HEALTH AND ENVIRONMENTAL PROTECTION 文化、体育、卫生、环保

公共图书馆数	Number of Public Libraries	128	个 (unit)
图书出版总印数	Number of Books Published	11906	万册 (10 000 copies)
篮球场地数	Number of Basketball Courts	27590	个 (unit)
医院数	Number of Hospitals	1431	个 (unit)
废水排放量	Waste Water Discharged	18603	万吨 (10 000 tons)

卫生技术人员构成 (%)
Composition of Medical Technical Personnels (%)

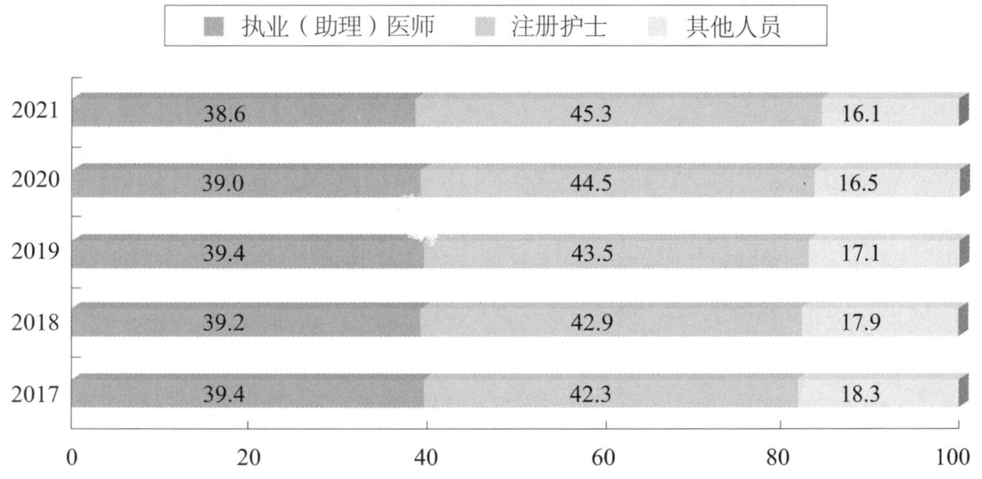

报纸总印数（万份）
Total Printed Copies of Newspapers (10 000 copies)

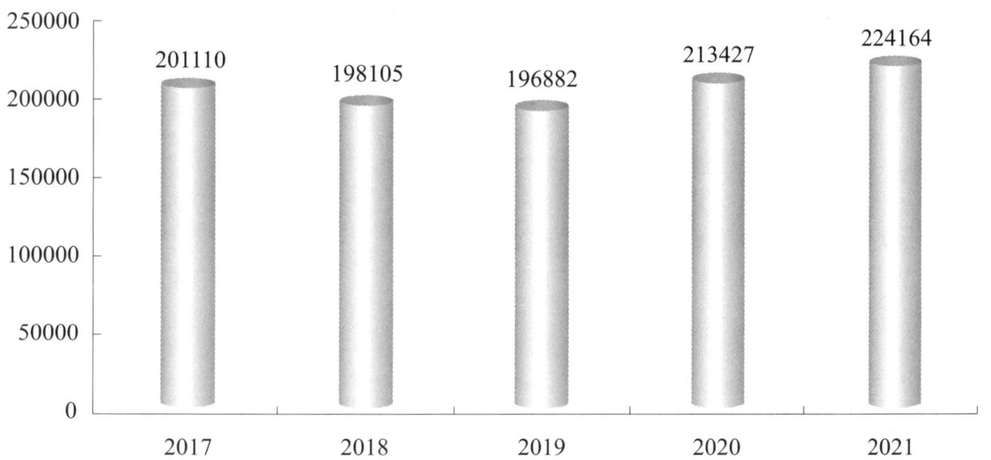

17-1 主要年份广播、电视台(站)数

NUMBER OF RADIO AND TELEVISION STATIONS IN MAJOR YEARS

单位：个 (unit)

年 份 Year	无 线 Radio Broadcast		电视广播 Telecast		人口覆盖率 (%) Population Coverage Rate (%)	
	广播电台 Broadcasting Stations	中、短波转播发射台 Transmission and Relaying Stations of Medium and Short Wave	电视台 Television Stations	100W以上(含100W)调频、电视发射台 Transmission Stations above 100W (100W included)	广 播 Radio	电 视 TV
1980	1	10	1	11	44.5	46.6
1985	3	12	6	16	43.0	60.0
1990	14	20	25	36	51.0	78.0
1995	53	21	31	46	68.0	84.1
2000	8	17	12	53	90.0	95.2
2005	10	15	12	309	91.8	95.8
2010	7	15	8	151	93.3	97.5
2011	4	15	6	148	93.6	97.7
2012	2	15	4	148	95.4	98.1
2013	1	15	3	145	96.8	98.5
2014	1	15	2	178	98.0	99.0
2015		13	2	192	98.5	99.3
2016		13	2	190	98.6	99.4
2017		15	2	174	98.8	99.6
2018		15	2	170	98.8	99.6
2019		17		169	98.9	99.6
2020		16		154	99.2	99.7
2021		15		148	98.8	99.2

注：2006年以前电视台和转播台为1000瓦以上口径。
Note：Coverage of TV transmission stations and relaying stations before 2006 is above 1000w.

17-2 文化艺术机构和人员数(2021年)

INSTITUTIONS AND PERSONNELS OF CULTURE AND ART(2021)

类 别	Type	机构数 (个) Institutions (unit)	文化部门 Cultural Institutions	其他部门 Other Institutions	从业人员 (人) Personnels (person)	文化部门 Cultural Institutions	其他部门 Other Institutions
总 计	**Total**	**6705**	**2220**	**4485**	**51851**	**21893**	**29958**
艺术业	Art Performance Troupes	814	131	683	20902	6607	14295
艺术表演场馆	Art Performance Venues	172	71	101	2597	983	1614
图书馆业	Libraries	128	128		1788	1788	
群众文化服务业	Mass Culture Services	1491	1491		4457	4457	
艺术展览机构	Art Exibition Institutions	41	40	1	266	262	4
艺术教育业	Art Education	13	13		1119	1119	
文化市场经营机构	Business Institutions of Culture Market	3700		3700	14045		14045
文艺科研	Art Research	21	21		1064	1064	
文化行政主管部门	Administrative Department for Culture	129	129		2652	2652	
其 他	Others	196	196		2961	2961	

注：文化市场经营机构不含非公有制艺术表演团体及艺术表演场馆。
Note: Business institutions of culture market don't include non-public ownership art troupes and art performance venues.

17-3　主要年份广播剧、电视剧、电影故事片制作情况

PRODUCTION OF RADIO PLAYS, TELEVISION PLAYS AND FEATURE FILMS IN MAJOR YEARS

年份 Year	广播剧 Radio Plays		电视剧 TV Plays		电影故事片(部) Feature Films (unit)
	部 Unit	时长 Hour	部 Unit	集数 Part	
1985	13	50	18	39	2
1987	12	16	13	46	1
1988	9	37	14	111	2
1989	6	9	24	102	1
1990	5	14	28	122	
1995			12	80	1
2000	5	8	3	42	
2005	7	353	19	371	18
2010	25	1133	2	32	6
2011			2	67	8
2012			1	50	18
2013			7	199	12
2014		4819	8	211	11
2015		5593	7	221	15
2016		6624	9	314	26
2017		9047	13	206	24
2018		11198	5	145	
2019		18579	5	44	
2020		12543	1	40	
2021		18027	1	12	

注：2014年起，广播剧类广播节目统计口径由集数改为时长。

Note:The coverage of radio plays has changed into length of play from the part of play since 2014.

17-4　主要年份国有文化艺术、文物单位数

INSTITUTION NUMBER OF STATE-OWNED CULTURE, ART AND CULTURAL RELICS IN MAJOR YEARS

单位：个　　(unit)

年份 Year	国有艺术表演团体 State-owned Art Troupes	文化馆 Cultural Centers	公共图书馆 Public Libraries	博物馆 Museums
1978	147	124	61	15
1980	162	126	72	19
1985	175	129	103	56
1990	169	130	111	67
1995	162	130	119	67
2000	159	130	121	76
2005	156	131	122	86
2010	167	131	126	89
2011	162	131	126	89
2012	163	131	126	92
2013	155	131	127	98
2014	163	131	126	99
2015	157	131	126	131
2016	150	131	127	140
2017	149	131	128	140
2018	152	130	128	152
2019	151	130	128	158
2020	140	130	128	159
2021	132	130	128	182

注：2015年起，博物馆包含民办博物馆、行业博物馆。

Note: Museums include non-state-owned museums and industrial museums from 2015.

17-5 国有艺术表演团体演出情况(2021年)
PERFORMANCE OF STATE-OWNED ART TROUPES(2021)

单位：千场 (1 000 shows)

类 别	Type	国内演出场次 Number of Performances in Domestic	#到农村演出场次 Shows in Rural Areas	国内演出观众人次(千人次) Number of Spectators (1 000 person-times)
总 计	**Total**	**21.6**	**17.1**	**15804**
按登记注册类型分	**By Status of Registration**			
国有经营剧团	State-owned	12.7	9.6	9660
集体经营剧团	Collective-owned	6.2	5.6	4571
其 他	Others	2.7	1.9	1573
按剧种分	**By Type of Art**			
话剧、儿童剧、滑稽剧类	Drama, Children's Play and Comedy	0.3	0.1	97
#儿童剧	Children's Play Troupes			
歌舞、音乐类	Song and Dance	2.4	1.1	1636
京剧、昆曲类	Peking Opera and Kunqu Opera	0.2	0.1	36
#京 剧	Peking Opera	0.2	0.1	36
地方戏曲类	Local Opera	17.0	15.4	12825
杂技、魔术、马戏类	Acrobatics, Magic and Circus	0.1	0.1	90
曲艺类	Folk Arts	0.5	0.2	731
综艺性艺术表演团体	Comprehensive Art Performance	1.1	0.1	388

17-6 国有艺术表演团体收入和支出(2021年)
REVENUE AND EXPENDITURE OF STATE-OWNED ART TROUPES(2021)

单位：千元 (1 000 yuan)

类 别	Type	剧团(个) Number of Art Troupes (unit)	#国家经费补贴剧团 Government Subsidies	总收入 Total Revenue	#演出收入 Revenue from Performances	总支出 Total Expenditures
总 计	**Total**	**132**	**113**	**540814**	**161424**	**641898**
按登记注册类型分	**By Status of Registration**					
国有经营剧团	State-owned	83	76	456485	113549	530078
集体经营剧团	Collective-owned	35	27	50730	23993	63108
其 他	Others	14	10	33599	23882	48712
按剧种分	**By Type of Art**					
话剧、儿童剧、滑稽剧类	Drama, Children Play and Comedy	3	3	19569	9670	32575
#儿童剧	Children's Play	1	1	2372		2878
歌舞、音乐类	Song and Dance	21	17	140699	43280	182945
京剧、昆曲类	Peking Opera and Kunqu Opera	1	1	25218	7582	23067
#京 剧	Peking Opera	1	1	25218	7582	23067
地方戏曲类	Local Opera	98	84	311483	81539	342867
杂技、魔术、马戏类	Acrobatics, Magic and Circus	1	1	6128	1629	6159
曲艺类	Folk Arts	3	3	6279	5551	8702
综艺性艺术表演团体	Comprehensive Art Performance	5	4	31438	12173	45583

17-7 文化馆(站)业务活动及经费

ACTIVITIES AND FUNDS OF CULTURAL CENTERS AND STATIONS

项　目	Item	2020	2021
单位数 (个)	Number of Units (unit)	1541	1491
举办展览 (个)	Number of Exhibitions (unit)	3584	3331
举办培训班 (次)	Training Courses (time)	14223	15961
组织文艺活动次数 (次)	Art Performances (time)	39817	33244
总支出 (千元)	Total Expenditures (1 000 yuan)	384236	373482
#商品和服务支出	Expenditures on Goods and Services	57154	51172

17-8 公共图书馆业务活动及经费(2021年)

ACTIVITIES AND FUNDS OF PUBLIC LIBRARIES(2021)

项　目	Item	总 计 Total	省级公共图书馆 Public Libraries at Provincial Level	地市级公共图书馆 Public Libraries at Prefecture Level	县级公共图书馆 Public Libraries at County Level
总藏量(千册)	Total Collections (1 000 volumes)	22965	3378	6832	12755
书架单层总长度(千米)	Total Length of Bookshelves (1 000 m)	292	37	112	143
实际持证读者数(千个)	Actual Number of Readers with Library Cards (1 000 units)	2050	465	1065	521
总流通人次(千人次)	Total Number of Circulation Books (1 000 person-times)	14768	819	6790	7159
#书刊文献外借人次	Borrowing from Libraries	5787	372	3059	2356
为读者服务举办各种活动次数(次)	Number of Service Activities Provided for Readers (time)	5042	199	1652	3191
参加人数(千人次)	Number of Readers Involved (1 000 person-times)	4678	52	3889	737
电子阅览室终端数(个)	Number of Terminal in Electrical Reading Room (unit)	4560	267	994	3299
总支出 (千元)	Total Expenditures (1 000 yuan)	352844	70464	145477	136903
#新增藏量及数字资源购置费	Purchase Expenses of New Collections and Digital Resources	44146	4877	30406	8863
本年新增藏量(含电子图书) (千册)	New Collections (including Electronic Books) of The Year (1 000 volumes)	4002	204	3061	738
实际使用公用房屋建筑面积(千平方米)	Actual Usage Floor Space of Public Buildings (1 000 sq.m)	583	75	209	299
#书　库	Stock Rooms	84	11	22	52
阅览室座席(千个)	Seating Capacity of Reading Rooms (1 000 seats)	43	3	14	26

17-9 文物、图书馆、群众文化事业机构和人员数(2021年)
INSTITUTIONS AND PERSONNELS OF CULTURAL RELICS, LIBRARY AND MASS CULTURE(2021)

项　目	Item	机构数(个) Number of Institutions (unit)	人数(人) Number of Personnels (person)
文物业	Cultural Relics Undertakings	418	9148
博物馆	Museums	182	4620
文物机构	Cultural Relics Institutions	236	4528
图书馆业	Public Libraries Undertakings	128	1788
群众文化服务业	Mass Cultural Service	1491	4457
文化馆	Cultural Centers	130	1828
文化站	Cultural Stations	1361	2629
#乡镇文化站	Cultural Stations of Townships and Towns	1151	2192

17-10 博物馆、文物机构业务活动及经费(2021年)
ACTIVITIES AND FUNDS OF MUSEUMS AND CULTURAL RELICS INSTITUTIONS(2021)

项　目	Item	总计 Total	文物保护管理机构 Protection and Management Institutions	博物馆 Museums	文物科研机构 Research Instituton of Relics	其他文物机构 Other Institutions
藏　品(件)	Number of Collections (piece)	1872753	121061	1635012	85363	31317
#一级品	Grade One	4635	299	3898	305	133
业务活动	Operation Activities					
陈列、展览(个)	Number of Displays and Exhibitions (unit)	611	20	566	25	
参观人数(千人次)	Number of Visitors (1 000 person-times)	21794	4807	15446	1541	
本年收入合计(万元)	Total Revenue (10 000 yuan)	386987	82888	74499	36211	193389
本年支出合计(万元)	Total Expenditures (10 000 yuan)	391770	66853	81778	37483	205656
#经营支出	Expenditures on Goods and Services	6825	440	1089		5296
项目支出	Project Expenses	292852	48661	55150	31850	157191

17-11 主要年份图书、期刊和报纸总印数
TOTAL PRINTED COPIES OF BOOKS, MAGAZINES AND NEWSPAPERS IN MAJOR YEARS

年 份 Year	图 书 Books		期 刊 Magazines		报 纸 Newspapers	
	种数(种) Number of Kinds (kind)	总印数(万册) Total Printed Copies (10 000 copies)	种数(种) Number of Kinds (kind)	总印数(万份) Total Printed Copies (10 000 copies)	种数(种) Number of Kinds (kind)	总印数(万份) Total Printed Copies (10 000 copies)
1978	290	6422	16	598	14	17869
1980	361	9055	33	1905	10	17590
1985	550	9991	110	7981	72	55174
1990	989	12166	129	2815	39	54361
1991	1381	14079	130	3086	42	46872
1992	1782	14163	139	3589	49	70047
1993	2261	13058	151	4001	55	73240
1994	2108	12300	158	3948	56	62568
1995	1728	13919	164	3586	59	59254
1996	1783	14654	160	3119	59	58363
1997	1741	15109	158	3199	59	66262
1998	1639	14016	157	2792	56	71954
1999	2214	15487	152	2816	57	69108
2000	1894	10105	165	2659	59	62815
2001	2177	11800	187	3030	66	101712
2002	2505	13264	195	4290	65	140950
2003	2004	11098	198	4208	67	160553
2004	1950	11398	202	4641	60	195992
2005	1683	10081	200	5914	60	329713
2006	1813	9337	199	4441	60	206067
2007	1979	11764	199	5434	60	210541
2008	2586	10535	199	3950	77	163296
2009	2629	11187	200	3402	77	183273
2010	3032	13183	200	4000	77	206698
2011	3401	13887	200	3428	77	202664
2012	4002	14789	198	3733	77	208938
2013	4025	13452	198	3384	77	219694
2014	3458	12866	200	2930	60	214620
2015	3832	12439	200	2573	60	203549
2016	3513	9860	201	2421	60	201619
2017	3517	10899	201	2217	60	201110
2018	3304	10174	201	2259	60	198105
2019	3380	11185	201	2250	60	196882
2020	3154	11033	201	1996	60	213427
2021	3187	11906	198	1940	54	224164

注：本表2008年至2013年报纸相关数据包含高校校报。
Note：Newspaper data from 2008 to 2013 include college newspaper.

17-12 体育局系统从业人员数(2021年)
EMPLOYEES OF SPORTS BUREAU(2021)

单位：人 (person)

类别	Type	合计 Total	行政机关职工合计 Staff and Workers of Administrative Agencies	运动项目管理部门 Administrative Departments of Sports Programmes	职业运动技术学院 Professional Sports Technique College	体育运动学校 Physical Education and Sports Schools
总计	**Total**	**3323**	**837**	**1020**	**195**	**677**
公务员	Civil Servants	491	491			
教练员	Coaches	582	53	129	24	225
运动员	Athletes	680		676	4	
科研人员	Scientific and Technical Personnel	46				1
医务人员	Medical Personnel	34	5		4	4
文化教师	Teachers	477	1		116	272
管理人员	Administrative Personnel	537	125	128	40	103
工勤人员	Logistics Personnel	136	43	10	3	29
其他人员	Others	340	119	77	4	43

类别	Type	业余体校 Sparetime Sports Schools	体育场馆 Stadiums and Gymnasiums	训练基地 Training Bases	科研所 Scientific Research Institutes	其他 Others
总计	**Total**	**405**	**83**	**9**	**97**	
公务员	Civil Servants					
教练员	Coaches	143	1	6	1	
运动员	Athletes					
科研人员	Scientific and Technical Personnel				45	
医务人员	Medical Personnel	1	1		19	
文化教师	Teachers	88				
管理人员	Administrative Personnel	79	37		25	
工勤人员	Logistics Personnel	34	13		4	
其他人员	Others	60	31	3	3	

17-13 体育场地数
NUMBER OF SPORTS VENUES

单位：个 (unit)

项　目	Item	2020	2021
体育公园	**Sports Parks**		
体育公园	Sports Parks	87	92
大型体育场馆	**Large-scale Stadiums**		
体育场	Stadiums	6	6
体育馆	Gymnasiums	45	45
游泳馆	Natatoriums	5	5
田径场地	**Athletic Fields**		
标　准	Standard Fields	1229	1241
其　它	Others	4000	4019
游泳场地	**Swimming Venues**		
室　内	Indoor Venues	359	374
室　外	Outdoor Venues	82	86
球类运动场地	**Ball Fields**		
足球场地	Football Fields	2466	2552
篮球场地	Basketball Courts	27080	27590
排球场地	Volleyball Courts	601	624
乒乓球场地	Table Tennis Courts	15574	16131
羽毛球场地	Badminton Courts	6298	6653
其它球类	Others	6462	7073
冰雪场地	**Skating and Skiing Ground**		
滑冰场地	Skating Ground	15	8
滑雪场地	Skiing Ground	49	45
全民健身场地	**National Fitness Sites**		
健身房	Gymnasiums	2763	2863
全民健身路径	National Fitness Paths	35230	36505
健身步道	Fitness Trails	2233	2355

注：(1) 本表体育场地指可供居民开展运动训练、比赛和健身等的各类体育场地，统计范围为除军队和铁路系统外的体育场地法人单位。

(2) 本表体育场为固定座席数量大于等于20000座的体育场，固定座席数量小于20000座（不含20000座）的体育场统计在田径场地内；体育馆为固定座席数量大于等于3000座的体育馆；游泳馆为固定座席数量大于等于1500座的游泳馆，固定座席数量小于1500座（不含1500座）的游泳馆统计在游泳场地内。

Notes: (1) Sports venues in the table refer to all kinds of sports venues for residents to carry out sports training, competition and fitness, and the statistical coverage includes sports venues of legal entities except military and railway systems.

(2) In the table, the stadiums refer to stadiums with fixed seats more than or equal to 20,000, and the stadiums with fixed seats less than 20,000 (excluding 20,000) are counted in the athletic field. The gymnasiums refer to gymnasiums with fixed seats more than or equal to 3000. The natatoriums refer to natatoriums with fixed seats more than or equal to 1500, and the natatoriums with fixed seats less than 1500 are counted in the swimming venues.

17-14 分项目等级运动员发展人数(2021年)
CERTIFIED ATHLETES BY TYPE OF SPORTS(2021)

单位：人 (person)

运动项目	Item	人数合计 Number of Persons	国际级运动健将 Master of Sports in International Level	#女 Female	一级 First Grade	#女 Female	二级 Second Grade	#女 Female
总　计	**Total**	**1729**			**221**	**99**	**1508**	**526**
田　径	Track and Field	350			4		346	30
游　泳	Swimming	155			7	3	148	65
水　球	Water Polo							
跳　水	Diving							
体　操	Gymnastics	1			1	1		
艺术体操	Artistic Gymnastics	34			3	3	31	31
蹦　床	Trampoline	6			1		5	2
举　重	Weightlifting	20			4	3	16	3
拳　击	Boxing	40			7	2	33	11
国际式摔跤	International Wrestling	98			17	1	81	20
中国式摔跤	Chinese-style Wrestling	2			2	1		
柔　道	Judo	52			9	4	43	18
跆拳道	Kickboxing	79			8	3	71	36
自行车	Cycle Racing	22			1		21	5
击　剑	Fencing	10			2	1	8	2
射　击	Shooting	15			7	5	8	6
射　箭	Sport Archery	14			4	4	10	
足　球	Football	19			1	1	18	18
篮　球	Basketball	132			25	15	107	40
排　球	Volleyball	118			51	21	67	27
乒乓球	Table Tennis	49			11	7	38	13
羽毛球	Badminton	79			22	5	57	19
网　球	Tennis	30			1		29	12
手　球	Handball	76					76	40
曲棍球	Field Hockey							
棒　球	Baseball							
健美操	Bodybuilding Gymnastics	4			4	4		
街　舞	Hip Hop							
软式网球	Soft Tennis							
武　术	Wushu	216			1	1	215	99
蹼　泳	Fin Swimming							
摩托艇	Motorboat							
围　棋	Weiqi	1					1	
国际象棋	International Chess							
中国象棋	Chinese Chess	3			3			
橄榄球	Rugby Football	30			17	10	13	3
航空模型	Model Airplane							
其　他	Others	74			8	4	66	26

17-15 主要年份运动员打破纪录情况

RECORDS BROKEN BY ATHLETES IN MAJOR YEARS

年份 Year	打破世界纪录 World Records Chalked Up			打破全国纪录 National Records Chalked Up			打破省纪录 Provincial Records Chalked Up		
	项数(项) Number of Events (item)	次数(次) Number of Times (time)	人数(人) Number of Persons (person)	项数(项) Number of Events (item)	次数(次) Number of Times (time)	人数(人) Number of Persons (person)	项数(项) Number of Events (item)	次数(次) Number of Times (time)	人数(人) Number of Persons (person)
1978				15	21	10	118	260	95
1980				11	31	4	123	233	132
1985				2	2	2	48	64	35
1990	1	1	1	7	10	7	106	152	62
1995				2	2	5	60	89	84
2000				3	4	6	70	78	57
2005				2	2	2	17	17	25
2010				2	2	2	5	8	8
2011							3	3	3
2012				1	1	1	11	11	3
2013							13	13	18
2014							4	5	4
2015							12	18	12
2016							8	8	7
2017							15	15	18
2018							14	14	22
2019	2	2	1	1	1	1	34	44	31
2020							12	12	18
2021							16	16	19

17-16 体育彩票、福利彩票发行情况

ISSUE OF SPORTS LOTTERY AND WELFARE LOTTERY

单位：万元 (10 000 yuan)

项　目	Item	2020	2021
体育电脑彩票销售点(个)	Computer Sale Place of Sports Lottery Ticket (unit)	3124	3172
体育彩票销售收入	Sale Revenue of Sports Lottery Ticket	244068	365453
#用于兑奖金额	Value of Exchanging Awards	161729	244592
福利彩票销售点(个)	Sale Place of Welfare Lottery Ticket (unit)	3690	5971
福利彩票销售收入	Sale Revenue of Welfare Lottery Ticket	287096	251282

17-17 主要年份卫生机构数

HEALTH CARE INSTITUTIONS IN MAJOR YEARS

单位：个 (unit)

年份 Year	总计 Total	#医院 Hospitals	#门诊部(所) Outpatient Departments	#疾病预防控制中心 Centers for Disease Control and Prevention	#妇幼保健院(所、站) Maternity and Child Care Centers	#医学科学研究机构 Research Institutes of Medical Science
1978	4995	2302	2345	136	128	3
1980	5190	2346	2432	137	129	12
1985	5834	2468	2910	135	123	19
1990	6108	2573	3020	141	123	23
1995	5922	2590	2790	153	131	22
2000	3273	716	92	148	136	23
2005	3009	885	52	157	131	10
2010	11889	1201	106	147	133	6
2011	12004	1216	291	147	132	7
2012	11907	1215	317	135	132	7
2013	12040	1219	297	134	132	7
2014	12528	1234	284	134	133	7
2015	12903	1274	312	134	132	7
2016	13178	1393	355	136	134	7
2017	13549	1388	391	135	135	7
2018	13740	1368	406	135	134	6
2019	14048	1398	493	134	131	5
2020	14343	1419	561	132	129	4
2021	14656	1431	664	132	127	1

注：2011年起，卫生机构数不包括村卫生室数，后同。

Note: Rural clinics aren't included in health care institutions from 2011. The same applies to the following.

17-18 主要年份卫生机构床位数

NUMBER OF BEDS IN HEALTH CARE INSTITUTIONS IN MAJOR YEARS

单位：张 (unit)

年份 Year	总计 Total	医院 Hospitals	其他卫生机构 Other Institutions	平均每千人口拥有医院床位数 Number of Hospital Beds Per 1000 Population
1978	65426	63293	2133	2.69
1980	71702	69141	2561	2.89
1985	87768	82076	5692	3.34
1990	105324	98142	7182	3.45
1995	110422	101936	8486	3.37
2000	111880	77300	34580	2.38
2005	107968	81150	26818	2.42
2010	155973	108333	47640	3.09
2011	158459	111335	47124	3.11
2012	165294	119856	45438	3.32
2013	172620	128294	44326	3.54
2014	177442	133957	43485	3.67
2015	183209	140257	42952	3.83
2016	189778	147096	42682	4.00
2017	197527	154184	43343	4.16
2018	208298	163584	44714	4.40
2019	218120	174807	43313	4.69
2020	223650	181312	42338	5.19
2021	228922	186065	42857	5.35

17-19　主要年份卫生技术人员数

NUMBER OF HEALTH TECHNICAL PERSONNELS IN MAJOR YEARS

单位：人　(person)

年 份 Year	卫生技术人员 Medical Technical Personnels	#执业(助理)医师 Licensed Assistant Doctors	#注册护士 Registered Nurses	平均每千人口拥有卫生技术人员数 Number of Medical Technical Personnel Per 1000 Population
1978	76475	35157	10775	3.16
1980	87815	40479	11561	3.54
1985	109596	48557	16488	4.17
1990	128465	60185	27956	4.52
1995	142239	68658	34907	5.68
2000	136224	64900	37057	4.19
2005	130955	58617	38117	3.90
2010	190917	85376	62251	5.45
2011	189283	82547	64793	5.27
2012	199601	87319	70337	5.54
2013	203385	88182	74849	5.62
2014	209491	89852	79055	5.63
2015	213995	90216	83344	5.84
2016	225770	91748	92139	6.13
2017	227939	89824	96317	6.16
2018	240655	94314	103335	6.47
2019	249278	98230	108345	6.68
2020	260536	101667	115851	7.46
2021	273038	105403	123813	7.84

17-20　卫生机构分类人员数

NUMBER OF PERSONNELS IN HEALTH CARE INSTITUTIONS BY CATEGORY

单位：人　(person)

人员分类	Type of Personnel	2020	2021
一、各类人员总计	**Total Personnel**	**312150**	**324859**
卫生技术人员	Medical Technical Personnel	260536	273038
其他技术人员	Other Technical Personnel	13676	16363
管理人员	Managerial Personnel	15997	12206
工勤人员	Logistics Workers	21941	23252
二、卫生技术人员	**Medical Technical Personnel**	**260536**	**273038**
执业(助理)医师	Licensed Assistant Doctors	101667	105403
#执业医师	Licensed Doctors	89926	93785
注册护士	Registered Nurses	115851	123813
药师(士)	Pharmacists	11044	11445
技师(士)	Technicians	14126	17102
其　他	Others	17848	15275

17-21 卫生机构、床位、人员数(2021年)
INSTITUTIONS, BEDS AND PERSONNELS IN HEALTH CARE INSTITUTIONS(2021)

类 别	Type	机构数(个) Institutions (unit)	床位数(张) Beds (unit)	人员合计(人) Personnel (person)	#卫生技术人员 Medical Technical Personnel
总 计	**Total**	**14656**	**228922**	**324859**	**273038**
一、医院合计	**Total Number of Hospitals**	**1431**	**186065**	**224538**	**187954**
综合医院	General Hospitals	680	121257	154592	130619
中医医院	Hospitals of Chinese Medicine	217	21565	23779	20098
中西医结合医院	Hospitals for Chinese and Western Medicine	37	3753	3442	2997
民族医院	Nationality Hospitals				
专科医院	Special Hospitals	487	38654	42096	33818
口腔医院	Stomatological Hospitals	54	605	2362	1873
眼科医院	Ophthalmology Hospitals	42	2211	3537	2528
耳鼻喉科医院	Otolaryngology Hospitals	6	286	274	211
肿瘤医院	Tumor Hospitals	4	3384	3952	3391
心血管病医院	Cardiovascular Hospitals	13	2023	2640	2246
血液病医院	Hematological Hospitals	1	60	48	48
妇产(科)医院	Maternity Hospitals	34	1677	2450	1953
儿童医院	Children Hospitals	5	2366	4530	3769
精神病医院	Mental Hospitals	55	9123	5159	3864
传染病院	Hospitals for Infections Diseases	7	2182	2623	2055
皮肤病医院	Dermatology Hospitals	11	315	292	235
结核病医院	Tuberculosis Hospitals	3	1124	1034	830
职业病医院	Occupational Disease Hospital	3	579	864	711
骨科医院	Orthopaedics Hospitals	56	2937	2988	2518
康复医院	Recovered Hospitals	23	1618	1286	1052
整形外科医院	Plastics Hospitals	1	20	27	21
美容医院	Cosmetic Hospitals	10	204	383	278
其他专科医院	Other Specialized Hospitals	159	7940	7647	6235
护理院	Nursing Hospitals	10	836	629	422
二、社区卫生服务中心(站)	**Community Medical Service Centers and Stations**	**1037**	**4308**	**14844**	**12983**
#社区卫生服务中心	Community Medical Service Centers	234	3784	7964	6804
三、卫生院合计	**Total Number of Health Centers**	**1560**	**32867**	**29606**	**24140**
街道卫生院	Urban Health Centers	248	2540	2180	1692
乡镇卫生院	Township Health Centers	1312	30327	27426	22448
中心卫生院	Central Health Centers	406	12901	10715	8871
乡卫生院	Other Township Health Centers	906	17426	16711	13577

注：卫生机构床位数为实有数。

Note：The number of beds in health care institutions is an actual data.

17-21 续表 continued

类别	Type	机构数(个) Institutions (unit)	床位数(张) Beds (unit)	人员合计(人) Personnel (person)	#卫生技术人员 Medical Technical Personnel
四、门诊部合计	**Total Number of Clinics**	**664**	**508**	**7764**	**6891**
综合门诊部	General Clinics	124	287	2101	1768
中医门诊部	Chinese Medicine Clinics	62	59	631	530
中西医结合门诊部	Chinese and Western Medicine Clinics	11	6	120	118
专科门诊部	Special Clinics	467	156	4912	4475
五、诊所、卫生所、医务室	**Clinics, Health Centers and Infirmaries**	**9485**	**115**	**23217**	**22342**
#诊　所	Clinics	8790	110	20874	20190
卫生所、医务室	Health Centres and Infirmaries	695	5	2343	2152
六、采供血机构	**Selection and Supplyment Blood Institutions**	**23**		**1377**	**1034**
七、妇幼保健院 (所、站)	**Maternity and Child Care Centers**	**127**	**4014**	**11906**	**9320**
1.省　属	Belong to Province	1			
省辖市(地区)属	Belong to City(prefecture) of Province	10	1522	4179	3466
地辖市属	Belong to City of Prefecture	32	646	2470	1900
县　属	Belong to County	79	1813	5043	3783
其　他	Others	5	33	214	171
2.妇幼保健院	Maternity and Child Care Hospitals	91	3773	10530	8357
妇幼保健所	Maternity and Child Care Institutes	5		123	99
妇幼保健站	Maternity and Child Care Stations	31	241	1253	864
生殖保健中心	Reproduction Care Centers				
八、疾病预防控制中心(防疫站)	**Diseases Prevention and Control Center**	**132**		**5091**	**3501**
省　属	Belong to Province	1		256	202
省辖市(地区)属	Belong to City (prefecture) of Province	10		944	650
地辖市属	Belong to City of Prefecture	36		1263	889
县　属	Belong to County	74		2118	1385
其　他	Others	11		510	375
九、卫生监督所	**Sanitation Supervision Stations**	**124**		**3227**	**2796**
省　属	Belong to Province	1		91	91
省辖市(地区)属	Belong to City (prefecture) of Province	12		434	369
地辖市属	Belong to City of Prefecture	26		48	37
县　属	Belong to County	78		2387	2076
其　他	Others	7		267	223
十、医学科学研究机构	**Research Institutes of Medical Sciences**	**1**		**46**	**41**
十一、医学在职培训机构	**Medical In-service Training Institutes**	**1**		**6**	**5**
十二、健康教育所 (站、中心)	**Care Education Institutes**	**6**		**71**	**17**
十三、其他卫生机构	**Other Medical Institues**	**65**	**1045**	**3166**	**2014**

17-22 医疗机构医疗服务量情况(2021年)
SERVICES QUANTITY IN HEALTH CARE INSTITUTIONS(2021)

类别	Item	总诊疗人次(万人次) Total Diagnosis and Treatment (10 000 person-times)	出院人数(万人) Discharged Patients (10 000 persons)
总计	**Total**	**13444.8**	**434.8**
#医院	Hospital	7374.4	401.9
#综合医院	General Hospitals	5371.9	296.0
中医医院	Hospitals of Chinese Medicine	909.0	37.1
专科医院	Special Hospitals	1020.2	63.4
卫生院	Commune Hospitals	1553.8	18.9
#乡镇卫生院	Town and Township Hospitals	1441.4	17.9
门诊部	Clinics	224.3	0.5
妇幼保健院(所、站)	Maternity and Child Care Centers	434.6	10.7
专科疾病防治院(所、站)	Special Disease Prevention Institutions	8.4	0.5

17-23 公证工作和调解
STATISTICS ON NOTARIZATION AND MEDIATION

项目		Item	2020	2021
公证工作		**Notarization**		
公证处	(个)	Number of Notarization Offices(unit)	112	112
公证员(含公证员助理)	(人)	Notaries (Assistant Notaries) (person)	808	821
办理国内公证	(件)	Handle Civil Affair Notarization (case)	257440	340576
办理涉外及涉港澳台公证	(件)	Handle Foreign Nationals Notarization (case)	23444	25815
调解工作		**Mediation**		
专职人民调解员	(人)	Full-time People's Mediators (person)	6213	3518
人民调解委员会	(个)	Number of People Mediation Committees (unit)	28343	23764
调解人员	(人)	Number of Mediators (person)	90942	73449
调解各类纠纷	(件)	Mediation Various Quarrels (case)	121309	120157

17-24 律师工作
STATISTICS ON LAWYERS

项　目	Item	2020	2021
律师事务所　(个)	Number of Law Offices (unit)	832	902
律师工作人员(注册) (人)	Number of Lawyers (person)	10592	12131
#专职律师	Full-time Lawyers	8278	9105
兼职律师	Part-time Lawyers	460	486
聘请常年法律顾问的单位 (个)	Number of Units with Permanent Legal Advisors (unit)	10331	11698
民事诉讼代理　(件)	Agent of Civil Cases (case)	75484	97561
行政诉讼代理　(件)	Agent of Administrative Action (case)	2864	4431
刑事辩护及代理　(件)	Agent and Defender of Criminal Cases (case)	26076	28981
非诉讼法律事务　(件)	Agent of Non-Litigious Legal Affairs (case)	9538	10674
咨询和代书　(件)	Agent of Legal Advisory Services (case)	54719	60874

17-25 主要年份婚姻登记数
MARRIAGE REGISTRATION IN MAJOR YEARS

单位：对　　(couple)

年份 Year	登记结婚数 Permitting Marriage Registration	#恢复结婚 Resuming Marriage	初婚数 (人) First Marriage (person)	再婚数 (人) Remarriage (person)	男 Male	女 Female	登记离婚数 Permitting Divorce Registration
1985	236206	1787	453433	18979	9400	9579	7615
1990	220581	1115	422721	18441	8770	9671	7471
1995	179300	1090	343561	15039	7566	7473	7100
2000	164639	981	313195	16083	8407	7676	7612
2005	189741	1222	354147	25563	12163	13400	17398
2010	360581	4481	675719	45443	24033	21410	26473
2011	339607	3330	633629	45585	21910	23675	31260
2012	362827	4102	677046	48608	22845	25763	35585
2013	384006	4725	710324	57688	26399	31289	41939
2014	350711	5216	637477	63945	29134	34811	47894
2015	346789	8992	623132	70446	31818	38628	54166
2016	300121	6943	530845	69397	31423	37974	58962
2017	287723	8884	502961	72485	32439	40046	65091
2018	278154	9410	475647	81403	45090	36313	70873
2019	254897	10262	426325	83761	46666	37095	73647
2020	215727	9420	356612	74980	32999	41981	66890
2021	223578	9041	360844	53981	23105	30876	41522

17-26 妇联组织情况

WOMEN'S FEDERATION ORGANIZATION

单位：个 (unit)

项 目	Item	2020	2021
地市妇联数	Number of Women's Federation of Prefecture and City	11	11
县(市)妇联数	Number of Women's Federation of County and City	113	117
乡妇联数	Number of Women's Federation of Township	1192	1189
街妇联数	Number of Women's Federation for Subdistrict Office	233	207
基层妇代会数	Number of Women's Federation of Basic Level	24654	21747
城市 (社区妇联)	Urban Areas (Women's Federation of Community)	2558	2794
农村妇联数	Rural Areas	22096	18953
非公有经济组织中妇女组织	Women's Federation in Non-Public Ownership Economic Organization	5251	5552
直属机关妇工委	Women's Council in Department Directly under Governments	4151	4151
高等院校妇女组织	Women's Orgaization in University	44	46
省级所属	Provincial Level	20	25
市级所属	City Level	19	20
民办高校	University Run by Private Insititutions		1
民主党派妇委会数	Number of Women's Federation in Democratic Party	20	25

17-27 全省工业企业“三废”排放与治理情况

DISCHARGE AND TREATMENT OF WASTE WATER, WASTE GAS AND SOLID WASTES BY INDUSTRIAL ENTERPRISES

项 目	Item	2020	2021
废 水	**Waste Water**		
废水排放量 (万吨)	Waste Water Discharged (10 000 tons)	15859	18603
化学需氧量排放量 (吨)	COD Discharged (ton)	4803	4515
氨氮排放量 (吨)	Ammonia Nitrogen Discharged (ton)	187	157
废 气	**Waste Gas**		
废气排放量 (亿标立方米)	Waste Gas Emission (100 million cu.m)	152588	89905
二氧化硫排放量 (吨)	Sulphur Dioxide Emission (ton)	122494	103813
氮氧化物排放量 (吨)	Nitrogen Dioxide Emission (ton)	320324	173682
固体废物	**Solid Wastes**		
一般工业固体废物产生量 (万吨)	Common Industrial Solid Wastes Generated (10 000 tons)	42635	45901
一般工业固体废物综合利用量 (万吨)	Common Industrial Solid Wastes Integrated Use (10 000 tons)	17150	18585
一般工业固体废物处置量 (万吨)	Common Industrial Solid Wastes Disposed (10 000 tons)	19546	21664
危险废物产生量 (万吨)	Hazardous Wastes Generated (10 000 tons)	214.0	284.0
危险废物综合利用处置量 (万吨)	Hazardous Wastes Integrated Use and Disposed (10 000 tons)	225.4	282.6
污染治理	**Pollution Treatment**		
当年污染治理施工项目总数 (个)	Number of Projects for Pollution Treatment in the Year (unit)	200	99
污染治理项目本年完成投资额 (万元)	Investment of the Project for Pollution Treatment in the Year (10 000 yuan)	284909.8	76071.1
治理废水	Treatment of Waste Water	12301.2	7747.5
治理废气	Treatment of Waste Gas	203094.8	44865.3
治理固体废物	Treatment of Solid Wastes	7895.4	1165.0
治理噪声	Noise Abatement	177.6	177.6
治理其他	Others	61440.9	22115.8

注：2021年为初步统计数。
Note: Data of 2021 are preliminary statistics.

主要统计指标解释

艺术表演团体 指从事戏曲、音乐、舞蹈、杂技等专业艺术表演，有独立帐户，实行单独核算的团体。不包括半工半艺、半农半艺的业余团体。

文化馆 指专门从事群众文化活动的群众文化场馆。不包括临时抽调人员组成、没有编制的农村和街道文化工作队、服务站等。

文化市场经营机构 指经文化市场行政部门审批或已申报登记并领取相关许可证的、从事文化经营和文化服务活动的机构。

图书馆 指各类图书馆的管理与服务（对文献和信息的搜集、整理、存储、利用和管理，向社会公众开放并提供科学、文化等各种知识普及教育）。包括公共图书馆和各类机构内部举办的或单独举办的图书馆的管理与服务。不包括部队系统以及文化馆（文化中心、群众艺术馆）、文化站内设的图书室。

文化艺术研究机构 指有明确的研究方向和任务，有一定水平的学术带头人和一定数量、质量的研究人员，有开展工作的基本条件，主要进行文化艺术研究（含科技）的机构。

博物馆 指以教育、研究和欣赏为目的，收藏、保护并向公众展示人类活动和自然环境的见证物，经登记管理机关依法登记的非营利组织。

艺术表演观众人数 指售票、包场演出或民族地区免费演出艺术表演观众人次数。不包括彩排审查和内部观摩演出的观看人次数。

工业废水排放量 指调查年度经过企业厂区所有排放口排到企业外部的工业废水量。包括生产废水、外排的直接冷却水、废气治理设施废水、超标排放的矿井地下水和与工业废水混排的厂区生活污水，不包括独立外排的间接冷却水(清浊不分流的间接冷却水应计算在内)。

一般工业固体废物产生量 指当年全年调查对象实际产生的一般工业固体废物的量。一般工业固体废物指企业在工业生产过程中产生且不属于危险废物的工业固体废物。

一般工业固体废物综合利用量 指调查年度企业通过回收、加工、循环、交换等方式，从固体废物中提取或者使其转化为可以利用的资源、能源和其他原材料的固体废物量（包括当年利用的往年工业固体废物累计贮存量）。如用作农业肥料、生产建筑材料、筑路、用作充填回填材料等。

一般工业固体废物处置量 指调查年度企业将工业固体废物焚烧和用其他改变工业固体废物的物理、化学、生物特性的方法，达到减少或者消除其危险成分的活动，或者将工业固体废物最终置于符合生态环境保护规定要求的填埋场的活动中，所消纳固体废物的量（包括当年处置的往年工业固体废物累计贮存量）。

危险废物产生量 指调查年度调查对象实际产生的危险废物的量，包括利用处置危险废物过程中二次产生的危险废物的量。

危险废物综合利用处置量 指调查年度调查对象从危险废物中提取物质作为原材料或者燃料的活动中消纳危险废物的量，以及将危险废物焚烧和用其他改变危险废物物理、化学、生物特性的方法，达到减少或者消除其危险成分的活动，或者将危险废物最终置于符合环境保护规定要求的填埋场的活动中，所消纳危险废物的量。包括本单位自行处置利用的本单位产生和接收外单位危险废物量。

Explanatory Notes on Main Statistical Indicators

Art Performance Troupes refer to the troupes which are engaged in drama, music, dance, acrobatics or other art performance, have independent accounts with banks and have self-supporting accounting system. Amateur troupes which are engaged partly in industrial or agricultural activities and partly in art performance are not included.

Culture Centers refer to mass cultural centers which specialize in mass cultural activities. They do not include rural and street cultural teams or service stations that comprise of temporary transferred staff or personnel who do not have a personnel quota.

Business Institutions of Cultural Market refer to the institutions dealing in culture and cultural services, which registered and permitted with the relative certificate by cultural market administration.

Libraries refer to management and services of all kinds of libraries, that is, collect, collate, store and manage literature and information, supply various popular knowledge and education of science and culture openly. They include management and service that are carried out internally and singly by public libraries and all kinds of agencies, but don't include library rooms of army and culture centers or stations.

Culture and Art Research Institutions refer to institutions that mainly do research on culture and art. These institutions own academic leaders to a certain degree and research personnel to a certain quantity and quality, have the basic condition to carry out work under definite research direction and task.

Museums refer to legally registered non-profit organizations which collect, protect, exhibit the evidence of human's activities and natural environment for the purpose of education, research and appreciation.

Number of Spectators at Art Performance refers to the number of attendants at commercial shows completely booked shows or free shows given in minority national areas and does not include the number of spectators at rehearsals for examination and internal shows for study.

Industrial Waste Water Discharged refers to the volume of industrial waste water discharged through all outlets to the outside of industrial enterprises over the year, including production wastewater, direct-cooling water, wastewater from waste gas treatment facilities, underground water from mines that does not meet the standard and the domestic sewage mixed up with industrial waste water, excluding indirect-cooling water discharged separately.

Common Industrial Solid Wastes Generated refers to the amount of common industrial solid wastes the surveyed units actual generated in the survey year. The common industrial solid wastes refers to the industrial solid wastes, which are not hazardous wastes, generated by the enterprises in the process of industrial production.

Common Industrial Solid Wastes Integrated Use refers to amount of solid wastes from which useable materials can be extracted or converted into usable resources, energy or other materials through reclamation, processing, recycling and exchange (including utilizing in the year the stocks of industrial solid wastes of the previous year) generated by enterprises in the survey year, e.g. being used as agricultural fertilizers, building materials, paving materials, filling and backfilling materials.

Common Industrial Solid Wastes Disposed refers to the amount of industrial solid wastes disposed, which covers the amount of previous years, through incineration or other methods to change its physical, chemical and biological properties to reduce or eliminate the hazardous landfilled in the sites following the requirements for environmental protection by surveyed enterprises in the survey year.

Hazardous Wastes Generated refers to the amount of actual hazardous wastes generated by surveyed units in the survey year, which is covered secondary generation during the process of disposal and reuse of hazardous wastes.

Hazardous Wastes Integrated Used and Disposed refers to the amount of hazardous wastes that are used to extract materials for raw materials or fuel in the survey year, and the amount of hazardous wastes which are incineration or specially disposed using other methods to change its physical, chemical and biological properties and thus to reduce or eliminate the hazards, or placed ultimately in the sites following the requirements for environmental protection in the survey year. It includes the hazardous wastes generated from the surveyed units and received from other units.

GENERAL SURVEY OF CITIES

18 城市概况

资料整理人员

李艳旭　李悦榕　杨　敏　李　蓉

18-1 地级城市主要经济指标(2021年)
MAJOR ECONOMIC INDICATORS OF CITIES AT PREFECTURE LEVEL(2021)

指 标	Item	太原市区 Taiyuan Urban District	大同市区 Datong Urban District	阳泉市区 Yangquan Urban District
年末总户数 (万户)	Households at Year-end (10 000 households)	96.69	70.71	25.85
年出生人数 (人)	Birth Population of the Year (person)	27896	11208	5075
年死亡人数 (人)	Death Population (person)	8905	8370	6352
地区生产总值 (亿元)	Gross Domestic Product (100 million yuan)	4630	1243	605
第一产业	Primary Industry	14	29	3
第二产业	Secondary Industry	1793	539	293
第三产业	Tertiary Industry	2823	676	309
工业经济指标	Economic Industrial Indicators			
工业企业数 (个)	Number of Industrial Enterprises (unit)	563	284	130
内资企业	Domestic Funded Enterprises	543	270	124
港澳台商投资企业	Enterprises Funded by Hong Kong, Macao and Taiwan	2	4	3
外商投资企业	Foreign Funded Enterprises	18	10	3
流动资产合计 (万元)	Total Current Assets (10 000 yuan)	31991694	37590960	13560762
营业收入 (万元)	Business Revenue (10 000 yuan)	41021492	22195915	5422090
利润总额 (万元)	Total Profits (10 000 yuan)	1707352	16855	166664
房地产开发投资	Investment in Real Estate	6292199	2460551	78037
#住 宅	Residential Buildings	4968100	1914580	68055
商品房销售面积 (万平方米)	Floor Space of Commercial Houses Sold (10 000 sq.m)	754.51	270.96	34.40
商品房销售额 (万元)	Sales of Commercial Houses (10 000 yuan)	8032556	1786772	188051
社会消费品零售总额 (万元)	Total Retail Sales of Consumer Goods (10 000 yuan)	17563400	6137920	2068990
一般公共预算收入 (万元)	General Public Budget Revenue (10 000 yuan)	1031573	1379388	415047
一般公共预算支出 (万元)	General Public Budget Expenditure (10 000 yuan)	2015476	2307460	786192
住户存款余额 (万元)	Balance of Residents Savings Deposits (10 000 yuan)	59930915	21238139	8246017

18-1 续表

指　标	Item	长治市区 Changzhi Urban District	晋城市区 Jincheng Urban District
年末总户数 (万户)	Households at Year-end (10 000 households)	53.42	14.74
年出生人数　(人)	Birth Population of the Year (person)	12991	4098
年死亡人数　(人)	Death Population (person)	6824	1220
地区生产总值 (亿元)	Gross Domestic Product (100 million yuan)	1264	421
第一产业	Primary Industry	31	1
第二产业	Secondary Industry	714	133
第三产业	Tertiary Industry	518	287
工业经济指标	Economic Industrial Indicators		
工业企业数 (个)	Number of Industrial Enterprises (unit)	336	71
内资企业	Domestic Funded Enterprises	327	66
港澳台商投资企业	Enterprises Funded by Hong Kong, Macao and Taiwan	6	1
外商投资企业	Foreign Funded Enterprises	3	4
流动资产合计 (万元)	Total Current Assets (10 000 yuan)	13096647	1959591
营业收入　(万元)	Business Revenue (10 000 yuan)	18892897	2152435
利润总额　(万元)	Total Profits (10 000 yuan)	2439376	170198
房地产开发投资	Investment in Real Estate	1162478	650143
#住　宅	Residential Buildings	923547	393055
商品房销售面积 (万平方米)	Floor Space of Commercial Houses Sold (10 000 sq.m)	248.41	98.82
商品房销售额　(万元)	Sales of Commercial Houses (10 000 yuan)	1454500	694418
社会消费品零售总额 (万元)	Total Retail Sales of Consumer Goods (10 000 yuan)	4822128	3221857
一般公共预算收入　(万元)	General Public Budget Revenue (10 000 yuan)	1371311	690845
一般公共预算支出　(万元)	General Public Budget Expenditure (10 000 yuan)	2081898	982309
住户存款余额　(万元)	Balance of Residents Savings Deposits (10 000 yuan)	15322901	9696096

continued

朔州市区 Shuozhou Urban District	晋中市区 Jinzhong Urban District	运城市区 Yuncheng Urban District	忻州市区 Xinzhou Urban District	临汾市区 Linfen Urban District	吕梁市区 Lvliang Urban District
26.26	23.18	24.48	23.83	26.58	10.88
6398	5092	5949	3810	6611	2830
2099	2286	3200	2680	4589	1685
708	339	360	223	401	205
19	20	25	14	13	4
327	96	99	67	102	105
362	223	235	143	285	97
136	211	90	55	87	39
132	201	89	54	85	38
1	4	1		1	
3	6		1	1	1
5145923	2963987	874307	1055678	1236610	2570206
8766596	4164837	1319390	956942	2158289	2736041
1004973	155367	-1609	75672	295829	564528
72468	1183796	837720	232125	507888	76222
72163	903508	701960	180716	409937	69194
30.40	147.59	204.43	59.01	142.16	21.82
125923	1104354	1261309	343991	956171	140914
1586025	2261517	2925891	1517840	2911531	774302
749581	131215	141013	73589	226654	173039
1158838	359867	337588	271489	419941	252075
8358407	8860046	6467501	5637457	8586646	3847175

18-2 地级城市公共服务及公用事业(2021年)

指 标	Item	太原市区 Taiyuan Urban District
中等职业教育学校数 (所)	Secondary Vocational Education Schools (unit)	42
普通中学学校数 (所)	Regular Secondary Schools (unit)	169
普通小学学校数 (所)	Regular Primary Schools (unit)	292
中等职业教育专任教师数 (人)	Full-Time Teachers of Secondary Vocational Education (person)	4094
普通中学专任教师数 (人)	Full-Time Teachers of Regular Secondary Schools (person)	15345
普通小学专任教师数 (人)	Full-Time Teachers of Regular Primary Schools (person)	17463
中等职业教育在校学生数 (人)	Students Enrollment of Secondary Vocational Education (person)	57125
普通中学在校学生数 (万人)	Students Enrollment of Regular Secondary Schools (10 000 persons)	17.88
普通小学在校学生数 (万人)	Students Enrollment of Regular Primary Schools (10 000 persons)	29.54
医院数 (个)	Number of Hospitals (unit)	135
医院床位数 (张)	Number of Hospital Beds (unit)	39953
执业(助理)医师数 (人)	Number of Licensed Assistant Doctors (person)	23876
注册护士数 (人)	Number of Registered Nurses (person)	30890
公共供水综合生产能力 (万立方米/日)	Comprehensive Production Capacity of Public Water Supply (10 000 cu.m/day)	117.00
年末排水管道长度 (公里)	Lenth of Drainage Pipelines at Year End (km)	3799
年末实有城市道路面积 (万平方米)	Actual Area of City Roads at the Year End (10 000 sq.m)	6830
年末实有公共汽(电)车营运车辆数 (辆)	Number of Public Buses (Trolly Buses) under Operation at Year-end (unit)	3656
年末实有巡游出租汽车运营车数(辆)	Number of Taxis under Operation at Year-end (unit)	8719
公共汽(电)车客运总量 (万人次)	Number of Passengers Carried by Public Buses (Trolly Buses) (10 000 person-times)	24184
绿地面积 (公顷)	Green Area (ha)	13478
#公园绿地面积	Green Area of Parks	4985
建成区绿化覆盖率 (%)	Green Coverage Rate of Completed Areas (%)	46.59

PUBLIC SERVICES AND FACILITIES IN CITIES AT PREFECTURE LEVEL(2021)

大同市区 Datong Urban District	阳泉市区 Yangquan Urban District	长治市区 Changzhi Urban District	晋城市区 Jincheng Urban District	朔州市区 Shuozhou Urban District
22	9	24	5	9
105	42	96	33	35
154	61	219	56	47
1424	390	2179	571	570
9443	3062	8498	3320	5329
9000	2471	8635	1830	3069
15356	3960	28807	9367	6494
9.06	3.10	9.35	3.07	4.55
12.17	3.73	11.75	3.97	6.01
87	41	63	43	50
14514	5607	10830	5975	4682
7836	3136	6490	3072	2178
8673	4092	7839	3860	2465
64.65	36.32	20.88	13.00	25.70
1678	215	694	591	428
2582	926	1539	908	
1356	731	874	904	213
5666	1885	2999	1919	1274
22592	11611	7727	5169	1089
6167	2454	4418	2170	1968
2180	719	1415	907	646
42.84	43.57	46.70	46.06	43.70

18-2 续表

指　标	Item	晋中市区 Jinzhong Urban District
中等职业教育学校数 (所)	Secondary Vocational Education Schools (unit)	7
普通中学学校数 (所)	Regular Secondary Schools (unit)	36
普通小学学校数 (所)	Regular Primary Schools (unit)	84
中等职业教育专任教师数 (人)	Full-Time Teachers of Secondary Vocational Education (person)	763
普通中学专任教师数 (人)	Full-Time Teachers of Regular Secondary Schools (person)	4164
普通小学专任教师数 (人)	Full-Time Teachers of Regular Primary Schools (person)	2925
中等职业教育在校学生数 (人)	Students Enrollment of Secondary Vocational Education (person)	13848
普通中学在校学生数 (万人)	Students Enrollment of Regular Secondary Schools (10 000 persons)	3.91
普通小学在校学生数 (万人)	Students Enrollment of Regular Primary Schools (10 000 persons)	5.70
医院数 (个)	Number of Hospitals (unit)	27
医院床位数 (张)	Number of Hospital Beds (unit)	4821
执业(助理)医师数 (人)	Number of Licensed Assistant Doctors (person)	2745
注册护士数 (人)	Number of Registered Nurses (person)	3360
公共供水综合生产能力 (万立方米/日)	Comprehensive Production Capacity of Public Water Supply (10 000 cu.m/day)	12.90
年末排水管道长度 (公里)	Lenth of Drainage Pipelines at Year End (km)	1203
年末实有城市道路面积 (万平方米)	Actual Area of City Roads at the Year End (10 000 sq.m)	
年末实有公共汽(电)车营运车辆数 (辆)	Number of Public Buses (Trolly Buses) under Operation at Year-end (unit)	626
年末实有出租汽车运营车数 (辆)	Number of Taxis under Operation at Year-end (unit)	1180
公共汽(电)车客运总量 (万人次)	Number of Passengers Carried by Public Buses (Trolly Buses) (10 000 person-times)	2207
绿地面积 (公顷)	Green Area (ha)	8503
#公园绿地面积	Green Area of Parks	998
建成区绿化覆盖率 (%)	Green Coverage Rate of Completed Areas (%)	42.29

continued

运城市区 Yuncheng Urban District	忻州市区 Xinzhou Urban District	临汾市区 Linfen Urban District	吕梁市区 Lvliang Urban District
25	10	19	11
56	33	60	22
81	85	126	44
1278	343	857	920
5797	4073	5839	3227
3692	2950	4567	2842
22685	6415	12607	6198
6.67	4.62	6.50	3.49
8.22	4.02	7.25	5.09
113	44	61	22
8803	3630	8396	2648
4946	1984	4673	1402
5911	2481	5682	1740
13.03	13.51	8.90	8.50
554	796	453	422
1062	824	740	440
765	230	458	465
1801	712	1862	453
5725	1314	6100	1426
2669	1484	2120	1359
756	501	744	467
44.43	44.00	41.99	43.07

主要统计指标解释

公共供水综合生产能力 指年末按供水设施取水、净化、送水、出厂输水干管等环节设计能力计算的综合生产能力。包括在原设计能力的基础上，经挖、革、改增加的生产能力。计算时，以四个环节中最薄弱的环节为主确定能力。

年末实有城市道路面积 指道路实际铺装面积和与道路相通的广场、桥梁、隧道的铺装面积（统计时，将人行道面积单独统计）。人行道面积按道路两侧面积相加计算，包括步行街和广场，不含人车混行的道路。

年末实有公共汽（电）车营运车辆数 指年末实际运营的公共汽车、公共电车的数量。

公共汽（电）车客运总量 指一年内公共汽车、公共电车总共搭载的人次。

绿地面积 指报告期末用作园林和绿化的各种绿地面积。包括公园绿地、生产绿地、防护绿地、附属绿地和其他绿地的面积。

Explanatory Notes on Main Statistical Indicators

Comprehensive Production Capacity of Public Water Supply refers to the designed overall production capacity of water facilities at the end of the year, covering the four segments of water collection, purification, conveyance, and outflow through trunk pipelines. Increased capacity through transformation and innovation projects is included as well. The capacity is determined mainly on the weakest of the above-mentioned four segments.

Actual Area of City Roads at Year-end refers to the actual pavement area of roads and the paving area of squares, bridges and tunnels connected with roads (The sidewalk area is counted separately.). The sidewalk area is counted on both side area of the roads, including pedestrian street and squares, but excluding mixed roads for people and vehicles.

Number of Public Buses (Trolley Buses) under Operation at Year-end refers to the actual number of operational public buses and trolley buses.

Number of Passengers Carried by Buses (Trolley Buses) refers to the total person-times of passengers carried by buses and trolley buses in the year.

Green Area refers to the total area occupied for green projects at the end of the reference period, including park green land, production green land, protection green land, green land attached to institutions, and other green areas.

CITIES AT PREFECTURE LEVEL

19 地市篇

19-1 国民经济核算主要指标(2021年)

MAJOR INDICATORS OF NATIONAL ECONOMIC ACCOUNTING(2021)

单位：万元 (10 000 yuan)

市名 City		地区生产总值 Gross Domestic Product	第一产业 Primary Industry	第二产业 Secondary Industry	第三产业 Tertiary Industry	#工业 Industry	#批发和零售业 Wholesale and Retail Trade	#交通运输、仓储和邮政业 Transportation, Storage and Post	人均地区生产总值(元) Per Capita GDP(yuan)
全省	**Total**	**225901608**	**12868711**	**112131347**	**100901550**	**101592634**	**16185089**	**12094080**	**64821**
太原市	Taiyuan	51216058	447988	21130915	29637155	16332476	4808499	2245163	95646
大同市	Datong	16860488	1021795	7162175	8676518	6317516	1258150	1416091	54391
阳泉市	Yangquan	9165797	153313	4737216	4275268	4307218	678117	428635	69731
长治市	Changzhi	23110788	931356	13826766	8352666	13217910	1388229	908694	73001
晋城市	Jincheng	19124162	769894	11542715	6811553	11017558	1026466	994604	87265
朔州市	Shuozhou	14206497	934946	6444899	6826652	6157029	1434364	1033444	89299
晋中市	Jinzhong	18434453	1492815	9432853	7508785	8710926	1102017	1435529	54456
运城市	Yuncheng	20530692	3383544	8149887	8997261	7005469	1636122	1131529	43201
忻州市	Xinzhou	13444312	1173603	6792743	5477966	6424162	626308	692641	50290
临汾市	Linfen	19094673	1511919	9512182	8070572	8910950	1267536	993392	48438
吕梁市	Lvliang	20713688	1047536	13514014	6152138	13191420	959282	814359	61200

19-2 国民经济核算主要指标指数(2021年)

INDICES OF MAJOR INDICATORS OF NATIONAL ECONOMIC ACCOUNTING(2021)

上年=100 (last year=100)

市名 City		地区生产总值 Gross Domestic Product	第一产业 Primary Industry	第二产业 Secondary Industry	第三产业 Tertiay Industry	#工业 Industry	#批发和零售业 Wholesale and Retail Trade	#交通运输、仓储和邮政业 Transportation, Storage and Post
全省	**Total**	**109.1**	**108.1**	**110.2**	**108.3**	**111.1**	**106.1**	**109.7**
太原市	Taiyuan	109.2	107.7	110.2	108.6	112.5	104.8	112.0
大同市	Datong	107.5	109.7	107.6	107.1	107.5	101.7	104.8
阳泉市	Yangquan	106.7	108.5	108.3	105.4	110.1	101.6	105.8
长治市	Changzhi	111.0	109.8	112.7	109.0	112.8	109.8	109.7
晋城市	Jincheng	111.6	107.4	112.7	110.7	113.3	113.5	109.8
朔州市	Shuozhou	109.8	109.2	108.4	110.9	108.2	123.7	108.8
晋中市	Jinzhong	106.8	107.3	106.9	106.5	107.8	97.3	112.8
运城市	Yuncheng	109.1	108.1	110.3	108.5	110.4	104.4	108.1
忻州市	Xinzhou	110.6	109.2	113.1	108.7	113.5	108.1	108.9
临汾市	Linfen	108.5	108.0	109.4	107.7	109.7	103.1	107.8
吕梁市	Lvliang	109.2	107.5	110.1	108.2	110.3	106.7	107.2

19-3 基本单位数(2021年)
NUMBER OF BASIC UNITS (2021)

单位：个 (unit)

市名 City	法人单位数 Corporation Units	单产业法人 Single Industry	多产业法人 Multi-industry	产业活动单位数 Active Units	#多产业法人所属产业活动单位 Units Belong to Multi-industry Corporation
全　省 Total	**890145**	**871582**	**18563**	**967945**	**96363**
太原市 Taiyuan	251474	246210	5264	266955	20745
大同市 Datong	48779	47667	1112	54008	6341
阳泉市 Yangquan	25792	24739	1053	29545	4806
长治市 Changzhi	67616	65994	1622	74982	8988
晋城市 Jincheng	56886	55295	1591	63291	7996
朔州市 Shuozhou	40585	39883	702	43705	3822
晋中市 Jinzhong	74882	73167	1715	82865	9698
运城市 Yuncheng	110625	109055	1570	118595	9540
忻州市 Xinzhou	56642	55535	1107	62199	6664
临汾市 Linfen	84401	82663	1738	93110	10447
吕梁市 Lvliang	72463	71374	1089	78690	7316

注：(1)本表根据有关部门行政登记资料，采用电话、互联网查询等方式更新维护单位信息，后表同；
(2)本表不含注册未经营的单位数据，后表同。

Notes: (1)Data in this table is based on the administrative registration data of relevant departments, and is updated and maintained by telephone and internet inquiries. The same applies to the following.
(2)The units which have been registered but haven't been in operation are not included in the table. The same applies to the following.

19-4 按登记注册类型分基本单位数(2021年)
NUMBER OF BASIC UNITS BY REGISTRATION STATUS(2021)

单位：个 (unit)

市名 City	法人单位数 Corporation Units	内资单位 Civil Funded	港澳台商投资单位 Funded by Hong Kong, Macao and Taiwan	外商投资单位 Foreign Funded	产业活动单位数 Active Units	内资单位 Civil Funded	港澳台商投资单位 Funded by Hong Kong, Macao and Taiwan	外商投资单位 Foreign Funded
全　省 Total	**890145**	**889291**	**339**	**515**	**967945**	**963449**	**1763**	**2733**
太原市 Taiyuan	251474	251165	106	203	266955	265909	415	631
大同市 Datong	48779	48717	24	38	54008	53749	105	154
阳泉市 Yangquan	25792	25766	13	13	29545	29390	68	87
长治市 Changzhi	67616	67563	20	33	74982	74645	85	252
晋城市 Jincheng	56886	56833	22	31	63291	62973	118	200
朔州市 Shuozhou	40585	40554	14	17	43705	43552	41	112
晋中市 Jinzhong	74882	74794	40	48	82865	82458	192	215
运城市 Yuncheng	110625	110552	26	47	118595	117937	285	373
忻州市 Xinzhou	56642	56606	15	21	62199	61931	91	177
临汾市 Linfen	84401	84341	29	31	93110	92597	216	297
吕梁市 Lvliang	72463	72400	30	33	78690	78308	147	235

19-5 按产业分基本单位数(2021年)
NUMBER OF BASIC UNITS BY INDUSTRY(2021)

市名 City		法人单位 Corporation Units			
		单位数(个) Number of Units (unit)	第一产业 Primary Industry	第二产业 Secondary Industry	第三产业 Tertiary Industry
全省	**Total**	**890145**	**101813**	**134296**	**654036**
太原市	Taiyuan	251474	4316	30488	216670
大同市	Datong	48779	6974	7139	34666
阳泉市	Yangquan	25792	2580	4529	18683
长治市	Changzhi	67616	9497	11102	47017
晋城市	Jincheng	56886	6047	9354	41485
朔州市	Shuozhou	40585	8325	6359	25901
晋中市	Jinzhong	74882	9321	14926	50635
运城市	Yuncheng	110625	16905	18524	75196
忻州市	Xinzhou	56642	13245	8783	34614
临汾市	Linfen	84401	11795	12595	60011
吕梁市	Lvliang	72463	12808	10497	49158

市名 City		产业活动单位 Active Units			
		单位数(个) Number of Units (unit)	第一产业 Primary Industry	第二产业 Secondary Industry	第三产业 Tertiary Industry
全省	**Total**	**967945**	**102113**	**140769**	**725063**
太原市	Taiyuan	266955	4335	31719	230901
大同市	Datong	54008	6999	7545	39464
阳泉市	Yangquan	29545	2595	4871	22079
长治市	Changzhi	74982	9526	11756	53700
晋城市	Jincheng	63291	6089	9944	47258
朔州市	Shuozhou	43705	8351	6604	28750
晋中市	Jinzhong	82865	9350	15590	57925
运城市	Yuncheng	118595	16947	19133	82515
忻州市	Xinzhou	62199	13274	9259	39666
临汾市	Linfen	93110	11824	13388	67898
吕梁市	Lvliang	78690	12823	10960	54907

19-6 按行业分法人单位数(2021年)
NUMBER OF CORPORATION UNITS BY SECTOR(2021)

单位：个 (unit)

市 名 City	合 计 Total	农、林、牧、渔业 Farming, Forestry, Animal Husbandry and Fishery	采矿业 Ming	制造业 Manufacturing	电力、热力、燃气及水生产和供应业 Production and Supply of Electricity, Heat, Gas and Water
全 省 Total	**890145**	**110032**	**7096**	**48834**	**6581**
太原市 Taiyuan	251474	4639	448	7816	573
大同市 Datong	48779	7344	474	3275	679
阳泉市 Yangquan	25792	2722	288	1982	310
长治市 Changzhi	67616	10245	563	3403	990
晋城市 Jincheng	56886	6702	512	2584	455
朔州市 Shuozhou	40585	8925	429	2189	459
晋中市 Jinzhong	74882	10262	873	6266	484
运城市 Yuncheng	110625	17940	464	8352	509
忻州市 Xinzhou	56642	14273	1036	4013	617
临汾市 Linfen	84401	12882	886	3442	1046
吕梁市 Lvliang	72463	14098	1123	5512	459

市 名 City	建筑业 Construction	批发和零售业 Wholesale and Retail Trade	交通运输、仓储和邮政业 Transport, Storage and Post	住宿和餐饮业 Hotels and Catering Services	信息传输、软件和信息技术服务业 Information Transmission, Software and Information Technology Services
全 省 Total	**73977**	**264602**	**25434**	**15215**	**45881**
太原市 Taiyuan	22239	83239	4488	6230	26728
大同市 Datong	2977	14128	1482	847	1360
阳泉市 Yangquan	2025	7875	863	373	716
长治市 Changzhi	6357	20015	1824	1100	1900
晋城市 Jincheng	5983	18922	1329	746	1705
朔州市 Shuozhou	3405	11936	1266	491	934
晋中市 Jinzhong	7501	19346	2816	1396	2479
运城市 Yuncheng	9379	30621	3311	1585	4797
忻州市 Xinzhou	3202	11891	2282	637	1054
临汾市 Linfen	7367	25648	2817	1031	2591
吕梁市 Lvliang	3542	20981	2956	779	1617

19-6 续表 continued

单位：个 (unit)

市 名 City	金融业 Financial Industry	房地产业 Real Estate	租赁和商务服务业 Lease and Business Affairs Services	科学研究和技术服务业 Scientific Research, and Technical Services	水利、环境和公共设施管理业 Water, Environmental Protection and Public Facility Management
全 省 Total	**3035**	**27586**	**90234**	**41868**	**7355**
太原市 Taiyuan	1075	9285	43196	17608	1360
大同市 Datong	193	1550	3627	1811	481
阳泉市 Yangquan	138	806	1967	1195	204
长治市 Changzhi	170	2175	4303	2287	613
晋城市 Jincheng	183	1439	5060	1982	692
朔州市 Shuozhou	122	982	2558	1129	309
晋中市 Jinzhong	249	2350	5634	3211	762
运城市 Yuncheng	262	3178	8454	5986	776
忻州市 Xinzhou	190	1411	3969	1412	713
临汾市 Linfen	233	2488	6928	2845	703
吕梁市 Lvliang	220	1922	4538	2402	742

市 名 City	居民服务、修理和其他服务业 Resident Services, Repair and Other Services	教 育 Education	卫 生和社会工作 Health Care and Social Work	文化、体育和娱乐业 Culture, Sports and Recreation	公共管理、社会保障和社会组织 Public Management, Social Security and Social Organization
全 省 Total	**18736**	**19808**	**8793**	**20439**	**54639**
太原市 Taiyuan	6489	3525	1735	5866	4935
大同市 Datong	862	1481	761	1057	4390
阳泉市 Yangquan	514	626	312	557	2319
长治市 Changzhi	1348	1570	675	1662	6416
晋城市 Jincheng	1538	1054	525	1531	3944
朔州市 Shuozhou	669	761	474	624	2923
晋中市 Jinzhong	1463	1980	821	1989	5000
运城市 Yuncheng	2070	3164	1114	2672	5991
忻州市 Xinzhou	806	1297	678	907	6254
临汾市 Linfen	1797	2246	1007	2307	6137
吕梁市 Lvliang	1180	2104	691	1267	6330

19-7 常住人口及构成(2021年)
RESIDENT POPULATION AND ITS COMPOSITON(2021)

单位：人 (person)

	常住人口 Resident Population	男 性 Male	女 性 Famle	城镇人口 Urban	乡村人口 Rural
全　省 Total	**34804758**	**17772974**	**17031784**	**22074808**	**12729950**
太原市 Taiyuan	5390957	2757901	2633056	4810087	580870
大同市 Datong	3098716	1571790	1526926	2273684	825032
阳泉市 Yangquan	1310977	672534	638443	942925	368052
长治市 Changzhi	3151676	1607672	1544004	1808600	1343076
晋城市 Jincheng	2188632	1108250	1080382	1390775	797857
朔州市 Shuozhou	1590346	824629	765717	997705	592641
晋中市 Jinzhong	3389953	1731552	1658401	2064658	1325295
运城市 Yuncheng	4733237	2395285	2337952	2378689	2354548
忻州市 Xinzhou	2663175	1375500	1287675	1457697	1205478
临汾市 Linfen	3912411	1978571	1933840	2118378	1794033
吕梁市 Lvliang	3374678	1749290	1625388	1831610	1543068

	常住人口构成(%) Composition	男 性 Male	女 性 Famle	城镇人口 Urban	乡村人口 Rural
全　省 Total	**100.00**	**51.06**	**48.94**	**63.42**	**36.58**
太原市 Taiyuan	100.00	51.16	48.84	89.23	10.77
大同市 Datong	100.00	50.72	49.28	73.38	26.62
阳泉市 Yangquan	100.00	51.30	48.70	71.93	28.07
长治市 Changzhi	100.00	51.01	48.99	57.39	42.61
晋城市 Jincheng	100.00	50.64	49.36	63.55	36.45
朔州市 Shuozhou	100.00	51.85	48.15	62.74	37.26
晋中市 Jinzhong	100.00	51.08	48.92	60.91	39.09
运城市 Yuncheng	100.00	50.61	49.39	50.26	49.74
忻州市 Xinzhou	100.00	51.65	48.35	54.74	45.26
临汾市 Linfen	100.00	50.57	49.43	54.15	45.85
吕梁市 Lvliang	100.00	51.84	48.16	54.28	45.72

19-8 就业人员及构成(2021年)
EMPLOYEES AND ITS COMPOSITION(2021)

单位：万人 (10 000 persons)

		就业人员 Employees	第一产业 Primary Industry	第二产业 Secondary Industry	第三产业 Tertiary Industry	城镇 Urban	乡村 Rural
全省	**Total**	**1715**	**401**	**437**	**877**	**1014**	**701**
太原市	Taiyuan	262.21	24.61	63.53	174.07	222.11	40.10
大同市	Datong	134.80	29.07	32.81	72.92	93.28	41.52
阳泉市	Yangquan	63.14	10.19	19.35	33.60	42.57	20.57
长治市	Changzhi	161.24	42.16	45.00	74.08	86.77	74.47
晋城市	Jincheng	128.37	28.17	38.81	61.39	77.39	50.98
朔州市	Shuozhou	74.79	17.92	20.18	36.69	44.76	30.03
晋中市	Jinzhong	167.69	44.33	42.84	80.52	95.89	71.80
运城市	Yuncheng	238.64	74.93	47.54	116.17	108.78	129.86
忻州市	Xinzhou	135.18	39.81	32.13	63.24	68.99	66.19
临汾市	Linfen	196.97	54.54	43.10	99.33	97.90	99.07
吕梁市	Lvliang	151.97	35.27	51.71	64.99	75.56	76.41

		就业人员构成(%) Composition	第一产业 Primary Industry	第二产业 Secondary Industry	第三产业 Tertiary Industry	城镇 Urban	乡村 Rural
全省	**Total**	**100.0**	**23.4**	**25.5**	**51.1**	**59.1**	**40.9**
太原市	Taiyuan	100.0	9.4	24.2	66.4	84.6	15.4
大同市	Datong	100.0	21.6	24.3	54.1	69.5	30.5
阳泉市	Yangquan	100.0	16.1	30.7	53.2	67.9	32.1
长治市	Changzhi	100.0	26.2	27.9	45.9	54.0	46.1
晋城市	Jincheng	100.0	21.9	30.2	47.8	60.4	39.6
朔州市	Shuozhou	100.0	24.0	27.0	49.1	59.9	40.1
晋中市	Jinzhong	100.0	26.4	25.6	48.0	56.7	43.3
运城市	Yuncheng	100.0	31.4	19.9	48.7	45.3	54.7
忻州市	Xinzhou	100.0	29.5	23.8	46.8	51.1	48.9
临汾市	Linfen	100.0	27.7	21.9	50.4	50.1	49.9
吕梁市	Lvliang	100.0	23.2	34.0	42.8	49.6	50.4

19-9 城镇非私营单位就业人员和工资(2021年)

NUMBER AND WAGE OF EMPLOYEES IN URBAN NON-PRIVATE UNITS(2021)

市 名 City		就业人员 (人) Employees (person)	工资总额 (万元) Total Wage (10 000 yuan)	平均工资 (元) Average Wage (yuan)	#在岗职工 Fully Employed
全 省	**Total**	**4428840**	**36649614**	**82413**	**84938**
太原市	Taiyuan	1004423	9898691	95688	98099
大同市	Datong	375162	2989704	79522	82387
阳泉市	Yangquan	221904	1579916	71279	73710
长治市	Changzhi	463664	3587775	78282	79434
晋城市	Jincheng	354377	2773469	77831	79732
朔州市	Shuozhou	188239	1498242	80145	83369
晋中市	Jinzhong	385150	2936438	76228	78953
运城市	Yuncheng	371480	2551774	68636	71932
忻州市	Xinzhou	249909	1777606	72267	75123
临汾市	Linfen	363822	2747802	75346	77390
吕梁市	Lvliang	355602	2833885	80842	83467

注：全省数据包含铁路单位数据。
Note: The data of railway units are included in the provincial data.

19-10 原保险保费收入(2021年)

PREMIUM OF PRIMARY INSURANCE(2021)

单位：万元 (10 000 yuan)

市 名 City		合 计 Total	财产险 Property Insurance	意外险 Accident Insurance	健康险 Health Insurace	寿 险 Life Insurance
全 省	**Total**	**9975041**	**2305024**	**216559**	**1668476**	**5784983**
太原市	Taiyuan	2901313	656678	77949	445644	1721042
大同市	Datong	784118	199466	14530	121596	448526
阳泉市	Yangquan	347173	71204	6834	62056	207079
长治市	Changzhi	779882	171917	14829	130513	462623
晋城市	Jincheng	567513	134741	10730	99412	322630
朔州市	Shuozhou	288771	101682	7490	55172	124427
晋中市	Jinzhong	883640	202896	16058	114235	550451
运城市	Yuncheng	1256893	267889	26340	241157	721507
忻州市	Xinzhou	502686	142278	11310	92526	256572
临汾市	Linfen	1016176	208606	17887	195661	594022
吕梁市	Lvliang	646867	147657	12601	110504	376106

19-11 财政收支情况(2021年)
FINANCIAL REVENUE AND EXPENDITURE(2021)

单位: 万元 (10 000 yuan)

市名 City		一般公共预算收入 General Public Budget Revenue	#国内增值税 Value-added Taxes	#企业所得税 Enterprises Income Taxes	#个人所得税 Individual Income Taxes
地区合计	**Total**	**19738556**	**5845891**	**2077717**	**326596**
太原市	Taiyuan	4234439	1330766	380221	114783
大同市	Datong	1667256	411451	207234	24580
阳泉市	Yangquan	561944	167517	56285	8518
长治市	Changzhi	2240563	704498	219291	28231
晋城市	Jincheng	2013011	455750	161356	15430
朔州市	Shuozhou	1162944	397950	167599	14975
晋中市	Jinzhong	1710658	500809	144387	24153
运城市	Yuncheng	1051635	335432	107826	17522
忻州市	Xinzhou	1179436	330800	126473	29087
临汾市	Linfen	1598902	461544	176350	27928
吕梁市	Lvliang	2317768	749374	330695	21389

市名 City		一般公共预算支出 General Public Budget Expenditure	#一般公共服务 Public Services	#教育 Education	#社会保障和就业 Social Security and Employment
地区合计	**Total**	**39965081**	**4136416**	**6091569**	**6251907**
太原市	Taiyuan	6289857	680952	980932	950149
大同市	Datong	3741810	345736	541720	671257
阳泉市	Yangquan	1278901	152634	210835	224093
长治市	Changzhi	3881466	387237	560432	536949
晋城市	Jincheng	2921296	299848	413349	338577
朔州市	Shuozhou	2074132	218069	281125	279841
晋中市	Jinzhong	3668171	317473	596925	579727
运城市	Yuncheng	3988230	430990	695916	677851
忻州市	Xinzhou	3935489	411819	503281	647987
临汾市	Linfen	4118735	423029	593964	829574
吕梁市	Lvliang	4066994	468629	713090	515902

19-12 金融机构本外币各项存款和贷款余额(2021年)
BALANCE OF DEPOSITS AND LOANS IN FINANCIAL INSTITUTIONS(2021)

单位：亿元　　　　(100 million yuan)

市名 City		各项存款 Total Deposits	#非金融企业存款 Non-financial Enterprises Deposits	#广义政府存款 Broad Government Deposits	各项贷款 Total Loans	#企(事)业单位贷款 Loans to Non-financial Enterprises, Government Departments and Orgnizations	#票据融资 Paper Financing
全省	**Total**	**46813.87**	**11812.65**	**6074.41**	**34214.90**	**27070.18**	**3198.29**
太原市	Taiyuan	15924.02	5815.89	3187.77	16589.00	13895.40	1381.29
大同市	Datong	3874.76	830.51	257.47	1988.28	1573.68	166.59
阳泉市	Yangquan	1891.95	470.91	135.08	1332.77	1184.96	35.63
长治市	Changzhi	3774.81	1043.33	335.62	2206.74	1732.81	193.65
晋城市	Jincheng	2961.49	854.82	383.51	2104.40	1767.42	396.62
朔州市	Shuozhou	2110.35	332.36	200.02	1152.26	908.05	108.78
晋中市	Jinzhong	3639.41	497.03	355.70	2475.22	1768.54	270.00
运城市	Yuncheng	3190.28	434.97	310.74	1702.93	890.23	85.85
忻州市	Xinzhou	2918.98	346.46	290.13	1243.08	914.91	65.82
临汾市	Linfen	3333.57	558.92	299.21	2048.25	1435.61	227.70
吕梁市	Lvliang	3194.25	627.44	319.16	1371.99	998.58	266.38

19-13 万元地区生产总值能耗降低率
DECREASE RATE OF ENERGY CONSUMPTION PER 10 000 YUAN OF GDP

单位：%　　　　(%)

市名 City		2017	2018	2019	2020	2021
全省	**Total**	**-3.4**	**-3.2**	**-2.7**	**-2.9**	**-5.4**
太原市	Taiyuan	-4.0	-3.6	-3.1	-2.8	-5.2
大同市	Datong	-2.3	-0.01	-4.6	-5.5	-5.0
阳泉市	Yangquan	-3.2	-3.3	-3.9	-5.2	-4.6
长治市	Changzhi	-3.9	-3.9	2.8	-6.2	-6.0
晋城市	Jincheng	-3.2	-3.6	6.3	-5.2	-6.1
朔州市	Shuozhou	-4.6	-3.7	-1.6	-0.8	-5.5
晋中市	Jinzhong	0.2	-3.3	-3.8	-3.3	-4.1
运城市	Yuncheng	1.7	2.5	-4.6	-0.3	-4.8
忻州市	Xinzhou	-3.8	-3.4	-3.5	-2.0	-6.5
临汾市	Linfen	-4.9	2.4	-4.1	-2.6	-5.8
吕梁市	Lvliang	-3.2	5.5	-2.7	-4.3	-3.9

注：本表正数表示上升，负数表示下降。
Note: The positive numbers means the energy consumption per 10 000 yuan of GDP is going up, while the negative ones means going down.

19-14 按登记注册类型和构成分固定资产投资增长速度(2021年)
GROWTH RATE OF INVESTMENT IN FIXED ASSETS BY TYPE OF REGISTRATION STATUS AND COMPOSITION(2021)

单位：% (%)

市 名	City	本年完成投资 Investment Completed This Year	内 资 Domestic-Funded Enterprises	港、澳、台商投资 Enterprises with Investment from Hong Kong, Macao and Taiwan	外商投资 Enterprises with Foreign Investment
全 省	**Total**	**8.7**	**8.7**	**37.9**	**-1.0**
太原市	Taiyuan	7.9	8.8	-73.5	-41.9
大同市	Datong	9.2	8.8	1116.2	-68.5
阳泉市	Yangquan	9.1	8.5	127.6	-21.2
长治市	Changzhi	10.3	10.3	90.7	-8.0
晋城市	Jincheng	12.8	12.5	58.3	19.0
朔州市	Shuozhou	13.7	14.9		-15.2
晋中市	Jinzhong	-3.7	-4.6	344.9	-86.9
运城市	Yuncheng	13.4	13.5	-13.3	7.7
忻州市	Xinzhou	10.2	10.3	36.1	-78.6
临汾市	Linfen	12.5	11.4	325.3	157.2
吕梁市	Lvliang	10.1	10.2	-73.6	28.1

市 名	City	建筑安装工程 Construction and Installation	设备工器具购置 Purchase of Equipment and Instruments	其 他 Others
全 省	**Total**	**15.0**	**-8.9**	**-5.7**
太原市	Taiyuan	17.5	-5.2	-12.0
大同市	Datong	17.8	-8.9	-10.4
阳泉市	Yangquan	13.4	-34.1	58.3
长治市	Changzhi	23.6	-27.9	-29.5
晋城市	Jincheng	4.4	43.0	38.6
朔州市	Shuozhou	18.7	0.6	2.4
晋中市	Jinzhong	1.8	-18.5	-18.5
运城市	Yuncheng	18.7	14.7	-21.6
忻州市	Xinzhou	22.0	-36.7	22.8
临汾市	Linfen	16.6	-0.8	-1.6
吕梁市	Lvliang	12.2	-3.4	10.8

19-15 按建设性质分固定资产投资增长速度(2021年)

GROWTH RATE OF INVESTMENT IN FIXED ASSETS BY TYPE OF CONSTRUCTION(2021)

单位：% (%)

市 名	City	本年完成投资 Investment Completed This Year	新 建 New Construction	扩 建 Expansion	改建和技术改造 Reconstruction and Technical Reformation	其 他 Others
全 省	**Total**	**8.7**	**9.3**	**8.5**	**9.7**	**14.9**
太原市	Taiyuan	7.9	29.0	-18.3	6.7	5.1
大同市	Datong	9.2	0.0	-10.6	-37.4	19.6
阳泉市	Yangquan	9.1	15.9	147.1	-11.7	9.8
长治市	Changzhi	10.3	-8.2	66.0	38.0	14.6
晋城市	Jincheng	12.8	17.1	22.8	-25.8	11.9
朔州市	Shuozhou	13.7	5.8	-9.9	162.7	110.9
晋中市	Jinzhong	-3.7	10.2	-36.1	-43.3	57.7
运城市	Yuncheng	13.4	13.3	28.7	34.3	-36.4
忻州市	Xinzhou	10.2	-5.9	78.9	122.9	169.9
临汾市	Linfen	12.5	21.1	-44.7	23.2	-5.0
吕梁市	Lvliang	10.1	14.6	3.1	1.7	-42.4

注：本表新建项目投资中不含房地产投资。
Note: New construction investment in this table does not include real estate investment.

19-16 固定资产投资建设项目情况(2021年)

CONSTRUCTION PROJECTS OF INVESTMENT IN FIXED ASSETS(2021)

市 名	City	施工项目(个) Projects Under Construction(unit)	#本年新开工 Newly Started This Year	本年投产项目(个) Number of Projects Completed and Put into Use This Year(unit)
全 省	**Total**	**12824**	**6282**	**5291**
太原市	Taiyuan	1072	280	317
大同市	Datong	1002	583	483
阳泉市	Yangquan	561	198	150
长治市	Changzhi	1496	878	821
晋城市	Jincheng	1380	643	538
朔州市	Shuozhou	853	535	326
晋中市	Jinzhong	1347	623	491
运城市	Yuncheng	1776	999	899
忻州市	Xinzhou	1323	643	541
临汾市	Linfen	1081	507	370
吕梁市	Lvliang	904	382	344

19–17 进出口贸易总额
TOTAL VALUE OF IMPORTS AND EXPORTS

单位：万元 (10 000 yuan)

市名 City		2020 进出口总额 Total	2020 出口总额 Exports	2020 进口总额 Imports	2021 进出口总额 Total	2021 出口总额 Exports	2021 进口总额 Imports
全　省	**Total**	**15058240**	**8770086**	**6288155**	**22302543**	**13659345**	**8643198**
太原市	Taiyuan	12114678	7247126	4867552	18523458	11531389	6992069
大同市	Datong	433449	363632	69818	696923	461695	235228
阳泉市	Yangquan	150488	59115	91373	130777	46808	83969
长治市	Changzhi	88825	65173	23652	138221	125845	12376
晋城市	Jincheng	643192	98195	544997	521204	122415	398789
朔州市	Shuozhou	78345	33725	44621	75474	41840	33635
晋中市	Jinzhong	200152	169231	30921	338579	308791	29788
运城市	Yuncheng	594891	245171	349720	854735	352944	501791
忻州市	Xinzhou	188696	115694	73002	179285	132693	46592
临汾市	Linfen	181542	172704	8837	307263	297222	10041
吕梁市	Lvliang	383983	200320	183662	536623	237702	298921

19–18 利用外商直接投资额
UTILIZATION OF FOREIGN DIRECT INVESTMENT

单位：万美元 (USD 10 000)

市名 City		2020 合同金额 Contract Value	2020 实际使用金额 Actual Value	2021 合同金额 Contract Value	2021 实际使用金额 Actual Value
全　省	**Total**	**153431**	**169058**	**130784**	**170141**
太原市	Taiyuan	64399	10199	48513	17260
大同市	Datong	18661	4926	51920	9080
阳泉市	Yangquan	1043	4782	238	7855
长治市	Changzhi	11848	41262	3286	48140
晋城市	Jincheng	1215	31710	524	38464
朔州市	Shuozhou	22854	10610	9142	4421
晋中市	Jinzhong	3589	24397	1653	28716
运城市	Yuncheng	337	3391	3584	2512
忻州市	Xinzhou	19650	5944	8436	4460
临汾市	Linfen	1289	1066	3582	3234
吕梁市	Lvliang	8546	30770	–94	5998

19-19 农林牧渔业总产值(2021年)
GROSS OUTPUT VALUE OF FARMING, FORESTRY, ANIMAL HUSBANDRY AND FISHERY(2021)

按当年价格计算 (at current price)

市 名 City		农林牧渔业总产值(万元) Total (10 000 yuan)	农 业 Farming	林 业 Forestry	牧 业 Animal Husbandry	渔 业 Fishery	农林牧渔专业及辅助性活动 Specializing and Supportive Activities for Agriculture, Forestry, Animal Husbandry and Fishery
全 省	**Total**	**21340185**	**12231363**	**1597960**	**6243931**	**91240**	**1175690**
太原市	Taiyuan	754579	396706	133416	174728	5159	44570
大同市	Datong	1659202	724767	126864	725484	1637	80448
阳泉市	Yangquan	264933	112816	35066	102071	2700	12280
长治市	Changzhi	1481943	771743	160266	466795	9004	74135
晋城市	Jincheng	1188437	550923	68935	508218	3072	57288
朔州市	Shuozhou	1570135	761109	98754	624627	999	84647
晋中市	Jinzhong	2370400	1176535	264566	802932	6368	120000
运城市	Yuncheng	5848075	4362799	141888	919418	39806	384164
忻州市	Xinzhou	1884686	952716	181596	643557	4933	101884
临汾市	Linfen	2510389	1677783	117916	575281	9519	129889
吕梁市	Lvliang	1770786	721938	242552	716732	3179	86385

19-20 主要农作物播种面积(2021年)
SOWN AREAS OF MAJOR FARM CROPS(2021)

单位：公顷 (ha)

市 名 City		农作物总播种面积 Total Sown Area	#粮 食 Grain	#小 麦 Wheat	#玉 米 Corn	#油 料 Oil-bearing Crops	#蔬 菜 Vegetables	#瓜果类 Melons
全 省	**Total**	**3587951**	**3138061**	**536841**	**1772567**	**84349**	**216214**	**14862**
太原市	Taiyuan	80443	63795	121	33268	327	13081	144
大同市	Datong	328572	280196		140521	15411	23365	1476
阳泉市	Yangquan	57136	54895		47163	102	1484	18
长治市	Changzhi	300718	254895	4072	217023	2905	26830	385
晋城市	Jincheng	180563	160737	41839	86113	4417	7341	103
朔州市	Shuozhou	331031	274738		158769	20231	14873	1976
晋中市	Jinzhong	287799	251553	6525	210063	2133	28759	898
运城市	Yuncheng	647510	536618	281017	237952	13661	51331	5024
忻州市	Xinzhou	476841	428871	203	214744	13503	19595	2894
临汾市	Linfen	542058	501175	201112	255694	6313	19547	1393
吕梁市	Lvliang	355278	330587	1951	171257	5346	10009	550

19-21 主要农作物产量(2021年)
OUTPUT OF MAJOR FARM CROPS(2021)

单位：吨 (ton)

市名 City		粮食 Grain	#小麦 Wheat	#玉米 Corn	油料 Oil-bearing Crops	蔬菜 Vegetables	#设施蔬菜 Greenhouse Vegetables	瓜果类 Melons
全省	**Total**	**14212495**	**2433717**	**9775688**	**154558**	**9762978**	**2960403**	**550108**
太原市	Taiyuan	250600	649	161113	604	700528	263084	4213
大同市	Datong	1255009		940494	20492	706496	249830	51369
阳泉市	Yangquan	232570		214401	149	68526	14200	399
长治市	Changzhi	1221188	18682	1089760	5228	1047314	243920	12227
晋城市	Jincheng	670485	172123	392872	10264	401708	77322	3196
朔州市	Shuozhou	1258436		1039251	33661	718208	90459	59749
晋中市	Jinzhong	1492038	26564	1349171	4784	1974640	549652	34897
运城市	Yuncheng	2787546	1351267	1375668	32713	2290148	1006360	222445
忻州市	Xinzhou	1960300	1156	1387442	28809	595331	48520	110610
临汾市	Linfen	2111038	857277	1123345	12525	1018208	392316	39755
吕梁市	Lvliang	973285	5999	702171	5330	241871	24739	11250

19-22 水果、林业及渔业生产情况(2021年)
PRODUCTION OF FRUITS, FORESTRY AND FISHERY(2021)

市名 City		年末果园面积(公顷) Area of Orchards (ha)	#苹果 Apples	#桃 Peaches	#梨 Pears	全年水果产量(吨) Annual Output of Fruits (ton)
全省	**Total**	**387663**	**139420**	**49917**	**47901**	**9198546**
太原市	Taiyuan	7964	1596	730	1527	94200
大同市	Datong	9071	1023	45	192	67067
阳泉市	Yangquan	1546	978	79	254	15085
长治市	Changzhi	4727	1420	402	932	46476
晋城市	Jincheng	5269	1248	299	2264	78171
朔州市	Shuozhou	1085	58	11	8	6189
晋中市	Jinzhong	26361	10478	371	11102	505027
运城市	Yuncheng	196608	83625	45937	13501	6871250
忻州市	Xinzhou	15624	1614	189	3446	131947
临汾市	Linfen	60642	36699	1765	10641	1128969
吕梁市	Lvliang	58766	680	89	4035	254166

19-22 续表 continued

市 名 City		#苹 果 Apples	#桃 Peaches	#梨 Pears	当年造林面积(公顷) Afforestation Area (ha)	水产养殖面积(公顷) Aquaculture Area (ha)	水产品总产量(吨) Total Aquatic Products (ton)
全 省	**Total**	**4302078**	**1815274**	**1131831**	**336387**	**14867**	**50863**
太原市	Taiyuan	11759	7250	21655	7480	3554	3224
大同市	Datong	5028	336	2824	35005	1053	1355
阳泉市	Yangquan	11424	944	730	5300	54	872
长治市	Changzhi	18542	5237	10294	22007	2938	5510
晋城市	Jincheng	27826	5460	25567	3654	271	1625
朔州市	Shuozhou	1401	36	68	13866	98	528
晋中市	Jinzhong	198991	5126	265104	30468	1238	3972
运城市	Yuncheng	3159962	1723397	577590	11907	2435	24196
忻州市	Xinzhou	19118	2636	56290	48227	978	2609
临汾市	Linfen	843206	63998	94923	16039	1015	5991
吕梁市	Lvliang	4821	854	76787	32344	1233	981

注：本表造林面积不包括省属九大林局数据。
Note: Coverage of afforestation area in this table doesn't include nine provincal forestry administration data.

19-23 畜牧业生产情况(2021年)
NUMBER OF LIVESTOCK AND LIVESTOCK PRODUCTS(2021)

市 名 City		大牲畜年末存栏(头) Large Animals (head)	#牛 Cattle	猪年末存栏(头) Hogs (head)	羊年末存栏(只) Sheep and Goats (head)	家禽年末存栏(只) Poultry (head)
全 省	**Total**	**1472953**	**1375018**	**7402318**	**10681136**	**160098384**
太原市	Taiyuan	48290	47323	159961	305482	3220151
大同市	Datong	255207	223119	696740	1842245	6209174
阳泉市	Yangquan	9354	8287	129531	76876	2919276
长治市	Changzhi	50597	44932	560408	636727	21360881
晋城市	Jincheng	11469	11068	935994	343842	12735767
朔州市	Shuozhou	243464	232718	332260	1762419	3129773
晋中市	Jinzhong	151610	148696	907095	1108686	25519454
运城市	Yuncheng	60304	58289	1445024	782348	38077071
忻州市	Xinzhou	247735	213084	601003	2247339	7970657
临汾市	Linfen	95963	93772	930591	837783	18530111
吕梁市	Lvliang	298960	293730	703711	737389	20426069

19-23 续表 continued

市 名 City		肉类总产量(吨) Output of Meat (ton)	#猪 肉 Pork	#牛 肉 Beef	#羊 肉 Mutton	#禽 肉 Poultry
全 省	**Total**	**1353776**	**884174**	**89643**	**103876**	**266678**
太原市	Taiyuan	32695	20851	2267	3270	6261
大同市	Datong	134511	94606	14783	17295	6096
阳泉市	Yangquan	21073	16425	461	727	3326
长治市	Changzhi	122293	72311	5056	4395	40079
晋城市	Jincheng	152565	118408	817	3350	29640
朔州市	Shuozhou	65648	27800	8430	26379	2497
晋中市	Jinzhong	192321	115104	15826	9502	51590
运城市	Yuncheng	201935	152715	3774	6184	38632
忻州市	Xinzhou	115111	72863	11259	20857	7497
临汾市	Linfen	151158	109323	6800	5826	27864
吕梁市	Lvliang	164466	83767	20170	6092	53197

市 名 City		禽蛋产量(吨) Poultry Eggs (ton)	奶类产量(吨) Milk (ton)	#牛 奶 Milk	山羊毛产量(吨) Output of Wool (ton)	#山羊绒 Cashmere
全 省	**Total**	**1128568**	**1357333**	**1351491**	**3246**	**1336**
太原市	Taiyuan	30752	71086	68456	45	35
大同市	Datong	62957	331740	331699	643	263
阳泉市	Yangquan	33944	4325	4325	13	1
长治市	Changzhi	122588	16093	15847	104	33
晋城市	Jincheng	92488	209	209	132	34
朔州市	Shuozhou	31135	597189	597189	79	52
晋中市	Jinzhong	147539	150034	148844	131	35
运城市	Yuncheng	286493	33060	32932	48	7
忻州市	Xinzhou	81561	77781	77781	1191	547
临汾市	Linfen	118748	50768	49219	208	53
吕梁市	Lvliang	120363	25047	24990	652	275

19-24 农业生产条件(2021年)
CONDITIONS OF AGRICULTURAL PRODUCTION(2021)

市 名 City		农业机械总动力(万千瓦) Total Power of Agricultural Machinery (10 000 kw)	大中型农用拖拉机(台) Large and Medium Tractors for Agriculture (unit)	小型农用拖拉机(台) Mini-tractors for Agriculture (unit)	联合收割机(台) Combine Harvesters (unit)
全 省	**Total**	**1654.03**	**118953**	**272847**	**37397**
太原市	Taiyuan	52.70	3049	4933	858
大同市	Datong	120.86	9951	14245	2437
阳泉市	Yangquan	37.69	1823	7890	512
长治市	Changzhi	133.93	11075	22521	3473
晋城市	Jincheng	65.05	4711	34696	1385
朔州市	Shuozhou	154.66	10164	12273	2963
晋中市	Jinzhong	194.57	12164	47060	4437
运城市	Yuncheng	325.00	20731	56754	9028
忻州市	Xinzhou	194.64	18936	28173	3917
临汾市	Linfen	231.69	18313	35933	6678
吕梁市	Lvliang	143.25	8036	8369	1709

市 名 City		拖拉机配套农具(部) Tractor Towing Farm Machinery (unit)	年末有效灌溉面积(千公顷) Effective Irrigated Area at Year-end (1000 ha)	灌溉机电井数量(眼) Electromechanical Well for Irrigation (unit)	农用化肥施用量(折纯量,吨) Agricultural Consumption of Chemical Fertilizers (ton)
全 省	**Total**	**577745**	**1515.45**	**93827**	**1056424**
太原市	Taiyuan	10751	42.79	2837	21820
大同市	Datong	32488	150.86	9011	79897
阳泉市	Yangquan	8853	8.97	136	14393
长治市	Changzhi	61426	97.18	9099	106948
晋城市	Jincheng	56261	48.41	653	60084
朔州市	Shuozhou	39205	154.65	8817	68700
晋中市	Jinzhong	76109	166.93	11188	95022
运城市	Yuncheng	99979	437.90	25532	255681
忻州市	Xinzhou	64758	146.73	8373	139992
临汾市	Linfen	109037	151.90	12404	149064
吕梁市	Lvliang	18878	109.13	5777	64823

19-25 规模以上主要工业产品产量(2021年)

OUTPUT OF MAJOR INDUSTRIAL PRODUCTS OF ENTERPRISES ABOVE DESIGNATED SIZE(2021)

市名 City		原煤(万吨) Coal (10 000 tons)	发电量(亿千瓦小时) Electricity (100 million kwh)	生铁(万吨) Pig Iron (10 000 tons)	粗钢(万吨) Crude Steel (10 000 tons)	钢材(万吨) Steel Products (10 000 tons)	焦炭(万吨) Coke (10 000 tons)
全省	**Total**	**119316**	**3734.4**	**5988.4**	**6740.7**	**6173.9**	**9857.2**
太原市	Taiyuan	4751	332.7	1107.1	1466.2	1429.4	1252.0
大同市	Datong	14992	527.4	112.1	135.0		
阳泉市	Yangquan	6825	218.0				46.5
长治市	Changzhi	15565	322.7	568.3	653.5	611.6	1591.9
晋城市	Jincheng	12524	248.1	498.0	488.3	477.9	90.2
朔州市	Shuozhou	20250	522.9				
晋中市	Jinzhong	10322	281.9	266.3	282.7	154.3	1021.5
运城市	Yuncheng	746	231.1	1650.2	1857.7	1764.8	1414.7
忻州市	Xinzhou	10692	472.8	55.0	60.9	65.3	328.3
临汾市	Linfen	8074	246.5	1265.9	1276.9	1316.7	1612.4
吕梁市	Lvliang	14575	330.3	465.6	519.6	354.0	2499.8

市名 City		水泥(万吨) Cement (10 000 tons)	平板玻璃(万重量箱) Plate Glass (10 000 weight cases)	硫酸(万吨) Sulfuric Acid (10 000 tons)	化学肥料(万吨) Chemical Fertilizer (10 000 tons)	工业锅炉(蒸发量吨) Industrial Boiler (Evaporate Capacity ton)	变压器(万千伏安) Transformer (10 000 kva)
全省	**Total**	**5537.3**	**2197.9**	**53.0**	**381.0**	**10581**	**891.4**
太原市	Taiyuan	748.9				7014	43.5
大同市	Datong	447.9					492.6
阳泉市	Yangquan	350.4				8	144.0
长治市	Changzhi	587.7	816.2		22.6		
晋城市	Jincheng	348.9		8.1	231.3		
朔州市	Shuozhou	454.6					
晋中市	Jinzhong	289.1			28.5	717	
运城市	Yuncheng	558.2		44.8	87.2		113.4
忻州市	Xinzhou	370.8				2842	97.9
临汾市	Linfen	575.7			5.3		
吕梁市	Lvliang	805.0	1381.7		6.1		

19-25 续表 continued

市 名 City	泵(台) Pump (unit)	纱(吨) Yarn (ton)	布(万米) Cloth (10 000 m)	食 醋 (吨) Vinegar (ton)	白 酒 (千升) Alcoholic Drink (kiloliter)	啤 酒 (千升) Beer (kiloliter)	机制纸及纸板(吨) Machine-made Paper and Paperboard (ton)
全 省 Total	**118553**	**23865.3**	**2090.3**	**492110**	**217254**	**179227**	**1080150**
太原市 Taiyuan				366867	18422	135631	8694
大同市 Datong							
阳泉市 Yangquan	129						
长治市 Changzhi					760		34595
晋城市 Jincheng		5832.5	1292.7	16919			
朔州市 Shuozhou					1470	37384	
晋中市 Jinzhong	3504			91514	11652	6212	615406
运城市 Yuncheng	114920	18032.8	649.1				352659
忻州市 Xinzhou							
临汾市 Linfen			148.5				63352
吕梁市 Lvliang				16810	184949		5444

市 名 City	电子计算机整机(台) Electronic Computers (set)	手 机(万台) Mobile Phones (10 000 units)	化学药品原药(吨) Chemical Medicine (ton)	太阳能电池(千瓦) Solar Cell (kw)	新能源汽车(辆) New Energy Motor Vehicles (set)	非常规天然气(亿立方米) Unconventional Gas (100 million cu.m)
全 省 Total	**252710**	**2732.9**	**57662**	**7273353**	**53121**	**123.3**
太原市 Taiyuan	252710	2732.9	10			1.8
大同市 Datong			35060			
阳泉市 Yangquan						13.9
长治市 Changzhi			877	6571625	79	1.7
晋城市 Jincheng						51.6
朔州市 Shuozhou			12186			
晋中市 Jinzhong			4363	486142	50354	4.4
运城市 Yuncheng			4623		2688	
忻州市 Xinzhou				4766		4.7
临汾市 Linfen						18.6
吕梁市 Lvliang			543	210820		26.4

注：本表2019年及以前年份非常规天然气只包含煤层气，2020年起包含煤层气和致密砂岩气。
Note: Unconventional gas in the table includes both coalbed methane and shale gas from 2020, while it just includes coalbed methane before 2020.

19-26 工业企业主要指标(2021年)
MAIN INDICATORS OF INDUSTRIAL ENTERPRISES(2021)

单位：亿元 (100 million yuan)

市 名	City	单位数(个) Number of Enterprises (unit)	#亏损企业 Loss-making Enterprises	资产总计 Total Assets	流动资产合计 Total Current Assets
全　省	**Total**	**6859**	**1749**	**57084.4**	**27019.5**
省直报	Direct Report	2		1016.7	63.3
太原市	Taiyuan	815	180	7896.7	3903.9
大同市	Datong	453	123	6661.2	4135.4
阳泉市	Yangquan	294	90	3458.5	1580.4
长治市	Changzhi	619	154	7907.6	4045.2
晋城市	Jincheng	541	152	5788.3	2804.0
朔州市	Shuozhou	431	112	3272.1	1151.7
晋中市	Jinzhong	962	239	3991.4	1547.4
运城市	Yuncheng	788	175	3228.2	1587.3
忻州市	Xinzhou	615	135	2879.8	1206.6
临汾市	Linfen	618	209	4088.4	1668.9
吕梁市	Lvliang	721	180	6895.5	3325.5

市 名	City	负债合计 Total Liabilities	所有者权益合计 Total Creditors' Equity	营业收入 Business Revenue	营业成本 Business Cost
全　省	**Total**	**40580.7**	**16516.9**	**33682.4**	**26710.8**
省直报	Direct Report	633.3	383.4	1168.1	1126.0
太原市	Taiyuan	5670.4	2226.3	5343.8	4707.2
大同市	Datong	5977.1	684.3	2614.2	2224.1
阳泉市	Yangquan	2704.7	753.8	830.2	599.9
长治市	Changzhi	5470.5	2437.1	4102.0	3147.7
晋城市	Jincheng	3766.9	2021.3	2610.9	1891.1
朔州市	Shuozhou	2097.8	1198.7	1801.9	1186.9
晋中市	Jinzhong	3113.2	878.2	3267.0	2752.6
运城市	Yuncheng	2017.9	1210.3	3147.4	2669.4
忻州市	Xinzhou	1983.6	896.2	1442.7	995.6
临汾市	Linfen	2790.5	1297.9	3094.8	2444.2
吕梁市	Lvliang	4354.7	2529.4	4259.5	2966.1

19-26 续表 continued

单位：亿元 (100 million yuan)

市　名 City		税金及附加 Tax and Extra Charges	销售费用 Costs of Sales	管理费用 Costs of Administration	财务费用 Costs of Finance	利润总额 Total Profits
全　省	**Total**	**808.3**	**573.7**	**1281.9**	**832.8**	**3072.5**
省直报	Direct Report	2.4		18.1	10.8	11.9
太原市	Taiyuan	71.7	63.8	157.5	89.4	232.4
大同市	Datong	54.8	40.3	119.5	103.8	60.8
阳泉市	Yangquan	34.2	12.3	58.5	59.6	26.5
长治市	Changzhi	123.9	51.9	172.7	92.9	505.4
晋城市	Jincheng	79.5	38.1	152.0	87.2	288.5
朔州市	Shuozhou	82.3	91.5	73.9	51.9	286.5
晋中市	Jinzhong	64.5	80.2	111.7	75.9	165.7
运城市	Yuncheng	23.8	54.7	67.4	46.9	210.7
忻州市	Xinzhou	52.4	23.7	64.3	56.2	240.0
临汾市	Linfen	60.2	44.9	108.3	63.2	329.7
吕梁市	Lvliang	158.6	72.5	178.0	95.1	714.5

市　名 City		亏损企业亏损总额 Total Loss of Loss-making Enterprises	应交增值税 Value Added Taxes Payable	平均用工人数 (万人) Average Employees (10 000 persons)	资产负债率 Ratio of Debts to Assets (%)	营业收入利润率 Ratio of Profits to Business Revenue (%)
全　省	**Total**	**921.3**	**1183.9**	**198.56**	**71.1**	**9.12**
省直报	Direct Report		23.1	3.24	62.3	1.01
太原市	Taiyuan	119.1	109.9	30.30	71.8	4.35
大同市	Datong	188.4	70.1	16.21	89.7	2.33
阳泉市	Yangquan	77.0	42.9	10.18	78.2	3.19
长治市	Changzhi	145.5	183.7	24.89	69.2	12.32
晋城市	Jincheng	62.8	114.8	22.48	65.1	11.05
朔州市	Shuozhou	60.5	100.5	9.83	64.1	15.90
晋中市	Jinzhong	84.6	109.0	21.02	78.0	5.07
运城市	Yuncheng	36.9	65.0	15.50	62.5	6.70
忻州市	Xinzhou	26.8	75.1	8.34	68.9	16.64
临汾市	Linfen	59.8	96.5	15.52	68.3	10.65
吕梁市	Lvliang	60.0	193.3	21.07	63.2	16.77

19-27 国有控股工业企业主要指标(2021年)

MAIN INDICATORS OF STATE-HOLDING INDUSTRIAL ENTERPRISES(2021)

单位：亿元 (100 million yuan)

市 名 City		单位数(个) Number of Enterprises (unit)	#亏损企业 Loss-making Enterprises	资产总计 Total Assets	流动资产合计 Total Current Assets
全 省	**Total**	**1359**	**404**	**37563.9**	**16010.1**
省直报	Direct Report	2		1016.7	63.3
太原市	Taiyuan	181	60	5350.4	2090.3
大同市	Datong	123	33	6048.3	3813.3
阳泉市	Yangquan	77	27	3125.3	1404.3
长治市	Changzhi	159	51	5481.6	2783.3
晋城市	Jincheng	165	55	4350.4	1965.4
朔州市	Shuozhou	104	31	2543.3	745.8
晋中市	Jinzhong	133	37	1682.4	430.8
运城市	Yuncheng	86	23	1131.0	490.5
忻州市	Xinzhou	113	21	1888.8	690.0
临汾市	Linfen	124	40	2325.0	805.1
吕梁市	Lvliang	92	26	2620.8	728.0

市 名 City		负债合计 Total Liabilities	所有者权益合计 Total Creditors' Equity	营业收入 Business Revenue	营业成本 Business Cost
全 省	**Total**	**27946.6**	**9630.2**	**15580.1**	**11612.3**
省直报	Direct Report	633.3	383.4	1168.1	1126.0
太原市	Taiyuan	3879.4	1471.0	2793.8	2395.5
大同市	Datong	5573.1	475.1	2210.7	1897.4
阳泉市	Yangquan	2439.8	685.5	616.0	428.8
长治市	Changzhi	3995.2	1486.4	2192.8	1664.5
晋城市	Jincheng	3040.5	1309.8	1309.7	822.6
朔州市	Shuozhou	1676.2	891.5	1100.6	660.8
晋中市	Jinzhong	1393.2	289.2	768.0	592.9
运城市	Yuncheng	744.3	386.7	613.4	465.6
忻州市	Xinzhou	1287.0	601.8	765.5	435.2
临汾市	Linfen	1579.1	745.9	857.7	518.2
吕梁市	Lvliang	1705.6	903.9	1183.9	604.8

19-27 续表 continued

单位：亿元 (100 million yuan)

市 名 City	税金及附加 Tax and Extra Charges	销售费用 Costs of Sales	管理费用 Costs of Administration	财务费用 Costs of Finance	利润总额 Total Profits
全　省 Total	**594.7**	**206.9**	**784.0**	**628.9**	**1538.0**
省直报 Direct Report	2.4		18.1	10.8	11.9
太原市 Taiyuan	59.4	27.4	112.4	82.1	109.0
大同市 Datong	52.5	9.8	100.8	96.9	45.7
阳泉市 Yangquan	30.2	3.3	49.1	51.1	15.0
长治市 Changzhi	87.0	14.6	103.7	64.5	193.2
晋城市 Jincheng	66.3	21.3	121.8	81.2	180.9
朔州市 Shuozhou	63.6	75.1	52.2	45.1	185.0
晋中市 Jinzhong	33.6	13.4	49.4	45.0	28.5
运城市 Yuncheng	13.3	6.4	20.1	21.4	68.9
忻州市 Xinzhou	46.3	5.9	38.9	42.5	186.1
临汾市 Linfen	44.8	13.3	58.7	39.2	173.2
吕梁市 Lvliang	95.4	16.3	58.9	49.2	340.6

市 名 City	亏损企业亏损总额 Total Loss of Loss-making Enterprises	应交增值税 Value Added Taxes Payable	平均用工人数（万人） Average Employees (10 000 persons)	资产负债率 Ratio of Debts to Assets (%)	营业收入利润率 Ratio of Profits to Business Revenue (%)
全　省 Total	**786.9**	**742.7**	**105.34**	**74.4**	**9.87**
省直报 Direct Report		23.1	3.24	62.3	1.01
太原市 Taiyuan	111.4	78.4	15.64	72.5	3.90
大同市 Datong	179.0	61.6	12.84	92.1	2.07
阳泉市 Yangquan	71.8	35.5	7.81	78.1	2.43
长治市 Changzhi	132.8	118.0	14.34	72.9	8.81
晋城市 Jincheng	55.8	87.9	13.20	69.9	13.82
朔州市 Shuozhou	56.4	74.5	5.48	65.9	16.81
晋中市 Jinzhong	61.2	37.1	8.12	82.8	3.71
运城市 Yuncheng	29.2	23.0	4.60	65.8	11.22
忻州市 Xinzhou	20.0	58.0	4.13	68.1	24.32
临汾市 Linfen	35.4	55.8	8.06	67.9	20.19
吕梁市 Lvliang	33.9	89.8	7.88	65.1	28.77

19-28 外商投资和港澳台投资工业企业主要指标(2021年)

MAIN INDICATORS OF INDUSTRIAL ENTERPRISES WITH HONG KONG, MACAO, TAIWAN AND FOREIGN FUNDS(2021)

单位：亿元 (100 million yuan)

市 名 City		单位数(个) Number of Enterprises (unit)	#亏损企业 Loss-making Enterprises	资产总计 Total Assets	流动资产合计 Total Current Assets
全 省	**Total**	**161**	**45**	**2735.0**	**1615.8**
太原市	Taiyuan	28	3	943.9	817.4
大同市	Datong	24	6	161.6	59.6
阳泉市	Yangquan	9	2	61.4	22.5
长治市	Changzhi	12	4	427.2	156.3
晋城市	Jincheng	18	7	597.3	348.9
朔州市	Shuozhou	5	3	43.0	16.3
晋中市	Jinzhong	16	6	56.9	17.8
运城市	Yuncheng	15	2	36.3	13.1
忻州市	Xinzhou	8	2	27.4	6.9
临汾市	Linfen	13	5	66.9	22.0
吕梁市	Lvliang	13	5	313.1	135.0

市 名 City		负债合计 Total Liabilities	所有者权益合计 Total Creditors' Equity	营业收入 Business Revenue	营业成本 Business Cost
全 省	**Total**	**1595.0**	**1140.0**	**1989.9**	**1737.4**
太原市	Taiyuan	653.0	290.9	1101.5	1058.4
大同市	Datong	109.8	51.9	52.4	36.4
阳泉市	Yangquan	48.7	12.7	27.3	23.1
长治市	Changzhi	230.0	197.2	151.2	104.8
晋城市	Jincheng	250.0	347.3	353.9	278.5
朔州市	Shuozhou	19.4	23.6	14.5	13.6
晋中市	Jinzhong	39.9	17.1	34.0	30.1
运城市	Yuncheng	21.8	14.6	16.7	12.7
忻州市	Xinzhou	13.3	14.0	5.2	3.1
临汾市	Linfen	52.4	14.6	37.8	41.2
吕梁市	Lvliang	156.8	156.2	195.4	135.6

19–28 续表 continued

单位：亿元 (100 million yuan)

市 名 City		税金及附加 Tax and Extra Charges	销售费用 Costs of Sales	管理费用 Costs of Administration	财务费用 Costs of Finance	利润总额 Total Profits
全 省	**Total**	**24.4**	**23.5**	**35.7**	**11.8**	**173.3**
太原市	Taiyuan	2.2	6.6	10.0	–3.8	28.9
大同市	Datong	0.3	1.7	3.2	3.0	5.8
阳泉市	Yangquan	1.0	1.1	1.3	1.1	–0.5
长治市	Changzhi	6.6	3.2	4.6	6.1	52.5
晋城市	Jincheng	7.4	1.3	8.0	–1.3	58.3
朔州市	Shuozhou	0.1	0.3	0.2	0.8	–1.4
晋中市	Jinzhong	0.3	4.0	1.4	1.0	–2.7
运城市	Yuncheng	0.2	0.6	0.5	0.5	2.0
忻州市	Xinzhou	0.02	0.1	0.3	0.3	1.4
临汾市	Linfen	0.2	1.3	1.4	1.3	–8.7
吕梁市	Lvliang	6.0	3.3	4.8	2.7	37.7

市 名 City		亏损企业亏损总额 Total Loss of Loss–making Enterprises	应交增值税 Value Added Taxes Payable	平均用工人数（万人） Average Employees (10 000 persons)	资产负债率 Ratio of Debts to Assets (%)	营业收入利润率 Ratio of Profits to Business Revenue (%)
全 省	**Total**	**54.6**	**34.0**	**13.58**	**58.3**	**8.71**
太原市	Taiyuan	0.3	4.9	6.95	69.2	2.63
大同市	Datong	3.7	1.4	0.36	67.9	11.02
阳泉市	Yangquan	2.6	0.7	0.31	79.3	–1.73
长治市	Changzhi	8.6	8.4	0.60	53.8	34.68
晋城市	Jincheng	13.1	6.5	3.70	41.9	16.48
朔州市	Shuozhou	2.6	0.6	0.05	45.1	–9.82
晋中市	Jinzhong	4.2	0.8	0.22	70.0	–7.85
运城市	Yuncheng	0.1	0.4	0.19	59.9	11.70
忻州市	Xinzhou	0.1	0.2	0.04	48.7	27.63
临汾市	Linfen	10.5	0.6	0.18	78.3	–23.00
吕梁市	Lvliang	9.0	9.8	0.96	50.1	19.29

19-29 大中型工业企业主要指标(2021年)

MAIN INDICATORS OF LARGE AND MEDIUM-SIZED INDUSTRIAL ENTERPRISES(2021)

单位：亿元 (100 million yuan)

市 名 City		单位数(个) Number of Enterprises (unit)	#亏损企业 Loss-making Enterprises	资产总计 Total Assets	流动资产合计 Total Current Assets
全 省	**Total**	**1221**	**301**	**44908.9**	**21111.8**
省直报	Direct Report	2		1016.7	63.3
太原市	Taiyuan	117	27	6563.6	3109.7
大同市	Datong	78	29	5809.6	3769.8
阳泉市	Yangquan	53	22	2978.5	1387.7
长治市	Changzhi	160	32	6752.4	3469.4
晋城市	Jincheng	142	41	4902.9	2420.4
朔州市	Shuozhou	83	18	2179.1	759.9
晋中市	Jinzhong	154	35	2556.6	812.9
运城市	Yuncheng	92	18	2149.6	1068.0
忻州市	Xinzhou	65	7	1718.2	716.3
临汾市	Linfen	125	39	3188.3	1296.7
吕梁市	Lvliang	150	33	5093.4	2237.9

市 名 City		负债合计 Total Liabilities	所有者权益合计 Total Creditors' Equity	营业收入 Business Revenue	营业成本 Business Cost
全 省	**Total**	**31701.7**	**13231.7**	**24775.1**	**18811.5**
省直报	Direct Report	633.3	383.4	1168.1	1126.0
太原市	Taiyuan	4719.1	1844.5	4325.7	3788.8
大同市	Datong	5240.6	569.0	2265.1	1937.2
阳泉市	Yangquan	2323.5	655.0	619.7	413.7
长治市	Changzhi	4661.0	2091.4	3174.2	2289.9
晋城市	Jincheng	3110.7	1792.2	1706.0	1091.9
朔州市	Shuozhou	1235.5	968.0	1180.2	649.2
晋中市	Jinzhong	1943.8	612.8	1764.3	1373.0
运城市	Yuncheng	1270.7	878.9	2331.5	1943.3
忻州市	Xinzhou	1163.1	555.1	853.9	509.4
临汾市	Linfen	2172.8	1015.5	2276.3	1719.8
吕梁市	Lvliang	3227.6	1865.8	3110.0	1969.3

19-29 续表 continued

单位：亿元 (100 million yuan)

市 名 City		税金及附加 Tax and Extra Charges	销售费用 Costs of Sales	管理费用 Costs of Administration	财务费用 Costs of Finance	利润总额 Total Profits
全 省	**Total**	**744.2**	**337.6**	**1039.0**	**644.6**	**2850.5**
省直报	Direct Report	2.4		18.1	10.8	11.9
太原市	Taiyuan	64.7	41.5	119.8	76.8	221.9
大同市	Datong	52.4	24.4	102.7	82.0	60.3
阳泉市	Yangquan	32.8	4.2	51.1	50.5	29.2
长治市	Changzhi	119.7	24.1	146.8	76.1	482.9
晋城市	Jincheng	76.7	23.3	130.5	75.3	283.7
朔州市	Shuozhou	75.1	77.6	60.3	29.1	271.3
晋中市	Jinzhong	57.0	31.7	79.8	52.3	152.9
运城市	Yuncheng	19.9	35.0	47.2	28.7	184.8
忻州市	Xinzhou	44.3	7.6	42.6	37.8	200.9
临汾市	Linfen	54.0	23.5	87.7	48.7	300.3
吕梁市	Lvliang	145.4	44.8	152.5	76.7	650.5

市 名 City		亏损企业亏损总额 Total Loss of Loss-making Enterprises	应交增值税 Value Added Taxes Payable	平均用工人数（万人） Average Employees (10 000 persons)	资产负债率 Ratio of Debts to Assets (%)	营业收入利润率 Ratio of Profits to Business Revenue (%)
全 省	**Total**	**614.4**	**993.5**	**156.63**	**70.6**	**11.51**
省直报	Direct Report		23.1	3.24	62.3	1.01
太原市	Taiyuan	87.6	79.3	25.06	71.9	5.13
大同市	Datong	158.0	63.3	13.10	90.2	2.66
阳泉市	Yangquan	63.6	39.3	8.42	78.0	4.71
长治市	Changzhi	105.3	163.8	21.38	69.0	15.21
晋城市	Jincheng	36.0	98.6	18.58	63.5	16.63
朔州市	Shuozhou	22.8	86.3	7.18	56.7	22.99
晋中市	Jinzhong	46.1	78.8	14.48	76.0	8.66
运城市	Yuncheng	20.1	51.0	10.69	59.1	7.92
忻州市	Xinzhou	10.6	55.9	5.02	67.7	23.53
临汾市	Linfen	31.4	81.6	12.45	68.2	13.19
吕梁市	Lvliang	33.2	172.5	17.03	63.4	20.92

19-30 建筑业企业总产值和竣工产值(2021年)

GROSS OUTPUT VALUE AND COMPLETED VALUE OF CONSTRUCTION ENTERPRISES(2021)

单位：万元 (10 000 yuan)

市 名 City	总产值 Gross Output Value	#建筑工程 Construction	#安装工程 Installation	竣工产值 Completed Value
全 省 Total	**56777141**	**49124281**	**5841795**	**18975492**
太原市 Taiyuan	37811774	32212093	4488197	11876843
大同市 Datong	2795936	2502706	209933	1624870
阳泉市 Yangquan	899144	777452	60506	168636
长治市 Changzhi	3220493	2884185	118764	1371515
晋城市 Jincheng	1230534	1138113	73824	611124
朔州市 Shuozhou	942803	816075	71989	287533
晋中市 Jinzhong	3392668	3025842	330756	650780
运城市 Yuncheng	2561747	2318913	196889	917302
忻州市 Xinzhou	1234678	1000664	145578	521716
临汾市 Linfen	1545127	1458558	57986	311106
吕梁市 Lvliang	1142238	989681	87374	634069

19-31 按主要用途分的房屋建筑竣工面积(2021年)

FLOOR SPACE OF BUILDINGS COMPLETED BY MAJOR USE(2021)

单位：平方米 (sq.m)

市 名 City	总 计 Total	#住宅房屋 Residential Buildings	#商业及服务用房屋 Commercial and Service Buildings	#办公用房 Oiffice Buildings	#科研、教育、医疗用房屋 Scientific Research, Education and Healthcare Buildings
全 省 Total	**50479563**	**33391136**	**2911230**	**1663774**	**3784608**
太原市 Taiyuan	30147685	18848931	1895778	1162233	2973356
大同市 Datong	5131150	4346512	318322	27296	9335
阳泉市 Yangquan	477765	457369	200	400	7643
长治市 Changzhi	4591748	3258112	189273	80277	281763
晋城市 Jincheng	1187662	958737	34678	17559	18256
朔州市 Shuozhou	242989	115616	2327	2055	95375
晋中市 Jinzhong	1921551	1186653	3574	22379	77566
运城市 Yuncheng	3628411	2525597	332958	167584	192699
忻州市 Xinzhou	1289398	930715	79194	140085	25805
临汾市 Linfen	535798	272160	27667	31437	24705
吕梁市 Lvliang	1325406	490734	27259	12469	78105

19-32 按主要用途分的房屋建筑竣工价值(2021年)
VALUE OF BUILDINGS COMPLETED BY MAJOR USE(2021)

单位：万元 (10 000 yuan)

市 名 City	总 计 Total	#住宅房屋 Residential Buildings	#商业及服务用房屋 Commercial and Service Buildings	#办公用房 Oiffice Buildings	#科研、教育、医疗用房屋 Scientific Research, Education and Healthcare Buildings
全 省 Total	**10040303**	**5951816**	**629206**	**432593**	**1148063**
太原市 Taiyuan	6344131	3535110	423900	322920	982554
大同市 Datong	939888	784092	79411	9191	937
阳泉市 Yangquan	68220	64695	5	10	1596
长治市 Changzhi	1086088	533044	42791	19840	55521
晋城市 Jincheng	173704	143263	5377	3645	3409
朔州市 Shuozhou	50592	17013	343	439	28494
晋中市 Jinzhong	286200	196758	734	5456	10948
运城市 Yuncheng	640571	427645	57343	34108	43908
忻州市 Xinzhou	194175	135459	9435	27645	5827
临汾市 Linfen	41958	25099	3440	6414	3617
吕梁市 Lvliang	214775	89638	6428	2925	11255

19-33 建筑业企业房屋建筑施工面积和竣工面积(2021年)
FLOOR SPACE OF BUILDINGS CONSTRUCTED AND COMPLETED BY CONSTRUCTION ENTERPRISES(2021)

单位：平方米 (sq.m)

市 名 City	房屋建筑施工面积 Floor Space of Buildings Under Construction	#本年新开工面积 Floor Space Started This Year	房屋建筑竣工面积 Floor Space of Buildings Completed
全 省 Total	**233164016**	**78433798**	**50479563**
太原市 Taiyuan	152398398	49860645	30147685
大同市 Datong	11260811	3389083	5131150
阳泉市 Yangquan	2215342	675585	477765
长治市 Changzhi	25117222	6413304	4591748
晋城市 Jincheng	7328586	2766599	1187662
朔州市 Shuozhou	1489603	753650	242989
晋中市 Jinzhong	9619592	2592080	1921551
运城市 Yuncheng	12270699	5739769	3628411
忻州市 Xinzhou	3353481	1979837	1289398
临汾市 Linfen	3413132	1711119	535798
吕梁市 Lvliang	4697150	2552127	1325406

19-34 建筑业企业机械设备情况(2021年)
MACHINERY AND EQUIPMENT OF CONSTRUCTION ENTERPRISES(2021)

市 名 City	自有机械设备 年末总台数(台) Number of Machinery and Equipment Owned (unit)	自有机械设备 年末总功率(千瓦) Total Power of Machinery and Equipment Owned (kw)	自有机械设备 年末净值(万元) Net Value of Machinery and Equipment Owned (10 000 yuan)
全 省 Total	**199889**	**7475572**	**1411617**
太原市 Taiyuan	80727	5378806	940887
大同市 Datong	5669	199665	36564
阳泉市 Yangquan	13628	172727	10434
长治市 Changzhi	10244	117444	37495
晋城市 Jincheng	15679	173892	30508
朔州市 Shuozhou	3098	121395	38212
晋中市 Jinzhong	9478	423965	89226
运城市 Yuncheng	14007	267981	82560
忻州市 Xinzhou	10185	143910	41110
临汾市 Linfen	9153	196109	47549
吕梁市 Lvliang	28021	279678	57073

19-35 建筑业企业劳动生产率(2021年)
LABOR PRODUCTIVITY OF CONSTRUCTION ENTERPRISES(2021)

单位：元/人 (yuan/person)

市 名 City	企 业 个 数 (个) Number of Enterprises(unit)	从事建筑业活动的平均人数(人) Average Number of Employees Engaged in Construction Activities (person)	按总产值计算的劳动生产率 Labor Productivity in Terms of Total Output Value	人 均 竣工产值 Per Capita Output Value of Completed
全 省 Total	**3733**	**1227970**	**462366**	**154527**
太原市 Taiyuan	1638	826815	457318	143646
大同市 Datong	259	56626	493755	286948
阳泉市 Yangquan	147	26137	344012	64520
长治市 Changzhi	353	62808	512752	218366
晋城市 Jincheng	160	27706	444140	220575
朔州市 Shuozhou	157	22142	425798	129859
晋中市 Jinzhong	245	53784	630795	120999
运城市 Yuncheng	272	67495	379546	135907
忻州市 Xinzhou	144	27705	445652	188311
临汾市 Linfen	231	35745	432264	87035
吕梁市 Lvliang	127	21007	543742	301837

19-36 建筑业企业负债及所有者权益(2021年)

LIABILITIES AND CREDITORS' EQUITY OF CONSTRUCTION ENTERPRISES(2021)

单位：万元 (10 000 yuan)

市 名 City	负债合计 Total Liabilities	#流动负债合计 Liquid Liabilities	#非流动负债合计 Illiquid Liabilities	所有者权益合计 Total Creditors' Equity
全 省 Total	**66071681**	**59929343**	**5908462**	**21886155**
太原市 Taiyuan	49659531	44023629	5543198	15200115
大同市 Datong	2317202	2264211	40711	664142
阳泉市 Yangquan	1882950	1814382	39679	552313
长治市 Changzhi	2475760	2326261	108090	1577571
晋城市 Jincheng	1600538	1574227	21878	544328
朔州市 Shuozhou	825978	807703	12149	452749
晋中市 Jinzhong	2648102	2598964	40118	953190
运城市 Yuncheng	1408155	1332990	69005	604116
忻州市 Xinzhou	833370	821738	2543	338179
临汾市 Linfen	1319691	1306996	7982	593847
吕梁市 Lvliang	1100405	1058243	23110	405605

19-37 建筑业企业收入及成本情况(2021年)

REVENUE AND COST OF CONSTRUCTION ENTERPRISES(2021)

单位：万元 (10 000 yuan)

市 名 City	营业收入 Revenue of Business	#主营业务收入 Revenue of Major Business	主营业务成本 Cost of Major Business
全 省 Total	**58130475**	**56866710**	**52100725**
太原市 Taiyuan	40148591	39339615	36021433
大同市 Datong	2451322	2397863	2223784
阳泉市 Yangquan	938595	923672	852949
长治市 Changzhi	3513438	3483890	3187501
晋城市 Jincheng	1118390	1107493	981192
朔州市 Shuozhou	1063105	1027316	926469
晋中市 Jinzhong	2979167	2952601	2718459
运城市 Yuncheng	2410617	2376577	2211242
忻州市 Xinzhou	1091227	1036222	957632
临汾市 Linfen	1290909	1231491	1106194
吕梁市 Lvliang	1125115	989970	913872

19-38 建筑业企业资产(2021年)
ASSETS OF CONSTRUCTION ENTERPRISES(2021)

单位：万元 (10 000 yuan)

市 名 City	资产总计 Total Assets	#流动资产合计 Total Circulating Assets	#固定资产原价 Original Value of Fixed Assets
全 省 Total	**87957836**	**66325983**	**6120232**
太原市 Taiyuan	64859646	46560581	3653067
大同市 Datong	2981344	2629803	208782
阳泉市 Yangquan	2435263	2200666	208586
长治市 Changzhi	4053331	3132543	300454
晋城市 Jincheng	2144866	1892190	193608
朔州市 Shuozhou	1278727	1109555	194212
晋中市 Jinzhong	3601292	3141909	465237
运城市 Yuncheng	2012271	1689374	274438
忻州市 Xinzhou	1171549	1005805	173561
临汾市 Linfen	1913537	1654334	228927
吕梁市 Lvliang	1506010	1309223	219362

市 名 City	累计折旧 Accumulated Depreciation	#本年折旧 Depreciation This Year	实收资本 Capitals Hold
全 省 Total	**3336977**	**569252**	**11579259**
太原市 Taiyuan	2140842	398849	7356137
大同市 Datong	111043	11070	443634
阳泉市 Yangquan	109506	12081	467770
长治市 Changzhi	138786	34469	717631
晋城市 Jincheng	97063	10304	364504
朔州市 Shuozhou	95279	11579	292654
晋中市 Jinzhong	232634	27889	596091
运城市 Yuncheng	124131	16792	396896
忻州市 Xinzhou	82478	14480	244137
临汾市 Linfen	106748	14224	415487
吕梁市 Lvliang	98467	17517	284320

19-39 建筑业企业费用情况(2021年)
EXPENSES OF CONSTRUCTION ENTERPRISES(2021)

单位：万元　　(10 000 yuan)

市　名 City	销售费用 Sales Expenses	管理费用 Administrative Expenses	财务费用 Financial Expenses
全　省 Total	**88302**	**1820060**	**460917**
太原市 Taiyuan	39923	1098532	334060
大同市 Datong	7749	88347	12551
阳泉市 Yangquan	868	47979	20588
长治市 Changzhi	8599	132561	35060
晋城市 Jincheng	7684	75338	10870
朔州市 Shuozhou	4732	55527	1881
晋中市 Jinzhong	4345	79339	23188
运城市 Yuncheng	4940	73033	7669
忻州市 Xinzhou	5041	38573	2399
临汾市 Linfen	1482	78318	8384
吕梁市 Lvliang	2940	52513	4267

19-40 建筑业企业薪酬及利润情况(2021年)
REMUNERTION AND PROFITS OF CONSTRUCTION ENTERPRISES(2021)

单位：万元　　(10 000 yuan)

市　名 City	应付职工薪酬 Remuneration Payable	营业利润 Business Profits	其他业务利润 Profits of Other Business
全　省 Total	**3864998**	**1481956**	**101508**
太原市 Taiyuan	2060070	1144616	82675
大同市 Datong	322029	34462	2938
阳泉市 Yangquan	111050	-7485	1362
长治市 Changzhi	227200	79634	3842
晋城市 Jincheng	163408	33571	1881
朔州市 Shuozhou	124187	30291	615
晋中市 Jinzhong	206357	58324	4190
运城市 Yuncheng	290310	46730	2178
忻州市 Xinzhou	110371	23229	308
临汾市 Linfen	134936	23108	1120
吕梁市 Lvliang	115080	15474	398

19-41 建筑业企业利润及税金情况(2021年)
PROFITS AND TAXES OF CONSTRUCTION ENTERPRISES(2021)

单位：万元 (10 000 yuan)

市 名 City	利润总额 Total Profits	主营业务税金及附加 Taxes and Extra Charges of Major Business	应交增值税 Value-added Taxes Payable
全 省 Total	**1492859**	**187268**	**1146053**
太原市 Taiyuan	1135186	103702	661039
大同市 Datong	43437	9964	72902
阳泉市 Yangquan	-7514	7823	33910
长治市 Changzhi	83730	12963	96477
晋城市 Jincheng	36656	6682	29040
朔州市 Shuozhou	30494	9005	40498
晋中市 Jinzhong	62764	7088	40792
运城市 Yuncheng	45900	9790	63413
忻州市 Xinzhou	23707	7289	34047
临汾市 Linfen	24340	4800	34318
吕梁市 Lvliang	14158	8163	39619

19-42 房地产开发投资(2021年)
INVESTMENT IN REAL ESTATE DEVELOPMENT(2021)

单位：万元 (10 000 yuan)

市 名 City	本年完成投资 Investment Completed This Yesr	#住 宅 Residential Buildings	建筑工程 Construction Projects	安装工程 Installation Projects	设备工器具购置 Purchase of Equipment and Instruments	其他费用 Others Expenses
全 省 Total	**19452324**	**15560775**	**14535930**	**1030518**	**147212**	**3738664**
太原市 Taiyuan	6657102	5256793	4528282	254199	25930	1848691
大同市 Datong	2662053	2090173	1794878	270540	48814	547821
阳泉市 Yangquan	242262	205131	174425	36915	3396	27526
长治市 Changzhi	2171693	1764407	1843085	67238	20003	241367
晋城市 Jincheng	1357201	961208	947599	65153	1403	343046
朔州市 Shuozhou	378788	337385	289949	25696	4968	58175
晋中市 Jinzhong	1984122	1562269	1560499	132527	24001	267095
运城市 Yuncheng	1646445	1400870	1396540	124876	13312	111717
忻州市 Xinzhou	488002	397818	401522	13315	639	72526
临汾市 Linfen	1219952	1012712	1035113	22307	2821	159711
吕梁市 Lvliang	644704	572009	564038	17752	1925	60989

19-43 房地产开发房屋销售额(2021年)
SALES OF BUILDINGS IN REAL ESTATE DEVELOPMENT(2021)

单位：万元 (10 000 yuan)

市 名	City	商品房销售额 Sales of Commercial Buildings	住 宅 Residential Buildings	90平方米及以下住房 90 sq.m and Below	90-144平方米住房 90-144 sq.m
全 省	**Total**	**21709081**	**20300960**	**1302378**	**15478959**
太原市	Taiyuan	8418380	7570206	744315	4894615
大同市	Datong	1929636	1836675	97661	1378367
阳泉市	Yangquan	308334	291944	7738	223153
长治市	Changzhi	2125552	1960409	73099	1695772
晋城市	Jincheng	1818265	1776575	85897	1516052
朔州市	Shuozhou	298990	291399	5437	276566
晋中市	Jinzhong	1823063	1750184	138101	1455970
运城市	Yuncheng	2262408	2196192	25369	1918605
忻州市	Xinzhou	538315	515002	28632	377112
临汾市	Linfen	1744184	1688244	36895	1488555
吕梁市	Lvliang	441954	424130	59234	254192

市 名	City	144平方米及以上住房 Above 144 sq.m	办公楼 Office Buildings	商业营业用房 Buildings for Business Operation	其 他 Other Buildings
全 省	**Total**	**3519623**	**305638**	**752230**	**350253**
太原市	Taiyuan	1931276	263031	345052	240091
大同市	Datong	360647	6595	54659	31707
阳泉市	Yangquan	61053		14516	1874
长治市	Changzhi	191538	16431	113537	35175
晋城市	Jincheng	174626	3506	38183	1
朔州市	Shuozhou	9396	9	4125	3457
晋中市	Jinzhong	156113	5634	43182	24063
运城市	Yuncheng	252218	5528	60396	292
忻州市	Xinzhou	109258	2451	9852	11010
临汾市	Linfen	162794	2453	53339	148
吕梁市	Lvliang	110704		15389	2435

19-44 房地产开发房屋销售面积(2021年)

FLOOR SPACE OF BUILDINGS SOLD IN REAL ESTATE DEVELOPMENT(2021)

单位：平方米 (sq.m)

市名 City		商品房销售面积 Floor Space of Commercial Buildings Sold	住宅 Residential Buildings	90平方米及以下住房 90 sq.m and Below	90-144平方米住房 90-144 sq.m
全省	**Total**	**32044132**	**30349161**	**1749943**	**24663224**
太原市	Taiyuan	8217802	7282599	738591	5057020
大同市	Datong	3073573	2989181	180430	2375314
阳泉市	Yangquan	606040	588024	17240	466823
长治市	Changzhi	3916785	3640982	126209	3237351
晋城市	Jincheng	2815470	2780398	124566	2370675
朔州市	Shuozhou	780986	755850	15657	718712
晋中市	Jinzhong	2961205	2866938	219815	2412948
运城市	Yuncheng	4582699	4476519	64621	4004362
忻州市	Xinzhou	1077221	1042705	70910	769014
临汾市	Linfen	3076267	3012589	61641	2668924
吕梁市	Lvliang	936084	913376	130263	582081

市名 City		144平方米以上住房 Above 144 sq.m	办公楼 Office Buildings	商业营业用房 Buildings for Business Operation	其他 Other Buildings
全省	**Total**	**3935994**	**345194**	**716927**	**632850**
太原市	Taiyuan	1486988	269719	262579	402905
大同市	Datong	433437	5555	51405	27432
阳泉市	Yangquan	103961		13419	4597
长治市	Changzhi	277422	33721	146126	95956
晋城市	Jincheng	285157	6655	28416	1
朔州市	Shuozhou	21481	20	5640	19476
晋中市	Jinzhong	234175	10206	38645	45416
运城市	Yuncheng	407536	9970	85849	10361
忻州市	Xinzhou	202781	3675	11790	19051
临汾市	Linfen	282024	5673	57794	211
吕梁市	Lvliang	201032		15264	7444

19-45 房地产开发施工、竣工面积及价值(2021年)
FLOOR SPACE AND VALUE OF BUILDINGS UNDER CONSTRUCTION AND COMPLETED IN REAL ESTATE DEVELOPMENT(2021)

单位：平方米 (sq.m)

市 名 City		房屋施工面积 Floor Space of Buildings Under Construction	#住宅 Residential Buildings	房屋竣工面积 Floor Space of Buildings Completed	#住宅 Residential Buildings	房屋竣工价值(万元) Value of Buildings Completed (10 000 yuan)	#住宅 Residential Buildings
全 省	**Total**	**249303651**	**186004811**	**26393043**	**20208214**	**8540330**	**6564881**
太原市	Taiyuan	85674932	61893247	6085312	4493453	2559137	1893089
大同市	Datong	24465680	18081515	4500961	3635506	1483207	1227310
阳泉市	Yangquan	4746264	3462074	230422	121008	49826	30884
长治市	Changzhi	19334128	14729524	4398091	3259199	1346850	954189
晋城市	Jincheng	14100545	10560083	1039294	729305	259317	178162
朔州市	Shuozhou	5465824	4530284	454447	377135	128020	107854
晋中市	Jinzhong	25606416	19085169	2848152	2284744	860985	714251
运城市	Yuncheng	25899852	20166442	3490094	2810113	891053	718592
忻州市	Xinzhou	10142140	7449835	1508423	986652	358942	246525
临汾市	Linfen	23275432	17683465	1331088	1081045	493109	395587
吕梁市	Lvliang	10592438	8363173	506759	430054	109884	98438

19-46 社会消费品零售总额(2021年)
TOTAL RETAIL SALES OF CONSUMER GOODS(2021)

单位：万元 (10 000 yuan)

市 名 City		社会消费品零售总额 Total Retail Sales of Consumer Goods	城镇 Town	乡村 Village
全 省	**Total**	**77472612**	**63767425**	**13705187**
太原市	Taiyuan	18739018	17411770	1327248
大同市	Datong	7609494	6093396	1516098
阳泉市	Yangquan	3280087	2741409	538679
长治市	Changzhi	6671164	5412474	1258691
晋城市	Jincheng	5363511	4492190	871321
朔州市	Shuozhou	3475386	2463783	1011602
晋中市	Jinzhong	6830808	5352732	1478076
运城市	Yuncheng	8258084	6390586	1867498
忻州市	Xinzhou	4421958	3029970	1391988
临汾市	Linfen	7564701	6317247	1247454
吕梁市	Lvliang	5258400	4061868	1196532

19-47 旅游事业发展情况(2020年)
DEVELOPMENT OF TOURISM(2020)

市名 City		接待入境过夜游客人数(人次) Inbound Overnight Tourists (person-time)	旅游外汇收入(万美元) Foreign Exchange Earnings from Tourism (USD 10 000)	接待国内游客人数(万人次) Domestic Tourists (10 000 person-times)	国内旅游收入(亿元) Revenue from Domestic Tourism (100 million yuan)
全省	**Total**	**16529**	**605**	**33252**	**2919.71**
太原市	Taiyuan	5434	107	3594	354.61
大同市	Datong	1468	65	3329	290.79
阳泉市	Yangquan	47	5	1363	120.65
长治市	Changzhi	689	56	3291	271.22
晋城市	Jincheng	284	10	3265	289.26
朔州市	Shuozhou	167	5	2039	138.61
晋中市	Jinzhong	4785	233	4473	407.74
运城市	Yuncheng	1942	49	2634	231.79
忻州市	Xinzhou	1127	50	3227	281.00
临汾市	Linfen	256	13	3400	301.20
吕梁市	Lvliang	330	13	2639	232.84

19-48 公路通车里程(2021年)
LENGTH OF HIGHWAYS(2021)

单位：公里 (km)

市名 City		公路通车里程 Length of Highways	在通车里程中 In Length of Highways					
			国道 State Class	省道 Province Class	县公路 County Class	乡公路 Township Class	专用公路 Special Purpose	村道 Village Class
全省	**Total**	**144617**	**11403**	**6907**	**21126**	**47304**	**239**	**57638**
太原市	Taiyuan	6866	625	259	1138	1625	31	3188
大同市	Datong	12732	755	764	2232	5245		3735
阳泉市	Yangquan	5735	420	322	790	885		3318
长治市	Changzhi	12416	992	692	1806	3850	56	5019
晋城市	Jincheng	9716	509	622	1116	3574	16	3879
朔州市	Shuozhou	10257	858	410	1374	3831	13	3771
晋中市	Jinzhong	16203	1279	709	2403	6177	18	5618
运城市	Yuncheng	16301	1234	726	2766	6152	62	5361
忻州市	Xinzhou	17400	1793	844	2534	5995	43	6191
临汾市	Linfen	19383	1653	718	2464	5608		8939
吕梁市	Lvliang	17607	1285	842	2502	4359		8619

19-49 公路等级里程(2021年)
LENGTH OF HIGHWAYS BY CLASS(2021)

单位：公里 (km)

市名 City		等级里程 Expressway and Class I to IV Expressways	高速 Express -way	一级 First Class	二级 Second Class
全省	**Total**	**143667**	**5763**	**2841**	**16020**
太原市	Taiyuan	6843	293	233	897
大同市	Datong	12712	562	137	1225
阳泉市	Yangquan	5735	282	148	466
长治市	Changzhi	12416	382	139	1460
晋城市	Jincheng	9605	429	183	731
朔州市	Shuozhou	10212	453	221	1068
晋中市	Jinzhong	16177	653	489	2269
运城市	Yuncheng	16301	621	396	1950
忻州市	Xinzhou	17299	891	55	1849
临汾市	Linfen	19188	663	482	1955
吕梁市	Lvliang	17179	534	356	2149

市名 City		三级 Third Class	四级 Fourth Class	等外里程 Highway Below class IV	等级里程占总里程的百分比 Percentage to Total Length of Highways(%)
全省	**Total**	**21329**	**97715**	**950**	**99.3**
太原市	Taiyuan	1177	4242	23	99.7
大同市	Datong	2545	8242	20	99.8
阳泉市	Yangquan	625	4214		100.0
长治市	Changzhi	2127	8308		100.0
晋城市	Jincheng	1618	6644	111	98.9
朔州市	Shuozhou	1600	6869	46	99.6
晋中市	Jinzhong	1595	11171	26	99.8
运城市	Yuncheng	2207	11127		100.0
忻州市	Xinzhou	2161	12343	101	99.4
临汾市	Linfen	3401	12686	195	99.0
吕梁市	Lvliang	2273	11867	428	97.6

19-50 公路路面里程(2021年)
LENGTH OF PAVED HIGHWAYS(2021)

单位：公里 (km)

市名 City		有铺装路面里程 Length of Paved Highways	占总里程(%) Percentage to Highways	简易铺装路面里程 Length of Simply Paved Highways	占总里程(%) Percentage to Highways	未铺装路面里程 Length of Non-paved Highways
全省	**Total**	**126889**	**87.7**	**10265**	**7.1**	**7462**
太原市	Taiyuan	6395	93.1	290	4.2	181
大同市	Datong	11897	93.4	124	1.0	711
阳泉市	Yangquan	5647	98.5	53	0.9	36
长治市	Changzhi	11720	94.4	682	5.5	15
晋城市	Jincheng	9289	95.6	312	3.2	116
朔州市	Shuozhou	8518	83.0	737	7.2	1002
晋中市	Jinzhong	13136	81.1	1203	7.4	1863
运城市	Yuncheng	13784	84.6	2472	15.2	45
忻州市	Xinzhou	15788	90.7	806	4.6	806
临汾市	Linfen	15476	79.8	2159	11.1	1747
吕梁市	Lvliang	15240	86.6	1428	8.1	939

19-51 公路绿化里程(2021年)
LENGTH OF AFFOREST HIGHWAYS(2021)

单位：公里 (km)

市名 City		绿化里程 Length of Afforest Highways	占总里程(%) Percentage	在绿化里程中 In Length of Afforest Highways					
				国道 State Class	省道 Province Class	县公路 County Class	乡公路 Township Class	专用公路 Special Purpose	村道 Village Class
全省	**Total**	**66307**	**45.85**	**8585**	**4952**	**15052**	**21720**	**135**	**15864**
太原市	Taiyuan	2973	43.30	413	173	1121	826	28	413
大同市	Datong	4345	34.12	486	592	1336	1456		475
阳泉市	Yangquan	4040	70.44	317	192	750	844		1936
长治市	Changzhi	6751	54.37	729	539	1150	2127	44	2162
晋城市	Jincheng	2901	29.86	360	454	480	890	7	711
朔州市	Shuozhou	4276	41.69	671	295	941	1448	4	917
晋中市	Jinzhong	9296	57.37	1042	547	2067	3433	13	2193
运城市	Yuncheng	14916	91.50	1034	628	2350	5915	17	4971
忻州市	Xinzhou	4704	27.03	1355	513	1372	1327	21	116
临汾市	Linfen	7693	39.69	1178	506	2146	2550		1312
吕梁市	Lvliang	4413	25.07	1000	513	1339	904		657

19-52 镇(乡)村通公路、通油路情况(2021年)
TRAFFIC CONNECTION OF TOWNS, TOWNSHIPS AND VILLAGES(2021)

单位：个 (unit)

市 名 City	行政村总数 Number of Administration Villages	通硬化路 Connect with Hardened Pavement	#通油路 Connect with Asphalt Highways	不通公路 Non-connect with Highways
全 省 Total	**19257**	**19256**	**19256**	**1**
太原市 Taiyuan	636	636	636	
大同市 Datong	1426	1426	1426	
阳泉市 Yangquan	676	676	676	
长治市 Changzhi	2436	2436	2436	
晋城市 Jincheng	1552	1551	1551	1
朔州市 Shuozhou	1166	1166	1166	
晋中市 Jinzhong	1936	1936	1936	
运城市 Yuncheng	2172	2172	2172	
忻州市 Xinzhou	2696	2696	2696	
临汾市 Linfen	2131	2131	2131	
吕梁市 Lvliang	2430	2430	2430	

市 名 City	乡、镇总数 Number of Townships and Towns	#通油路数 Connect With Asphalt Highways	镇通油路数 Number of Towns	乡通油路数 Number of Townships
全 省 Total	**1061**	**1061**	**631**	**430**
太原市 Taiyuan	46	46	22	24
大同市 Datong	87	87	37	50
阳泉市 Yangquan	31	31	20	11
长治市 Changzhi	110	110	78	32
晋城市 Jincheng	67	67	52	15
朔州市 Shuozhou	62	62	19	43
晋中市 Jinzhong	101	101	58	43
运城市 Yuncheng	132	132	94	38
忻州市 Xinzhou	152	152	76	76
临汾市 Linfen	137	137	84	53
吕梁市 Lvliang	136	136	91	45

19-53 邮政电信业务基本情况(2021年)
BASIC CONDITIONS OF POST AND TELECOMMUNICATION SERVICES (2021)

单位：万元 (10 000 yuan)

市名 City		邮政行业业务总量 Business Volume of Post Services	电信业务总量 Business Volume of Telecommunication Services	电话用户数(户) Number of Telephone Subscribers (subscriber)	固定 Fixed Telephone	移动 Mobile Telephone
全省	**Total**	**1307880**	**3746337**	**43886984**	**2626734**	**41260250**
太原市	Taiyuan	442270	912688	8735034	850542	7884492
大同市	Datong	125788	306937	3840243	172356	3667887
阳泉市	Yangquan	33678	133588	1743222	100543	1642679
长治市	Changzhi	77100	302337	3759708	202589	3557119
晋城市	Jincheng	45834	226507	2689146	167722	2521424
朔州市	Shuozhou	41825	154703	1795046	88603	1706443
晋中市	Jinzhong	92876	323789	4067881	248369	3819512
运城市	Yuncheng	168579	425533	5549096	270242	5278854
忻州市	Xinzhou	80704	247985	3210841	180692	3030149
临汾市	Linfen	105773	384176	4657622	189824	4467798
吕梁市	Lvliang	93454	312251	3839145	155252	3683893

注：本表全省电信业务总量中包含本部数据。
Note: Total business volume of telecommunication services includes the data of the headquater's.

19-54 普通小学基本情况(2021年)
BASIC STATISTICS ON REGULAR PRIMARY SCHOOLS(2021)

单位：人 (person)

市名 City		学校数(所) Schools (unit)	专任教师数 Full-time Teachers	毕业生数 Graduates	招生数 Entrants	在校生数 Enrolment
全省	**Total**	**4668**	**171741**	**375892**	**355801**	**2328311**
太原市	Taiyuan	417	22135	50035	56490	346882
大同市	Datong	325	15452	32163	28698	184427
阳泉市	Yangquan	197	4976	13175	10705	73909
长治市	Changzhi	483	16402	34636	29584	210126
晋城市	Jincheng	307	8464	17575	17627	111065
朔州市	Shuozhou	154	8577	21878	20343	123704
晋中市	Jinzhong	488	15555	39861	32891	227981
运城市	Yuncheng	711	25668	48403	52684	328891
忻州市	Xinzhou	395	15199	29965	24751	174744
临汾市	Linfen	705	20232	44001	43326	277510
吕梁市	Lvliang	486	19081	44200	38702	269072

19-55 普通中学基本情况(2021年)
BASIC STATISTICS ON REGULAR SECONDARY SCHOOLS(2021)

单位：人 (person)

市 名 City	学校数(所) Schools (unit)			专任教师数 Full-time Teachers		
	合 计 Total	初 中 Junior	高 中 Senior	合 计 Total	初 中 Junior	高 中 Senior
全 省 Total	**2055**	**1538**	**517**	**171294**	**106246**	**65048**
太原市 Taiyuan	222	130	92	19950	12464	7486
大同市 Datong	170	121	49	14974	9380	5594
阳泉市 Yangquan	80	63	17	5961	3947	2014
长治市 Changzhi	198	148	50	15187	9448	5739
晋城市 Jincheng	135	106	29	10226	6201	4025
朔州市 Shuozhou	84	57	27	10822	6286	4536
晋中市 Jinzhong	220	175	45	17689	11593	6096
运城市 Yuncheng	258	188	70	23488	13867	9621
忻州市 Xinzhou	200	164	36	14139	8966	5173
临汾市 Linfen	234	176	58	19784	12089	7695
吕梁市 Lvliang	254	210	44	19074	12005	7069

市 名 City	毕业生数 Graduates			招生数 Entrants		
	合 计 Total	初 中 Junior	高 中 Senior	合 计 Total	初 中 Junior	高 中 Senior
全 省 Total	**600695**	**393118**	**207577**	**601669**	**366030**	**235639**
太原市 Taiyuan	65582	42229	23353	72679	46511	26168
大同市 Datong	49562	30847	18715	49415	30570	18845
阳泉市 Yangquan	21586	14306	7280	21582	13046	8536
长治市 Changzhi	56335	37470	18865	56444	34035	22409
晋城市 Jincheng	35229	21521	13708	30546	17331	13215
朔州市 Shuozhou	41015	26503	14512	39298	23369	15929
晋中市 Jinzhong	60359	41895	18464	64898	40219	24679
运城市 Yuncheng	81348	52783	28565	80497	48957	31540
忻州市 Xinzhou	48361	31830	16531	47531	28995	18536
临汾市 Linfen	73318	48327	24991	69262	40405	28857
吕梁市 Lvliang	68000	45407	22593	69517	42592	26925

19-55 续表 continued

单位：人 (person)

市 名 City	在校生数 Enrolment		
	合 计 Total	初 中 Junior	高 中 Senior
全 省 Total	**1775683**	**1092565**	**683118**
太原市 Taiyuan	213975	135755	78220
大同市 Datong	147428	92297	55131
阳泉市 Yangquan	64737	39529	25208
长治市 Changzhi	161700	96935	64765
晋城市 Jincheng	94038	53432	40606
朔州市 Shuozhou	120484	75342	45142
晋中市 Jinzhong	192212	124274	67938
运城市 Yuncheng	233063	139939	93124
忻州市 Xinzhou	139199	86007	53192
临汾市 Linfen	205779	122894	82885
吕梁市 Lvliang	203068	126161	76907

19-56 村卫生室情况(2021年)

MAIN INDICATORS OF RURAL CLINICS (2021)

单位：人 (person)

市 名 City	机构数(个) Institutions (unit)	执业(助理)医师 Licensed (Assistant) Doctors	注册护士 Registered Nurses	乡村医生 Rural Doctors	卫生员 Health Workers
全 省 Total	**26355**	**7925**	**493**	**27719**	**1911**
太原市 Taiyuan	871	696	20	943	60
大同市 Datong	1723	568	10	1703	115
阳泉市 Yangquan	859	258	17	1020	81
长治市 Changzhi	3387	1068	26	2845	104
晋城市 Jincheng	2219	445	25	2278	80
朔州市 Shuozhou	1487	212	16	1372	117
晋中市 Jinzhong	2796	794	84	3365	38
运城市 Yuncheng	3484	1258	54	3440	416
忻州市 Xinzhou	3039	453	77	3890	72
临汾市 Linfen	3348	1305	68	3146	502
吕梁市 Lvliang	3142	868	96	3717	326

19-57 卫生机构数(2021年)
HEALTH CARE INSTITUTIONS(2021)

单位：个 (unit)

市 名 City	总 计 Total	#医 院 Hospitals	#疾病预防控制中心 Diseases Prevention and Control Centre	#妇幼保健院(所、站) Maternity and Child Care Centres
全 省 Total	**14656**	**1431**	**132**	**127**
太原市 Taiyuan	3218	165	14	10
大同市 Datong	1372	120	12	10
阳泉市 Yangquan	664	48	6	7
长治市 Changzhi	961	95	13	13
晋城市 Jincheng	913	93	7	7
朔州市 Shuozhou	678	82	7	6
晋中市 Jinzhong	1011	112	12	12
运城市 Yuncheng	2156	269	14	15
忻州市 Xinzhou	1112	141	15	15
临汾市 Linfen	1382	184	18	18
吕梁市 Lvliang	1189	122	14	14

19-58 卫生机构床位数和人员情况(2021年)
BEDS AND PERSONNELS IN HEALTH CARE INSTITUTIONS(2021)

单位：人 (person)

市 名 City	卫生机构床位数(张) Beds (unit)	卫生技术人员 Medical Technical Personnels	#执业(助理)医师 Licensed (Assistant) Doctors	#注册护士 Registered Nurses
全 省 Total	**228922**	**273038**	**105403**	**123813**
太原市 Taiyuan	45589	69221	25632	34230
大同市 Datong	21598	23172	9734	10147
阳泉市 Yangquan	7850	11476	4217	5403
长治市 Changzhi	19652	23804	8957	10886
晋城市 Jincheng	14887	16793	6586	7399
朔州市 Shuozhou	11320	8893	3649	3774
晋中市 Jinzhong	18446	21598	7952	9967
运城市 Yuncheng	32468	33068	12889	14204
忻州市 Xinzhou	15674	17764	6728	7615
临汾市 Linfen	24254	29150	11595	12668
吕梁市 Lvliang	17184	18099	7464	7520

19-59 主要城市空气质量情况 (2021年)

AIR QUALITY IN MAJOR CITIES(2021)

市 名 City		空气质量达标天数(天) Days Reach the Standard of Air Quality (day)	细颗粒物($PM_{2.5}$)年平均浓度($\mu g/m^3$) Annual Average Concentration of $PM_{2.5}$	可吸入颗粒物(PM_{10})年平均浓度($\mu g/m^3$) Annual Average Concentration of PM_{10}	二氧化硫年平均浓度($\mu g/m^3$) Annual Average Concentration of SO_2
全 省	**Total**	**263**	**39**	**74**	**15**
太原市	Taiyuan	224	44	83	14
大同市	Datong	315	28	60	21
阳泉市	Yangquan	261	43	73	19
长治市	Changzhi	289	38	65	14
晋城市	Jincheng	253	35	76	10
朔州市	Shuozhou	301	31	78	15
晋中市	Jinzhong	270	37	67	18
运城市	Yuncheng	227	48	84	10
忻州市	Xinzhou	278	40	73	16
临汾市	Linfen	194	53	72	12
吕梁市	Lvliang	281	27	83	13

市 名 City		二氧化氮年平均浓度($\mu g/m^3$) Annual Average Concentration of NO_2	一氧化碳日均值第95百分位浓度(mg/m^3) Daily Average 95th Percentile Concentration of CO	臭氧(O_3)日最大8小时第90百分位浓度($\mu g/m^3$) Daily Maximum 8 Hours Average 90th Percentile Concentration of O_3
全 省	**Total**	**31**	**1.5**	**169**
太原市	Taiyuan	39	1.5	192
大同市	Datong	24	1.4	140
阳泉市	Yangquan	36	1.5	171
长治市	Changzhi	26	1.6	159
晋城市	Jincheng	28	1.8	180
朔州市	Shuozhou	28	1.1	143
晋中市	Jinzhong	31	1.2	179
运城市	Yuncheng	25	1.9	173
忻州市	Xinzhou	28	1.2	161
临汾市	Linfen	34	2.0	197
吕梁市	Lvliang	40	1.0	161

19-60 城镇居民家庭生活基本情况(2021年)
BASIC LIVING CONDITIONS OF URBAN HOUSEHOLDS(2021)

单位：元 (yuan)

市 名 City	城镇居民人均可支配收入 Per Capita Disposable Income of Urban Households	工资性收入 Wages and Salaries	经营净收入 Net Business Income	财产净收入 Net Property Income	转移净收入 Net Transfer Income
全 省 Total	**37433**	**21606**	**3465**	**2577**	**9786**
太原市 Taiyuan	41377	23028	4020	4038	10291
大同市 Datong	36685	18854	6053	2113	9665
阳泉市 Yangquan	37464	21883	2323	1480	11779
长治市 Changzhi	38786	22549	3511	2836	9890
晋城市 Jincheng	39089	26167	3192	2659	7071
朔州市 Shuozhou	39168	23527	5765	2079	7797
晋中市 Jinzhong	39189	22769	5769	2681	7970
运城市 Yuncheng	35291	20704	3890	2051	8646
忻州市 Xinzhou	34566	22376	4083	1922	6185
临汾市 Linfen	36968	22690	5976	1817	6485
吕梁市 Lvliang	32551	21719	3381	1893	5558

市 名 City	城镇居民人均生活消费支出 Per Capita Living Expenditure of Urban Households	#食品烟酒 Food, Tobacco and Liquor	#衣 着 Clothing	#居 住 Residence	#教育文化娱乐 Education, Culture and Recreation
全 省 Total	**21965**	**5529**	**1666**	**4922**	**2834**
太原市 Taiyuan	23748	5582	1810	5783	2898
大同市 Datong	17786	4937	1651	3394	2261
阳泉市 Yangquan	23696	6024	1729	3966	2585
长治市 Changzhi	21681	5414	2014	4635	3138
晋城市 Jincheng	23796	5075	2025	5962	3099
朔州市 Shuozhou	20137	4869	1951	4231	3543
晋中市 Jinzhong	19985	5016	1939	4263	2342
运城市 Yuncheng	17457	4347	1592	3669	2358
忻州市 Xinzhou	18705	4416	1821	4023	2953
临汾市 Linfen	17945	4554	1598	3726	2319
吕梁市 Lvliang	18845	4487	1626	4208	2581

19-61 农村居民家庭生活基本情况(2021年)

BASIC LIVING CONDITIONS OF RURAL HOUSEHOLDS(2021)

单位：元 (yuan)

市名 City	农村居民人均可支配收入 Per Capita Disposable Income of Rural Households	工资性收入 Wages and Salaries	经营净收入 Net Business Income	财产净收入 Net Property Income	转移净收入 Net Transfer Income
全省 Total	**15308**	**6860**	**3959**	**216**	**4274**
太原市 Taiyuan	21551	11739	4255	643	4914
大同市 Datong	12909	5486	3747	227	3449
阳泉市 Yangquan	18030	10277	3354	234	4165
长治市 Changzhi	18081	7548	6589	271	3673
晋城市 Jincheng	17744	10787	2866	462	3629
朔州市 Shuozhou	17372	6992	5904	123	4353
晋中市 Jinzhong	17288	9288	4677	631	2692
运城市 Yuncheng	14281	6492	4452	545	2792
忻州市 Xinzhou	11058	4625	3532	573	2328
临汾市 Linfen	15294	6418	5549	157	3170
吕梁市 Lvliang	11754	6592	2326	210	2626

市名 City	农村居民人均生活消费支出 Per Capita Living Expenditure of Rural Households	#食品烟酒 Food, Tobacco and Liquor	#衣着 Clothing	#居住 Residence	#教育文化娱乐 Education, Culture and Recreation
全省 Total	**11410**	**3525**	**807**	**2554**	**1121**
太原市 Taiyuan	16295	4498	1255	3964	1646
大同市 Datong	10799	3131	672	2405	1335
阳泉市 Yangquan	14351	3848	875	3012	1791
长治市 Changzhi	13411	4630	967	1861	1425
晋城市 Jincheng	12970	2742	904	2825	1434
朔州市 Shuozhou	10663	3399	608	1964	1206
晋中市 Jinzhong	12114	3555	927	2487	1072
运城市 Yuncheng	11284	2912	792	2565	1196
忻州市 Xinzhou	9364	3274	645	1733	1073
临汾市 Linfen	11295	3258	1043	2275	1060
吕梁市 Lvliang	8963	2689	644	1815	795

19-62 全体居民人均可支配收入

单位：元

年 份 Year	太原市 Taiyuan	大同市 Datong	阳泉市 Yangquan	长治市 Changzhi	晋城市 Jincheng
1978		148	186	99	130
1979		170		112	147
1980		186	234	120	153
1981		205		113	161
1982	415	295		150	197
1983		355		214	262
1984		463		321	316
1985		501	578	376	384
1986		512	676	366	417
1987		572	759	406	460
1988		637	825	484	558
1989		741	1042	560	617
1990	1402	844	1279	613	680
1991		854	1456	670	675
1992		941	1683	740	801
1993		1053	2000	906	1011
1994		1522	2507	1136	1211
1995		1909	3011	1575	1785
1996		2455	3370	1925	2228
1997		2862	3573	2284	2686
1998		2887	3388	2480	2854
1999		2398	3580	2533	2895
2000	5372	2803	3395	2859	3365
2001	5760	2838	3741	3198	3511
2002	6491	3694	4360	3753	3959
2003	7239	4030	4860	4208	4489
2004	8192	4390	5743	4829	5106
2005	9158	5093	6822	5481	5652
2006	10139	5811	7736	6092	6372
2007	11827	6828	9021	7284	7623
2008	13134	8061	10335	8334	8718
2009	13493	8586	11254	9043	9502
2010	14909	9772	12560	10066	11185
2011	17489	11741	15042	12064	13272
2012	19671	13621	16498	13846	15157
2013	21801	14844	17911	15072	16515
2014	23579	16122	19419	16501	17905
2015	25408	17472	20793	17889	19352
2016	27169	18594	21951	19117	20578
2017	28935	19895	23422	20551	22039
2018	31031	21590	25134	22307	23855
2019	33563	23533	27126	24313	25897
2020	35473	24988	28529	25795	27475
2021	38381	27323	30810	28309	29891

PER CAPTIA DISPOSABLE INCOME OF THE PROVINCIAL HOUSEHOLDS

(yuan)

朔州市 Shuozhou	晋中市 Jinzhong	运城市 Yuncheng	忻州市 Xinzhou	临汾市 Linfen	吕梁市 Lvliang
			86	100	
			112		
			105	113	97
			106		101
			163		146
			262		233
		355	354		286
		334	351	510	332
		351	326	555	325
		358	345	596	331
		398	433	658	415
556		452	476	739	437
632	699	513	512	825	498
830		540	506	945	467
893		612	632	1068	550
1022		793	785	1266	670
1441		954	1022	1654	859
1682	1577	1282	1261	2171	1027
2117		1793	1395	2576	1280
2512		2083	1763	2769	1542
2741		2242	1891	2926	1607
2407		2246	1560	3170	1214
3207	2775	2345	1881	2744	1735
2773	2991	2669	1898	2989	1908
3726	3445	3225	2429	3337	2472
4151	3851	3624	2797	3720	2774
4613	4425	4057	3155	4324	3229
5334	5185	4611	3540	5035	3942
5982	5907	5154	4056	5661	4710
7239	6985	6080	4847	6456	5537
8551	8312	6931	5690	7240	6621
9803	9307	7494	6210	7977	7216
11469	10486	8231	7451	9237	7715
13075	12462	9874	8904	10941	9205
14866	14399	11425	10377	12624	10744
16204	15727	12470	11272	13779	11557
17599	17213	13697	12325	15052	12623
18975	18631	14922	13415	16347	13591
20113	19783	16001	14371	17438	14429
21581	21128	17153	15506	18764	15554
23204	22908	18707	16896	20192	16883
25237	24855	20406	18462	22107	18369
26576	26187	21680	19637	23439	19387
28870	28482	23831	21645	25708	21253

19-63 城镇居民人均可支配收入

单位：元

年 份 Year	太原市 Taiyuan	大同市 Datong	阳泉市 Yangquan	长治市 Changzhi	晋城市 Jincheng
1978	313	277	251	348	300
1979	362	301	278	351	303
1980	385	346	308	375	308
1981	418	372	341	386	315
1982	454	401	377	379	321
1983	479	435	418	407	330
1984	601	515	463	486	468
1985	646	624	575	665	508
1986	804	799	711	775	573
1987	933	875	828	828	712
1988	1104	930	902	1040	835
1989	1417	1233	1201	1161	1061
1990	1573	1396	1527	1276	1141
1991	1819	1476	1767	1506	1254
1992	2188	1506	2038	1588	1479
1993	2723	1691	2423	1895	1752
1994	3209	2519	2972	2365	2426
1995	3939	3238	3503	3017	3091
1996	4109	3845	3833	3478	3369
1997	5086	4438	3954	4192	4150
1998	5371	4160	3634	4107	4151
1999	5587	4241	3944	4142	4341
2000	5954	4499	4349	4484	4769
2001	6406	4896	4954	5110	5265
2002	7241	5903	6055	5984	5951
2003	8082	6443	6814	6796	6852
2004	9111	6896	8252	7763	7804
2005	10166	7975	9319	8649	8543
2006	11350	9054	10538	9563	9661
2007	13234	10574	12212	11602	11758
2008	14608	12526	13981	13254	13336
2009	14917	13171	15027	14280	14220
2010	16433	14419	16551	15675	16187
2011	19186	16937	19622	18429	18775
2012	21507	19361	21071	20639	21024
2013	23873	21316	23115	22682	23126
2014	25768	23043	24825	24565	24907
2015	27727	24771	26414	26407	26651
2016	29632	26273	27801	28094	28223
2017	31469	27981	29581	30060	30142
2018	33672	29911	31474	32024	32162
2019	36362	32252	33582	34426	34627
2020	38329	33945	35018	36010	36332
2021	41377	36685	37464	38786	39089

PER CAPTIA DISPOSABLE INCOME OF URBAN HOUSEHOLDS

(yuan)

朔州市 Shuozhou	晋中市 Jinzhong	运城市 Yuncheng	忻州市 Xinzhou	临汾市 Linfen	吕梁市 Lvliang
			286	260	
			318		
			345	377	243
			340		250
			373		297
			376		330
		467	436		390
		605	560	636	448
		727	634	745	477
		804	676	787	538
		946	877	836	651
1272	1016	1170	908	932	757
1364	1093	1259	974	1020	855
1489	1313	1387	1095	1208	951
1762	1357	1596	1278	1364	1144
2236	1668	2265	1541	1610	1336
3032	2099	2305	2193	2153	1804
3606	2550	2753	2407	2780	2038
3977	3015	3277	2462	3178	2225
4412	3116	3903	3067	3277	2587
4395	3288	4016	3160	3423	2706
4611	3405	4256	3498	3810	2993
4977	3961	4453	3696	4227	3774
5112	4491	5035	4075	4802	4682
6139	5309	6105	4821	5304	5706
6835	6046	6921	5469	6017	6394
7483	6930	7608	6131	7131	7153
8417	8015	8569	6724	8213	8095
9386	9164	9470	7746	9312	9186
11155	10832	11271	9022	10576	10679
13178	12996	12616	10572	11919	12697
14514	14578	13266	11459	13102	13707
16349	16319	14032	13958	14880	13901
18891	18947	16279	16041	17442	15857
21734	21464	18452	18213	19783	18203
23886	23589	20408	20016	21820	20005
25725	25652	22226	21735	23610	21485
27500	27525	24049	23452	25498	22903
28989	29149	25636	24987	27085	24180
30989	30927	27302	26536	28873	25704
32849	32947	29104	28341	30692	27323
35100	35187	31241	30375	32895	29181
36487	36578	32728	31920	34408	30382
39168	39189	35291	34566	36968	32551

19-64 城镇居民人均消费支出

单位：元

年 份 Year	太原市 Taiyuan	大同市 Datong	阳泉市 Yangquan	长治市 Changzhi	晋城市 Jincheng
1978	306	275	256	283	230
1979	340	300	277	295	236
1980	374	323	300	325	257
1981	389	383	325	337	299
1982	403	388	352	346	305
1983	418	414	384	366	315
1984	501	461	406	404	369
1985	585	567	540	533	451
1986	723	705	658	629	547
1987	846	752	739	655	671
1988	1070	958	910	868	838
1989	1261	1008	1166	1024	976
1990	1357	1101	1176	1040	1002
1991	1601	1149	1354	1147	1097
1992	1884	1304	1581	1253	1299
1993	2314	1489	1849	1555	1444
1994	2762	2129	2485	1854	1938
1995	3409	2874	2949	2397	2394
1996	3490	3335	2993	3033	2685
1997	4257	3526	3171	3570	2853
1998	4440	3382	3144	3125	2510
1999	4625	3443	3290	2901	2900
2000	5222	3444	3751	3373	3269
2001	5016	3589	3586	3698	3530
2002	5770	4076	3821	4217	4215
2003	6096	4269	4228	4624	4748
2004	6747	4489	5117	5110	5631
2005	7351	5078	6212	5530	5807
2006	8554	5375	6454	6467	6509
2007	10136	5881	7775	7816	7513
2008	9936	6567	8768	8140	9058
2009	10692	6631	8802	8649	9286
2010	10976	6964	10256	8980	10363
2011	11887	8410	11988	10438	12530
2012	12672	9234	12503	11753	14338
2013	13584	9803	12584	12483	14057
2014	14430	10494	12941	13319	14315
2015	15455	11342	13795	14411	16472
2016	16775	11785	15077	15724	17355
2017	18234	12776	13789	16997	18158
2018	19912	13936	17178	18288	20139
2019	21305	15062	21301	19575	21850
2020	20559	15740	21919	19927	22527
2021	23748	17786	23696	21681	23796

PER CAPTIA CONSUMPTION EXPENDITURE OF URBAN HOUSEHOLDS

(yuan)

朔州市 Shuozhou	晋中市 Jinzhong	运城市 Yuncheng	忻州市 Xinzhou	临汾市 Linfen	吕梁市 Lvliang
			245	236	
			293		178
			327	350	211
			343		231
			360		251
			376		291
		421	380		351
		608	530	598	438
		664	679	692	459
		814	659	732	468
		931	833	786	566
1009	796	1103	858	780	659
1173	841	1183	933	795	739
1102	1140	1173	1065	946	828
1299	1056	1278	1155	975	996
1687	1313	1347	1242	1147	1163
2083	1587	1811	1957	1492	1570
2747	1938	2165	2339	1940	1980
3370	2488	2925	2300	2344	2733
3507	2454	3212	2419	2527	2758
3396	2459	2792	2204	2492	2546
3639	2739	3342	2732	2653	2798
4121	3239	3028	2912	3027	3140
3663	3417	3308	2960	3263	3373
4346	3879	4171	3768	3959	4048
4473	4216	4489	3976	4197	4232
4875	4566	4498	4120	4748	4971
5417	5273	4743	4373	5257	6154
5998	5766	5386	4646	5897	6691
7562	6682	5639	5795	6625	6786
9178	7676	7334	7040	7498	8221
9372	8868	6803	8306	7922	8057
9480	9235	6263	8860	8824	8088
10808	10241	7743	9020	11133	9195
12381	10962	8034	9202	11436	9360
13347	11826	8822	9893	10506	10307
13633	12689	9863	10317	10523	12246
14096	13459	11228	11175	12502	12825
14364	14038	11405	12160	13388	13710
15585	15052	12327	13169	14665	14651
17036	16121	13641	14595	15759	15921
18520	17593	15807	16186	16862	17654
18645	17171	15859	17290	16632	17054
20137	19985	17457	18705	17945	18845

19-65 农村居民人均可支配收入

单位：元

年 份 Year	太原市 Taiyuan	大同市 Datong	阳泉市 Yangquan	长治市 Changzhi	晋城市 Jincheng
1978	116	95	132	62	114
1979	147	114	168	74	132
1980	156	112	171	78	138
1981	155	126	191	65	145
1982	259	245	227	109	183
1983	312	316	328	178	254
1984	458	435	478	290	298
1985	526	434	584	318	369
1986	556	351	599	279	397
1987	590	399	605	314	425
1988	660	464	642	361	519
1989	715	444	660	425	553
1990	763	515	684	463	611
1991	776	482	702	479	587
1992	864	598	810	544	695
1993	970	653	941	668	890
1994	1166	886	1224	831	1001
1995	1444	1039	1639	1211	1552
1996	2017	1512	2055	1518	2009
1997	2407	1766	2466	1770	2393
1998	2684	1982	2661	2032	2584
1999	2586	1068	2599	2084	2581
2000	2650	1495	2596	2209	2636
2001	2748	1255	2723	2436	2603
2002	3091	1856	2877	2662	2719
2003	3374	1986	3112	2902	2958
2004	3898	2216	3437	3284	3299
2005	4434	2412	3748	3599	3619
2006	4958	2684	4140	3922	3971
2007	5612	3062	4724	4452	4476
2008	6420	3389	5427	4991	4905
2009	6904	3629	5801	5396	5313
2010	7703	4112	6572	6032	5970
2011	8995	4996	7691	7177	7129
2012	10201	5710	8699	8218	8134
2013	11425	6441	9760	9229	9135
2014	12616	7137	10742	10311	10087
2015	13626	7708	11494	11095	10914
2016	14591	8217	12172	11863	11635
2017	15595	8862	12963	12705	12511
2018	16860	9710	14078	13818	13566
2019	18377	10725	15390	15151	14809
2020	19655	11610	16510	16327	16054
2021	21551	12909	18030	18081	17744

PER CAPTIA DISPOSABLE INCOME OF RURAL HOUSEHOLDS

(yuan)

朔州市 Shuozhou	晋中市 Jinzhong	运城市 Yuncheng	忻州市 Xinzhou	临汾市 Linfen	吕梁市 Lvliang
77	98	101	66	76	83
99	125	119	89	95	86
102	108	117	78	63	82
116	119	128	79	104	85
277	181	239	138	170	130
349	274	265	248	210	222
472	315	343	344	334	274
373	355	303	324	335	318
332	385	306	283	283	305
383	425	303	296	313	303
441	517	329	364	384	383
445	550	360	407	440	392
521	606	417	439	501	448
728	590	428	412	507	398
750	654	480	525	573	465
807	761	586	651	689	572
1098	1016	753	793	809	715
1229	1317	1054	1027	1130	869
1660	1703	1556	1170	1528	1128
2027	2032	1783	1480	1872	1368
2308	2161	1939	1608	2040	1418
1809	2104	1889	1108	2016	894
2229	2208	1966	1210	2201	1152
1490	2276	2011	1098	2328	1122
2317	2437	2168	1416	2476	1377
2535	2626	2334	1625	2681	1499
2813	2968	2604	1789	2995	1776
3103	3339	2827	1939	3351	2006
3427	3678	3075	2104	3628	2483
4185	4246	3420	2539	4103	2804
4780	4826	3839	2859	4439	3233
5181	5252	4156	3061	4802	3464
5974	5879	4741	3487	5351	3937
7108	6996	5690	4185	6158	4801
8097	8032	6458	4834	6983	5429
9149	9100	7285	5491	7862	6140
10137	10100	8125	6104	8755	6754
10816	10877	8718	6550	9376	7193
11478	11525	9365	7025	10005	7644
12305	12297	9992	7588	10742	8232
13423	13394	10916	8302	11630	9034
14717	14720	11997	9183	12809	9963
15812	15767	12947	9926	13782	10656
17372	17288	14281	11058	15294	11754

19-66 农村居民人均消费支出

单位：元

年 份 Year	太原市 Taiyuan	大同市 Datong	阳泉市 Yangquan	长治市 Changzhi	晋城市 Jincheng
1978		90	99		101
1979		98	124		113
1980		99	125		146
1981		108	138		146
1982		196	163		138
1983		287	239		180
1984		328	349		185
1985		319	418		291
1986		287	437		320
1987		299	436		357
1988		344	462		442
1989		338	475		443
1990		367	486		463
1991		389	498		507
1992		458	567		512
1993		564	871		579
1994		643	1055		623
1995		670	1085		1072
1996		821	1393		1096
1997		843	1438		1418
1998		863	1552		1316
1999	1657	945	1255		1252
2000	1657	917	1534		1364
2001	1639	887	1639		1547
2002	2092	898	1928	1441	1672
2003	2278	1052	2129	1494	1893
2004	2621	1124	2636	1791	2101
2005	2847	1411	2684	2176	2375
2006	3140	1476	3494	2607	2588
2007	3601	1758	3753	3124	2982
2008	4137	2058	3933	3756	3383
2009	4288	2085	3894	4077	3651
2010	4578	2721	4047	4670	3853
2011	6944	4118	4998	5636	5289
2012	7730	4640	5342	6651	6044
2013	8743	4993	6294	7323	7609
2014	9444	5454	7468	7996	7973
2015	10124	5961	7994	8524	8194
2016	10929	6292	8968	9025	9297
2017	11546	6814	9541	9611	9278
2018	12365	7623	10553	10398	10318
2019	13228	8381	12030	11339	10834
2020	13969	8926	13154	12042	11529
2021	16295	10799	14351	13411	12970

PER CAPTIA CONSUMPTION EXPENDITURE OF RURAL HOUSEHOLDS

(yuan)

朔州市 Shuozhou	晋中市 Jinzhong	运城市 Yuncheng	忻州市 Xinzhou	临汾市 Linfen	吕梁市 Lvliang
			57		70
			75		72
			69		65
			69		62
			117		68
	192		206		179
	228		292		180
	252		263		240
	283		235	256	269
	328		242	271	281
	375		287	330	326
399	428		346	354	337
459	496		364	390	381
412	507		321	403	318
444	518		404	403	405
471	692		533	511	928
527	792		642	561	981
690	1109		863	613	852
905	1191	1200	995	972	1079
819	1226	1150	1199	990	979
713	1145	1136	1243	904	943
851	1321	1136	946	965	884
807	1252	1171	1010	1051	1013
858	1306	1288	911	1119	1122
963	1535	1378	955	1204	1048
1556	1659	1416	1098	1339	1276
1683	1986	1587	1190	1668	1571
1743	2173	1855	1887	1859	1914
1904	2399	2260	2023	2107	2327
2327	2642	2531	2543	2551	2547
2974	2890	2846	2894	2894	3053
2827	3074	2904	3079	3118	3271
3369	3801	3010	3450	3422	3510
4922	5352	4141	4160	4281	4120
5544	5971	4671	4850	4483	4530
6941	6330	5569	5949	5113	5021
6431	6851	6126	6412	6009	5403
6837	7334	6838	6500	6623	5572
7698	7737	7513	6650	7664	5940
7759	8097	7730	6883	8157	6369
7923	8893	8710	7291	8863	7046
9115	9833	9851	7838	9528	7553
9654	10481	10076	8390	10104	8006
10663	12114	11284	9364	11295	8963

COUNTIES, CITIES
AND DISTRICTS AT COUNTY LEVEL

20 县（市、区）篇

20-1 常住人口数(2021年)
RESIDENT POPULATION(2021)

单位：人 (person)

县(市、区)	Region	常住人口 Resident Population	按性别分 By Sex 男 Male	女 Female	按城乡分 By Residence 城镇人口 Urban	乡村人口 Rural
太原市	**Taiyuan**					
小店区	Xiaodian	1414155	724632	689523	1322734	91421
迎泽区	Yingze	591373	293995	297378	580179	11194
杏花岭区	Xinghualing	785644	393618	392026	737148	48496
尖草坪区	Jiancaoping	534268	279034	255234	504646	29622
万柏林区	Wanbailin	968271	493713	474558	968271	
晋源区	Jinyuan	325364	170279	155085	276382	48982
清徐县	Qingxu	345952	178789	167163	147895	198057
阳曲县	Yangqu	126434	67007	59427	67818	58616
娄烦县	Loufan	88627	46325	42302	44940	43687
古交市	Gujiao	210869	110509	100360	160074	50795
大同市	**Datong**					
新荣区	Xinrong	87436	46662	40774	35906	51530
平城区	Pingcheng	1121168	559168	562000	1121168	
云冈区	Yungang	683348	341680	341668	594206	89142
云州区	Yunzhou	148481	77999	70482	72721	75760
阳高县	Yanggao	186628	94574	92054	86101	100527
天镇县	Tianzhen	158870	80460	78410	67957	90913
广灵县	Guangling	153597	80283	73314	56105	97492
灵丘县	Lingqiu	210188	108904	101284	79070	131118
浑源县	Hunyuan	233718	119451	114267	101475	132243
左云县	Zuoyun	115282	62609	52673	58975	56307
阳泉市	**Yangquan**					
城　区	Chengqu	224528	112595	111933	223260	1268
矿　区	Kuangqu	227972	114511	113461	227972	
郊　区	Jiaoqu	275665	143771	131894	195185	80480
平定县	Pingding	303644	157155	146489	158138	145506
盂　县	Yuxian	279168	144502	134666	138370	140798
长治市	**Changzhi**					
潞州区	Luzhou	899034	443683	455351	776980	122054
上党区	Shangdang	319329	159828	159501	149858	169471
屯留区	Tunliu	251579	128482	123097	121656	129923
潞城区	Lucheng	216699	112351	104348	129823	86876
襄垣县	Xiangyuan	257760	134221	123539	140250	117510
平顺县	Pingshun	112985	59113	53872	38408	74577
黎城县	Licheng	129920	65885	64035	61503	68417
壶关县	Huguan	234165	116279	117886	92922	141243
长子县	Zhangzi	294181	151815	142366	105881	188300
武乡县	Wuxiang	150792	80850	69942	55542	95250
沁　县	Qinxian	135751	71539	64212	61739	74012
沁源县	Qinyuan	149481	83626	65855	74038	75443

20-1 续表1 continued

单位：人 (person)

县(市、区)	Region	常住人口 Resident Population	按性别分 By Sex 男 Male	女 Female	按城乡分 By Residence 城镇人口 Urban	乡村人口 Rural
晋城市	**Jincheng**					
城　区	Chengqu	582364	286639	295725	582364	
沁水县	Qinshui	194762	105106	89656	96788	97974
阳城县	Yangcheng	346832	175242	171590	176038	170794
陵川县	Lingchuan	199491	101212	98279	89327	110164
泽州县	Zezhou	414416	215228	199188	200710	213706
高平市	Gaoping	450767	224823	225944	245548	205219
朔州市	**Shuozhou**					
朔城区	Shuocheng	569460	290564	278896	400535	168925
平鲁区	Pinglu	147289	79018	68271	83998	63291
山阴县	Shanyin	196426	103387	93039	110080	86346
应　县	Yingxian	239180	123491	115689	100218	138962
右玉县	Youyu	87288	45974	41314	51423	35865
怀仁市	Huairen	350703	182195	168508	251451	99252
晋中市	**Jinzhong**					
榆次区	Yuci	925978	456082	469896	738063	187915
太谷区	Taigu	325435	164369	161066	188678	136757
榆社县	Yushe	111462	58677	52785	51937	59525
左权县	Zuoquan	143902	74685	69217	76848	67054
和顺县	Heshun	120431	63841	56590	63918	56513
昔阳县	Xiyang	187924	98055	89869	79615	108309
寿阳县	Shouyang	198150	107483	90667	91377	106773
祁　县	Qixian	252120	129425	122695	115866	136254
平遥县	Pingyao	448207	229238	218969	219081	229126
灵石县	Lingshi	245115	129696	115419	145872	99243
介休市	Jiexiu	431229	220001	211228	293403	137826
运城市	**Yuncheng**					
盐湖区	Yanhu	953375	468413	484962	715175	238200
临猗县	Linyi	479199	242231	236968	194370	284829
万荣县	Wanrong	357049	181833	175216	115754	241295
闻喜县	Wenxi	353328	179112	174216	151713	201615
稷山县	Jishan	310147	156666	153481	125181	184966
新绛县	Xinjiang	276477	139354	137123	115082	161395
绛　县	Jiangxian	216894	109053	107841	99654	117240
垣曲县	Yuanqu	195351	100910	94441	111505	83846
夏　县	Xiaxian	278937	142656	136281	89092	189845
平陆县	Pinglu	201149	102819	98330	79684	121465
芮城县	Ruicheng	334249	172829	161420	173016	161233
永济市	Yongji	384653	194681	189972	180378	204275
河津市	Hejin	392429	204728	187701	228085	164344
忻州市	**Xinzhou**					
忻府区	Xinfu	577990	286126	291864	389247	188743
定襄县	Dingxiang	192010	97224	94786	87244	104766
五台县	Wutai	229022	118604	110418	100337	128685
代　县	Daixian	176435	92840	83595	86356	90079

20-1 续表2 continued

单位：人 (person)

县(市、区)	Region	常住人口 Resident Population	按性别分 By Sex 男 Male	女 Female	按城乡分 By Residence 城镇人口 Urban	乡村人口 Rural
繁峙县	Fanshi	250111	130377	119734	129585	120526
宁武县	Ningwu	134157	72489	61668	73641	60516
静乐县	Jingle	116612	62784	53828	56608	60004
神池县	Shenchi	75130	39896	35234	36235	38895
五寨县	Wuzhai	99458	51761	47697	53863	45595
岢岚县	Kelan	68667	36683	31984	37646	31021
河曲县	Hequ	122309	64279	58030	66165	56144
保德县	Baode	143483	76578	66905	76713	66770
偏关县	Pianguan	69442	36303	33139	36465	32977
原平市	Yuanping	408349	209556	198793	227592	180757
临汾市	**Linfen**					
尧都区	Yaodu	944276	466498	477778	691561	252715
曲沃县	Quwo	212289	108427	103862	98240	114049
翼城县	Yicheng	259623	128381	131242	113547	146076
襄汾县	Xiangfen	421956	210736	211220	164793	257163
洪洞县	Hongtong	627736	314649	313087	255609	372127
古　县	Guxian	78550	41251	37299	41302	37248
安泽县	Anze	74247	39373	34874	35329	38918
浮山县	Fushan	95419	48613	46806	41819	53600
吉　县	Jixian	86006	44305	41701	37379	48627
乡宁县	Xiangning	202686	107206	95480	85371	117315
大宁县	Daning	51189	27622	23567	28187	23002
隰　县	Xixian	88952	46303	42649	45850	43102
永和县	Yonghe	47705	25030	22675	22639	25066
蒲　县	Puxian	94342	51412	42930	46970	47372
汾西县	Fenxi	98509	51034	47475	48443	50066
侯马市	Houma	258046	129974	128072	177288	80758
霍州市	Huozhou	270880	137757	133123	184051	86829
吕梁市	**Lvliang**					
离石区	Lishi	464280	236035	228245	343975	120305
文水县	Wenshui	364058	185894	178164	152571	211487
交城县	Jiaocheng	226501	116485	110016	128353	98148
兴　县	Xingxian	176358	95034	81324	81379	94979
临　县	Linxian	389906	205614	184292	136057	253849
柳林县	Liulin	284876	150903	133973	141005	143871
石楼县	Shilou	94604	49358	45246	52085	42519
岚　县	Lanxian	145992	76902	69090	64331	81661
方山县	Fangshan	112189	60480	51709	45997	66192
中阳县	Zhongyang	136925	72887	64038	89677	47248
交口县	Jiaokou	93481	49246	44235	44571	48910
孝义市	Xiaoyi	479084	245283	233801	341503	137581
汾阳市	Fenyang	406424	205169	201255	210106	196318

20-2 地区生产总值(2021年)
GROSS DOMESTIC PRODUCT(2021)

单位：万元 (10 000 yuan)

县(市、区)	Region	地区生产总值 Gross Domestic Product	第一产业 Primary Industry	第二产业 Secondary Industry	第三产业 Tertiary Industry	人均地区生产总值(元) Per Capita GDP (yuan)
太原市	**Taiyuan**					
小店区	Xiaodian	14251524	57665	7446441	6747418	102565
迎泽区	Yingze	10525190	4029	1366808	9154353	177542
杏花岭区	Xinghualing	8754295	8340	1722003	7023952	111757
尖草坪区	Jiancaoping	5132684	31313	3777072	1324299	96338
万柏林区	Wanbailin	5774223	3786	2855782	2914655	60100
晋源区	Jinyuan	977671	45259	332088	600324	30362
清徐县	Qingxu	2960757	137316	1985659	837782	85760
阳曲县	Yangqu	805186	87948	536174	181064	63126
娄烦县	Loufan	416846	35403	235902	145541	46395
古交市	Gujiao	830753	33979	555892	240882	39396
大同市	**Datong**					
新荣区	Xinrong	784150	74476	472744	236930	89182
平城区	Pingcheng	4836449	18777	1052064	3765608	43417
云冈区	Yungang	5132872	75240	2940645	2116987	75141
云州区	Yunzhou	1679877	117547	926592	635738	112311
阳高县	Yanggao	732040	235553	196963	299524	38725
天镇县	Tianzhen	502179	127314	128649	246216	31473
广灵县	Guangling	525813	105935	182841	237037	34208
灵丘县	Lingqiu	678851	94922	217273	366656	32145
浑源县	Hunyuan	554101	129000	105298	319803	23539
左云县	Zuoyun	1432948	41823	939106	452019	123055
阳泉市	**Yangquan**					
城　区	Chengqu	2259588	3076	353035	1903477	100463
矿　区	Kuangqu	2235719	1300	1739243	495176	97518
郊　区	Jiaoqu	1551084	27950	832917	690217	56323
平定县	Pingding	1436337	61071	825609	549657	47116
盂　县	Yuxian	1683069	59916	986412	636741	60104
长治市	**Changzhi**					
潞州区	Luzhou	5657023	32205	2206526	3418292	63050
上党区	Shangdang	3052100	116489	2044280	891331	95547
屯留区	Tunliu	2183253	103368	1669683	410202	86418
潞城区	Lucheng	1746782	62156	1222392	462234	80173
襄垣县	Xiangyuan	3207125	83448	2376821	746856	123878
平顺县	Pingshun	301830	49191	76830	175809	26376
黎城县	Licheng	434049	40592	137211	256246	32880
壶关县	Huguan	758762	84078	338135	336549	32007
长子县	Zhangzi	2524690	144840	1795589	584261	85180
武乡县	Wuxiang	855080	75312	422909	356859	55872
沁　县	Qinxian	409238	86258	91121	231859	29852
沁源县	Qinyuan	1980860	53420	1445271	482169	132318
晋城市	**Jincheng**					
城　区	Chengqu	4207112	7623	1328019	2871470	72713
沁水县	Qinshui	3310976	136838	2632428	541710	169251

20-2 续表1 continued

单位：万元 (10 000 yuan)

县(市、区)	Region	地区生产总值 Gross Domestic Product	第一产业 Primary Industry	第二产业 Secondary Industry	第三产业 Tertiary Industry	人均地区生产总值(元) Per Capita GDP (yuan)
阳城县	Yangcheng	3246204	149695	2162705	933804	93119
陵川县	Lingchuan	615610	99831	152135	363644	30455
泽州县	Zezhou	4327024	187726	3214409	924889	104353
高平市	Gaoping	3417235	188180	2053018	1176036	75623
朔州市	**Shuozhou**					
朔城区	Shuocheng	3840687	130330	958554	2751803	67697
平鲁区	Pinglu	3241438	61188	2315421	864829	219964
山阴县	Shanyin	2040949	147903	966299	926747	103220
应　县	Yingxian	948929	294183	126671	528075	39335
右玉县	Youyu	1087651	87077	490149	510425	124202
怀仁市	Huairen	3046843	214265	1587805	1244773	87142
晋中市	**Jinzhong**					
榆次区	Yuci	3386396	199618	954098	2232680	36971
太谷区	Taigu	1216941	310404	280424	626113	37571
榆社县	Yushe	425199	61486	157811	205902	38130
左权县	Zuoquan	761585	65692	413295	282598	52833
和顺县	Heshun	921691	57168	591428	273095	76199
昔阳县	Xiyang	1388196	83899	941821	362476	73322
寿阳县	Shouyang	1892306	164628	1256500	471178	95015
祁　县	Qixian	1062675	242848	258410	561417	41961
平遥县	Pingyao	1321907	179320	388698	753889	29418
灵石县	Lingshi	2872260	57863	1950748	863649	116896
介休市	Jiexiu	3230667	70091	2239693	920883	74803
运城市	**Yuncheng**					
盐湖区	Yanhu	3598372	251597	994804	2351971	38241
临猗县	Linyi	1877955	660786	327594	889575	39064
万荣县	Wanrong	1000428	327646	227614	445168	27843
闻喜县	Wenxi	1984732	255580	1021458	707694	56029
稷山县	Jishan	1139009	183840	445430	509739	36386
新绛县	Xinjiang	1589291	246707	906468	436116	56912
绛　县	Jiangxian	789425	142668	252798	393959	35608
垣曲县	Yuanqu	878946	108255	394555	376136	44737
夏　县	Xiaxian	769594	278654	149527	341413	27162
平陆县	Pinglu	664296	135422	230596	298278	32733
芮城县	Ruicheng	1168302	348726	296043	523533	34524
永济市	Yongji	1589441	312355	553543	723543	40801
河津市	Hejin	3480896	131309	2349455	1000132	88695
忻州市	**Xinzhou**					
忻府区	Xinfu	2234481	137681	668418	1428382	38689
定襄县	Dingxiang	737533	70934	399285	267314	38232
五台县	Wutai	693625	78567	171282	443776	30021
代　县	Daixian	804694	50401	477287	277006	45328

20-2 续表2 continued

单位：万元 (10 000 yuan)

县(市、区)	Region	地区生产总值 Gross Domestic Product	第一产业 Primary Industry	第二产业 Secondary Industry	第三产业 Tertiary Industry	人均地区生产总值(元) Per Capita GDP (yuan)
繁峙县	Fanshi	944247	103093	455129	386025	37739
宁武县	Ningwu	1119449	33030	757284	329135	82923
静乐县	Jingle	479903	59718	205406	214779	40738
神池县	Shenchi	348517	125086	62053	161378	46326
五寨县	Wuzhai	367304	67238	22787	277279	36827
岢岚县	Kelan	444990	77592	176573	190825	64695
河曲县	Hequ	1741834	52893	1242684	446257	141954
保德县	Baode	1221409	62653	858303	300453	85032
偏关县	Pianguan	384057	50579	185259	148219	54070
原平市	Yuanping	1928284	204816	1112135	611333	47009
临汾市	**Linfen**					
尧都区	Yaodu	4006403	130602	1022332	2853469	42092
曲沃县	Quwo	1579244	221966	997154	360124	73698
翼城县	Yicheng	905265	151770	269641	483854	34608
襄汾县	Xiangfen	1660850	210991	838889	610970	39200
洪洞县	Hongtong	1951539	143632	1006481	801426	30870
古　县	Guxian	639072	30756	444717	163599	80809
安泽县	Anze	884577	50535	666233	167809	118166
浮山县	Fushan	510610	67220	284933	158457	52646
吉　县	Jixian	295501	108369	95743	91389	34142
乡宁县	Xiangning	1932288	60668	1516698	354922	94415
大宁县	Daning	146616	26983	58113	61520	28455
隰　县	Xixian	254824	98109	31256	125459	28317
永和县	Yonghe	210688	37992	102091	70605	43216
蒲　县	Puxian	1310069	38208	1072650	199211	138017
汾西县	Fenxi	280806	45902	74427	160477	27711
侯马市	Houma	1521011	42732	470210	1008069	58947
霍州市	Huozhou	1005310	45484	560614	399212	36982
吕梁市	**Lvliang**					
离石区	Lishi	2052397	35766	1051771	964860	44569
文水县	Wenshui	1001055	212538	358576	429941	27203
交城县	Jiaocheng	1092995	56392	740837	295766	48233
兴　县	Xingxian	2039982	68468	1657585	313929	113626
临　县	Linxian	1531704	174894	895656	461154	39111
柳林县	Liulin	3062208	60944	2335342	665922	106977
石楼县	Shilou	210151	62365	21215	126571	21988
岚　县	Lanxian	652545	55341	423290	173914	44369
方山县	Fangshan	775219	51492	585416	138311	69008
中阳县	Zhongyang	1749856	40869	1451686	257301	127082
交口县	Jiaokou	604251	43761	406816	153674	64134
孝义市	Xiaoyi	3518703	84924	2150444	1283335	73580
汾阳市	Fenyang	2432124	100072	1418654	913398	59761

20-3 城乡居民收入(2021年)
INCOME OF URBAN AND RURAL HOUSEHOLDS(2021)

单位：元 (yuan)

县(市、区)	Region	居民人均可支配收入 Per Capita Disposable Income of Households	城镇居民人均可支配收入 Per Capita Disposable Income of Urban Households	农村居民人均可支配收入 Per Capita Disposible Income of Rural Households
太 原 市	**Taiyuan**			
小店区	Xiaodian	40072	43496	24724
迎泽区	Yingze	40152	43096	24724
杏花岭区	Xinghualing	39870	42795	24724
尖草坪区	Jiancaoping	39228	40604	24724
万柏林区	Wanbailin	39783	41170	24724
晋源区	Jinyuan	39313	41469	24724
清徐县	Qingxu	27731	39915	24143
阳曲县	Yangqu	19048	30081	13030
娄烦县	Loufan	17125	25981	10401
古交市	Gujiao	33387	38048	20020
大 同 市	**Datong**			
新荣区	Xinrong	17135	30901	12564
平城区	Pingcheng	38389	40147	20343
云冈区	Yungang	36635	39102	20204
云州区	Yunzhou	16939	25543	13212
阳高县	Yanggao	16421	27383	10997
天镇县	Tianzhen	15867	27454	10610
广灵县	Guangling	13539	27339	11078
灵丘县	Lingqiu	15955	33282	10721
浑源县	Hunyuan	16684	28453	10907
左云县	Zuoyun	24022	33760	16684
阳 泉 市	**Yangquan**			
城　区	Chengqu	38991	38991	
矿　区	Kuangqu	38463	38463	
郊　区	Jiaoqu	29165	31778	19058
平定县	Pingding	24138	34627	17312
盂　县	Yuxian	25363	37195	17951
长 治 市	**Changzhi**			
潞州区	Luzhou	41197	42644	23834
上党区	Shangdang	27775	38751	22606
屯留区	Tunliu	25510	33676	21070
潞城区	Lucheng	28101	36017	18472
襄垣县	Xiangyuan	30873	43312	20748
平顺县	Pingshun	14021	28528	9894
黎城县	Licheng	16432	23795	11983
壶关县	Huguan	13820	28538	9559
长子县	Zhangzi	23611	36450	18798
武乡县	Wuxiang	15792	29601	10360
沁　县	Qinxian	14832	25029	9325
沁源县	Qinyuan	28201	41416	19480

20-3 续表1 continued

单位：元 (yuan)

县(市、区)	Region	居民人均可支配收入 Per Capita Disposable Income of Households	城镇居民人均可支配收入 Per Capita Disposable Income of Urban Households	农村居民人均可支配收入 Per Capita Disposible Income of Rural Households
晋城市	**Jincheng**			
城　区	Chengqu	41588	41588	
沁水县	Qinshui	23172	34875	16063
阳城县	Yangcheng	25574	36608	17367
陵川县	Lingchuan	16648	23651	12712
泽州县	Zezhou	28289	40319	19749
高平市	Gaoping	28852	39356	18284
朔州市	**Shuozhou**			
朔城区	Shuocheng	33018	40863	19330
平鲁区	Pinglu	22441	30464	13552
山阴县	Shanyin	31416	40662	21361
应　县	Yingxian	19769	29781	14117
右玉县	Youyu	20994	29648	11062
怀仁市	Huairen	33227	42109	21200
晋中市	**Jinzhong**			
榆次区	Yuci	38470	42688	23097
太谷区	Taigu	29913	37791	24046
榆社县	Yushe	14541	27111	8428
左权县	Zuoquan	18491	32259	8859
和顺县	Heshun	18880	30003	10250
昔阳县	Xiyang	18577	30979	13630
寿阳县	Shouyang	25626	41216	17510
祁　县	Qixian	27762	38470	22103
平遥县	Pingyao	23649	36209	15593
灵石县	Lingshi	32723	44936	21735
介休市	Jiexiu	33133	41585	18281
运城市	**Yuncheng**			
盐湖区	Yanhu	32441	38103	16326
临猗县	Linyi	24335	35183	17178
万荣县	Wanrong	17564	30822	13372
闻喜县	Wenxi	24108	36508	13676
稷山县	Jishan	21373	33413	14643
新绛县	Xinjiang	23532	34788	15632
绛　县	Jiangxian	22903	31508	12767
垣曲县	Yuanqu	21360	32539	10783
夏　县	Xiaxian	16792	31724	11052
平陆县	Pinglu	16181	30110	11030
芮城县	Ruicheng	24170	35552	14578
永济市	Yongji	26541	35745	17464
河津市	Hejin	26927	34930	17762
忻州市	**Xinzhou**			
忻府区	Xinfu	27365	37493	13737
定襄县	Dingxiang	24181	36864	17119
五台县	Wutai	16779	32424	9320
代　县	Daixian	18166	32046	8262

20–3 续表2 continued

单位：元 (yuan)

县(市、区)	Region	居民人均可支配收入 Per Capita Disposable Income of Households	城镇居民人均可支配收入 Per Capita Disposable Income of Urban Households	农村居民人均可支配收入 Per Capita Disposible Income of Rural Households
繁峙县	Fanshi	22527	37695	11429
宁武县	Ningwu	19240	30532	8530
静乐县	Jingle	16607	28951	9846
神池县	Shenchi	17511	29723	11015
五寨县	Wuzhai	18907	29257	10777
岢岚县	Kelan	21029	33755	9746
河曲县	Hequ	21745	34262	10081
保德县	Baode	19724	35323	10293
偏关县	Pianguan	17991	27391	9897
原平市	Yuanping	25574	37469	14303
临汾市	**Linfen**			
尧都区	Yaodu	33792	41754	18925
曲沃县	Quwo	26644	40148	19294
翼城县	Yicheng	21876	36306	14772
襄汾县	Xiangfen	24306	37112	17133
洪洞县	Hongtong	22823	35073	15496
古　县	Guxian	23068	37629	14237
安泽县	Anze	21580	35294	13530
浮山县	Fushan	20915	36474	12328
吉　县	Jixian	14360	25430	8665
乡宁县	Xiangning	21284	36806	14002
大宁县	Daning	15871	24894	6864
隰　县	Xixian	18049	28233	9664
永和县	Yonghe	16306	27947	7199
蒲　县	Puxian	22103	33942	12769
汾西县	Fenxi	19106	32271	7265
侯马市	Houma	29232	35704	18947
霍州市	Huozhou	29312	36903	17947
吕梁市	**Lvliang**			
离石区	Lishi	32257	35085	8628
文水县	Wenshui	17427	26246	13213
交城县	Jiaocheng	20194	26877	13295
兴　县	Xingxian	13918	26705	7011
临　县	Linxian	11689	22762	7876
柳林县	Liulin	23761	37343	15547
石楼县	Shilou	10819	18165	5430
岚　县	Lanxian	12904	24436	7509
方山县	Fangshan	12737	25877	6737
中阳县	Zhongyang	21254	27601	9698
交口县	Jiaokou	15954	24449	10428
孝义市	Xiaoyi	33921	40578	21295
汾阳市	Fenyang	22404	29338	17820

20-4 财政收支情况(2021年)
FINANCIAL REVENUE AND EXPENDITURE(2021)

单位：万元 (10 000 yuan)

县(市、区)	Region	一般公共预算收入 General Public Budget Revenue	#国内增值税 Value-added Taxes	#企业所得税 Enterprises Income Taxes	#个人所得税 Individual Income Taxes	一般公共预算支出 General Public Budget Expenditure
太原市	**Taiyuan**					
小店区	Xiaodian	271933	76857	23265	6534	502793
迎泽区	Yingze	190491	56892	23541	7443	283162
杏花岭区	Xinghualing	158090	55095	12107	6770	343477
尖草坪区	Jiancaoping	170131	73089	19010	3827	306665
万柏林区	Wanbailin	209050	65264	24463	6047	416910
晋源区	Jinyuan	69575	17782	6716	1167	198215
清徐县	Qingxu	155998	43415	26197	3974	354131
阳曲县	Yangqu	61495	8463	3229	642	199983
娄烦县	Loufan	52516	20930	1465	334	223853
古交市	Gujiao	187291	80600	4453	2832	248334
综改示范区	Comprehensive Reform Demonstration Zone	675232	336407	24599	17332	793849
大同市	**Datong**					
新荣区	Xinrong	25374	8085	3553	484	141821
平城区	Pingcheng	97631	16881	4360	1908	227774
云冈区	Yungang	160928	32441	14466	1581	321510
云州区	Yunzhou	30297	5693	1258	1493	199360
阳高县	Yanggao	16607	3447	906	171	213856
天镇县	Tianzhen	18190	3227	2536	188	243807
广灵县	Guangling	31621	5445	2233	170	236267
灵丘县	Lingqiu	26067	4400	3336	262	221009
浑源县	Hunyuan	20050	2092	1836	138	281292
左云县	Zuoyun	175333	47658	22940	1947	238119
开发区	Development Zone	90242	24481	5046	751	110621
阳泉市	**Yangquan**					
城　区	Chengqu	31345	8247	3351	604	85658
矿　区	Kuangqu	23788	8174	4130	549	80596
郊　区	Jiaoqu	46773	11931	4507	413	174147
平定县	Pingding	57148	15569	3102	531	255176
盂　县	Yuxian	89749	26189	7911	1425	237533
开发区	Development Zone	42001	10845	4953	494	38347
长治市	**Changzhi**					
潞州区	Luzhou	157717	19137	8055	1579	278408
上党区	Shangdang	213902	58293	17322	1785	364289
屯留区	Tunliu	199266	91315	8418	693	257938
潞城区	Lucheng	112991	27832	19827	3741	171557
襄垣县	Xiangyuan	222002	49885	23443	3434	270354
平顺县	Pingshun	15129	2641	822	104	220907
黎城县	Licheng	39493	13041	2660	559	141262
壶关县	Huguan	38141	8035	2496	296	237416
长子县	Zhangzi	188566	59247	29201	892	259276
武乡县	Wuxiang	70159	19272	6428	435	206444
沁　县	Qinxian	13986	3232	485	111	157698
沁源县	Qinyuan	180932	57812	21011	2762	235408
高新区	High-tech Zone	78266	19392	1912	445	62089
经济技术开发区	ETDZ	22578	5663	1541	39	8714

20-4 续表1 continued

单位：万元 (10 000 yuan)

县(市、区)	Region	一般公共预算收入 General Public Budget Revenue	#国内增值税 Value-added Taxes	#企业所得税 Enterprises Income Taxes	#个人所得税 Individual Income Taxes	一般公共预算支出 General Public Budget Expenditure
晋城市	**Jincheng**					
城　区	Chengqu	140243	12397	6535	1037	178293
沁水县	Qinshui	254188	81456	20461	1684	305464
阳城县	Yangcheng	300519	51462	21508	1850	401399
陵川县	Lingchuan	33104	5043	1747	201	213064
泽州县	Zezhou	374189	75357	18226	1880	526592
高平市	Gaoping	360166	76058	17022	1607	492468
开发区	Development Zone	48059	6346	6505	300	82843
朔州市	**Shuozhou**					
朔城区	Shuocheng	93426	24200	3433	909	296721
平鲁区	Pinglu	168643	48163	22801	3811	238885
山阴县	Shanyin	180361	62362	35698	1282	252043
应　县	Yingxian	19265	4700	1731	89	233465
右玉县	Youyu	52801	16405	8193	738	171102
怀仁市	Huairen	160936	55839	25683	3340	258773
开发区	Development Zone	79173	27317	9214	2909	78621
晋中市	**Jinzhong**					
榆次区	Yuci	131215	35073	11015	4039	359867
太谷区	Taigu	71843	17649	2185	714	277666
榆社县	Yushe	42069	6180	897	495	176620
左权县	Zuoquan	57406	4545	1203	1489	192962
和顺县	Heshun	82777	20378	5023	439	211584
昔阳县	Xiyang	102518	23902	13475	705	224655
寿阳县	Shouyang	145968	46510	12940	1507	217373
祁　县	Qixian	54088	12082	3206	476	222859
平遥县	Pingyao	61482	16312	2600	629	285114
灵石县	Lingshi	227758	73741	37022	3924	287284
介休市	Jiexiu	280560	126390	18102	3185	368028
示范区	Demonstration Zone	86410	20671	5476	1504	82409
运城市	**Yuncheng**					
盐湖区	Yanhu	141013	27456	4734	2248	337588
临猗县	Linyi	39852	9322	2772	560	265522
万荣县	Wanrong	21861	6410	1605	200	228831
闻喜县	Wenxi	71934	28732	4804	927	281546
稷山县	Jishan	41717	15358	3380	257	190259
新绛县	Xinjiang	55880	22145	10723	516	195087
绛　县	Jiangxian	19179	6165	1449	207	173650
垣曲县	Yuanqu	45836	15113	5981	171	207662
夏　县	Xiaxian	16786	3406	1047	679	215813
平陆县	Pinglu	36702	8012	2942	106	200273
芮城县	Ruicheng	45148	11862	3562	425	252986
永济市	Yongji	53754	11335	2683	566	275624
河津市	Hejin	184206	69241	34462	4738	305605
开发区	Development Zone	52540	8446	1563	639	128913
忻州市	**Xinzhou**					
忻府区	Xinfu	73589	15347	6091	1156	271489
定襄县	Dingxiang	32634	12479	3018	594	196038
五台县	Wutai	68099	8460	2390	378	328351

20-4 续表2 continued

单位：万元 (10 000 yuan)

县(市、区)	Region	一般公共预算收入 General Public Budget Revenue	#国内增值税 Value-added Taxes	#企业所得税 Enterprises Income Taxes	#个人所得税 Individual Income Taxes	一般公共预算支出 General Public Budget Expenditure
代　县	Daixian	75912	20649	5562	12390	201523
繁峙县	Fanshi	53313	20539	4569	802	273895
宁武县	Ningwu	110084	31586	11183	1195	299834
静乐县	Jingle	32600	5215	1544	367	252867
神池县	Shenchi	21052	3948	2592	381	145148
五寨县	Wuzhai	28405	8962	867	151	164589
岢岚县	Kelan	20646	4948	1729	308	160764
河曲县	Hequ	125854	44240	20930	1218	207754
保德县	Baode	95900	31970	13895	1059	216330
偏关县	Pianguan	26182	4265	2873	668	190063
原平市	Yuanping	99130	33304	6733	1236	342591
开发区	Development Zone	36811	10388	2621	405	57116
临汾市	**Linfen**					
尧都区	Yaodu	226654	47014	19049	3932	419941
曲沃县	Quwo	56581	18655	4901	722	149738
翼城县	Yicheng	40529	9236	2536	1130	223636
襄汾县	Xiangfen	90018	34138	12595	1305	265890
洪洞县	Hongtong	106144	29897	2244	1233	404924
古　县	Guxian	56766	17359	10905	1064	112851
安泽县	Anze	64550	26462	12090	1116	136917
浮山县	Fushan	17714	2309	1159	174	126685
吉　县	Jixian	16589	3657	1265	291	169977
乡宁县	Xiangning	235981	70562	38876	2064	334400
大宁县	Daning	11406	1157	4720	27	152888
隰　县	Xixian	12316	2542	728	67	146628
永和县	Yonghe	20555	3510	1654	91	125195
蒲　县	Puxian	129231	34011	12736	4051	194063
汾西县	Fenxi	11015	957	368	127	138196
侯马市	Houma	55566	16267	2841	1569	177841
霍州市	Huozhou	55951	20223	1180	749	176870
临汾开发区	Development Zone	25839	5440	1189	694	29605
侯马开发区	Houma Development Zone	11828	2226	395	101	15456
吕梁市	**Lvliang**					
离石区	Lishi	173039	58420	18767	4125	252075
文水县	Wenshui	57173	17082	1954	523	248766
交城县	Jiaocheng	75045	27592	10623	1383	175131
兴　县	Xingxian	200003	69713	39031	745	363217
临　县	Linxian	102164	30677	13271	781	405559
柳林县	Liulin	295753	109574	43082	2656	338156
石楼县	Shilou	7301	1020	348	28	165947
岚　县	Lanxian	92902	31262	16601	733	200845
方山县	Fangshan	31839	9024	2919	159	150300
中阳县	Zhongyang	142889	51664	22903	1020	172836
交口县	Jiaokou	55200	16663	6350	182	116586
孝义市	Xiaoyi	312074	109177	36399	3081	332642
汾阳市	Fenyang	281687	69860	54584	1811	317291
经济技术开发区	ETDZ	21937	10451	799	239	13865

20-5 固定资产投资增长速度

GROWTH RATE OF INVESTMENT IN FIXED ASSETS

单位：%　　　　　　　　　　　　　　　　　　　　　　　　　(%)

县(市、区)	Region	2020	2021
太 原 市	**Taiyuan**		
小店区	Xiaodian	2.3	12.1
迎泽区	Yingze	6.7	4.2
杏花岭区	Xinghualing	5.1	-4.4
尖草坪区	Jiancaoping	15.6	11.0
万柏林区	Wanbailin	0.1	-29.4
晋源区	Jinyuan	9.5	11.0
清徐县	Qingxu	107.6	75.2
阳曲县	Yangqu	44.9	21.2
娄烦县	Loufan	9.2	42.6
古交市	Gujiao	8.0	11.0
大 同 市	**Datong**		
新荣区	Xinrong	12.4	34.3
平城区	Pingcheng	16.9	20.5
云冈区	Yungang	16.7	20.1
云州区	Yunzhou	6.9	-20.2
阳高县	Yanggao	10.4	14.7
天镇县	Tianzhen	11.4	1.8
广灵县	Guangling	13.5	-49.4
灵丘县	Lingqiu	16.1	40.9
浑源县	Hunyuan	-18.9	-19.5
左云县	Zuoyun	-6.7	9.7
阳 泉 市	**Yangquan**		
城　区	Chengqu	10.9	11.6
矿　区	Kuangqu	11.2	-14.6
郊　区	Jiaoqu	14.3	24.5
平定县	Pingding	9.3	4.6
盂　县	Yuxian	9.2	12.2
长 治 市	**Changzhi**		
潞州区	Luzhou	5.4	-2.5
上党区	Shangdang	-4.7	22.3
屯留区	Tunliu	12.3	16.1
潞城区	Lucheng	12.7	15.1
襄垣县	Xiangyuan	-4.5	18.5
平顺县	Pingshun	19.9	22.4
黎城县	Licheng	20.4	22.6
壶关县	Huguan	13.0	20.0
长子县	Zhangzi	11.0	-20.8
武乡县	Wuxiang	13.2	22.3
沁　县	Qinxian	5.2	17.2
沁源县	Qinyuan	12.9	17.9

注：各县(市、区)投资不含跨省、市项目投资和农村农户投资。

Note：Investment in city and county doesn't include investment across provinces and cities, aparting from investment of rural pesant household.

20-5 续表1 continued

单位：% (%)

县(市、区)	Region	2020	2021
晋 城 市	**Jincheng**		
城　区	Chengqu	-11.5	12.7
沁水县	Qinshui	8.0	11.4
阳城县	Yangcheng	8.5	10.7
陵川县	Lingchuan	8.1	15.3
泽州县	Zezhou	46.3	14.0
高平市	Gaoping	8.1	10.1
朔 州 市	**Shuozhou**		
朔城区	Shuocheng	21.3	20.3
平鲁区	Pinglu	2.6	10.2
山阴县	Shanyin	33.7	17.3
应　县	Yingxian	28.9	22.9
右玉县	Youyu	15.6	8.2
怀仁市	Huairen	3.1	8.5
晋 中 市	**Jinzhong**		
榆次区	Yuci	9.1	-19.6
太谷区	Taigu	7.2	8.8
榆社县	Yushe	41.5	0.7
左权县	Zuoquan	7.7	7.9
和顺县	Heshun	-2.2	3.8
昔阳县	Xiyang	2.2	0.7
寿阳县	Shouyang	10.1	9.1
祁　县	Qixian	8.2	18.4
平遥县	Pingyao	4.1	9.4
灵石县	Lingshi	7.4	-56.9
介休市	Jiexiu	7.6	-2.7
运 城 市	**Yuncheng**		
盐湖区	Yanhu	11.2	9.1
临猗县	Linyi	11.6	17.8
万荣县	Wanrong	11.0	12.1
闻喜县	Wenxi	11.9	14.1
稷山县	Jishan	11.0	13.5
新绛县	Xinjiang	10.9	15.4
绛　县	Jiangxian	9.9	8.9
垣曲县	Yuanqu	12.7	10.7
夏　县	Xiaxian	11.6	14.9
平陆县	Pinglu	11.8	14.8
芮城县	Ruicheng	10.8	14.3
永济市	Yongji	9.6	13.8
河津市	Hejin	11.1	18.5
忻 州 市	**Xinzhou**		
忻府区	Xinfu	12.8	29.2
定襄县	Dingxiang	10.5	29.3
五台县	Wutai	-11.5	13.9
代　县	Daixian	9.8	8.2

20-5 续表2 continued

单位：% (%)

县(市、区)	Region	2020	2021
繁峙县	Fanshi	12.4	19.7
宁武县	Ningwu	9.1	10.1
静乐县	Jingle	8.6	11.8
神池县	Shenchi	7.6	-50.3
五寨县	Wuzhai	11.6	13.3
岢岚县	Kelan	9.4	11.9
河曲县	Hequ	8.6	-9.0
保德县	Baode	9.8	0.5
偏关县	Pianguan	57.4	13.3
原平市	Yuanping	8.6	10.0
临 汾 市	**Linfen**		
尧都区	Yaodu	25.3	14.2
曲沃县	Quwo	-9.3	17.0
翼城县	Yicheng	14.8	-0.3
襄汾县	Xiangfen	-10.0	19.6
洪洞县	Hongtong	6.2	18.0
古　县	Guxian	26.9	39.2
安泽县	Anze	14.3	29.2
浮山县	Fushan	12.4	0.6
吉　县	Jixian	17.1	17.0
乡宁县	Xiangning	16.5	14.5
大宁县	Daning	7.0	-17.6
隰　县	Xixian	12.5	30.0
永和县	Yonghe	10.1	-10.9
蒲　县	Puxian	16.6	13.7
汾西县	Fenxi	16.7	14.1
侯马市	Houma	11.6	14.6
霍州市	Huozhou	7.5	13.3
吕 梁 市	**Lvliang**		
离石区	Lishi	-18.6	2.9
文水县	Wenshui	24.5	8.6
交城县	Jiaocheng	15.2	7.2
兴　县	Xingxian	29.0	7.1
临　县	Linxian	27.5	7.5
柳林县	Liulin	16.0	3.0
石楼县	Shilou	23.3	7.5
岚　县	Lanxian	13.9	0.7
方山县	Fangshan	20.4	5.3
中阳县	Zhongyang	21.8	5.2
交口县	Jiaokou	9.7	8.3
孝义市	Xiaoyi	3.4	5.1
汾阳市	Fenyang	8.2	5.5

20-6 农林牧渔业总产值(2021年)
GROSS OUTPUT VALUE OF FARMING, FORESTRY, ANIMAL HUSBANDRY AND FISHERY(2021)

按当年价格计算 (at current price)

县(市、区)	Region	农林牧渔业总产值(万元) Total (10 000 yuan)	农业 Farming	林业 Forestry	牧业 Animal Husbandry	渔业 Fishery	农林牧渔专业及辅助性活动 Professional and Support Activities for Agriculture, Forestry, Animal Husbandry and Fishery
太原市	**Taiyuan**						
小店区	Xiaodian	89107	42579	10406	30651	42	5430
迎泽区	Yingze	8451	186	6653	983	88	542
杏花岭区	Xinghualing	18653	2569	12058	3002		1025
尖草坪区	Jiancaoping	48743	22245	13022	9884	253	3340
万柏林区	Wanbailin	8080	505	6671	404		500
晋源区	Jinyuan	63008	40294	8639	9543	621	3910
清徐县	Qingxu	242840	156843	10361	58442	2659	14535
阳曲县	Yangqu	143658	70309	31839	32946	74	8490
娄烦县	Loufan	69932	34791	19777	10642	930	3793
古交市	Gujiao	61575	26386	13634	18232	317	3005
大同市	**Datong**						
新荣区	Xinrong	115362	46077	11365	49591	345	7985
平城区	Pingcheng	30330	8085	1917	18508		1820
云冈区	Yungang	124745	47169	6825	62536		8215
云州区	Yunzhou	173553	75356	7421	79915	224	10637
阳高县	Yanggao	417904	182321	34598	184165	100	16721
天镇县	Tianzhen	210636	97281	11295	91757	513	9790
广灵县	Guangling	175349	100201	10122	57630	150	7245
灵丘县	Lingqiu	140369	53810	13798	67374	302	5085
浑源县	Hunyuan	197640	85662	17325	85351	3	9300
左云县	Zuoyun	71018	28805	10233	28330		3650
阳泉市	**Yangquan**						
郊　区	Jiaoqu	49619	18737	7150	22103		1628
平定县	Pingding	107029	40528	10905	47898	1667	6030
盂　县	Yuxian	100044	49217	15946	29578	1033	4270
长治市	**Changzhi**						
潞州区	Luzhou	50711	21419	7489	16781	2358	2665
上党区	Shangdang	178240	80091	8218	80539	109	9283
屯留区	Tunliu	164672	104551	10182	40636	603	8700

20-6 续表1 continued

按当年价格计算 (at current price)

县(市、区)	Region	农林牧渔业总产值(万元) Total (10 000 yuan)	农业 Farming	林业 Forestry	牧业 Animal Husbandry	渔业 Fishery	农林牧渔专业及辅助性活动 Professional and Support Activities for Agriculture, Forestry, Animal Husbandry and Fishery
潞城区	Lucheng	99248	49603	9284	35791		4570
襄垣县	Xiangyuan	134109	81959	13405	31110	905	6731
平顺县	Pingshun	79349	40519	18070	16425		4335
黎城县	Licheng	68261	32258	9407	22417	889	3290
壶关县	Huguan	134801	61885	14436	50829	61	7590
长子县	Zhangzi	232440	148436	9863	61434	1067	11640
武乡县	Wuxiang	120100	62415	14133	37237	985	5330
沁　县	Qinxian	136341	58916	14186	54984	1596	6660
沁源县	Qinyuan	83752	52374	18328	9619	90	3341
晋城市	**Jincheng**						
城　区	Chengqu	13428	4732	4338	2934	47	1377
沁水县	Qinshui	212695	107493	18589	76365	1214	9035
阳城县	Yangcheng	230715	109255	12235	99018	158	10049
陵川县	Lingchuan	154630	83766	10300	54022	377	6166
泽州县	Zezhou	282212	109721	12562	143703	909	15316
高平市	Gaoping	294757	135956	10912	132177	368	15345
朔州市	**Shuozhou**						
朔城区	Shuocheng	215854	119384	21102	60234	358	14776
平鲁区	Pinglu	104783	50598	16367	30401	21	7395
山阴县	Shanyin	247263	95844	7568	130752	100	13000
应　县	Yingxian	505517	322775	10927	148912	344	22559
右玉县	Youyu	146000	47731	35929	54638	167	7535
怀仁市	Huairen	344061	122864	6861	195294	140	18902
晋中市	**Jinzhong**						
榆次区	Yuci	311268	181046	18020	91381	1022	19800
太谷区	Taigu	523926	196157	123788	183810	743	19429
榆社县	Yushe	97107	45540	13525	30511	1416	6115
左权县	Zuoquan	97192	53875	11151	26825	607	4734
和顺县	Heshun	86652	30057	13910	37588	125	4970
昔阳县	Xiyang	132624	66009	24376	36742	236	5263
寿阳县	Shouyang	242501	181397	13546	35292	1056	11210
祁　县	Qixian	382702	200211	19121	142980	160	20232

20–6 续表2 continued

按当年价格计算 (at current price)

县(市、区)	Region	农林牧渔业总产值(万元) Total (10 000 yuan)	农 业 Farming	林 业 Forestry	牧 业 Animal Husbandry	渔 业 Fishery	农林牧渔专业及辅助性活动 Professional and Support Activities for Agriculture, Forestry, Animal Husbandry and Fishery
平遥县	Pingyao	274030	148018	8411	104003	548	13050
灵石县	Lingshi	85888	33587	12524	36684	134	2960
介休市	Jiexiu	136516	40655	6182	77116	326	12238
运 城 市	**Yuncheng**						
盐湖区	Yanhu	428250	335606	17647	51188	1030	22780
临猗县	Linyi	1219139	1007891	6507	83465	1075	120200
万荣县	Wanrong	558605	456483	7824	68352	3595	22350
闻喜县	Wenxi	425749	318167	18316	79223	62	9980
稷山县	Jishan	306585	150210	8637	132428		15310
新绛县	Xinjiang	442025	307452	5197	105299	258	23820
绛 县	Jiangxian	248521	169539	18017	46930	78	13958
垣曲县	Yuanqu	178042	122120	11341	34211	1250	9120
夏 县	Xiaxian	502577	406219	12395	46461	242	37260
平陆县	Pinglu	247794	191114	7667	37063	370	11580
芮城县	Ruicheng	609188	462354	6285	95285	1505	43760
永济市	Yongji	556348	400708	12392	81257	29031	32961
河津市	Hejin	239767	175510	10100	32928	14	21215
忻 州 市	**Xinzhou**						
忻府区	Xinfu	260371	177625	12037	56587	763	13358
定襄县	Dingxiang	134341	91623	8453	26813	453	7000
五台县	Wutai	119583	60411	11424	41893	24	5830
代 县	Daixian	93081	47419	12500	27941	642	4580
繁峙县	Fanshi	205616	62723	20919	113088	466	8420
宁武县	Ningwu	66049	15942	14449	32598	210	2850
静乐县	Jingle	109498	50176	24839	30254	278	3950
神池县	Shenchi	204447	86697	10339	93941		13470
五寨县	Wuzhai	119440	77972	10756	24173	186	6354
岢岚县	Kelan	114140	58731	15668	35227	14	4500
河曲县	Hequ	95690	55170	9890	26868	102	3660
保德县	Baode	90971	53503	9439	23324	352	4352
偏关县	Pianguan	104482	48582	13341	37783	576	4200
原平市	Yuanping	326358	174439	13990	122059	871	15000

20-6 续表3 continued

按当年价格计算 (at current price)

县(市、区)	Region	农林牧渔业总产值(万元) Total (10 000 yuan)	农业 Farming	林业 Forestry	牧业 Animal Husbandry	渔业 Fishery	农林牧渔专业及辅助性活动 Professional and Support Activities for Agriculture, Forestry, Animal Husbandry and Fishery
临汾市	**Linfen**						
尧都区	Yaodu	210121	143123	8146	45852	1814	11187
曲沃县	Quwo	357925	278297	4528	50064	2536	22500
翼城县	Yicheng	260773	167768	4721	73623	196	14465
襄汾县	Xiangfen	379527	258461	8553	89455	1310	21747
洪洞县	Hongtong	232444	127629	14209	75097	1533	13975
古　县	Guxian	54726	33342	8171	11288	32	1893
安泽县	Anze	78508	61156	4922	8253	32	4145
浮山县	Fushan	116689	83478	6973	21725	103	4411
吉　县	Jixian	171354	143611	5437	13355	15	8936
乡宁县	Xiangning	96299	50081	6809	35370	145	3894
大宁县	Daning	53028	31406	9181	10065		2376
隰　县	Xixian	167775	135683	5057	22651	4	4380
永和县	Yonghe	67332	44142	8226	11600	195	3170
蒲　县	Puxian	66855	40734	3988	19620	12	2501
汾西县	Fenxi	75226	29531	4187	38567		2941
侯马市	Houma	73447	45878	5390	15382	1837	4960
霍州市	Huozhou	73121	31559	6106	30771	117	4568
吕梁市	**Lvliang**						
离石区	Lishi	57887	18054	16670	20215	115	2834
文水县	Wenshui	363502	119953	14839	210710	1548	16452
交城县	Jiaocheng	98711	38550	14832	40059	286	4984
兴　县	Xingxian	114014	58857	22827	26805	129	5397
临　县	Linxian	264396	134616	32204	84852	81	12643
柳林县	Liulin	114281	53510	11753	44246	158	4613
石楼县	Shilou	95578	44127	18975	27637	85	4755
岚　县	Lanxian	102156	37691	40160	19694	60	4550
方山县	Fangshan	91127	33771	20051	33242	325	3738
中阳县	Zhongyang	85977	36153	11849	34195	161	3619
交口县	Jiaokou	76597	24440	7615	39488		5054
孝义市	Xiaoyi	146772	55779	12094	69771	94	9034
汾阳市	Fenyang	159789	66438	18682	65821	138	8711

20-7 主要粮食作物播种面积(2021年)

单位：公顷

县(市、区)	Region	粮食 Grain	#秋粮 Autumn Grain	谷物 Cereal	#小麦 Wheat	#玉米 Corn	#谷子 Millet
太原市	**Taiyuan**						
小店区	Xiaodian	2449	2401	2425	48	1950	
迎泽区	Yingze	102	102	80		53	9
杏花岭区	Xinghualing	493	493	335		140	34
尖草坪区	Jiancaoping	3363	3357	2846	7	2153	316
万柏林区	Wanbailin	274	266	156	8	112	26
晋源区	Jinyuan	1038	1038	953		646	10
清徐县	Qingxu	17110	17051	16006	59	12742	52
阳曲县	Yangqu	22191	22191	18790		13026	4404
娄烦县	Loufan	9727	9727	3710		1242	923
古交市	Gujiao	7049	7049	3558		1206	920
大同市	**Datong**						
新荣区	Xinrong	25337	25337	19420		4832	928
平城区	Pingcheng	2599	2599	2311		1512	98
云冈区	Yungang	9296	9296	9006		5649	341
云州区	Yunzhou	29431	29431	26098		13220	2666
阳高县	Yanggao	50975	50975	46332		27936	4965
天镇县	Tianzhen	43115	43115	35318		24441	4431
广灵县	Guangling	29678	29678	26097		18897	3545
灵丘县	Lingqiu	32568	32568	26598		19581	3672
浑源县	Hunyuan	34170	34170	28309		19686	2012
左云县	Zuoyun	23028	23028	18467		4766	1558
阳泉市	**Yangquan**						
城　区	Chengqu	254	254	219		219	
矿　区	Kuangqu	114	114	93		86	6
郊　区	Jiaoqu	4167	4167	3887		3598	286
平定县	Pingding	20433	20433	19485		17732	1716
盂　县	Yuxian	29927	29927	27725		25528	2074
长治市	**Changzhi**						
潞州区	Luzhou	8028	8011	7922	17	7714	97
上党区	Shangdang	17382	17275	16870	106	16087	483
屯留区	Tunliu	37777	37077	37371	700	35714	550
潞城区	Lucheng	17123	16622	16877	501	14768	357
襄垣县	Xiangyuan	28674	28319	28196	355	25538	2110
平顺县	Pingshun	9787	9380	8612	407	7254	805
黎城县	Licheng	15324	14590	14650	734	13172	469
壶关县	Huguan	16841	16841	16325		15753	457
长子县	Zhangzi	34539	33543	33593	996	32302	255
武乡县	Wuxiang	28403	28263	25653	140	18033	5850
沁　县	Qinxian	26976	26859	26124	117	22406	2434
沁源县	Qinyuan	14042	14042	10515		8282	1119

SOWN AREAS OF MAJOR GRAIN CROPS(2021)

(ha)

#高 粱 Sorghum	#燕 麦 Oats	#荞 麦 Buckwheat	豆 类 Beans	#大 豆 Soybean	薯 类 Tubers	#马铃薯 Potato
428			17	15	7	
5	1	11	5	3	18	17
11	1	149	97	92	61	46
239		85	354	352	163	120
5	1	1	13	10	104	83
75			35	34	49	28
3153			54	51	1050	15
785		407	1204	840	2198	2162
592	210	700	1103	687	4913	4913
664	55	472	1391	1205	2100	2100
2939	1743	2387	1402	1268	4515	4515
152			87	77	201	201
963	259	401	182	148	107	107
4778			2518	418	815	815
6839			2020	833	2623	2623
2313	40		2805	1254	4992	4992
360	206	536	1862	397	1719	1719
176	1001	162	2131	1141	3839	3837
2747	1474		2977	460	2883	2883
1702	4656	3025	1242	860	3319	3319
			4		31	
			7	5	15	4
2			78	51	203	80
19			204	187	744	237
71		1	343	280	1859	1765
94			57	57	49	47
79			192	191	320	250
408			26	26	380	349
1252			143	143	103	49
160			122	121	356	272
119			234	232	941	843
266			553	552	121	72
52			57	55	459	455
41			63	61	882	573
1369	14	25	817	809	1933	1790
1167			368	310	484	290
690	205	52	597	570	2930	2851

20-7 续表1

单位：公顷

县(市、区)	Region	粮 食 Grain	#秋 粮 Autumn Grain	谷 物 Cereal	#小 麦 Wheat	#玉 米 Corn	#谷 子 Millet
晋 城 市	**Jincheng**						
城　区	Chengqu	1572	447	1414	1125	273	16
沁水县	Qinshui	22765	21481	20367	1284	16899	1744
阳城县	Yangcheng	29603	21909	28330	7694	16548	3872
陵川县	Lingchuan	22497	22453	19980	44	18301	1569
泽州县	Zezhou	48794	17672	42875	31122	8623	3011
高平市	Gaoping	35507	34936	27744	571	25469	1306
朔 州 市	**Shuozhou**						
朔城区	Shuocheng	56872	56872	52096		40369	1500
平鲁区	Pinglu	35336	35336	26385		3772	4273
山阴县	Shanyin	56338	56338	54436		39558	3523
应　县	Yingxian	52802	52802	45355		37856	2393
右玉县	Youyu	30333	30333	24557		6218	1120
怀仁市	Huairen	43056	43056	40715		30996	1531
晋 中 市	**Jinzhong**						
榆次区	Yuci	26851	26694	25926	157	23607	1408
太谷区	Taigu	22454	21896	21322	558	19244	1026
榆社县	Yushe	13673	13673	12610		9035	2365
左权县	Zuoquan	11687	11680	10009	7	7206	1764
和顺县	Heshun	11314	11314	9941		8188	901
昔阳县	Xiyang	22237	22237	21356		19262	1789
寿阳县	Shouyang	50144	50144	48467		46352	1786
祁　县	Qixian	24007	22612	23166	1394	21146	326
平遥县	Pingyao	36359	36053	34528	306	32120	1047
灵石县	Lingshi	11348	10198	10939	1150	8359	442
介休市	Jiexiu	21480	18526	19457	2954	15543	290
运 城 市	**Yuncheng**						
盐湖区	Yanhu	31530	14109	30394	17421	12837	1
临猗县	Linyi	22795	11776	21676	11019	10104	3
万荣县	Wanrong	36564	24977	35220	11587	21619	294
闻喜县	Wenxi	59452	18913	58802	40539	17753	54
稷山县	Jishan	46095	21225	46004	24870	21133	
新绛县	Xinjiang	45208	20228	45075	24981	20039	9
绛　县	Jiangxian	36621	17505	36155	19116	16983	50
垣曲县	Yuanqu	23006	10152	21897	12855	8399	593
夏　县	Xiaxian	44922	23848	44299	21074	22939	286
平陆县	Pinglu	27727	10771	26522	16956	9492	73
芮城县	Ruicheng	63771	30536	61889	33235	28242	261
永济市	Yongji	66989	35469	66031	31521	32774	3
河津市	Hejin	31937	16093	31532	15844	15639	48

continued

(ha)

#高 粱 Sorghum	#燕 麦 Oats	#荞 麦 Buckwheat	豆 类 Beans	#大 豆 Soybean	薯 类 Tubers	#马铃薯 Potato
			134	134	24	4
440			1942	1915	456	265
216			748	695	524	151
			1226	1210	1291	1203
119			4801	4793	1117	155
399			5110	5103	2654	119
2087	3131	1076	2620	586	2157	2157
203	12413	3415	3609	2331	5342	5342
2801	2546	2131	1281	902	622	622
1853	423		790	98	6657	6655
539	10091	3793	2398	980	3378	3378
4529	604		1375	345	966	966
267	3	229	701	603	224	119
439			611	605	521	225
1058	37	11	513	507	550	419
864	73	90	863	840	815	764
295	3	406	690	690	683	683
42	2		521	498	360	272
260		61	152	71	1525	1450
298			359	359	481	112
1048			910	802	921	437
867	1	65	114	91	295	178
670			1672	1672	350	97
136			885	52	251	
238			241	73	878	
351			907	24	437	
404			526	95	124	10
1			23	9	68	
6			83	26	50	
7			139	126	327	12
51			506	396	603	38
			228	66	395	10
			614	534	591	12
114			1204	459	677	
1519			572	456	386	2
1			106	45	299	31

20–7 续表2

单位：公顷

县(市、区)	Region	粮 食 Grain	#秋 粮 Autumn Grain	谷 物 Cereal	#小 麦 Wheat	#玉 米 Corn	#谷 子 Millet
忻 州 市	**Xinzhou**						
忻府区	Xinfu	45689	45689	45025		40994	2596
定襄县	Dingxiang	21805	21790	21125	15	18023	1904
五台县	Wutai	25280	25280	21569		17063	3363
代 县	Daixian	22810	22810	22152		17934	3293
繁峙县	Fanshi	36230	36230	31564		21233	4365
宁武县	Ningwu	11603	11603	7289		1308	345
静乐县	Jingle	23221	23221	10223		2135	1981
神池县	Shenchi	47246	47246	35715		14879	15633
五寨县	Wuzhai	39474	39474	35847		23240	10357
岢岚县	Kelan	22104	22104	14258		5476	5611
河曲县	Hequ	26122	26122	18762		5607	7222
保德县	Baode	22528	22528	14167		5501	4598
偏关县	Pianguan	28698	28698	21977		3748	10040
原平市	Yuanping	55479	55291	47144	188	37392	6066
五台山风景名胜区	Wutai Mount Scenic Area	581	581	210		210	
临 汾 市	**Linfen**						
尧都区	Yaodu	45860	20946	45200	24915	19829	144
曲沃县	Quwo	31374	14576	31080	16798	14282	
翼城县	Yicheng	39923	17658	39471	22265	16091	1104
襄汾县	Xiangfen	80962	35524	80459	45438	34958	49
洪洞县	Hongtong	81773	36731	80836	45042	35724	22
古 县	Guxian	16176	15575	15937	601	14314	496
安泽县	Anze	22460	22390	22122	70	21483	488
浮山县	Fushan	23574	12649	23253	10925	11152	553
吉 县	Jixian	6551	6546	5565	5	5020	395
乡宁县	Xiangning	22643	16204	19461	6439	11080	1642
大宁县	Daning	9895	9895	8164		4336	1395
隰 县	Xixian	20789	20789	18589		14908	1821
永和县	Yonghe	21458	21458	20143		10829	3835
蒲 县	Puxian	14840	14773	12783	67	10880	565
汾西县	Fenxi	25978	16057	24525	9921	13738	575
侯马市	Houma	15152	6892	15152	8260	6892	
霍州市	Huozhou	21768	11400	20885	10367	10179	147
吕 梁 市	**Lvliang**						
离石区	Lishi	12220	12220	7781		5952	1378
文水县	Wenshui	31323	31026	29745	297	28998	255
交城县	Jiaocheng	7628	7542	6304	86	5805	216
兴 县	Xingxian	32440	32440	20356		8573	9322
临 县	Linxian	78510	78510	42882		27369	10790
柳林县	Liulin	22370	22362	13472	8	7835	3583
石楼县	Shilou	28747	28745	25573	3	17130	5238
岚 县	Lanxian	27383	27383	17669		11029	2750
方山县	Fangshan	12797	12797	8218		7039	640
中阳县	Zhongyang	8650	8650	4957		3196	1336
交口县	Jiaokou	9144	9144	8012		6922	658
孝义市	Xiaoyi	18355	16962	16639	1393	12231	1594
汾阳市	Fenyang	41021	40856	39435	165	29178	1991

continued

(ha)

#高粱 Sorghum	#燕麦 Oats	#荞麦 Buckwheat	豆类 Beans	#大豆 Soybean	薯类 Tubers	#马铃薯 Potato
1434	1		131	126	533	166
945	33	4	246	226	434	322
673	131		583	497	3127	2989
179	7	61	199	66	460	382
1341	186	24	1829	1622	2837	2804
281	4850	24	3134	933	1180	1180
887	2930	7	3302	1347	9696	9696
1053	3463	41	7001	1458	4530	4530
1644	23		674	354	2953	2953
1018	1148	251	4156	471	3690	3690
698			1406	1167	5954	5867
591	2	47	2401	1421	5960	5669
1935	654	725	2138	1957	4583	4583
1997	830	1	1635	876	6700	6533
			81	81	290	290
312			231	216	429	114
			98	21	196	1
11			196	178	256	96
14			141	79	362	2
37			282	211	655	42
526			112	101	126	91
82			60	53	277	158
617			134	105	188	71
82			527	227	460	278
82		28	1867	1549	1316	1226
2429			749	364	981	668
1645		9	659	562	1542	1485
5390			184	45	1130	664
842	197	193	248	197	1808	1795
26		109	634	335	819	436
192			297	249	586	290
44			2249	1716	2189	2152
159			200	137	1378	1181
61	2		497	286	827	788
1665	136	48	6719	3932	5365	5251
1984			19411	16127	16217	14666
1218	14		6262	5788	2636	2285
2989			1249	626	1926	1236
3250	281		3087	465	6627	6627
299		3	1594	974	2984	2968
52	233	15	1885	1663	1808	1708
157	10	41	418	243	714	590
1098	70	137	992	664	724	457
7987	7	36	677	506	909	609

20-8 主要粮食作物产量(2021年)

单位：吨

县(市、区)	Region	粮 食 Grain	#秋 粮 Autumn Grain	谷 物 Cereal	#小 麦 Wheat	#玉 米 Corn	#谷 子 Millet
太 原 市	**Taiyuan**						
小店区	Xiaodian	10089	9834	10015	254	8070	
迎泽区	Yingze	162	162	144		109	10
杏花岭区	Xinghualing	1015	1015	764		466	76
尖草坪区	Jiancaoping	12816	12789	12051	27	10362	550
万柏林区	Wanbailin	679	655	386	24	284	62
晋源区	Jinyuan	4800	4800	4470		2739	21
清徐县	Qingxu	80946	80601	76269	345	60560	99
阳曲县	Yangqu	102310	102310	85605		73520	8449
娄烦县	Loufan	23044	23044	6550		2507	852
古交市	Gujiao	14741	14741	6363		2495	1389
大 同 市	**Datong**						
新荣区	Xinrong	77306	77306	58956		27206	2239
平城区	Pingcheng	15480	15480	14637		13170	215
云冈区	Yungang	54520	54520	53965		47351	721
云州区	Yunzhou	107291	107291	100370		73263	6122
阳高县	Yanggao	268029	268029	253989		209274	12229
天镇县	Tianzhen	207181	207181	189068		168719	9897
广灵县	Guangling	185904	185904	176262		161827	8403
灵丘县	Lingqiu	111945	111945	95979		82772	8503
浑源县	Hunyuan	178537	178537	160094		141545	4459
左云县	Zuoyun	48816	48816	35747		15367	3235
阳 泉 市	**Yangquan**						
城　区	Chengqu	1010	1010	973		973	
矿　区	Kuangqu	370	370	339		328	11
郊　区	Jiaoqu	15053	15053	14491		13919	566
平定县	Pingding	82901	82901	80494		76738	3663
盂　县	Yuxian	133235	133235	128064		122443	5263
长 治 市	**Changzhi**						
潞州区	Luzhou	39035	38959	38853	76	37934	446
上党区	Shangdang	86093	85490	84550	603	81309	1939
屯留区	Tunliu	199168	195223	196498	3945	188456	1726
潞城区	Lucheng	86726	85259	85921	1467	78535	1017
襄垣县	Xiangyuan	129426	128309	127353	1117	119209	6029
平顺县	Pingshun	47970	45595	43988	2374	38852	2168
黎城县	Licheng	57911	54791	56264	3120	51310	816
壶关县	Huguan	95301	95301	93270		91365	1482
长子县	Zhangzi	183033	177782	176425	5251	170241	727
武乡县	Wuxiang	89419	89069	83022	350	63472	14199
沁　县	Qinxian	144024	143645	140440	378	126304	7108
沁源县	Qinyuan	63082	63082	49693		42773	2733

OUTPUT OF MAJOR GRAIN CROPS(2021)

(ton)

#高粱 Sorghum	#燕麦 Oats	#荞麦 Buckwheat	豆类 Beans	#大豆 Soybean	薯类 Tubers	#马铃薯 Potato
1691			46	43	27	
8	2	13	4	2	14	14
31	2	189	121	116	130	108
704		261	603	601	162	122
6	1	1	25	21	268	243
366			88	85	242	155
15264			154	150	4523	74
2741		793	2969	2491	13736	13589
1286	479	1376	2290	1648	14204	14204
1449	131	635	1323	965	7055	7055
8136	3248	5242	2446	2221	15904	15904
432			120	103	723	723
2865	411	536	225	175	329	329
13301			4554	604	2367	2367
19622			4204	2268	9836	9836
6702	63		3702	1647	14411	14411
1012	321	590	2796	516	6845	6845
514	1311	230	3982	2310	11984	11980
8490	2361		4104	658	14339	14339
4776	6528	3449	1718	1121	11350	11350
			8		29	
			9	7	23	9
3			161	130	402	136
65			318	301	2088	596
245		2	723	588	4448	4233
396			82	82	100	96
430			503	500	1040	889
2371			53	53	2617	2505
4902			382	381	423	281
923			321	320	1753	1413
536			516	511	3466	3141
1001			1180	1178	467	276
309			157	151	1874	1867
206			185	181	6422	4742
4455	24	48	2045	2031	4352	4135
6648			1043	903	2541	1749
3382	332	113	1430	1366	11959	11801

20-8 续表1

单位：吨

县(市、区)	Region	粮食 Grain	#秋粮 Autumn Grain	谷物 Cereal	#小麦 Wheat	#玉米 Corn	#谷子 Millet
晋城市	**Jincheng**						
城区	Chengqu	5619	1694	5214	3925	1227	62
沁水县	Qinshui	111287	106521	105547	4766	88395	8835
阳城县	Yangcheng	101727	69527	97306	32201	53062	10847
陵川县	Lingchuan	81178	80878	73945	301	69678	3828
泽州县	Zezhou	189138	60578	170920	128560	34957	6852
高平市	Gaoping	181535	179163	153774	2372	145553	4592
朔州市	**Shuozhou**						
朔城区	Shuocheng	281197	281197	268957		246210	2019
平鲁区	Pinglu	67197	67197	44637		14266	5263
山阴县	Shanyin	289507	289507	286231		264415	4714
应县	Yingxian	305271	305271	279991		258804	7283
右玉县	Youyu	58371	58371	44491		25728	1178
怀仁市	Huairen	256893	256893	251641		229828	2711
晋中市	**Jinzhong**						
榆次区	Yuci	153573	152752	151688	820	145687	2895
太谷区	Taigu	165211	162424	161769	2787	152188	3644
榆社县	Yushe	56830	56830	54649		41447	6046
左权县	Zuoquan	54068	54041	49265	26	39365	3833
和顺县	Heshun	63711	63711	59437		53189	2689
昔阳县	Xiyang	147171	147171	145119		138904	5344
寿阳县	Shouyang	354258	354258	347547		339756	6583
祁县	Qixian	202655	195257	200185	7398	189665	1038
平遥县	Pingyao	190495	189186	185105	1309	174082	3035
灵石县	Lingshi	29086	27172	28256	1913	21326	956
介休市	Jiexiu	74980	62671	70636	12309	53562	566
运城市	**Yuncheng**						
盐湖区	Yanhu	138787	69976	136667	68811	67278	1
临猗县	Linyi	126991	76277	122578	50713	68281	7
万荣县	Wanrong	164758	117403	161470	47354	102866	731
闻喜县	Wenxi	308282	124389	307066	183892	121483	130
稷山县	Jishan	255034	130499	254754	124535	130214	
新绛县	Xinjiang	227763	105492	227435	122271	104815	25
绛县	Jiangxian	170217	98234	168683	71983	96542	129
垣曲县	Yuanqu	88100	39112	85139	48988	34386	1574
夏县	Xiaxian	255678	138179	253566	117499	135266	801
平陆县	Pinglu	117866	44201	114754	73666	40905	183
芮城县	Ruicheng	342353	172351	337416	170002	166029	641
永济市	Yongji	403983	221736	400871	182246	210611	7
河津市	Hejin	187735	98429	186440	89306	96992	139

continued

(ton)

#高 粱 Sorghum	#燕 麦 Oats	#荞 麦 Buckwheat	豆 类 Beans	#大 豆 Soybean	薯 类 Tubers	#马铃薯 Potato
			340	340	65	10
3551			4205	4168	1536	601
1196			1578	1466	2844	743
			2905	2874	4328	3955
551			12687	12672	5531	470
1258			14727	14715	13034	370
6151	5226	2715	3370	960	8869	8869
378	18257	4707	4533	2622	18028	18028
5915	5332	1745	874	594	2403	2403
4735	1800		451	112	24829	24822
1163	10441	2587	2882	977	10998	10998
12268	2003		2217	511	3035	3035
1316	9	462	1328	1182	557	311
3014			1151	1140	2290	983
6740	96	41	1011	1001	1170	878
5615	189	228	1576	1542	3227	3072
1928	7	1353	1304	1304	2970	2970
152	5		1126	1090	926	711
993		198	305	146	6405	6088
2080			756	755	1715	472
6650			1772	1550	3618	1655
3722	2	228	229	193	601	399
4198			3722	3722	622	146
577			1146	134	974	
1032			362	143	4051	
1517			1324	63	1963	
1492			685	155	531	33
5			34	17	245	
24			124	52	204	
29			258	240	1276	68
191			890	716	2071	127
			375	157	1737	45
			1123	1006	1988	37
472			1683	852	3254	
6761			1271	1089	1841	8
3			179	106	1117	144

20-8 续表2

单位：吨

县(市、区)	Region	粮食 Grain	#秋粮 Autumn Grain	谷物 Cereal	#小麦 Wheat	#玉米 Corn	#谷子 Millet
忻州市	**Xinzhou**						
忻府区	Xinfu	312703	312703	310016		298365	6046
定襄县	Dingxiang	158694	158605	156162	89	145103	6336
五台县	Wutai	118656	118656	106016		93994	8488
代　县	Daixian	103242	103242	101361		91073	7829
繁峙县	Fanshi	102777	102777	90885		70221	9455
宁武县	Ningwu	25853	25853	17664		8252	645
静乐县	Jingle	69967	69967	27237		11563	5533
神池县	Shenchi	202639	202639	159892		114246	32865
五寨县	Wuzhai	224934	224934	206319		165246	33515
岢岚县	Kelan	79839	79839	55979		33807	15813
河曲县	Hequ	68398	68398	43975		22595	9264
保德县	Baode	60408	60408	36948		22050	5840
偏关县	Pianguan	84833	84833	62929		14640	33163
原平市	Yuanping	344633	343565	318211	1068	294721	11653
五台山风景名胜区	Wutai Mount Scenic Area	2726	2726	1565		1565	
临汾市	**Linfen**						
尧都区	Yaodu	200403	94233	198051	106170	90250	447
曲沃县	Quwo	159830	79572	158802	80258	78543	
翼城县	Yicheng	181515	77296	179927	104219	71540	4122
襄汾县	Xiangfen	440970	219876	439002	221094	217667	183
洪洞县	Hongtong	357733	178948	354070	178785	175067	67
古　县	Guxian	40557	38741	39729	1816	35321	934
安泽县	Anze	116729	116530	115312	199	113503	1334
浮山县	Fushan	83437	50114	82001	33323	44274	1858
吉　县	Jixian	28446	28435	26656	11	25256	897
乡宁县	Xiangning	80279	55535	73460	24743	44811	3292
大宁县	Daning	24121	24121	21007		9100	2870
隰　县	Xixian	57052	57052	49576		37932	6436
永和县	Yonghe	48044	48044	44729		18173	9628
蒲　县	Puxian	80139	79961	73178	178	66812	1642
汾西县	Fenxi	74601	45458	70232	29143	39196	1251
侯马市	Houma	85835	38673	85835	47162	38673	
霍州市	Huozhou	51349	21174	48402	30174	17227	324
吕梁市	**Lvliang**						
离石区	Lishi	23248	23248	18365		15296	2412
文水县	Wenshui	210709	208965	200520	1744	196423	1205
交城县	Jiaocheng	41060	40560	36208	501	34370	782
兴　县	Xingxian	79852	79852	63273		33501	19697
临　县	Linxian	133434	133434	105012		89457	9869
柳林县	Liulin	44171	44155	31477	16	22246	4942
石楼县	Shilou	62882	62877	58566	5	41958	10547
岚　县	Lanxian	73219	73219	54873		40399	4323
方山县	Fangshan	50620	50620	43085		39783	1067
中阳县	Zhongyang	22266	22266	17576		15095	2049
交口县	Jiaokou	25054	25053	23131		20606	1841
孝义市	Xiaoyi	46606	43494	44140	3112	34674	2969
汾阳市	Fenyang	160165	159544	154593	620	118363	4654

continued

(ton)

#高 粱 Sorghum	#燕 麦 Oats	#荞 麦 Buckwheat	豆 类 Beans	#大 豆 Soybean	薯 类 Tubers	#马铃薯 Potato
5602	3		160	151	2526	806
3749	51	10	697	660	1835	1323
2485	244		1160	1005	11481	11090
726	14	161	461	141	1420	1203
4458	427	29	2374	2030	9518	9468
988	7114	62	3491	1644	4699	4699
2876	4295	12	3623	1885	39107	39107
2659	8353	120	15692	3596	27054	27054
5940	31		1399	763	17216	17216
3617	1353	388	5558	1004	18302	18302
1430			1964	1595	22460	22211
2041	4	142	4203	2551	19257	18596
4398	638	1009	4584	4356	17320	17320
7944	984	2	2510	1409	23912	23351
			200	200	960	960
1183			579	553	1774	203
			187	42	842	3
46			465	427	1122	425
58			296	198	1672	13
120			539	447	3124	57
1658			279	254	549	412
276			157	143	1260	820
2529			275	220	1161	480
350			917	499	873	596
264		58	3870	3380	2949	2830
9025			1356	789	1758	1125
4800		25	1673	1511	5803	5627
16784			267	94	3048	2119
3504	475	468	620	528	6341	6300
85		226	1071	733	3297	1999
676			619	532	2327	1293
133			1991	1594	2893	2819
1022			315	207	9874	8770
344	2		738	398	4114	3983
8395	265	81	7949	4004	8631	8478
3074			10156	7493	18266	17239
3174	21		6819	6369	5874	5495
5615			1175	461	3141	2069
9437	454		3101	334	15245	15245
1884		5	1457	624	6078	6051
204	124	11	1054	847	3636	3479
505	11	57	650	500	1273	1112
3012	73	180	1057	794	1409	899
30844	6	27	512	306	5059	3740

20-9 棉花生产基本情况(2021年)
BASIC STATISTICS ON COTTON PRODUCTION(2021)

县(市、区)	Region	播种面积 (公顷) Sown Area (ha)	总产量 (吨) Total Output (ton)	每公顷产量 (公斤) Output per ha (kg)
长治市	**Changzhi**			
潞城区	Lucheng	10.3	7.1	692
平顺县	Pingshun	11.9	26.5	2233
黎城县	Licheng	1.0	0.8	828
晋城市	**Jincheng**			
沁水县	Qinshui	72.1	75.0	1040
阳城县	Yangcheng	3.4	5.7	1660
泽州县	Zezhou	0.4	0.6	1500
晋中市	**Jinzhong**			
平遥县	Pingyao	3.0	4.1	1367
运城市	**Yuncheng**			
盐湖区	Yanhu	129.7	138.6	1068
临猗县	Linyi	106.3	205.4	1933
万荣县	Wanrong	185.0	273.7	1479
垣曲县	Yuanqu	33.9	49.7	1465
夏　县	Xiaxian	1.2	2.3	1917
平陆县	Pinglu	2.5	3.0	1184
芮城县	Ruicheng	21.5	30.6	1421
永济市	Yongji	56.0	55.3	988
河津市	Hejin	0.5	0.8	1500
忻州市	**Xinzhou**			
定襄县	Dingxiang	7.5	12.5	1667
临汾市	**Linfen**			
尧都区	Yaodu	0.6	0.6	1000
洪洞县	Hongtong	4.0	2.9	725
浮山县	Fushan	2.9	3.0	1047
大宁县	Daning	22.7	23.2	1024
霍州市	Huozhou	3.9	2.0	508
吕梁市	**Lvliang**			
兴　县	Xingxian	0.7	0.1	150
柳林县	Liulin	23.5	13.0	553

20-10 油料生产基本情况(2021年)
BASIC STATISTICS ON OIL-BEARING CROPS(2021)

县(市、区)	Region	油料合计 Oil-bearing Crops		胡麻籽 Benne		葵花籽 Sunflower Seeds	
		播种面积(公顷) Sown Area (ha)	总产量(吨) Total Output (ton)	播种面积(公顷) Sown Area (ha)	总产量(吨) Total Output (ton)	播种面积(公顷) Sown Area (ha)	总产量(吨) Total Output (ton)
太原市	**Taiyuan**						
小店区	Xiaodian	3	5				
杏花岭区	Xinghualing	3	3			3	3
尖草坪区	Jiancaoping	51	56			32	44
晋源区	Jinyuan	19	28			15	14
清徐县	Qingxu	62	143			7	12
阳曲县	Yangqu	17	12	1	1	9	8
娄烦县	Loufan	55	92	48	79	2	4
古交市	Gujiao	118	266	61	179	5	21
大同市	**Datong**						
新荣区	Xinrong	1421	1869	1390	1844		
平城区	Pingcheng	2	3	1	2		
云冈区	Yungang	261	138	13	8	1	1
云州区	Yunzhou	91	274			91	274
阳高县	Yanggao	1331	2401	31	47	1004	1882
天镇县	Tianzhen	2723	4199	22	33	983	1550
广灵县	Guangling	2663	2867	1695	1721	456	606
灵丘县	Lingqiu	903	1512	424	705	99	197
浑源县	Hunyuan	1341	1899	890	1028	120	196
左云县	Zuoyun	4676	5331	1025	864	1842	2906
阳泉市	**Yangquan**						
郊　区	Jiaoqu	2	4			1	1
平定县	Pingding	43	84			15	42
盂　县	Yuxian	58	61		1	7	8
长治市	**Changzhi**						
上党区	Shangdang	39	88			39	88
屯留区	Tunliu	147	496			59	177
潞城区	Lucheng	108	244	2	4	34	64
襄垣县	Xiangyuan	1402	2733			44	155
平顺县	Pingshun	91	194			55	135
黎城县	Licheng	232	360			208	313
壶关县	Huguan	334	263	2	4		
武乡县	Wuxiang	401	413			75	83
沁　县	Qinxian	15	38				
沁源县	Qinyuan	137	398			61	203

20-10 续表1 continued

县(市、区)	Region	油料合计 Oil-bearing Crops		胡麻籽 Benne		葵花籽 Sunflower Seeds	
		播种面积 (公顷) Sown Area (ha)	总产量 (吨) Total Output (ton)	播种面积 (公顷) Sown Area (ha)	总产量 (吨) Total Output (ton)	播种面积 (公顷) Sown Area (ha)	总产量 (吨) Total Output (ton)
晋城市	**Jincheng**						
城　区	Chengqu	13	22				
沁水县	Qinshui	907	1834			358	704
阳城县	Yangcheng	2069	5320			1210	3384
陵川县	Lingchuan	378	787			30	73
泽州县	Zezhou	960	2161			740	1678
高平市	Gaoping	91	141			48	87
朔州市	**Shuozhou**						
朔城区	Shuocheng	634	1401	127	169	375	988
平鲁区	Pinglu	5945	7865	2178	2447	67	200
山阴县	Shanyin	1509	2032	562	507	205	748
应　县	Yingxian	1007	2832	13	20	703	1516
右玉县	Youyu	11127	19528	2719	3403	1268	8105
怀仁市	Huairen	9	3	9	3		
晋中市	**Jinzhong**						
榆次区	Yuci	63	70			45	49
太谷区	Taigu	41	89			10	34
榆社县	Yushe	635	1370	25	53	275	623
左权县	Zuoquan	348	586	2	4	166	359
和顺县	Heshun	699	1979	15	21	8	15
昔阳县	Xiyang	44	115			40	115
寿阳县	Shouyang	67	200			67	200
祁　县	Qixian	14	23				
平遥县	Pingyao	138	252	1	1	24	45
灵石县	Lingshi	66	77	4	4	37	43
介休市	Jiexiu	17	24				
运城市	**Yuncheng**						
盐湖区	Yanhu	920	1659			479	984
临猗县	Linyi	1201	3352			949	2705
万荣县	Wanrong	1391	3243			583	1399
闻喜县	Wenxi	524	1091			273	658
稷山县	Jishan	109	209			74	136
新绛县	Xinjiang	246	559			212	475
绛　县	Jiangxian	439	1103			313	823
垣曲县	Yuanqu	781	1630			141	347
夏　县	Xiaxian	1346	3560			723	2252
平陆县	Pinglu	2360	4657			859	1668
芮城县	Ruicheng	2306	5428			847	2451
永济市	Yongji	1286	3419			419	1080
河津市	Hejin	753	2804			182	607

20-10 续表2 continued

县(市、区)	Region	油料合计 Oil-bearing Crops 播种面积(公顷) Sown Area (ha)	油料合计 总产量(吨) Total Output (ton)	胡麻籽 Benne 播种面积(公顷) Sown Area (ha)	胡麻籽 总产量(吨) Total Output (ton)	葵花籽 Sunflower Seeds 播种面积(公顷) Sown Area (ha)	葵花籽 总产量(吨) Total Output (ton)
忻州市	**Xinzhou**						
忻府区	Xinfu	81	214			45	115
定襄县	Dingxiang	187	690			170	639
五台县	Wutai	18	27	7	12	7	11
代　县	Daixian	47	132	13	35	21	55
繁峙县	Fanshi	438	622	361	501	60	96
宁武县	Ningwu	852	918	750	822	9	9
静乐县	Jingle	4621	6923	2810	3927	1440	2620
神池县	Shenchi	2498	4412	2036	3323	463	1088
五寨县	Wuzhai	24	72	1	1	23	70
岢岚县	Kelan	2112	9469	321	488	167	450
河曲县	Hequ	919	2367	26	59	40	90
保德县	Baode	299	470	113	183	108	175
偏关县	Pianguan	668	1242	144	236	24	34
原平市	Yuanping	736	1252	595	915	67	196
临汾市	**Linfen**						
尧都区	Yaodu	257	603		1	204	458
曲沃县	Quwo	548	1240			429	972
翼城县	Yicheng	211	496			206	481
襄汾县	Xiangfen	554	1475			338	914
洪洞县	Hongtong	136	300			104	236
古　县	Guxian	252	316			121	194
安泽县	Anze	252	495			29	76
浮山县	Fushan	353	841			305	740
吉　县	Jixian	377	1005			303	860
乡宁县	Xiangning	1783	3364			515	818
大宁县	Daning	242	322			152	222
隰　县	Xixian	353	556			332	538
永和县	Yonghe	216	187			128	113
蒲　县	Puxian	340	568	202	398	130	154
汾西县	Fenxi	271	472	23	36	133	277
霍州市	Huozhou	168	285			119	194
吕梁市	**Lvliang**						
离石区	Lishi	389	271	9	8	52	46
文水县	Wenshui	70	158			5	8
交城县	Jiaocheng	48	141	4	9		
兴　县	Xingxian	1824	2079	140	76	472	670
临　县	Linxian	1557	1033			601	500
柳林县	Liulin	501	594		1	173	175
石楼县	Shilou	103	335			18	66
岚　县	Lanxian	150	155	108	117	1	1
方山县	Fangshan	212	298	2	1	4	3
中阳县	Zhongyang	43	33	19	11	4	6
交口县	Jiaokou	371	165	181	71	1	1
孝义市	Xiaoyi	73	60	19	9		
汾阳市	Fenyang	6	7	1	1	3	4

20-11 药材、蔬菜、瓜果生产情况(2021年)

PRODUCTION OF MEDICINAL MATERIALS, VEGETABLES AND MELONS(2021)

县(市、区)	Region	药材类 Medicinal Materials		蔬 菜 Vegetables		瓜果类 Melons	
		播种面积 (公顷) Sown Area (ha)	总产量 (吨) Total Output (ton)	播种面积 (公顷) Sown Area (ha)	总产量 (吨) Total Output (ton)	播种面积 (公顷) Sown Area (ha)	总产量 (吨) Total Output (ton)
太原市	**Taiyuan**						
小店区	Xiaodian	20	150	2028	97713	7	197
迎泽区	Yingze			11	274		
杏花岭区	Xinghualing			52	1921		
尖草坪区	Jiancaoping	2	32	670	34606	24	908
万柏林区	Wanbailin	6	4	22	314		
晋源区	Jinyuan	24	121	998	59680	26	485
清徐县	Qingxu	19	123	6594	376709	56	1483
阳曲县	Yangqu	91	473	1872	80977	21	880
娄烦县	Loufan	767	2249	255	12771	9	239
古交市	Gujiao	168	970	580	35562	2	21
大同市	**Datong**						
新荣区	Xinrong	30	220	472	9315	147	5365
平城区	Pingcheng			229	12820	21	421
云冈区	Yungang	2	1	1638	90856	66	2058
云州区	Yunzhou	336	1983	8481	84742	712	26040
阳高县	Yanggao	669	2097	4501	270736	302	10497
天镇县	Tianzhen	78	471	2904	78193	107	3687
广灵县	Guangling	122	290	2613	70776	28	951
灵丘县	Lingqiu	693	1746	1053	24078	65	1560
浑源县	Hunyuan	983	3126	1235	54866	25	777
左云县	Zuoyun	80	46	240	10115	2	15
阳泉市	**Yangquan**						
城 区	Chengqu			124	8115		5
矿 区	Kuangqu			46	1115	2	15
郊 区	Jiaoqu	116	238	354	12425	3	20
平定县	Pingding	245	815	437	24663	2	17
盂 县	Yuxian	186	1089	524	22209	12	342
长治市	**Changzhi**						
潞州区	Luzhou	120	571	722	31443	10	467
上党区	Shangdang	384	1469	3245	192123	3	87
屯留区	Tunliu	168	1885	6103	171667	6	200

20-11 续表1 continued

县(市、区)	Region	药材类 Medicinal Materials		蔬 菜 Vegetables		瓜果类 Melons	
		播种面积(公顷) Sown Area (ha)	总产量(吨) Total Output (ton)	播种面积(公顷) Sown Area (ha)	总产量(吨) Total Output (ton)	播种面积(公顷) Sown Area (ha)	总产量(吨) Total Output (ton)
潞城区	Lucheng	759	3073	1138	40587	8	290
襄垣县	Xiangyuan	872	4709	2674	103353	143	5000
平顺县	Pingshun	2077	6810	779	22742	2	32
黎城县	Licheng	374	1526	448	11898	19	842
壶关县	Huguan	709	2097	1914	101995		11
长子县	Zhangzi	4788	4085	5403	295513	14	489
武乡县	Wuxiang	1158	9439	1297	13925	96	2529
沁　县	Qinxian	382	1467	2255	41858	30	1236
沁源县	Qinyuan	3370	9112	852	20211	54	1043
晋城市	**Jincheng**						
城　区	Chengqu	5	14	138	4949	2	48
沁水县	Qinshui	1071	14469	1249	72310	43	1379
阳城县	Yangcheng	2662	13133	1394	71071	31	1046
陵川县	Lingchuan	2111	11809	1148	61810	1	17
泽州县	Zezhou	1337	2786	1644	75048	23	653
高平市	Gaoping	463	1742	1768	116520	4	53
朔州市	**Shuozhou**						
朔城区	Shuocheng	167	1017	1810	99665	105	3060
平鲁区	Pinglu	8	21	80	2055	1	26
山阴县	Shanyin	229	174	805	29030	65	2513
应　县	Yingxian	4072	31144	8949	429333	544	17577
右玉县	Youyu	116	1901	268	10113	6	240
怀仁市	Huairen	69	33	2901	146173	1256	36328
开发区	Development Zone			60	1839	1	5
晋中市	**Jinzhong**						
榆次区	Yuci	442	1698	6721	453067	70	3275
太谷区	Taigu	287	861	4765	401255	376	15931
榆社县	Yushe	344	933	909	56701	20	698
左权县	Zuoquan	1018	2926	635	30105	2	34
和顺县	Heshun	140	1002	280	18776	2	36
昔阳县	Xiyang	429	2246	760	45557	4	32
寿阳县	Shouyang	17	38	5475	423372	20	444
祁　县	Qixian	24	178	4316	332320	70	3626

20-11 续表2 continued

县(市、区)	Region	药材类 Medicinal Materials		蔬 菜 Vegetables		瓜果类 Melons	
		播种面积(公顷) Sown Area (ha)	总产量(吨) Total Output (ton)	播种面积(公顷) Sown Area (ha)	总产量(吨) Total Output (ton)	播种面积(公顷) Sown Area (ha)	总产量(吨) Total Output (ton)
平遥县	Pingyao	222	636	3258	156405	318	10312
灵石县	Lingshi	235	412	1028	29067	7	136
介休市	Jiexiu	230	586	611	28015	11	374
运 城 市	**Yuncheng**						
盐湖区	Yanhu	1865	4652	1171	61947	753	30173
临猗县	Linyi	325	1666	3600	91532	251	8781
万荣县	Wanrong	4323	24997	2920	124847	387	11623
闻喜县	Wenxi	14814	113948	5869	255224	997	45976
稷山县	Jishan	2296	10212	642	27656	25	560
新绛县	Xinjiang	1598	6524	9732	585013	4	142
绛　县	Jiangxian	3344	30886	961	42101	222	8786
垣曲县	Yuanqu	253	990	2684	72299	218	7611
夏　县	Xiaxian	4452	34016	10782	587352	963	52589
平陆县	Pinglu	1123	4277	2193	90083	244	13091
芮城县	Ruicheng	3453	37476	3208	117517	274	12963
永济市	Yongji	259	1126	3645	83871	373	16172
河津市	Hejin	842	19984	3925	150707	311	13978
忻 州 市	**Xinzhou**						
忻府区	Xinfu	54	31	6570	175308	1153	38744
定襄县	Dingxiang	87	212	4718	121752	952	48584
五台县	Wutai	2191	5359	354	15678	1	7
代　县	Daixian	78	43	559	14489	56	2026
繁峙县	Fanshi	1452	3835	1144	54835	123	3124
宁武县	Ningwu	117	128	113	2804	12	122
静乐县	Jingle	1054	1293	404	11833	26	677
神池县	Shenchi	35	53	1074	30298		
五寨县	Wuzhai	565	615	91	5019	39	1287
岢岚县	Kelan	579	1591	263	9276	2	56
河曲县	Hequ	25	52	1120	36622	287	9654
保德县	Baode	2	2	571	8902	79	1616
偏关县	Pianguan	30	37	250	9663	83	1264
原平市	Yuanping	251	1554	2364	98784	81	3437
五台山风景名胜区	Wutai Mount Scenic Area	7		1	70	1	13

20-11 续表3 continued

县(市、区)	Region	药材类 Medicinal Materials 播种面积(公顷) Sown Area (ha)	药材类 Medicinal Materials 总产量(吨) Total Output (ton)	蔬菜 Vegetables 播种面积(公顷) Sown Area (ha)	蔬菜 Vegetables 总产量(吨) Total Output (ton)	瓜果类 Melons 播种面积(公顷) Sown Area (ha)	瓜果类 Melons 总产量(吨) Total Output (ton)
临汾市	**Linfen**						
尧都区	Yaodu	802	4913	1293	69179	63	2306
曲沃县	Quwo	570	8567	4854	422141	187	6039
翼城县	Yicheng	969	4636	590	27822	162	6824
襄汾县	Xiangfen	2803	19788	2473	151665	43	1771
洪洞县	Hongtong	1616	5778	2077	80574	23	973
古　县	Guxian	1874	6316	926	18309	49	928
安泽县	Anze	1212	8862	791	32448	33	1503
浮山县	Fushan	713	19817	1223	56711	150	7579
吉　县	Jixian	14	353	1020	24898	61	1328
乡宁县	Xiangning	500	1223	937	8057	8	46
大宁县	Daning	232	1045	363	5155	233	2970
隰　县	Xixian	40	96	375	8165	202	3204
永和县	Yonghe	304	1982	336	10444	59	772
蒲　县	Puxian	285	3484	556	16741	3	89
汾西县	Fenxi	241	840	514	12374	22	650
侯马市	Houma	158	1878	603	43708	72	2239
霍州市	Huozhou	43	110	616	29820	25	536
吕梁市	**Lvliang**						
离石区	Lishi	114	189	390	3198	40	421
文水县	Wenshui	77	127	1514	50524	65	2182
交城县	Jiaocheng	96	25	541	28850	2	46
兴　县	Xingxian	2410	2212	312	4949	106	1943
临　县	Linxian	185	203	2679	48478	72	2506
柳林县	Liulin	186	84	1222	19972	163	2135
石楼县	Shilou	473	656	521	8183	24	504
岚　县	Lanxian	7	9	395	13287	5	111
方山县	Fangshan	468	1341	701	18311	9	123
中阳县	Zhongyang	36	7	295	8722	1	9
交口县	Jiaokou	124	347	173	10459	2	25
孝义市	Xiaoyi	74	125	510	14214	27	518
汾阳市	Fenyang	19	17	756	12724	35	727

20-12 水果、林业及渔业生产情况(2021年)

县(市、区)	Region	年末果园面积(公顷) Area of Orchards at Year-end (ha)	#苹果 Apples	#桃 Peaches	#梨 Pears	全年水果产量(吨) Annual Output of Fruits (ton)
太原市	**Taiyuan**					
小店区	Xiaodian	453	22	43	283	1864
迎泽区	Yingze	14			3	85
杏花岭区	Xinghualing	489	272	12	23	1207
尖草坪区	Jiancaoping	899	411	24	63	19842
万柏林区	Wanbailin	50	2	2	5	83
晋源区	Jinyuan	315	44	23	64	2098
清徐县	Qingxu	3027	99	344	587	60277
阳曲县	Yangqu	1851	627	225	415	5977
娄烦县	Loufan	220	10	7	41	1288
古交市	Gujiao	647	108	50	44	1479
大同市	**Datong**					
新荣区	Xinrong	466	111		23	2396
平城区	Pingcheng	32				950
云冈区	Yungang	289	22	8	8	3306
云州区	Yunzhou	2493	470	21	99	10876
阳高县	Yanggao	3292	220	7	15	42678
天镇县	Tianzhen	940	41		3	340
广灵县	Guangling	896				557
灵丘县	Lingqiu	355	41	8	11	2915
浑源县	Hunyuan	247	118		33	2844
左云县	Zuoyun	62				205
阳泉市	**Yangquan**					
城　区	Chengqu	15	7	3	1	478
矿　区	Kuangqu	95	52	5	18	155
郊　区	Jiaoqu	884	681	31	106	10127
平定县	Pingding	218	89	18	52	2099
盂　县	Yuxian	333	149	22	77	2226
长治市	**Changzhi**					
潞州区	Luzhou	154	88	25	30	2039
上党区	Shangdang	1009	484	164	210	7652
屯留区	Tunliu	86	49	15	12	1006
潞城区	Lucheng	296	168	34	37	5827
襄垣县	Xiangyuan	394	100	26	145	7926
平顺县	Pingshun	135	40	6	52	2935
黎城县	Licheng	443	205	45	63	7063
壶关县	Huguan	188	21	19	97	2395
长子县	Zhangzi	252	86	10	116	1812
武乡县	Wuxiang	1463	116	50	90	5329
沁　县	Qinxian	200	63	4	32	2031
沁源县	Qinyuan	108	1	4	48	462

注：本表造林面积不包括省属九大林局、市直单位数据。

PRODUCTION OF FRUITS, FORESTRY AND FISHERY(2021)

			当年造林面积 (公顷) Afforestation Area in the Year (ha)	水产养殖面积 (公顷) Fishery-breeding Area (ha)	水产品总产量 (吨) Aquatic Products(ton)
#苹 果 Apples	#桃 Peaches	#梨 Pears			
45	120	215		6	26
9		63		167	55
444	104	92			
7328	654	2020		13	158
8	5				
484	398	468		571	498
1088	4759	16832	100	296	1662
1991	1076	1520	1773	438	46
129	73	383	4000	2031	581
234	61	62	1607	32	198
1565		764	667	11	165
			120		
105	68	95	1866		
211	39	150	1000	910	320
622	180	1090	5990	35	101
180		44	6000	2	330
			4328	53	117
734	48	120	6440	29	320
1610	2	561	4927	13	2
2		1	3667		
282	66	13	7		
90	15	22			
8949	280	316	820	1	
810	314	137	1733	9	607
1294	269	242	2160	44	265
1075	367	462	153	1308	1721
3955	1467	1385	267	7	73
493	41	360	60	234	337
3245	1174	540	120		
2184	976	2943	4000	310	479
1028	171	1154	6000		
3920	496	1036	1453	3	350
268	127	847	1980	1	42
929	101	566	187	420	855
849	224	614	5333	298	483
574	83	271	467	355	1140
21	10	118	1987	2	30

Note：The coverage of afforestation area in this table doesn't include data of nine privincial forestry administration and municipal units.

20-12 续表1

县(市、区)	Region	年末果园面积(公顷) Area of Orchards at Year-end (ha)	#苹 果 Apples	#桃 Peaches	#梨 Pears	全年水果产量(吨) Annual Output of Fruits (ton)
晋 城 市	**Jincheng**					
城　区	Chengqu	55	11	14	14	533
沁水县	Qinshui	461	300	12	93	10760
阳城县	Yangcheng	1140	49	98	16	10068
陵川县	Lingchuan	388	237	31	76	3624
泽州县	Zezhou	806	245	86	195	25590
高平市	Gaoping	2419	407	58	1871	27594
朔 州 市	**Shuozhou**					
朔城区	Shuocheng	69	2	8		462
平鲁区	Pinglu					
山阴县	Shanyin	125	2			608
应　县	Yingxian	37	25			732
右玉县	Youyu	24				258
怀仁市	Huairen	826	28	3	8	4102
开发区	Development Zone	4				27
晋 中 市	**Jinzhong**					
榆次区	Yuci	6556	5029	106	357	93428
太谷区	Taigu	3134	891	111	337	44177
榆社县	Yushe	353	29	13	207	2847
左权县	Zuoquan	192	43	6	91	1069
和顺县	Heshun	24			20	35
昔阳县	Xiyang	611	368	79	117	12300
寿阳县	Shouyang	1485	189	9	791	26356
祁　县	Qixian	6866	1757	7	4883	172454
平遥县	Pingyao	6686	2052	23	4215	145959
灵石县	Lingshi	189	44	2	73	3296
介休市	Jiexiu	263	74	15	10	3106
运 城 市	**Yuncheng**					
盐湖区	Yanhu	20467	2078	6920	7540	780319
临猗县	Linyi	73412	42094	11968	4144	2770782
万荣县	Wanrong	29945	22406	5474	380	949526
闻喜县	Wenxi	2343	379	251	16	60868
稷山县	Jishan	5221	411	1186	28	128703
新绛县	Xinjiang	4434	195	4071	3	114599
绛　县	Jiangxian	4645	213	53	80	111478
垣曲县	Yuanqu	1035	303	131	84	36001
夏　县	Xiaxian	8420	1191	3686	134	293197
平陆县	Pinglu	9551	4121	4100	503	387862
芮城县	Ruicheng	15095	8672	3032	195	555486
永济市	Yongji	20258	1430	4624	311	630645
河津市	Hejin	1782	133	441	82	51786

continued

#苹 果 Apples	#桃 Peaches	#梨 Pears	当年造林面积 (公顷) Afforestation Area in the Year (ha)	水产养殖面积 (公顷) Fishery-breeding Area (ha)	水产品总产量 (吨) Aquatic Products(ton)
67	221	69		3	20
8996	202	730	1020	108	650
974	1690	161	754	41	95
1928	392	749	600	57	220
7676	2201	6048	867	23	450
8185	754	17811	414	39	190
88	3		3333	21	128
			3333	2	10
5	2		1333	11	58
680			3800	17	102
	2		1000	24	120
629	28	68	1067	23	110
	2				
83150	1362	4508	974	132	660
16655	2050	6849	680	183	490
236	23	2187	6614	352	900
282	26	144	4667	122	352
	1	7	2913	61	65
8192	989	2614	3000	25	131
3531	141	18745	6120	119	658
41211	41	128683	707	21	84
44032	241	99095	774	145	354
503	25	2211	2000	33	89
1200	228	61	220	45	189
64790	254977	362487	560	1360	680
1681191	476988	154232		107	146
725762	173314	13819	220	247	2076
12998	6456	399	1153	5	52
12747	53110	1045	894	5	
5493	104979	39	53	1	101
6050	1584	1468	440	6	13
14047	4928	1464	5153	17	838
48230	149308	5211	187	4	55
166897	188775	15405	1127	57	185
354189	127076	8135	760	70	760
62410	161736	11609	1360	554	19280
5159	20167	2279		2	10

20-12 续表2

县(市、区)	Region	年末果园面积(公顷) Area of Orchards at Year-end (ha)	#苹果 Apples	#桃 Peaches	#梨 Pears	全年水果产量(吨) Annual Output of Fruits (ton)
忻州市	**Xinzhou**					
忻府区	Xinfu	918	280	87	241	12721
定襄县	Dingxiang	499	107	27	184	12404
五台县	Wutai	323	23	2	34	5522
代　县	Daixian	527	36	6	299	7863
繁峙县	Fanshi	2078	230	27	155	4433
宁武县	Ningwu	15	2			2
静乐县	Jingle	87	7		39	1530
神池县	Shenchi					
五寨县	Wuzhai					
岢岚县	Kelan	54	11	1	2	980
河曲县	Hequ	1247	132	9	107	5694
保德县	Baode	5212	150	7	117	26580
偏关县	Pianguan	637	28	2	74	3894
原平市	Yuanping	4027	608	22	2195	50325
临汾市	**Linfen**					
尧都区	Yaodu	2564	1183	376	36	104513
曲沃县	Quwo	2881	1148	300	64	99247
翼城县	Yicheng	5708	4585	315	175	196094
襄汾县	Xiangfen	3487	2185	211	35	113052
洪洞县	Hongtong	383	133	34	7	6670
古　县	Guxian	43	30	7	3	1161
安泽县	Anze	93	47	4	33	691
浮山县	Fushan	1006	614	258	95	27894
吉　县	Jixian	13470	13169	28	214	284339
乡宁县	Xiangning	2639	2197	22	74	48454
大宁县	Daning	4322	3800	91	409	29114
隰　县	Xixian	12896	4561	5	8290	159984
永和县	Yonghe	8426	1736	1	108	21593
蒲　县	Puxian	1388	682	1	704	3962
汾西县	Fenxi	374	25		347	6058
侯马市	Houma	370	85	101	4	8899
霍州市	Huozhou	592	521	11	44	17245
吕梁市	**Lvliang**					
离石区	Lishi	278	26	2	8	565
文水县	Wenshui	3773	12	3	3583	74061
交城县	Jiaocheng	426	43	44	134	7143
兴　县	Xingxian	6565	141	10	102	22479
临　县	Linxian	31702	79	1	46	125918
柳林县	Liulin	7377	132	10	44	8890
石楼县	Shilou	7641	123	2	7	8807
岚　县	Lanxian	293				1371
方山县	Fangshan	135	26	2	23	254
中阳县	Zhongyang	25	5	2		43
交口县	Jiaokou	85		2	15	2
孝义市	Xiaoyi	250	22	4	22	2383
汾阳市	Fenyang	215	70	7	50	2251

continued

#苹 果 Apples	#桃 Peaches	#梨 Pears	当年造林面积(公顷) Afforestation Area in the Year (ha)	水产养殖面积(公顷) Fishery-breeding Area (ha)	水产品总产量(吨) Aquatic Products(ton)
4899	1470	3258	1334	120	449
2428	367	6066	713	71	360
590	51	685	1400	14	12
1019	78	5918	1253	75	402
1797	336	274	5900	172	233
1			4666	91	80
151		1060	4333	36	174
			3733		
			3334	76	126
199	23	26	6000	30	6
249	24	133	4694	25	32
529	8	328	2334	15	105
359	65	272	6200		72
6898	215	38270	2333	253	558
54302	18952	950	1106	150	1196
51974	11266	2100	233	223	1726
171708	9059	2670	200	76	111
80880	9576	1010	133	205	936
3085	370	49	1134	249	839
714	199	47	800	4	16
527	32	50	2600	1	10
16605	10081	634	1000	13	83
283308	347	142	1333	11	10
42008	169	386	1334	14	88
27333	1291	413	667		
80613	102	79056	533	1	3
7749	9	885	2733	5	65
3225		728	1334	3	8
344	2	5662	233		
2068	2414	76	133	56	835
16766	128	67	533	4	65
144	7	29	2667	52	22
127	41	70733	20	316	491
413	422	4533	466	98	120
625	60	338	4253	14	26
381	3	65	10893	95	35
1095	129	124	1533	14	65
614	33	17	4051	20	32
2	8		1133	63	22
93	5	29	5826	453	85
7	9		133	40	35
	1	1	267		
302	68	406		44	20
1017	70	510	1102	24	28

20-13 畜牧业生产情况(2021年)

县(市、区)	Region	大牲畜年末存栏(头) Large Animals at Year-end (head)	#牛 Cattle and Buffaloes	猪年末存栏(头) Hogs at Year-end (head)	羊年末存栏(只) Sheep and Goats at Year-end (head)	家禽年末存栏(只) Poultry at Year-end (head)
太 原 市	**Taiyuan**					
小店区	Xiaodian	9548	9528	10675	12720	421360
迎泽区	Yingze	277	226	760	4000	40330
杏花岭区	Xinghualing	118	90	4440	3830	171721
尖草坪区	Jiancaoping	4391	4376	2961	20010	71756
万柏林区	Wanbailin	112	103	100	1910	13888
晋源区	Jinyuan	2572	2526	4261	12380	327414
清徐县	Qingxu	4773	4700	66198	93369	944547
阳曲县	Yangqu	8104	7813	40388	80089	825501
娄烦县	Loufan	8708	8398	15480	38805	168629
古交市	Gujiao	9687	9563	14698	38369	235005
大 同 市	**Datong**					
新荣区	Xinrong	23774	20671	21395	86794	180204
平城区	Pingcheng	5301	5247	14211	15753	313451
云冈区	Yungang	31184	31042	40233	42835	691833
云州区	Yunzhou	21939	21150	73875	142548	2991454
阳高县	Yanggao	31001	25154	266014	299159	421725
天镇县	Tianzhen	35311	24256	77841	205373	295705
广灵县	Guangling	31027	27864	36800	210174	462719
灵丘县	Lingqiu	34229	29791	74975	377586	389488
浑源县	Hunyuan	31697	28674	69795	330458	394135
左云县	Zuoyun	9437	8963	21022	130753	65196
开发区	Development Zone	307	307	579	812	3264
阳 泉 市	**Yangquan**					
城　区	Chengqu	219	219	220	1000	143850
矿　区	Kuangqu	73	64	985	1152	47017
郊　区	Jiaoqu	733	632	32762	6627	594848
平定县	Pingding	1941	1372	45533	20844	1671501
盂　县	Yuxian	6388	6000	50031	47253	462060
长 治 市	**Changzhi**					
潞州区	Luzhou	1889	1842	15092	12320	594194
上党区	Shangdang	1670	1603	101611	22058	3314188
屯留区	Tunliu	8336	7544	49015	72496	942184
潞城区	Lucheng	2994	2237	59276	27331	693175
襄垣县	Xiangyuan	3040	2701	45145	45979	938830
平顺县	Pingshun	2501	1759	37357	22618	258804
黎城县	Licheng	2582	2174	39856	35423	735335
壶关县	Huguan	675	666	85590	27058	2930802
长子县	Zhangzi	3546	3388	68279	90028	2945035
武乡县	Wuxiang	8081	7114	27483	94141	1379665
沁　县	Qinxian	10071	9565	23654	68471	6462970
沁源县	Qinyuan	5212	4339	8050	118804	165699

NUMBER OF LIVESTOCK AND LIVESTOCK PRODUCTS(2021)

肉类总产量 (吨) Output of Meat (ton)	#猪 肉 Pork	#牛 肉 Beef	#羊 肉 Mutton	禽蛋产量 (吨) Poultry Eggs (ton)	奶类产量 (吨) Milk (ton)	#牛 奶 Milk
3329	2080	155	146	5847	35873	35873
117	23	21	26	442		
762	338	5	36	1638		
832	490	48	143	867	13826	13826
36	5	9	8	141	129	129
1300	645	40	96	3087	6088	6088
14366	9443	839	1190	5550	8464	5834
5808	4052	424	799	9838	6464	6464
2269	1509	285	311	1538		
3874	2266	439	515	1806	241	241
6658	3222	1977	916	1920	30540	30540
2160	1643	346	92	3274	19071	19071
6476	4238	1127	383	6421	76560	76560
13903	7936	1522	1196	29808	23661	23661
46581	40238	2253	3388	4121	60068	60068
13978	9994	1196	2049	3303	75152	75152
9654	5889	1081	2175	4633	29566	29526
12545	7854	1785	2347	4359	2896	2896
17490	11338	2532	2982	4284	10933	10932
5008	2219	956	1763	807	3035	3035
56	36	7	4	28	261	261
63	26	14	5	1480	564	564
153	92		20	480	249	249
5325	4468	75	76	6026	699	699
8758	6215	55	224	20708	2813	2813
6774	5624	316	401	5251		
2921	2212	146	61	6739	6067	5822
17775	15220	124	152	30209	2965	2965
9060	6901	552	605	10658	493	493
8831	7776	206	292	5434	3733	3733
8282	5065	416	437	4894	63	63
4724	4206	153	168	2133		
4661	3876	164	216	7733	613	612
18692	11241	31	199	10511	869	869
11726	8836	330	615	32997	463	463
16618	3602	419	603	1749	419	419
16974	2736	2318	591	7478	153	153
2029	641	197	454	2052	257	257

20-13 续表1

县(市、区)	Region	大牲畜年末存栏(头) Large Animals at Year-end (head)	#牛 Cattle and Buffaloes	猪年末存栏(头) Hogs at Year-end (head)	羊年末存栏(只) Sheep and Goats at Year-end (head)	家禽年末存栏(只) Poultry at Year-end (head)
晋城市	**Jincheng**					
城　区	Chengqu	944	944	928	7131	168280
沁水县	Qinshui	3597	3438	96263	132743	3300155
阳城县	Yangcheng	1623	1604	170711	39337	3292689
陵川县	Lingchuan	1159	1151	110251	40143	1575314
泽州县	Zezhou	3280	3160	276447	85766	2528785
高平市	Gaoping	866	771	281394	38722	1870544
朔州市	**Shuozhou**					
朔城区	Shuocheng	32556	28855	59341	152470	1213584
平鲁区	Pinglu	17050	14026	21403	171848	58572
山阴县	Shanyin	82690	81597	38064	173200	388108
应　县	Yingxian	69947	68962	77870	282457	353921
右玉县	Youyu	14475	12851	18689	259112	201148
怀仁市	Huairen	23949	23630	116309	720332	870059
开发区	Development Zone	2797	2797	584	3000	44381
晋中市	**Jinzhong**					
榆次区	Yuci	14091	13653	137506	151500	1860316
太谷区	Taigu	10025	9432	265305	151715	4708398
榆社县	Yushe	9884	9716	50648	104086	602188
左权县	Zuoquan	6350	6302	19378	112012	504373
和顺县	Heshun	24906	24696	19566	61453	1250122
昔阳县	Xiyang	5392	5035	68029	45778	638065
寿阳县	Shouyang	2079	1881	49078	50155	856307
祁　县	Qixian	61068	61060	66195	147789	2775923
平遥县	Pingyao	13282	13102	88209	140014	8451769
灵石县	Lingshi	1243	686	63689	64097	544884
介休市	Jiexiu	3290	3133	79492	80087	3327109
运城市	**Yuncheng**					
盐湖区	Yanhu	4110	3984	59348	125810	1284805
临猗县	Linyi	2145	2124	172096	81785	3181278
万荣县	Wanrong	3266	3075	176784	57755	2879055
闻喜县	Wenxi	4107	4060	141192	48823	4555526
稷山县	Jishan	6352	6309	63397	58993	10988435
新绛县	Xinjiang	11277	10945	168350	47883	4248335
绛　县	Jiangxian	5445	4807	59030	62482	1238294
垣曲县	Yuanqu	2522	2507	54448	65712	589524
夏　县	Xiaxian	3010	2919	101176	45969	4030805
平陆县	Pinglu	4827	4827	57495	62784	260835
芮城县	Ruicheng	2978	2842	150425	52667	1141679
永济市	Yongji	5887	5876	178473	43533	2280008
河津市	Hejin	4378	4014	62810	28152	1398492

continued

肉类总产量 (吨) Output of Meat (ton)	#猪 肉 Pork	#牛 肉 Beef	#羊 肉 Mutton	禽蛋产量 (吨) Poultry Eggs (ton)	奶类产量 (吨) Milk (ton)	#牛 奶 Milk
396	179	99	43	1192		
27219	7012	167	1357	4625		
20752	16709	127	424	32998	18	18
13894	11498	71	364	14191		
44942	41023	282	782	23289	26	26
45362	41987	71	380	16192	165	165
6624	4316	681	959	12081	65015	65015
4648	2373	1093	1010	544	8169	8169
6065	3237	1554	917	3455	254773	254773
12654	6857	2235	3184	3178	210359	210359
7874	2328	2033	3236	1170	537	537
27611	8631	794	17056	10257	49502	49502
172	58	39	17	450	8833	8833
20051	14789	649	1160	14638	38495	38495
53195	41376	1046	1833	32916	11200	11200
6947	4029	714	724	5924	22	22
5462	2382	518	986	5222		
8190	1926	3257	426	8862		
10907	8368	394	427	2221	159	159
6643	4786	218	591	7956	778	778
22319	9945	7203	1179	18212	78298	78298
32059	9905	1518	1017	27976	13847	12657
9217	7612	47	472	4354	722	722
17332	9987	263	687	19258	6512	6512
9733	6275	143	910	8190	3853	3828
19908	16700	119	695	21127	1741	1741
17737	15155	186	426	27113	2116	2116
30382	16191	548	575	25268	698	595
12126	7317	280	310	115919	1452	1452
18552	15178	714	260	36279	6912	6912
11221	8437	425	599	5095	303	303
8327	6678	164	602	3077	22	22
15657	9457	223	310	9853	304	304
8415	7068	355	572	2996	1715	1715
22483	20163	273	427	9554	347	347
20565	18323	197	332	10391	8739	8739
6827	5772	150	165	11632	4857	4857

20-13 续表2

县(市、区)	Region	大牲畜年末存栏(头) Large Animals at Year-end (head)	#牛 Cattle and Buffaloes	猪年末存栏(头) Hogs at Year-end (head)	羊年末存栏(只) Sheep and Goats at Year-end (head)	家禽年末存栏(只) Poultry at Year-end (head)
忻州市	**Xinzhou**					
忻府区	Xinfu	20241	19303	44337	84105	474521
定襄县	Dingxiang	11761	9976	37793	53363	119053
五台县	Wutai	28617	28001	36052	93291	395116
代　县	Daixian	31428	30393	18063	81566	178963
繁峙县	Fanshi	49261	44202	139990	183045	1512596
宁武县	Ningwu	19567	16671	66370	105719	34178
静乐县	Jingle	14308	10153	14291	92867	405642
神池县	Shenchi	16658	10017	23774	558939	146338
五寨县	Wuzhai	9650	7756	13521	150413	370580
岢岚县	Kelan	8905	7514	17575	195418	82155
河曲县	Hequ	7420	5089	27591	69665	640284
保德县	Baode	2440	1567	23717	89733	362283
偏关县	Pianguan	4681	3708	9502	202228	133539
原平市	Yuanping	15731	12431	127697	281857	3105571
五台山风景名胜区	Wutai Mount Scenic Area	7067	6303	730	5130	9838
临汾市	**Linfen**					
尧都区	Yaodu	7833	7499	89697	76445	1532952
曲沃县	Quwo	4692	4189	71233	65400	1533080
翼城县	Yicheng	12609	12576	112213	58644	805271
襄汾县	Xiangfen	7044	6976	147061	92870	3920158
洪洞县	Hongtong	17675	17623	140081	115440	3503695
古　县	Guxian	1411	1411	21310	24061	158705
安泽县	Anze	1514	1494	13661	37381	190494
浮山县	Fushan	4139	4073	28759	50300	221603
吉　县	Jixian	1515	1467	34247	26711	173071
乡宁县	Xiangning	7500	7447	60646	63288	1022564
大宁县	Daning	1656	1292	22659	15749	74393
隰　县	Xixian	3778	3505	38047	27499	267899
永和县	Yonghe	2234	1931	5874	62516	239582
蒲　县	Puxian	11214	11209	40781	12295	219614
汾西县	Fenxi	6282	6282	31912	50290	3313516
侯马市	Houma	2306	2306	18854	21010	517572
霍州市	Huozhou	2561	2492	53556	37884	835942
吕梁市	**Lvliang**					
离石区	Lishi	12014	11964	30214	34303	494111
文水县	Wenshui	152851	152836	81985	67624	4802757
交城县	Jiaocheng	28040	27364	33090	34474	1001732
兴　县	Xingxian	9337	9136	41825	90320	537789
临　县	Linxian	7973	7576	98113	168902	1962543
柳林县	Liulin	3623	3061	60527	68939	295528
石楼县	Shilou	4458	4418	26750	50225	556579
岚　县	Lanxian	15838	13969	22949	35966	650659
方山县	Fangshan	30654	30480	24164	31593	1094119
中阳县	Zhongyang	9322	9150	61148	26846	672793
交口县	Jiaokou	9700	9066	63769	34048	432110
孝义市	Xiaoyi	4227	3844	59645	32001	4637623
汾阳市	Fenyang	10923	10866	99532	62148	3287726

continued

肉类总产量 (吨) Output of Meat (ton)	#猪 肉 Pork	#牛 肉 Beef	#羊 肉 Mutton	禽蛋产量 (吨) Poultry Eggs (ton)	奶类产量 (吨) Milk (ton)	#牛 奶 Milk
7947	6166	529	608	6767	42086	42086
6026	4935	584	406	1246	5068	5068
7848	4839	1557	1016	4390		
4077	2426	763	715	1552	400	400
23666	18380	2262	1350	14471	12889	12889
7269	5765	731	667	458	156	156
3404	1650	542	1060	3737	385	385
11954	3187	1455	6290	1192	606	606
2919	1297	396	764	2548	368	368
4340	1743	532	1909	995	181	181
3635	2595	275	453	6226	10727	10727
3780	2249	161	933	3708	138	138
3840	1262	318	2062	1540		
24137	16322	970	2603	32616	4776	4776
269	46	186	19	116		
12121	9840	348	406	13361	9042	9034
12909	7770	278	432	8533	4997	4980
22618	20671	658	447	7998	19297	19297
25004	18802	444	705	25209	1533	1533
15960	12285	826	693	29314	7478	6781
2966	2626	100	148	1301	108	
1408	749	253	145	2177		
4554	3329	582	392	2813	401	364
3636	3227	166	166	1769	56	56
7344	5318	671	452	11468	1059	1059
1723	1426	104	105	692	31	31
6150	5482	252	205	2634	353	350
1947	760	138	503	1110	39	39
5854	3900	1275	60	845	54	54
14344	2761	337	453	2908	271	255
3466	2895	129	188	2964	1815	1815
9156	7483	239	327	3651	4235	3573
3893	2553	208	245	3802	707	707
35970	10353	14151	664	29475	5554	5545
8877	5035	1502	313	5955	2258	2258
5114	3883	370	617	5789	64	64
16171	11782	344	1559	18393	1897	1897
8197	7170	178	646	3000	1345	1345
4184	2811	296	517	5715	315	315
5075	2426	447	176	1452	251	245
5416	2203	1007	274	8353	1049	1025
10498	7902	314	178	4396	278	278
12458	10137	395	271	1433	15	15
29802	6937	126	196	15270	3242	3226
18811	10576	832	438	17329	8071	8071

20-14 农业生产条件(2021年)
CONDITIONS OF AGRICULTURAL PRODUCTION(2021)

县(市、区)	Region	年末有效灌溉面积(公顷) Effective Irrigated Area at Year-end (ha)	农用化肥施用量(折纯量,吨) Agricultural Consumption of Chemical Fertilizers (ton)	农用塑料薄膜使用量(吨) Agricultural Consumption of Plastic Films (ton)	农药使用量(吨) Agricultural Consumption of Farm Chemical (ton)
太原市	**Taiyuan**				
小店区	Xiaodian	5530	1715	193	36
迎泽区	Yingze	170	2		
杏花岭区	Xinghualing	30	23	1	3
尖草坪区	Jiancaoping	4370	675	68	58
万柏林区	Wanbailin	500	13	1	2
晋源区	Jinyuan	3740	525	104	19
清徐县	Qingxu	25070	10226	1486	194
阳曲县	Yangqu	1380	7534	1209	54
娄烦县	Loufan	1220	656	61	5
古交市	Gujiao	780	452	96	13
大同市	**Datong**				
新荣区	Xinrong	5040	1196	336	7
平城区	Pingcheng	4460	602	94	8
云冈区	Yungang	10640	2975	515	104
云州区	Yunzhou	21370	9148	1181	85
阳高县	Yanggao	30590	13291	2582	133
天镇县	Tianzhen	26650	13985	862	74
广灵县	Guangling	18320	9201	498	83
灵丘县	Lingqiu	12250	13517	520	98
浑源县	Hunyuan	18540	14444	906	95
左云县	Zuoyun	3000	1538	213	5
阳泉市	**Yangquan**				
郊　区	Jiaoqu	2090	626	69	30
平定县	Pingding	2810	3912	10	58
盂　县	Yuxian	3700	9801	158	88
长治市	**Changzhi**				
潞州区	Luzhou	8680	4617	310	27
上党区	Shangdang	10300	9993	99	44
屯留区	Tunliu	18260	21642	169	87
潞城区	Lucheng	5200	8784	157	51
襄垣县	Xiangyuan	9130	9266	200	72
平顺县	Pingshun	1620	3111	171	101
黎城县	Licheng	10580	4367	32	52
壶关县	Huguan	700	8759	485	107
长子县	Zhangzi	16190	20332	712	242
武乡县	Wuxiang	6400	5988	119	40
沁　县	Qinxian	7740	7860	192	26
沁源县	Qinyuan	2380	2228	186	29

20-14 续表1 continued

县(市、区)	Region	年末有效灌溉面积(公顷) Effective Irrigated Area at Year-end (ha)	农用化肥施用量(折纯量，吨) Agricultural Consumption of Chemical Fertilizers (ton)	农用塑料薄膜使用量(吨) Agricultural Consumption of Plastic Films (ton)	农药使用量(吨) Agricultural Consumption of Farm Chemical (ton)
晋城市	**Jincheng**				
城　区	Chengqu	2750	333	6	5
沁水县	Qinshui	9970	8806	83	99
阳城县	Yangcheng	9910	10340	28	90
陵川县	Lingchuan	3090	13080	222	189
泽州县	Zezhou	11390	11748	57	188
高平市	Gaoping	11300	15778	319	221
朔州市	**Shuozhou**				
朔城区	Shuocheng	36430	11279	1537	91
平鲁区	Pinglu	900	6082	148	63
山阴县	Shanyin	27620	14490	1138	92
应　县	Yingxian	55490	22578	1692	220
右玉县	Youyu	3000	1709	122	22
怀仁市	Huairen	31210	12107	901	57
晋中市	**Jinzhong**				
榆次区	Yuci	25240	13053	949	291
太谷区	Taigu	30050	16316	2381	282
榆社县	Yushe	5590	2670	72	37
左权县	Zuoquan	5930	1992	198	28
和顺县	Heshun	5970	2362	534	49
昔阳县	Xiyang	5670	5711	112	75
寿阳县	Shouyang	5650	20134	1229	291
祁　县	Qixian	27340	13566	722	310
平遥县	Pingyao	37800	13236	351	272
灵石县	Lingshi	2650	2254	22	42
介休市	Jiexiu	15040	3728	41	59
运城市	**Yuncheng**				
盐湖区	Yanhu	49140	20182	905	1311
临猗县	Linyi	84590	51870	1456	5598
万荣县	Wanrong	54720	13173	1302	1292
闻喜县	Wenxi	16420	22877	241	345
稷山县	Jishan	30460	11162	17	252
新绛县	Xinjiang	25330	22266	688	587
绛　县	Jiangxian	15380	23988	295	237
垣曲县	Yuanqu	8170	5026	298	193
夏　县	Xiaxian	23780	24633	1811	737
平陆县	Pinglu	17160	13055	179	282
芮城县	Ruicheng	48410	19359	165	1238
永济市	Yongji	46050	16479	1161	1112
河津市	Hejin	18290	11610	150	301

20-14 续表2 continued

县(市、区)	Region	年末有效灌溉面积(公顷) Effective Irrigated Area at Year-end (ha)	农用化肥施用量(折纯量, 吨) Agricultural Consumption of Chemical Fertilizers (ton)	农用塑料薄膜使用量(吨) Agricultural Consumption of Plastic Films (ton)	农药使用量(吨) Agricultural Consumption of Farm Chemical (ton)
忻 州 市	**Xinzhou**				
忻府区	Xinfu	35530	19269	556	165
定襄县	Dingxiang	21870	10264	243	58
五台县	Wutai	6280	7877	694	99
代 县	Daixian	17770	10430	189	65
繁峙县	Fanshi	14520	14437	760	92
宁武县	Ningwu	1550	252	33	12
静乐县	Jingle	1550	3978	165	21
神池县	Shenchi	1730	12070	1001	23
五寨县	Wuzhai	4200	17561	1287	79
岢岚县	Kelan	1830	3824	691	13
河曲县	Hequ	3980	6112	250	72
保德县	Baode	1060	3577	58	19
偏关县	Pianguan	1110	6312	347	18
原平市	Yuanping	33750	23896	208	220
临 汾 市	**Linfen**				
尧都区	Yaodu	27020	17373	570	779
曲沃县	Quwo	16990	11775	1344	306
翼城县	Yicheng	12320	11248	217	256
襄汾县	Xiangfen	31870	27413	395	470
洪洞县	Hongtong	27250	22133	92	566
古 县	Guxian	1070	4779	44	44
安泽县	Anze	2040	6562	236	43
浮山县	Fushan	3660	6066	109	97
吉 县	Jixian	3450	6135	403	209
乡宁县	Xiangning	1580	8680	98	160
大宁县	Daning	2800	2452	58	28
隰 县	Xixian	2270	5863	118	66
永和县	Yonghe	1560	2712	10	24
蒲 县	Puxian	2560	2589	318	19
汾西县	Fenxi	250	1318	61	36
侯马市	Houma	8310	8687	181	89
霍州市	Huozhou	6900	3281	48	75
吕 梁 市	**Lvliang**				
离石区	Lishi	2090	3581	34	6
文水县	Wenshui	30870	9054	98	281
交城县	Jiaocheng	8840	2632	38	60
兴 县	Xingxian	5380	3184	23	18
临 县	Linxian	8140	12749	211	74
柳林县	Liulin	4920	2870	49	20
石楼县	Shilou	1720	4406	47	23
岚 县	Lanxian	4300	5556	715	35
方山县	Fangshan	2540	3295	68	17
中阳县	Zhongyang	650	1671	24	6
交口县	Jiaokou		2047	152	2
孝义市	Xiaoyi	11170	4392	25	30
汾阳市	Fenyang	28510	9388	63	103

20-15 农业机械年末拥有量(2021年)
AGRICULTURAL MACHINERY AT YEAR-END(2021)

县(市、区)	Region	农业机械总动力(千瓦) Total Power of Agricultural Machinery (kw)	大中型农用拖拉机(台) Large and Medium Tractors for Agriculture (unit)	小型农用拖拉机(台) Mini-tractors for Agriculture (unit)	联合收割机(台) Combine Harvesters (unit)
太 原 市	**Taiyuan**				
小店区	Xiaodian	53500	179	363	158
迎泽区	Yingze	507	2	19	
杏花岭区	Xinghualing	5835	9	155	1
尖草坪区	Jiancaoping	9070	62	120	6
万柏林区	Wanbailin	1498	7	16	1
晋源区	Jinyuan	41021	130	166	10
清徐县	Qingxu	178400	941	462	347
阳曲县	Yangqu	139000	1199	2791	310
娄烦县	Loufan	33117	385	366	6
古交市	Gujiao	65015	135	475	19
大 同 市	**Datong**				
新荣区	Xinrong	79555	509	2710	96
平城区	Pingcheng	15700	14	30	22
云冈区	Yungang	136000	1111	840	206
云州区	Yunzhou	162047	1355	2776	295
阳高县	Yanggao	254272	2042	1682	440
天镇县	Tianzhen	165035	1474	1846	332
广灵县	Guangling	115765	1203	544	381
灵丘县	Lingqiu	83365	799	109	203
浑源县	Hunyuan	112305	895	920	392
左云县	Zuoyun	84542	549	2788	70
阳 泉 市	**Yangquan**				
郊　区	Jiaoqu	47105	158	373	44
平定县	Pingding	120028	430	1148	87
盂　县	Yuxian	209757	1235	6369	381
长 治 市	**Changzhi**				
潞州区	Luzhou	57213	363	231	114
上党区	Shangdang	65681	501	295	131
屯留区	Tunliu	241200	1949	5392	753
潞城区	Lucheng	115771	990	1370	314
襄垣县	Xiangyuan	137543	1657	498	502
平顺县	Pingshun	57702	172	678	25
黎城县	Licheng	113402	682	6480	177
壶关县	Huguan	58448	516	445	158
长子县	Zhangzi	179219	1042	2002	643
武乡县	Wuxiang	129221	1124	3473	153
沁　县	Qinxian	129978	1475	1008	436
沁源县	Qinyuan	53965	604	649	67

20-15 续表1 continued

县(市、区)	Region	农业机械总动力(千瓦) Total Power of Agricultural Machinery (kw)	大中型农用拖拉机(台) Large and Medium Tractors for Agriculture (unit)	小型农用拖拉机(台) Mini-tractors for Agriculture (unit)	联合收割机(台) Combine Harvesters (unit)
晋城市	**Jincheng**				
城　区	Chengqu	15065	111	79	23
沁水县	Qinshui	112636	772	8186	181
阳城县	Yangcheng	175566	827	15348	255
陵川县	Lingchuan	56448	588	2026	168
泽州县	Zezhou	195300	1375	6846	492
高平市	Gaoping	95512	1038	2211	266
朔州市	**Shuozhou**				
朔城区	Shuocheng	371751	1598	2707	630
平鲁区	Pinglu	134805	685	1222	123
山阴县	Shanyin	336196	2915	1835	703
应　县	Yingxian	265409	1718	1954	609
右玉县	Youyu	160048	1487	3099	207
怀仁市	Huairen	278346	1761	1456	691
晋中市	**Jinzhong**				
榆次区	Yuci	277082	1625	3668	436
太谷区	Taigu	303680	3434	4637	1387
榆社县	Yushe	230033	1210	5435	391
左权县	Zuoquan	104167	588	3388	92
和顺县	Heshun	95540	284	7408	48
昔阳县	Xiyang	103494	408	7048	43
寿阳县	Shouyang	141585	916	6585	98
祁　县	Qixian	208000	1149	3987	698
平遥县	Pingyao	207092	1022	4011	527
灵石县	Lingshi	107031	691	805	140
介休市	Jiexiu	168013	837	88	577
运城市	**Yuncheng**				
盐湖区	Yanhu	355890	1745	9060	658
临猗县	Linyi	458011	1566	18075	848
万荣县	Wanrong	243168	1674	2326	335
闻喜县	Wenxi	193400	2110	1182	635
稷山县	Jishan	215572	1651	1407	932
新绛县	Xinjiang	253100	1512	490	937
绛　县	Jiangxian	115807	769	968	374
垣曲县	Yuanqu	92879	941	1482	311
夏　县	Xiaxian	238355	1796	3814	776
平陆县	Pinglu	190988	1068	8330	353
芮城县	Ruicheng	393426	1966	1077	1172
永济市	Yongji	382275	3068	8307	1215
河津市	Hejin	117099	865	236	482

20-15 续表2 continued

县(市、区)	Region	农业机械总动力(千瓦) Total Power of Agricultural Machinery (kw)	大中型农用拖拉机(台) Large and Medium Tractors for Agriculture (unit)	小型农用拖拉机(台) Mini-tractors for Agriculture (unit)	联合收割机(台) Combine Harvesters (unit)
忻州市	**Xinzhou**				
忻府区	Xinfu	268716	2531	1444	837
定襄县	Dingxiang	126000	697	1238	482
五台县	Wutai	113498	1358	4305	177
代　县	Daixian	115000	657	2079	390
繁峙县	Fanshi	164800	1098	1608	428
宁武县	Ningwu	31200	295	760	15
静乐县	Jingle	69269	664	1752	24
神池县	Shenchi	201763	2227	3774	287
五寨县	Wuzhai	239285	4945	2592	285
岢岚县	Kelan	131000	1543	458	95
河曲县	Hequ	76783	507	1639	31
保德县	Baode	81908	110	342	11
偏关县	Pianguan	61647	595	1966	5
原平市	Yuanping	265517	1709	4216	850
临汾市	**Linfen**				
尧都区	Yaodu	228000	1171	1963	834
曲沃县	Quwo	232065	864	934	735
翼城县	Yicheng	239091	1544	3816	991
襄汾县	Xiangfen	307886	2163	1487	1477
洪洞县	Hongtong	298844	2700	2273	1280
古　县	Guxian	75408	1020	1311	185
安泽县	Anze	76653	733	3379	171
浮山县	Fushan	90710	997	1854	237
吉　县	Jixian	106430	526	5782	12
乡宁县	Xiangning	147190	1228	2534	88
大宁县	Daning	43226	420	1844	19
隰　县	Xixian	109420	1102	4457	50
永和县	Yonghe	52048	561	845	37
蒲　县	Puxian	49355	797	1101	31
汾西县	Fenxi	71945	883	936	85
侯马市	Houma	93360	644	59	247
霍州市	Huozhou	95219	960	1358	199
吕梁市	**Lvliang**				
离石区	Lishi	44334	221	287	9
文水县	Wenshui	246258	869	1435	538
交城县	Jiaocheng	86795	165	510	115
兴　县	Xingxian	95869	187	293	24
临　县	Linxian	183029	896	65	52
柳林县	Liulin	81000	369	532	26
石楼县	Shilou	69102	501	227	20
岚　县	Lanxian	98128	1150	1793	142
方山县	Fangshan	49098	253	934	23
中阳县	Zhongyang	60160	126	690	13
交口县	Jiaokou	71276	759	569	51
孝义市	Xiaoyi	67851	671	336	197
汾阳市	Fenyang	279599	1869	698	499

20-16 工业主要指标(2021年)

单位：万元

县(市、区)	Region	单位数(个) Number of Enterprises(unit)	资产总计 Total Assets
太 原 市	**Taiyuan**		
小店区	Xiaodian	71	3346240
迎泽区	Yingze	18	3061940
杏花岭区	Xinhualing	45	1223140
尖草坪区	Jiancaoping	123	16169377
万柏林区	Wanbailin	41	13483287
晋源区	Jingyuan	25	400402
清徐县	Qingxu	104	9983642
阳曲县	Yangqu	65	1174300
娄烦县	Loufan	19	990186
古交市	High-tech Zone	56	3460518
综改示范区	Comprehensive Reform Demonstration Zone	248	25673687
大 同 市	**Datong**		
新荣区	Xinrong	38	939052
平城区	Pingcheng	41	2587930
云冈区	Yungang	110	49122468
云州区	Yunzhou	18	225665
阳高县	Yanggao	29	1231269
天镇县	Tianzhen	18	757411
广灵县	Guangling	28	766132
灵丘县	Lingqiu	33	1196109
浑源县	Hunyuan	14	622779
左云县	Zuoyun	45	6318569
开发区	Development Zone	79	2844096
阳 泉 市	**Yangquan**		
城 区	Chengqu	14	737373
矿 区	Kuangqu	27	23219249
郊 区	Jiaoqu	89	2995412
平定县	Pingding	100	3225411
盂 县	Yuxian	64	4407849
长 治 市	**Changzhi**		
潞州区	Luzhou	119	8706251
上党区	Shangdang	92	8161193
屯留区	Tunliu	54	5456580
潞城区	Lucheng	74	6209933
襄垣县	Xiangyuan	74	31439664
平顺县	Pingshun	24	623515
黎城县	Licheng	18	717497
壶关县	Huguan	35	1320586
长子县	Zhangzi	45	5864718
武乡县	Wuxiang	27	1629400
沁 县	Qinxian	7	401732
沁源县	Qinyuan	50	8544972

MAJOR INDUSTRIAL INDICATORS(2021)

(10 000 yuan)

负债合计 Total Liabilities	营业收入 Business Revenue	利润总额 Total Profits	应交增值税 Value Added Taxes Payable
2523826	1516178	-4337	28246
1551447	936681	22208	51354
830686	688718	-16392	13647
8932182	15190947	1362277	326098
11083828	4857498	-50528	256340
304394	209980	16595	6494
7427957	7151406	570468	87329
750509	698996	31825	8796
850760	548103	72470	35257
3486456	2448110	-130962	146803
18961873	19191713	450368	138139
622262	1080352	75127	24501
1638100	1375883	-137922	31271
47467411	17913702	49119	412365
146345	102853	3058	525
1089503	430550	-20881	4471
525021	175660	46261	6512
445515	323846	45142	13193
907184	329800	34863	4409
460793	90401	10864	2224
4731862	2362854	467349	164815
1736985	1955556	35295	36977
393920	245438	46248	13183
18153499	3456466	5758	198657
2141950	1426902	118705	77830
2951347	1558439	-71984	39624
3406336	1614706	166093	99989
5693088	5872069	374964	157624
3839045	4422700	1393470	299404
4375344	4162454	279312	293273
3958393	4892466	418091	98359
24269714	9980535	148223	319706
379755	239841	34801	4618
473059	875702	54535	37418
1257291	1917678	185010	32968
3338857	3340232	886518	282268
1324113	1072051	240294	77121
269930	394076	15608	7055
5526412	3850324	1023017	227086

20-16 续表1

单位：万元

县(市、区)	Region	单位数(个) Number of Enterprises(unit)	资产总计 Total Assets
晋城市	**Jincheng**		
城　区	Chengqu	60	4154647
沁水县	Qinshui	78	25947396
阳城县	Yangcheng	116	6030238
陵川县	Lingchuan	26	600502
泽州县	Zezhou	155	13765272
高平市	Gaoping	106	7385312
朔州市	**Shuozhou**		
朔城区	Shuocheng	31	1166787
平鲁区	Pinglu	60	13639219
山阴县	Shanyin	74	7012591
应　县	Yingxian	52	627205
右玉县	Youyu	31	2951002
怀仁市	Huairen	138	3908791
经济开发区	Economic Development Zone	45	3414963
晋中市	**Jinzhong**		
榆次区	Yuci	211	6009181
太谷区	Taigu	108	1507138
榆社县	Yushe	21	627995
左权县	Zuoquan	31	1734698
和顺县	Heshun	27	2207813
昔阳县	Xiyang	38	2936561
寿阳县	Shouyang	65	4357678
祁　县	Qixian	72	846588
平遥县	Pingyao	91	2598018
灵石县	Lingshi	132	7292801
介休市	Jiexiu	166	9795726
运城市	**Yuncheng**		
盐湖区	Yanhu	90	1957930
临猗县	Linyi	59	889110
万荣县	Wanrong	43	630739
闻喜县	Wenxi	44	4232346
稷山县	Jishan	44	1706617
新绛县	Xinjiang	47	2744701
绛　县	Jiangxian	56	1705163
垣曲县	Yuanqu	32	1876312
夏　县	Xiaxian	36	601396
平陆县	Pinglu	36	840917
芮城县	Ruicheng	52	1874411
永济市	Yongji	80	1696625
河津市	Hejin	116	8794885
经济开发区	Economic Development Zone	53	2730748

continued

(10 000 yuan)

负债合计 Total Liabilities	营业收入 Business Revenue	利润总额 Total Profits	应交增值税 Value Added Taxes Payable
1982884	2296800	178096	24927
17441220	5805964	1182383	353187
4253208	4007313	256539	154268
327070	395053	50089	11414
7566963	9110274	708021	347299
6097926	4493090	509589	256388
833568	575996	71859	39068
8633107	6843502	1017269	507658
3884097	3655762	1076897	179562
407552	381666	1049	4360
1785327	1146264	138922	64854
3050999	4068195	643085	176678
2383019	1347098	-84155	33144
4520329	4164837	41155	84185
928807	1268361	28855	45403
659078	684814	-7359	8070
1842245	745763	-170119	11992
1816397	1003350	118506	68353
2290538	1649670	379877	108405
3134287	2826942	241942	164980
623121	817673	38360	13436
2129773	2007472	-4899	56669
5632792	6795189	618221	247772
7554783	10705497	372125	281136
1658031	1319390	-1609	31404
609184	801833	26915	11009
294747	350642	11246	9847
2557122	5441456	222180	88757
1046704	2261346	64839	36523
1656013	4871535	365382	73235
728845	993329	45775	13449
1316968	1605768	158126	36336
308242	358458	26883	9823
502918	657553	74549	13504
1498225	557195	-17339	12215
1145174	1223047	-18798	15004
4670818	9213702	1136179	295265
2186118	1818960	12987	3704

20-16 续表2

单位：万元

县(市、区)	Region	单位数(个) Number of Enterprises(unit)	资产总计 Total Assets
忻 州 市	**Xinzhou**		
忻府区	Xinfu	55	1944522
定襄县	Dingxiang	101	815684
五台县	Wutai	25	894852
代　县	Daixian	89	1640698
繁峙县	Fanshi	79	2516013
宁武县	Ningwu	41	3837593
静乐县	Jingle	18	1276564
神池县	Shenchi	18	941616
五寨县	Wuzhai	21	418531
岢岚县	Kelan	26	1238589
河曲县	Hequ	36	3836924
保德县	Baode	30	2978692
偏关县	Pianguan	14	637774
原平市	Yuanping	61	5809586
五台山风景名胜区	Wutai Mount Scenic Area	1	10392
临 汾 市	**Linfen**		
尧都区	Yaodu	87	3734875
曲沃县	Quwo	39	4748299
翼城县	Yicheng	43	942777
襄汾县	Xiangfen	67	2556582
洪洞县	Hongtong	84	6189497
古　县	Guxian	32	1641633
安泽县	Anze	20	2081090
浮山县	Fushan	24	331895
吉　县	Jixian	10	750534
乡宁县	Xiangning	50	4081411
大宁县	Daning	5	122619
隰　县	Xixian	7	322638
永和县	Yonghe	7	506284
蒲　县	Puxian	56	4447563
汾西县	Fenxi	11	207890
侯马市	Houma	49	1805575
霍州市	Huozhu	27	6413251
吕 梁 市	**Lvliang**		
离石区	Lishi	39	5301279
文水县	Wenshui	99	3102870
交城县	Jiaocheng	87	3662762
兴　县	Xingxian	40	6190713
临　县	Linxian	38	4854514
柳林县	Liulin	62	16735684
石楼县	Shilou	7	262664
岚　县	Lanxian	28	2290890
方山县	Fangshan	23	1372902
中阳县	Zhongyang	40	4697281
交口县	Jiaokou	32	2063919
孝义市	Xiaoyi	155	14435359
汾阳市	Fenyang	71	3983869

continued

(10 000 yuan)

负债合计 Total Liabilities	营业收入 Business Revenue	利润总额 Total Profits	应交增值税 Value Added Taxes Payable
1290240	956942	75672	24236
415608	913221	25646	15545
564971	436854	55759	14343
1266287	1108817	81385	41993
2093641	1528041	156014	76431
2716940	1855040	488098	141533
1307853	275313	-22373	11351
589526	142351	38094	751
313409	104582	2278	96
811149	480391	45297	7951
2075103	2220713	770657	181860
1728875	1508327	439686	113390
379781	144221	31275	8778
4267300	2749216	214062	112741
15244	3059	-1397	39
2859399	2158289	241123	88610
3815228	8028836	391686	65889
792981	859378	58186	24123
1622462	4308707	279760	97024
4008490	3073125	185998	80492
1119939	1237928	206743	59885
1008122	1565400	387461	96463
158339	412816	64128	5546
157215	301400	65086	13476
1865786	2358418	857131	188861
48374	180100	56761	-1004
244662	51556	-2298	449
218105	209854	60435	5274
3278474	2922494	584696	164747
161441	164263	-370	-1079
1410312	1518502	264	16154
5135772	1597273	-139986	59703
4076018	2736041	564528	159990
2230492	2359847	-57635	28290
2827444	3590797	290716	90172
2854181	4281123	1482979	266082
3707996	1822837	362531	115594
8770818	6135718	1445961	417168
210868	78059	6866	-4877
945043	1526664	564488	116002
782509	1203856	213006	67246
2422736	4010673	1000737	221443
1102209	1509783	134613	40782
11319608	9931554	636764	258689
2297308	3407854	499276	156074

20-17 社会消费品零售总额(2021年)
TOTAL RETAIL SALES OF CONSUMER GOODS(2021)

单位：万元 (10 000 yuan)

县(市、区)	Region	社会消费品零售总额 Total Retail Sales of Consumer Goods	城镇 Town	乡村 Village
太原市	**Taiyuan**			
小店区	Xiaodian	5438993	5339160	99833
迎泽区	Yingze	4051369	3967224	84144
杏花岭区	Xinghualing	2308469	2231761	76709
尖草坪区	Jiancaoping	1144797	807163	337635
万柏林区	Wanbailin	2001638	1932618	69020
晋源区	Jinyuan	511250	427909	83342
清徐县	Qingxu	548358	257990	290368
阳曲县	Yangquan	158237	71020	87217
娄烦县	Loufan	52021	21617	30403
古交市	Gujiao	417002	248425	168577
综改示范区	Comprehensive Reform Demonstration Zone	2106885	2106885	
大同市	**Datong**			
新荣区	Xinrong	158434	100260	58174
平城区	Pingcheng	3954764	3542001	412763
云冈区	Yungang	1518963	1226550	292412
云州区	Yunzhou	505759	350802	154957
阳高县	Yanggao	138218	94624	43594
天镇县	Tianzhen	135053	82937	52115
广灵县	Guangling	128906	68974	59932
灵丘县	Lingqiu	390160	208497	181663
浑源县	Hunyuan	382163	242191	139972
左云县	Zuoyun	297075	176560	120515
阳泉市	**Yangquan**			
城　区	Chengqu	1240638	1225180	15458
矿　区	Kuangqu	354312	353372	940
郊　区	Jiaoqu	474040	227497	246543
平定县	Pingding	600706	446331	154375
盂　县	Yuxian	610391	489029	121363

20-17 续表1 continued

单位：万元 (10 000 yuan)

县(市、区)	Region	社会消费品零售总额 Total Retail Sales of Consumer Goods	城镇 Town	乡村 Village
长治市	**Changzhi**			
潞州区	Luzhou	3942766	3866250	76516
上党区	Shangdang	345912	179377	166535
屯留区	Tunliu	274849	141885	132964
潞城区	Lucheng	258601	177616	80986
襄垣县	Xiangyuan	372902	281811	91091
平顺县	Pingshun	147305	83080	64225
黎城县	Licheng	164922	95681	69240
壶关县	Huguan	230919	100349	130570
长子县	Zhangzi	310798	144594	166204
武乡县	Wuxiang	203875	123574	80302
沁　县	Qinxian	157873	71474	86399
沁源县	Qinyuan	260442	146783	113659
晋城市	**Jincheng**			
城　区	Chengqu	3221857	3221857	
沁水县	Qinshui	312596	180983	131613
阳城县	Yangcheng	401086	259292	141794
陵川县	Lingchuan	192504	96394	96110
泽州县	Zezhou	557622	290026	267596
高平市	Gaoping	677845	443638	234207
朔州市	**Shuozhou**			
朔城区	Shuocheng	927601	668563	259038
平鲁区	Pinglu	382505	251410	131095
山阴县	Shanyin	456507	336827	119680
应　县	Yingxian	345506	244610	100896
右玉县	Youyu	174853	127856	46997
怀仁市	Huairen	912496	664175	248320
开发区	Development Zone	275919	170341	105578
晋中市	**Jinzhong**			
榆次区	Yuci	2261517	1775162	486356
太谷区	Taigu	446763	350091	96672
榆社县	Yushe	128084	100768	27315
左权县	Zuoquan	171609	134475	37133
和顺县	Heshun	158463	124174	34289

20-17 续表2 continued

单位：万元 (10 000 yuan)

县(市、区)	Region	社会消费品零售总额 Total Retail Sales of Consumer Goods	城镇 Town	乡村 Village
昔阳县	Xiyang	311648	244112	67536
寿阳县	Shouyang	320766	251058	69709
祁　县	Qixian	494457	387464	106992
平遥县	Pingyao	738428	578645	159784
灵石县	Lingshi	768843	602477	166365
介休市	Jiexiu	1030231	804306	225925
运城市	**Yuncheng**			
盐湖区	Yanhu	2925915	2544709	381206
临猗县	Linyi	777741	527275	250466
万荣县	Wanrong	425373	261243	164130
闻喜县	Wenxi	369867	256194	113673
稷山县	Jishan	265322	134127	131195
新绛县	Xinjiang	537862	396339	141524
绛　县	Jiangxian	190598	133888	56711
垣曲县	Yuanqu	362588	245006	117582
夏　县	Xiaxian	346625	245758	100867
平陆县	Pinglu	324793	257820	66974
芮城县	Ruicheng	320945	261552	59393
永济市	Yongji	604236	479257	124978
河津市	Hejin	806221	647419	158801
忻州市	**Xinzhou**			
忻府区	Xinfu	1517840	1107720	410120
定襄县	Dingxiang	271411	179359	92052
五台县	Wutai	240462	165468	74995
代　县	Daixian	116582	71091	45491
繁峙县	Fanshi	275183	164501	110682
宁武县	Ningwu	161796	101505	60291
静乐县	Jingle	137367	84650	52717
神池县	Shenchi	137763	92382	45381
五寨县	Wuzhai	155207	107351	47856
岢岚县	Kelan	138609	90587	48022
河曲县	Hequ	211510	141658	69852
保德县	Baode	235799	165144	70655
偏关县	Pianguan	73515	52256	21260
原平市	Yuanping	649268	439486	209782
五台山风景名胜区	Wutai Mount Scenic Area	99646	66814	32832

20-17 续表3 continued

单位：万元 (10 000 yuan)

县(市、区)	Region	社会消费品零售总额 Total Retail Sales of Consumer Goods	城镇 Town	乡村 Village
临汾市	**Linfen**			
尧都区	Yaodu	2911531	2637325	274206
曲沃县	Quwo	326050	255644	70406
翼城县	Yicheng	431037	337127	93910
襄汾县	Xiangfen	649163	580421	68743
洪洞县	Hongdong	850523	545989	304534
古　县	Guxian	133700	94431	39269
安泽县	Anze	124138	99755	24383
浮山县	Fushan	153077	101120	51957
吉　县	Jixian	101598	72689	28909
乡宁县	Xiangning	246372	201160	45213
大宁县	Daning	65115	46510	18605
隰　县	Xixian	123169	104842	18328
永和县	Yonghe	76582	64766	11816
蒲　县	Puxian	107103	94939	12165
汾西县	Fenxi	180466	146236	34230
侯马市	Houma	705467	644363	61104
霍州市	Huozhou	379611	289932	89679
吕梁市	**Lvliang**			
离石区	Lishi	774302	520914	253389
文水县	Wenshui	239835	164287	75548
交城县	Jiaocheng	224562	158757	65805
兴　县	Xingxian	183505	141213	42291
临　县	Linxian	530118	399914	130204
柳林县	Liulin	424660	330311	94349
石楼县	Shilou	38797	29691	9106
岚　县	Lanxian	129863	91453	38410
方山县	Fangshan	107313	77202	30111
中阳县	Zhongyang	165444	121895	43549
交口县	Jiaokou	87346	66481	20865
孝义市	Xiaoyi	1611388	1315815	295573
汾阳市	Fenyang	741266	643934	97332